# Kulturtourismus

## Grundlagen, Trends und Fallstudien

Herausgegeben von
Universitätsprofessor
## Dr. Thomas Heinze

unter Mitarbeit von
Diplom-Geographin Karin Hantschmann
Dr. Roswitha Heinze-Prause
Diplom-Geographin Rotraud Hücherig
Dr. Martin Lohmann
Dipl.-Kfm. Joachim Maschke
Heidemarie Mißmann
Diplom-Geographin Ellen Roth
Diplom-Geographin Katrin Schlinke
Prof. Dr. Albrecht Steinecke
Prof. Hubert Stemberger
Barbara Traweger-Ravanelli
Diplom-Geograph Thomas Wolber
Dipl.-Volkswirt Manfred Zeiner

R. Oldenbourg Verlag München Wien

**Die Deutsche Bibliothek - CIP-Einheitsaufnahme**

**Kulturtourismus** : Grundlagen, Trends und Fallstudien / hrsg. von Thomas Heinze. Unter Mitarb. von Karin Hantschmann ... - München ; Wien : Oldenbourg, 1999
  ISBN 3-486-25108-2

© 1999  Oldenbourg Wissenschaftsverlag GmbH
Rosenheimer Straße 145, D-81671 München
Telefon: (089) 45051-0, Internet: http://www.oldenbourg.de

Das Werk einschließlich aller Abbildungen ist urheberrechtlich geschützt. Jede Verwertung außerhalb der Grenzen des Urheberrechtsgesetzes ist ohne Zustimmung des Verlages unzulässig und strafbar. Das gilt insbesondere für Vervielfältigungen, Übersetzungen, Mikroverfilmungen und die Einspeicherung und Bearbeitung in elektronischen Systemen.

Gedruckt auf säure- und chlorfreiem Papier
Gesamtherstellung: R. Oldenbourg Graphische Betriebe GmbH, München

ISBN 3-486-25108-2

# Inhaltsverzeichnis

**Vorwort**    1

**I Konzeptionelle und marketingstrategische Überlegungen zum (regionalen) Kulturtourismus (Thomas Heinze)**    1

1 Definition von Kulturtourismus    1
2 Erlebnisorientierter Kulturtourismus    2
3 Die Zielgruppe: Der Kultur-Tourist    5
4 Voraussetzungen und Vorteile eines regionalen Kulturtourismus    7
5 Strategische Überlegungen zu einem regionalen Kulturtourismus-Marketingkonzept    10
5.1 Bestimmung der eigenen Position    11
5.2 Entwicklung eines Leitbildes für die Tourismusregion    12
5.3 Umsetzung des Leitbildes durch gezielte Maßnahmen    12
Literatur    14

**II Perspektiven des Kulturtourismus: Wettbewerbsdruck - Profilierung - Inszenierung (Albrecht Steinecke)**    17

1 Kulturtourismus - zunehmender Wettbewerbsdruck in einem lukrativen Marktsegment    17
1.1 Steigende Ansprüche der (Kultur-)Touristen    18
1.2 Auftreten neuer Wettbewerber im Kulturtourismus    20
1.3 Reglementierung des touristischen Zugangs zu Kultureinrichtungen    21
1.4 Schaffung von Substitutionsprodukten    23
2 Erfolgsstrategien der Profilierung im Kulturtourismus    25
2.1 Thematisierungsstrategie    27
2.2 Regionalisierungsstrategie    29
2.3 Personalisierungsstrategie    30
2.4 Vernetzungsstrategie    31
2.5 Limitierungsstrategie    33
2.6 Filialisierungsstrategie    35
3 Instrumente der Inszenierung im Kulturtourismus    36
3.1 Informationsvermittlung durch neue Medien    37
3.2 Erlebnisorientierung durch Animation    38
3.3 Aktualisierung durch Events    39
3.4 Ästhetisierung durch Design    41
3.5 Attraktivitätssteigerung durch Merchandising    43
4 Die Zukunft der Kultureinrichtungen: Mixed-Use-Zentren Schauplätze - Spektakel    44
Literatur    47

## III Kulturtouristen oder die touristische Nachfrage nach Kulturangeboten (Martin Lohmann) — 52

| | | |
|---|---|---|
| | Einleitung | 52 |
| 1 | Kulturtourismus ist Tourismus | 54 |
| 1.1 | Einordnung | 54 |
| 1.2 | Struktur des Tourismus | 54 |
| 1.3 | Touristische Entwicklung in Deutschland | 58 |
| 1.4 | Das Kultürliche am Tourismus | 61 |
| 2 | Arten von Kulturtourismus | 62 |
| 2.1 | Was ist Kulturtourismus? | 62 |
| 2.2 | Kultur als Reisemotiv: Die Kultururlauber | 63 |
| 2.3 | Kultur als Urlaubsaktivität: Die Auch-Kultururlauber | 64 |
| 3 | Umfang der Nachfrage für Kulturtourismus | 65 |
| 3.1 | Die aktuelle Situation und ihre Entwicklung | 65 |
| 3.1.1 | Kultur als Urlaubsmotiv | 65 |
| 3.1.2 | Erfahrung mit Kultur- und Studienreisen | 66 |
| 3.1.3 | Interesse an Kultur- und Studienreisen | 67 |
| 3.1.4 | Kultur als Urlaubsaktivität | 67 |
| 3.2 | Das Potential für die Zukunft | 68 |
| 4 | Soziodemographie: Wer ist Kultururlauber? | 69 |
| 4.1 | Bildung und Einkommen | 69 |
| 4.2 | Lebensphasen | 71 |
| 5 | Reiseverhalten: Wie reisen Kulturtouristen? | 73 |
| 5.1 | Allgemeines Reiseverhalten | 73 |
| 5.2 | Spezifisch kulturelle Urlaubsaktivitäten | 74 |
| 6 | Zusammenfassung | 77 |
| | Literatur | 79 |

## IV Die Bedeutung des Kulturtourimsus für städtische Destinationen (Joachim Maschke/unter Mitarbeit von Manfred Zeiner) — 83

| | | |
|---|---|---|
| 1 | Definitorische und thematische Abgrenzungen | 83 |
| 1.1 | Städtische Destinationen | 83 |
| 1.2 | Städtetourismus | 84 |
| 1.3 | Kulturtourismus | 85 |
| 1.4 | Themenbezogene Festlegung | 85 |
| 2 | Bestimmung des gegenwärtigen Umfanges des Marktsegmentes „Tourismus in Großstädten" | 86 |
| 2.1 | Tourismus mit Übernachtungen | 86 |
| 2.2 | Tagestourismus | 88 |
| 3 | Darstellung von quantitativen Trends | 90 |
| 3.1 | Bisherige Entwicklungen | 90 |
| 3.2 | Beurteilung der Entwicklungsperspektiven | 93 |
| 4 | Kulturtourismus als spezifische Form des Städtetourismus | 95 |
| 4.1 | Kulturtourismus im Rahmen von Tagesreisen | 95 |

|  |  | 4.2 | Kulturtourismus im Rahmen von Reisen mit Übernachtungen | 97 |
|---|---|---|---|---|
|  |  | 5 | Darstellung konkreter Wirkungen anhand von Beispielen | 102 |
|  |  | Literatur | | 104 |

## V Die touristische Inwertsetzung des kulturellen Erbes in größeren Städten - Historic Highlights of Germany (Thomas Wolber) — 105

Einleitung — 105
1 Stadtkultur und Tourismus — 108
2 Entwicklung, Ziele und Struktur der Historic Highlights of Germany — 112
2.1 Entwicklung — 112
2.2 Ziele und Struktur — 116
2.2.1 Zweck — 116
2.2.2 Trägerschaft — 116
2.2.3 Aufgaben — 116
2.2.4 Organe — 120
2.3 Perspektiven — 120
2.4 Struktur der Mitgliedsstädte — 120
2.5 Marktstellung — 122
3 Angebote im Kulturtourismus — 123
3.1 Kulturtouristisches Potential — 123
3.2 Anforderungen an die Angebote — 128
4 Beispiele touristischer Inwertsetzung von Stadtkultur — 130
4.1 Bauliches Erbe — 130
4.2 Museen und Ausstellungen — 135
4.3 Theater und Musikfestivals — 137
4.4 Märkte und Feste — 138
4.5 Regionale Lebensart — 139
5 Probleme der Programmkonzeptionierung — 140
Literatur — 142

## VI Inszenierung von Spezial Events im Städtetourismus (Ellen Roth) — 146

Einleitung — 146
1 Special Events im Städtetourismus — 147
1.1 Definitorische Abgrenzung — 147
1.2 Einordnung in den Städtetourismus — 148
1.3 Special Events als Instrument der Corporate Identity — 150
1.4 Einzelaspekte der Inszenierung von Special Events — 151
1.4.1 Initiierung und Zieldefinition — 152
1.4.2 Event-Organisation — 153
1.4.3 Event-Marketing — 155
1.4.4 Event-Finanzierung — 165

|  |  |  | |
|---|---|---|---|
| | 1.4.5 | Erfolgskontrolle | 167 |
| | 1.5 | Auswirkungen eines Special Events auf den Städtetourismus | 169 |
| | 2 | Erfolgsfaktoren für die Inszenierung eines Special Events im Städtetourismus | 173 |
| | Literatur | | 177 |

## VII Die Reichstagsverhüllung in Berlin 1995
### Auswirkungen einer kulturellen Großveranstaltung auf die touristische Nachfrage (Katrin Schlinke) — 181

| | | | |
|---|---|---|---|
| I | Einleitung | | 181 |
| 1 | Einleitung und Fragestellung | | 181 |
| II | Kulturtourismus in Städten - Großveranstaltungen als kulturtourische Angebote - Theoretische Grundlagen | | 182 |
| 2 | Wirkungen von Großveranstaltungen auf die Standortentwicklung | | 182 |
| 2.1 | Gesellschaftliche Auswirkungen | | 182 |
| 2.2 | Wirtschaftliche Auswirkungen | | 183 |
| 2.3 | Längerfristige Werbeeffekte von Großveranstaltungen | | 184 |
| 3 | Bedeutung von Kunst und Kultur für den Tourismus in Berlin | | 184 |
| 4 | Das Beispiel „Verhüllter Reichstag" als Großveranstaltung in Berlin - Vorstellung des Projekts | | 185 |
| III | Die unmittelbaren Auswirkungen der Reichstagsverhüllung auf die touristische Nachfrage - Empirischer Teil | | |
| | A Gästebefragung | | 186 |
| 5 | Methodische Vorgehensweise | | 186 |
| 6 | Datenanalyse | | 186 |
| 6.1 | Soziodemographische Struktur der Gäste | | 186 |
| 6.1.1 | Herkunft der Gäste | | 186 |
| 6.1.2 | Altersstruktur der Gäste | | 189 |
| 6.1.3 | Bildungs- und Berufsstruktur der Gäste | | 189 |
| 6.2 | Informations- und Entscheidungsverhalten der Gäste | | 190 |
| 6.2.1 | Informationsquellen | | 190 |
| 6.2.2 | Entscheidungsverhalten | | 190 |
| 6.3 | Interessenstruktur der Gäste | | 192 |
| 6.3.1 | Besuchsmotiv | | 192 |
| 6.3.2 | Interessenstruktur der Gäste in Berlin | | 193 |
| 6.3.3 | Kulturorientiertes Freizeitverhalten der Gäste | | 194 |
| 6.3.4 | Städtereisen der Gäste in den letzten drei Jahren/ Interesse bei diesen Städtereisen | | 195 |
| 6.4 | Aufenthaltsmerkmale | | 198 |
| 6.4.1 | Anreise, Unterkunft und Aufenthaltsdauer | | 198 |
| 6.4.2 | Besuche von Sehenswürdigkeiten und Stadtteilen in Berlin und Umgebung | | 200 |
| 6.5 | Ausgabeverhalten der Gäste | | 202 |

| | | |
|---|---|---|
| 6.6 | Mögliche längerfristige Wirkungen der Reichstagsverhüllung - Tendenzen | 204 |
| 6.6.1 | Möglicher Wiederholungsbesuch der Gäste | 204 |
| 6.6.2 | Imagewirkung | 205 |
| 6.7 | Zusammenfassung | 206 |
| | B Analyse von Sekundärdaten | 208 |
| 7 | Methodische Vorgehensweise | 208 |
| 8 | Untersuchungsergebnisse | 208 |
| 8.1 | Gästeankünfte und Aufenthaltsdauer im Juni/Juli 1995 im Vergleich zu den Vorjahren | 208 |
| 8.2 | Bettenauslastung im Juni/Juli 1995 im Vergleich zu den Vorjahren | 210 |
| 8.3 | Zusammenfassung | 211 |
| IV | Die möglichen längerfristigen Werbeeffekte der Reichstagsverhüllung ausgelöst durch eine breite Medienberichterstattung | 211 |
| 9 | Fragestellungen und methodische Vorgehensweise | 211 |
| 10 | Berichterstattung in der Presse - Analyseergebnisse | 212 |
| V | Fazit | 212 |
| | Literatur | 214 |

| | | |
|---|---|---|
| **VIII** | **Museen als touristische Anziehungspunkte? Eine Untersuchung anhand von ausgewählten Kunstmuseen in NRW (Karin Hantschmann)** | **216** |
| | Einleitung | 216 |
| 1 | Städte- und Kulturtourismus - ein Überblick | 217 |
| 2 | Museen | 220 |
| 2.1 | Zur Geschichte der Museen bzw. Kunstmuseen | 220 |
| 2.1.2 | Museumsgründer | 220 |
| 2.1.3 | Museumsstürmer | 221 |
| 2.2 | Definition von Museen | 222 |
| 3 | Kernaufgaben der Kunstmuseen | 223 |
| 3.1 | Das Sammeln | 224 |
| 3.2 | Das Forschen | 224 |
| 3.3 | Das Bewahren | 225 |
| 3.4 | Das Präsentieren | 225 |
| 3.5 | Das Vermitteln | 226 |
| 3.6 | Das Ausstellen | 227 |
| 3.7 | Die Probleme der Kernaufgaben | 227 |
| 3.8 | Nordrhein-Westfalen als Museumslandschaft | 228 |
| 3.9 | Arten von Museen | 230 |
| 3.10 | Das Museum und seine Besucher | 232 |
| 3.10.1 | Besucherzahlen | 232 |
| 3.10.2 | Besucherstrukturen | 235 |
| 3.11 | Besucherstrukturen der Kunstmuseen | 235 |

|  |  |  | |
|---|---|---|---:|
|  | 3.11.1 | Saisonale Verteilung der Besucher in Kunstmuseen | 237 |
|  | 3.11.2 | Besuchermerkmale | 237 |
|  | 3.11.3 | Einzugsgebiet der Kunstmuseen in NRW | 238 |
|  | 3.11.4 | Erreichbarkeit der Kunstmuseen | 239 |
|  | 4 | Marketing in Kunstmuseen NRWs | 239 |
|  | 4.1 | Der Marketing-Mix angewandt auf Kunstmuseen | 240 |
|  | 4.1.1 | Produktpolitik der Kunstmuseen | 240 |
|  | 4.1.2 | Distributionspolitik der Kunstmuseen | 241 |
|  | 4.1.3 | Preispolitik der Kunstmuseen | 242 |
|  | 4.1.4 | Kommunikationspolitik der Kunstmuseen | 243 |
|  | 5 | Ausblick | 247 |
|  | Literatur |  | 250 |
| IX | **Kulturtourismus im Ruhrgebiet (Rotraud Hücherig)** |  | **262** |
|  | 1 | Einleitung | 262 |
|  | 2 | Abgrenzung des Untersuchungsgebietes | 263 |
|  | 3 | Internationale Bauausstellung Emscher Park | 268 |
|  | 4 | Tourismus im Ruhrgebiet | 270 |
|  | 4.1 | Touristische Ausgangssituation | 270 |
|  | 4.2 | Potentielle Marktsegmente des Tourismus im Ruhrgebiet | 271 |
|  | 4.2.1 | Städtetourismus | 272 |
|  | 4.2.2 | Kulturtourismus | 273 |
|  | 4.2.3 | Industrietourismus | 278 |
|  | 4.3 | Touristische Vermarktung des Ruhrgebietes | 283 |
|  | 4.4 | Zwischenfazit | 285 |
|  | 5 | Exemplarische Tourismus-Projekte der IBA Emscher Park | 286 |
|  | 6 | Route der Industriekultur | 287 |
|  | 7 | Schlußbetrachtung | 288 |
|  | Literatur |  | 290 |
| X | **Kulturtourismus in der Regio Aachen - Ideen und Konzepte (Roswitha Heinze-Prause/Thomas Heinze)** |  | **292** |
|  | 1 | Zur Entwicklung eines einheitlichen Leitbildes | 292 |
|  | 1.1 | Die Entwicklung eines Leitbildes aus dem historischen Erbe | 292 |
|  | 1.2 | Die Entwicklung eines Leitbildes aus dem aktuellen Kulturangebot der Regio Aachen | 294 |
|  | 2 | Perspektiven des Kulturtourismus in der Regio Aachen | 295 |
|  | 2.1 | Die Inszenierung eines euregionalen Kulturtourismus | 295 |
|  | 2.2 | Die Planung von Themenstraßen in der Regio | 296 |
|  | 2.3 | Die Konzeption von künstlichen Ferien- und Freizeitwelten | 297 |
|  | 2.3.1 | Exkurs: Künstliche Ferien- und Freizeitwelten - Beispiele für Vergnügungs- und Themenparks | 298 |

|  |  |  |  |
|---|---|---|---|
| | 3 | Die Entwicklung von jahresübergreifenden Themen | 300 |
| | 4 | Konzepte für die Regio Aachen | 301 |
| | 4.1 | Die Stadt Aachen | 301 |
| | 4.2 | Der Landkreis Aachen | 301 |
| | 4.3 | Der Kreis Heinsberg | 302 |
| | 4.4 | Die Eifel-Gebiete | 305 |
| | 4.4.1 | Konzepte zum traditionellen Kulturtourismus in der Eifel | 306 |
| | 4.4.2 | Erlebnisorientierte Formen des Kulturtourismus in der Eifel | 308 |
| | Literatur | | 316 |
| XI | **Kulturtourismus im Pustertal (Südtirol)** **Thomas Heinze** | | 317 |
| | Vorwort (Thomas Heinze) | | 317 |
| | 1 | Bestandsaufnahme (Hubert Stemberger) | 318 |
| | 1.1 | Das Landschaftsbild | 318 |
| | 1.2 | Eine kurze geschichtliche Darstellung | 320 |
| | 1.3 | Eine Wanderung durch das Tal | 322 |
| | 2 | Empirische Erhebungen (Thomas Heinze) | 253 |
| | 2.1 | Gästebefragung | 353 |
| | 2.2 | Hotelier-Befragung | 356 |
| | 2.3 | Das kulturtouristische Potential des Pustertals - Experteninterviews | 357 |
| XII | **Gäste- und Hotelierbefragung zum Sommer(Kultur-)Tourismus in ausgewählten Regionen Kärntens (Thomas Heinze)** | | 364 |
| | Vorwort | | 364 |
| | 1 | Ergebnisse der Gästebefragung | 364 |
| | 2 | Zusammenfassung der Ergebnisse der Hotelierbefragung | 369 |
| XIII | **Gästebefragung in Neustift i. Stubaital (Heidemarie Mißmann/Barbara Ravanelli)** | | 372 |
| | 1 | Geschlecht | 373 |
| | 2 | Alter | 373 |
| | 3 | Nationalität | 373 |
| | 4 | Beruf | 374 |
| | 5 | Größe der Herkunftsgemeinde | 374 |
| | 6 | Anreise | 374 |
| | 7 | Gast | 375 |
| | 8 | Informationen | 375 |
| | 9 | Erwartungen | 376 |
| | 10 | Ferienart | 377 |
| | 11 | Reisehauptmotiv | 378 |
| | 12 | Unterkunft | 379 |
| | 13 | Beurteilung verschiedener Entwicklungen | 380 |

|  |  |  |
|---|---|---|
| 13.1 | Bauliche Veränderungen | 380 |
| 13.2 | Ortsbild | 380 |
| 13.3 | Unterhaltungsangebot | 381 |
| 13.4 | Kulturangebot | 381 |
| 13.5 | Sportangebot - Sommer | 381 |
| 13.6 | Einkaufsmöglichkeiten | 382 |
| 13.7 | Gastronomieangebot | 382 |
| 13.8 | Service | 382 |
| 13.9 | Freundlichkeit der Bevölkerung | 383 |
| 13.10 | Atmosphäre insgesamt | 383 |
| 14 | Kulturangebote | 384 |
| 15 | Stärken von Neustift | 385 |
| 16 | Schwächen von Neustift | 386 |
| 17 | Wiederbesuchsabsicht | 387 |
| 17.1 | Wiederbesuch | 387 |
| 17.2 | Begründungen | 388 |
| 17.2.1 | Wiederbesuchsabsicht - eher ja | 388 |
| 17.2.2 | Wiederbesuchsabsicht - eher nein, weiß nicht | 389 |

**XIV KulturtourismusMarketing im Zeichen des Erlebnismarktes (Thomas Heinze)** 390

|  |  |  |
|---|---|---|
| 1 | Marketing im produktorientierten Denksystem | 390 |
| 2 | Marketing in der erlebnisorientierten Denkwelt | 391 |
| 2.1 | Korrespondenzprinzip und Schematisierung | 394 |
| 2.2 | Kumulation und Überflutung | 394 |
| 2.3 | Variation und Abwandlung | 395 |
| 2.4 | Autosuggestion und Suggestion | 395 |
| 3 | Die Dynamik des Erlebnismarktes | 396 |
| 4 | Konsequenzen für den Kulturtourismus | 398 |
| Literatur |  | 401 |

Sachregister 403

Autorenverzeichnis 405

# Vorwort

Die in diesem Reader versammelten Beiträge geben einen praxisnahen Einblick in den Kulturtourismus. Sie thematisieren Entwicklungstrends und Perspektiven des traditionellen (regionalen) Kulturtourismus (Stichwort: Authentizität) sowie die zunehmende Bedeutung von Event-Kulturtourismus für städtische Destinationen. Das breite Spektrum von Kulturtourismus wird sowohl aus der Perspektive der Anbieter kulturtouristischer Leistungen als auch aus dem Blickwinkel der touristischen Nachfrage nach Kulturangeboten analysiert.
Fallstudien aus Deutschland (Berlin, NRW: Ruhrgebiet, Regio Aachen) sowie Italien (Südtirol) und Österreich (Kärnten/Tirol) reflektieren unterschiedliche Praxisfelder des Kulturtourismus.

Prof. Dr. Thomas Heinze

# I Konzeptionelle und marketingstrategische Überlegungen zum (regionalen) Kulturtourismus

*Thomas Heinze*

## 1 Definition von Kulturtourismus

Eine umfassende Definition des Kulturtourismus hat sich an den Bedingungen zu orientieren, die durch die breite Beteiligung aller Schichten der Bevölkerung am modernen Tourismus entstanden sind, und die Ziele zu berücksichtigen, die sich dem Kulturtourismus sowohl als völkerverbindendes als auch wirtschaftliches Element stellen. Als Kriterien einer Definition könnten sich daher als nützlich erweisen (vgl. Eder 1993, S. 165):

Ein Kulturbegriff, in dem neben den Objekten und Veranstaltungen auf hoher künstlerischer oder historisch bedeutsamer Ebene mit gleicher Aufmerksamkeit und Intensität auch das Gebiet der Alltagskultur Beachtung findet. Dieser Kulturbegriff geht über die kulturellen Institutionen wie z.B. Museen, Theater, Oper oder Konzerte hinaus. Er umfaßt gleichermaßen die „gebaute Kulturwelt mit z.B. Kirchen, Schlössern und modernen Architekturbauten, Traditionen und Bräuchen sowie präsente Alltagskultur, wie z.B. Altstadtprojekte, Weihnachtsmärkte, Stadtfestivals und -jubiläen, die atmosphärische, urbane Wirkung mit Stadtteilmilieus" (Wolber 1997, S. 54).

Die Erhaltung und der Schutz von Denkmälern als zuverlässige Dokumente und die Wiederbelebung und Pflege des regionalen Brauchtums in einer traditionsgerechten Form als inhaltlich authentische und materiell dauerhafte Basis eines Kulturtourismus. Kulturtourismus darf keine aus Vergangenheit und realer Gegenwart ausgesonderte Touristen-Kultur hervorbringen, keine Disneyland-Welten schaffen und vor allem nicht zum Verschleiß des „kulturellen Erbes" führen (vgl. Eder 1993, S. 165).

Die Chance zur Hebung der Einkünfte aus dem Tourismus als Anreiz für die touristische Erschließung von Orten, Regionen und Ländern unter Betonung ihrer kulturellen Eigenart und Leistung. Ohne die aktive Mitwirkung der Regionen und die Förderung einer regionalen Identität der Träger dieser Kultur ist Kulturtourismus kaum zu entwickeln.

Der Kulturtourismus definiert sich nach diesen Vorgaben demnach als die „schonende Nutzung kulturhistorischer Elemente und Relikte und die sachgerechte Pflege traditioneller regionsspezifischer Wohn- und Lebensformen zur Hebung des Fremdenverkehrs in der jeweiligen Region; dies mit dem Ziel, das Verständnis für die Eigenart und den Eigenwert einer Region in dem weiten Rahmen einer europäischen Kultureinheit zu erweitern und zu vertiefen und zwar durch eine verstärkte Kommunikation zwischen den Bewohnern des europäischen Kontinents und durch eine sachlich richtige, vergleichende und diskursive Information über die Zeugnisse aus Vergangenheit und Gegenwart am Ort" (ebd., S. 165/166). Diese Definition beschreibt die klassische Form des Kulturtourismus, der mit dem Begriff **Authentizität** charakterisiert werden kann. Als Gegenpol bzw. Erweiterung zu diesem authentischen Kulturtourismus ist der sog. **Erlebnis-** bzw. **Eventtourismus** zu verstehen.

## 2  Erlebnisorientierter Kulturtourismus

Der Begriff „Erlebnis"[1] ist seit einigen Jahren zum Dreh- und Angelpunkt kulturtouristischer Werbeangebote geworden.[2] Es verdient ein kurzes Nachdenken, was eigentlich versprochen wird, wenn „Kulturerlebnisse" verkauft werden.

Zunächst gilt es, den ganz alltäglichen Bedeutungsumfang des Wortes „Erlebnis" zu erfassen: „Erlebnis" ist begrifflich zwischen den Polen „Sensation" und „Erfahrung" einzuordnen; es definiert sich nicht am äußeren Anlaß wie die „Sensation" (= das unerhörte, einmalige Ereignis), sondern an den Gefühlen, die etwas Äußeres im Individuum hervorrufen. Diese Gefühle sind weniger dramatisch als sie sich mit dem Wort „Sensation" assoziieren, haben jedoch bleibenden Erinnerungswert, sind von hervorgehobener Bedeutung.

In Abgrenzung zu „Erfahrung" hat das „Erlebnis" eine stärkere Bindung an den äußeren Anlaß des Erlebens als die „Erfahrung". „Erfahrungen" hingegen sind auch ohne herausragende, objektiv nachvollziehbare Anlässe in der Umwelt möglich.

Auf kulturtouristische Angebot bezogen bedeutet dies: Wer Erlebnisurlaub verspricht, verspricht Anlässe zu Gefühlen besonderer positiver Bedeutung mit bleibendem Erinnerungswert. Erlebnis als zentraler Begriff in Kultur und Tourismus speist sich aus (zumindest) zwei theoretischen Quellen, deren Herkunft nicht immer bewußt ist, „Erlebnisangebote" jedoch strukturieren: Die inzwischen allgemein rezipierte Studie von Gerhard Schulze „Die Erlebnisgesellschaft" (1992) sowie kulturpädagogisch orientierte Ansätze der „Erlebnispädagogik". Schulze erklärt hier „das gute Erlebnis" zur vorrangigen Lebensorientierung der (damali-

---

[1]  Dieser Abschnitt ist gemeinsam von Th. Heinze und U. Krambrock verfaßt worden.

[2]  Für B. Rothärmel (Stella AG) lösen erfolgreich positionierte Marken, die das "besondere Erlebnis" garantieren, nach wie vor relativ unabhängig vom Freizeitbudget Nachfrage aus (Rothärmel 1998).

## I Konzeptionelle und marketingstrategische Überlegungen

gen 1985) bundesrepublikanischen Wirklichkeit, die die frühere Orientierung am bloßen Überleben abgelöst habe.

In der „Erlebnisgesellschaft" ist das erlebnisorientierte Denken zur Lebensphilosophie von jedermann geworden: „Das Leben soll interessant, faszinierend und aufregend sein oder vielleicht auch friedvoll, erheiternd, kontemplativ, aber auf keinen Fall ereignislos, arm an Höhepunkten, langweilig" (Schulze 1994, S. 28). Daß diese erlebnisorientierte Denkweise eine strategische Bedeutung für den (regionalen) Kulturtourismus hat, ist evident. In der Erlebnisgesellschaft bezeichnet Erlebnismarkt das „Zusammentreffen" von Erlebnisangebot und Erlebnisnachfrage (d.h. die Nachfrage nach alltagsästhetischem - auf das „Schöne" ausgerichteten - Konsum). Grundlage dieses Konsumverhaltens ist ein „innenorientiertes", subjektives Handeln. „Innenorientiertes" Handeln meint die Absicht, ein Produkt nicht aufgrund eines „objektiven Gebrauchsnutzens" sondern in Erwartung eines „subjektiven Erlebnisnutzens" zu kaufen. So erwirbt z.B. ein Inlineskater Rollerblades nicht in Verbindung mit einem schnelleren Fortkommen, sondern „innenorientiert", weil er damit Sportlichkeit, „In-Sein" etc. assoziiert. Dies bedeutet - verallgemeinernd - den Trend zu einer neuen Marktorientierung, die sich auf „erlebnisrationales Handeln" bezieht (Schulze 1992, S. 415).

„Beim erlebnisrationalen Konsum haben Waren und Dienstleistungen den Status eines Mittels für innere Zwecke; man wählt sie aus, um sich selbst in bestimmte Zustände zu versetzen. Erlebnisrationalität ist Selbstmanipulation des Subjekts durch Situationsmanagement. Die Absichten der Konsumenten richten sich auf psychophysische Kategorien, etwa Ekstase, Entspannung, sich wohl fühlen, Gemütlichkeit, sich ausagieren" (Schulze 1994, S. 28).

Die Rationalität der Erlebnisnachfrage besteht darin, etwas zu erleben. Im Zentrum des Handelns steht der Handelnde selbst. Wir versuchen - so Schulze (1992) - unsere Aktionen so zu gestalten, daß sich ein „gewollter psychophysischer Prozeß einstellt" (S. 430) und erwarten auf Knopfdruck „interessante", „faszinierende" Erlebnisse (Gefühle). Bezüglich der Erwartung bestimmter Erlebnisse können wir enttäuscht werden: Erst nachher wissen wir, ob das Erlebnis das gebracht hat, was wir uns vorgestellt haben.

Den Erlebnisnachfragern steht somit harte Arbeit bevor. Welches Angebot sollen sie wählen, um ihre Erlebnisziele zu erreichen? Sie leben ständig in einer Unsicherheit, verbunden mit einem Enttäuschungsrisiko. Am Erlebnismarkt erhält man nämlich nur die Zutaten für das Erlebnis, nicht aber das Erlebnis selbst. Und vor allem lassen sich die Erlebnisse nicht in Dauerzustände verwandeln. Es entsteht somit für den Erlebnismarkt eine ständige Nachfrage. Die Erlebnissuchenden investieren Geld, Zeit und Aufmerksamkeit in den Erlebnismarkt.[3]

Für Tourismusmarketing beinhaltet der Bezug auf das Modell des Erlebnismarktes die Maxime, nicht Tourismusprodukte, sondern Tourismuserlebnisse zu verkaufen. Damit avancieren auch kulturtouristische Reisen zu Erlebnisreisen und der Kulturtourismus zum Erlebnistourismus.

Dem Kultur-Erlebnis-Ansatz von Schulze ist inhärent, daß er die Vertreter der verschiedenen Milieus im wesentlichen als Konsumenten und Betrachter kultureller Angebote wahrnimmt und klassifiziert. Anders ist dies in den kulturpädagogisch orientierten Ansätzen der „Erlebnispädagogik": Die Erlebnispädagogik will Kindern, Jugendlichen und Erwachsenen „Erlebnisse" verschaffen, die aus der Eigentätigkeit heraus entstehen. Die Erlebnispädagogik beruft sich hierbei als später Abkömmling auf die reformpädagogischen Ansätze der 20er Jahre. Erlebnispädagogische Angebote können sportlich orientiert sein, Naturerleben provozieren, Erfahrungen mit z.B. mittelalterlichen Lebensweisen ermöglichen oder auch kulturelles Schaffen erfahrbar und erfassbar machen. Welchem Zielbereich das Erlebnisangebot auch gilt, Eigentätigkeit ist die bedingende Basis des gewünschten Erlebnisses (vgl. Neukam 1997).

Der neue Trend zum Kulturerlebnis äußert sich in dem zunehmenden Wunsch nach Individualität im Urlaub, in einem Drang nach etwas Einzigartigem. Die für unsere Gesellschaft konstitutive Öffnung sozialer Räume und Felder geht einher mit einer sozialen und wertebezogenen Pluralisierung und Individualisierung. Individualisierung und Pluralisierung sind das Fundament für die Ausbildung individueller Dispositionen und Mentalitäten.

Der Kontext von Pluralisierung und Individualisierung sind die sozialen Milieus, in denen sich die verhaltensrelevanten Deutungsmuster und Handlungsmuster herausbilden. D.h.: Die Art und Weise, wie „man" zu leben, zu denken, zu beurteilen und wahrzunehmen hat (vgl. Wöhler 1997a, S. 198). Die Ausdifferenzierung von Milieus prägt die einzelnen Lebensstile. Der Urlaubsort mit „seiner je spezifischen Lebensstilsemantik" verstärkt die soziale Distinktion und verifiziert die milieufixierten Lebensstile: „Wie man behandelt werden will, zu welchen Leuten man sich lieber gesellen will, wie man sich 'designt' (von der Kleidung bis zur Sprechweise" (ebd., S. 202). Marketingpolitisch relevant ist die Lebensstil-Segmentierung (Lebensstile als Überformungen des Lebensvollzugs) im Kontext touristischer Werbe- und Kommunikationsstrategien. Allerdings garantieren selbst bis ins Detail erforschte Lebensstilgruppen als Zielgruppen touristischer Angebote nicht zwangsläufig Erfolg (siehe Österreich). „Urlauben oder Reisen

---

[3] Vgl. hierzu den Beitrag von Th. Heinze: KulturtourismusMarketing im Zeichen des Erlebnismarktes (Kap. XII).

kann eine stilisierte labile Sonderwelt sein, die heute hier oder morgen dort gesucht wird. Der „Lebensstilurlauber" will keinen bestimmten geographischen Ort, sondern einen Platz für die Inszenierung bzw. Praktizierung seines Lebensstils. Und diese Plätze hängen nicht vom geographischen Raum ab (ebd., S. 207).

Bei aller Unterschiedlichkeit können folgende Aspekte der erlebnistouristischen Ansätze als gemeinsam angesehen werden.

- Der unkonventionelle Umgang mit kulturellen Inhalten.
- Die Verknüpfung sehr unterschiedlicher, bislang weitgehend unverbundener (alltags-)kultureller Sphären.
- Der Versuch, zielgruppenspezifische Angebote zu machen.
- Das Bemühen um Aktivierung und Selbsttätigkeit der Erlebniskonsumenten.

Mögliche Gefahrenzonen erlebnistouristischer Ansätze sollen hier nicht verschwiegen werden:

- Eine Pädagogisierung von Urlaubsangeboten mit Hilfe didaktisch aufbereiteter Erlebnisangebote.
- Der Absturz in die bloße Animation, bei der Urlauber zu „Erlebniskonsumenten" werden.
- Das wahl- und niveaulose Bedienen von Sensationsbedürfnissen und Verstärken massenhysterischer Phänomene.
- Das Aufgreifen und Verstärken von Denk- und Verhaltensmustern einzelner Vertreter von Extremsportvarianten, deren Körper- und Naturbegeisterung z.T. extreme Ausmaße annimmt.

## 3 Die Zielgruppe: Der Kultur-Tourist

Ein Marketingkonzept für den Kulturtourismus muß die „Deutungs- bzw. Interpretationsregeln der Nachfrager kennen" (Wöhler 1997a, S. 13). Über den speziellen Typus der „Kulturtouristen" wissen wir im qualitativ-empirischen Sinne nichts Genaues. Es liegen zu wenig Erkenntnisse darüber vor, wie sich das Segment der „Kulturtouristen" eingrenzen läßt, welche Motivationen die Urlauber bewegen und welche Aktivitätsmuster sich vollziehen. Genaue Kenntnisse darüber sind die Voraussetzung für ein professionelles, strategisches und operatives Tourismusmarketing. Denn: lediglich ein „Produkt, das an Kundenwünschen orientiert ist und nachfragespezifischen Merkmalen Rechnung trägt, wird beim Nachfrager auf Interesse stoßen und Absatz finden" (Becker, Steinecke 1997, S. 161). **Unabdingbar sind demnach soziodemographische Daten über diese Zielgruppe sowie ihre besonderen Interessen und Neigungen** (vgl. dazu den Beitrag von Lohmann; Kap. III).

Die vorliegenden quantitativen Studien und Prognosen zum Kulturtourismus in Europa machen deutlich, daß es sich bei diesem Segment um einen stabilen Markt mit allerdings deutlichen Sättigungstendenzen handelt. So konstatieren Becker, Steinecke (1997), daß in Europa seit Mitte der 80er Jahre eine „erhebliche Erweiterung des kulturellen bzw. kulturtouristischen Angebots stattgefunden" hat (S. 9).

Da die kulturtouristische Nachfrage nicht gleichermaßen gestiegen ist, „besteht derzeit ein Überangebot: Der Markt ist gesättigt, er hat sich vom Verkäufer- zum Käufermarkt entwickelt" (Steinecke 1997b, S. 12). Für die Zukunft prognostiziert Steinecke eine Verschärfung der Wettbewerbssituation im Kulturtourismus. Dies führt er auf folgende Faktoren zurück:

– die steigenden Ansprüche der Kulturtouristen,

– das Auftreten neuer Wettbewerber im Kulturtourismus (Museen, Städte, Regionen),

– die Reglementierung des touristischen Zugangs zu Kultureinrichtungen (Belastungserscheinungen, Proteste der Bevölkerung),

– die Schaffung von Substitutionsprodukten (künstlerische Freizeit-, Erlebnis- und Konsumwelten) (vgl. ebd.).

In Deutschland rangiert der „Kulturtourismus (im engeren Sinne) in der Beliebtheit von Reisearten an fünfter Stelle hinter dem Ausruhurlaub, dem Vergnügungsurlaub, dem Strandurlaub und dem Verwandten-(Bekannten-)besuch" (Becker, Steinecke 1997, S. 9).

Nach Untersuchungen des Irish Tourist Board (1988, S. 23) sind 34,5 Mio. Touristenankünfte in den Ländern der Europäischen Gemeinschaft dem Kulturtourismus zuzuordnen (23,5% aller Ankünfte). Davon werden ca. 31 Mio. (90%) als „General Cultural Tourists" eingestuft („Visiting cultural attractions as part of a general holiday"). Die restlichen 3,5 Mio. (10%) gelten als „Specific Cultural Tourists" („Specific reason for the trip was visiting cultural attractions").

Speziell für die Kulturtouristen („Specific Cultural Tourists") wurde nachgewiesen, „daß für diese Zielgruppe – neben der Kultur – geistige Bereicherung, romantische Stimmung, unberührte Natur, Andersartigkeit der Menschen, Gesundheit und intensiver Genuß von großer Bedeutung sind" (Becker, Steinecke 1997, S. 20).

Die Gruppe der Kulturtouristen zählt zur wichtigsten, weil kaufkräftigsten touristischen Zielgruppe: Entsprechend hoch ist auch ihr Anspruchsniveau an die Qualität des touristischen Angebots (Infrastruktur, Service etc.). Da aber zahlenmäßig das Segment der „reinen" Kulturtouristen zu klein ist, ist zu überlegen, wie andere Zielgruppen (z.B. Familien mit Kindern und Jugendliche) durch kulturtouristische Angebote erreicht werden können. In der Verbindung des Kulturtourismus mit anderen touristischen Leistungen besteht die Chance, neue Angebote zu schaffen und neue Zielgruppen anzusprechen. Gefragt ist eine innovative Angebotspalette, die flexibel auf Marktveränderungen reagiert. So werden im Tourismus- und Freizeitmarkt „**Cross-over-Angebote** – also Mischungen aus Freizeit und Bildung, Sport und Reisen, Essen und Einkaufen – künftig eine immer größere Bedeutung gewinnen" (ebd., S. 23). Dieses Phänomen ist auf die Komplexität der Motiv- und Aktivitätsbündel der Nachfrager zurückzuführen: „Die Freizeit- und Urlaubsmotive werden zunehmend vielschichtiger. Anstelle eines Hauptmotivs ist nun ein Bündel von Reisemotiven zu beobachten" (ebd., S. 19/20).

## 4 Voraussetzungen und Vorteile eines regionalen Kulturtourismus

Beim Kulturtourismus handelt es sich - im Gegensatz zu anderen Teilbereichen des Tourismus (speziell Wintersporttourismus, Dritte-Welt-Tourismus) - um ein überwiegend positiv besetztes Marktsegment (vgl. Steinecke 1993, S. 247).

Positive Effekte des Kulturtourismus sind:

– Bewußtwerden der eigenen Kultur und Entstehen eines neuen Regionalbewußtseins,

– regionalpsychologische Stabilisierungseffekte,

– Vermittlung globalen, grenzüberschreitenden Denkens,

Beitrag zu Völkerverständigung und Vergangenheitsbewältigung.

Mit dem Kulturtourismus eröffnet sich für Regionen die Möglichkeit, „ihre Entwicklung selbst zu gestalten und zu beeinflussen. Durch die Aktivierung dieser endogenen Potentiale für den Tourismus können nicht nur Unterentwicklungen überwunden, sondern es können auch regionale Disparitäten abgebaut werden" (Wöhler 1997b, S. 129).

Im Kontext der Entwicklung und Implementierung eines Marketingkonzepts für den regionalen Kulturtourismus ist die kulturtouristische Ausgangssituation anhand zweier Fragenkomplexe zu eruieren:

– Soll durch die Erstellung kulturtouristischer Angebote ein Gebiet (eine Region) touristisch erschlossen werden, das (die) bisher wenig Entwicklungsmöglichkeiten im Tourismus besaß, dessen Potential insbesondere auf kulturellen und kulturräumlichen Elementen basiert?

– Sollen durch kulturtouristische Angebote die touristischen Angebote in einem bereits entwickelten Gebiet (z.B. Eifel) ergänzt und erweitert werden mit dem Ziel der Attraktivierung (Zusatznutzen) der Region für (neue) touristische Zielgruppen?

Die Beantwortung dieser Fragenkomplexe ist Voraussetzung für die Entwicklung einer kulturtouristischen Marketingkonzeption.

Für beide Strategien gilt, daß kulturtouristische Angebote das endogene kulturelle Potential einer Region auszuschöpfen und zu nutzen haben. Hierbei sind die Besonderheiten einer kulturtouristischen Inwertsetzung zu berücksichtigen sowie die Vorteile des Kulturtourismus für die Zielregion herauszuarbeiten (vgl. Steinecke 1993, S. 247):

- Authentizität der Angebote (Nutzung des endogenen kulturellen Potentials wie historische Bauten, Brauchtum, aktuelle kulturelle Ereignisse);
- Einbeziehung der einheimischen Bevölkerung in die Angebotsgestaltung und kulturtouristische „Vermarktung" (Einheimische verkaufen ihre Region durch ihr Informationsverhalten Ortsfremden gegenüber);
- hohe Kaufkraft der Kulturtouristen und große Wertschöpfung für die Region;
- arbeitsintensiver Sektor mit Beschäftigungsmöglichkeiten (z.B. für Reiseleiter, Gästeführer).

Basis für die Gestaltung kulturtouristischer Angebote ist die Ausstattung einer Region mit kulturellen Objekten (Gütern). Diese Ausstattung beschränkt sich nicht nur auf den historisch gewachsenen Bestand (Burgen, Kirchen, Schlösser, Brauchtum u.a.) sondern umfaßt auch und insbesondere das kreative Potential der Gegenwart wie Theater, Konzerte, Musikveranstaltungen, Ausstellungen in Museen, Galerien, Lesungen etc.

Abbildung: Vereinfachtes kulturtouristisches Modell (zit. nach Wöhler 1997b, S. 130)

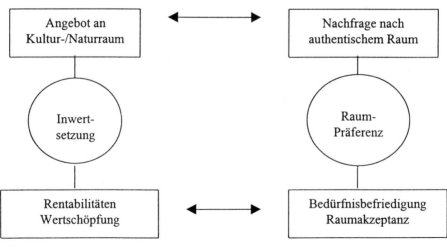

Marktfähig wird ein „Kultur-/Naturraum mit seinen gegebenen, je spezifisch ausgeprägten Ressourcen/Potentialen, wenn er in Wert gesetzt wurde und ihm somit eine Nutzungsform gegeben worden ist" (Wöhler 1997b, S. 130). Erst die Inwertsetzung setzt den in der Abbildung dargelegten „Kreislauf von Rentabilität, Schaffung/Erhaltung von Arbeitsplätzen und Einkommen, Attraktivitätssteigerung, Zufriedenheit etc. in Gang. Der kulturtouristische Produktionsprozeß erschöpft sich dabei nicht nur in der Beanspruchung dieser Ressourcen als Inputfaktoren. Eine kulturtouristische Inwertsetzung umfaßt immer auch die Bereitstellung von Infrastrukturen (von „Inszenierungsstrukturen") über das Gastgewerbe bis hin zu Informationsmaterialien und Verkehrsflächen)" (ebd.).

Wichtigster Faktor eines Kulturtourismus-Marketingkonzepts ist die Art und Weise, wie das Kulturangebot präsentiert und wie damit geworben wird. Dabei kommt es darauf an, die Fülle und die Vielfalt, die in der Regel das regionale bzw. städtische Kulturangebot kennzeichnet, für den auswärtigen und einheimischen Besucher möglichst zu bündeln und transparent zu machen. Es gilt einerseits, Schwerpunkte zu bilden, bestimmte Teile besonders hervorzuheben, andererseits müssen Zusammenhänge hergestellt werden. So erst werden bestimmte Kulturgüter „konsumierbar", d.h. kulturtouristisch überhaupt verwertbar (vgl. Fessmann 1993, S. 18). Darüber hinaus ist es notwendig, **möglichst zielgruppengenau die unterschiedlichen Interessengruppen anzusprechen, d.h. die Angebote nach den Interessen der sehr unterschiedlichen Lebensstile und Erwartungshaltungen der Kulturreisenden zu differenzieren (Marktanalyse).**

Insgesamt bieten alle kulturtouristischen Angebote eine Fülle von Schnittstellen zu anderen touristischen Leistungen und Aktivitäten. Kombinationen mit touristischen Angeboten zu Erholung, Sport, Naturerleben, Gesundheitspflege sowie adäquate Hotellerie- und Gaststättenangebote sind Voraussetzung für erfolgreiche kulturtouristische Strategien. Da der Kulturtourist – so Wolber 1997 – nicht „ein einzelnes kulturelles Angebot nachfragt, sondern die Kombination mit anderen touristischen Leistungen sucht, sollte ein komplexes Angebot im Sinne eines Gesamterlebnisses gestaltet werden, d.h. es gilt: Kulturelle Attraktion + Unterkunft + Transportleistung + Regionaltypische Verpflegung + Geselligkeit/ Kommunikation + Vergnügen/Erlebnis + Eigeninitiative + Sinnlicher Genuß = Innovatives Angebot" (S. 56).

## 5 Strategische Überlegungen zu einem regionalen Kulturtourismus-Marketingkonzept

Ziel eines regionalen kulturtouristischen Marketingkonzepts ist es, die Region gegenüber Konkurrenzregionen mit ähnlichen Angeboten aus der Sicht der Nachfrager zu profilieren und so die Reiseentscheidung zu beeinflussen. Strategisch bedeutet dies, vom kulturtouristischen Einzelangebot zu einem umfassenden regionalen Kulturtourismusprodukt zu gelangen. Die Leistungsbündel eines Tourismusortes oder einer Tourismusregion müssen dabei mit den Gästen/Kunden so koordiniert werden, daß daraus ein hoher Gäste-/Kundennutzen und Wettbewerbsvorteil resultiert (vgl. Wöhler 1997a, S. 282).

Für ein lokales bzw. regionales Tourismusmanagement kommt es darauf an, spezifische Touristenprofile mit entsprechenden Angeboten in Übereinstimmung zu bringen, bzw: mit vorhandenen Leistungsangeboten bestimmte Urlaubstypen anzusprechen (vgl. ebd.).

Wichtige Arbeitsschritte für die Erarbeitung eines Kulturtourismus-Marketingkonzepts als Bestandteil professioneller regionaler Fremdenverkehrsarbeit sind:

- „Bestimmung der eigenen Position am Markt (Stärken/Schwächen-Analyse),
- gemeinsame Entwicklung eines Leitbildes für die Tourismusregion,
- konsequente Umsetzung des Leitbildes durch Maßnahmen in den Bereichen Infrastruktur, Human-Ressource, Außen-/Innen-Marketing, Organisation" (Steinecke, Brysch, Haart, Herrmann 1996, S. 100).

Ein kulturtouristisches Marketing, das dem Kriterium der Authentizität folgt, wird allerdings - in Abgrenzung zum Massentourismus - dafür Sorge tragen müssen, daß touristische Aktivitäten die kulturelle Identität der Städte und Kommunen nicht gefährden. D.h.: Eine Ereigniskultur, die um Touristen wirbt, hat in einem ausgewogenen Verhältnis zur dauerhaften kulturellen Infrastruktur zu stehen. Kultur kann zwar als ein Wirtschaftsfaktor verstanden werden, sollte aber nicht uneingeschränkt für die Fremdenverkehrswirtschaft vermarktet werden. Andererseits müssen die z.T. bei Kulturverantwortlichen vorhandenen Vorbehalte gegen eine professionelle Berücksichtigung touristischer Belange bei der Erschließung, Präsentation, Information und Vertriebsorganisation überwunden werden. Kulturelle Einrichtungen und Ereignisse, die auf auswärtige Besucher hoffen, brauchen ein gezieltes Marketing und eine professionelle Organisation mit diesem Ziel. Dazu wird es nötig sein, eine Marketing-Kooperation zu institutionalisieren, die zwischen Tourismus, kommunaler Kulturarbeit und Kulturwirtschaft vermittelt mit dem Ziel der Schaffung einer Kommunikationsbasis zwischen den regionalen Akteuren. Dabei sollte ein erfolgreiches Destinationsmanagement angestrebt werden, das integrierte Angebote (Verknüpfung kulturtouristischer Angebote untereinander sowie mit anderen touristischen Leistungen) erarbeitet.

### 5.1 Bestimmung der eigenen Position

Für die Abgrenzung des relevanten Marktes im Kulturtourismus muß das spezifische kulturelle Potential einer Region in der Angebotsstruktur und -gestaltung dokumentiert werden. Das bedeutet für die Städte und Kommunen eine qualifizierte Bestandsaufnahme/Analyse ihres für den Tourismus bedeutsamen Kulturangebots mit Blick auf das touristische Marketing („Produktpolitik"). Dieses umfaßt sowohl das staatliche und städtische Spektrum als auch die institutionellen sowie ereignisbezogenen Kulturangebote in freier und kommerzieller Trägerschaft. Dabei ist aufzuzeigen, wer Träger der Einrichtung bzw. Veranstaltung ist. Eine qualifizierte Bestandsaufnahme/Analyse tourismusrelevanter kultureller Angebote beinhaltet darüber hinaus die Gewichtung und Wertung des Angebots im Sinne eines Ausschlusses nicht touristisch relevanter Angebote.

Der **erste Schritt** der Analyse der eigenen Ausgangssituation erfolgt in Form einer Bestandsaufnahme und Analyse des kulturellen Potentials sowie der Prüfung auf Umsetzungsmöglichkeiten in eine Angebotskonzeption. Bei der Sichtung, Ordnung und Bereitstellung des kulturtouristischen Potentials des jeweiligen Gebiets ist zu untersuchen, ob die folgenden Untergruppen des Kulturtourismus (vgl. Jätzold 1993, S. 139) in der zu untersuchenden Region zu identifizieren sind. Außerdem ist zu klären, in welcher Zusammenstellung sie als „Paket" angeboten werden können.

*Objektkulturtourismus:*

Beispiele: Historische Gebäude (Kirchen, Burgen, Schlösser), Museen, Ausstellungsorte/ Galerien (technische u.a. Denkmäler);

*Gebiets-/Ensemblekulturtourismus:*

Landschaftliche Sehenswürdigkeiten/ Naturparks/Gärten;
Dorf-/Stadtensembles (Sind in den Städten/Dörfern der Region geschlossene Ensembles, historische Dorf/Stadtkerne erhalten geblieben?);
„Straßen" kultureller Objekte, z.B. Straße der Industriekultur;

*Ereigniskulturtourismus:*

a) Festspiele/Festivals;
b) (Groß-)Veranstaltungen aller Art;
c) Gedenkfeiern;
d) historische Märkte;

*Gastronomischer Kulturtourismus:*

Welche regionalen Spezialitäten gastronomischer Art werden angeboten? Können sie in besonderer Weise in Zusammenhang mit anderen kulturellen „Genüssen" präsentiert werden?

Insgesamt läßt sich mit dieser Typologie von Kulturtourismus, die nicht einem derzeit boomenden „Event-Tourismus" (vgl. Freyer 1996) folgen will, eine Balance bei der Erfassung touristischer Angebote herstellen, nämlich zwischen dem - noch zu definierenden - kulturellen Erbe einer Region und einer kulturellen Erlebnisorientierung, unter Einschluß der Aspekte Unterhaltung und Konsum.

Der **zweite Schritt** der Analyse besteht in der Bewertung der ermittelten Daten (Vor- und Nachteile, Stärken- und Schwächen-Analyse). Dabei beziehen sich die Stärken und Schwächen einer Region bezüglich des Kulturtourismus zum einen auf das eigentliche kulturelle Potential, zum anderen auf die Fähigkeit, das Potential zu vermarkten (vgl. Linstädt 1994, S. 67).

## 5.2 Entwicklung eines Leitbildes für die Tourismusregion

Entscheidend ist in diesem Zusammenhang, Präferenzen für die regionsspezifische Kultur zu schaffen und die darauf aufgebauten Angebote in der Weise zu gestalten, daß sie nicht austauschbar sind (Kriterium: Authentizität). Als Ergebnis einer Präferenzstrategie ist eine „Regionstreue" beim Nachfrager zu erwarten, sofern er mit der Region Qualität, Erlebnis und hohe Bedürfnisbefriedigung assoziieren kann. Die Verknüpfung des Kulturangebotes mit den Aspekten Erholung, Lebensart oder Gastronomie sowie die Bündelung des kulturellen Angebots (z.B. Stadtführung und Museumsangebot) ist hier besonders wichtig, da die Potentiale des Kulturtourismus in der jeweils regional spezifischen Verbindung der Dimensionen „Landschaft und Erholung, Gastlichkeit und Lebensart sowie kulturellem Erlebnis" (vgl. Meffert/Frömbling 1993, S. 649) liegen. Auch diese Koppelung des Kulturtourismus mit anderen touristischen Aspekten sollte dem „Profil" der Region entsprechen, es verstärken und evtl. erweitern.

## 5.3 Umsetzung des Leitbildes durch gezielte Maßnahmen

Die Interessen des Gastgebers (Stadt, Kommune, Region) beziehen sich zunächst auf die ökonomischen Folgewirkungen. Insofern ist der Tourismus für die Region politisch und kulturell wichtig als Hebel für Transferleistungen aus wohlhabenderen Regionen (des In- und Auslandes). Dabei ist allerdings zu beachten, daß die kulturelle Infrastruktur genauso wenig wie diejenige der Naturlandschaft für fremde Zwecke verschlissen werden darf; sie muß vielmehr nachhaltig genutzt werden, d.h. substanzerhaltend und substanzerneuernd. Das erfordert Überlegungen, wie Kapazitätsgrenzen rechtzeitig erkannt werden. „Zwar sind die 'Umwegrentabilitäten' inzwischen offenes Motiv für die Veranstaltungen internationaler Ausstellungen, glanzvoller Festspiele oder großer Messen. Doch gilt es auch, die

Grenzen zu beachten. Voraussetzung für Effizienz sind zunächst einmal genügend Besucher mit möglichst viel frei verfügbarer Kaufkraft. Nach der Faustregel steigt die Kaufkraft mit der Entfernung, aus der die Besucher anreisen; je größer die Kaufkraft, desto anspruchsvoller sind sie allerdings auch bezüglich der vorausgesetzten Infrastruktur; sie verlangen entsprechende Investitionen in die angebotenen Kunstgenüsse" (Hoffmann 1993, S. 12/13).

Das Marketing muß für die Außenwerbung gezielt Attraktionen einspannen, aber auch das gesamte Angebot profilierter kleinerer Anbieter erfassen. Die Entwicklung und Inszenierung von Ereignissen und Events tragen zur Imageprofilierung und Erhöhung des Bekanntheitsgrades einer Stadt, Kommune oder Region bei. „Die Beschränkung auf große attraktive Ereignisse und Pakete ist nicht Vereinfachung und Mißachtung der Vielfalt. **Doch es geht zunächst einmal darum, die Region touristisch wahrzunehmen und zusätzliche Reiseströme in die Region zu lenken. Diese können sich dann je nach persönlichem Geschmack auf einzelne Teilregionen und verfeinerte Angebote zubewegen**" (Masterplan für Reisen ins Revier, S. 89). Insgesamt kumulieren die Wirkungen kulturtouristischer Angebote, da sich durch kulturelle Schwerpunkte auch das Image einer Region verändert. Dabei darf die Intensivierung des Kulturbewußtseins und die Bewußtseinsbildung nach innen nicht vernachlässigt werden, denn auch die Akzeptanz in der Bevölkerung ist ein wichtiger Faktor für den Kulturtourismus.

Globale Ziele für eine regionale kulturtouristische Marketingkonzeption sind:

- Pflege und Festigung bestehender Zielgruppen durch interessante Angebotsgestaltung;
- Rekrutierung neuer (einkommensstarker) Zielgruppen;
- Erhöhung der Tagesausgaben;
- Imageergänzung und -verbesserung aufbauend auf den existierenden Imagefaktoren „Natur", „Landschaft", „Erholung";
- Steigerung des Bekanntheitsgrades der kulturellen Eigenarten der Region;
- Steigerung der Akzeptanz in der Bevölkerung.

Wenn das Ziel, die Etablierung des betreffenden Gebiets als kulturtouristische Region, erreicht werden soll, muß die Strategie darin bestehen, das vorhandene kulturlandschaftliche Potential in kreativen und hochwertigen Arrangements anzubieten, die - auf der operativen Ebene - durch einen optimalen Marketingmix konkretisiert werden müssen. Dabei sind die kulturellen Interessen der Zielgruppe zu charakterisieren und zu berücksichtigen. Idealiter korrespondieren die von den (potentiellen) Gästen präferierten kulturellen Angebote (Schloß- und Kirchenbesichtigungen, Stadtführungen, Museen, Ausstellungen und Konzerte) mit den Angeboten der Region. Dies gilt für die Zielgruppe der „klassischen" Kulturtouristen und müßte für andere Zielgruppen entsprechend verändert werden.

## Literatur

Becker, Chr.: Kulturtourismus - Eine Einführung. In: Becker, Chr., Steinecke, A. (Hg.): Kulturtourismus in Europa: Wachstum ohne Grenzen? ETI-Studien-Band 2, Trier 1993

Becker, Chr., Steinecke, A.: KulturTourismus: Strukturen und Entwicklungsperspektive. Studienbrief des weiterbildenden Studiums KulturTourismusManagement. FernUniversität. Hagen 1997

Dreyer, A. (Hg.): Kulturtourismus. München/Wien 1996

Eder, W.: Wissenschaftliche Reiseleitung und Kulturtourismus. In: Becker, Chr., Steinecke, A., a.a.O.

Fessmann, I.: Das kulturelle Erbe in der Stadt: Möglichkeiten und Grenzen der kulturtouristischen Vermarktung. In: Becker, Chr., Steinecke, A., a.a.O.

Freyer, W.: Event-Tourismus - Kulturveranstaltungen und Festivals als touristische Leistungsangebote. In: Dreyer, A.: Kulturtourismus. München/Wien 1996

Hoffmann, H.: Kultur und Tourismus. Zwei Sphären mit Berührungen. Manuskript Lübeck 1993

Irish Tourist Board, Brady Shipman Martin: Inventory of Cultural Tourism Resources in the Member States and Assessment of Methods used to promote them. Dublin, Brussels 1988 (Tourism Study Ref. VII/A-4/1)

Jätzold, R.: Differenzierungs- und Förderungsmöglichkeiten des Kulturtourismus und die Erfassung seiner Potentiale am Beispiel des Ardennen-Eifel-Saar-Moselraumes. In: Becker, Chr., Steinecke, A., a.a.O.

Lindstädt, B.: Kulturtourismus als Vermarktungschance für ländliche Fremdenverkehrsregionen, Trier 1994

Masterplan für Reisen ins Revier. Bericht der Kommission. August 1997. Im Auftrag des Ministers für Wirtschaft und Mittelstand, Technologie und Verkehr des Landes Nordrhein-Westfalen

Meffert, H., Frömbling, S.: Regionenmarketing Münsterland - Fallbeispiel zur Segmentierung und Positionierung. In: Hädrich, G., Kaspar, C., Klemm, K., Kreilkamp, E. (Hg.): Tourismus-Management. Berlin, New York 1993 (2. Aufl.)

Neukam, V.: Kultur aktiv erleben - ein wissenschaftlicher Ansatz der Kulturbelegung und -vermittlung. In: Reader: Strukturen und theoretische Konzepte zum Kulturtourismus. Studienbrief des Weiterbildenden Studiums KulturTourismusManagement. FernUniversität. Hagen 1997

Opaschowski, H.W.: Auf dem Wege zur Urlaubskultur von morgen. In: Kulturpädagogische Nachrichten. Heft 37/1995

Ritter, N.: Entwurf eines Marketingkonzepts für das „Eifel-Festival" als neuem kulturtouristischen Angebotssegment im Eifel-Raum. Abschlußarbeit zum Weiterbildenden Studium KulturManagement. FernUniversität Hagen 1998

Rothärmel, B.: Der Musicalmarkt in Deutschland. In: Bensberger Protokolle Nr. XX „Musicals und urbane Entertainmentkonzepte" (Hg.): Thomas-Morus-Akademie, Bensberg 1998

Schulze, G.: Die Erlebnisgesellschaft. Kultursoziologie der Gegenwart. Frankfurt/M. 1992

Schulze, G.: Warenwelt und Marketing im kulturellen Wandel. In: Heinze, Th. (Hg.): KulturManagement. Professionalisierung kommunaler Kulturarbeit. Opladen 1994 (vergriffen)

Schwarzbauer, H.: Bestandsaufnahme der kulturellen Infrastruktur in der Regio Aachen. Im Auftrag des MSKS NRW. Manuskript 1997

Steinecke, A.: Kultur und Tourismus. Aktuelle Forschungsergebnisse und künftige Forschungs- und Handlungsfelder. In: Revue de Tourisme - The Tourist Revue-Zeitschrift für Fremdenverkehr. 49 (1994). Nr. 4, S. 22

Steinecke, A., Brysch, A., Haart, N., Herrmann, P.: Tourismusstandort Deutschland - Hemmnisse, Chancen, Herausforderungen. In: Europäisches Tourismus-Institut (Hg.): Der Tourismusmarkt von morgen - zwischen Preispolitik und Kultkonsum. Trier 1996

Steinecke, A.: Perspektiven des KulturTourismus: Wettbewerbsdruck – Profilierung – Inszenierung. In: Reader: Strukturen und theoretische Konzepte zum KulturTourismus. Studienbrief des Weiterbildenden Studiums KulturTourismusManagement, FernUniversität. Hagen 1997a

Steinecke, A.: Kulturtourismus - Chancen und Gefahren. Becker, Chr., Steinecke, A., a.a.O. FernUniversität. Hagen 1997b

Wessel, G.: „Auf Tuchfühlung mit der Region." Radwandern durch die Eifel: Die Tuchmacher- und Weberkulturroute. In: Heinze, Th.: Kulturtourismus in der Regio Aachen. Ideen - Konzepte - Strategien. Studienbrief des Weiterbildenden Studiums KulturManagement. FernUniversität. Hagen 1998

Wöhler, K.H.: Marktorientiertes Tourismusmanagement. Berlin/Heidelberg 1997a

Wöhler, K.H.: Produktion kulturtouristischer Leistungen. In: Reader: Strukturen und theoretische Konzepte zum Kulturtourismus. Studienbrief des Weiterbildenden Studiums KulturTourismusManagement. FernUniversität. Hagen 1997b

Wolber, Th.: Die touristische Inwertsetzung des kulturellen Erbes in größeren Städten – Historic Highlights of Germany. In: Reader: Touristische Inwertsetzung kultureller Ereignisse und Objekte. Studienbrief des weiterbildenden

Studiums KulturTourismusManagement. FernUniversität. Hagen 1997 (abgedruckt in diesem Band, Kapitel V)

## II Perspektiven des Kulturtourismus: Wettbewerbsdruck - Profilierung - Inszenierung

*Albrecht Steinecke*

> „Museums are competing for the entertainment dollars," says Samuel Sachs, director of the Detroit Institute of Arts. „We compete with newspapers, magazines, sporting events, etc."
> Harney (1992, S. 39).

> „Historische Sehenswürdigkeiten und Urlaubseinrichtungen weisen dieselbe Tendenz zur Virtualität auf"
> Rieche (1997a, S. 9).

### 1 Kulturtourismus - zunehmender Wettbewerbsdruck in einem lukrativen Marktsegment

Der Kulturtourismus ist - am Ende des 20. Jahrhunderts - äußerst populär und zugleich nahezu ubiquitär. Internationale und nationale Kunstausstellungen verzeichnen ein unerwartet hohes Besucheraufkommen, zugleich drängen immer mehr kommerzielle und öffentliche Anbieter in diesen lukrativen Markt:

- Die Großausstellungen im Historischen Museum der Pfalz in Speyer verzeichneten z.B. in den Jahren 1994 und 1995 jeweils Besucherrekorde: 331.600 Besucher kamen, um den „Zarenschatz der Romanovs" zu sehen. Für die Ausstellung „Leonardo da Vinci - Künstler, Erfinder, Wissenschaftler" interessierten sich 337.000 Besucher (vgl. Grewenig 1997, S. 171). Einen noch größeren Andrang löste die Cézanne-Ausstellung in der Kunsthalle Tübingen aus, in der im Jahr 1993 430.000 Besucher gezählt wurden (vgl. Lösel 1996, S. 296).

- Von der „Keith-Haring-Ausstellung" in Speyer über die „Bachwoche" in Ansbach bis hin zum „Römerstraßenfest" in Zell an der Mosel - das Angebot an kulturellen Veranstaltungen ist nahezu unüberschaubar geworden. Allein für den Monat August stellte z.B. die „Welt am Sonntag" in ihrer Ausgabe vom 3. August 1997 (ohne Anspruch auf Vollständigkeit) mehr als 170 Premieren, Ausstellungen, Messen und Auktionen, Volksfeste, Festivals, Konzert- und Sportveranstaltungen in Deutschland zusammen.

Nachdem der Kulturtourismus in den 70er und 80er Jahren rasch expandiert war, gibt es also inzwischen deutliche Hinweise auf eine Sättigung dieses touristischen Marktsegmentes:

- Nach einer langen Phase kontinuierlichen Wachstums meldet das Statistische Bundesamt für das Jahr 1995 erstmals wieder eine rückläufige Zahl der Besuche in Museen und Ausstellungen in Deutschland: Sie sank von 93,2 Mio. im Jahr 1992 auf 91,1 Mio. im Jahr 1995 (vgl. Statistisches Bundesamt 1997, 1997a).

- Auch in Europa werden die Grenzen des kulturtouristischen Wachstums deutlich. Seit Mitte der 80er Jahre hat eine erhebliche Erweiterung des kulturellen bzw. kulturtouristischen Angebots stattgefunden (1985 - 1992: + 38%). Da die kulturtouristische Nachfrage nicht in gleichem Maß gestiegen ist, besteht derzeit ein Überangebot: Der Markt ist gesättigt, er hat sich vom Verkäufer- zum Käufermarkt entwickelt (vgl. Richards 1996, S. 38).

Für die Zukunft ist mit einer weiteren Verschärfung der Wettbewerbssituation im Kulturtourismus zu rechnen. Als treibende Kräfte des Wettbewerbs erweisen sich dabei (vgl. Abb. 1):

- die steigenden Ansprüche der Kulturtouristen (Erlebnischarakter, Präsentation, Informationsvermittlung (vgl. Kap. 1.1)),

- das Auftreten neuer Wettbewerber im Kulturtourismus (Museen, Städte, Regionen (vgl. Kap. 1.2)),

- die Reglementierung des touristischen Zugangs zu Kultureinrichtungen (Belastungserscheinungen, Proteste der Bevölkerung (vgl. Kap. 1.3)),

- die Schaffung von Substitutionsprodukten (künstliche Freizeit-, Erlebnis- und Konsumwelten (vgl. Kap. 1.4)).

## 1.1 Steigende Ansprüche der (Kultur-)Touristen

Reiseerfahren, anspruchsvoll und preissensibel - so lassen sich die (Kultur-) Touristen der 90er Jahre charakterisieren. Ihr Reiseverhalten und ihre Reisemotivation wird durch mehrere zentrale Trends bestimmt (vgl. Steinecke u.a. 1996):

Die Urlauber der 90er Jahre verfügen über eine breite (internationale) Reiseerfahrung und somit über vielfältige Vergleichsmöglichkeiten in zahlreichen Zielgebieten. Entsprechend hoch ist auch ihr Anspruchsniveau an die Qualität des touristischen Angebotes (Infrastruktur, Service etc.). Der Gast empfindet die Basisleistungen wie Unterkunft, Gastronomie und Unterhaltungsangebote einer Tourismusdestination als Selbstverständlichkeit, erwartet wird eine ergänzende Zusatzleistung mit hohem emotionalen Erlebniswert. Im Kulturtourismus steigen speziell die Ansprüche an die Einbettung des kulturtouristischen Angebots in eine attraktive Erlebnissituation und an die Qualität der Informationsvermittlung.

Abb. 1: Verschärfung der Wettbewerbssituation im Kulturtourismus

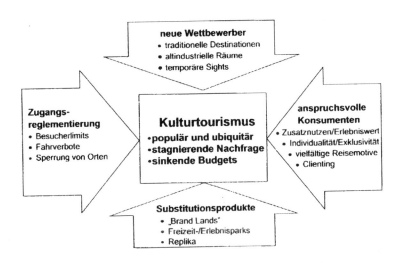

Individualisierung ist ein entscheidender Trend im Gesellschaftssystem, er wird auch auf die Freizeit- und Urlaubserwartung übertragen. Der Wunsch nach Individualität wird im Urlaub zu einem Drang nach etwas Einzigartigem, das nur für den einzelnen Urlauber (bzw. seine Reisegruppe) zugänglich ist. Im Kulturtourismus spiegelt sich dieser Trend zur Exklusivität z.b. in Empfängen oder Gala-Diners für Konzertbesucher wider, bei denen der Dirigent und der Solist persönlich anwesend sind.

Kurzfristige Entschlüsse und wachsende Flexibilität prägen die Reiseentscheidung; Spätbuchungen und Last-Minute-Angebote werden immer stärker in Anspruch genommen. Die Kunden werden künftig eine Zeitgleichheit von Reiseentscheidung und Buchungsbestätigung erwarten. Im Kulturtourismus haben sich z.b. die Musical-Anbieter erfolgreich auf diesen Trend eingestellt: Die Buchung der Eintrittskarte erfolgt direkt über ein zentrales Call-Center, bezahlt wird per Kreditkarte; neben dem Ticket können auch weitere touristische Leistungen (Unterkunft, Stadtrundfahrten etc.) vermittelt werden.

Die Freizeit- und Urlaubsmotive werden zunehmend komplexer. Anstelle eines Hauptmotives ist nun ein Bündel von Reisemotiven zu beobachten: Untersuchungen zu den Reisemotiven der Kulturtouristen zeigen, daß diese Zielgruppe z.B. auch eine romantische Stimmung sucht, den Kontakt mit andersartigen Menschen, den intensiven Genuß und die unberührte Natur. Von den Kunden wird generell ein breites Angebotsspektrum mit hoher Wahlfreiheit erwartet („Büfett-Situation": individuelle Zusammenstellung aus zahlreichen Einzelangeboten).

Der touristische Markt wird unübersichtlicher: Die Zugehörigkeit zu einer soziodemographischen Gruppe eignet sich heute nicht mehr als Klassifizierungsmerkmal der Touristen, da sie nicht mehr ausreichend trennscharf ist. Beispielsweise hat sich die bislang vertraute Zielgruppe älterer Menschen (über 65 Jahre) in Teilgruppen wie die „neuen Alten", die „aktiven Senioren", die „klassischen Senioren" etc. aufgelöst. Diese Aufsplittung der touristischen Zielgruppen läßt sich auch bei den neigungstouristischen Gruppen (Kulturtouristen, Radtouristen etc.) beobachten. An die Stelle des traditionellen Marketing tritt zunehmend das Clienting - also die konsequente Orientierung an den Bedürfnissen des einzelnen Urlaubers (z.B. durch Database-Marketing, Kundenbindungsprogramme und Dialog-Verfahren).

**1.2  Auftreten neuer Wettbewerber im Kulturtourismus**

Die aktuelle Marktsituation im Kulturtourismus wird jedoch nicht nur durch die Dynamik auf der Nachfrageseite bestimmt, sondern auch durch gravierende Veränderungen auf der Angebotsseite: Immer mehr Einzelanbieter, Städte und Regionen drängen in diesen Markt. In Zeiten, in denen andere Wirtschaftszweige durch Stagnation und Rückgang gekennzeichnet sind, wird der Kulturtourismus vielerorts als ideale Lösung betrachtet, um das Image nachhaltig zu verbessern, die Einkommenssituation erheblich zu stärken und qualifizierte Arbeitsplätze zu schaffen. Anhand einiger Beispiele auf unterschiedlichen Ebenen soll dieser Trend verdeutlicht werden:

- „Kunst statt Küste" - unter dieser Schlagzeile meldete die „Frankfurter Allgemeine Zeitung" am 13. November 1997, daß das Niederländische Büro für Tourismus künftig die Kultur- und Städtereisen zum zweiten Standbein des niederländischen Tourismus ausbauen will. Diese neue Strategie basiert auf der Tatsache, daß die allgemeine Besucherzahl der deutschen Touristen im Jahr 1996 erstmals seit acht Jahren rückläufig war, während gleichzeitig die Zahl der deutschen Kultur- und Städtetouristen in den Niederlanden zunahm. Um diesen Trend zu nutzen und zu verstärken, werden im Winter 1997/98 zwei große Ausstellungen im Rijksmuseum in Amsterdam präsentiert sowie im Mauritshuis und Haags Historische Museum in Den Haag. Im Jahr 1998 folgen dann eine Reihe weiterer Ausstellungsprojekte (vgl. FAZ, 13. November 1997).

- Das Land Nordrhein-Westfalen - bislang vor allem ein wichtiges Quellgebiet im deutschen Tourismus - hat im August 1997 den „Masterplan für Reisen ins Revier" vorgestellt. Damit definiert es sich künftig als touristische Destination, vor allem für den Tagesausflugsverkehr und für Kurzreisen. Innerhalb des Konzeptes spielt der Kulturtourismus eine herausragende Rolle. Zu den vier

Bausteinen des Masterplans zählen Industriekultur und Industrienatur, Entertainment, Kultur und Kultur-Events sowie Messen und Kongresse. Mit einem Investitionsvolumen von insgesamt 330 Mio. DM sollen vorrangig folgende Projekte entwickelt werden: Besucherbergwerk Ruhr, Anima-Park Bochum, Alpin-Center Ruhr, Sportboot-Tourismus, Emscher Park Eisenbahn, Jugendreisen und Jugendhotels, Internationales Verbundprojekt Industrietourismus (vgl. Ministerium für Wirtschaft und Mittelstand, Technologie und Verkehr 1997).

- In Berlin wurde bereits im Jahr 1993 für einen begrenzten Zeitraum das Berliner Stadtschloß aus Kunststoffplanen rekonstruiert, um die Möglichkeiten der Gestaltung des Marx-Engels-Platzes anschaulich zu verdeutlichen. Die Simulation entwickelte sich - nicht zuletzt aufgrund ihres temporären Charakters - bald zur Attraktion für Einheimische und Touristen. Für das Jahr 1998 ist eine ähnliche Aktion geplant: Am Friedrichswerderschen Markt soll aus 24.200 Steinen die Fassade der Bauakademie von Karl Friedrich Schinkel (im Maßstab 1 : 1) rekonstruiert werden, um die große Bedeutung dieses Bauwerkes für die Stadtmitte Berlins zu verdeutlichen. Die Finanzierung der Aktion, die 100 Tage dauert und ca. 500.000 DM kostet, soll vor allem durch den Verkauf der Ziegelsteine an Sponsoren erfolgen (vgl. Clewing 1997).

Während die neuen Wettbewerber (Einzelanbieter, Städte, Regionen etc.) das kulturtouristische Angebot erweitern und damit für eine Verschärfung der Konkurrenzsituation sorgen, läßt sich gleichzeitig ein gegenläufiger Trend beobachten - die zunehmende Reglementierung des touristischen Zugangs zu Kultureinrichtungen.

### 1.3 Reglementierung des touristischen Zugangs zu Kultureinrichtungen

Dieser Trend ist vor allem eine Konsequenz der massenhaften Nutzung von Kultureinrichtungen durch Touristen. Sie bedingt zum einen die Gefahr der Zerstörung des kulturellen Erbes, zum anderen führt sie zu Belastungen der einheimischen Bevölkerung:

- Als ein Grundproblem des Kulturtourismus erweist sich die Konzentration der Nachfrage auf einige spektakuläre Objekte und Orte - es gibt eine ausgeprägte Hierarchie des kulturtouristischen Interesses. So verzeichnete z.B. das Schloß Neuschwanstein im Jahr 1995 ca. 1,2 Mio. Besucher, während in Herrenchiemsee 628.000 Besucher und im Königsschloß Linderhof knapp 700.000 Besucher gezählt wurden (vgl. FAZ, 21. März 1996). Ein ähnliches Gefälle im Besucheraufkommen zeigt sich auch in Potsdam: Schloß Sanssouci stand im Jahr 1995 mit 384.000 Besuchern im Zentrum des Interesses. Das Neue Palais wurde hingegen von 264.000 Besuchern besichtigt, das Orangerieschloß nur von 56.000 (vgl. Liepe 1997a).

- Der Andrang der kunstinteressierten Touristen führt in vielen Fällen zu Schädigungen der Kunstwerke: So leiden z. B. die Königsgräber in Luxor unter dem Staub, den die Touristen bei der Besichtigung aufwirbeln, aber auch unter den Ausdünstungen der Besucher. Außerdem kommt es durch Berühren und Schaben mit Rucksäcken und Kamerataschen zur Zerstörung der Wandmalereien. Die Internationale Gesellschaft der ägyptischen Königsgräber hat deshalb den Nachbau der bedeutendsten Grabstätten von Luxor gefordert (vgl. FAZ, 22. Mai 1997).

- Doch der Kulturtourismus wirft nicht nur in antiken Stätten Probleme auf. Auch in Deutschland klagt nahezu die Hälfte aller deutschen Fremdenverkehrsgemeinden mit herausragenden Kultureinrichtungen über tourismusbedingte Schwierigkeiten: Besonders brisant sind dabei Verkehrsprobleme, Preisanstieg, Müll, saisonale Überfremdung und Lärm. In jeder siebten Gemeinde regt sich bereits Protest – zumeist getragen von der Bevölkerung, aber auch von Denkmalschützern und Parteien (vgl. Deibler 1996, S. 38-40).

- Auch in den bundesdeutschen Museen führt der Besucherandrang zu Problemen: Immerhin 34% der Museen klagen über fehlende Parkplätze, Beschädigung der Exponate, Sicherungsprobleme gegen Diebstahl, Feuchtigkeit und Beschädigung der Gebäude. Hier kommt der Protest vor allem von Kulturvereinen und Denkmalschützern (vgl. Deibler 1996, S. 49-51).

Als Reaktion auf die vielfältigen Schädigungen von Bauwerken, aber auch auf die Belästigung der einheimischen Bevölkerung durch (Kultur-)Touristen ist es in einer Reihe von Fällen zu Reglementierungen des touristischen Zugangs gekommen:

- Nachdem die Zahl der Besucher in den 20 Dichterhäusern und Museen der Stiftung Weimarer Klassik im Jahr 1994 auf ca. 700.000 gestiegen war, wurde die tägliche Besucherzahl des Goethehauses in Weimar aus konservatorischen Gründen auf 800 bis maximal 1.000 Personen begrenzt. Ähnliche Einschränkungen gelten auch für Goethes Gartenhaus im Park an der Ilm, für das Schillerhaus und den Rokokosaal der Herzogin-Anna-Amelia-Bibliothek (vgl. Trierischer Volksfreund, 22. Dezember 1994).

- Die berühmten Felsmalereien in der Höhle von Altamira (im nordspanischen Kantabrien) leiden seit langem unter einem großen Besucherandrang. Um Schäden zu vermeiden, wurde die Zahl der Besucher auf maximal 9.000 Personen im Jahr begrenzt. Eine Besichtigung ist nur nach vorheriger Anmeldung möglich; die Wartezeit für den Besuch beträgt bis zu zwölf Monaten. Um das Interesse der Touristen besser befriedigen zu können, soll bis zum Jahr 2000 eine originalgetreue Kopie hergestellt werden, die zentraler Bestandteil eines neues Museumsgebäudes werden soll (vgl. FAZ, 18. April 1996).

- In Rom müssen die Touristen seit Anfang der 90er Jahre auf einen beliebten Brauch verzichten - nämlich mit der rechten Hand eine Münze über die linke Schulter in das Wasser des Brunnens von Trevi zu werfen. Die vielen zehntausend Geldstücke, die jährlich gegen den Marmor geprallt waren, hatten erheblichen Schaden angerichtet. Nachdem der Brunnen in mehrjähriger Arbeit gereinigt und restauriert wurde, wurde das Werfen von Münzen untersagt (vgl. Kramer 1993, S. 29).

- Nach jahrelangen Protesten von Anwohnern wurden im Stadtteil Montmartre in Paris vor kurzem die engen Straßen für die Touristenbusse gesperrt. Das historische Viertel, das jährlich von ca. 6 Mio. Gästen besucht wird, kann künftig nur noch zu Fuß oder per Seilbahn von den Touristen erreicht und erkundet werden (vgl. FAZ, 27. November 1997).

- Lokaler Widerstand gegen den Besucherandrang regte sich in den letzten Jahren auch in der kalifornischen Stadt Carmel. Der Ort ist zwar keine klassische kulturtouristische Destination, er wurde aber durch die Tatsache berühmt, daß der Schauspieler und Regisseur Clint Eastwood dort in den 80er Jahren Bürgermeister war. Seitdem kommen in der Sommersaison bis zu 20.000 Besucher täglich, um Carmel zu besichtigen. Mit der Begründung, daß die Reisegruppen zuviel Unruhe in den exklusiven Ferienort bringen, untersagte der Gemeinderat im Herbst 1997 alle Besichtigungstouren (vgl. FAZ, 16. Oktober 1997).

Diese Beispiele der Reglementierung des touristischen Zugangs zu Kultureinrichtungen machen deutlich, daß dem kulturtouristischen Wachstum vielerorts inzwischen von den verantwortlichen Denkmalschützern, aber auch von der Bevölkerung generell Grenzen gesetzt werden: die physische bzw. psychologische Tragfähigkeit („Carrying Capacity") scheint erreicht und in manchen Fällen auch überschritten worden zu sein. Doch im kulturtouristischen Markt zeigt sich ein weiterer Trend, der den Wettbewerb künftig bestimmen wird - die Schaffung von Substitutionsprodukten.

## 1.4 Schaffung von Substitutionsprodukten

Den klassischen Kulturangeboten erwächst in den 90er Jahren eine neue Konkurrenz in Form von Substitutionsprodukten - speziell Freizeit-, Erlebnis- und Konsumwelten. Einrichtungen wie der Musical-Freizeitkomplex „Stuttgart International" (mit zwei Musical-Häusern, zahlreichen Themenrestaurants, Saunalandschaft und Spielbank) oder das „Imhoff-Stollwerck-Museum" Köln (mit tropischem Gewächshaus, historischer Ausstellung zur Schokolade und zur Schokoladenherstellung, Bistro und Shop (vgl. Baetz, Hering 1997)) agieren an der Schnittstelle zwischen Kultur, Bildung, Erlebnis und Vergnügen. Sie wenden sich mit ihren attraktiven und zeitgemäßen Angeboten auch an die Kulturinteressierten („General Cultural Tourists") - also an die 90% der Kulturtouristen, für die der Besuch historisch-kultureller Attraktionen nur eine Aktivität im Spektrum vieler Urlaubsaktivitäten darstellt (vgl. Irish Tourist Board u.a. 1988).

Bei knappem Zeitbudget und sinkenden touristischen Ausgaben treten diese neuen Freizeit-, Erlebnis- und Konsumwelten in direkte Konkurrenz zu traditionellen Kultureinrichtungen, die sich in den letzten Jahren zunehmend dem Tourismus geöffnet haben. D.h. konkret: Bei einem Tagesauflug nach Köln steht der Tourist vor der Entscheidung, entweder das „Museum Ludwig" in Ruhe zu besichtigen oder das „Imhoff-Stollwerck-Museum". Da die Freizeitkomplexe keine klassischen öffentlichen Kulturaufgaben haben (Sammeln, Bewahren, Forschen, Bilden), können sie sich - ohne historischen Ballast und ohne Einbindung in die kameralistische Haushaltsführung - konsequent an den Infotainment-Bedürfnissen der Kunden orientieren. Einige Beispiele sollen diese Entwicklung verdeutlichen:

– Anläßlich ihres 100-jährigen Bestehens baute die Firma Swarovski (9.500 Mitarbeiter, 1,8 Mrd. Umsatz) in Wattens bei Innsbruck (Tirol) mit einem Investitionsvolumen von ca. 25 Mio. DM die Swarovski-Kristallwelten - eine innovative Kunst-, Erlebnis- und Einkaufseinrichtung. Als Architekt der Themenwelt fungierte André Heller: Unter einem Gartenhügel mit einem wasserspeienden Riesen schuf er auf 2.000 qm Fläche ein Ensemble ungewöhnlicher Räume voller Kristallformationen sowie Glas- und Kunstobjekte (u.a. Eingangshalle mit dem kleinsten und größten geschliffenen Kristall der Welt, Kristalldom mit unzähligen Spiegeln, Meditationsgrotte mit Musik von Brian Eno, Eisgasse mit Videoinstallationen). Bereits in den ersten fünf Monaten wurden 160.000 Besucher gezählt - täglich mehr als 1.000 Gäste. Die Berichterstattung über die Kristallwelten war enorm, sie entsprach einem Anzeigengegenwert in Höhe von 10 Mio. DM (vgl. Braun 1996, S. 108).

– In den kommenden Jahren werden im Ruhrgebiet eine Reihe ähnlicher Themenwelten entstehen: Zum 100-jährigen Geburtstag der Rheinisch-Westfälischen Elektrizitätswerke (RWE) wird in Essen - ebenfalls nach einem Entwurf von André Heller - mit einem Aufwand von 35 Mio. DM unter dem Begriff „Meteorit" eine Themenwelt „Energie" gebaut. Für die Neue Mitte Oberhausen ist für das Jahr 2000 die Errichtung eines großen Seewasser-Aquariums geplant. Auf einer Fläche von ca. 17.500 qm soll eine Ausstellung entwickelt werden, in der die Festlandsökologie Mitteleuropas dargestellt wird und Meerestiere wie auch Pflanzen aller Art gezeigt werden. Die jährliche Besucherzahl des Aquariums wird auf 2,5 Mio. veranschlagt. Schließlich ist in Bochum der Anima-Park in Planung. Auf ehemaligen Industrieflächen ist ein großer Park vorgesehen, der an die Tradition der europäischen Freizeitparks des 18. und 19. Jahrhunderts anknüpfen soll (vgl. Ministerium für Wirtschaft und Mittelstand, Technologie und Verkehr 1997).

- Die konsequenteste Form von Substitutionsprodukten stellen sicherlich Replika von Kulturdenkmälern dar: So plant z. B. die Gemeinde Fuengirola (an der spanischen Costa del Sol), bekannte Bauwerke wie den Eiffelturm, den Big Ben, den Schiefen Turm von Pisa, den Koloß von Rhodos, die Rialtobrücke, den Taj Mahal etc. maßstabsgetreu nachzubauen. Auch einige spanische Bauwerke wie die Moschee von Córdoba, die Giralda von Sevilla und die Puerta de Alcalá Madrids sollen dort als Kopien errichtet werden (vgl. FAZ, 17. Oktober 1996).

Der kulturtouristische Markt kommt also durch mehrere Faktoren unter Druck - durch die Schaffung von Substitutionsprodukten, durch die Zugangsreglementierung zu Kultureinrichtungen, durch das Auftreten neuer Wettbewerber und vor allem durch die steigenden Ansprüche der Konsumenten. In dieser harten Wettbewerbssituation, die sich aufgrund der stagnierenden Nachfrage und der expansiven Angebotsentwicklung künftig noch verschärfen wird, kommt es für die Kultureinrichtungen vor allem darauf an, ein klares und attraktives Profil zu entwickeln und zu kommunizieren. Nur auf diese Weise ist es möglich, in dem gesättigten Markt der zahllosen Museen, Ausstellungen, Festivals, Festspiele und Events überhaupt wahrgenommen zu werden. Im folgenden sollen einige Erfolgsstrategien der Profilierung im Kulturtourismus aufgezeigt werden.

## 2  Erfolgsstrategien der Profilierung im Kulturtourismus

„Wir wollen nicht mehr vom selben, sondern etwas anderes"
Bosshart (1995, S. 4).

Ziel neuer Angebote in Kulturtourismus muß es sein, einen Weg aus dem gesättigten Käufermarkt zurück zum knappen Verkäufermarkt zu finden: Das Produkt muß so attraktiv gestaltet sein, daß es von den Kunden begehrt wird. Um die Grundprinzipien des Begehrenskonsums zu verstehen, ist es sinnvoll, erfolgreiche Freizeit- und Tourismusangebote zu analysieren. Ohne Anspruch auf Vollständigkeit zu erheben, zählen dazu u. a. folgende Einrichtungen:

**Freizeit- und Konsumeinrichtungen:**
- Disneyland Paris/Frankreich,
- Universal Studios Hollywood/USA;
- Europapark Rust und andere Freizeitparks in Deutschland (vgl. Fichtner, Franck, Petzold, Wenzel 1997; Hennig 1997),
- CenterParcs und Gran Dorado Parks in den Niederlanden, Deutschland und Belgien (vgl. Dogterom, Simon 1997),
- CentrO Oberhausen/Deutschland,
- Thermendorf Bad Blumau/Österreich (vgl. Rogner 1997).

**Neue Generation von Museen:**
- Aquarium Monterey/USA,
- Bunratty Folk Park & Museum/Irland,
- Zitadelle Bitche/Frankreich,
- Tower Bridge Experience London/Großbritannien (vgl. Krönig 1994),
- Imperial War Museum London/Großbritannien,
- Zeppelin-Museum Friedrichshafen,
- Aquarius Wasser-Museum Mülheim.

**Events:**
- RTL-Boxkämpfe,
- ATP-Tennisturniere,
- Formel-1-Grand-Prix (vgl. Steinecke, Haart 1996),
- Camel Trophy,
- Fit-for-Fun/Club-Robinson-Trainingswochen mit Welt-/Europameistern in unterschiedlichen Disziplinen,
- saisonale Events auf betrieblicher und kommunaler Ebene (vgl. Weilgunni 1997; Becker 1997).

Diesen Einrichtungen liegen zumeist Grundprinzipien des Begehrenskonsums (und damit der Inszenierung) zugrunde, die sich generalisierend folgendermaßen zusammenfassen lassen:

- das „Spektakuläre" bzw. das Spektakel als Leitidee des Angebots,
- ein klares Thema („Theaterstück") und damit ein attraktives Profil für den Nutzer,

eine durchgängige Regie im Sinne eines „Gesamtkunstwerkes" (Schaffung von „Welten" und Arrangement des Themas: Verknüpfung von Akteuren, Bühnenbild/ Architektur, technischen Geräten, Musik/Geräuschen, Gerüchen etc.),

- bekannte Regisseure bzw. Akteure als PR-Leitfiguren (Justus Frantz, Christo, Friedensreich Hundertwasser, Henry Maske, Disney-Characters),
- vielfältiger Multi-Media-Einsatz bei der Informations- und Erlebnisvermittlung (Aktivierung mehrerer Sinne),
- multifunktionale Angebote: Ausstellung/Aufführung + Vorprogramm + Konsumbereiche („Merchandising"-Produkte, kulinarische Angebote) + Schauplatz/Bühne + Ausgangspunkt für Routen/Touren,

hierarchisierte Stufen des Zugangs im Sinne „neuer Privilegien" (z.B. Paddock-Club beim Formel-1-Grand-Prix; Abendempfänge in historischen Sälen, Schlössern und Museen (vgl. Goerlich 1996)).

Aus diesen Grundprinzipien des Begehrenskonsums lassen sich für Kultureinrichtungen mehrere Erfolgstrategien der Profilierung ableiten. Dazu zählen Thematisierung, Regionalisierung, Personalisierung, Vernetzung, Limitierung und Filialisierung; diese Strategien können sich überschneiden und damit auch ergänzen (vgl. Abb. 2).

Abb. 2: Erfolgsstrategien der Profilierung im Kulturtourismus

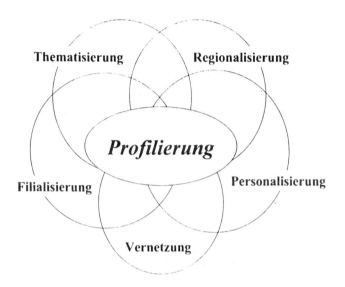

## 2.1 Thematisierungsstrategie

Eine erfolgreiche Möglichkeit der Profilierung von (kultur-)touristischen Angeboten in gesättigten Märkten stellt die konsequente Spezialisierung in Form eines thematischen Schwerpunktes dar. Er kann aus allen Bereichen der Hochkultur, aber auch der Massenkultur stammen: Dabei ist die Bandbreite der Themen nahezu unbegrenzt, sie reicht von bestimmten historischen Phasen (Antike, Mittelalter, Neuzeit) über kunstgeschichtliche Epochen (Romanik, Gotik, Barock, Klassizismus, Impressionismus) bis hin zur Geschichte des ländlichen Raumes (ländliche Architektur und Lebensweise) und zu industriegeschichtlichen Traditionen (Bergbau, Stahlwerke).

– Innerhalb Deutschlands ist es vor allem der Fremdenverkehrsregion Ostbayern gelungen, sich seit Mitte der 80er Jahre durch eine Reihe von thematischen Kampagnen zu profilieren und klar von Mitwerbern abzusetzen. Zu den erfolgreichen Aktionen des Fremdenverkehrsverbandes zählen u.a. „Asam-Jahr" (1986/1987), „Der Gläserne Wald" (1988), „Mittelalter in Ostbayern"

(1989), „Bauernjahr in Ostbayern" (1992/1993), „Ländliche Spezialitäten in Ostbayern" (1994/95) und „Gold im Herzen Europas" (1996/97). Alle Themen wurden von den touristischen Praktikern in enger Zusammenarbeit mit der regionalen Bevölkerung und mit Experten aus den jeweiligen Themenfeldern gemeinsam erarbeitet. Das touristische Produkt setzte sich dabei aus zahlreichen unterschiedlichen Bausteinen zusammen: Beim Thema „Gläserner Wald" gehörte z. B. nicht nur die Besichtigung von Glashütten/-museen dazu, sondern auch Konzerte auf der Glasharfe, Besuche bei Glaskünstlern, wissenschaftliche Glas-Symposien und moderne Tischkultur mit Gläsern aus dem Bayerischen Wald. Als ein zentraler Erfolgsfaktor erweist sich die systematische Öffentlichkeitsarbeit. Um auf die Themen-Kampagnen aufmerksam zu machen, werden eine Reihe von Werbematerialien eingesetzt (Vorschauprospekt zur ITB, Urlaubsmagazin, Gemeinschaftsprospekt, Animationsbroschüre, Unterkunftsführer, Zeitungsbeilage). Außerdem findet eine intensive Bearbeitung und Betreuung der Medien statt: Über das „Asam-Jahr" erschienen z.B. im Jahr 1986 mehr als 800 Artikel in einer Gesamtauflage von 200 Mio. Exemplaren. Der Erfolg der Kampagnen besteht zum einen in einer deutlichen Imageverbesserung und Profilierung, zum anderen aber auch in einer Steigerung des Besucheraufkommen. Während die Übernachtungszahlen in den übrigen bayerischen Fremdenverkehrsregionen in den vergangenen zehn Jahren um 13% stiegen, verzeichneten sie in Ostbayern einen Zuwachs um 44% (vgl. Schemm, Unger 1997).

- Eine Thematisierungsstrategie verfolgt auch die Multimedia-Attraktion „Voyage au Temps des Impressionistes". Dieses ungewöhnliche Museum wurde im Jahr 1994 im Chateau d'Auvers (40 km) nördlich von Paris eröffnet. Der Ort Auvers-sur-Oise war seit 1861 ein bevorzugter Aufenthaltsort impressionistischer Maler, neben Daubigny, Pissarro und Cézanne ließ sich auch Vincet van Gogh hier nieder. Diese Zeit der Impressionisten wird den Besuchern nun auf 2.000 qm Ausstellungsfläche in 16 Räumen vermittelt – ohne ein einziges Originalgemälde. Vielmehr werden Kopien berühmter impressionistischer Kunstwerke in 500 verschiedenen Dia- und Videoprojektionen und in kulissenartig inszenierten Räumen präsentiert (bürgerlicher Salon, Varieté, Chambre séparée, Café). Auf den Spuren der Impressionisten unternehmen die Besucher dann eine (simulierte) Bahnfahrt auf das Land nach Auvers und an die französische Atlantikküste. Der thematische Erlebnisrundgang, der ca. 60 Mio. Francs gekostet hat, verzeichnet jährlich eine Besucherzahl von 130.000 Gästen (ca. 30% mehr als erwartet). Im Gegensatz zu anderen französischen Museen, die sich zu zwei Dritteln aus Subventionen finanzieren, erwirtschaftet die „Voyage au Temps des Impressionistes" 75% ihres Budgets durch eigene Einnahmen. Aufgrund des großen Besucherinteresses hat sich die Einrichtung inzwischen auch zu einem erfolgreichen Kulturreiseveranstalter entwickelt: Sie bietet Halbtages- und Tagesausflüge sowie Kurzreisen mit impressionistischen Themen an (vgl. Puydebat 1997).

Profilierung durch Thematisierung – diese Strategie ist nicht nur im Kulturtourismus zu beobachten, sondern auch in anderen Bereichen der Freizeit- und Tourismusbranche (Themengastronomie und Themenhotels, aber auch Themenparks etc.). Als ein Thema, unter dem einzelne (kultur-)touristische Attraktionen gebündelt und gemeinsam inszeniert werden können, erweist sich dabei die Tourismusdestination in ihren natürlichen und/oder kulturellen Besonderheiten.

### 2.2 Regionalisierungsstrategie

Ein unverwechselbares Profil kann ein kulturtouristisches Angebot nämlich auch durch einen klaren Regionalbezug erlangen: Dabei werden regionale Besonderheiten wie Architektur und Gebräuche, Gerichte und Getränke in den Mittelpunkt der Angebotsgestaltung und Kommunikation gestellt. Das „Schleswig-Holstein Musik-Festival" und die „Passionsspiele Oberammergau" sind zwei erfolgreiche Beispiele für eine Regionalisie-rungsstrategie.

- Im Jahr 1986 wurde das „Schleswig-Holstein Musik-Festival" unter Leitung des Pianisten Justus Frantz erstmalig durchgeführt; es entwickelte sich rasch zu einem der größten Klassik-Festivals Europas. Wesentliche Elemente des Festivals waren zahlreiche Konzerte in landestypischen Gebäuden (also nicht nur in Konzertsälen, sondern auch in Schlössern, Herrenhäusern und Scheunen), außerdem die Schaffung eines eigenen Orchesters, die Durchführung von Meisterkursen und der direkte Kontakt mit den Künstlern nach den Konzerten (u.a. bei einer Bewirtung mit landestypischen Speisen und Getränken). Dieser ausgeprägte regionale Bezug kann als zentrales Profilierungs- und damit Alleinstellungsmerkmal des „Schleswig-Holstein Musik-Festivals" gelten. Neben der erfolgreichen Positionierung im europäischen Festivalmarkt hat diese Veranstaltungsreihe wesentlich zur Imageverbesserung Schleswig-Holsteins, zur Ansprache neuer touristischer Zielgruppen und zur Identifikation der Bevölkerung mit dem eigenen Land beigetragen (vgl. Bittner 1991).

- Auf eine sehr viel längere Tradition können die „Passionsspiele Oberammergau" zurückblicken, sie wurden bereits im Jahr 1634 erstmals veranstaltet. Den Hintergrund bildete ein Gelöbnis, das die Bewohner des Ortes angesichts der Bedrohung durch die Pest im Jahr 1632 abgelegt hatten. Zum Zeichen des Dankes dafür, daß Oberammergau davon verschont blieb, führen die Einwohner in zehnjährigem Rhythmus die Leidensgeschichte Jesu auf. Die Mitwirkung eines großen Teiles der örtlichen Bevölkerung – und somit der ausgeprägte kommunale Bezug – ist zum entscheidenden Alleinstellungs- und Profilierungsmerkmal der Festspiele geworden: Von den ca. 5.000 Einwohnern wirken 2.000 (40%) aktiv als Laiendarsteller an den Festspielen mit. Während der viermonatigen Spielzeit finden 100 Aufführungen statt, bei denen insgesamt 500.000 Besucher gezählt werden. Die „Passionsspiele Oberammergau" weisen mehrere Merkmale eines klassischen Markenartikels auf. Durch den

Ort sind sie eindeutig identifizierbar; außerdem sichern die begrenzte Zahl der Aufführungen und die Konstanz der Wiederholung die Einmaligkeit dieser Veranstaltung. Entsprechend groß ist die Nachfrage nach Tickets (vor allem aus den USA und Großbritannien): Den 500.000 Plätzen stehen 1,5 Mio. Anfragen gegenüber; die Festspiele sind jeweils mindestens ein Jahr im voraus ausgebucht (vgl. Lieb 1996).

Im Falle der „Passionsspiele Oberammergau" kommt die Regionalisierungsstrategie ohne prestigeträchtige PR-Leitfiguren aus; es ist speziell der kollektive Charakter, der diese Festspiele kennzeichnet. Wie das Beispiel des „Schleswig-Holstein Musik-Festival" zeigt, wird der regionale (oder auch der thematische) Bezug aber sonst häufig durch charismatische Künstler ergänzt: Seitdem Justus Frantz die Leitung des Festivals abgegeben hat, spielt es in der öffentlichen Wahrnehmung eine sehr viel geringere Bedeutung als früher. Diese Tatsache verweist auf eine dritte Strategie, im kulturtouristischen Markt Profil zu gewinnen – nämlich die Personalisierungsstrategie.

### 2.3 Personalisierungsstrategie

Bei dieser Strategie zur Profilierung und zur Herausarbeitung von Alleinstellungsmerkmalen bedienen sich die Kultureinrichtungen und Tourismusdestinationen vor allem des hohen Bekanntheitsgrades historischer Persönlichkeiten (Komponisten, Literaten, Philosophen, Politiker etc.). Wie deren Werk und Leben touristisch genutzt werden können, soll am Beispiel von Wolfgang Amadeus Mozart und von Martin Luther verdeutlicht werden:

– Mehr als 17 Mio. Schilling investierte die Österreich-Werbung, um in Zusammenarbeit mit den Städten Wien und Salzburg für das Mozart-Jahr (1991) zu werben. Der Komponist erweist sich nämlich für Österreich und speziell für seine Geburtsstadt Salzburg nicht nur als wichtiger Image- und Werbeträger, sondern auch als bedeutender Wirtschaftsfaktor. An Spitzentagen drängen sich bis zu 4.500 Besucher durch sein Geburtshaus, jährlich sind es ca. 600.000. Da sich ihre Zahl seit Anfang der 80er Jahre verdoppelt hat, werden sie mit einem Einbahnsystem durch die engen Gänge der oberen Stockwerke geschleust. Doch die wirtschaftliche Wirkung beschränkt sich nicht auf den Verkauf von Eintrittskarten: Im österreichischen Marken-Register finden sich ca. 80 Eintragungen, die den Namen Mozart verwenden, in ausländischen Markenregistern gibt es weitere zehn Eintragungen. Konfiseriezeugnisse („Mozart-Kugel") und Liköre, aber auch Decken, Eau de toilette und Brillen werden unter dem Namen des Komponisten vermarktet. Salzburg stand also lange Zeit mit Erfolg im Zeichen Mozarts (wie auch der Festsiele): In den 80er Jahren stieg die Zahl der Übernachtungen von 1,465 im Jahr 1981 auf 1,725 Mio. Außerdem besuchten Hunderttausende als Tagestouristen die Mozart-Stadt (vgl. Luger 1994). In jüngerer Zeit hat sich diese Relation allerdings zugunsten der Tagesausflügler verändert. Salzburg sieht sich – wie viele andere Kulturstädte in Europa – mit dem Trend einer abnehmenden Zahl von Übernachtungsgästen und eines Bedeutungszuwachses der ausgabenschwächeren Tagesbesucher konfrontiert.

- Auf nationaler Ebene ist in Deutschland die Personalisierungsstrategie in Form des „Lutherjahres 1996" eingesetzt worden. Bereits im Jahr 1993 war die Entscheidung gefallen, den 450. Todestag des Reformators zum Thema touristischer Marketingaktivitäten zu machen. Als Hauptakteure fungierten dabei die Deutsche Zentrale für Tourismus, der Deutsche Fremdenverkehrsverband, Vertreter von Orten mit einem Bezug zur Reformation sowie die Evangelische Kirche Deutschlands. Außerdem schlossen sich weitere 40 Organisationen, Institutionen, Verbände und Orte der Initiative an. Innerhalb des „Lutherjahres" fanden insgesamt 87 Veranstaltungen statt, darunter waren offizielle Lutherehrungen, Sonderausstellungen zu Luther und zur Reformation (u.a. in Wittenberg, Augsburg, Nürnberg und auf der Wartburg), Festgottesdienste/-konzerte, Theaterveranstaltungen, Kolloquien und Tagungen sowie historische Stadtfeste mit besonderem Bezug zu Luther und zur Reformation. Die Aktion führte in zahlreichen beteiligten Städten zu einer deutlichen Nachfragesteigerung: So stiegen z.B. die Übernachtungszahlen in der Lutherstadt Eisleben um 50%, die Zahl ausländischer Gäste verdoppelte sich. In Wittenberg verzeichneten die Hotels Steigerungsraten von 15%; außerdem besuchten ca. 60% mehr Tagestouristen die Stadt. Insgesamt wird die Zahl der zusätzlichen Übernachtungen, die durch das „Lutherjahr 1996" induziert wurden, auf 250.000 geschätzt; die zusätzlichen Einnahmen belaufen sich auf ca. 50 Mio. DM. Dagegen war das Budget der Deutschen Zentrale für Tourismus für diese Aktion vergleichsweise gering (0,8 Mio. DM). Aufgrund des erfolgreichen Verlaufs soll die Personalierungsstrategie auch künftig zur Profilierung des kulturtouristischen Angebots speziell auf ausländischen Märkten einsetzt werden (vgl. Wolff 1997).

Das Beispiel des „Lutherjahres 1996" macht deutlich, daß die Zusammenarbeit innerhalb der Tourismusbranche wie auch der Tourismusbranche mit Partnern und Sponsoren aus anderen Wirtschafts- und Gesellschaftsbereichen einen wichtigen Beitrag zur Profilierung leisten kann. In einem derartigen Verbund können einzelne Kultureinrichtungen und kleinere Fremdenverkehrsorte ihre Attraktivität erheblich steigern.

### 2.4   Vernetzungsstrategie

„Das Ganze ist mehr als die Teile" – unter diesem Motto sind vor allem in den 80er und 90er Jahren im Kulturtourismus eine Reihe von Netzwerken innerhalb von Städten, auf regionaler und nationaler Ebene, aber auch im internationalen Zusammenhang entstanden. Die Liste der Projekte umfaßt Kulturrouten („Wege in die Romanik" in Niedersachsen; „Klassikerstraße" in Thüringen) und Industriemuseen (Netzwerk „Europäische Kultur der Arbeit" - NEKTAR), aber auch innerstädtische Verbundsysteme („City Cards") und Städtenetzwerke („Art Cities in Europe"):

- Speziell im Städtetourismus finden sich zahlreiche Beispiele für eine Verknüpfung der touristischen Attraktionen untereinander und für eine Vernetzung des (Kultur-) Tourismus mit Einzelhandel und Gastronomie sowie mit dem öffentlichen Personennahverkehr. Diese Strategie wird vor allem mit Hilfe von „City Cards" umgesetzt: Mit ihrem Erwerb erhalten die Touristen freie bzw. reduzierte Eintritte in Kultureinrichtungen, außerdem können sie die öffentlichen Verkehrsmittel kostenlos nutzen. Am Beispiel der „Salzburg Card" soll diese Vorgehensweise erläutert werden: Die Gäste können zwischen drei Karten mit unterschiedlicher Geltungsdauer wählen (24h, 48h oder 72h). Die Preise liegen zwischen 190 und 360 Schilling; Kinder bis 5 Jahre müssen nichts zahlen, Kinder zwischen 6 und 15 Jahren 50% des Preises. Die Karte beinhaltet einmalige Gratiseintritte in alle Museen und Sehenswürdigkeiten der Stadt Salzburg sowie vergünstigte Eintritte in Sehenswürdigkeiten außerhalb der Stadt. Außerdem erhalten die Kunden einen vierfarbigen Salzburg-Führer, der Erläuterungen zu den Sehenswürdigkeiten und allgemeine Stadtinformationen enthält. Die Karte ermöglicht außerdem die kostenlose Benutzung der städtischen Verkehrsmittel. Im Jahr 1995 wurden 9.000 „Salzburg Cards" verkauft, im Jahr 1996 bereits 25.000 Karten und für das Jahr 1997 belaufen sich die Schätzungen auf ca. 40.000 Karten (vgl. Piller 1997a). Ähnliche „City Cards" (oder auch Voucherhefte) werden inzwischen in zahlreichen deutschen und europäischen Städten angeboten („Welcome Card" Augsburg, „Kön-Bonbon", Gutscheinheft „Münchner Schlüssel", „Tourist Passport" Brüssel, „Copenhagen Card", „Clé de la Ville"-Paß Paris, "Biglietto Unico" Padua, „Paseo-del-Arte"-Paß Madrid u a.).

- Eine Strategie der Vernetzung von kulturellen Einzelangeboten stellt auch die europäische Kulturinitiative „Art Cities in Europe" dar. Dieser Zusammenschluß von derzeit 42 Kulturmetropolen aus 15 Ländern (darunter Städte wie Berlin, Paris Madrid, Wien, Prag, Budapest, Venedig u.a.) entstand im Jahr 1994. Ziel der Initiative ist es, das kulturelle und das touristische Angebot der beteiligten Städte einem internationalen Publikum zugänglich zu machen. Mit attraktiven Pauschalangeboten soll der Trend zum Tagesausflugsverkehr und zur Abwanderung der Touristen in das städtische Umland gestoppt werden. Die „Art Cities" setzen dabei vor allem auf aktuelle Information und leichte Buchbarkeit: Die Interessenten können über das Internet (http://www.art-cities.de) und über Computer-Reservierungs-Systeme (CRS) wie START, Ticket und GALILEO Informationen zur Verfügbarkeit von Eintrittskarten zu kulturellen Veranstaltungen und von Zimmerkontingenten in ausgewählten Hotels einholen und dort auch direkt bzw. über ein Reisebüro buchen. Die Initiative „Art Cities in Europe" wird - als Modellprojekt - von der Europäischen Union (Generaldirektion XXIII, Tourism Unit) finanziell gefördert; nach eigener Einschätzung soll sich die Zahl der Mitglieder in den kommenden Jahren auf 55 bis 60 Städte erhöhen, darunter auch Dublin, Edinburgh, Warschau, Stockholm und St. Petersburg (vgl. Schleppe 1996).

Die beiden Beispiele aus dem Städtetourismus verdeutlichen das Grundprinzip der Vernetzungsstrategie – die Steigerung der Attraktivität durch eine Bündelung der Angebote. Diese Strategie korrespondiert mit den komplexen Urlaubsmotiven der Nachfrager und ihrem Bedürfnis, in der Freizeit- und Urlaubssituation über unterschiedliche Optionen zu verfügen und eine individuelle Auswahl treffen zu können (vgl. Kap. 1.1).

Den Wunsch nach Individualität und vor allem nach Exklusivität nimmt auch eine weitere erfolgreiche Strategie im Kulturtourismus auf: Durch die zeitliche Begrenzung des Angebotes wird den Konsumenten das Gefühl der Einmaligkeit und Einzigartigkeit vermittelt.

## 2.5  Limitierungsstrategie

Im Käufermarkt steht den Konsumenten ein breites (Über-)Angebot an Destinationen und Attraktionen zur Verfügung, aus dem sie nach ihren Urlaubsbedürfnissen und ihrem finanziellen Budget auswählen können. In dieser Situation können die Anbieter auch die Strategie der bewußten Verknappung des Angebotes verfolgen. Bei entsprechender Attraktivität wird das Produkt, das es z. B. nur für eine bestimmte Zeit oder nur in einer begrenzten Anzahl gibt, für den Konsumenten extrem begehrenswert. Durch diese Limitierungsstrategie gelingt es den Anbietern, aus der Käufermarktsituation wieder in eine Verkäufermarktsituation zu gelangen. Im Kulturtourismus wird diese Strategie vor allem in Form zeitlich begrenzter Sonderausstellungen praktiziert, in denen bestimmte Ausstellungsobjekte zum ersten Mal öffentlich gezeigt werden (z.B. Privatsammlungen) oder in einer Zusammenstellung, die auf absehbare Zeit nicht wieder stattfinden wird („Once-in-a-lifetime-exhibitions"). Weitere Beispiele für Limitierungsstrategien sind u.a. die Aktion „Europäische Kulturhauptstadt" und zeitlich begrenzte Kulturveranstaltungen wie die Reichstagsverhüllung in Berlin:

- Die Idee der „Europäische Kulturhauptstadt" geht auf eine Initiative der damaligen griechischen Kulturministerin Melina Mercouri zurück. Für den Zeitraum von einem Jahr kann danach jeweils eine andere europäische Stadt ihre kulturellen Besonderheiten präsentieren (vgl. Koch 1993). Auf diese Weise soll zum einen der kulturelle Zusammenhalt innerhalb Europas intensiviert werden, zum anderen ein vielfältiges Bild der europäischen Kultur nach außen vermittelt werden. Den Anfang machte Athen im Jahr 1985; es folgten Florenz (1986), Amsterdam (1987), Berlin (1988), Paris (1989), Glasgow (1990), Dublin (1991), Madrid (1992), Antwerpen (1993), Lissabon (1994), Luxemburg (1995), Kopenhagen (1996) und Thessaloniki (1997). Für einen begrenzten Zeitraum rückt damit das kulturelle Angebot der jeweiligen Stadt in den Mittelpunkt internationalen Interesses. Im Lauf der Zeit hat sich diese Initiative grundsätzlich gewandelt: Speziell in Athen, Florenz und Paris handelte es sich um städtische Sommerfestivals mit einer kurzen Planungsphase und ohne internationales Marketing. Seitdem ist die kulturtouristische Ausrichtung der Initiative immer deutlicher geworden: So wurden zunächst die Veranstaltungen auf das gesamte Jahr ausgedehnt (z. B. in Amsterdam, Dublin und Madrid). Berlin und Antwerpen erweiterten ihr eigenes Angebot um Veranstaltungen internationaler Künstler und führten ein zentrales Marketing für die Aktion ein; sie akquirierten auch Sponsoren aus der Wirtschaft. Glasgow und speziell Kopenhagen arbeiteten mit einem langen Planungsvorlauf; sie verstanden die Initiative als grundsätzliche Möglichkeit, das Image der Städte sowie das Kulturangebot zu verbessern und touristisch zu vermarkten. Aus einer kulturellen Initiative ist also zunehmend ein zeitlich begrenztes kulturtouristisches Event mit internationalem Charakter geworden, das von den Städten als wirtschafts- und strukturpolitisches Instrument eingesetzt wird (vgl. Richards 1996, S. 27-31).

– Eine spektakuläre Sehenswürdigkeit auf Zeit war auch die Verhüllung des Reichstages in Berlin (vgl. den Beitrag von Schlinke, Kap. VII): Nach jahrzehntelangen Bemühungen des Künstlerpaares Christo und Jeanne-Claude wurde das Gebäude vom 23. Juni bis zum 7. Juli 1995 mit speziell angefertigten Planen aus silbrig glänzendem Polypropylen-Gewebe verhüllt. Die beiden Künstler hatten bereits in den Jahren zuvor durch ungewöhnliche Verhüllungsaktionen von sich reden gemacht („Laufender Zaun" in Kalifornien, 1975; „Umsäumte Inseln in Florida, 1983; „Verhüllter Pont Neuf in Paris, 1985; „Die Schirme" in Japan, 1991). Die öffentliche Diskussion über den Sinn der Aktion und speziell über die Frage, ob der Reichstag als symbolisches Gebäude deutscher Geschichte verhüllt werden dürfe, führten bereits vorab zu einer breiten Berichterstattung in den nationalen und internationalen Medien. Fernsehen und Zeitungen erwiesen sich entsprechend auch als die wichtigsten Informationsquellen für die ca. 3 Mio. auswärtigen Besucher, die sich in dem kurzen Ausstellungszeitraum den verhüllten Reichstag angesehen haben. 40% von ihnen haben sich aufgrund der Berichte in den Medien zu einer Reise nach Berlin entschlossen. Nach eigener Einschätzung wurden sie nicht enttäuscht: Mehr als die Hälfte der Besucher bewertete die Aktion sehr positiv, im Durchschnitt wurde die Note 1,8 vergeben. Für Berlin erwies sich das Projekt als sehr erfolgreich. Zum einen konnte das Image als Kulturstadt gefestigt und profiliert werden, zum anderen löste die Verhüllung des Reichstages, die von den Künstlern ohne öffentliche Zuschüsse realisiert wurde, erhebliche wirtschaftliche Wirkungen innerhalb der Stadt aus. Der Bruttoumsatz durch die Ausgaben der Besucher wird auf ca. 490 Mio. DM geschätzt.

Die Verhüllung des Reichstages in Berlin ist nicht nur ein Beispiel für die Schaffung einer kulturellen Sehenswürdigkeit auf Zeit, sondern auch ein Beleg für die zunehmende Internationalisierung des Kulturtourismus. Christo und Jeanne-Claude führen ihre Verhüllungsprojekte in zahlreichen Ländern und auf mehreren

Kontinenten durch, Berlin stellte somit nur eine weitere Bühne für ihre Aktionen dar. Bei den Events (z.b. Open-air-Konzerten) hat die Internationalisierung im Kulturtourismus bereits eine gewisse Tradition; seit kurzem läßt sich dieser Trend jedoch verstärkt auch bei Kultureinrichtungen beobachten – sie gründen Filialen in anderen Ländern.

## 2.6 Filialisierungsstrategie

In gesättigten Märkten mit einem Überangebot an Waren und Dienstleistungen steht der Konsument ständig vor der Entscheidung, welches Produkt er auswählen soll. Diese offene Situation führt zu Verunsicherung und damit zum Bedürfnis nach Produkttransparenz und Produktsicherheit. Der Erfolg vieler Anbieter im Tourismus (wie auch in der Konsumgüterbranche generell) resultiert aus der Tatsache, daß dem Kunden diese Sicherheit durch standardisierte Angebote (Marken) signalisiert wird: Die Betriebe der Systemgastronomie (McDonald's, Maredo, Nordsee etc.) und der Hotelketten (Maritim, Steigenberger, Ibis, Best Western etc.) sind Beispiele für diese Entwicklung. Im Kulturtourismus hat die Marken-Bildung bislang vor allem auf der Ebene der Mega-Stars wie Plácido Domingo, José Carreras, Luciano Pavarotti, Montserat Caballé etc. stattgefunden. Diese personalisierten Marken lassen sich aber nicht beliebig vervielfältigen.

Im Museumsbereich ist eine derartige Multiplikation von Attraktionen jedoch relativ problemlos zu realisieren, da viele Museen über große Sammlungen und Bestände verfügen, die in den eigenen Räumen nur z.T. ausgestellt werden können. Ein aktuelles Beispiel für eine Filialisierungsstrategie bietet das Guggenheim-Museum New York, das inzwischen über drei Dependancen in Europa verfügt. Neben dem traditionellen Guggenheim-Museum in Venedig gibt es inzwischen neue Filialen in Bilbao und Berlin:

- Im Herbst 1997 wurde das Guggenheim-Museum in Bilbao (Baskenland) eröffnet. Der Entwurf für das spektakuläre Gebäude stammt von dem amerikanischen Westküsten-Architekten Frank O. Gehry. Auf 10.000 qm Ausstellungsfläche zeigt das Museum moderne und zeitgenössische Kunst aus der ganzen Welt; zu 85% stammen die Ausstellungsobjekte aus den anderen Häusern der Guggenheim Foundation. Für die baskische Landesregierung stellt das Museum nur einen Teil eines ehrgeizigen Strukturprogrammes im Umfang von 2,5 Mrd. DM dar, zu dem auch ein neuer Flugplatz, ein Bahnhof, ein Kongreß- und Musikpalast sowie ein Geschäfts- und Wohnviertel gehören. Konzept und Realisierung liegen in Händen eines internationalen Teams von Architekten und Planern (vgl. Pehnt 1997).

- In Berlin wurde im November 1997 im Hauptgebäude der Deutschen Bank an der Straße Unter den Linden eine Ausstellung mit Werken von Robert Delaunay eröffnet. In der 400 qm großen Halle sollen künftig viermal jährlich wechselnde Ausstellungen stattfinden, in denen ausgewählte Objekte des

Guggenheim-Museums New York (ergänzt um Leihgaben anderer Museen) gezeigt werden (vgl. Blechen 1997).

Neben den Dependancen in Bilbao und Berlin plant die Guggenheim Foundation weitere Filialen (u.a. in Österreich und in Asien). Von Kritikern wird diese Expansionsstrategie durchaus skeptisch als „McGuggenheim's" kommentiert (vgl. Mejias 1997). Für kulturtouristische Anbieter bestehen also generell mehrere Möglichkeiten, im gesättigten Markt Flagge zu zeigen: Um ein klares und attraktives Profil zu entwickeln, können die Einrichtungen unterschiedliche (sich teilweise ergänzende bzw. überschneidende) Strategien verfolgen: Thematisierung, Regionalisierung, Personalisierung, Vernetzung, Limitierung und/oder Filialisierung (vgl. Abb. 2). Innerhalb jeder dieser Strategien stehen den Kultureinrichtungen dann eine Reihe von Instrumenten der Inszenierung zur Verfügung, um den Besuchern das Kulturerlebnis zeitgemäß zu vermitteln, d.h. sie zu informieren, zu bilden (und zu unterhalten).

## 3 Instrumente der Inszenierung im Kulturtourismus

„Die Leute sind auf der Suche nach dem 'Einmal-im-Leben-Ereignis'"
Earl A. Powell,
Direktor der Nationalgalerie in Washington

Die breite Reiseerfahrung und das entsprechend hohe Anspruchsniveau der Kulturtouristen sind die zentralen Bezugspunkte für alle Formen der Inszenierung von Kultureinrichtungen. Dabei werden vor allem folgende Instrumente benutzt, um das Angebot publikumsgerecht und attraktiv zu gestalten: Neue Medien, Animation, Events, Design und Merchandising (vgl. Abb. 3).

Abb. 3: Instrumente der Inszenierung im Kulturtourismus

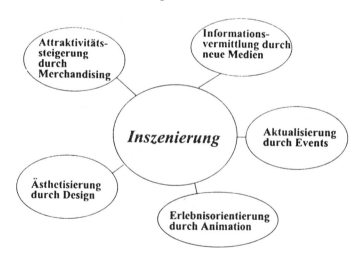

## 3.1 Informationsvermittlung durch neue Medien

Am Ende des 20. Jahrhunderts ist die Mediengesellschaft zur Realität geworden: Satelliten- und Kabelfernsehen, private Rundfunk- und TV-Sender, Personal-Computer und Internet gehören für breite Kreise der bundesdeutschen Bevölkerung zu gängigen Informations- und Kommunikationsmitteln. In zunehmendem Maß nutzen auch die Kultureinrichtungen die vielfältigen (interaktiven) Vermittlungsmöglichkeiten der neuen Medien. Dieser Trend soll am Beispiel des „Archäologischen Parks Xanten" und des „Hauses der Geschichte der Bundesrepublik Deutschland" in Bonn verdeutlicht werden:

- Auf dem Gelände der römischen Stadt Colonia Ulpia Traiana ist seit den 70er Jahren der „Archäologische Park Xanten" entstanden. Typische Gebäude der Stadt wurden standorttreu, größentreu und (zumindest in den sichtbaren Teilen) auch materialtreu rekonstruiert: ein Teil der Stadtmauer (mit Türmen und Toren), das Amphitheater (in dem Musiktheater und -aufführungen stattfinden), der Hafentempel, die Herberge, Teile der Wasserversorgung und Kanalisation sowie das Straßennetz. Die Vermittlung der städtischen Geschichte erfolgte bislang vor allem durch Führungen; weitere Informationsmedien sind Beschriftungen, Veröffentlichungen, Multivision und akustische Führer (Cassette) für Einzelbesucher. Als innovative Form der Informationsvermittlung wird seit 1994/95 - in Zusammenarbeit mit der Universität Dortmund (Lehrstuhl für Numerische Methoden und Informationsverarbeitung) - ein Computermodell der römischen Stadtgestalt entwickelt. Eine zusammenfassende PC-Version wird über das Internet kommuniziert (http://www.bauwesen.uni-dortmund.de). Dem Nutzer bietet das Computermodell vielfältige Möglichkeiten der Interaktion: Er kann ein einzelnes Gebäude, aber auch das weitere städtische Umfeld betrachten. Er kann sich die „realistische" Darstellung der virtuell rekonstruierten Bauten ansehen oder den Zustand zum Zeitpunkt der Ausgrabungen. Damit werden aber zugleich auch die technischen Grenzen dieses Informationsmediums im Kulturtourismus deutlich. Bei einer jährlichen Besucherzahl von ca. 270.000 Personen (davon 120.000 Schüler im Klassenverband) ist es nicht möglich, das Modell an einzelnen PC-Arbeitsplätzen laufen zu lassen. Bei einer Projektion auf eine Großleinwand würden hingegen die attraktiven Interaktionsmöglichkeiten weitgehend entfallen. Nach Klärung dieser logistischen Probleme soll das Computermodell künftig in das Spektrum der unterschiedlichen Informationsmittel des „Archäologischen Parks Xanten" eingebunden werden (vgl. Rieche 1997a).

- Neue Wege in der Informationsvermittlung werden auch im „Haus der Geschichte der Bundesrepublik Deutschland" in Bonn beschritten. In der Dauerausstellung auf ca. 4.000 qm Fläche werden 7.000 Objekte präsentiert. Ergänzend stehen den Besuchern mehr als 27 Stunden audiovisueller Materialien an 100 Medienstationen zur Verfügung (u.a. Multi-Visions-Schau, Kino der 50er Jahre mit Wochenschauen, zeitgenössischen Werbefilmen und Hauptfilm,

Computer-Terminals, Hörstationen, Panorama-Leinwand mit 96 Monitoren). Das Medienkonzept des Museums umfaßt drei Ebenen: Kontinuierliche Programme (Endlosbänder) vermitteln den Besuchern allgemeine Informationen zu einer bestimmten Epoche (z.B. zur Vertreibung nach dem Zweiten Weltkrieg). Einzelne historische Ereignisse und Begebenheiten werden per Touch Screens an Medienstationen erläutert (z.B. Informationen zu Bundestagswahlen und Regierungsbildung). Schließlich gibt es interaktive Systeme, in denen vor allem Mehrfachbesucher - je nach ihren individuellen Interessen – Vertiefungswissen abrufen können (z.B. zum Aufstand in der DDR am 17. Juni 1953). Dieser intensive Einsatz von Medien soll breite Bevölkerungsgruppen ansprechen und der Ausstellung einen kommunikativen Charakter und eine lebendige Atmosphäre geben (vgl. Schäfer 1996; Wersebe 1997a).

Zu den anschaulichen Arten der Informationsvermittlung zählt – neben dem Einsatz der neuen Medien – auch die zielgruppengerechte persönliche Information – nicht nur in Form der traditionellen Führung, sondern vor allem auch durch animative und erlebnisorientierte Präsentationen.

**3.2  Erlebnisorientierung durch Animation**

Auf den zunehmenden Wunsch nach ungewöhnlichen Erlebnissen und Eindrücken im Urlaub haben sich inzwischen eine Reihe von Anbietern im Kulturtourismus eingestellt. Städte und Museen haben innovative und animative Angebote entwickelt, um ihren Besuchern Geschichte und Kultur lebendig und unterhaltsam zu vermitteln:

- Im Schloß Rastatt und der nahe gelegenen Sommerresidenz Favorite - den ältesten Barockresidenzen am Oberrhein - finden seit 1996 thematische Sonderführungen zur Stilepoche des Barock und zur politischen Geschichte des Absolutismus statt. Um den Besucher (und vor allem den Schulklassen) dieses Wissen lebendig zu vermitteln, wird die Geschichte anschaulich inszeniert: Die Museumspädagogen und Kunsthistoriker treten bei den Führungen und Erläuterungen in den Kostümen der Zeit auf. Außerdem können die Besucher selbst bei Rollenspielen mitwirken, sich Kostüme aussuchen und das Hofzeremoniell üben. Nach der erfolgreichen Erprobung dieser animativen Schloßführungen in Rastatt und Favorite werden nun auch in den Schlössern und Schloßparks von Schwetzingen und Ludwigsburg solche Sonderführungen angeboten (vgl. Skulima 1996).

- Ähnliche Formen der lebendigen Vermittlung von Geschichte werden in der römischen Tempelanlage in Tawern (Mosel) erprobt. Dort können Jugendliche in einem internationalen Jugendcamp das Leben der Römer spielerisch nachvollziehen: Schmuck und Sandalen werden angefertigt, Krüge und Schalen aus Ton gebrannt. In einer Werkstatt werden Kampfwagen hergestellt, außerdem wird die Kampftechnik der Gladiatoren geübt. Bei den abschließenden Circus-Spielen treten mehrere Gespanne und Gladiatoren zum Wettkampf an. In der rekonstruierten Tempelanlage findet außerdem regelmäßig ein großes Tempelfest statt (vgl. Trierischer Volksfreund, 20. August 1996).

- In Rothenburg ob der Tauber - einem klassischen Ziel des kulturorientierten Städtetourismus - werden animative Stadtführungen mit einem Nachtwächter angeboten. Zeitgemäß gekleidet mit schwarzem Umhang, ledernen Schnallenschuhen und einem dunklen Dreispitz führt er die Gäste beim Schein einer Laterne und unter dem Schutz einer Hellebarde allabendlich durch die Straßen. Dabei gibt er Erläuterungen zur Stadtgeschichte und ruft - wie seine Vorgänger im Mittelalter - die Stunden aus. Speziell in den Sommermonaten stoßen seine deutsch- und englischsprachigen Führungen auf großes Interesse (vgl. Geinitz 1997).

- Eine ähnliche Entwicklung ist auch international festzustellen: In Boston führt der „Freedom Trail" zu 16 historischen Stätten der amerikanischen Unabhängigkeitsbewegung. Da nur noch eine geringer Teil der jährlich ca. 10 Mio. Boston-Besucher den mit einer blauen Linie gekennzeichneten Weg begeht, soll er künftig attraktiver gestaltet werden: Lasershows und Feste im Disney-Stil sind geplant, außerdem sollen historisch kostümierte Schauspieler entlang des Wegs positioniert werden, um die Besucher zu informieren und zu unterhalten (vgl. FAZ, 9. Mai 1996).

Neben den neuen Vermittlungsformen (durch Medien und animative Führungen) können Kultureinrichtungen aber auch andere Instrumente einsetzen, um ihre Attraktivität für die Besucher zu steigern. Dazu zählt vor allem die ständige Aktualisierung ihres Angebotes durch Sonderveranstaltungen.

### 3.3 Aktualisierung durch Events

Vor dem Hintergrund ihrer traditionellen Aufgabenstellungen – Sammeln, Bewahren, Forschen, Bilden – haben speziell Museen einen konservativen und statischen Charakter. Der Tourismusmarkt wird aber in den 90er Jahren durch eine erhebliche Dynamik bestimmt: Die Urlauber suchen zunehmend Erlebnis, Abwechslung, Unterhaltung und Thrills. Kultureinrichtungen stehen also vor der Herausforderung, ihr Angebot ständig anders und neuartig zu präsentieren; nur auf diese Weise kann es ihnen gelingen, Gäste zu wiederholten Besuchen zu motivieren.

Als erfolgreiches Instrument zur Aktualisierung und Attraktivitätssteigerung haben sich dabei Events in Form von Sonderausstellungen erwiesen. In Deutschland hat - neben dem Roemer- und Pelizaeus-Museum in Hildesheim (vgl. Höcklin 1996) - vor allem das Historische Museum der Pfalz in Speyer zahlreiche thematische Ausstellungen durchgeführt, die auf großes öffentliches Interesse stießen:

- Vom 11. Juni bis zum 19. November 1995 veranstaltete das Historische Musem der Pfalz in Speyer z. B. die Ausstellung „Leonardo da Vinci – Künstler, Erfinder, Wissenschaftler". Auf 2.500 qm Ausstellungsfläche wurden 230 Exponate gezeigt (Gemälde, faksimilierte Zeichnungen, Modelle, technische Konstruktionen). In der Ausstellung wurden außerdem 20 PC-Einheiten eingesetzt, auf denen Programme mit Bildern zur Renaissance, zum Leben und Werk Leonardos sowie zu seiner Tätigkeit als Maler, Ingenieur, Architekt, Forscher und Brückenbauer liefen. Die Produktionskosten beliefen sich auf 5,6 Mio. DM, die durch öffentliche Mittel, aber auch durch finanzielle Unterstützung von Sponsoren aufgebracht wurden (IBM, IWC, Mercedes-Benz). Aufgrund der professionellen Pressearbeit des Museums gab es eine bundesweite Medienresonanz: 233 Zeitungen haben in 727 Artikeln über diese Ausstellung berichtet (geschätzte Auflagenhöhe: 110 Mio.). Insgesamt verzeichnete die Ausstellung 337.000 Besucher, darunter waren 2.568 Gruppen für Sonderführungen (vor allem aus Baden-Württemberg, Rheinland-Pfalz, Hessen und Nordrhein-Westfalen). Nach Einschätzung der Museumsleitung ist es dieser Großausstellung (wie auch der Ausstellung „Der Zarenschatz der Romanov" im Jahr 1994) zu verdanken, daß die Besucherzahl des Museums erheblich gesteigert werden konnte – trotz der rückläufigen Zahl von Museumsbesuchen in Deutschland generell (vgl. Grewenig 1997).

Der Trend zur Inszenierung von Events erweist sich im Tourismus generell, aber speziell auch im Kulturbereich als wichtiger Motor, um Nachfrage zu stimulieren und Profil zu gewinnen (vgl. Steinecke, Treinen 1997). Aufgrund des großen Angebotes an Events bedarf es aber der professionellen Konzeption, Organisation und Durchführung; dabei sind folgende Regeln zu beachten:

- „Events müssen ein Erlebnis sein! Der psychologische Zusatznutzen, das Profil und das Thema sind entscheidend!
- Bei der Eventumsetzung ist die Sinnhaftigkeit strategischer Allianzen zur Übertragung von positiven Erlebniswerten zu prüfen! Welche Freizeit-Themenwelten sind für den Event geeignet?
- Events sind als Strategien für Situationsmarketing zu planen!
- Für einen trendgerechten Event sind kurze, konkrete und prägnante Reiz-Erlebnisketten für homogene Zielgruppen zu entwickeln!
- Bei der Umsetzung des Events sind alle sinnlichen Dimensionen der Erlebnisvermittlung auf ihre Einsatzfähigkeit zu prüfen!
- Bei der Umsetzung des Events sind die Freiheitsgrade der Besuchssituation zu maximieren!

- Die Zeitqualitäten des Events sind auf Obligationen (unfreie Situationen) zu prüfen!
- Das Event-Konzept sollte hinsichtlich der Kommunikations- und Kontaktqualität des Angebotes geprüft werden!" (Franck 1997, S. 66-71)

Events und neue Präsentationsformen (neuen Medien, animative Führungen) sind Reaktionen auf den wachsenden Erlebnishunger der Touristen. Doch deren Ansprüche richten sich zunehmend nicht mehr nur auf die Angebotsinhalte, sondern auch auf die ästhetische Qualität von Freizeit- und Urlaubsorten. Unverkennbar ist der Trend zu gestylten Erlebniswelten, in die der Besucher vollkommen eintauchen kann. Ein zeitgemäßes und themenbezogenes Design stellt somit ein weiteres Instrument dar, das Kultureinrichtungen mit Erfolg zur Inszenierung einsetzen können.

### 3.4 Ästhetisierung durch Design

In vielen traditionellen Kultureinrichtungen (speziell in kleineren Heimatmuseen) wird eine möglichst große Zahl von Exponaten ausgestellt und gezeigt. Die Besucher müssen ihre persönliche Auswahl aus dem großen Angebot treffen. Inszenierung bedeutet aber, die Ausstellungsobjekte so zu präsentieren, daß ihr Anblick ein Staunen auslöst und eine Neugierde, mehr über das Kunstwerk zu lernen und zu erfahren.

Die Fokussierung des Interesses und die emotionale Bindung sind also zwei wichtige Aspekte bei der Ästhetisierung von Kultureinrichtungen. Entsprechende Beispiele in der Tourismusbranche finden sich zum einen in Themenparks/-restaurants (als konsequente Formen der thematischen Ästhetisierung), zum anderen in Designhotels: „Wo Architektur, Kunst und Design zu Hause sind" – unter diesem Motto wirbt z.B. das „art'otel Potsdam". Neben einem Neubau nutzt das Hotel einen denkmalgeschützten Getreidespeicher, der im 19. Jahrhundert nach Plänen des Architekten Ludwig Persius (einem Schinkelschüler) errichtet wurde. Die Innenausstattung der 123 Gästezimmer und Suiten lag in Händen des englischen Designers Jasper Morrison; in den Räumen werden Werke der Künstlerin Katharina Sieverding ausgestellt. Ein ähnliches Konzept verfolgt das „art'otel Dresden". In den 174 Zimmern und den öffentlichen Räumen werden fast 700 Werke des Künstlers A. R. Penck gezeigt. Auf dem Dach des Gebäudes findet sich - als krönender Abschluß - eine Skulptur (vgl. Schöner Wohnen, 12/97).

Historische Vorgaben (z.B. traditionelle Museumsgebäude) und knappe Budgets sind wohl die Gründe dafür, daß die Ästhetisierung durch Design im Kulturbereich bislang noch eine Ausnahme darstellt. Allerdings gibt es durchaus Belege dafür, daß dieses Instrument künftig stärker zur Inszenierung von Kultureinrichtungen eingesetzt wird:

- Das „Muséum National d'Histoire Naturelle" in Paris, dessen Anfänge bis 1793 zurückreichen, erfuhr im Jahr 1994 eine vollkommene Umgestaltung. Dazu wurde der Innenraum des Gebäudes völlig entkernt; er präsentiert sich nun als Bühne für ein großes Defilée von Elefanten und Antilopen, Nashörnern und Zebras, Giraffen und Gnus. Im Museum werden die (ausgestopften) Tiere nicht mehr hinter Glas ausgestellt, sondern in Lebensräumen inszeniert. Elektronische Klänge und Kunstlicht simulieren Gewitter im Dschungel und Stürme in der Savanne. Aus Hunderten von kleinen Lautsprechern tönen die Stimmen der ausgestellten Tiere. Die Besucher können auf Touch-Screen-Monitoren Informationen über Tiere und Pflanzen abrufen. Aus dem Kuriositätenkabinett des 18. Jahrhunderts und der wissenschaftlichen Institution des 19. Jahrhunderts ist in unserem Jahrhundert eine spektakuläre Multi-Media-Show von Naturobjekten geworden. In dieser Entwicklung spiegelt sich nicht nur das unterschiedliche Verständnis der Aufgaben von Museen wider, sondern auch das geänderte Mensch-Natur-Verhältnis (vgl. Greffrath 1996).

- Im Zoologischen Garten von Hannover ist eine ähnliche Entwicklung zu beobachten. Seit 1996 wird der Zoo mit einem Aufwand von 110 Mio. DM zeitgemäß und publikumsgerecht umgebaut: Gorillaberg, Dschungelpalast, Zoo-Bauernhof, eine afrikanische Flußlandschaft und eine arktische Welt werden in fünf Jahren dann die neuen Attraktionen sein. An die Stelle von Gehegen aus Beton und Gitterkäfigen treten nun Szenen aus der Tierwelt, die bei den Besuchern Emotionen wie Staunen und Neugierde wecken. So ist z. B. die künstliche Felsenlandschaft des Gorillaberges nicht nur der Lebensraum der Affen; hier wird auch ein Ausgrabungsfeld mit Knochenfunden von Urmenschen gezeigt; ein steckengebliebener Land-Rover und ein Zeltlager geben Hinweise auf eine Forschungsexpedition. Im Dschungelpalast, der im Stil eines verfallenen indischen Tempels neu errichtet wurde, tummeln sich Elefanten und Leoparden, Affen und Hirsche. Die geplante Flußlandschaft in Afrika werden die Besucher zu Fuß oder mit dem Boot erkunden können. Das neue Konzept stößt beim Zoo-Publikum auf positive Resonanz: Obwohl der Eintrittspreis erhöht wurde, stieg die Zahl der verkauften Eintrittskarten von 633.000 im Jahr 1995 auf ca. 900.000 im Jahr 1997 (vgl. Dietrich 1997; Precht 1997).

Das Beispiel des Zoologischen Gartens in Hannover macht deutlich, daß sich die traditionellen Kultureinrichtungen mit der Ästhetisierung durch zeitgemäßes und themen-orientiertes Design deutlich an den Methoden der Freizeit- und Themenparks (z. B. Disneyland, SeaWorld) orientieren. An die Stelle wissenschaftlicher Aufklärung und kultureller Bildung treten zunehmend Unterhaltungs- und Erlebnisangebote. Diese Entwicklung ordnet sich dem generellen Trend der Kommerzialisierung von Kultureinrichtungen unter, die auch im Merchandising zum Ausdruck kommt.

## 3.5 Attraktivitätssteigerung durch Merchandising

Seit Beginn des modernen Tourismus im 17. Jahrhundert waren Souvenirs touristische Trophäen und Symbole der Reiseerfahrung, aber nicht der Zweck des Reisens. Diese Grenze zwischen Reisen und Konsum ist in den letzten Jahren fließend geworden: Speziell bei Städtereisen spielt das Shopping-Motiv inzwischen eine eigenständige Rolle neben der Besichtigung von Sehenswürdigkeiten und dem Besuch von Veranstaltungen (vgl. Steiner 1987). Freizeitparks und vor allem Themenrestaurants wie Hard-Rock-Café, Planet Hollywood oder Rainforest Café haben das Merchandising-Prinzip perfektioniert. Durch den Verkauf von T-Shirts, Lederjacken, Kappen und Schuhen erwirtschaften sie häufig nahezu 50% des Umsatzes (vgl. Bosshart 1997, S. 222). Vor dem Hintergrund sinkender öffentlicher Kulturbudgets und der steigenden Nachfrage nach (standardisierten) Produkten verkaufen auch Kultureinrichtungen in zunehmendem Maß und mit großem Erfolg Merchandising-Produkte:

- Das „Museumsforum Wien" bietet neben 1.100 qm Ausstellungsräumen auch einen Museumsshop mit angeschlossener Kinderabteilung; dort werden zum einen Produkte verkauft, die auf das jeweilige Ausstellungsthema zugeschnitten sind, zum anderen aber auch allgemeine Geschenkartikel und kunsthistorische Fachliteratur. Der Shop gibt die Daten aller Einkäufe - in Kooperation mit der Bank Austria - über eine High-Tech-Kasse in ein EDV-gestütztes Warenwirtschaftssystem ein. Es umfaßt u. a. das gesamte Bestellwesen sowie den Einkauf mit der Abrechnung aller Artikel über das Wareneingangsbuch, außerdem die Verkaufsabrechnung und die Führung des Lagerbestandes sowie das Inventurwesen (vgl. Deutsches Seminar für Fremdenverkehr 1997a).

- Auch in Deutschland machen zahlreiche Museen positive Erfahrungen mit Merchandising-Produkten: Der Shop im „Von-der-Heydt-Museum" in Wuppertal erwirtschaftet jährlich ca. 700.000 DM Umsatz; von diesen Einnahmen werden neue Ankäufe finanziert. Im „Museum Ludwig" in Köln werden mehr als 500.000 DM umgesetzt. Dieser Betrag entspricht dem Etat, den alle öffentlichen Museen in Köln zusammen als Jahresbudget zur Sammlungserweiterung jährlich zur Verfügung haben (vgl. Fiege 1997). Im Jahr 1992 kam es zur Gründung der „Museums Shop Organisation", in der zahlreiche Kunsthallen zusammenarbeiten (Verkauf von Mousepads, Weinflaschen, Postkartenboxen, Geschenkpapier, Stofftaschen und Gästebüchern – jeweils mit Motiven aus den jeweiligen Museen bedruckt).

Beim Merchandising ist Deutschland allerdings gegenüber den angelsächsischen Ländern, wo Museumsshops bereits seit langem zum musealen Alltag gehören, noch im Rückstand. Dort haben sich die Museumsläden zur internationalen Dachorganisation „Museum Store Association" (Denver, Colorado) zusammengeschlossen, von der die Aktivitäten der angeschlossenen Läden koordiniert werden.

Merchandising, thematische Ästhetisierung, Events, Animation und neue Medien, diese Instrumente zur Inszenierung von Kultureinrichtungen stammen im wesentlichen aus dem Marketing-Repertoire der Konsum- und Freizeitbranche. Werden also Freizeitparks und Themenhotels, Erlebnisrestaurants und Shopping Centers künftig zu Vorbildern für Museen und Ausstellungen, Burgen und Theater?

## 4 Die Zukunft der Kultureinrichtungen: Mixed-Use-Zentren - Schauplätze - Spektakel?

„Kunst ist Fun"
Stern (17/96)

Wo liegt die touristische Zukunft für Kultureinrichtungen und Kulturangebote? Die Antwort auf diese Frage ist sicherlich nicht allein im Kultursektor oder ausschließlich in der Tourismusbranche zu suchen. Die Erwartungen der Touristen können nicht isoliert betrachtet werden von den Wahrnehmungs- und Vermittlungserfahrungen, die sie als Konsumenten im Bereich der Medien und des Konsums generell machen. Gesättigte Märkte finden sich gegenwärtig in der gesamten Konsumgüterindustrie und auch das Informations- und Unterhaltungsangebot der Medien ist unüberschaubar geworden. In dieser Situation des Wettbewerbs um die Aufmerksamkeit des Konsumenten sind zwei grundsätzliche Trends im Marketing zu beobachten:

- Zum einen werden die Inhalte und Darstellungen in den Medien immer schriller und spektakulärer. Spaß und Unterhaltung, Spektakel und Vergnügen treten zunehmend an die Stelle von Information und Aufklärung. Die klassischen Quizsendungen der 60er und 70er Jahre, die noch vom Kanon bildungsbürgerlichen Wissens inspiriert waren, sind längst abgelöst worden von Action- und Comedy-Shows. Auf diese Sucht der Konsumenten nach ständig neuen Thrills sind auch die Erlebnisangebote in der Freizeit und im Einzelhandel („Theme retailing") zurückzuführen.

- Zum anderen findet sich ein ausgeprägter Trend zu komplexen Freizeit- und Urlaubsangeboten: Die Konsumenten suchen zunehmend illusionäre Gegen- und Traumwelten, in die sie für kurze Zeit vollständig eintauchen können. Freizeitparks und Ferienzentren, Muscial-Halls und Multiplexe, Shopping Center und Urban Entertainment Center boomen. Gemeinsames Merkmal dieser „Parks", „Welten", „Paradiese" und „Planeten" ist ihr komplexes und multifunktionales Angebot: Vergnügen und Information, Shopping und Kultur, Gastronomie und Geselligkeit, Wellness und Sport sind gängige Bestandteile vieler entsprechender Einrichtungen. Damit bedienen sie die Bedürfnisse der Konsumenten, bei denen es sich häufig um Tagesausflügler oder Kurzreisende handelt: Zum einen den Wunsch, über möglichst viele Optionen zu verfügen (Wahlfreiheit), zum anderen das Interesse, viele Aktivitäten zur gleichen Zeit unternehmen zu können und schließlich das Gefühl, an einem

Ort zu sein, wo offensichtlich viel passiert und viele Menschen anzutreffen sind („Wir-Gefühl") (vgl. Opaschowski 1997, S.37).

Mit diesen beiden Mega-Trends des touristischen Spektakels und der komplexen Freizeitwelten werden sich auch die Kultureinrichtungen künftig verstärkt auseinandersetzen müssen. Für sie stellt sich dabei die grundsätzliche Frage, ob diese (kultur-)touristischen Perspektiven der Erlebnisinszenierung und Kommerzialisierung noch vereinbar sind mit den klassischen Aufgaben des Sammelns, Forschens, Bewahrens und Vermittelns. Solange Kultureinrichtungen aus öffentlichen Geldern finanziert werden, besteht auch eine entsprechende fachliche Verpflichtung gegenüber der Stadt (bzw.) dem Staat und den Bürgern (vgl. Rossmann 1997). Der zunehmende Wettbewerbsdruck im Kulturtourismus wird aber mittelfristig dazu führen, daß sich nur die Einrichtungen erfolgreich auf dem Tourismusmarkt behaupten (bzw. neu positionieren) können, die sich professionell an den Bedürfnissen der Kunden orientieren. Für viele Kulturanbieter ergibt sich daraus die Notwendigkeit zur Verbesserung der Angebotsgestaltung; zu den Mindeststandards zählen u.a.:

**„Eigenleistung der Institutionen:**
- Findung einer eigenen Indentität (corporate identity),
- Gestaltung attraktiver Sammlungen,
- Entwicklung differenzierter Führungsangebote,
- Bereitstellung von Informationsräumen,
- Vorhalten charakteristischer, auf die Stätten bezogener Verkaufsangebote (Museumsshop),
- Vorhalten sinnvoller Informationssysteme,
- Einführung flexiblerer Öffnungszeiten

**Eigen- bzw. Mischleistungen:**
- Befriedigende Angebote im gastronomischen Bereich, Verkehrsbereich, Sanitärbereich,
- Palette geeigneter, charakteristischer Veranstaltungen,
- Entwicklung von Angebotspaketen,
- Zusammenwirken mit (Nachbar-)Gemeinden im Bereich des Stadtmarketings,
- Zusammenarbeit mit Fremdenverkehrs- und Tourismusverbänden im Bereich des Marketings,
- Zusammenarbeit mit Vereinen: Veranstaltungen, Spendenabwicklung, Förderung" (Mathieu 1997a).

Bei diesen Leistungen der Kultureinrichtungen handelt es sich um Mindeststandards. Darüber hinaus sollte es aber künftig Ziel jeder kulturtouristischen Angebotsgestaltung sein, eine einmalige und emotional hoch geladene Begehrenssituation zu schaffen. Dabei stellt die Inszenierung eine zentrale Strategie für einen erfolgreichen Marktauftritt dar. Voraussetzungen sind dabei ein hoher Professionalisierungsgrad und eine ausgeprägte Innovationsfähigkeit. Die Grundprinzipien der Inszenierung und des Begehrenskonsums sollen abschließend anhand des DESIRE-Modells (vgl. Abb. 4) noch einmal zusammenfassend dargestellt werden. Zukunftsthemen im Kulturtourismus und Leitideen für die praktische Tourismusarbeit sind danach (vgl. Steinecke 1997):

- Entwicklung eines attraktiven und spektakulären Designs (bzw. einer innovativen thematischen Ästhetik), um im Markt wahrgenommen zu werden,
- Vermittlung starker Emotionen und Erlebnisse, um eine intensive Kundenbindung und eine ausgeprägte Kundenbegeisterung zu erreichen,
- Schaffung von Sicherheit und Convenience – im Sinne von Produktsicherheit wie auch von persönlicher Sicherheit und Bequemlichkeit,
- Ermöglichen von Individualität und Spontaneität, um die vielfältigen Kundenbedürfnisse exakt zu bedienen,
- Schaffung von Ressorts und Mixed-Used-Zentren, die den Kunden durch einen attraktiven Angebotsmix zahlreiche Wahlmöglichkeiten bieten („Welten"),
- Vermittlung von Exklusivität und Privilegien durch hierarchisierte Formen des Zugangs (zeitliche Staffelung, spezielle Veranstaltungen), um den Wunsch der Kunden nach dem Besonderen, aber auch nach Status zu befriedigen.

Grundsätzlich zeichnet sich im Kulturtourismus allerdings für die Zukunft eine ähnliche Polarisierung des kulturtouristischen Angebots ab, wie sie seit einigen Jahren im Beherbergungsgewerbe zu beobachten ist (Privatzimmer/Pensionen vs. Hotels/Ferienzentren): Auf der einen Seite kleine regionale Anbieter mit unzureichenden Markt- und Marketingkenntnissen, unprofessioneller Organisation und geringem Budget (z.B. Heimatmuseen, lokale Feste, kulturhistorische Sehenswürdigkeiten von geringerem Aufmerksamkeitswert). Auf der anderen Seite attraktive (inter)nationale Kultureinrichtungen, die von professionellen Kulturmanagern geleitet werden und damit - speziell auch bei Events - für Sponsoren interessante Partner bei strategischen Allianzen darstellen.

Abb. 4: Das Desire-Modell

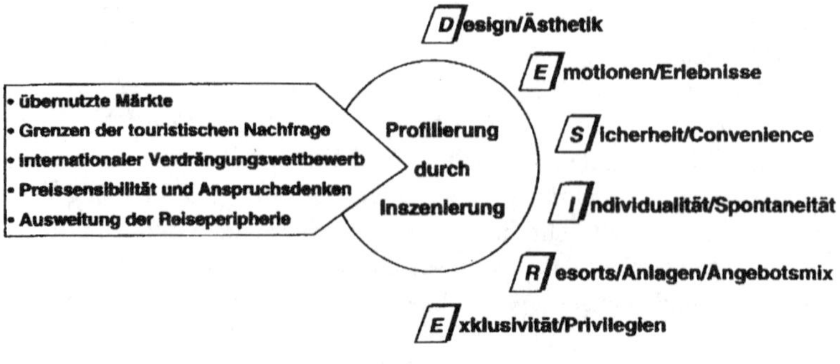

## Literatur

Baetz, U., Hering, S.: Lust auf Schokolade – Neues von der Schokoladenseite der Kölner Museen. In: Steinecke, A., Treinen, M., a.a.O., S. 155-173

Becker, Chr.: Weinfeste, Weihnachtsmärkte und Musik-Festivals – zwischen Traditionspflege und Zwang zur Innovation. In: Steinecke, A., Treinen, M., a.a.O., S. 62-77

Blechen, C.: Kirchenschiff und Eiffelturm. In: Frankfurter Allgemeine Zeitung, 12. November 1997

Bosshart, D.: Lernen von Las Vegas. Die Zukunft des Shopping liegt zwischen Handel, Unterhaltung und Multimedia. In: gdi-impuls, (1995) 3, S. 3-12

Bosshart, D.: Die Zukunft des Konsums. Wie leben wir morgen? Düsseldorf/München 1997

Braun, A.: Symbolische Reisen in neue Orte - am Beispiel der Swarowski-Kristallwelten. In: Steinecke, A. a.a.O., S. 103-108

Clewing, U.: Erst ein Luftschloß, dann eine Adoptiv-Fassade. In: Art, (1997) 12, S. 125

Deibler, M.: Kulturtourismus: Auswirkungen und Lenkungsmöglichkeiten. In: Deutsches Seminar für Fremdenverkehr (Hg.): Kulturtourismus: Besucherlenkung versus Numerus clausus. Studie und Dokumentation zum Fachkursus 258/95. Berlin 1996, S. 7-90

Deutsches Seminar für Fremdenverkehr (Hg.): Angebotsgestaltung im Kulturtourismus: Burgen, Schlösser und Museen. Dokumentation des Fachkursus 132/97. Berlin 1997a (vervielfältigtes Manuskript)

Deutsche Zentrale für Tourismus (Hg.): Veranstaltungen 1997. Frankfurt 1996 (vervielfältigtes Manuskript)

Dietrich, S.: Leoparden dösen in halbverfallenen Gemächern. In: Frankfurter Allgemeine Zeitung, 1. Oktober 1997

Dogterom, R.J., Simon, M.: Ferienzentren 2015. In: Steinecke, A. a.a.O., S. 118-127

Dominik, G.: Kulturmarketing am Beispiel der Sächsischen Schlösserverwaltung. In: Deutsches Seminar für Fremdenverkehr, a.a.O.

Ebert, K.: Der Museumsladen im Schloß Neuerburg. In: Museum Aktuell, (1996) September, S. 312-313

Fichtner, U.: Freizeitparks – traditionell inszenierte Freizeitwelten vor neuen Herausforderungen. In: Steinecke, A., a.a.O., S. 78-97

Fiege, Chr.: Die Kunst, Geld zu verdienen. In: Süddeutsche Zeitung, 11./12. Januar 1997

Franck, J.: Aktuelle Freizeittrends, kulturelle Szenen und zeitgenössische Inszenierungen und ihre Bedeutung für die Produktgestaltung im deutschen Fremdenverkehr. In: Deutsches Seminar für Fremdenverkehr (Hg.): Erlebnis-Marketing – Trendangebote im Tourismus. Ein Lesebuch für Praktiker. Aktualisierte Ausgabe Berlin 1997, S. 25-78

Franck, J., Petzold, S., Wenzel, K.-O.: Freizeitparks, Ferienzentren, virtuelle Attraktionen: die Ferien- und Freizeitwelt von morgen? In: Steinecke, A., a.a.O., S. 174-187

Geinitz, Chr.: Solange wir ins Horn stoßen, können die Menschen ruhig schlafen. In: Frankfurter Allgemeine Zeitung, 11. Dezember 1997

Goelich, B.: Weihnachten im Loft. In: Wirtschaftswoche, 10. Oktober 1996, S. 242-244

Greffrath, M.: Schöpfung just for Show. In: Geo, (1996) 9, S. 100-118

Greiner, U.: Total vergnügt. Stadtkultur und Unterhaltungsindustrie im Widerstreit. In: Die Zeit, 5. April 1996, S. 46

Grewenig, M.M.: Ausstellungen als harte Standortfaktoren eines Wirtschaftsraumes. In: Deutsches Seminar für Fremdenverkehr (Hg.): Erlebnis-Marketing - Trendangebote im Tourismus. Ein Lesebuch für Praktiker. Aktualisierte Ausgabe Berlin 1997, S. 167-173

Harney, A.L.: Money Changers in the Temple? Museums and their financial mission. In: Museums News, (1992) November/December, S. 38-63

Hennig, Chr.: Der schöne Schein: Gemeinsamkeiten von „authentischen Reisen" und "künstlichen Erlebniswelten". In: Steinecke, A., a.a.O., S. 98-105

Höcklin, S.: Magnet Kultur. Museumsmarketing als ein Aspekt städtischer Kulturarbeit – dargestellt am Beispiel des Roemer- und Pelizaeus-Museums in Hildesheim. Materialien zur Fremdenverkehrsgeographie. Heft 33. Trier 1996

Irish Tourist Board u.a. Inventory of Cultural Tourism Resources in the Member States and Assessment of Methods used to promote them. Dublin/Brüssel 1988 (Tourism Study Ref. VII/A-4/1)

Koch, M.: Die touristische Nutzung kultureller Großveranstaltungen – Das Beispiel „Luxemburg – Europäische Kulturhauptstadt 1995". In: Becker, Chr., Steinecke, A. (Hg.): Megatrend Kultur? Chancen und Risiken der touristischen Vermarktung des kulturellen Erbes. ETI-Texte, Heft 1. Trier 1993, S. 31-41

Kramer, D.: Urbane Kultur und Städtetourismus. Ein kritischer Ansatz. In: Bekker, Chr., Steinecke, A. (Hg.): Kulturtourismus in Europa: Wachstums ohne Grenzen? ETI-Studien, Band 2. Trier 1993, S. 26-39

Krönig, J.: Kaufen kommt von Kunst. In: Die Zeit, 25. November 1994

Kröniger, M.: Die Nutzung von Jubiläen im Tourismus-Marketing am Beispiel des König-Ludwig-Jahres in Oberbayern. In: Deutsches Seminar für Fremdenverkehr (Hg.): Erlebnis-Marketing - Trendangebote im Tourismus. Ein Lesebuch für Praktiker. Aktualisierte Ausgabe Berlin 1997, S. 129-134

Lieb, M.G.: Festivalmanagement – am Beispiel der Passionsspiele in Oberammer-gau. In: Dreyer, W. (Hg.): Kulturtourismus. München/Wien 1996, S. 267-286

Liepe, H.: Tourismus, Denkmalschutz und Besucherlenkung: Brennpunkt Sanssouci – viele Sorgen. In: Deutsches Seminar für Fremdenverkehr (Hg.): Angebotsgestaltung im Kulturtourismus: Burgen, Schlösser und Museen. Dokumentation des Fachkursus 132/97. Berlin 1997a (vervielfältigtes Manuskript)

Lösel, A.: Spektakel für reisende Bilderstürmer. In: Stern (1996) 17, S. 294-296

Luger, K.: Salzburg als Bühne und Kulisse. In: Haas, H., Hoffmann, R., Luger, K. (Hg.): Weltbühne und Naturkulisse: Zwei Jahrhunderte Salzburg-Tourismus. Salzburg 1994, S. 176-187

Mathieu, K.: Probleme und Strukturen musealer Einrichtungen und die Notwendigkeit der Verbesserung der Angebotsgestaltung. In: Deutsches Seminar für Fremdenverkehr, a.a.O.

Mejias, J.: Thomas Krens. In: Frankfurter Allgemeine Magazin, Heft 926, 28. November 1997, S. 10-20

Ministerium für Wirtschaft und Mittelstand, Technologie und Verkehr des Landes Nordrhein-Westfalen (Hg.): Masterplan für Reisen ins Revier, Düsseldorf 1997

Mikunda, Chr.: Die grosse Kauflustmaschine. Ein Expeditionsbericht aus der „Mall of America". In: gdi-impuls, (1994) 2, S. 42-52

Opaschowski, H.W.: Events im Tourismus. Sport-, Kultur- und Städtereisen, Hamburg 1997

Pehnt, W.: Ein Walfisch ist Bilbaos Stolz. In: Frankfurter Allgemeine Zeitung, 18. Oktober 1997

Piller, Chr.: Vertrieb und Besucherlenkung im Kulturtourismus am Beispiel der „Salzburg Card" und „Salzburg Card Plus". In: Deutsches Seminar für Fremdenverkehr, a.a.O.

Precht, R.D.: Der Elefant im Palastgarten. In: Die Zeit, 15. August 1997

Puydebat, J.-M.: Die „Voyage au Temps des Impressionistes" – eine Multimediaattraktion für Kulturtouristen. In: Steinecke, A. a.a.O., S. 149-154

Richards, G.: The Scope and Significance of Cultural Tourismus. In: Richards, Greg (Hg.): Cultural Tourism in Europe. Wallingford Oxon 1996, S. 19-45

Rieche, A.: Nutzung neuer Medien in der Forschung und Angebotsgestaltung: Die materielle und virtuelle Rekonstruktion historischer Architektur am Beispiel der römischen Stadt Colonia Ulpia Traiana (bei Xanten). In: Deutsches Seminar für Fremdenverkehr, a.a.O.

Rogner, R.: Das Rogner-Thermendorf Bad Blumau – „Der Garten Eden der grünen Mark". In: Steinecke, A., a.a.O., S. 129-133

Rossmann, A.: Museumsreisen. In: Frankfurter Allgemeine Zeitung, 27. November 1997

Schäfer, H.: Zum Einsatz moderner Medien im Museum und Besuchermanagement. Das Beispiel des Hauses der Geschichte der Bundesrepublik Deutschland. In: Deutsches Seminar für Fremdenverkehr (Hg.): Kulturtourismus: Besucherlenkung versus Numerus clausus. Studie und Dokumentation zum Fachkursus 258/95. Berlin 1996, S. 179-183

Schemm, V., Unger, K.: Die Inszenierung von ländlichen Tourismusregionen: Erfahrungen aus touristischen Kampagnen in Ostbayern. In: Steinecke, A., Treinen, M., a.a.O., S. 30-46

Schleppe, S.: Die Anforderungen des Reiseveranstalters an die Leistungsträger für die Produktgestaltung im Kultur-Tourismus. In: Deutsches Seminar für Fremdenverkehr (Hg.): Kulturtourismus: Besucherlenkung versus Numerus clausus. Studie und Dokumentation zum Fachkursus 258/95. Berlin 1996, S. 210-221

Schlinke, K.: Die Reichstagsverhüllung in Berlin 1995. Auswirkungen einer kulturellen Großveranstaltung auf die touristische Nachfrage. Materialien zur Fremdenverkehrsgeographie, Heft 34. Trier 1996

Schulz, D.: Das Lokal als Bühne. Die Dramaturgie des Genusses. Düsseldorf/München 1996

Skulima, L.: Spiele mit dem Türkenlouis. In: Frankfurter Allgemeine Zeitung, 5.September 1996

Statistisches Bundesamt (Hg.): Statistisches Jahrbuch 1997 für die Bundesrepublik Deutschland. Wiesbaden 1997

Statistisches Bundesamt (Hg.): Tourismus in Zahlen 1996. Wiesbaden 1997a

Steinecke, A.: Inszenierung im Tourismus: Motor der künftigen touristischen Entwicklung. In: ders., Treinen, M., a.a.O., S. 7-17

Steinecke, A., Haart, N. (Hg.): Regionalwirtschaftliche Effekte der Motorsport-Großveranstaltungen „Formel-1-Grand-Prix 1996" und „Truck-Grand-Prix 1996" auf dem Nürburgring. ETI-Texte, Heft 10. Trier 1996

Steinecke, A. (Hg.): Der Tourismusmarkt von morgen - zwischen Preispolitik und Kultkonsum. ETI-Texte, Heft 10. Tier 1996

Steinecke, A., Treinen, M. (Hg.): Inszenierung im Tourismus. Trends – Modelle – Prognosen. ETI-Studien, Band 3. Trier 1997

Steinecke, A., Wachowiak, H.: Kulturstraßen als innovative touristische Produkte – das Beispiel der grenzübergreifenden Kulturstraße „Straße der Römer" an der Mosel. In: Maier, J. (Hg.): Touristische Straßen – Beispiel und Bewertung. Arbeitsmaterialien zur Raumordnung und Raumplanung, Heft 137. Bayreuth 1994, S. 5-33

Steinecke, A. u.a.: Tourismusstandort Deutschland - Hemmnisse, Chancen, Herausforderungen. In: Steinecke, A., a.a.O., S. 90-102

Steiner, D.: Überall ist Mega-Mall. Das Reisen ist der Zweck, die Orte sind herstellbar. In: Stadtbauwelt, 96 (2987) 48, S. 1780-1783

Weilgunni, G.R.: Inszenierung in der Hotellerie: Das Beispiel des Steigenberger Hotels Gstaad-Saanen. In: Steinecke, A., Treinen, M., a.a.O., S. 139-148

Weinzierl, K.: Volksfeste und Brauchtumspflege als Wirtschaftsfaktor und Touristenattraktion am Beispiel der Landshuter Hochzeit 1475. In: Deutsches Seminar für Fremdenverkehr (Hg.): Erlebnis-Marketing - Trendangebote im Tourismus. Ein Lesebuch für Praktiker. Aktualisierte Ausgabe Berlin 1997, S. 149-160

Wersebe, H.v.: Besucherorientierte Angebotsgestaltung im Museum. In: Deutsches Seminar für Fremdenverkehr, a.a.O.

Wolff, J.: Die kulturelle Inszenierung eines Urlaubslandes: das „Lutherjahr 1996". In: Steinecke, A., Treinen, M., a.a.O., S. 18-29

## III Kulturtouristen oder die touristische Nachfrage nach Kulturangeboten

*Martin Lohmann*

**Einleitung**

Kultur und Tourismus gehören zusammen, das ist keine neue Erkenntnis, sondern eine historische Tatsache: Kultur war und ist einerseits für die Reisenden ein resp. der Anlaß für das Unterwegssein (besonders prominent: Johann Wolfgang von Goethes Italienreise von 1786 - 88). Andererseits war und ist Kultur eine Art Instrument in den Händen derjenigen, die sich in einer Region um das Wohl der bzw. die Werbung um die Gäste kümmern. Im Jahr 1891 wurde z.B. in Medebach im Sauerland eine Sektion des "Sauerländer Touristenklubs" (des späteren Sauerländischen Gebirgsvereins) gegründet, die sich in den Jahren bis zum ersten Weltkrieg hauptsächlich damit beschäftigte, so etwas wie eine touristische Infrastruktur zu schaffen. Unter der Leitung des Vorsitzenden wurden nicht nur Spazierwege angelegt und Rastbänke aufgestellt, man beschäftigte sich mit der Heimatgeschichte, und es wurde auch Kultur geschaffen: 1912 wurde, als eine Art Krönung der Aktivitäten, der Schloßbergturm gebaut (vgl. Grosche 1951, S. 113).

Diese innige Symbiose von Kultur und Tourismus, für die Goethe wie die Medebacher SGV-Sektion Beispiele sind, scheint in den 60er und 70er Jahren in Deutschland und im benachbarten Ausland ein wenig in Vergessenheit geraten zu sein. Das war auch kein Wunder: Der Kulturbegriff vieler Zeitgenossen war stark geprägt von dem, was die humanistischen Anstalten der höheren Bildung dafür hielten (vgl. Ceram 1949) und durch die Möglichkeiten, die berühmten historischen Stätten dank der modernen Reiseindustrie auch zu erreichen. Beides zusammen ergab eine ironisch überspitzt "Trümmertourismus" genannte Reiseform, die von einer relativ eng begrenzten Zielgruppe (Prototyp Studienrat) ausgeübt wurde.

Die allgemeine Erhöhung des Bildungsniveaus der Bevölkerung in den letzten 30 Jahren und die Aufhebung der engen Bindung von Kultur und Bildung (man sieht nur, was man weiß) zugunsten der Betonung des Erlebnisaspektes beim Kulturgenuß (der jetzt in allen möglichen Formen kultureller Events befriedigt werden soll) hat inzwischen zu einer Verbreiterung des Feldes Kultur und Tourismus beigetragen.

Das gilt auch für die Anbieterseite im Tourismus: Die Konkurrenz durch die Auslandsreiseziele hat, fraglos zusammen mit anderen gesellschaftspolitischen Strömungen, dazu geführt, daß man sich in Zentraleuropa und auch in Deutschland auf die eigene, regionale Kultur und ihren Wert zurückbesonnen hat. Mittlerweile gilt die kulturelle Identität einer Region nicht nur als ein schützenswertes Gut, dem bei der wachsenden Europäisierung besonderes Augenmerk geschenkt werden muß, sondern auch als Grundlage des Tourismus (Giesen, Hansen 1992, S. 265). Die EG-Kommission ist dabei, die "touristische Nutzung des kulturellen Erbes" zu unterstützen (Aktionsplan der Gemeinschaft zur Förderung des Tourismus vom 13.7.92). Diese Rückbesinnung auf die eigene regionale Kultur erscheint dabei auch als eine Reaktion auf eine gewisse weltweite Nivellierung (Stichwort Cheese-Burger).

Besondere Bedeutung erlangt die Verbindung von Kultur und Tourismus vor dem Hintergrund eines schärfer werdenden Wettbewerbs zwischen den Ferienregionen in Europa. Durch die Betonung der Kultur versucht man, das regionale Profil zu präzisieren und andere Schwächen (z.B. das schlechte Wetter) als Imagekomponente in den Hintergrund zu rücken.

Als Vorteile des Kulturtourismus werden genannt (Abb. 1):

---

**Vorteile des Kulturtourismus**

- Nutzung des endogenen kulturellen Potentials wie Bauten, Relikte, Brauchtum
- positiver Beitrag zur Imagebildung
- hohe Kaufkraft der Kulturtouristen und große Wertschöpfung für die Region
- räumliche Diversifikation der Nachfrage und Vermeidung von Überlastungserscheinungen
- arbeitsintensiver Sektor mit Beschäftigungsmöglichkeiten für Reiseleiter und Gästeführer etc.
- regionalökonomische Stabilisierungseffekte

---

Quelle: Steinecke, 1993

Es gibt also Grund genug, sich mit diesem Phänomen etwas näher zu befassen. Dieser Text tut dies aus einer eher touristischen Perspektive (man hätte auch eine kulturwissenschaftliche wählen können). Er beschäftigt sich dabei in erster Linie mit der Nachfrageseite, den tatsächlichen und potentiellen Touristen also. Den Schwerpunkt legen wir dabei auf den übernachtenden Tourismus und darin wieder auf den Urlaubstourismus. Den gängigen Definitionen nach gehören auch Tagesausflüge zum Tourismus (vgl. DWIF, 1995). Wir behandeln diese hier nur am Rande, weil in diesem Bereich die Abgrenzung zwischen touristischer (z.B.

eine Person, die von Rosenheim zum Konzertbesuch nach Salzburg fährt und am gleichen Abend wieder zu Hause ist) und nicht-touristischer (z.B. eine Person aus Salzburg, die genau das gleiche tut) recht schwer ist. Aus diesem Grund liegen für das Feld der Tageskulturreisen auch kaum allgemeine Daten vor.

Mit dieser Einschränkung berichtet der Text über die Arten von Kulturtourismus, seine Entwicklung in der Vergangenheit und mögliche Entwicklungen in der Zukunft, er beschreibt die Kultururlauber, ihr Reiseverhalten und ihre Motive. Dabei stützen wir uns, wenn möglich, auf empirische Daten, namentlich Ergebnisse der jährlich durchgeführten "Reiseanalyse" der Forschungsgemeinschaft Urlaub und Reisen (vgl. Lohmann, 1997a, F.U.R, 1997; Aderhold, 1997). Im Rahmen dieses Forschungsprojektes werden jährlich (seit 1970) rund 7.500 Deutsche über ihr Reiseverhalten, ihre Motive, Einstellungen und Interessen im Bereich Urlaubsreisen befragt.

# 1 Kulturtourismus ist Tourismus

## 1.1 Einordnung

Kulturtourismus ist eine Erscheinungsform des Tourismus. Daneben gibt es zahlreiche andere Erscheinungsformen des Tourismus (etwa Sporttourismus, Vergnügungsurlaub, Veranstalterreisen, Besuchsreisen, Bustourismus, sanften Tourismus, um nur einige zu nennen), die nach unterschiedlichsten Kriterien definiert werden können und sich oft überschneiden. Dem nicht ganz leichten Problem der nachfrageseitigen Abgrenzung von Kulturtourismus wenden wir uns im zweiten Kapitel dieses Textes zu.

Zuvor ist noch etwas beim Tourismus allgemein zu verweilen. Um die Situation des Kulturtourismus bzw. der kulturtouristischen Nachfrage genauer beschreiben zu können, brauchen wir eine Abgrenzung dessen, was wir unter Tourismus überhaupt verstehen wollen und der wichtigsten Strukturelemente des Tourismus (1.2), eine Beschreibung der Entwicklung und Situation des Tourismus, die ja auch den Rahmen für den Kulturtourismus abgibt (1.3), um dann den Kulturtourismus in das sich so ergebende Gesamtbild einzuordnen (1.4).

## 1.2 Struktur des Tourismus

Es ist hier nicht der Raum, einen ganzen Abriß der allgemeinen Tourismuslehre zu liefern. Dies ist andererorts auch schon in umfangreicher und vielfältiger Form erledigt worden z.B. (vgl. Holloway, 1994; Burghoff, Cresta, 1995; Opaschowski, 1996; Statistisches Bundesamt, 1997).

Die verschiedenen Ansätze der Beschäftigung mit dem Tourismus haben den gleichen Erklärungsgegenstand: Das Phänomen der temporären Ortsveränderung von Menschen und die damit zusammenhängenden verschiedenen Beziehungen zwischen Menschen, Institutionen, Natur usw.. Etwas lässig ausgedrückt ist Tourismus, wenn jemand weg ist. Exaktere Definitionen sind vor allem immer dann nötig, wenn man sich mit Statistiken oder Befragungen dem Phänomen Tourismus nähern möchte. Die wichtigsten Elemente der Abgrenzung sind hier in der Regel die Dauer (mindestens ein paar Stunden, höchstens ein Jahr), die Entfernung (z.B. Verlassen des gewöhnlichen Wohnumfeldes oder Angaben in km) und der Anlaß (Krieger sind keine Touristen) (vgl. Statistisches Bundesamt 1997, S. 12 - 20).

Die wichtigsten (freilich nicht überschneidungsfreien) Segmente des übernachtenden Tourismus, gegliedert nach dem Reiseanlaß, sind

- Urlaubsreisen (und Kurzurlaubsreisen),
- Besuche von Verwandten und Bekannten (VFR),
- Geschäftsreisen,
- Kuren.

In ähnlicher Weise lassen sich Tagesausflüge, also Reisen ohne Übernachtung, klassifizieren. Für die Zwecke dieses Textes konzentrieren wir uns auf die Urlaubs- und Kurzurlaubsreisen.

Tourismus kann nur stattfinden, wenn eine Nachfrage und ein Angebot besteht und wenn geeignete Rahmenbedingungen den Tourismus ermöglichen. Abbildung 2 zeigt in einer vereinfachten Darstellung die grundlegenden Strukturen des Tourismus in einem vom Deutschen Wirtschaftswissenschaftlichen Institut für Fremdenverkehr (DWIF), dem Institut für Tourismus- und Bäderforschung in Nordeuropa (*N.I.T.*) und dem Meteorologischen Institut der Universität Hamburg gemeinschaftlich entwickelten vorläufigen Modell. Voraussetzung für eine touristische Nachfrage ist demnach, daß Menschen **reisen können**, also z.B. Zeit und Geld dafür übrig haben, und daß sie **reisen wollen**.

Ob und wie jemand reist, hängt dann weiter von einer ganzen Reihe von Faktoren ab, deren wesentliche in Abbildung 3 inklusive der vermuteten Beziehungen untereinander dargestellt sind.

Diese Darstellungen erlauben uns später eine bessere Einordnung des Kulturtourismus in den Tourismus insgesamt.

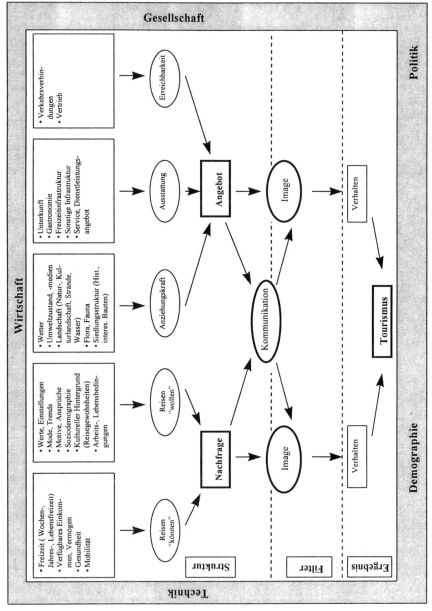

*Abbildung 2*

Abbildung 3

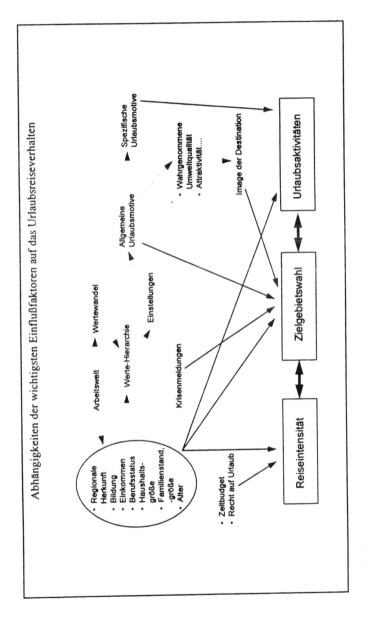

© *N.I.T.*, 1997

## 1.3 Touristische Entwicklung in Deutschland

Tourismus gilt als einer der wichtigsten Weltwirtschaftszweige und ihm werden international und national immer noch große Wachstumschancen zugetraut. 1950 wurden nach Angaben der WTO weltweit etwa 25 Mio. Reisen in fremde Länder registriert, 1990 waren es schon 425 Mio. und für das Jahr 2000 rechnet man mit 637 Mio. Die augenfälligsten Entwicklungen spielen sich dabei in den Ländern außerhalb Europas ab.

Der Tourismus der Deutschen hat nach einer langen Phase fast stetigen Wachstums (von den 50er bis zum Anfang der 90er Jahre) eine Art Decke erreicht. Eine ganze Reihe von nachfrage- und angebotsseitigen Marktfaktoren und von Rahmenbedingungen haben zu diesem bemerkenswerten Wachstum beigetragen.

Die meisten Bundesbürger haben 1997 mindestens eine Urlaubsreise mit einer Dauer von fünf Tagen oder länger gemacht (74,3 %, s. Tabelle 1). Kurzurlaubsreisen (2-4 Tage Dauer) unternehmen erheblich weniger Personen (knapp 45%). Zu den Geschäftsreisenden gehört nur ein geringer Teil der Bevölkerung: Unter 5% der Bundesbürger gingen auf Geschäftsreise.

Tabelle 1: Reiseintensität der Deutschen

| Basis: 100% = deutsche Bevölkerung; 14 Jahre und älter in Privathaushalten | Reiseintensität 1997 in % |
|---|---|
| • Urlaubsreise(n) (5 Tage oder länger) | 71,8 |
| • Kurzurlaubsreise(n) (2-4 Tage) | 44,7 |
| • Geschäftsreise(n) | 4,7 |

Vgl. N.I.T. (1998); Quelle: RA 98

Im Jahr 1997 haben die Deutschen rund 158 Mio. Reisen mit Übernachtungen unternommen; Tab. 2 zeigt die oberen und unteren Grenzen der touristischen Nachfrage des Jahres 1997 auf. 1996 gab es grob geschätzt etwa 845 Mio. Übernachtungen im Verlauf von Urlaubsreisen und rund 225 Mio. bei anderen Reisen. Über 83 Mrd. DM wurden bei Urlaubsreisen ausgegeben, über 22 Mrd. DM wahrscheinlich bei den weiteren Reisen.

Tabelle 2: Abschätzung des jährlichen Volumens der Übernachtungsreisen der Deutschen

| Kennziffern | Minimum in Mio. | Maximum in Mio. |
|---|---|---|
| • Urlaubsreisen (5 Tage oder länger) | 62[1] | 78[2] |
| • Kurzurlaubsreisen (2-4 Tage) | 27[2] | 77[1] |
| • Geschäftsreisen | 16[1] | 23[3] |
| • Sonstige Reisen | 24[3] | 8[3] |
| • **Übernachtungsreisen gesamt (Mio.)** | 129 | 186 |

Vgl. N.I.T. (1998); Quellen: [1] F.U.R, RA 98; [2] IPK, Deutscher Reisemonitor 1997; [3] Eigene Schätzung

Zum Tourismus im weiteren Sinn zählen weiterhin auch die Tagesausflüge, von denen die Deutschen pro Jahr etwa 2,3 Mrd. unternehmen, hier ergeben sich Umsätze von etwa 92 Mrd. DM (DWIF, 1995).

Schließlich sind für Deutschland auch die Touristen aus dem Ausland von Bedeutung. 1996 „produzierten" 14,2 Mio. ausländische Gäste in den gewerblichen deutschen Beherbergungsbetrieben etwa 32,2 Mio. Übernachtungen (Statistisches Bundesamt, 1998).

Insgesamt verweisen die Werte, auch wenn sie mit Unsicherheiten behaftet sind, auf die große Bedeutung des Tourismus in gesellschaftlicher wie wirtschaftlicher Hinsicht. Herausragend sind dabei in jeder Hinsicht die Urlaubsreisen, nicht nur wegen des hohen Anteils an den Umsätzen im gesamten Tourismus, sondern auch wegen der weitgehenden Freiheit in ihrer Gestaltung, die Spielraum für wirtschaftliche (Marketing) und politische Einflußnahme läßt. Das „wie" dieser Urlaubsreisen (sowohl hinsichtlich der Wahl der Reiseziele, der Unterkunft, des Zeitpunktes etc. als auch hinsichtlich der Motive und Aktivitäten der Reisenden) ist ausgesprochen vielgestaltig.

Tabelle 3: Der deutsche Urlaubsreisemarkt

| Kennziffern | 1982 * | 1990 | 1994 | 1995 | 1996 | 1997 |
|---|---|---|---|---|---|---|
| Urlaubsreiseintensität (in % der Bevölkerung) | 55 | 69,2 | 78,1 | 77,8 | 71,8 | **74,3** |
| Urlaubsreisehäufigkeit (Reisen pro Reisendem) | 1,2 | 1,26 | 1,37 | 1,32 | 1,35 | **1,32** |
| Anzahl der Urlaubsreisenden (Mio.) | 26,3 | 43,2 | 49,0 | 49,0 | 45,3 | **47,0** |
| Anzahl Urlaubsreisen insgesamt (Mio.) | 32,2 | 54,6 | 67,2 | 64,5 | 61,2 | **62,2** |
| Zuwachsrate gegenüber Vorjahr | | | + 6,0% | - 6% | - 5,1% | **+ 1,7%** |
| *Urlaubsreiseziel:* | | | | | | |
| • Anzahl der Inlandsreisen (Mio.) | 13,3 | 23,1 | 23,5 | 22,0 | 18,5 | **19,5** |
| • Anzahl der Auslandsreisen (Mio.) | 18,9 | 31,5 | 43,7 | 42,5 | 42,7 | **42,7** |
| • Inlandsreise-Anteil aller Urlaubsreisen | 41,3% | 42,3% | 34,9% | 34,1% | 30,2% | **31,4%** |
| • Auslandsreise-Anteil aller Urlaubsreisen | 58,7% | 57,7% | 65,1% | 65,9% | 69,8% | **68,6%** |

Vgl. N.I.T. (1997); Quelle: F.U.R; Reiseanalyse RA 82 bis 98; * nur Westdeutschland

Das jahrzehntelange Wachstum des Urlaubsreisemarktes hat sich Anfang der 90er Jahre abgeschwächt, 1995 und 1996 sank sowohl die Zahl der reisenden Personen als auch die der Reisen und der Übernachtungen (s. Tab. 3). Diese Entwicklung wird als mögliches Anzeichen einer Trendwende auf dem Urlaubsreisemarkt interpretiert (Aderhold, 1996; Lohmann, 1996).

In den letzten beiden Jahren gibt es also deutliche Anzeichen für ein Abflachen der Erfolgskurve im Tourismus, Stagnation in den statistischen Zahlen, in einzelnen Orten auch empfindliche Rückgänge. Da sich dies alles auf hohem Niveau abspielt, wären die Entwicklungen eigentlich nicht besonders dramatisch. Aber sie finden unter Bedingungen statt, die es sehr wahrscheinlich machen, daß die jetzt noch kurzfristigen Trends sich in der Zukunft fortsetzen werden. Allerdings sind auch nicht dramatische Einbrüche zu erwarten. Für diese Einschätzung sprechen folgende Fakten:

- Für viele Deutsche ist die jährliche Urlaubsreise zur lieben Gewohnheit geworden. 51% verreisen regelmäßig jedes Jahr, 1972 waren es nur 24% (vgl. Abb. 2: *reisen wollen*). Das spricht für Stabilität.

- Die wirtschaftliche Lage wird eher als schlecht beurteilt. Die finanziellen und zeitlichen Spielräume für Urlaubsreisen werden enger (vgl. Abb. 2: *reisen können*). Das spricht für Rückgang der Urlaubsreisetätigkeit.

- Die Urlaubsreiseintensität der Deutschen liegt an der Spitze im europäischen Vergleich, weitere Zuwächse wären also erstaunlich.

Als limitierende Faktoren kommen zusätzlich vor allem gesellschaftliche Prozesse und ökonomische Rahmenbedingungen in Betracht, z.B.: steigende Kosten der Mobilität, steigende Kosten für Dienstleistungen, stagnierende oder sinkende Realeinkommen, verlängerte Arbeitszeiten (längere Lebensarbeitszeit; Urlaubstage werden eingesetzt zur Finanzierung für soziale Aufgaben (z.B. Pflegeversicherung) oder die Vorsorge der persönlichen Lebensqualität (z.B. als Mitfinanzierung für Kuren).

Für die Urlaubsdestinationen kommt erschwerend hinzu, daß der touristische Wettbewerb immer schärfer wird. Das nicht nur, weil die Nachfrage nicht mehr wächst, sondern auch, weil das touristische Angebot immer breiter wird.

Nun fehlt es nicht an Ratschlägen und Wegweisungen, was in dieser Situation zu tun sei. Von grundsätzlichen Haltungen (mehr Dienstleistungsbereitschaft) bis zu speziellen Vertriebskonzepten reicht die Bandbreite der Empfehlungen. Und dabei spielt auch die Kultur eine wichtige Rolle, als Bestandteil des komplexen touristischen Produktes und als Imagefaktor und Werbeargument.

### 1.4 Das Kultürliche am Tourismus

Aufbauend auf der Darstellung der Voraussetzungen und der Komponenten des Tourismus und der Entwicklung der touristischen Nachfrage in den letzten Jahren, lassen sich Aussagen über die Position und die Rolle der Kultur im Tourismus ableiten.

Auf der Seite der Nachfrage (vgl. Abb. 2) spielt Kultur zuerst eine Rolle beim „Reisen wollen" i.S. eines Motivs: Der Wunsch, Kultur zu erleben, kann einen Reisewunsch auslösen oder begleiten. Weiter kann Kultur ein Aspekt des touristischen Verhaltens sein, z.b. die Besichtigung eines Schlosses, der Besuch eines Konzertes oder auch die Durchführung einer Städtereise, weiter auch kulturelle Aktivitäten, die der Tourist selbst ausübt, z.b. musizieren, malen etc..

Auf der Seite des Angebotes kann Kultur einerseits ein Aspekt, der die Anziehungskraft einer möglichen Zielregion mitbestimmt (z.b. das Vorhandensein eines Schlosses), andererseits ein Bestandteil des spezifisch touristischen Angebotes (z.b. ein für die Gäste durchgeführter Heimatabend, die Bibliothek im Hotel, aber auch die Studienreise, die ein Veranstalter anbietet) sein. Diese Dinge werden zusammen mit anderen Aspekten im Rahmen des Kommunikationsprozesses vor und während der Reise den potentiellen Touristen angeboten, in deren Vorstellungen übernommen und bewertet (Image). Vorstellungen spielen aber auch auf der Angebotsseite eine wichtige Rolle: Ob und welche kulturellen Aspekte in ein touristisches Angebot und in die Kommunikation darüber aufgenommen werden, hängt auch von den Images der Gastgeber ab, die diese sich von ihren Gästen gemacht haben.

Kultur und Tourismus haben also eine ganze Reihe von Verknüpfungspunkten.

Angesichts der aktuellen Marktentwicklung erhoffen sich die touristischen Anbieter, durch eine Betonung der kulturellen Aspekte ein verbessertes Image ihres Angebotes (z.B. der Region), das Hinzugewinnen einer bisher kaum angesprochenen Zielgruppe, ein breiteres Angebot im Urlaub mit der Folge größerer Urlaubszufriedenheit und über all diese Dinge eine Stabilisierung der Nachfrage (vgl. z.B. Otter, 1997; Kommission der EG, 1997, S. 22-23; Freyer, 1997).

Natürlich erhoffen sich auch die Kulturschaffenden resp. die Kulturträger etwas vom Tourismus. So könnte die mögliche touristische Bedeutung der Kultur ein gewichtiges Argument bei den Verhandlungen um schwindende Etats sein (Dolag, 1997). Aber das ist ein anders Thema.

## 2 Arten von Kulturtourismus

### 2.1 Was ist Kulturtourismus?

Wenn wir etwas über die kulturtouristische Nachfrage, ihre Struktur und Entwicklung, aussagen wollen, dann kommen wir um eine operationale Definition von Kulturtourismus bzw. des Kulturtouristen nicht herum.

Ein Weg, der sich hierfür anbietet, ist der über das kulturtouristische Angebot. Aber die erhoffte Klarheit verflüchtigt sich hier schnell angesichts der schillernden Vielfalt dessen, was man dem kulturtouristischen Angebot zuordnen könnte.

Genau genommen müßten wir zwischen einem engen und einem weiten Kulturbegriff unterscheiden:

1. Im engeren Sinn wird unter Kultur im wesentlichen das kunstgeschichtliche Angebot einer Region (z.B. Bauwerke, Museen etc., wie sie in klassischen Reiseführern stehen) verstanden.

2. Kultur im weiteren Sinne umfaßt dagegen zusätzlich Sitten und Gebräuche, (Kunst-) Handwerk, historische und moderne technische Denkmäler, Essen und Trinken, Sprache usw..

Auf Kultur setzt man in Bayern wie im Nordharz, an den deutschen Küsten wie an der Mosel; Kulturinteresse ist das Stimulans für Reisen nach Sachsen genauso wie nach Köln, und die Liste ließe sich in beliebiger Länge durch ausländische Destinationen erweitern.

Aber nicht nur die Liste der Kultur-Reiseziele ist lang, auch die der Angebote: Alles mögliche wird mittlerweile im Rahmen des Kulturtourismus als erfolgversprechend angesehen: Besichtigung militärischer Anlagen, moderne Bauten in Städten, Festivals, Feuerwerke, Kulturrouten, Volksmusik, alte und neue Industrieanlagen, Schlösser und Burgen, schrille Events, Landfrauenmärkte, Oldtimerralleys, Töpfern in der Toskana usw.

Vieles davon macht sich mittlerweile gegenseitig Konkurrenz: 1993 buhlten im Ruhrgebiet sechs Sauriershows um die Gunst des Publikums, ein heftiger Konkurrenzkampf entbrannte, und zwar im wahrsten Sinne des Wortes: Die Wettbewerber bekämpften sich schließlich mit Brandanschlägen (Süselbeck, 1993). So sollte der Kulturbegriff im Tourismus nicht enden.

Über den Umweg über das kulturtouristische Angebot eine Ordnung für die touristische Kulturnachfrage zu finden, erscheint schwer möglich. Wir wählen deswegen den psychologisch direkten Zugang: Ein Kulturtourist ist jemand, der als Grund oder Zweck seiner Reise (vielleicht auch nur als Vorwand, vgl. Bergengruen, 1956) "Kultur" nennt.

## 2.2 Kultur als Reisemotiv: Die Kulturlauber

Schon im Mittelalter reiste man, wenn es sich nicht um geschäftliche, religiöse, gesundheitliche oder kriegerische Zwecke handelte, oft mit der Absicht, die Kultur einer fremden Gegend kennenzulernen.

Der Genuß angenehmer oder aufregender Landschaften stand im Hintergrund und wurde erst mit dem Aufkommen der Industrialisierung in Europa als wertvoll angesehen. In der modernen (Arbeits-) Gesellschaft, in der Erholungsbedürftigkeit nicht so sehr durch physische Ermüdung, sondern durch psychische Sättigung gegeben ist, gewinnt die Erholung im Sinne von Abwechslung gegenüber der Erholung im Sinne von Ausruhen zunehmend an Bedeutung. Hier können gerade die kulturellen Eigenarten einer Ferienregion zur gewünschten Abwechslung beitragen.

Aber Kultur findet längst nicht das Interesse aller Reisenden: Einer der berühmtesten Kulturreisenden war wohl Johann Wolfgang von Goethe mit seiner Italienreise. Ungefähr zur gleichen Zeit reiste auch Johann Gottfried Seume. Er machte, 1802, einen, wie er es nannte, "Spaziergang nach Syrakus", von Leipzig aus. Nicht in der Postkutsche, wie Goethe, sondern wirklich zu Fuß - und ohne jedes Interesse für Zeugen der klassischen Kultur. Die Kultur einer Region ist also nur für bestimmte Personenkreise, oder in der Sprache des Marketing Zielgruppen, interessant.

In der bereits erwähnten jährlichen Urlaubsreiseuntersuchung Reiseanalyse (F.U.R, 1998; Lohmann, 1998) werden die Befragten gebeten, anzugeben, wie wichtig ihnen bestimmte Motive und Erwartungen im Hinblick auf Urlaub sind. Wir bezeichnen denjenigen als Kultururlauber, der das Motiv *"den Horizont erweitern, etwas für Kultur und Bildung tun"* als für sich besonders wichtig einstuft. In einer weiteren Frage wird die Erfahrung mit und das Interesse für Urlaubsformen erhoben. Auch hier finden sich kulturbezogene Items, nämlich: "*Studienreise*" und "*Kulturreise (Festspiele, Theater, Konzert usw.)*". Sicher bilden beide Fragen bzw. Antwortmöglichkeiten nicht das ganze Feld der Kultururlauber ab, aber die Ergebnisse erlauben doch eine recht genaue Charakteristik der Marktentwicklung und der Zielgruppe.

## 2.3 Kultur als Urlaubsaktivität: Die Auch-Kultururlauber

Eine zweite Gruppe umfaßt diejenigen Urlauber, die in ihrem Urlaub **auch** an den kulturellen Aspekten ihrer Ferienregion interessiert sind, für die die Kultur aber nicht das zentrale Urlaubsmotiv ist. Ihre Urlaubserwartungen sind eher auf die eigene Person bezogen als auf die Urlaubsumwelt. Trotzdem zeigen sie im Urlaub oft kulturelles Verhalten (z.B. Sehenswürdigkeiten besichtigen, Bücher lesen), es ist dies nur nicht ihr *wesentlicher* Urlaubsinhalt.

Aus den Daten der Reiseanalyse können wir diese Gruppe herauskristallisieren, wenn wir diejenigen betrachten, die im Urlaub hin und wieder kulturelle Aktivitäten zeigen, aber die Kultur nicht als zentrales Urlaubsmotiv nennen.

Diese Unterscheidung (in Kultur- und Auch-Kultur-Urlauber), die wir anhand der Daten der deutschen Reisenden gefunden haben, gibt es auch auf europäischer Ebene. Nach den Untersuchungen des Irish Tourist Board (1988) sind 34,5 Mio. Touristenankünfte in den Ländern der EG dem Kulturtourismus zuzuordnen (24% aller Ankünfte). Davon werden ca. 90% als "General Cultural Tourists" eingestuft (Auch-Kultur-Urlauber), nur 10% gelten als "Specific Cultural Tourists", bei denen kulturelle Attraktionen der Hauptgrund für die Reise waren (vgl. auch Steinecke, 1993). Und schließlich kommt eine auf der ITB 1993 vorgestellte europaweite Kulturtourismus-Untersuchung zu ganz ähnlichen Ergebnissen (FAZ, 11.3.93).

Auch regionale Betrachtungsweisen kommen zu einer vergleichbaren Unterscheidung: Untersuchungen von Meffert (1993) zum Regionsmarketing für das Münsterland zeigen, daß auch bei den Zielgruppen für einen Urlaub im Münsterland die Kulturinteressierten nur einen kleinen Anteil ausmachen. Qualitäten der Landschaft stehen im Vorstellungsbild dieser Personen eher im Vordergrund als historische Sehenswürdigkeiten. Allerdings konnte in diesen Untersuchungen noch ein spezieller Typus herausgearbeitet werden: Die *selektiven Geschichts- und Radwanderfreunde*. Diese Menschen verbinden die streßfreie Bewegung in Gottes schöner Natur mit Ausflügen zu historischen Sehenswürdigkeiten und kulturellen Veranstaltungen.

Alles in allem zeigt sich, daß Kultur nicht für alle wichtig ist und daß kulturelle Aktivitäten häufig in engem Bezug zu anderen Aktivitäten, e.g. Radfahren, stehen und wohl (nur?) in der Kombination der Reiz liegt.

## 3 Umfang der Nachfrage für Kulturtourismus

### 3.1 Die aktuelle Situation und ihre Entwicklung
#### 3.1.1 Kultur als Urlaubsmotiv

Von denjenigen, die 1996 wenigstens eine Urlaubsreise gemacht haben, gaben rund ein Fünftel an, daß es ihnen im Urlaub besonders wichtig ist, *den Horizont zu erweitern, etwas für Kultur und Bildung zu tun*. Die hierüber definierte Zielgruppe der Kulturtouristen ist in den letzten Jahren ständig gewachsen (vgl. Tab. 4; in der Befragung für das Jahr 1997 wurde die Frageformulierung geändert, ein konsequenter Zeitvergleich ist nicht möglich, deswegen verwenden wir in diesem Fall die älteren Daten).

Dieses Wachstum ist nicht neu, in den Jahren von 1970 bis 1980 und von 1981 bis 1992 finden wir ähnliche Entwicklungen. Die Entwicklung erklärt sich einmal aus dem gewachsenen Bildungsniveau der Bevölkerung, dann aber auch aus dem breiter werdenden Kulturbegriff und schließlich auch aus einer höheren Anspruchshaltung der Touristen, die heute insgesamt mehr Urlaubsmotive nennen als in früheren Jahren (vgl. Lohmann, 1997).

Die Definition des Kulturtouristen über das Urlaubsmotiv erlaubt aber nicht nur, die grundsätzliche Nachfrageentwicklung abzuschätzen, sie ermöglicht auch, den Personen- kreis, der sich für diese Art eines touristischen Angebotes interessiert, näher einzugrenzen (vgl. Kap. 4 dieses Textes). Dabei haben wir es, angesichts der Formulierung des Motivs und der Heftigkeit der Zustimmung, eher mit richtigen als mit Auch-Kultururlaubern zu tun (s.o.).

Tabelle 4: Kultur als Urlaubsmotiv

| Angaben in % der Urlaubsreisenden des Jahres | 1992 | 1994 | 1995 | 1996 |
|---|---|---|---|---|
| Den Horizont erweitern, etwas für Kultur und Bildung tun (besonders wichtig) | 17,5 | 19,1 | 20,0 | **20,1** |

Vgl. N.I.T. (1998); Quelle: F.U.R; Reiseanalysen

Auf der anderen Seite gibt es nur 7% der Urlaubsreisenden, denen dieses Motiv beim Urlaubmachen *völlig unwichtig* ist. Für rund 75% der deutschen Ferienmenschen spielt es auch eine Rolle, ist weder besonders wichtig noch völlig unbedeutend. Im Durchschnitt über alle Befragten ist das Kulturmotiv eher wichtig, wichtiger jedenfalls als z.B. *aktiv Sport treiben*, aber weniger wichtig als z.B. *Zeit füreinander haben*.

### 3.1.2 Erfahrung mit Kultur- und Studienreisen

Natürlich bedeutet das Motiv nicht zwingend, daß dieser Urlaubswunsch auch in die Tat umgesetzt wird. Wir betrachten (Tab. 5) deswegen noch eine zweite Gruppe, nämlich diejenigen, die angeben, in den letzten drei Jahren Kultururlaub gemacht zu haben. Die Reiseanalyse unterscheidet hier zwischen den Urlaubsarten *Studienreise* und *Kulturreise (Festspiele, Theater, Konzert usw.)*. Auch hier haben wir es eher mit reinrassigen Kultururlaubern zu tun.

Tabelle 5: Erfahrung mit Kultururlaub

| Angaben in % der Bevölkerung, die die Urlaubsform in den letzten drei Jahren gemacht haben (Mehrfachnennungen) | Januar 1992 | Januar 1998 |
|---|---|---|
| Studienreise | 7,3 | 5,6 |
| Kulturreise | 2,7 | 3,9 |

Vgl. N.I.T. (1998); Quelle: F.U.R; Reiseanalyse 91 und 98

Die Daten zeigen, daß nach diesem Kriterium die Gruppe der Kulturtouristen kleiner ist als bei der Definition über das Urlaubsmotiv (Tab. 4). Weiter sehen wir, daß der beim Motiv zu verzeichnende Anstieg sich hier insgesamt nicht findet. Die (klassische) Studienreise hat sogar Rückgänge zu verzeichnen, während es für die Kulturreisen einen Zuwachs gab.

In den 80er Jahren fand die Urlaubsart *Studien- und Besichtigungsreise* bzw. *Bildungsreise* ständig steigenden Zuspruch. Wegen der in den damaligen Erhebungen anderslautenden Frageformulierungen ist ein direkter Vergleich nicht möglich. Insgesamt ergibt sich aber so ein Bild, nach dem der klassische Kultururlaub nach Jahren stetigen Wachstums nun so etwas wie den Kulminationspunkt erreicht hat.

### 3.1.3 Interesse an Kultur- und Studienreisen

Für die gleichen Reisearten wird in der Reiseanalyse auch das Interesse für die Zukunft abgefragt: „Welche dieser Möglichkeiten, Urlaub zu machen, werden Sie in den nächsten drei Jahren "ziemlich sicher" oder "wahrscheinlich" nutzen ...?" Auch hier werden neben anderen Urlaubsarten wieder *Studienreise* und *Kulturreise (Festspiele, Theater, Konzert usw.)* berücksichtigt (Tab. 6).

Tabelle 6: Interesse an Kultururlaub

| Angaben in % der Bevölkerung, die die Urlaubsform in den nächsten drei Jahren *ziemlich sicher* oder *wahrscheinlich* nutzen wollen (Mehrfachnennungen) | Januar 1992 | Januar 1998 |
|---|---|---|
| Studienreise | 13,2 | 11,6 |
| Kulturreise | 8,9 | 11,9 |

Vgl. N.I.T. (1997); Quelle: F.U.R; Reiseanalyse 91 und 98

Die Daten zeigen ein ähnliches Bild wie Tabelle 5. Auch hier findet sich ein Rückgang für die Studienreise und ein Anstieg des Interesses für die Kulturreise, so daß die Interessentenpotentiale für beide Reiseformen jetzt ungefähr auf einem Niveau liegen. Weiter zeigt sich, daß das Interesse deutlich größer ist als die Erfahrung.

### 3.1.4 Kultur als Urlaubsaktivität

Mit den bisherigen Daten werden vor allem die Nachfrage nach Kulturtourismus im engeren Sinn beschrieben. Die "Auch-Kultururlauber" (vgl. 2.3) haben wir noch vernachlässigt.

Wir definieren diese Gruppe über die Urlaubsaktivität. Nach den Ergebnissen der Reiseanalyse 1998 (F.U.R, 1998) haben 30% der 47 Mio. Urlaubsreisenden des Jahres 1997 im Rahmen ihrer Urlaubsreise *"kulturelle Veranstaltungen"* besucht, 65% machten *"Besichtigungen und Ausflüge"*, worunter auch der Besuch von *Sehenswürdigkeiten* oder *Museen* verstanden wird. In den letzten vier Jahren hat sich der Anteil der in dieser Weise Kulturbeflissenen nicht wesentlich verändert (Tab. 7).

Tabelle 7: Kultur als Urlaubsaktivität

| Angaben in % der Urlaubsreisenden des Jahres, die die jeweilige Aktivität ausgeübt haben (Hauptlaubsreise; Mehrfachnennungen) | 1994 | 1995 | 1996 | 1997 |
|---|---|---|---|---|
| Kulturelle Veranstaltungen | 28 | 31 | 30 | **30** |
| Besichtigungen, Ausflüge, Bummeln | 58 | 67 | 67 | **65** |

Vgl. N.I.T. (1998); Quelle: F.U.R; Reiseanalysen

Weiter erfahren wir aus dieser Untersuchung, daß 37% (Vorjahreswert: 32% )der Deutschen während ihres Urlaubs in den letzten drei Jahren häufig (25% / 23%) oder sehr häufig (12% / 10%) *kulturelle und historische Sehenswürdigkeiten/Museen besucht* haben. 15% (17%)der Bevölkerung taten dies in den letzten drei Jahren *niemals*, 48% (43%) *manchmal* oder *selten*.

In Abhängigkeit von der definitorischen Eingrenzung schwankt die Bestimmung des Umfanges der Kulturtourismusnachfrage also ganz erheblich, zwischen 4% der Bevölkerung, die eine Kulturreise in den letzten drei Jahren gemacht haben auf der eine Seite und etwa 80% der Bevölkerung, die wenigstens selten kulturelle Sehenswürdigkeiten im Urlaub besucht haben. Das Marketing für den Kultururlaub muß sich angesichts dieser Bandbreite auf eine präzise Zielgruppe beziehen.

### 3.2 Das Potential für die Zukunft

Im Zusammenhang mit Kulturtourismus wird immer wieder von einer enormen Zunahme dieser Urlaubsform ausgegangen. Wir haben (s.o.) für die Vergangenheit zeigen können, daß tatsächlich Zuwächse zu verzeichnen waren, wenn auch vielleicht nicht in großen Sprüngen.

Die Marktforschungsdaten der Reiseanalyse erlauben darüber hinaus mittels der Erhebung des Interessentenpotentials (vgl. 3.1.3., Tab. 6) auch einen Blick in die Zukunft. Dabei ist nun nicht davon auszugehen, daß alle diejenigen, die sich für eine Kulturreise oder Studienreise interessieren, dieses Interesse tatsächlich in eine Reise umsetzen. Wir rechnen hier mit einem Realisationsquotienten von 44% für die Studienreise und 41% für die Kulturreise (Warncke, Kierchhoff, 1997, S. 28), d.h. gut 40% derjenigen, die im Januar 1998 angaben, in den nächsten drei Jahren eine Kulturreise machen zu wollen, werden im Januar 2001 berichten, daß sie dies tatsächlich getan haben.

Wenn wir diese Berechnungsweise akzeptieren, dann zeigt Tab. 8 die zukünftige Nachfrageentwicklung.

Tabelle 8: Kulturlaub 2001

| Angaben in % der Bevölkerung, die die Urlaubsform in den letzten drei Jahren gemacht haben (werden) (Mehrfachnennungen) | Januar 1992 | Januar 1998 | Januar 2001 |
|---|---|---|---|
| Studienreise | 7,3 | 5,6 | **5,1** |
| Kulturreise | 2,7 | 3,9 | **4,8** |

Vgl. N.I.T. (1998); Quelle: F.U.R; Reiseanalyse 91 und 98, für 2001 Schätzung

Auf der Basis der Erfahrungen aus der Vergangenheit ist also ein relatives Wachstum des Kulturtourismus zu erwarten. Auch eine bedeutendere Zunahme dieser Urlaubsart ist natürlich nicht auszuschließen, zumal die Kulturschaffenden und die Tourismusanbieter sich ja bemühen können, ihren Teil zur Realisierung einer anderen als der jetzt zu erwartenden Entwicklung beizutragen.

Wer sich hier engagieren möchte, kommt um eine aktuelle Erkenntnis im Tourismusmarketing nicht herum: Kundenorientierung ist das Zauberwort, mit dem man versucht, auf einem weithin gesättigten Markt noch etwas für das eigene Angebot herauszuholen und sich eine bessere Position zu verschaffen. Diese Kundenorientierung wird sicherlich erleichtert, wenn man die Charakteristika der Kunden zumindest im Groben kennt. Wir wenden uns deswegen in den folgenden Kapiteln der Beschreibung der Kulturtouristen und der Analyse ihres touristischen Verhaltens zu.

## 4 Soziodemographie: Wer ist Kultururlauber?

### 4.1 Bildung und Einkommen

Tabelle 9 zeigt für drei kulturtouristische Zielgruppen zentrale Daten der soziodemographischen Struktur. Stellvertretend für die "richtigen" Kultururlauber sind die Gruppen Urlaubsmotiv Kultur und Kulturreisende aufgeführt. Einem weiteren Kulturbegriff folgend, ergänzen die Daten für die "Auch-Kultururlauber" (hier definiert über die Urlaubsaktivität *kulturelle Veranstaltungen besucht*) das Struktur-Bild. Natürlich decken diese Gruppen nicht völlig ab, was unter kulturtouristischer Nachfrage verstanden werden kann, aber sie zeigen doch recht deutlich zentrale Tendenzen.

Einen recht klaren Zusammenhang gibt es zwischen kulturtouristischem Motiv und Verhalten und den Variablen Einkommen und Schulbildung. Wer mehr verdient und/oder eine bessere Bildung genießen durfte, für den ist Kultur ein wichtigeres Urlaubsmotiv, er macht tatsächlich häufiger Kulturreisen und zeigt schließlich auch ganz generell bei Urlaubsreisen Kulturverhalten. Dabei scheint die Schulbildung einen größeren Einfluß zu haben als das Einkommen. Auffällig ist, daß die Unterschiede zwischen den Einkommens- und Bildungsgruppen bei den „Auch-Kulturlaubern" am geringsten sind.

Tabelle 9: Soziodemographische Daten der Kulturlauber

| Angaben in % der jeweiligen Zielgruppe | Urlaubsmotiv Kultur * | Kulturreisende ** | Auch-Kultur-Urlauber *** |
|---|---|---|---|
| Bevölkerung | 18 | 4 | - |
| Reisende 96 | 20 | - | 30 |
| Alter (Jahre) | | | |
| 14-29 | 20 | 4 | 27 |
| 30-39 | 16 | 3 | 26 |
| 40-59 | 21 | 4 | 31 |
| 60+ | 15 | 3 | 34 |
| Einkommen (monatl. Haushalt, netto, DM) | | | |
| - 3.000 | 14 | 2 | 28 |
| 3.000-5.000 | 18 | 4 | 30 |
| 5.000 + | 25 | 6 | 33 |
| Schulbildung | | | |
| Hauptschule | 13 | 2 | 28 |
| Realschule | 18 | 4 | 30 |
| Abitur/Universität | 29 | 8 | 33 |
| Herkunft | | | |
| West | 18 | 4 | 30 |
| Ost | 19 | 2 | 29 |

* Im Urlaub besonders wichtig: Den Horizont erweitern, etwas für Kultur und Bildung tun.

** In den letzten drei Jahren eine Kulturreise (Festspiele, Theater, Konzerte usw.) gemacht.

*** Im Laufe der (Haupt-)Urlaubsreise 1996 kulturelle Veranstaltungen besucht.

Vgl. N.I.T. (1998); Quelle: F.U.R; RA 97

Weniger eindeutig ist der Zusammenhang zwischen Alter und Kulturtourismus: Bei jungen Menschen ist das Kulturmotiv überdurchschnittlich ausgeprägt, ebenso bei den etablierten Erwachsenen zwischen 40 und 60 Jahren. Eine unterdurchschnittliche Rolle spielt es bei 30 bis 39jährigen und Personen, die älter als 60 Jahre sind. Das gilt nun nicht mehr für die Urlaubsaktivität *kulturelle Veranstaltungen besuchen.* Hier beteiligen sich die Senioren am meisten.

Die kulturelle Urlaubsaktivität der älteren Reisenden wird auch in einem anderen, hier sonst nicht näher betrachteten Segment deutlich: Kulturkurzreisen (2 bis 4 Tage Dauer) werden von älteren Personen am häufigsten realisiert.

In der Gesamtbetrachtung fällt weiterhin auf, daß die Altersgruppe der 30-39jährigen fast alle Aspekte weniger häufig nennt bzw. ausübt als die übrigen Gruppen. Möglicherweise ist diese Tatsache auf situative Faktoren, die gerade in diesem Alters- bzw. Lebensabschnitt im Vordergrund stehen, wie z.B. beruflicher Einstieg, Existenzgründung, Karriereplanung sowie Familiengründung, Kleinkinder etc., zurückzuführen, wodurch andere Urlaubsmotive, -interessen und -aktivitäten von größerer Relevanz sind (z.B. Ruhe, Familie, mit Kindern spielen usw.). Diese Gruppe könnte sozusagen als "Kultur-Pausengruppe" bezeichnet werden, da sie quasi vorübergehend aussetzt.

### 4.2 Lebensphasen

Kombiniert man die soziodemographischen Variablen Alter, Familienstand und Kinder im Haushalt, so ergeben sich die in Tabelle 10 dargestellten Lebensphasen:

- junge Unverheiratete,
- junge Verheiratete ohne Kinder,
- Familie mit kleinen Kindern,
- Familie mit großen Kindern,
- ältere Erwachsene Paare,
- ältere Unverheiratete,
- Senioren Paare sowie
- unverheiratete Senioren.

Auch diese unterschiedlichen Lebensphasen zeigen einen deutlichen Einfluß auf die Bedeutung kultureller Aspekte im Urlaub (Tab. 10). *Den Horizont erweitern, etwas für Kultur und Bildung tun* wird beispielsweise von den unverheirateten, kinderlosen Personen im Alter von 40 bis 59 Jahren am häufigsten als besonders wichtiger Urlaubsaspekt bezeichnet. In den beiden Gruppen der Familien mit kleinen bzw. großen Kindern hingegen steht dieser Aspekt für wesentlich weniger Personen im Vordergrund (vgl. auch Punkt 4.1, die "Pausengruppe"). Bezüglich der Urlaubsaktivitäten fällt auf, daß "Besichtigungen/Ausflüge" sowohl von jungen Verheirateten ohne Kinder als auch von Seniorenpaaren am häufigsten unternommen werden. "Kulturelle Veranstaltungen" hingegen werden von den beiden

Seniorengruppen (Paare bzw. Unverheiratete) am häufigsten besucht. Deutlich wird auch, daß die beiden Familiengruppen (mit kleinen bzw. großen Kindern) am wenigsten häufig kulturelle Veranstaltungen im Urlaub besuchen.

Tabelle 10: Lebensphasen und Kultururlaubsmotiv

| Angaben in % der Lebensphasengruppe | Den Horizont erweitern, etwas für Kultur und Bildung tun |
|---|---|
| Bevölkerung gesamt | 18 |
| Lebensphase 14-39 Jahre, ledig keine Kinder | 21 |
| 14-39 Jahre, mit Partner, keine Kinder | 21 |
| mit Kindern unter 6 Jahren | 13 |
| mit Kindern von 6 bis 13 Jahren | 16 |
| 40-59 Jahre, mit Partner, keine Kinder | 21 |
| 40-59 Jahre, ohne Partner, keine Kinder | 24 |
| 60 Jahre +, mit Partner, keine Kinder | 17 |
| 60 Jahre +, ohne Partner, keine Kinder | 11 |

Vgl. N.I.T. (1998); Quelle: F.U.R; RA 97

Auch bei den realisierten Urlaubsformen zeigt sich ein deutlicher Effekt der jeweiligen Lebensphase. So unternahmen ältere unverheiratete Personen in den letzten drei Jahren am häufigsten eine Kulturreise (zu Festspiel, Theater, Konzert usw.). Am zweithäufigsten wurde diese Urlaubsform von jungen Verheirateten ohne Kinder durchgeführt.

Bezüglich der Kurzreisen ergibt sich folgendes Bild (Daten für 1995): Kulturkurzreisen wurden am häufigsten von den älteren Erwachsenen (Paare bzw. Unverheiratete) durchgeführt, am zweithäufigsten von jungen Unverheirateten, gefolgt von der Gruppe der Seniorenpaare. Wiederum fällt auf, daß die beiden Familiengruppen (mit kleinen bzw. großen Kindern) weniger häufig Kulturkurzreisen unternommen haben als die Personen anderer Lebensphasengruppen.

## 5 Reiseverhalten: Wie reisen Kulturtouristen?

### 5.1 Allgemeines Reiseverhalten

Die Urlaubsmotive der **Kultururlauber** betonen vor allem die Absicht, etwas bisher Unbekanntes genauer kennenzulernen, um den eigenen Horizont zu erweitern. Sie gehen im Urlaub vielfältigen Aktivitäten nach (also auch nicht *nur* Kultur) und geben viel Geld aus. Ihre Reiseziele unterscheiden sich erheblich vom Durchschnitt der Reisenden, fremde Länder sind ihnen lieber als die gängigen Urlaubsziele (vgl. Tab. 11). Deutsche Kulturtouristen sind also anspruchsvolle Urlauber, die ein attraktives Produkt erwarten, das sich aus Kultur-, Konsum-, Erlebnis-, und Verwöhn-Elementen zusammensetzt. Und es handelt sich um eine Urlauberzielgruppe, die das Inland als Kulturziel für einen längeren Urlaub erst (wieder) entdecken muß.

Tabelle 11: Urlaubsreiseverhalten der Kultururlauber

| Angaben in % der jeweiligen Reisendengruppe | Urlaubsmotiv Kultur * | Auch-Kultur-Urlauber ** |
|---|---|---|
| Reisende gesamt | 20 | 30 |
| Reiseziel *** | | |
| Inland **** | 17 | 29 |
| Schl.-H. | 15 | 26 |
| Sachsen | 23 | 25 |
| | | |
| Österreich | 19 | 29 |
| Spanien | 18 | 26 |
| Italien | 25 | 31 |
| Frankreich | 20 | 28 |
| | | |
| Fernziele | 34 | 43 |
| in Begleitung von Kindern gereist | 15 | 24 |
| Reisebürokunden | 23 | 35 |

\* Im Urlaub besonders wichtig: Den Horizont erweitern, etwas für Kultur und Bildung tun.
\*\* Im Laufe der (Haupt-)Urlaubsreise 1996 kulturelle Veranstaltungen besucht
\*\*\* 1996 wenigstens eine Urlaubsreise gemacht nach ...
\*\*\*\* Lesebeispiel: 17% der Inlandsreisenden 1996 ist das Kulturmotiv im Urlaub besonders wichtig.
Vgl. N.I.T. (1998); Quelle: F.U.R; RA 97

Von den heutigen Feriengästen im Inland werden Kulturmotive jedenfalls nach wie vor nur unterdurchschnittlich oft genannt. Etwas anders mag die Situation bei Tagesausflügen und Kurzreisen sein, obwohl auch hier die Ergebnisse einzelner Studien (vgl. z.B. LVV Westfalen, 1991) auf den ersten Blick nicht allzu optimistisch stimmen.

Die Urlaubsmotive der **Auch-Kultur-Urlauber** sind eher auf die eigene Person bezogen als auf die Urlaubsumwelt. Trotzdem zeigen sie im Urlaub oft kulturelles Verhalten (z.B. Sehenswürdigkeiten besichtigen, Bücher lesen), es ist dies nur nicht ihr wesentlicher Urlaubsinhalt. Es scheint kaum ein Reiseziel zu geben, in dem kulturelle Urlaubsaktivitäten nicht wenigstens eine bescheidene Rolle spielen.

## 5.2 Spezifisch kulturelle Urlaubsaktivitäten

Die Reiseanalyse 96 enthielt neben allgemeinen Fragen zu Motiven, Aktivitäten und Interessen eine spezielle Frage zu den im Urlaub ausgeübten kulturellen Aktivitäten (im weiteren Sinn), die insgesamt 22 unterschiedliche Aspekte (Antwortvorgaben) umfaßt. Die Urlauber konnten anhand einer vorgegebenen Skala die Häufigkeit, mit der die jeweilige Aktivität während der letzten Haupturlaubsreise ausgeübt wurde, fünffach abgestuft angeben (1 = sehr häufig, 2 = häufig, 3 = manchmal, 4 = selten, 5 = nie).

Die Resultate bezüglich der während der Haupturlaubsreise 1995 unternommenen kulturellen Aktivitäten werden in Tabelle 12 im Überblick dargestellt. Es werden zur besseren Übersicht nur die Mittelwerte für die einzelnen Aktivitäten wiedergegeben.

Tabelle 12 verdeutlicht, daß von den befragten Reisenden die kulturellen Aktivitäten den Mittelwerten zufolge eher "*manchmal*" (Wertung 3) bis "*selten*" (Wertung 4) ausgeübt wurden.

Betrachtet man nicht die Mittelwerte (wie in Tab. 12), sondern die Gesamtzahl von Reisenden, die überhaupt kulturellen Urlaubsaktivitäten nachgegangen sind (wenn auch vielleicht nur selten), so zeigt sich ein anderes Bild, das den Stellenwert der kulturellen Aktivitäten im Urlaub wesentlich deutlicher macht. In Tabelle 13 werden - wiederum nach Rangplätzen geordnet - die Prozentsätze von Reisenden ausgewiesen, die die jeweilige Urlaubsaktivität im Urlaub (unabhängig von der individuellen Intensität) ausgeübt haben (Wertungen 1 bis 4 zusammengefaßt).

Hier zeigt sich, daß die ersten 13 Aktivitäten jeweils von mindestens einem Drittel der Reisenden ausgeübt wurden, die ersten 4 Aktivitäten sogar von mindestens zwei Dritteln der Reisenden.

Tabelle 12: Rangliste im Urlaub ausgeübter kultureller Aktivitäten (Haupturlaubsreise 1995)

| Platz | Kulturelle Aktivität (Vorgabe) | Mittelwert Reisende gesamt (1 = sehr häufig; 5 = nie) |
|---|---|---|
| 1 | Einkaufsbummel machen | 2,6 |
| 2 | Besuch von Märkten | 3,0 |
| 3 | Musik hören | 3,0 |
| 4 | Stadtrundfahrten/-führungen | 3,4 |
| 5 | Besuch von historischen Gebäuden/Kirchen | 3,5 |
| 6 | Ein gutes Buch lesen | 3,5 |
| 7 | Besuch von kulturhistorischen Landschaften | 4,0 |
| 8 | Volksfeste | 4,1 |
| 9 | Besuch von Heimatmuseen | 4,2 |
| 10 | Besuch von folkloristischen Veranstaltungen | 4,3 |
| 11 | Teilnahme an Weinfesten, Weinproben, Weinlese | 4,3 |
| 12 | Besuch von archäologischen Stätten | 4,3 |
| 13 | Besuch von Kunstmuseen | 4,4 |
| 14 | Besuch von Ausstellungen | 4,4 |
| 15 | Besuch von technischen Museen | 4,7 |
| 16 | Besuch von Theateraufführungen/Opern/Musicals | 4,7 |
| 17 | Kinobesuche | 4,7 |
| 18 | Besuch von klassischen Konzerten | 4,8 |
| 19 | Besuch von Festspielen | 4,8 |
| 20 | Besuch von Rock-/Popkonzerten | 4,8 |
| 21 | Selbst musizieren | 4,8 |
| 22 | Selbst kreativ sein (malen, zeichnen...) | 4,8 |

Vgl. N.I.T. (1998); Quelle: F.U.R; RA 96

Tabelle 13: Prozentränge im Urlaub ausgeübter kultureller Aktivitäten (Haupturlaubsreise 1995)

| Platz | Kulturelle Aktivität (Vorgabe) | Ausgeübt (Wertung 1-4) Reisende gesamt (Angaben in %) |
|---|---|---|
| 1 | Einkaufsbummel machen | 91,4 |
| 2 | Besuch von Märkten | 81,9 |
| 3 | Musik hören | 76,6 |
| 4 | Stadtrundfahrten/-führungen | 66,1 |
| 5 | Ein gutes Buch lesen | 64,7 |
| 6 | Besuch von historischen Gebäuden/Kirchen | 64,4 |
| 7 | Besuch von kulturhistorischen Landschaften | 46,9 |
| 8 | Volksfeste | 45,0 |
| 9 | Besuch von Heimatmuseen | 44,0 |
| 10 | Besuch von folkloristischen Veranstaltungen | 37,0 |
| 11 | Besuch von Ausstellungen | 36,1 |
| 12 | Besuch von archäologischen Stätten | 34,6 |
| 13 | Teilnahme an Weinfesten, Weinproben, Weinlese | 33,9 |
| 14 | Besuch von Kunstmuseen | 32,8 |
| 15 | Besuch von Theateraufführungen/Opern/Musicals | 19,4 |
| 16 | Besuch von technischen Museen | 17,0 |
| 17 | Kinobesuche | 16,8 |
| 18 | Besuch von Festspielen | 15,6 |
| 19 | Besuch von klassischen Konzerten | 14,1 |
| 20 | Selbst kreativ sein (malen, zeichnen...) | 12,1 |
| 21 | Besuch von Rock-/Popkonzerten | 11,0 |
| 22 | Selbst musizieren | 8,1 |

Vgl. N.I.T. (1998); Quelle: F.U.R; RA 96

Auffällig ist weiterhin, daß die kulturellen Aktivitäten

- *"Besuch von klassischen Konzerten"*,
- *"Besuch von Festspielen"*,
- *"Besuch von Rock-/Popkonzerten"*,
- *"Besuch von technischen Museen"*,
- *"Kinobesuche"*,
- *"Selbst kreativ sein (malen, zeichnen...)"* und
- *"Selbst musizieren"*

von über 80% der Reisenden während der letzten Haupturlaubsreise **nie** ausgeübt wurden. Andererseits: Selbst die Aktivität auf dem letzten Platz wurde noch von 8,1% der Reisenden ausgeübt, was einer Zahl von knapp 4 Millionen Personen entspricht. Es entsteht insgesamt der Eindruck, als würden während der Haupturlaubsreise weniger die speziellen kulturellen Aktivitäten, sondern vielmehr allgemeine, d.h. im weiteren Sinne kulturell ausgerichtete Aktivitäten ausgeübt. Vermutlich lassen sich letztgenannte Aktivitäten mit anderen Urlaubsaktivitäten recht einfach, d.h. ohne großen zusätzlichen zeitlichen sowie organisatorischen Aufwand, verbinden.

## 6 Zusammenfassung

Dem Phänomen Kulturtourismus kann man sich sowohl aus der Angebotsperspektive als auch der Nachfrageperspektive nähern. Als Faktor des touristischen Angebotes ist die Kultur im weitesten Sinn einer der Aspekte, die die Anziehungskraft einer Region ausmachen, sie kann aber auch eigens zur Ergötzung der Touristen geschaffen worden sein.

Nachfrageseitig ist Kulturtourismus zunächst eine motivationale Haltung, d.h. der Wunsch oder die Erwartung, im Urlaub etwas mit Kultur (welcher Art auch immer) zu tun zu haben. Dieser Wunsch kann wesentlicher Auslöser für eine Urlaubsreise sein oder aber auch andere Urlaubserwartungen begleiten und mit ihnen gemeinsam zu einem konkreten Urlaubsverhalten führen.

Im Laufe der Urlaubsreise wird dann kulturtouristisches Verhalten sichtbar (übrigens nicht nur von Urlaubern, die vorher auch das entsprechende Motiv gehabt haben). Theoretisch sind diese durch ihr Verhalten gekennzeichneten Kulturtouristen am einfachsten zu analysieren, indessen ist die Vielfalt dessen, was zur Kultur zählt oder zählen könnte, so groß, daß auch hier ein klare Abgrenzung unmöglich ist. Dennoch sind Daten der touristischen Marktforschung (in unserem Fall die Ergebnisse der jährlichen Reiseanalyse der Forschungsgemeinschaft Urlaub und Reisen e.V.) in der Lage, ein Bild der quantitativen Entwicklung der kulturtouristischen Nachfrage, ihrer Struktur und ihres Reiseverhaltens zu zeichnen. Die wesentlichen Ergebnisse davon sind:

- Kulturtourismus ist Teil des Tourismus insgesamt. Er folgt denselben Regeln und ist den gleichen Rahmenbedingungen ausgesetzt.

- Kulturtourismus findet bei Urlaubsreisen (5 Tage oder länger), Kurzurlaubsreisen (2-4 Tage) und Tagestourismus statt. Dieser Text befaßt sich in erster Linie mit den Urlaubsreisen.

- Große Zuwächse im Urlaubstourismus der Deutschen in den nächsten Jahren sind insgesamt nicht zu erwarten. Will man den Kulturtourismus stärken, dann muß man anderen touristischen Segmenten die Kunden abwerben oder eine kulturelle "Aufrüstung" allgemeiner Urlaubsreisen versuchen.

- Für rund 20% der deutschen Urlaubsreisenden des Jahres 1996 war es im Urlaub besonders wichtig, den Horizont zu erweitern, etwas für Kultur und Bildung zu tun. Nur für 7% ist dieser Aspekt völlig unwichtig. Kultur im Urlaub geht fast alle an.

- Ganz grob kann man die kulturtouristische Nachfrage einteilen in „Kultururlauber" (Kultur als zentrales/r Urlaubsmotiv/-inhalt) und „Auch-Kultururlauber" (auch an Kultur interessiert, aber eben nicht zentrales Reisemotiv).

Ausgesprochene Kulturreisen und Studienreisen werden nur von wenigen Deutschen gemacht. Das geäußerte Interesse läßt aber ein leichtes Wachstum des Kulturtourismus im engeren Sinn in den nächsten Jahren als möglich erscheinen.

- Die kulturtouristische Nachfrage wird wesentlich beeinflußt von den Faktoren Bildung, Einkommen und Lebensphase. Bildung und Einkommen haben dabei einen einfachen Einfluß: Je höher die Bildung und/oder das Einkommen, desto mehr Kultur im Urlaub. In den Lebensphasen wirken Alter und familiäres Umfeld zusammen. Eine geringe Bedeutung hat Kultur als Urlaubsmotiv für Personen mit Kindern im Haushalt und für alleinstehende Ältere, eine höhere für kinderlose Personen unter 60 Jahren. Dennoch zeigen auch ältere Reisende und Familienurlauber kulturelle Aktivitäten im Rahmen ihrer Reisen, sie stehen aber eben nicht im Vordergrund.

- Die Urlaubsmotive der Kultururlauber betonen vor allem die Absicht, etwas bisher Unbekanntes genauer kennenzulernen, um den eigenen Horizont zu erweitern. Sie gehen im Urlaub vielfältigen Aktivitäten nach (also auch nicht *nur* Kultur) und geben viel Geld aus. Ihre Reiseziele unterscheiden sich erheblich vom Durchschnitt der Reisenden, fremde Länder sind ihnen lieber als die gängigen Urlaubsziele. Deutsche Kulturtouristen sind also anspruchsvolle Urlauber, die ein attraktives Produkt erwarten, das sich aus Kultur-, Konsum-, Erlebnis-, und Verwöhn-Elementen zusammensetzt. Und es handelt sich um eine Urlauberzielgruppe, die das Inland als Kulturziel für einen längeren Urlaub erst (wieder)entdecken muß.

- Die Urlaubsmotive der Auch-Kultur-Urlauber sind eher auf die eigene Person bezogen als auf die Urlaubsumwelt. Trotzdem zeigen sie im Urlaub oft kulturelles Verhalten (z.B. Sehenswürdigkeiten besichtigen, Bücher lesen), es ist dies nur nicht ihr wesentlicher Urlaubsinhalt. Es scheint kaum ein Reiseziel zu geben, in dem kulturelle Urlaubsaktivitäten nicht wenigstens eine bescheidene Rolle spielen.

- Für die Mehrzahl der Urlaubsreisenden sind kulturelle Aktivitäten eher selten, aber kaum einer verzichtet im Urlaub völlig auf Kultur.

## Literatur

*(Hinweis: Hier finden sich sowohl die im Text zitierten Arbeiten wie auch weiterführende Literatur.)*

Aderhold, P.: Grenzen des Wachstums erreicht? In: Forschungsgemeinschaft Urlaub und Reisen e.V. (Hg.): Dokumentation zum 1. Forschungs-Forum Tourismus im November 1995 in Berlin. Hamburg 1996

Becker, Chr., Steinecke, A. (Hg.): Kulturtourismus in Europa: Wachstum ohne Grenzen? Trier 1993

Becker, Chr.: Kulturtourismus: Eine Einführung. In: Becker, Chr., Steinecke, A. (Hg..), a.a.O., S. 7-9

Benington, J., White, J. (Hg.): The Future of Leisure Services. Harlow 1988

Bergengruen, W.: Badekur des Herzens. Zürich 1956

Braun, O., Lohmann, M.: Die Reiseentscheidung. Starnberg 1989

Burghoff, Chr., Kresta, E.: Schöne Ferien. Tourismus zwischen Biotop und künstlichen Paradiesen. München 1995

Casson, L.: Travel in the Ancient World. London 1974 (Allen & Unwin) (dtsch. Ausgabe: Reisen in der alten Welt. München 1976

Ceram, C.W.: Götter, Gräber und Gelehrte. Hamburg 1949

Cohen, E.: The Heterogenization of a Tourist Art. Annals of Tourism Research. Vol. 20. 1993, S. 138-163.

Deutsches Wirtschaftswissenschaftliches Institut für Fremdenverkehr (DWIF): Die Ausgabenstruktur im übernachtenden Fremdenverkehr in der Bundesrepublik Deutschland. Schriftenreihe des DWIF. Heft 43. München 1992

Deutsches Wirtschaftswissenschaftliches Institut für Fremdenverkehr (DWIF): Tagesreisen der Deutschen. Schriftenreihe des DWIF. Heft 46. München 1995

Di Monte, G., Scaramuzzi, I.: Una Provincia Ospiatle - Itinerari di ricerca sul sistema turistico veneziano. Bologna 1996

Dolak, G. (1997): Kultur-Etats - Vor dem großen Kahlschlag. Focus 24/1997, S. 96-101

Enzensberger, H.M.: Mittelmaß und Wahn. Frankfurt/M. 1988

Fink, K.: Mit Kultur neuen Gästen auf der Spur. In: touristik management. Heft 6/1989, S. 91-94

Forschungsgemeinschaft Urlaub und Reisen e.V.: Reiseanalyse Urlaub + Reisen 96. Hamburg (unveröffentl.) 1996

Forschungsgemeinschaft Urlaub und Reisen e.V.: Reiseanalyse Urlaub + Reisen 97. Hamburg (unveröffentl.) 1997

Forschungsgemeinschaft Urlaub und Reisen e.V.: Reiseanalyse Urlaub + Reisen 98. Hamburg (unveröffentl.) 1998

Frankfurter Allgemeine Zeitung (1993): Kulturelles Interesse schwindet mit dem Alter, 11.3.1993, R11

Fremdenverkehrsverband Schleswig-Holstein (Hg.): Beiträge zur Fremdenverkehrspraxis. Kiel (FVV SH) 1993

Freyer, W.: Eine ganze Branche schwingt im Event-Takt. In: Fremdenverkehrswirtschaft International. Heft 16. 1997, S. 28-30

Friedell, E. (1927): Kulturgeschichte der Neuzeit. München 1976 (2 Bände)

Ganser, A.: Öffentlichkeitsarbeit in der Touristik. München (Redaktionsbüro für Touristik und Verkehr) 1991

Gayler, B.: Begriffsstudien im Tourismus: Vorstellungen über Animation und Animateur im Urlaub. In: Fremdenverkehrswirtschaft International. Heft 7/1988

Giesen, E., Hansen, U.J.: Engagement für den Tourismus in Europa. Europa Kommunal. 6/1992, S. 262-266

Goethe, J.W.v.: Italienische Reise. Stuttgart 1968

Grell, P.J.: Auch die Sonnenfinsternis läßt sich vermarkten - Öffentlichkeitsarbeit in einem Dienstleistungsunternehmen. In: Haedrich u.a. 1982, a.a.O.

Grosche, A.: 800 Jahre Stadt Medebach. Dortmund 1951

Haedrich, G. u.a. (Hg.): Öffentlichkeitsarbeit - Dialog zwischen Institutionen und Gesellschaft. Berlin 1982

Haedrich, G. u.a. (Hg.): Tourismus-Management. Berlin 1993

Hahn, H. & Kagelmann, H.J.: Tourismuspsychologie und Tourismussoziologie. München 1993

Heinrich, D.: Musik-Sponsoring als Wettbewerbsinstrument. In: Planung und Analyse. Heft 5/1990, S. 190-191

Heinze, Th. (Hg): Kultur und Wirtschaft. Opladen 1995

Henry, O.: Tourisme et Culture: faire-part de mariage. In: ESpacES, Nr. 92, Juni/Juli 1988, S. 50/51

Holloway, J.Chr.: The Bussiness of Tourism. London 1994

IPK (Hg.): So reisen die Deutschen 1997. München 1998

Irish Tourist Board, Brady Shipman Martin: Inventory of Cultural Tourism Resources in the Member States and Assessment of Methods used to promote them. Dublin/Brussels (C.E.C. Tourism Study Ref. VII/A-4/1) 1988

Kierchhoff, H.W.: The same old holiday wishes - or new expectations? In: Fremdenverkehrswirtschaft International. Nr. 3/1996. Suppl. Travel Market Germany, S. 6-7

Kommission der Europäischen Gemeinschaften: Bericht der Kommission zu Maßnahmen der Gemeinschaft, die sich auf den Tourismus auswirken. Brüssel, 2.7.97

Landesverkehrsverband Westfalen (Hg.): Tourismus und Kultur. Erfolgreiche Patenschaft für das Fremdenverkehrs-Marketing. Dortmund 1991

Lohmann, M.: Evolution of Shortbreak Holidays. In: Revue de Tourisme. Heft 2. 1991, S. 14-23

Lohmann, M.: Kreative Marktforschung im Tourismus. In: Nordwestdeutsche Universitätsgesellschaft e.V. (Hg.): Tourismus im Umbruch - Dokumentation der 5. Wilhelmshavener Tage vom Oktober 1993. Wilhelmshaven 1995, S. 50-65.

Lohmann, M.: Kein Wachstum ohne Ende - Ergebnisse und Überlegungen zur Entwicklung des Urlaubstourismus der Deutschen. In: ETI (Hg.): Der Tourismusmarkt von morgen - zwischen Preispolitik und Kultkonsum. Trier 1996

Lohmann, M.: Urlaubsmotive: Genuß und Geselligkeit statt Alltagsroutine. Fremdenverkehrswirtschaft International. Hamburg 1997. Heft 21/97, S. 28-29.

Lohmann, M: Die Reiseanalyse -Sozialwissenschaftliche (Markt-)Forschung zum Urlaubstourismus der Deutschen. In: Haedrich, G. u.a.. (Hg.): Tourismus-Management. Berlin/New York 1998. S. 145-157

Lohmann, M., Kierchhoff, H.W., Kaim, E., Warncke, K.: Küstentourismus in Deutschland: Nachfragestruktur und die Anfälligkeit für Klimaänderungen. Tourismusjournal. 1998. 2. Jg. Heft 1, S. 67–79

Meffert, H., Frömbling, S.: Regionenmarketing Münsterland - Fallbeispiel zur Segmentierung und Positionierung. In Haedrich u.a., a.a.O.

Meffert, H., Bruhn, M.: Dienstleistungsmarketing. Wiesbaden 1995

Mundt, J.W., Lohmann, M.: Urlaub und Erholung. Zum Stand der Erholungsforschung im Hinblick auf Urlaubsreisen. Starnberg 1988

Nix, Chr.: Kultur und Geld, Geist und Sünde. Theater der Zeit. Berlin. Heft 5/697, S.46-47

Opaschowski, H.W.: Tourismus - Eine systematische Einführung. Opladen 1996

Otter, W.: Volle Hotels durch Open-air. In: Tiroler Landeszeitung, Innsbruck, 29.7.97, S. 12

Rat der Europäischen Gemeinschaften: Aktionsplan der Gemeinschaft zur Förderung des Tourismus. Brüssel 1992

Schalk, A.: Menetekel - Der Tiger im Schafspelz. Theater der Zeit. Berlin. Heft 5/6 97, S. 44-45 (Beitrag zum Kulturmanagement)

Scherrieb, H.R.: Der westeuropäische Massentourismus. Würzburg 1975

Schönemann, K.: Gemeinde und Fremdenverkehr. Wiesbaden. 2. Auflage 1991

Seume, J.G. (1811): Spaziergang nach Syrakus im Jahre 1802. Nördlingen 1985

Seydoux, J.: Le bronzage de l'esprit. La culture sauvera-t-elle le tourisme? In: Hotel Revue Nr. 4. 16.4.1989, S. 21

SPD-Bundestagsfraktion, Arbeitsgruppe Fremdenverkehr: SPD-Fremdenverkehrsprogramm-Entwurf. Manuskript (Bonn). Stand 16.2.1993

Statistisches Bundesamt: Tourismus in Zahlen 1997. Wiesbaden 1998

Steinecke, A.: Historische Bauwerke als touristische Attraktionen: Merkmale, Motive und Verhaltensweisen von Bildungs- und Besichtigungstouristen. In: Becker, Chr. (Hg.): Denkmalpflege und Tourismus. Trier 1987. Heft 15, S. 92-104

Steinecke, A.: Kulturtourismus - Chancen und Gefahren. In: Becker, Chr., Steinecke, A. (Hg.) 1993, S. 245-250.

Süselbeck, K.: Saurier starten Wettlauf um die Gunst der Fans. WAZ, 13.5.1993

Thiem, M.: Tourismus und kulturelle Identität. Bern, Hamburg 1994

Warncke, K., Kierchhoff, H.W.: Der Traumurlaub bleibt oft nur Wunschtraum. In: Fremdenverkehrswirtschaft International. Nr. 19/97, Hamburg 1997, S. 26-29

WTO (World Tourism Organization): Yearbook of Tourism Statitics. Madrid 1995

# IV Die Bedeutung des Kulturtourismus für städtische Destinationen

*Joachim Maschke*
*unter Mitarbeit von Manfred Zeiner*

## 1 Definitorische und thematische Abgrenzungen

Erklärungsbedürftig sind sowohl der Begriff „Städtische Destinationen" als auch der des „Städte-" bzw. „Kulturtourismus". Vor allem muß klar dargestellt werden, wie diese Begriffe im Rahmen der vorliegenden Studie definiert werden sollen.

### 1.1 Städtische Destination

Die Führung des Titels „Stadt" bedarf einer offiziellen Genehmigung. Da viele dieser „Stadtrechte" aus dem Mittelalter stammen, als auch Ortschaften zwischen 500 und 1.000 Einwohnern das Stadtrecht verliehen wurde, gibt es auch heute noch Städte mit sehr geringer Einwohnerzahl und ohne ausgeprägte „städtische Strukturen", die durch Faktoren gekennzeichnet sind wie vor allem

- Sammelplatz von Gewerbe/Industrie, Handel und Verkehr,
- Ausstattung mit Bildungsstätten und Kultureinrichtungen,
- dichte Bebauung und fortgeschrittene Arbeitsteilung.

Beispiele hierfür sind die Stadt Zavelstein[1] oder die Stadt Siedenbrünzow in Mecklenburg-Vorpommern, die beide weniger als 1.000 Einwohner haben.

Auf der anderen Seite finden sich Kommunen, die sich - zumeist als Folge von Urbanisierung und Industrialisierung - in der Nachkriegszeit sprunghaft entwickelt aber bis heute keinen Stadtstatus erreicht haben. Ortschaften wie Ottobrunn (bei München) oder Haßloch (bei Ludwigshafen), auf die obige, eine Stadt kennzeichnenden Faktoren ausnahmslos zutreffen, die sogar um die 20.000 Einwohner zählen und die deshalb, einer weit verbreiteten Einteilung folgend, am unteren Rand der „Mittelstädte" (20.000 bis 100.000 Einwohner) eingruppiert werden könnten, stellen einfache Gemeinden dar.

---

[1] Heute Bad Teinach-Zavelstein mit insgesamt 2.700 Einwohnern.

## IV Bedeutung des Kulturtourismus

Aus touristischer Sicht allgemein, und mit Blick auf die Möglichkeiten statistischer Erfassung der Marktanteile im besonderen, kommt eine weitere Abgrenzungsschwierigkeit hinzu. Eine ganze Reihe von Kur- aber auch Erholungsorten haben Stadtrecht und präsentieren sich bezüglich Einwohnerzahl und Siedlungsstrukturen durchaus „städtisch". Sie werden jedoch in der Fremdenverkehrsstatistik entsprechend ihres Prädikats als Heilbad, Heilklimatischer Kurort, Luftkur- oder Erholungsort eingruppiert. Als besonders exponierte Beispiele lassen sich „Kurstädte" wie Baden Baden, Bad Salzuflen oder gar Wiesbaden anführen, die mehr als 50.000 Einwohner haben und als Mittel- bzw. sogar Großstadt einzustufen wären.

Als letzte erfassungstechnische Schwierigkeit ist anzuführen, daß es in der Fremdenverkehrsstatistik keine Untergruppe „(Groß-) Städte" gibt, sondern neben den oben bereits genannten Prädikatsträgern nur die „Sonstigen Berichtsgemeinden", die zwar von den Mittel- und Großstädten dominiert werden, aber eben auch eine Reihe von Gemeinden umfassen, die nicht städtisch geprägt sind. Es kommt hinzu, daß in der Bundesstatistik alle Fremdenverkehrsgemeinden der neuen Bundesländer, unabhängig von ihrem Prädikat, unter „Sonstigen Berichtsgemeinden" erfaßt sind, so daß diese Gruppierung keineswegs städtische Destinationen repräsentiert.

Bei Abwägung der Folgen dieser Abgrenzungsschwierigkeiten kristallisiert sich heraus, daß mit den geringsten Verwässerungen zu rechnen ist, wenn „städtische Destinationen" im touristischen Sinne gleichgesetzt werden mit „Großstädten", die definitionsgemäß mehr als 100.000 Einwohner haben müssen. Dann ist sichergestellt, daß tatsächlich nur städtisch geprägte Ansiedlungen und so gut wie keine „Kurstädte" einbezogen werden.[2]

Diese Einteilung ist zudem statistisch eindeutig und läßt sich auf alle Sachverhalte anwenden, wie später noch zu zeigen sein wird.

### 1.2 Städtetourismus

Dieser Begriff läßt sich aus zwei verschiedenen Blickwinkeln definieren:

Relativ gut faß- und quantifizierbar ist dieses Marktsegment, wenn es im Sinne von „Tourismus in Städte(n)" verstanden wird. Dann ist lediglich aufzuzeigen, wieviele Besucher und wieviele Übernachtungen in Städten registriert werden. Folgt man der in Punkt 1.1 aus erfassungstechnischen Gründen vorgenommenen Einengung des Themenfeldes, so ist der Umfang und die Struktur des Tourismus

---

[2] Die einzigen Ausnahmen sind dann Wiesbaden und Aachen als Heilbäder; aber auch diese Städte sind in starkem Maße geprägt durch andere städtische Funktionen (Landeshauptstadt, Universitätsstadt usw.)

mit Ziel Großstädte (mehr als 100.000 Einwohner) darzustellen. Das ist, zumindest für mehr globale Analysen, eine praktikable Vorgehensweise und wird später auch so durchgeführt (vgl. Punkt 2) obwohl natürlich einzuräumen ist, daß Städtetourismus in bemerkenswertem Umfang auch außerhalb von Großstädten stattfindet. Besonders eindrucksvolle Beispiele sind in Deutschland u.a. Rothenburg o.d.T. (11.500 Einwohner), Dinkelsbühl (11.000), Eisenach (43.000) oder Monschau (12.500), die zweifellos eine ganz spezifische Form des Städtetourismus verkörpern, durch obige Festlegung aber ausgegrenzt werden.

Sehr häufig wird unter „Städtetourismus" im engeren Sinne allerdings eine Nachfrageart verstanden, die nur ein bestimmtes Segment des oben genannten Gesamtmarktes darstellt, nämlich den Teil, der „privat motiviert" und nicht „geschäftlich" bedingt ist. Die Abgrenzung dieser beiden Teilmärkte ist nur über detaillierte Marktforschung möglich, so daß verläßliche Ergebnisse bestenfalls für einige wenige Einzeldestinationen vorliegen. Diese Abgrenzung nach dem Hauptmotiv wird deshalb nur in sehr eingeschränktem Maße praktiziert.

### 1.3 Kulturtourismus

Dieses Segment ist ganz eindeutig ein spezifischer Teil des oben definierten Marktes „Städtetourismus" im engeren Sinne. Wo immer möglich wird dabei eine relativ enge Fassung des Begriffes zugrunde gelegt, die darauf hinausläuft, daß nur Reisen berücksichtigt werden, die sowohl bezüglich des Motivs als auch hinsichtlich der wichtigsten Aktivitäten kulturell ausgerichtet sind.

Das bedeutet andererseits, daß Reisen, in deren Verlauf unter anderem auch kulturelle Aktivitäten ausgeübt werden, denen aber andere Hauptmotive zugrunde liegen wie z.B. Erholung, Kur, Schulung usw., nicht als Kulturtourismus verstanden werden.

### 1.4 Themenbezogene Festlegung

Damit klare und zahlenmäßig belegbare Aussagen getroffen werden können, wird im folgenden eine schrittweise Eingrenzung des Themenfeldes vorgenommen:

Zunächst wird, wie in Punkt 1.1 dargestellt, der „Tourismus in Großstädten" betrachtet. Anschließend wird versucht, zwischen geschäftlich motivierten Reisen (Geschäftsbesuche, Teilnahme an Kongressen, Tagungen usw.) und Besuchen mit eindeutiger Freizeitorientierung (mit und ohne Übernachtungen) zu unterscheiden (Punkt 2).

In Punkt 4 wird dann darauf abgestellt, den Kreis noch enger zu ziehen, indem nur Motive und Aktivitäten Berücksichtigung finden, die im weitesten Sinne dem Thema „Kultur" zugerechnet werden können.

Diese Vorgehensweise erlaubt zwar die Darstellung möglichst vieler Aspekte des Themas „Kulturtourismus in städtischen Destinationen" und zwar in quantitativer und qualitativer Hinsicht. Sie bewirkt aber andererseits, daß das spezifische Marktsegment, um das es hier geht, nie in Reinform betrachtet werden kann und daß deshalb alle folgenden Ausführungen immer mit Einschränkungen versehen werden müssen.

Um diese Schwierigkeiten zu verdeutlichen werden nachfolgend die wichtigsten „Grauzonen" beschrieben.

Wenn Städtetourismus gleichgestellt wird mit "Tourismus in Großstädten" bleibt außer Betracht, daß dieses Marktsegment auch in Klein- und Mittelstädten Bedeutung hat.

Wenn „Kulturtourismus" als Aufhänger für Marktforschungen genommen wird, kommt automatisch zum Tragen, daß Kulturtourismus keinesfalls an städtische Destinationen gebunden ist, sondern natürlich auch in Kur- und Erholungsorten die notwendigen Voraussetzungen findet.

Es ist nachweisbar, daß kulturelle Aktivitäten auch bei anderen Reiseformen, bei Erholungs-, Kur- oder sogar bei Geschäftsreisen, eine wichtige Rolle spielen können.

Schließlich ist es hoch problematisch, den kulturellen Gehalt von Einrichtungen, Veranstaltungen oder Programmen zu bestimmen. So wird z.B. immer wieder diskutiert, ob Musicals überhaupt zum kulturellen Angebot zählen oder reine Unterhaltung darstellen.

## 2 Bestimmung des gegenwärtigen Umfanges des Marktsegmentes „Tourismus in Großstädten"

### 2.1 Tourismus mit Übernachtungen

Die generelle Problematik der statistischen Erfassung von Übernachtungszahlen wurde weiter oben bereits angesprochen. Nur die Nachfrage in gewerblichen Betrieben mit neun und mehr Betten wird in Deutschland von der amtlichen Statistik auf Bundesebene erfaßt. Im Falle der Städte und insbesondere der Großstädte dürfte der Untererfassungsgrad aufgrund der Abschneidegrenze von acht Betten relativ gering sein, da an diesen Standorten Privatquartiere und Ferienwohnungen traditionell eine nachrangige Bedeutung haben. Aber auch hier gibt es Ausnahmen. So ist bekannt, daß beispielsweise in Hannover eine große Zahl sogenannter Messequartiere existieren, die zwar bestimmungsgerecht nur zu Messezeiten angeboten werden, aber dennoch beachtliche Nachfragevolumina ermöglichen. Diese Quartiere werden jedoch statistisch nicht registriert.

Nimmt man nur die gewerblichen Beherbergungsbetriebe, so wurden 1996 in den 84 bundesdeutschen Großstädten mit mehr als 100.000 Einwohnern 57.565.152[3] Übernachtungen registriert. Damit vereinen diese Städte rd. 19,2% der registrierten Übernachtungsnachfrage auf sich. Anders ausgedrückt fand jede fünfte in Deutschland registrierte touristische Übernachtung 1996 in einer Großstadt statt.

Vielfach wird an Zahlen der amtlichen Beherbergungsstatistik kritisiert, daß sie das tatsächliche Übernachtungsvolumen nur unzureichend widerspiegeln. Zumindest der Vorwurf der „schlechten Meldemoral" trifft jedoch erfahrungsgemäß auf die Stadthotellerie, wenn überhaupt, so nur in geringem Umfang zu. Zahlreiche Detailuntersuchungen des DWIF in einzelnen Städten, bei denen betriebsinterne Materialien der Hotellerie aufbereitet werden konnten, legen den Schluß nahe, daß die veröffentlichten Zahlen mit den tatsächlichen Belegungswerten sehr weitgehend übereinstimmen.

So ergaben Gegenüberstellungen von ausgewiesenen Bettenbelegungswerten und primär erhobenen Zimmerbelegungsdaten, daß angesichts nahezu feststehender Saison- und Wochenrhythmen der Nachfrage, selbst theoretisch nur bescheidene Spielräume für „statistische Korrekturen" vorhanden sind.

Ein weiteres Teilsegment des mit Übernachtungen verbundenen Fremdenverkehrs in Städten ist der sogenannte Besuchsverkehr bei Einheimischen. Daß es sich bei diesen Besuchen um touristische Nachfrage handelt, wird zumindest unter Fachleuten nicht in Frage gestellt. Eine flächendeckende Quantifizierung fehlt jedoch bislang. Für einzelne Städte hat das DWIF über repräsentative Einwohnerbefragungen eine Quantifizierung durchgeführt. Die gewonnenen Ergebnisse lassen jedoch keine allgemeingültigen Relationen zwischen Einwohnerzahl und produzierten Nächtigungen erkennen. Vermutungen, wonach in „attraktiven" Destinationen höhere Besucherzahlen pro Einwohner erreicht werden, sind zwar naheliegend, finden aber in den bisher vorliegenden Teilergebnissen keine eindeutige Bestätigung. Während in München in etwa gleich viele registrierte Übernachtungen in gewerblichen Beherbergungsbetrieben wie durch Privatbesuche pro Jahr anfallen, erreichten die privaten Besuchsübernachtungen in Hamburg in etwa das dreifache Volumen des statistisch erfaßten Übernachtungsvolumens. Ursachen für die Unterschiede sind bislang ebenso unerforscht wie spezifische Verhaltensweisen dieser Klientel.

Andere Marktsegmente, die in vielen Urlaubs- und Erholungsregionen einen hohen Stellenwert innehaben, spielen in Städten oft nur eine bescheidene Rolle. So sind Dauercamping- und Bootsliegeplätze in nennenswerter Anzahl nur in wenigen Städten anzutreffen.

---

[3] Quelle: Beherbergung im Reiseverkehr. Statistisches Bundesamt, amtliche Beherbergungsstatistik 1996. Reihe 7.1.

Wesentlich relevanter scheinen dagegen Städtebesucher mit Wohnmobilen zu sein, die außerhalb regulärer Campingplätze nächtigen. Zwar erreichen diese Übernachtungen in ihrer Gesamtheit (noch) nicht das Niveau von Dauercamping, aber gerade in Städten und insbesondere anläßlich großer Events (Oktoberfest, Weltmeisterschaften usw.) werden hier durchaus nennenswerte Größenordnungen erreicht. Auch zu diesem Marktsegment fehlen jedoch detaillierte Zahlenangaben. Zwar geht man davon aus, daß pro Jahr ca. 7 Mio. Übernachtungen von deutschen Wohnmobilisten außerhalb von Campingplätzen getätigt werden,[4] wieviele davon jedoch auf Städte entfallen und wieviele von ausländischen Gästen hinzukommen, läßt sich zur Zeit nicht sagen.

## 2.2 Tagestourismus

Während beim Tourismus mit Übernachtungen zumindest einige Teilsegmente mehr oder weniger vollständig erfaßt werden, ist man beim Tagestourismus völlig auf primäre Marktforschungen angewiesen.

Das DWIF hat 1995 eine umfassende Bestandsaufnahme zu den Tagesreisen der Deutschen durchgeführt,[5] die sowohl quantitative als auch qualitative Aspekte des Tages-Tourismus beleuchtet.

Die Tatsache, daß zumindest quantitativ der Tagesbesucherverkehr in deutschen Städten größere Bedeutung hat als der übernachtende Fremdenverkehr, ist seit längerem unstrittig. Trotzdem stehen sehr häufig noch die Belastungen und negativen Auswirkungen im Vordergrund der Auseinandersetzung über den Wert eintägiger Städtereisen. Nachstehend soll versucht werden, anhand von Strukturwerten etwas zur Versachlichung dieser Diskussion beizutragen.

Großstädte stellen das mit Abstand wichtigste Ziel des Ausflugsverkehrs dar. Weder Seebäder noch sonstige Heilbäder und Kur- oder Erholungsorte können auch nur annähernd so viele Ausflüge auf sich vereinen wie die 84 deutschen Großstädte. Mehr als 800 Mio. Ausflüge, im Durchschnitt also knapp 10 Mio. je Großstadt, konnten im Rahmen der Repräsentativ-Untersuchung des DWIF ermittelt werden. Dieser rein fiktive Durchschnittswert verschleiert etwas die Tatsache, daß es innerhalb der Gruppe der Großstädte außerordentlich große Unterschiede bezüglich ihres Zuspruchs durch Ausflügler gibt. Während etwa Berlin rd. 68 Mio. Ausflügler pro Jahr empfängt, gibt es sicherlich auch Städte, die

---

[4] vgl. hierzu Deutscher Fremdenverkehrsverband, Campingtourismus in Deutschland, neue Fachreihe des DFV Heft 11, Bonn 1997.

[5] vgl. hierzu Tagesreisen der Deutschen, Schriftenreihe Nr. 46 des DWIF, München 1995.

kaum oder allenfalls in relativ geringer Zahl von auswärtigen Tagesbesuchern frequentiert werden.

Im Durchschnitt werden also in einer deutschen Großstadt pro Jahr und Einwohner ca. 31 Ausflüge gezählt (einströmender Ausflugsverkehr).

Mit vorstehenden Zahlen sind allerdings noch nicht alle Tagesreisen mit Ziel Großstadt erfaßt. Zum einen sind Reisen aus geschäftlichen Motiven (sog. Tagesgeschäftsreisen) nicht berücksichtigt. Zu diesem Marktsegment liegen zwar ebenfalls Quantifizierungen vor, im Zusammenhang mit dem hier interessierenden Kulturtourismus scheinen diese jedoch nicht von Bedeutung zu sein, zumindest nicht in einem quantifizierbaren Ausmaß.

Anders verhält es sich mit dem sog. Urlauberausflugsverkehr. Gerade (Groß-) Städte sind es, die für viele Urlaubs- und Ferienregionen eine außerordentlich wichtige Rolle als Freizeitgestaltungsalternative - und zwar nicht nur bei schlechtem Wetter - übernehmen. Der Ausflug während des Urlaubs in die nahegelegene Großstadt gehört für viele Gäste zum Standardprogramm. Diese Fahrten sind bei den oben geschilderten Wohnortausflügen nicht berücksichtigt. Auswertbare Untersuchungen mit überregionaler Gültigkeit liegen zu diesem Thema bislang noch nicht vor. Eine Untersuchung im Landkreis Rosenheim,[6]

- die Kreisstadt ist rund 70 km von München entfernt,

- von allen wichtigen Kur- und Fremdenverkehrsorten im Landkreis aus ist München, bei normaler Verkehrssituation, per PKW oder Bahn innerhalb einer Stunde erreichbar,

hat gezeigt, daß die Landeshauptstadt durchaus Anziehungskraft auf Urlauber in der Region ausübt. Jeder dreißigste der von Urlaubern im Rosenheimer Land unternommene Ausflüge führt nach München; das sind - bei insgesamt 2,1 Mio. Ausflügen, die im Zuge des sogenannten Urlauberlokalverkehrs durchgeführt werden - immerhin 70.000 Münchenbesucher pro Jahr. Aus der Sicht Münchens als Zielort für Ausflüge bestätigt sich obiges Ergebnis, zumindest was die Größenordnung dieses Marktsegments insgesamt betrifft. Bei einer Untersuchung aus dem Jahre 1989 wurde ermittelt, daß pro Jahr rund 33,7 Mio. Tagesbesucher mit touristischem Motiv nach München kommen;[7] davon haben rund 20% (6,7 Mio.) ihren Ausflug von ihrem Urlaubs- oder Kurort im Umfeld von München aus angetreten.

---

[6] Feige, Mathias: Zum Ausflugsverkehr in Reisegebieten, Schriftenreihe des DWIF, Heft 41, 1991, S. 156 ff.

[7] Untersuchung zur gegenwärtigen und künftigen Bedeutung des Fremdenverkehrs für München, DWIF 1989, S. 5.

## 3 Darstellung von quantitativen Trends

### 3.1 Bisherige Entwicklung

Lückenlose Zeitreihen, die die Entwicklung der Übernachtungszahlen in (Groß-) Städten über einen längeren Zeitraum abbilden, lassen sich nur für den Bereich der gewerblichen Beherbergungsbetriebe (mit mindestens neun Betten) darstellen. Für andere Teilbereiche des mit Übernachtungen verbundenen Tourismus gibt es bestenfalls Zahlenangaben für ganz bestimmte Jahre bzw. Zeiträume; nie wurden diese jedoch in der Vergangenheit regelmäßig und vollständig erfaßt. Eine Differenzierung der Zahlen nach Reisemotiven ist noch schwieriger und der Erfassungsgrand bzw. die Häufigkeit sind sehr niedrig. Aber selbst beim Tourismus mit Übernachtungen lassen sich homogene Zeitreihen erst ab 1981 darstellen, da für weiter zurückliegende Zeiträume nur Übernachtungszahlen vorliegen, die nach anderen statistischen Vorgaben erhoben wurden und sich somit einem direkten Vergleich entziehen. Ebenso kann die Entwicklung sinnvollerweise nur für westdeutsche Städte dargestellt werden, da für die Städte in den neuen Bundesländern keine vergleichbaren Werte für die Zeit vor 1990 existieren und die seit 1990 vorliegenden Werte noch zu stark durch Angebotserweiterungen und Verbreiterungen der statistischen Erhebungsbasis (Erfassungsgrad) „verzerrt" werden.

Aus folgender Graphik läßt sich erkennen, daß

- ab 1983 eine steile Aufwärtsentwicklung bei den Nächtigungen einsetzte;
- ein vorläufiger Höchststand der Nachfrage in westdeutschen Großstädten 1990 erreicht wurde;
- nach deutlichen Nachfragerückgängen zwischen 1991 und 1993 jetzt wieder mit ansteigenden Übernachtungszahlen zu rechnen ist.

Wesentliche Ursachen für die Aufwärtsentwicklung von 1983 - 1990 sind, abgesehen von den, den Geschäftsreisemarkt beeinflussenden konjunkturellen Rahmendaten, sicherlich in den außerordentlichen Attraktivitätssteigerungen der Innenstädte durch Fußgängerzonen und Einkaufspassagen, aber auch durch Parks und neue kulturelle Angebote zu sehen. Der Nachfragerückgang nach 1990 hat fast alle Städte in Westdeutschland getroffen und ist mit der Entwicklung der Wirtschaft national und international eng verknüpft. Dies wird um so ersichtlicher, wenn man bedenkt, daß der Anteil der geschäftlich motivierten Übernachtungen in Großstädten im Durchschnitt bei 70% liegt und daß dieses Marktsegment unmittelbar auf konjunkturelle Entwicklungen reagiert.

Allgemeingültige Aussagen zu Verschiebungen der einzelnen Marktsegmente innerhalb des Vergleichszeitraumes, oder gar zu Bedeutungszuwächsen bzw. -rückgängen des Sektors Kulturtourismus sind mangels allgemeingültiger amtlicher Daten nicht möglich.

*IV Bedeutung des Kulturtourismus* 91

**Entwicklung der Übernachtungszahlen in westdeutschen Großstädten**
**Index 1981 = 100**

Quelle: Amtliche Statistik und eigene Berechnungen

Es erfordert sehr detaillierte Analysen, um eine Trennung bei der Entwicklung einzelner Marktsegmente vornehmen zu können; diese sind nur im Rahmen spezieller Standortanalysen machbar. Am Beispiel Hamburgs, wo vom DWIF in den Jahren 1970 und 1992 entsprechende Grundlagenuntersuchungen durchgeführt wurden, die zudem bezüglich der Anlage der Befragungen weitgehend vergleichbar waren, lassen sich einige themenrelevante Aussagen machen.[8] Grundlage waren die taggenaue Analyse der Belegungssituation Hamburger Hotels, aus der Informationen zum Wochenrhythmus und zur saisonalen Verteilung der Nachfrage sowie zur Art der Zimmerbelegung abgeleitet werden konnten und die Ermittlung der Motivationsstruktur der Hamburgbesucher.

Aus der Analyse dieser Faktoren und aus dem Vergleich der Ergebnisse mit denen vom Anfang der 70er Jahre[9] ließ sich klar ableiten, daß die ab dem Jahr 1986 erzielten Nachfragezuwächse in entscheidendem Maße durch den Reiseverkehr initiiert wurden, der überwiegend durch private Motive beherrscht wird. Dafür sprachen im Detail einige wesentliche Punkte:

- Das Wochenendloch, das über viele Jahre hinweg den Nachfragerhythmus prägte, wurde weitgehend gefüllt.

- Der Doppelbelegungsfaktor lag 1970 nur knapp über 1,2 und erreicht heute bereits einen Wert über 1,4.

- Ausgesprochen schwache Saisonabschnitte gibt es praktisch nicht mehr.

- Der Anteil der privat motivierten Reisen stieg in der Folge dieser Entwicklungen stetig von rund 20% Anfang der 70er Jahre auf mindestens 30% an.

Die zusammenfassende Feststellung, daß im Falle Hamburgs die Triebfeder für den Aufschwung in erster Linie das Marktsegment Reisen mit überwiegend privaten, d.h. nicht geschäftlichen Motiven war, läßt sich mit Sicherheit auch auf München,[10] mit großer Wahrscheinlichkeit auch auf andere deutsche Großstädte übertragen.

---

[8] Die qualitative und quantitative Bedeutung des Fremdenverkehrs für Hamburg, Grundlagenuntersuchung des DWIF im Auftrag der Tourismus-Zentrale Hamburg GmbH, München 1992, S. 112 f.

[9] Zwischen 1970 und 1986 hat sich das Nachfragevolumen praktisch nicht verändert.

[10] Als Ergebnis der bereits zitierten Untersuchung.

Keine Aussagen sind zur Entwicklung des Tagesausflugsverkehrs in Städte möglich, da bislang lediglich zweimal (1987 und 1993) repräsentative Erhebungen zum Tagesreiseverkehr der Deutschen durchgeführt wurden und diese Momentaufnahmen aufgrund geänderter Datenlagen (deutsche Wiedervereinigung!), nur bedingt vergleichbar sind.

### 3.2 Beurteilung der Entwicklungsperspektiven

Die Entwicklung des Fremdenverkehrs während der vergangenen Jahre in unterschiedlichen deutschen Großstädten hat gezeigt, daß im Prinzip ausreichend große Wachstumspotentiale vorhanden waren. Bei entsprechender Attraktivität und erfolgreicher Öffentlichkeitsarbeit konnten hohe Steigerungsraten erzielt werden.

Eine Prognose der zukünftigen Entwicklung muß sich mit dem gleichen Problem auseinandersetzen:

Einschätzbar erscheint die generelle Entwicklung bestimmter Märkte, auch wenn die Vorhersagen vorrangig qualitativen Charakter haben und nur sehr bedingt quantifizierbar sind.

Die Vorhersage, inwieweit und in welchem Maß gewisse Typen von Städten oder gar einzelne Städte an diesen Potentialen partizipieren können (Marktanteilsbestimmung), hängt von vielen individuellen Faktoren ab und entzieht sich weitgehend einer exakten Bestimmung.

Die Analyse hat gezeigt, daß für eine überdurchschnittliche Entwicklung der Fremdenverkehrsnachfrage in Großstädten nicht das Marktsegment „geschäftlich motivierter Reisen" verantwortlich zeichnet; dieser Markt ist - insgesamt gesehen - nicht effektiv und auch nicht schnell genug zu bearbeiten. Der Erfolg hängt vielmehr davon ab, in welchem Maße es gelingt, auch - d.h. in Ergänzung zum Geschäftsreiseverkehr - Reisende mit privaten Motiven anzusprechen.

Besonders ausgeprägte Wachstumsraten konnten in den letzten Jahren insbesondere jene Städte aufweisen, die entweder durch Musicals oder sonstige Events von sich reden machten. Gegenwärtig zeichnet sich noch kein Ende dieses Trends ab: im Gegenteil, Top Events (à la 3 Tenöre) erleben einen ausgesprochenen Boom.

Angesichts noch immer zunehmender Neigung zu Kurzreisen und auch Tagestouren, entsprechen diese Angebote den Bedürfnissen der Nachfrage, lieber mehrmals im Jahr kürzer zu verreisen, dafür aber echte Top Events zu erleben. „Kultur ist in" und wird es bleiben. Möglicherweise ändern sich die Namen der Akteure und damit einhergehend der Zielorte (Modetrends), die generelle Nachfragesituation ist jedoch weiterhin positiv zu bewerten.

Die Frage, wie Kulturtourismus sich im nächsten Jahrtausend darstellen wird, läßt sich nicht mit Daten und Fakten beantworten. Einige sich derzeit abzeichnende Trends lassen jedoch erahnen, wohin die Reise gehen wird. Befragungsergebnisse[11] aus der jüngsten Vergangenheit zeigen, daß musikalische Veranstaltungen von Pop bis Klassik zur Zeit die Hitliste „event touristischer Unternehmungen" anführen. Jeden Tag reisen in Deutschland mehr als 2.000 Besucher mit dem Bus zu Musicalaufführungen. Über 9 Mio. Besucher haben bislang bereits „Cats" oder „das Phantom der Oper" in Hamburg und mehr als 6 Mio. schon „Starlight Express" in Bochum gesehen. Große Reiseveranstalter wie TUI sind dabei, Nordrhein-Westfalen zur Musical Destination auszubauen („Gaudi" in Köln, „Grease" in Düsseldorf, „Les Miserables" in Duisburg, „Gambler" in Mönchengladbach usw.) Noch immer entstehen weitere Projekte („Die Schöne und das Biest" in Stuttgart, „Elisabeth" in Dresden etc.) und ein Ende ist (noch) nicht in Sicht. All dies gibt Grund zu der Annahme, daß zumindest Rückgänge in diesem Markt in absehbarer Zeit nicht zu erwarten sind. Auch die immer stärker werdenden Aktivitäten seitens der Industrie im Bereich Kultursponsoring lassen erkennen, daß in diesem Bereich ein Zukunftsmarkt gesehen wird. Die größer werdende Breitenwirkung von Kultur ist sicherlich auch darauf zurückzuführen, daß sich ehemals starre Abgrenzungen zwischen Unterhaltung und „ernster" Kultur immer mehr verwischen.

Opernsänger stürmen die Hitparaden (z.B. Andrea Bocceli) und Konzerte von Tenören füllen Open Air-Arenen. Was früher Stars wie den Rolling Stones oder Michael Jackson vorbehalten war (Massenhysterie auszulösen), gelingt heute auch Künstlern des „ernsten" Genres (z.B. Luciano Pavarotti, Placido Domingo, Montserat Caballé) oder aus dem Bereich der Volksmusik (z.B. Zillertaler Schürzenjäger). Reisen zu diesen Konzerten werden z.T. sogar von Spezialreiseveranstaltern aufgelegt. Mit anderen Worten, veränderte Kulturtrends haben sich nachhaltig auf das Reiseverhalten ausgewirkt und werden dies auch in Zukunft weiterhin tun.

Sportereignisse und populäre Großveranstaltungen (Volks- und Stadtfeste, Karneval etc.) ziehen zwar nach wie vor massenhaft Bewohner/Einheimische auf die Straßen und in die Stadien, sind aber bis auf wenige Ausnahmen (z.B. Formel 1 Motorsport) kaum mehr in der Lage, größere Zahlen von Gästen zu Kurzreisen (2 - 4 Tage) zu veranlassen. Auch dieser Trend könnte sich durchaus fortsetzen bzw. zu einer Aufteilung zwischen professionell aufgezogenen und vermarkteten Eventveranstaltungen und der breiten Masse von Veranstaltungen mit eher regionaler Bedeutung führen. Nur erstere werden sich auch in Zukunft positiv auf den Reisemarkt (mit Übernachtung) auswirken.

---

[11] Vgl. hierzu: Freizeitforschungsinstitut der British American Tobacco, Europäische Tourismusanalyse 96/97.

## 4 Kulturtourismus als spezifische Form des Städtetourismus

Die Probleme, den Begriff Kulturtourismus in städtische Destinationen zu definieren, wurden einleitend bereits dargestellt. Für quantitative Analysen muß deshalb, wie ebenfalls ausgeführt, ein sehr pragmatischer Ansatz gewählt werden.

### 4.1 Kulturtourismus im Rahmen von Tagesreisen

Als „Kulturausflüge" werden hier Tagesreisen verstanden, die sowohl einem (im weitesten Sinne) kulturellen Motiv folgen und in deren Verlauf Aktivitäten ausgeübt werden, die im weitesten Sinne als kulturell zu bezeichnen sind. Eine Sonderauswertung, der weiter oben bereits zitierten Repräsentativuntersuchung zum Thema Tagesreisen der Deutschen ergab, daß von den rund 800 Mio. Städteausflüglern rund 10% oder 80 Mio. als Kulturausflügler zu bezeichnen sind. Diese Relation zeigt, daß kulturelle Anreize durchaus als wichtiger Beweggrund für Ausflüge in Großstädte anzusehen sind. Bei den dargestellten Werten handelt es sich um eine Minimalgröße, da nur die Schnittmenge berücksichtigt wurde, die dadurch gebildet wird, daß sowohl das Motiv als auch die ausgeübten Aktivitäten kulturell ausgerichtet sind.

Die Analyse im Detail zeigt, daß durchaus signifikante Strukturunterschiede zwischen kulturell motivierten und „normalen" Städteausflüglern zu beobachten sind. Festzuhalten ist zunächst, daß kulturelle Angebote offenbar einen deutlich überdurchschnittlichen Einzugsbereich haben. Während normale Städteausflügler im Durchschnitt 73 km Anfahrtsweg auf sich nahmen, liegt der Mittelwert von Kulturausflüglern bei immerhin 88 km und damit rund 20% höher. Dies zeigt deutlich, daß kulturorientierte Marketingaktivitäten sich auf größere Einzugsradien einstellen müssen bzw. können. Speziell für kulturell orientierte Programme und Aktionen macht es folglich Sinn, Marketingaktivitäten in einem größeren Umkreis zu starten als dies im üblichen Ausflugsverkehr der Fall ist. Mit anderen Worten, je weiter entfernt eine potentielle Nachfragegruppe angesprochen werden soll, desto eher sollten in der werblichen Ansprache kulturelle Aspekte im Vordergrund stehen.

Auch die Verkehrsmittelnutzung der kulturinteressierten Städteausflügler weicht von jener der „normalen" Städteausflügler ab. Wie im gesamten deutschen Ausflugsverkehr, so dominiert auch bei den großstädtischen Zielen und bei den Kulturinteressierten zwar der PKW als Verkehrsmittel. Aber die öffentlichen Transportmittel (Bahn und ÖPNV) können deutlich höhere Anteile als beim Ausflugsverkehr insgesamt auf sich vereinen. Herausragende Bedeutung kommt bei „Kulturausflüglern" offenbar dem Bus zu. Gerade durch die Schnürung interessanter Pauschalpakete (Bustouren zu Events, Musicals etc.) wird die Nachfrage in starkem Maße auf dieses Transportmittel gelenkt. Die wichtige Rolle von Busreiseveranstaltern als Partner für Kulturangebote wird hierdurch eindrucksvoll bestätigt.

Allerdings wird deutlich, daß hier eine enge Verknüpfung zu Vielfalt und Qualität des vorhandenen Angebotes besteht. Überall dort, wo die öffentlichen Verkehrsmittel mit leistungsfähigen Angeboten anzutreffen sind (ICE-Anbindung, großräumiges Nahverkehrsverbundsystem, interessante Buspauschalangebote), werden besonders hohe Anteilswerte im Ausflugsverkehr erzielt.

Verkehrsmittelnutzung im Ausflugsverkehr - i.v.H. - (Mehrfachnennungen möglich)

| Verkehrsmittel | Ziel Großstädte | | Ausflügler in Deutschland insgesamt |
|---|---|---|---|
| | Kulturausflügler | Alle Großstadtausflügler | |
| PKW | 69,3 | 73,4 | 77,5 |
| Bus | 13,5 | 6,0 | 6,2 |
| ÖPNV | 14,9 | 10,6 | 5,4 |
| Fahrrad | 1,2 | 3,8 | 4,6 |
| Bahn | 8,8 | 7,2 | 4,5 |
| zu Fuß | 1,8 | 4,0 | 3,5 |
| Sonstiges | 0,9 | 2,2 | 2,6 |

Quelle: Sonderauswertung aus Tagesreisen der Deutschen, DWIF 1995

Die **Verweildauer** von kulturinteressierten Städteausflüglern unterscheidet sich nur geringfügig von jener „normaler" Städteausflügler. Rund 8,7 Stunden nehmen sich Bundesbürger im Durchschnitt Zeit, um die Kultur in deutschen (Groß-) Städten genießen zu können. Von entscheidender Bedeutung für die ökonomische Bedeutung touristischer Nachfragegruppen sind deren Ausgaben, die sie am Ort tätigen. Die Sonderauswertung der Grundlagenstudie ergab, daß Kulturausflügler besonders hohe Ausgaben pro Kopf und Tag erzielen.

| Ausgaben für: ........ | Ausgaben pro Kopf und Tag in DM | | |
|---|---|---|---|
| | Kulturausflügler | Alle Großstadtausflügler | Ausflügler in Deutschland insgesamt |
| Restaurant/Café etc. | 25,00 | 15,50 | 14,00 |
| Einkäufe (inkl. Lebensmittel) | 15,10 | 23,90 | 17,30 |
| Unterhaltung, Sport etc. | 9,40 | 3,60 | 2,80 |
| lokaler Transport | 1,30 | -,70 | -,50 |
| Pauschale und Sonstige | 2,30 | 3,50 | 3,00 |
| insgesamt: | 53,10 | 47,20 | 37,60 |

Quelle: Sonderauswertung aus Tagesreisen der Deutschen, DWIF 1995

Mit DM 53,10 pro Kopf und Tag geben die kulturinteressierten Ausflügler rund 40% mehr aus als der durchschnittliche bundesdeutsche Tagesausflügler. Nicht nur Kultureinrichtungen (Eintritte) profitieren davon, sondern vor allem die Gastronomie. Kulturausflügler in (Groß-) Städten bewirken somit Umsätze in Höhe von rund 4,25 Milliarden DM pro Jahr (80 Mio. x DM 53,10 = 4,25 Milliarden DM). Allein dieser Betrag verdeutlicht, welch große Bedeutung dieser Nachfragegruppe zukommt.

### 4.2 Kulturtourismus im Rahmen von Reisen mit Übernachtungen

Wie weiter oben bereits dargelegt, gibt es bislang keine Möglichkeit, umfassende quantitative Aussagen zum Umfang des Kulturtourismus mit Übernachtungen zu treffen, da die Erfassung des Reisemotivs in der amtlichen deutschen Beherbergungsstatistik nicht vorgesehen ist. Die touristische Marktforschung hat sich jedoch der Kulturtouristen angenommen. Im Rahmen der Untersuchung "Urlaub + Reisen 95" wurde von der Forschungsgemeinschaft Urlaub und Reisen e.V. (FUR.) das Marktsegment Städtereisen intensiv bearbeitet. In diesem Zusammenhang spielten Kulturtouristen natürlich eine herausragende Rolle. Neben "Einkäufern", "High Life" und "Verwandtenbesuchern" wurden auch Kulturinteressierte als spezielle Nachfragegruppe definiert und waren so Ziel detaillierter Analysen. Als "Kulturinteressierte" wurden dabei Personen verstanden, die angaben, bezüglich ihrer Erwartungen an eine Städtereise besonderen Wert auf kulturelle Veranstaltungen (Theater, Konzert) zu legen. Die folgende Übersicht zeigt die wichtigsten Motivgruppen und ihre relative Bedeutung innerhalb des Gesamtmarktes „Städtetourismus", der in Deutschland ein Gesamtvolumen von insgesamt 24,6 Mio. Städtereiseninteressierte für sich in Anspruch nehmen kann:

| Bedeutung ausgewählter Zielgruppen für den Städtetourismus | | Volumen absolut in Mio. | Marktanteil in % |
|---|---|---|---|
| • Kulturinteressierte | Personen, die angaben, daß sie besonderen Wert auf kulturelle Veranstaltungen (Theater, Konzert) legen | 5,5 | 22,4 |
| • Einkäufer | Personen, die besonderen Wert auf gute Einkaufsmöglichkeiten legen | 4,4 | 17,9 |
| • High-life | Personen, die besonderen Wert auf Amüsement, Nachtclubs und Diskotheken legen | 3,0 | 12,2 |
| • Verwandtenbesucher | Personen, die besonderen Wert darauf legen, eine Städtereise mit einem Verwandten- oder Bekanntenbesuch verbinden zu können | 4,8 | 19,5 |

Quelle: Forschungsgemeinschaft Urlaub und Reisen, U + R 95

## IV Bedeutung des Kulturtourismus

Von insgesamt 24,7 Mio. Personen, die sich grundsätzlich für Städtereisen interessieren, waren die "Kulturinteressierten" mit 5,5 Mio. die größte Einzelgruppe. Dies entspricht einem Anteil von 22,4%. Überschneidungen bestehen zwischen der Zielgruppe der Kulturinteressierten und den "Einkäufern" und "Verwandtenbesuchern". Von den 5,5 Mio. Kulturinteressierten sind 1,2 Mio. auch der Gruppe der Einkäufer und weitere 1,2 Mio. Personen auch der Gruppe der Verwandtenbesucher zuzurechnen.

Im einzelnen zeigten sich "Kulturinteressierte" zusätzlich an folgenden Sachverhalten interessiert:

| | |
|---|---|
| gute Einkaufsmöglichkeiten | 22,1% |
| Verwandtenbesuche | 21,2% |
| Amüsement, Nachtclubs, Diskotheken | 11,8% |

Dies zeigt, daß auch vor Ort übernachtende Kulturtouristen sehr viel Wert auf gute Einkaufsmöglichkeiten legen und daraus durchaus abzuleiten ist, daß sie - ebenso wie die Tagesbesucher mit kulturellen Ambitionen - eine sehr ausgabefreudige Zielgruppe darstellen. Eine Analyse der soziodemographischen Struktur des „typischen Kulturtouristen" unterstreicht diese Behauptung. Zwei Drittel der Kulturinteressierten - und damit ein deutlich überproportionaler Anteil - sind älter als 40 Jahre; die jüngeren Jahrgänge sind entsprechend unterrepräsentiert. Im Vergleich zu Städtetouristen insgesamt zeigt sich folgende Altersstruktur:

| Altersgruppe | Städtereiseinteressenten - i.v.H. - | Kulturinteressenten - i.v.H. - |
|---|---|---|
| 14 - 19 Jahre | 8,0 | 3,5 |
| 20 - 29 Jahre | 20,2 | 16,3 |
| 30 - 39 Jahre | 16,6 | 15,3 |
| 40 - 49 Jahre | 14,5 | 15,6 |
| 50 - 59 Jahre | 18,9 | 23,5 |
| 60 Jahre und älter | 21,8 | 25,7 |

Quelle: U + R 95, Forschungsgemeinschaft Urlaub und Reisen, Hamburg

Überdurchschnittlich häufig sind unter den Kulturinteressierten Angehörige folgender Lebensphasen-Gruppen zu finden:
Familien mit älteren Kindern
Ältere Paare
Ältere Unverheiratete
Senioren-Paare
unverheiratete Senioren.

Kulturinteressierte verfügen über das höchste Bildungsniveau unter den Städtereisenden, die ihrerseits schon ein überdurchschnittlich hohes Level auszeichnet. Fast 70% der Kulturintessierten haben weiterführende Schulen besucht, fast 40% verfügen über Abitur.

Fast 70% der Kulturinteressierten verfügen über ein monatliches Haushaltsnettoeinkommen von mehr als 3000,- DM; in der Grundgesamtheit entfallen auf diese Einkommensklasse nur rd. 58%.

40% dieser Zielgruppe wohnen in Großstädten, wovon wiederum die Hälfte aus Metropolen (> 500.000 Einwohner) stammt. Dies führt zu der Schlußfolgerung, daß nicht der Gegensatz Stadt-Land als Triebfeder des städtischen Kulturtourismus anzusehen ist, sondern daß eher die größere Erfahrung der städtischen Bevölkerung mit der Kultur den Ausschlag gibt. Alle bisher dargestellten Besonderheiten scheinen zudem zu bestätigen, daß Kulturtouristen tatsächlich zu den ausgabefreudigeren Zielgruppen gehören. Sie haben aber auch bezüglich ihrer Reiseziele hohe Erwartungen an den Zielort und seine Umgebung, die sich in der Reihenfolge ihrer subjektiven Bedeutung wie folgt darstellen:

1) Kulturelle Veranstaltungen
2) Sehenswürdigkeiten anschauen
3) gute Ausflugsmöglichkeiten in der Umgebung
4) Museen anschauen
5) Großstadtatmosphäre
6) gute Einkaufsmöglichkeiten
7) Besuch von Verwandten und Bekannten
8) spezielle Großveranstaltungen
9) Amüsement, Diskotheken, Nachtclubs
10) Sportveranstaltungen

Dies zeigt, daß die kulturellen Interessen im engeren Sinn tatsächlich als ausschlaggebende Punkte angesehen werden, wenn es darum geht, Reiseentscheidungen zu treffen. Etwaige Mängel bei den wichtigen Aspekten auf Seiten des Angebotes würden mit hoher Wahrscheinlichkeit ein Abrutschen in der Beliebtheitsskala nach sich ziehen. Mit anderen Worten, wenn Veranstaltungen tatsächlich das ausschlaggebende Kriterium für oder gegen einen Ort darstellen, kommt der Qualität dieser Veranstaltungen zentrale Bedeutung zu. Top-Events sind daher mit Sicherheit ein „Muß" für städtische Kulturreisedestinationen, denn „Durchschnittsveranstaltungen" können diese Rolle sicher nicht ausfüllen.

Sieht man sich dagegen die Liste der Faktoren an, die für Reisen generell besondere Wichtigkeit haben, so stellt sich heraus, daß sich Kulturinteressierte kaum von „ganz normalen Städtereisenden" unterscheiden. Auch sie wollen in erster Linie

- abschalten, ausspannen
- aus dem Alltag herauskommen/Tapetenwechsel
- frische Kraft sammeln
- Zeit für Partner und Familie haben.

Allerdings lassen sie sich vielleicht als
- etwas interessierter, aufgeschlossener für Neues (Reiseziele, Kunst etc.)
- deutlich bildungshungriger beschreiben. Kurz gesagt sind Kulturintessierte eher als „aktive", denn als „passive" Touristen anzusehen.

Kulturinteressierte zeichnen sich denn auch durch ihre besonders hohe Reisefreudigkeit aus. Sowohl bezüglich des Anteils der Reisenden (Reiseintensität) als insbesondere im Hinblick auf die Reisehäufigkeit stellen sie die Spitzengruppe dar. Rd. 90% der Kulturinteressierten unternehmen Urlaubsreisen (Ø Deutschland ≈ 75%) mit einer Dauer von mehr als fünf Tagen. Während „normale" Reisende im Durchschnitt rd. 1,1 Reisen pro Jahr unternehmen, gönnen sich Kulturtouristen immerhin mehr als 1,5 Reisen. Dies korrespondiert gut mit der weiter oben beschriebenen soziodemographischen Struktur.

Interessant ist auch die Tatsache, daß Kulturinteressierte **unterdurchschnittlich** oft Pauschalreisen buchen aber weit **überdurchschnittlich** häufig ihre Reisen im Reisebüro buchen. Das heißt, Kulturinterssierte bevorzugen individuell zusammengestellte Reisen, für die sie aber die angebotene Hilfestellung von Profis (Reisebüro) gerne in Anspruch nehmen.

Aufgrund der deutlich stärker ausgeprägten **Präferenz für Auslandsziele** (75% gegenüber 67% im Bundesdurchschnitt) verwundert es nicht, daß Kulturtouristen weniger oft mit ihrem PKW verreisen und dafür überdurchschnittlich häufig das Flugzeug nutzen. Aus dieser Zielgebietspräferenz resultiert vermutlich auch die stärker ausgeprägte Neigung, ins Hotel zu gehen anstatt Pensionen oder gar Campingplätze zu frequentieren.

In nachstehender Übersicht werden die wichtigsten Fakten zu kulturinteressierter Städtereisenden nochmals kurz zusammengefaßt.

## Strukturwerte für das Marktsegment „Kulturtouristen"

| Tagesreisende | |
|---|---|
| Definition: | Sowohl Reisemotiv als auch tatsächlich ausgeübte Aktivitäten kulturell geprägt |
| Marktvolumen: | ca. 80 Mio. Kulturausflüge von Deutschen p.a. |
| Einzugsbereich von Tagestouristen: | 20% über dem Durchschnitt (Mittelwert: 88 km) |
| Bevorzugte Verkehrsmittel: | PKW, auf Bus und ÖPNV entfallen über durchschnittlich hohe Anteilswerte |
| Verweildauer am Ort: | leicht überdurchschnittlich: 8,7 Std. |
| Durchschnittliche Ausgaben pro Kopf und Tag: | DM 53,10; ca. 40% über Bundesdurchschnitt |
| **Reisende mit Übernachtung** | |
| Definition: | Bei ihren Reiseentscheidungen liegt spezieller Wert auf Kultur-Veranstaltungen |
| Marktvolumen: | ca. 5,5 Mio. kulturinteressierte Städtereisende |
| Durchschnittliches Alter: | eher höher als bei „normalen" Städtereisenden |
| überdurchschnittlich häufig vertretene soziale Gruppen: | Familien mit älteren Kindern; ältere Unverheiratete und ältere Paare, unverheiratete Senioren und Senioren-Paare |
| Bildungsgrad: | 70% zumindest weiterführende Schulen, 40% haben Abitur |
| Einkommen: | überdurchschnittlich hoch |
| Wohnumfeld: | 40% leben in Großstädten, davon die Hälfte in Metropolen (> 500.000 Einwohner) |
| Reiseverhalten: | Urlaubsreiseintensität rd. 90%; Reisehäufigkeit rd. 1,5 Reisen pro Kopf p.a., überdurchschnittlich hohe Reisebüronutzung, unterdurchschnittlich Neigung zu Pauschalreisen, stärkere Auslandsorientierung (75% Ausland), überdurchschnittlich oft per Flugzeug, unterdurchschnittlich oft per PKW, bevorzugte Quartierform: Hotel |

## 5 Darstellung konkreter Wirkungen anhand von Beispielen

Aus der Vielzahl mehr oder weniger erfolgreicher Projekte zur Initiierung bzw. zum Ausbau kulturorientierten Städtetourismus sollen nachstehend drei etwas näher beleuchtet und dabei auch der Versuch unternommen werden, die Wirkungen kultureller Ereignisse auf die touristische Nachfrage direkt (d.h. rein quantitativ) und indirekt, also über einen generellen Zugewinn an Image und Bekanntheit, zu verdeutlichen.

**Hamburg**

Die Hansestadt stand jahrelang nicht unbedingt in dem Ruf, eine der herausragenden städtetouristischen Destinationen in Deutschland zu sein. Insbesondere für private Städtereisende schien die Elbmetropole außer „St. Pauli" nicht viel zu bieten. Erst mit dem Musical „Cats" und bald darauf auch mit „Phantom der Oper" änderte sich dies schlagartig. Angaben der Tourismuszentrale Hamburg (TZH) zufolge, gehen inzwischen ca. 500.000 - 600.000 Übernachtungen pro Jahr auf das Konto von Musicalveranstaltungen. Nicht nur der Anstieg der Übernachtungszahlen sondern der damit einhergehende touristische Imagewandel der Hansestadt zeigen den Erfolg der konsequenten Umsetzung kulturtouristischer Marketingideen. Wie groß die Ausstrahlung dieses Angebotssegmentes inzwischen geworden ist, läßt sich auch aus der Beobachtung ableiten, daß Musicalbesuche in Hamburg heute auch zum Standardrepertoire von Ausflugsunternehmen zählen, deren Hauptziele eigentlich die Lüneburger Heide, die Nord- und Ostsee oder andere Urlaubsregionen in der Nachbarschaft sind.

**Coburg**

Die ehrwürdige Residenzstadt in Oberfranken war über Jahrzehnte hinweg auf der (städte-)touristischen Landkarte so gut wie nicht vertreten. Erst in den letzten Jahren ist es gelungen, diesen Sachverhalt zumindest für einige Tage im Jahr deutlich zu verändern. Der Initiative eines Privatmannes ist es zu verdanken, daß Coburg mit seinem Samba-Festival heute unter der Vielzahl touristischer Events als „Shooting star" gilt. Bands, Tanzgruppen und Sambaschulen versetzen an einem Wochenende im Juli ganz Coburg und mehr als 150.000 Besucher mit ihren lateinamerikanischen Rhythmen und Darbietungen direkt nach Rio und von Jahr zu Jahr steigt die Zahl der Teilnehmer. Was zu Beginn als Spleen eines einzelnen belächelt wurde, zog bereits beim ersten Versuch 50.000 Besucher an und wird heute als fester Bestandteil des Kulturlebens der Stadt von allen akzeptiert. Berichterstattungen in Funk und Fernsehen, Teilnahmevoranmeldungslisten von Sambagruppen aus der ganzen Welt legen Zeugnis davon ab, welche Bekanntheit dieses Event inzwischen erreicht hat. Zwar wird die absolute Zahl gewöhnlicher Übernachtungen nicht drastisch erhöht, aber mittels dieses Events ist es möglich, über Imageveränderungen zu einer deutlichen Verbesserung der touristischen Vermarktungschancen zu kommen. Mittel- und langfristig lassen sich darum auch „normale" städtetouristische Angebote besser verkaufen als dies für eine eher unbekannte oder nicht mit positiven touristischem Image behaftete Stadt der Fall wäre.

**Halle**

Noch vor wenigen Jahren hätten wohl die wenigsten Deutschen mit dem Namen der Stadt irgendwelche touristisch relevanten Assoziationen in Verbindung gebracht. Durch das Engagement und die Investitonsbereitschaft eines Einzelnen hat sich dies grundlegend geändert. Der Sportpark Halle, gegründet von dem Textilindustrieellen Gerry Weber, zählt zwischenzeitlich nicht nur zu den bedeutendsten deutschen Sportarenen, wo beispielsweise ATP-Tennisturniere und Box-Weltmeisterschaftskämpfe stattfinden, sondern hat der Stadt Halle auch Möglichkeiten eröffnet, sich zu einer Kulturdestination zu entwickeln. Viel beachtete Konzerte, z.B. von Placido Domingo oder diversen weltbekannten Rock- und Popstars, fanden hier den geeigneten Rahmen. Die touristische Ausstrahlung dieser Aufführungen geht bis weit hinein in den Teutoburger Wald und das angrenzende Osnabrücker Land. Für Gäste in beiden Regionen stellen die kulturellen (und sportlichen) Angebote Halles eine wichtige Bereicherung der Angebotspalette dar. Dieses Beispiel soll auch zeigen, daß durchaus Möglichkeiten gegeben sind, Kulturreise-Destinationen zu „machen". Allerdings bedarf es hierzu nicht halbherziger Angebotskosmetik, sondern hoch professioneller Angebotsinnovationen.

**Literatur**

Deutscher Fremdenverkehrsverband: Campingtourismus in Deutschland, neue Fachreihe des DFV Heft 11, Bonn 1997.

DWIF: Die qualitative und quantitative Bedeutung des Fremdenverkehrs für Hamburg, Grundlagenuntersuchung im Auftrag der Tourismus-Zentrale Hamburg GmbH, München 1992.

DWIF: Tagesreisen der Deutschen, Schriftenreihe Nr. 46, München 1995.

DWIF: Untersuchung zur gegenwärtigen und künftigen Bedeutung des Fremdenverkehrs für München, München 1989.

Feige, Mathias: Zum Ausflugsverkehr in Reisegebieten, Schriftenreihe des DWIF, Heft 41, 1991.

Forschungsgemeinschaft Urlaub und Reisen, Urlaub und Reisen 95, Hamburg.

Freizeitforschungsinstitut der British American Tobacco: Europäische Tourismusanalyse 96/97, Hamburg.

Statistisches Bundesamt: Beherbergung im Reiseverkehr, amtliche Beherbergungsstatistik 1996, Reihe 7.1., Wiesbaden.

# V Die touristische Inwertsetzung des kulturellen Erbes in größeren Städten - Historic Highlights of Germany

*Thomas Wolber*

## Einleitung

Das Reiseziel „Stadt" vermittelt seinen Touristen unabhängig von deren Motivation immer eine Begegnung mit Urbanität. Es bietet besondere Chancen, die kulturellen, sozialen und wirtschaftlichen Qualitäten kennenzulernen, die sein Leben, Geist und Charakter ausmachen. Deshalb unterstreichen zwei Gründe die gesellschaftliche Relevanz der Auseinandersetzung mit Kulturtourismus und Fragen seines Managements im städtischen Kontext:

Die Städtereise ist zu einer der beliebtesten Urlaubsformen avanciert. In den letzten Jahrzehnten sind die Zahlen der übernachtenden Touristen sowie der Tagesgäste enorm gestiegen, die sich aus privater Motivation für den Besuch einer städtischen Destination entschieden haben. (Vgl. Tab. 1)

Die Gesellschaft mißt der Kultur eine wachsende Bedeutung in immer mehr Lebensbereichen bei. So ist auch das Interesse der Menschen gestiegen, sich in der Freizeit aktiv und passiv kulturellen Dingen zu widmen. Dieses Kulturbedürfnis hat sich zu einem wichtigen Element der Reisemotivation entwickelt. Im Urlaub zeigen die Deutschen sich tendenziell stärker an Kultur interessiert als zu Hause (vgl. Tab. 2).

Tabelle 1: Interesse an Städtereisen

| Städtereisen kommen „bestimmt" und „wahrscheinlich" innerhalb der jeweils nächsten drei Jahre in Frage (in Prozent der Bevölkerung der Bundesrepublik Deutschland) | | | | |
|---|---|---|---|---|
| 1983 | 1986 | 1989 | 1992 | 1995 |
| 14,9 | 25,6 | 32,7 | 33,6 | 39,5 |

Quellen: Studienkreis für Tourismus (1983/86/89/92) und Forschungsgemeinschaft U+R, 1995

Tabelle 2: Kunstinteresse der Deutschen[1] (in Prozent der Bevölkerung)

| | | |
|---|---|---|
| „starkes" Kunstinteresse bis | 10 | |
| „moderates" Kunstinteresse | 39 | 49 |
| Museums-/Ausstellungsbesuche während der letzten zwölf Monate am Wohnort | 36 | |
| Ich nehme für eine spezielle Ausstellung einen längeren Anfahrtsweg in Kauf. | 41 | |
| Museumsbesuch am Urlaubsort | 59 | |

Quelle: Art (1996)

Flankierend wirken allgemeine Trends im touristischen Nachfrageverhalten (vgl. Steinecke u.a. 1996, S. 262 ff.):

- Steigendes Anspruchsniveau: Aufgrund größerer Reiseerfahrung und besserer Vergleichsmöglichkeiten zwischen Destinationen steigen die Ansprüche an Angebotsstandards.

- Flexibilität und Kurzfristigkeit: Reise- und Entscheidungsverhalten werden vermehrt spontaner und kurzfristiger beschlossen.

Komplexe Motiv- und Aktivitätsbündel: An die Stelle eines Hauptmotivs sind Motivbündel getreten, wie z.B. in Richtung Erlebnis, Exklusivität, Kultur, intensiver Genuß und Zeitsouveränität. Motivwechsel finden kurzfristig statt und mehrere Urlaubsreisen im Jahr werden aus jeweils unterschiedlichen Motivbündeln heraus durchgeführt. Dies kommt auch in kürzeren aber häufigeren Reisen zum Ausdruck.

- Diversifizierung der Zielgruppen: Es kommt zu einer Vielfalt unterschiedlicher Lebensstile und -haltungen. Dieser Hang zur Individualität findet sich im Urlaub wieder. Bisherige klar definierte Zielgruppen, wie z.B. „Fahrradtouristen" zerfallen in Teilgruppen, wie z.B. „Moutainbike-Fahrer", „Ausflugsfahrer" oder „Tourenfahrer".

---

[1] Die Zeitschrift Art ließ 1996 eine Befragung von 1.021 Deutschen über ihr Kunstinteresse vom Institut GFM Getas/WBA durchführen.

Die touristischen Anbieter verfolgen nunmehr Strategien der Standardisierung, der Spezialisierung, der Gestaltung komplexer Angebote und der Inszenierung (vgl. ebd.).

Das Handeln der Reisenden sowie der touristsichen Leistungsträger zieht Effekte nach sich, die sich entsprechend der Sichtweise des Urteilenden grob in eher wünschenswerte und weniger akzeptable einteilen lassen. Die Rolle der Stadt als Touristenziel ist stets mit der Herausbilung spezieller verorteter Einrichtungen verbunden. Die Besucher bewirken immer auch ökonomische Effekte. Bei räumlichen und zeitlichen Touristenkonzentrationen kann es zu Überlastungserscheinungen kommen. Bestimmte Nutzungsinteressen können in Konflikt mit anderen Interessen geraten, weil die Stadt multifunktional ist. Als Touristenziel erhält die Stadt ein Image, das mit den objektiven Gegebenheiten mehr oder weniger übereinstimmt.

Aus allen Trends, Anforderungen und Effekten ergeben sich wiederum ein gewisser Ordnungsbedarf bzw. Fragen nach Optimierung in den Bereichen Planung, organisatorische Gestaltung, Verwaltung und Kontrolle:

– Welches attraktive Angebot können städtische Destinationen gemäß ihrem vorherrschenden Potential den Bedürfnissen und Anforderungen der kulturinteressierten Städtereisenden gegenüberstellen?

– Wer liefert sinnvolle Beiträge zur Erreichung des Ziels einer guten kulturtouristischen Angebotsgestaltung und wie kann er zur Kooperation motiviert werden und in die Kooperationsformen der Destination eingebunden werden?

– Mit welchen Instrumenten kann das Angebot an die potentiellen Gäste und die Besucher vor Ort herangetragen werden?

– Wie lassen sich die kulturellen Ressourcen auf hohem Qualitätsniveau so nutzen, daß sie nicht über Gebühr beansprucht werden und auch künftigen Generationen erhalten bleiben?

Das zentrale Anliegen und Ziel dieses Beitrags ist es daher, Beispiele für die Inwertsetzung von Stadtkultur in großstädtischen Destinationen aufzuzeigen, wo man sich entschlossen hat mit den kulturellen Ressourcen am Kulturtourismus zu partizipieren. Zu diesem Zweck kooperieren in der Organisation „Historic Highlights of Germany" zwölf Städte.

## 1 Stadtkultur und Tourismus

Die Stadt ist seit der Antike ein Zentrum kulturellen, sozialen und wirtschaftlichen Wirkens, das sich hier auf begrenztem Raum in Bauten, Relikten und Bräuchen niederschlägt. Dementsprechend soll Stadtkultur hier als diejenige Kultur verstanden werden, die sich in einer städtischen Gesellschaft entwickelt hat und deren Werte und Normen sich in materiellen und immateriellen Leistungen wiederum in der Stadt widerspiegeln. Für Ennen (1987, S. 266) sind historische Stadtkerne ein erhaltenswertes Kulturgut. Denn sie tragen zu einem wirklichen Verständnis unserer städtischen Umwelt bei. Jätzold (1983 u. 1984) unterstreicht die Bedeutung der Stadt als Kulturraum. Er plädiert für die schützende Abgrenzung ihres urbanen Kernstücks als Teil des Umweltschutzes im weiteren Sinne. Historische Stadtkerne sind von besonderer Bedeutung für den Kulturtourismus (vgl. Jätzold 1993).

Was sagt die Stadtkultur über die Eigenart der jeweiligen Kulturkreise aus? Was können wir vom Engagement der Bürger für die Gestaltung ihres städtischen Lebensbereichs lernen?

Beispielsweise kann der aufmerksame Besucher aus dem Stadtgrundriß viel über die kulturelle Herkunft einer Stadt erfahren. Die europäische Stadt spiegelt deutlich die Bipolarität von Bürgerschaft und Kirche wider. Die Mitte ist offen für den Markt. Im Gegensatz dazu befindet sich in der geschlossenen Mitte der asiatischen (insbesondere japanischen) Stadt die Herrscherburg, um die herum sich hierarchisch gegliedert die Ringe der übrigen Bewohner legen. Der Handel ist aus dem Zentrum verbannt (vgl. Schmidt 1996, S. 28).

Die Stadtlandschaft kann somit zum Ort der Spurensuche für Neugierige werden oder, anders formuliert, zur Ressource für kulturell interessierte Besucher.

Spätestens im 20. Jahrhundert ist die Stadt zu einer selbstverständlichen Organisationsform des wirtschaftlichen, politischen und sozialen Lebens geworden. Der größte Teil der europäischen Bevölkerung lebt bereits in Städten und seit der Habitat II Konferenz 1995 in Istanbul sind die globalen Verstädterungstendenzen ins Bewußtsein gerückt worden.

Vor dem Hintergrund dieser Entwicklung sollte man eine Sensibilität bzw. Interesse für Urbanität in der Freizeit nicht zwangsläufig erwarten. Tatsächlich war die Stadt bis weit in die 70er Jahre hinein eher Quellgebiet für Erholungstourismus als touristisches Zielgebiet. In den 50er und 60er Jahren haben zwar die Zahlen der Gästeankünfte und -übernachtungen in den deutschen Großstädten[2] kontinuierlich zugenommen, im Vergleich zum Erholungstourismus war die Zunahme aber unterproportional. Während die Fremdenverkehrsnachfrage in Deutschland zwischen 1960 und 1975 insgesamt um fast 100% zunahm, kam es in der städtetouristischen Nachfrage lediglich zu einer Steigerung um rund 50% (vgl. Meier 1994, S. 20).

Erst in der Zeit danach, vor allem in den 80er Jahren, erlebte der Städtetourismus eine boomartige Entwicklung. Seit der zweiten Hälfte der 70er Jahre war die durchschnittliche jährliche Zuwachsrate der Gästeübernachtungen in deutschen Großstädten mit 3,7% zwischen 1975 und 1979 und 4,8% zwischen 1980 und 1990 höher als im Erholungstourismus (vgl. Bleile 1981, S. 6 u. Meier 1994, S. 21).

Nachdem sich der Städtetourismus zum Ende der 80er Jahre bis 1990 noch überdurchschnittlich expansiv entwickelt hatte, ergab sich zu Beginn der 90er Jahre eine Umkehr in der Entwicklung mit über drei Jahre andauernden Rückgängen der Übernachtungszahlen. Die Entwicklung ist 1994 zum Stillstand gekommen (vgl. Spörel 1995, S. 473).

Seitdem können der Städtetourismus im allgemeinen und viele der Destinationen der Historic Highlights of Germany im besonderen wieder Zuwächse verzeichnen.

Dieser quantitative Entwicklungsverlauf des Städtetourismus spiegelt sich in seiner Behandlung als Objekt wissenschaftlicher Betrachtung wider. Bis in die 70er Jahre wurde die Stadt vor allem als Quellgebiet für den Erholungstourismus untersucht. Welche Faktoren in den Städten führen zum Bedürfnis nach Erholung im Grünen? Seit den 70er Jahren verzeichnet man eine Vielzahl von deskriptiv-analytischen Einzelfallstudien zur Untersuchung der urbanen Tourismusstruktur. Mit der Krise im Städtetourismus kommen Ende der 70er Jahre vermehrt Konzepte bzw. marketingorientierte Studien auf, die sich aber auch auf einzelne Städte beziehen. Teilaspekte des Städtetourismus, wie z.B. das Messe- und Kongreßwesen oder die Imagewirkung durch Städtetourismus werden seit Mitte der 80er Jahre verstärkt publiziert. Meier (1994) bietet eine detaillierte Literaturübersicht. Bis dahin fehlen weitgehend städtevergleichende Studien und das Bewußtsein für einen Kulturtourismus in urbanen Räumen ist unterentwickelt. Erst Mitte der 90er Jahre gibt es Ansätze, zu allgemeinen Aussagen zu kommen (vgl. Zindel 1994 u. van der Borg, Gotti 1996).

---

[2] Städte mit mindestens 100.000 Einwohnern

Ein gewisser Zusammenhang zwischen Stadtkultur und Tourismus wurde schon frühzeitig erkannt. Meier (1994, S. 39 f.) nennt hier Kraus (1917), der die Bedeutung der Kunstpolitik für den Städtetourismus herausstellt:

Was sind denn die großen Kunstaustellungen Münchens anderes, wenn nicht das bewußte Werben um den Fremden, um den Käufer (vgl. Kraus 1917, S. 17)?

Sie nennt ferner Ferstel (1982, S. 93), der in seiner Studie festgestellt hat, daß 32% des kulturellen Angebots der Stadt Salzburg dem Tourismus dienen. Weitere Autoren befassen sich mit der Kultur als städtetouristische Attraktion.

Auch das Besucherverhalten belegt diese Verbindung. In Berlin nannten 16% der befragten Touristen kulturelle Aktivitäten als wichtigsten Reisegrund und immerhin 85% der Besucher haben in irgendeiner Form das Berliner Kulturangebot genutzt (vgl. Deutsches Institut für Wirtschaftsforschung 1992, S. 167).

Die Städte der Historic Highlights of Germany haben bereits Mitte der 70er Jahre die Bedeutung der Stadtkultur für den Tourismus erkannt und setzen sie gezielt ein, um Besucher anzuziehen.

Viele Fremdenverkehrsorte haben festgestellt, daß ein Stadtbild mit alten, gut erhaltenen Bauwerken wesentlich zur Identitätsbildung, zur Formung eines Imgages beitragen kann. So haben sich z.B. „Die zehn historischen Städte in Deutschland voller Charme und Romantik" ... „zu einer städtetouristischen Arbeitsgruppe zusammengeschlossen, die gemeinsam Imagewerbung betreibt" (vgl. Fraaz 1983, S. 12).

Heute, also etwa 20 Jahre später, geht die Idee der Historic Highlights of Germany, wie sich die Arbeitsgruppe heute nennt, über bloße Imagewerbung hinaus. Man versucht sich als kulturtouristisches Produkt zu profilieren, indem die Ressourcen „historisches Erbe" in Verbindung mit „moderner urbaner Kultur" herausgestellt werden und die Kooperation der beteiligten Akteure (Destinationen, Verkehrsträger, Marketingorganisation, Incoming-Agenturen) im Sinne dieses Profilierungsziels gefördert wird.

Es soll keineswegs der Eindruck entstehen, daß die Hauptmotivation für Städtetourismus darin liegt, Stadtkultur bzw. Urbanität zu erleben. Das Motivationsgeflecht der Städtereisenden ist vielschichtig. Grundsätzlich sind die beruflich bedingten Städtereisen von den privat motivierten Besuchen zu unterscheiden. Eine 1994 durchgeführte Untersuchung in deutschen Großstädten ergab für die touristisch motivierte private Nachfrage einen Anteil von 25 bis 30% (vgl. Dr. Gugg + Partner 1994). Viele Privatreisende besuchen Verwandte und Bekannte. Ist Kultur auch nicht deren hauptsächlicher Beweggrund für ihre Reise, so nutzen sie, wie auch teilweise die Reisenden aus beruflichen Gründen, doch das kulturelle Angebot der Städte, indem sie Sehenswürdigkeiten besichtigen, Museen aufsuchen oder in ein Theater gehen.

Eine eigene Erhebung[3] in Städten der Historic Highlights of Germany ergab, daß beinahe jeder zweite befragte Besucher wegen des kulturellen Angebots und des städtischen Flairs gekommen war. Dieses Ergebnis bestätigt eine Untersuchung des ehemaligen Studienkreises für Tourismus zum Städtetourismus. Danach kommt es den Touristen vor allem auf Spaß, Unterhaltung, Abwechslung, Genuß städtischer Atmosphäre und Besichtigung von Sehenswürdigkeiten an (vgl. Deutsches Institut für Wirtschaftsforschung 1992, S. 164).

Weissenborn (1997, S. 55 f.) arbeitet in seiner Analyse der entsprechenden Literatur die herrschende Meinung heraus, daß das kulturelle Angebot zunehmend mehr zum Attraktionsfaktor für Städtereisen wird. Auch bei den Reiseveranstaltern gibt es einen Trend hin zu kulturtouristischen Städtereisen. Tatsächlich sind die gebaute Kulturumwelt, die Kultureinrichtungen und besondere Veranstaltungen für die meisten Städtetourismusarten (vgl. Abb. 1) bedeutend (vgl. Weissenborn 1997, S. 58). Für die einen sind sie dominanter Attraktionsfaktor, im Rahmen der anderer Arten werden sie teilweise beiläufig genutzt.

Die Stadt bietet mit ihren Ressourcen gute Bedingungen den unterschiedlichen Motivationsbündeln und anderen Nachfragetrends ein entsprechendes Angebot gegenüber zu stellen. Insbesondere die Kombination von Erlebnis, Genuß, Komfort und Kultur läßt sich idealerweise mit Städtereisen erreichen. Für ein qualitäts- und serviceorientiertes Angebotsprogramm, das die modernen Standards erfüllt, ist eine sinnvolle Programmgestaltung unbedingte Voraussetzung.

---

[3] Im Zeitraum Mai bis Oktober 1994 wurden rund 1.200 Besucher der historischen Stadtkerne in Lübeck, Trier, Würzburg, Heidelberg, Augsburg und Freiburg befragt.

Abbildung 1: Arten des Städtetourismus

| Städtetourismus | | | |
|---|---|---|---|
| Übernachtungstourismus | | Tagestourimus | |
| privat bedingt | beruflich bedingt | privat bedingt | beruflich bedingt |
| Städtebesuchs-/ Städtereiseverkehr/Städtetourismus i.e.S.<br><br>Verwandten- und Bekanntenbesuche | Geschäfts- und Dienstreiseverkehr Geschäftstouris-mus i.e.S.<br><br>Tagungs- und Kongreßtourismus<br><br>Ausstellungs- und Messetourismus<br><br>Incentive-Tourismus | Tagesausflugsverkehr/ Sightseeing-touris-mus<br><br>Tagesveranstaltungsverkehr<br><br>Einkaufsreiseverkehr/Shoppingtourismus<br><br>Abendbesuchsverkehr | Tagesgeschäftsreiseverkehr<br><br>Tagungs- und Kongreßbesuche<br><br>Ausstellungs- und Messebesuche |

Quelle: Meier 1994, S. 8

## 2 Entwicklung, Ziele und Struktur der Historic Highlights of Germany

Für das kulturtouristische Management sind die Verkehrsämter/-vereine, touristischen Leistungsträger und Agenturen der einzelnen Destinationen verantwortlich. Die Organisation „Historic Highlights of Germany" nimmt aber einen gewissen Einfluß.

### 2.1 Entwicklung

Am 26. Mai 1975 begannen sieben Verkehrsdirektoren deutscher Städte in Lübeck eine Diskussion, um die Flaute im Städtetourismus zu analysieren. Der Kreis erweiterte sich rasch auf zehn. Damals entschlossen sich die Tourismusverantwortlichen der Fremdenverkehrsämter bzw. -vereine von Augsburg, Bonn, Bremen, Freiburg, Heidelberg, Lübeck, Münster, Nürnberg, Trier und Würzburg angesichts einer Krise im Städtetourismus[4] (vgl. Kapitel 1.) zur Gründung der Werbegemeinschaft „Die historischen Zehn". Man wählte damals bewußt keine zu formale Organisationsform, wie z.b. den eingetragenen Verein. Denn die Entscheidung zur Kooperation fiel trotz sinkender Marktanteile (vgl. Abb. 2) nicht leicht. Einerseits hatten alle Städte ähnliche Probleme, Strukturen und Fremdenverkehrsangebote, andererseits stehen sie nicht zuletzt deshalb auch in einem Konkurrenzverhältnis. Am Ende eines intensiven Diskussionsprozesses herrschte aber die Überzeugung vor, daß man gerade im Rahmen einer Kooperation und den damit verbundenen intensiveren Erfahrungsaustausch besser auf der Grundlage von Konkurrenz- und Vergleichsanalysen künftige Handlungsstrategien entwickeln könnte.

Da der Wandel der Marktsituation im Städtetourismus bereits Mitte der 60er Jahre begann und damit früher als auf den anderen Teilmärkten einsetzte, könnte die günstige Nachfrageentwicklung seit 1975 bereits ein Ergebnis der Reaktion der Städte auf die veränderte Marktsituation darstellen. Großstädte wie die „Big Eight"[5] und die „Historischen Zehn"[6] haben auf die Krise des Städtetourismus mit verstärkten Marketing-Anstrengungen reagiert (vgl. Bleile 1981, S. 15).

Die Arbeitsgemeinschaft der „Historischen Zehn" war angetreten, Marktanteile zurückzugewinnen und versuchte dieses Ziel durch die Strategie der Bündelung von Kräften zu erreichen. Nach dem Motto „Gemeinschaft macht stark" sollten gemeinsam mit der Deutschen Zentrale für Tourismus, der Lufthansa und der damaligen Deutschen Bundesbahn ein Paket von interessanten touristischen Angeboten entwickelt werden, mit denen vor allem Touristen aus dem Ausland, aber auch Deutsche leicht und in zusammenhängender Folge eine Reihe schöner, historischer Städte kennenlernen können.

---

[4] Der Wandel der Marktsituation setzte im deutschen Städtetourismus bereits Mitte der 60er Jahre ein. 1969 und 1970 brachten dem Städtetourismus nur ein kurzes Zwischenhoch, dem in der ersten Hälfte der 70er Jahre ein Rückschlag folgte. Der Markt wandelte sich vom Verkäufer- zum Käufermarkt. Die Zuwachsraten der Nachfrage sanken langfristig. Es kam zu Nachfrageeinbrüchen während den Rezessionen 1969 und 1974. Eine überproportionale Zunahme des Bettenangebots im Vergleich zur Nachfrageentwicklung führte zu einem sinkenden Auslastungsgrad von 58% in 1960 auf 45% in 1979. Die Reisenden handelten fortan preis- und qualitätsbewußter. Die Wettbewerbsintensität zwischen den städtischen Destinationen wurde größer (vgl. Bleile 1981, S. 13 f.).

[5] Nach dem Beitritt von Dresden und Leipzig mittlerweile umbenannt in „Magic Ten".

[6] Nach dem Beitritt von Rostock und Potsdam mittlerweile umbenannt in „Historic Highlights of Germany".

Mit Hilfe zielgerichteter Werbung und der Entwicklung von Basis-Pauschal-Arrangements stimmte man sich ab, um die Elemente

- Geschichte,
- Kultur,
- Atmosphäre,
- Landschaft und
- kulinarische Spezialitäten

übersichtlich zu präsentieren und für die Gäste erlebbar und buchbar zu machen. Ganz bewußt begann man hier erstmalig über eine Organisation zur Kooperation von einzelnen, unabhängigen Mitgliedern Stadtkultur und Tourismus zusammenzuführen.

Die Stärke dieser Organisation erwächst aus ihrem Willen zu einem zielgerichteten Handeln und aus der Zusammensetzung ihrer Mitglieder, nämlich Destinationen, Verkehrsträger und Marketingorganisation

In der weiteren Entwicklung der Historischen Zehn trat Nürnberg aus der Gemeinschaft aus. Regensburg wurde neues Mitglied. Der Beitritt war an Kriterien geknüpft, die 1975 in Lübeck in einer schriftlichen Vereinbarung festgehalten worden waren und noch heute gelten:

- Herausragende Bedeutung in Geschichte, Kultur, Wissenschaft und Wirtschaft,
- gut ausgebildete und charakteristische Hotellerie und Gastronomie in einem historischen Stadtkern,
- mindestens 100.000 Einwohner und Universitätsstadt,
- mindestens 300.000 Übernachtungen pro Jahr mit einem Anteil von mindestens 20 Prozent ausländischen Gästen,
- gute Einbindung in das europäische Verkehrsnetz,
- gute Verteilung über Deutschland (Entfernung von mindestens 150 Kilometer zwischen den Mitgliedsstädten) und seine charakteristischen Landschaften.

Durch diese Beitrittskriterien soll gewährleistet sein, daß

- ein bedeutendes bauliches Erbe,
- interessante kulturelle Einrichtungen,
- ein lebendiges, urbanes (Kultur-) Leben,
- eine leistungsfähige und regionstypische Infrastruktur,

- eine leistungsfähige allgemeine Infrastruktur und gute verkehrliche Erreichbarkeit und
- keine gegenseitige Konkurrenz zwischen den Mitgliedsstädten vorhanden sind. Die Destinationen verfügen über eine vergleichbare Tourismusstruktur.

Im Sinne eines konzeptionellen Handelns unter Wahrung der Parität aller Mitglieder und Partner wurde gemeinsam ein Marketing-Konzept erstellt. Am 8. Dezember 1977 wurde ein Fünfjahresvertrag zwischen den zehn Destinationen, der Deutschen Zentrale für Tourismus, der Lufthansa und der damaligen Deutschen Bundesbahn geschlossen. Die Städte bildeten fünf Paare, die jeweils mit den Verkehrsträgern und der Deutschen Zentrale für Tourismus im Rotationsverfahren repräsentierend für alle Destinationen tätig wurden, um den gesamten europäischen Markt zu umwerben, aufgeteilt in die fünf geographischen Segmente Skandinavien, britische Inseln, Westeuropa, Südeuropa und die Alpenländer. Man hatte folgende Ziele:

- Erhöhung des Incomingtourismus,
- Berücksichtigung der Mitgliedsstädte bei Europareisen ausländischer Touristen,
- Erhöhung der Zahl der Inlandsreisen,
- Veranstaltung von mehr Tagungen und Kongressen in Deutschland,
- Erhöhung der Aufenthaltsdauer der Gäste zwecks Steigerung der Beherbergungskapazitätsauslastung,
- Erstellung von attraktiven Spezialprogrammen in den Mitgliedsstädten.

Am 1. Januar 1993 traten den „Historischen Zehn" die Städte Potsdam und Rostock bei. Im Fall Potsdams wurden die Beitrittskriterien als Eintrittsbarriere eher flexibel gehandhabt, da z.B. Mindestforderungen nach Zahl der Gästeübernachtungen und Anteil von Gästen aus dem Ausland nicht erfüllt werden. Die kulturelle Bedeutung Potsdams rechtfertigt eine Mitgliedschaft in jedem Fall. Nach dieser Erweiterung veränderte man den Namen und die Rechtsform der Organisation. Aus den „Historischen Zehn" wurden die „Historic Highlights of Germany" und die Werbegemeinschaft hat sich als eingetragener Verein (e.V.) umgewandelt.

## 2.2 Ziele und Struktur

In der Vereinssatzung sind der Zweck, die Träger, die Aufgaben, die Finanzierung und die Organe der Organisation festgelegt.

### 2.2.1 Zweck

Der Zweck des Vereins ist die Kooperation bzw. Betreuung im Tourismusbereich für Vereinsmitglieder und Kooperationspartner. Er bietet zudem die Möglichkeit des Erfahrungsaustauschs und der Abstimmung.[7]

### 2.2.2 Trägerschaft

Träger der Organisation sind die derzeit zwölf Mitgliedsstädte. Eine gewisse Sonderstellung haben die Deutsche Zentrale für Tourismus, die Lufthansa und die Deutsche Bahn. Diese Mitglieder wirken als Kooperationspartner unterstützend mit.

### 2.2.3 Aufgaben

Die Aufgaben liegen vor allem in der Durchführung gemeinsam abgestimmter Werbung und Öffentlichkeitsarbeit. Seit 1993 verlagerte sich der Schwerpunkt der zu bearbeitenden Märkte auf das südliche Europa, USA und Japan und seit 1994 auch verstärkt auf den Inlandsmarkt Deutschland. Hierzu werden Werbemittel (vgl. Tab. 3) hergestellt und verteilt, Touristikmessen besucht, Multiplikatoren der Meinungspflege[8] mittels Empfänge, Führungen oder Workshops kontaktiert. Auch die von den Historic Highlights of Germany zusammengestellten bzw. beworbenen Pauschalarrangements dienen wesentlich der Imageförderung und der Erhöhung des Bekanntheitsgrades. Diese Aufgaben sind auch wichtig für das Bemühen der Historic Highlights of Germany um eine Corporate Identity[9] Teil des Erscheinungsbildes der Cor-

---

[7] Hierzu dient der ständige Kontakt der Mitglieder per Telefon und auf Mitgliederversammlungen.

[8] Dazu gehören vor allem Mitarbeiter von Reiseveranstaltern, Reisemittlern, Verkehrsträgern, Fachpresse/-verlagen und von politischen bzw. öffentlichen Institutionen.

[9] Unter Corporate Identity versteht man das Erscheinen oder Auftreten (die Persönlichkeit) einer Institution. Es soll möglichst einheitlich und in sich selbt stimmig und glaubhaft nach außen und innen gestaltet werden. Durch die abgestimmten Verhaltensweisen, die in der Corporate Identity zum Ausdruck kommen, werden Glaubwürdigkeit und das Vertrauen in eine Organisation geschaffen und erhalten (vgl. Freyer 1997, S. 347).

porate Identity ist das Logo der Organisation, welches im besonderen das bauliche Erbe als eine der zentralen kulturtouristischen Ressourcen der Mitgliedsstädte symbolisiert und im allgemeinen die Orientierung auf die Inszenierung von Stadtkultur herausstellt. Neben dem Erscheinungsbild (Corporate Design) sind Corporate Behavior und Corporate Communication die wesentlichen Elemente der Corporate Identity (vgl. Freyer 1997, S. 347 f.). So strebt man im Rahmen des Corporate Behavior abgestimmte und einheitliche Verhaltensweisen der Organisation an, um deren Grundsätze und Ziele in Handlungen umzusetzen. Zur Erreichung eines einheitlichen Handelns dient die Corporate Communication. Hierbei ist die Umsetzung der Corporate Identity nach innen und außen zu übermitteln. Die Corporate Communication vollzieht sich zwischen der Organisation bzw. deren Mitgliedern und ihren Mitarbeitern, Marktteilnehmern, Medien und anderen Meinungsbildnern (vgl. Freyer 1997, S. 350). Die Historic Highlights of Germany bemühen sich um diese externe und interne Kommunikation (vgl. Tab. 3 und 4).

Abbildung 3: Logo der Historic Highlights of Germany

Quelle: Verkaufshandbuch der Historic Highlights of Germany

Tabelle 3: Öffentlichkeitsarbeit der Mitgliedsstädte: Interne Beziehungen

| | örtliche Leistungsträger (Hotellerie, Gastronomie, Einzelhandel, Verkehrsträger) | lokale politische und kulturelle Institutionen | Arbeitnehmer der touristischen Betriebe und Organisationen | lokale Presse | Anwesende Gäste |
|---|---|---|---|---|---|
| Augsburg | X | X | X | X | X |
| Bonn | X | X | | X | X |
| Bremen | X | X | X | X | |
| Freiburg | X | X | | X | X |
| Heidelberg | X | X | | X | X |
| Lübeck | X | X | | X | |
| Münster | X | X | | X | X |
| Potsdam | X | X | X | X | |
| Regensburg | X | X | X | X | X |
| Rostock | X | X | | X | X |
| Trier | X | X | | X | X |
| Würzburg | X | X | X | X | X |

Quelle: Möhlenbrink 1995, S. 110

Die Kooperationspartner der Städtegemeinschaft unterstützen die Werbe- und Öffentlichkeitsarbeit, indem sie in ihren Agenturen Prospekte auslegen, in ihrem Werbematerial (z.B. Zeitschrift der Bahn) die Städte präsentieren und konkrete Angebote der Destinationen in Katalogen ihrer angehörigen Reiseveranstalter aufnehmen.

Als weiteres Aufgabenfeld der Historic Highlights of Germany könnte man sich gezielte Marktforschung vorstellen. Sie wird bislang aber noch von den einzelnen Mitgliedern ohne Abstimmung verantwortet. Bisher ließ die Organisation beispielsweise eine Strukturanalyse anfertigen. Eine Marktforschungstätigkeit würde auch entsprechende finanzielle Mittel erfordern, die nicht zur Verfügung stehen.

Tabelle 4: Öffentlichkeitsarbeit der Mitgliedsstädte: Externe Beziehungen

| | Wirtschafts- und Finanzkreise (als potentielle Investoren und berufliche Zielgruppe) | politische und kulturelle Institutionen auf regionaler Ebene und Landesebene | andere Tourismusregionen | Absatzmittler (z. B. Reisebüros) | regionale und überregionale Kommunikationsmittel (Presse, Hörfunk, TV) |
|---|---|---|---|---|---|
| Augsburg | X | X | X | X | X |
| Bonn | X | X | X | | X |
| Bremen | | X | X | X | X |
| Freiburg | | X | X | X | X |
| Heidelberg | X | X | X | X | X |
| Lübeck | X | X | X | | X |
| Münster | | X | X | X | X |
| Potsdam | | X | X | | X |
| Regensburg | | X | X | X | X |
| Rostock | | | X | | X |
| Trier | | X | X | | X |
| Würzburg | | X | X | X | X |

Quelle: Möhlenbrink 1995, S. 110

Für die Erfüllung der vorhandenen Aufgaben wird jährlich ein Werbeetat in einer Größenordnung von rund 800.000 DM aufgestellt. Die finanziellen Einlagen kommen durch die Mitgliedsbeiträgen der Städte und durch finanzielle Unterstützung der kooperierenden Mitglieder zustande.

### 2.2.4 Organe

Um die Belange der Historic Highlights of Germany kümmert sich ein Vorstand mit Vorsitzendem, stellvertretendem Vorsitzenden und zwei Beisitzern. Er wird aus dem Kreis der Leiter der städtischen Fremdenverkehrsorganisationen gewählt. Zur Führung der laufenden Geschäfte wird ebenfalls eine Person aus demselben Kreis ernannt. Ein Exekutivausschuß überwacht die Werbeaktivitäten, die von allen Mitgliedern jährlich geplant und verabschiedet werden. Alle Funktionen werden ehrenamtlich wahrgenommen.

### 2.3 Perspektiven

Die Gemeinschaft der Historic Highlights of Germany steht weiteren interessierten Mitgliedern offen. Sie müssen den Zielen der Organisation zustimmen und die Aufnahmekriterien erfüllen. Bisher hat sich die Stadt Erfurt interessiert gezeigt, jedoch ist eine Mitgliedschaft vorläufig aus finanziellen Gründen noch nicht zustande gekommen (vgl. Schwartz 1994).

Die künftige Arbeit der Organisation sieht eine stärkere Bearbeitung des Inlandsreisemarktes vor. Man will sich auch intensiver um die Aufnahme in Katalogen von Reiseveranstaltern bemühen. Hierzu sollen verstärkt gemeinsame Arrangements und Programme erarbeitet werden. Die konkreten Aufgaben der Inszenierung, Produktgestaltung und Distribution übernehmen die Verkehrsämter/-vereine bzw. die örtlichen Leistungsträger (Hotellerie etc.). Auf der Ebene der Organisation kümmert man sich um die Koordination und Kooperation zwischen den Mitgliedern hinsichtlich der Zielfestlegung, der Strategiefindung und des Bemühens um eine Corporate Identity. Hierzu werden insbesondere Instrumente der Kommunikation genutzt.

### 2.4 Struktur der Mitgliedsstädte

Bei allen Mitgliedsstädten der Historic Highlights of Germany handelt es sich um Großstädte mit mindestens 100.000 Einwohnern.[10] Deswegen sind sowohl die allgemeine Infrastruktur als auch die Tourismusstruktur vergleichbar. Dennoch gibt es bei wichtigen Maßzahlen eine gewisse Bandbreite:

---

[10] Trier bildet die Ausnahme. Denn dort liegt die Einwohnerzahl bei knapp unter 100.000.

**(1) Einwohnerzahl**

Hinsichtlich der Zahl der Einwohner lassen sich die Historic Highlights of Germany in drei Gruppen einteilen. Zu den kleineren Großstädten mit bis zu 150.000 Einwohnern zählen Trier, Potsdam, Würzburg und Regensburg. Das Mittelfeld bilden Lübeck, Rostock, Münster, Bonn, Augsburg und Freiburg. Die Einwohnerzahl dieser Städte bewegt sich zwischen 200.000 und 300.000. Bremen hat über 550.000 Einwohner. Sie ist die größte Stadt der Organisation.

**(2) Beherbergungskapazität**

Die Zahl der gewerblichen Gästebetten schwankt von weniger als 2.000 in Potsdam bis über 7.000 in Bonn. Nach dem Schlußlicht Potsdam folgen in einem unteren Mittelfeld Augsburg, Trier, Würzburg und Regensburg mit 3.000 bis 4.000 Gästebetten. Das obere Mittelfeld mit 4.500 bis 5.000 Gästebetten wird von Freiburg, Heidelberg und Rostock besetzt. Über mehr als 6.500 Betten verfügen lediglich Münster, Bremen, Lübeck und Bonn.

**(3) Gästeübernachtungen**

In allen Destinationen übersteigt die Zahl der Tagestouristen die Zahl der übernachtenden Gäste typischerweise um ein Vielfaches. Leider gibt es bis heute keine exakten, statistischen Erfassungsmethoden des Tagestourismus. Man spricht im Zusammenhang mit dem Tagestourismus lediglich von Schätzungen, die mittelbar über den Verkauf von Eintrittskarten zu Sehenswürdigkeiten, die Zahl der gebuchten Gästeführungen oder die Umsätze im Einzelhandel und in der Gastronomie geschätzt bzw. hochgerechnet werden. Die Zahl der jährlichen Gästeübernachtungen bewegt sich derzeit zwischen 1,1 Mio in Münster und gut 200.000 in Potsdam. Über 1 Mio Übernachtungen verzeichnen nur Münster und Bonn. Zwischen 700.000 und 900.000 Übernachtungen werden in Freiburg, Rostock, Heidelberg, Lübeck und Bremen gezählt. In Trier, Augsburg und Regensburg sind es 400.000 bis 600.000 Übernachtungen.

**(4) Fremdenverkehrsintensität (F)**

Die Fremdenverkehrsintensität (F)[11] ist in städtischen Destinationen üblicherweise gering. Dennoch schwankte sie 1995 von F=150 in Potsdam bis F=562 in Heidelberg. Leider bleibt auch bei dieser Maßzahl der Tagestourismus unberücksichtigt. Vergleicht man die Historic Highlights of Germany, so hat der Tourismus für Potsdam, Augsburg und Bremen eine verhältnismäßig geringe Bedeutung (F<200), für Rostock, Bonn, Freiburg, Regensburg und Lübeck eine mittlere (300<F<400) und für Münster, Trier, Würzburg und Heidelberg eine relativ hohe (F>400).

## 2.5 Marktstellung

Nach ihrem eigenen Verständnis sind die Historic Highlights of Germany ein touristisches Produkt mit einem Nischenwert. Ihr Angebot richtet sich an Reisende aus dem In- und Ausland, die kulturell motiviert sind und eine Verbindung von historischem Erbe und lebendiger, urbaner Kultur erleben wollen. Gleichermaßen werden beruflich motivierte Reisende angesprochen, die beispielsweise ihren Tagungs- bzw. Kongreßbesuch mit dem Ambiente von Stadtkultur kombinieren möchten.

Zwischen 1993 und 1995 haben die Zahlen der Gästeankünfte (plus drei Prozent) und Gästeübernachtungen (plus 2%) zwar zugenommen, im Vergleich mit den Gästeankünften (plus 9%) und den Gästeübernachtungen (plus 6%) der übrigen deutschen Großstädte waren diese Zuwächse aber unterproportional. Der Marktanteil der Historic Highlights of Germany an Übernachtungen in deutschen Großstädten ist von 14,5% in 1993 leicht zurückgegangen auf 13,8% in 1995. Gegenwärtig können sie knapp 4 Mio Gästeankünfte mit etwa 8 Mio Übernachtungen verzeichnen.

Jede Destination versucht, über das Werbematerial und die Gestaltung der jeweiligen Angebote ein bestimmtes Image zu forcieren (vgl. Tab. 5).

---

[11] Fremdenverkehrsintensität F gibt die Zahl der Übernachtungen pro 100 Einwohner an. Ab etwa F>5.000 spricht man von einer wirtschaftlichen Dominanz des Tourismussektors.

Tabelle 5: Wunschimage der Historic Highlights of Germany

| | |
|---|---|
| Augsburg | Stadt der Renaissance/Heimat der Fugger |
| Bonn | Geburtsstadt Ludwig v. Betthovens/Tor zum romantischen Mittelrhein |
| Bremen | Freie Hansestadt mit langer Handels- und Seefahrttraditon/ Renaissancerelikte |
| Freiburg | Sonnige Schwarzwaldstadt/Altstadt mit Münster |
| Heidelberg | Stadt der Romantik/Stadt der Studenten |
| Lübeck | Hansestadt mit Weltkulturerbe |
| Münster | Stadt des Barock im Münsterland |
| Potsdam | Stadt der Schlösser und Gärten/Friedrich der Große |
| Regensburg | Stadt des Mittelalters an der Donau |
| Rostock | Hansestadt an der Ostsee |
| Trier | Älteste Stadt Deutschlands/Stadt der Römer |
| Würzburg | Stadt des Barock mit südlichem Flair |

Quelle: Verkaufshandbuch der Historic Highlights of Germany

## 3 Angebote im Kulturtourismus

Bevor wir uns konkreten Angebots- und Programmbeispielen zuwenden, die für den Kulturtourismus relevant sind, stellen sich spätestens jetzt einige begriffliche Fragen. Kultur ist zwar in aller Munde, aber was ist „Kultur"? Kultur und Tourismus sind zwar eng miteinander verbunden, aber was ist „Kulturtourismus"? Von der Beantwortung dieser Fragen hängt schließlich ab, welche Bereiche der (städtischen) Kultur touristisch überhaupt relevant sind und nach welchen Kriterien die Ressource „Kultur" entsprechend touristisch in Szene gesetzt wird.

### 3.1 Kulturtouristisches Potential

Es wäre vermessen, Kultur hinreichend definieren zu wollen. Dangschat (1992, S. 127) bezweifelt sogar die Möglichkeit, Kultur konsensfähig definieren zu können. Höcklin (1996, S. 17 f.) versucht zumindest, den Kulturbegriff zu konkretisieren und macht die Weite des Kulturbegriffs klar (vgl. Hoffmann 1979, S. 13; Heinrichs 1988, S. 13 und 1992, S. 25 und Rosengren 1984, S. 22). Es ist beinahe unmöglich ihn systematisch und eindeutig abzugrenzen (vgl. Höcklin 1996, S. 19) (vgl. Abb. 5).

Abbildung 5: Rad der Kultur in der Gesellschaft

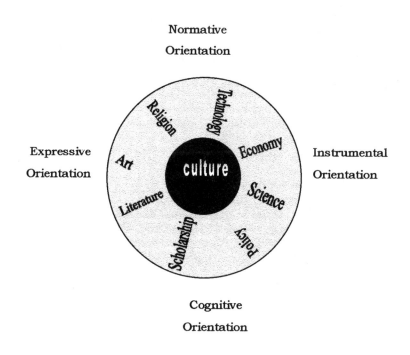

Quelle: Rosengren 1984, S. 22

Bei Rosengren hat die Kultur in Form eines Kreises neben ihrer eigenständigen Bedeutung Verbindung zu anderen gesellschaftlichen Subsystemen und beeinflußt diese. Hierbei zeichnen sich vier Tendenzen kultureller Orientierung ab in eine eher normative bzw. kognitive Richtung oder mit einer expressiven bzw. instrumentalen Ausrichtung (vgl. Höcklin 1996, S. 19).

Dieser weiter gefaßte, komplexe Kulturbegriff geht deutlich über die kulturellen Institutionen hinaus, wie z.B. Museen, Theater, Oper oder Konzerte. Dazu gehören auch die gebaute Kulturumwelt mit z.B. Kirchen, Schlössern und modernen Architekturbauten, Traditionen und Bräuche sowie präsente Alltagskultur, wie z.B. Altstadtfeste, Weihnachtsmärkte, Stadtfestivals und -jubiläen, die atmosphärische, urbane Wirkung mit Stadtteilmilieus (z.B. Bremer Hafen, Studentenatmosphäre in Heidelberg, Freiburg oder Münster) (vgl. Feßmann 1993, S. 14).

1965 kam der Begriff Freizeitwert im Kontext Stadt auf. Man begann, die Kulturstätten zu untersuchen, um die kulturellen Möglichkeiten zu erfassen. Die hierzu verwendete Inventarisierungsliste verdeutlicht einmal mehr die Bandbreite des relevanten stadtkulturellen Potentials:

- Opern-, Ballett- und Theaterbühnen,
- Konzertsäle, Stätten der Musikpflege,
- Bibliotheken und Archive,
- Museen, Kunstgalerien, Ausstellungen,
- Werke der Baukunst und Denkmalpflege,
- Freiplastiken, Brunnen etc.,
- Kirchen und kirchliche Einrichtungen,
- Hoch- und Fachschulen,
- Freizeitheime und besondere Einrichtungen in Bildungsstätten (Laienspielbühnen),
- zentrale Einrichtungen von Funk, Fernsehen und Presse,
- städtische Freiflächen mit besonderen kulturellen Angeboten, z.B. Freilichtbühnen,
- Standorte mit Stadttafeln für Bauwerke, die wegen ihres künstlerischen oder stadtgeschichtlichen Wertes oder wegen ihrer Bewohner oder besonderer Ereignisse denkwürdig sind und für Plätze und Stellen, an denen ebensolche Bauwerke einmal gestanden haben (vgl. Hotzan 1993, S. 109).

Nachdem die Bandbreite des kulturellen Potentials deutlich geworden ist, erscheint es sinnvoll, nun seine Systematisierung[12] anzugehen. Das Irish Tourist Board (1988) differenziert die kulturellen Ressourcen folgendermaßen:

---

[12] Eine breite Übersicht zur Systematisierung findet man in Weissenborn (1997).

| | |
|---|---|
| Mobile Elemente: | Festivals, Märkte, Musik- und Theaterdarbietungen (Events) |
| | Artefakte (Gemälde, Skulpturen etc.) |
| Immobile Elemente: | Bezirke/Straßen etc., die einzelne kulturelle Charakteristika zeigen |
| | historische Örtlichkeiten bzw. Ensemble |
| | Einzelbauwerke |
| | Ausgrabungsstätten |

Eine weitere Unterteilung dieser Elemente geschieht nach inhaltlichen Gesichtspunkten:

    Kunst
    Architektur
    Sprache/Literatur
    Geschichte/Archäologie
    Religion

Andere Systematiken nach Wolf, Jurczek (1986, S. 44 f.) und Kaspar (1991, S. 64) ordnen das touristisch relevante kulturelle Potential in ein System des allgemeinen Angebotspotentials ein:

> Natürliche Angebotsfaktoren (= ursprüngliches Fremdenverkehrsangebot)
> Landschaftsform, Vegetation, Klima etc.
>
> Infrastrukturelle Angebotsfaktoren
> allgemeine Infrastruktur (= ursprüngliches Fremdenverkehrsangebot)
> materielle Faktoren
> institutionelle Faktoren
> personelle Faktoren
> touristische Infrastruktur (= abgeleitetes Fremdenverkehrsangebot)
> materielle Faktoren (Hotellerie, Gastronomie etc.)
> institutionelle Faktoren (Verkehrsamt etc.)
> personelle Faktoren (Gästeführer, Counterpersonal etc.)
>
> Soziokulturelle Angebotsfaktoren (= ursprüngliches Fremdenverkehrsangebot)
> materielle Faktoren
> Gegebenheiten (Kulturdenkmäler, historische Bauten, Stadtbilder etc.)
> Einrichtungen (Museen, Sammlungen, Archive etc.)
> institutionelle Faktoren (Theater, Konzerte, Festspiele etc.)
> personelle Faktoren (Gastlichkeit, Freundlichkeit, Aufnahmebereitschaft für
> Tourismus,
> Mentalität, Sitten und Gebräuche/Traditionen)

Für einige Tourimusarten besitzen die soziokulturellen Angebotsfaktoren nur ergänzende Bedeutung, für den Kulturtourismus hingegen sind sie dominant.

Auf der Grundlage des weiter gefaßten Kulturbegriffs soll nun unter dem Begriff „Kulturtourismus"[13] folgendes verstanden werden:

Der Kulturtourismus nutzt Bauten, Relikte und Bräuche in der Landschaft, in Orten und in Gebäuden, um dem Besucher die Kultur-, Sozial- und Wirtschaftsentwicklung des jeweiligen Gebietes durch Pauschalangebote, Führungen, Besichtigungsmöglichkeiten und spezifisches Informationsmaterial nahezubringen. Auch kulturelle Veranstaltungen dienen häufig dem Kulturtourismus (vgl. Becker 1993, S. 8).

---

[13] Eine vergleichende Übersicht über Definitionen des Begriffs bietet Lindstädt (1994).

Erst durch die touristische Aufbereitung bzw. Inszenierung im Sinne der Besucherbedürfnisse wird aus den kulturellen Ressourcen der Stadt ein vermarktungsfähiges und konsumierbares kulturtouristisches Angebot.

### 3.2 Anforderungen an die Angebote

Gute kulturtouristische Produkte lassen sich nicht ohne weiteres von einer Destination auf eine andere übertragen. Die Angebote sollen originell, spannend, interessant und professionell aufbereitet sein. Da der Kulturtourist nicht allein ein einzelnes kulturelles Angebot nachfragt, sondern die Kombination mit anderen touristischen Leistungen sucht, sollte ein komplexes Angebot im Sinne eines Gesamterlebnisses gestaltet werden, d.h. es gilt:

>    Kulturelle Attraktion
>    + Unterkunft
>    + Transportleistung
>    + Regionaltypische Verpflegung
>    + Geselligkeit/Kommunikation
>    + Vergnügen/Erlebnis
>    + Eigeninitiative
>    + Sinnlicher Genuß
>    _____
>    Innovatives Angebot

Zu solchen innovativen touristischen Produkten kommt man durch Standardisierung, Spezialisierung, Inszenierung und Schaffung komplexer Angebote, die auf Motivbündel eingehen können und nicht auf ein einzelnes Motiv abgestellt sind (vgl. Steinecke u.a.. 1996, S. 262 f.). Zwischen den Akteuren auf der Angebotsseite setzt die Erstellung solcher Produkte ein hohes Maß an Koordinierungs- und Harmonisierungsbemühungen voraus (vgl. Wolber 1996, S. 338 f.).

Angebote im Rahmen des Kulturtourismus sollten nicht nur Touristen dienen, sondern auch für Einheimische konzipiert werden, um die Entwicklung einer speziellen Touristen-Kultur zu vermeiden. Der Kulturtourismus soll ein authentisches Erlebnis vermitteln, das gebiets- bzw. ortstypisch ist. Die Angebote müssen eine klare inhaltliche Schwerpunktsetzung haben und mit viel Sachkunde, Gründlichkeit und Phantasie versehen sein. Schließlich soll das kulturelle Potential schonend genutzt werden, um es für künftige Generationen zu erhalten (vgl. Becker 1993, S. 8 f.).

In der Destination sollte durch Maßnahmen des Innenmarketing die Sensibilität für das eigene kulturelle Erbe geweckt und gefördert werden. Hochkultur und Alltagskultur werden als gleichwertig betrachtet. Die Verbindung von Kultur und Konsum ist zu demonstrieren. Dabei ist es notwendig, für den Touristen ein erlebnisreiches Angebot in attraktivem Ambiente zu schaffen (vgl. Steinecke 1994).

Im Hinblick auf die Vermarktung sollten sie nicht zuletzt auch buchbar sein bzw. die Voraussetzungen für die Distribution über moderne Reservierungssysteme erfüllen. Denn die Ausbreitung solcher Systeme vollzieht sich mit zunehmender Geschwindigkeit.

Angesichts wachsender Übersättigung und zunehmender Globalisierung auch auf Tourismusmärkten wächst ebenso die Gefahr der Vereinheitlichung und der Banalisierung der touristischen Produkte. Die Frage, wie man aus dem banalen Produkt etwas Besonderes, etwas Heißbegehrtes machen kann, läßt sich mit der Generierung von Zusatznutzen und mit Kommunikation beantworten. Künftig wird es wichtiger, kommunikative Lust zu wecken und den Gast auf der emotionalen Ebene zu gewinnen. (vgl. Bosshart 1996, S. 8).

Tourismus im allgemeinen und Kulturtourismus im besonderen dient heute eher einer gewissen Sinnsuche des Menschen, die sich immer weniger im Arbeitsalltag abzuspielen scheint.

Ganz offensichtlich fühlen sich viele Menschen in Ihrem Alltag nicht besonders lebendig. Und das ist auch erklärbar: Die Unmittelbarkeit des Lebens ist in den modernen Gesellschaften immer mehr einer Vermitteltheit durch Instanzen gewichen. Selbst die Lebensgefahren sind dem einzelnen kaum noch gegenwärtig: Das Risiko tragen Versicherungen und Sozialstaat. Man könnte fast meinen, daß die Zivilisation Glück - ja auch eine Form von Lebendigkeit - durch Sicherheit ersetzt habe (vgl. Romeiß-Stracke 1996, S. 47 f.).

Der Tourismus als Sinnbranche kann - umfassender als andere Branchen - ein integriertes Gesamtpaket an Glücksmomenten anbieten. Je mehr wir akzeptieren müssen, daß die Arbeit und die Arbeitswelt nur für eine schmale Elite der Ort der Freiheit und der Selbstverwirklichung ist, desto mehr kommt dem Tourismus die Funktion zu, Entlastung von Zwängen des Alltags zu bieten (vgl. Bosshart 1996, S. 11).

Auf diese Weise entwickelt sich Tourismus zu einer Art Gegenwelt zum Alltag, wo der Reisende Sinn zu finden glaubt. Kultur als Ort der Sinnfindung kommt eine besondere Bedeutung zu. Dabei kann der aufgesuchte Raum zur Kulisse werden. Beispiele aus den Historic Highlights of Germany werden zeigen, ob die Anbieter beginnen, sich auf diese Entwicklungen einzustellen.

## 4 Beispiele touristischer Inwertsetzung von Stadtkultur

Nach den theoretischen Diskursen über den Beitrag der Stadtkultur zum Tourismus sowie über konzeptionelle und organisatorische Anforderungen an kulturtouristische Angebote wenden wir uns nun konkreten Angeboten bzw. Programmen aus der Tourismuspraxis zu. Zur bessern Übersicht werden die Beispiele nach den Bereichen „Bauliches Erbe", „Museen und Ausstellungen", „Theater- und Musikfestivals", „Märkte und Feste" und „Regionale Lebensart" differenziert.

### 4.1 Bauliches Erbe

In den Tourismuswissenschaften und in der Tourismuspraxis werden kunsthistorisch bedeutende Einzelbauwerke und Ensemble längst als tourismusrelevante Angebotsfaktoren anerkannt und in touristische Entwicklungsplanungen einbezogen. Das Stadtbild mit seinen Sehenswürdigkeiten ist ein ganz wesentlicher Besuchsgrund für die kulturorientierten Städtetouristen, sofern nicht konkrete Reiseanlässe vorliegen, wie z.B. ein Musicalbesuch oder der Besuch einer bedeutenden Ausstellung. Dies gilt insbesondere für die Destinationen der Historic Highlights of Germany und schlägt sich nieder in den Zahlen der Gästeführungen und der Besucher von Sehenswürdigkeiten.

Die Reiseanalysen des Studienkreises für Tourismus konnten belegen, das die Gruppe der historisch und kulturell orientierten Angebotsfaktoren - allgemein als „objektivierte Kultur[14] und Geschichte" bezeichnet - außerordentlich häufig nachgefragt werden. Es geht dabei um Einzelbauwerke, überkommene Stadtteile und Ortsbilder, Museen und technische Attraktionen (vgl. Uthoff 1982/1986, S. 592).

Grundsätzlich läßt sich die Stadt als Baudenkmal von der Stadt mit Baudenkmälern unterscheiden. Die Stadt als Baudenkmal ist fast monofunktional auf einen touristischen Zielort reduziert mit dominierendem Besichtigungs- und Durchgangsreiseverkehr, sehr niedriger durchschnittlicher Aufenthaltsdauer, stark ausgeprägten Saisonspitzen, hohem Ausländeranteil unter den Gästen und sehr niedriger Kapazitätsauslastung im Beherbergungswesen. Beispiele wären Venedig und Rothenburg ob der

---

[14] Die Bezeichnung von Kulturdenkmälern und Ortsbildern als „objektivierte Kultur" geht auf Turowski (1972) zurück. Er versucht damit zu erklären, daß diese touristischen Angebotsfaktoren eines Raumes materieller Art, d.h. gegenständlich sind, aber auf eine immaterielle geistige, kulturell-künstlerische Grundlage zurückgehen. Sie stellen eine heute zu besichtigende konkrete Erinnerungshilfe an eine abstrakte geistig-kulturelle Haltung vergangener Zeiten dar.

Tauber. Die Stadt mit Baudenkmälern wirkt lebendiger, da die Vielfalt der Stadtfunktionen noch erhalten sind. Sie lebt mit ihrem Tourismus, der aber keine wirtschaftlich dominante Stellung einnimmt. Aufenthaltsdauer und Zimmerauslastung sind höher als im ersten Typ. Neben stark ausgeprägtem Besichtig-ungstourismus herrschen noch andere Tourismusarten vor. Die Saison ist ausgeglichener mit zwei Spitzen im späten Frühjahr und Spätsommer und einem sommerlichen Tief (vgl. Uthoff 1987, S. 74). Zu diesem zweiten Typ kann man die Mitgliedsstädte der Historic Highlights of Germany rechnen. Viele dieser Einzelbauwerke und Stadtensemble in den Historic Highlights of Germany stehen auf der UNESCO-Weltkulturerbeliste (vgl. Tab. 6), was die Bedeutung des dortigen baulichen Erbes nochmals unterstreicht.

Tabelle 6: Objekte des UNESCO-Weltkulturerbe in den Historic Highlights of Germany

| | |
|---|---|
| Augsburg | - |
| Bonn | - |
| Bremen | - |
| Freiburg | |
| Heidelberg | - |
| Lübeck | Historische Altstadt |
| Münster | - |
| Potsdam | Schlösser und Parks |
| Regensburg | - |
| Rostock | - |
| Trier | Römisches Erbe / Dom und Liebfrauenkirche |
| Würzburg | Würzburger Residenz |

Quelle: Veser 1997

Die gerade in den 70er und 80er Jahren vielerorts vorangetriebene städtebauliche Erneuerung hat wesentlich zur heutigen Attraktivität des baulichen Erbes beigetragen. Für Maßnahmen zur Sanierung historischer Stadtkerne, zur Durchgrünung und zur Verkehrsberuhigung standen finanzielle Fördermittel des Bundes und der Länder bereit. Insbesondere das Städtebauförderungsprogramm des Bundes nach §72

StBauFG und Sonderprogramme[15] haben viele Maßnahmen zur Baulückenschließung, zur Umgestaltung von Plätzen und Straßen und zur Anlage von Fußgängerzonen erst möglich gemacht (vgl. Fraaz 1983).

Heute profitiert auch der Tourismus davon. Im Prospektwerbematerial der Historic Highlights of Germany werden gerade die Bau- und Kulturdenkmäler besonders herausgestellt. Das bauliche Erbe dient heute entweder als Kulisse für andere Aktivitäten, wie z.b. bummeln, einkaufen, Teilnahme an Tagungen und Konzertbesuchen, oder es ist fester kulturtouristischer Programmbestandteil bzw. wesentliche Ressource eines Angebots. Es folgen einige Beispiele für bauliches Erbe als Programmbestandteil:

**(1) Stadtrundgänge in Trier**

Die Tourist-Information-Trier hält sowohl Angebote für selbständige Rundgänge vor als auch Stadtführungen.

Wer die Stadt auf eigene Faust erkunden möchte, erhält in der Tourist-Information

- einen Touristenstadtplan,
- ein Heft für den Rundgang „Stadtrallye" oder
- ein Heft für den ökologischen Rundgang.

a) Auf dem Touristenstadtplan sind alle wichtigen Sehenswürdigkeiten ohne Detailinformation eingetragen.

b) Die Unterlagen zur „Stadtrallye" leiten den Gast über die Lösung von kleinen Aufgaben und Fragen zur Geschichte von Sehenswürdigkeit zu Sehenswürdigkeit. Hierbei wird Stadtkultur auf spielerische Weise erlebbar. Vorbild waren hier sicherlich Stadterkundungen, wie sie Ende der 80er/Anfang der 90er Jahre entwikkelt wurden. Dieses Angebot richtet sich vor allem an Kinder. Entsprechend gestaltet ist der Prospekt.

c) Mit dem Heft für einen ökologischen Stadtrundgang sollen ältere Jugendliche und Erwachsene angesprochen werden. Der Prospekt gibt eine Route durch die Innenstadt vor, an der Stadtgeschichte und aktuelle stadtökologische Zusammenhänge vermittelt werden. Er ist von Fremdenverkehrsgeographen konzipiert worden.

---

[15] Konjunkturbedingtes Sonderprogramm 1974, Sonderprogramm Stadtsanierung 1975, Zukunftsinvestitiionsprogramm 1977-1980, Sonderprogramme einzelner Länder.

Wer einen geführten Rundgang bevorzugt, kann in Trier „2.000 Jahre in 2.000 Schritten" erleben. Geschulte Gästeführer[16] der Stadt bieten als freie Mitarbeiter auf Honorarbasis einen klassischen Rundgang durch den historischen Stadtkern vorbei an den Hauptsehenswürdigkeiten an. Der Inhalt der etwa zweistündigen Führung ist zwar vorgegeben, aber die Führer setzen Schwerpunkte entsprechend der Herkunft und Struktur ihrer jeweiligen Gästegruppe.

Neben den städtischen Angeboten drängen zunehmend mehr private Stadtführeragenturen auf den Markt. Die Tourist-Informationen der Städte arbeiten entweder mit ihnen zusammen oder sperren sich ihnen gegenüber völlig, da sie eine Konkurrenz darstellen.

In Trier werden von privater Seite Fahrten mit dem „Römerexpress" angeboten. Dabei handelt es sich um ein Zugfahrzeug mit drei bis vier offenen Anhängern. Die Gäste fahren auf öffentlichen Straßen an Hauptsehenswürdigkeiten vorbei und erhalten die Informationen dazu von einem Tonband über Lautsprecher. Obwohl dieser Service im Vergleich zu den geführten Rundgängen relativ teuer ist, wird er stark nachgefragt. An bestimmten Wochenden im Sommer werden auch Fahrten aus dem historischen Zentrum hinaus über einen Weinlehrpfad zu einem Winzer inklusive Weinprobe angeboten. Dieses Angebot wird offenbar nicht als direkte Konkurrenz zu den Gästeführungen der Tourist-Information angesehen. So läßt es sich erklären, daß man dort auch Informationen und Prospekte über diesen privaten Anbieter bereithält. Kooperation zwischen der Stadt und einem anderen privaten Anbieter von Stadtrundgängen findet nicht statt. Diese Agentur arbeitet unmittelbar mit örtlichen touristischen Leistungsträgern zusammen.

Andere Destinationen der Historic Highlights of Germany bieten (auch im Verkaufshandbuch der Organisation) neben den klassischen historischen Rundgängen Themenführungen an, die im jeweiligen Verkehrsamt bzw. Verkehrsverein gebucht werden können. Exemplarisch seien „Bremen und die Hanse", „Das holländische Viertel in Potsdam", „Backsteingotik in Rostock", „Auf den Spuren von Balthasar Neumann in Würzburg" sowie „Auf den Spuren von Tilman Riemenschneider in Würzburg" genannt.

---

[16] Wer in Trier städtischer Gästeführer werden möchte, muß eine mehrmonatigen Ausbildungsgang absolvieren, der mit einer Prüfung abschließt.

Angelegte Kulturrouten[17] gibt es in den Historic Highlights of Germany noch nicht, wären aber als Angebotserweiterung denkbar. Trier beispielsweise beabsichtigt die Einrichtung einer Kulturroute durch die Stadt unter Einbezug örtlicher Museen. Aber das Konzept sieht lediglich die Ausweisung einer Route vor und geht somit nicht soweit wie man es in Luxemburg getan hat.

**(2) Touristische Nutzung historischer Bauten**

Einzelne Kulturdenkmäler liegen brach, wie z.b. der Frankenturm in Trier, behalten ihre ursprüngliche Funktion, wie z. B. Sakralbauten oder historische Rathäuser, oder sie werden mit neuen Funktionen versehen. Ein Funktionswechsel von Bauten ist in der Geschichte durchaus üblich. Für den Kulturtourismus sind insbesondere die museale Nutzung und die touristische Umnutzung[18] relevant. Die Römerbauwerke in Trier werden z.b. museal genutzt. Sporadisch und einzelfallweise duldet der zuständige Hausherr, das Landesamt für Denkmalpflege Rheinland-Pfalz, Theater- bzw. Konzertveranstaltungen in den Kaiserthermen und im Amphitheater.

Echte Beispiele für kulturtouristisch relevante Umnutzungen findet man z.b. in Trier, Regensburg und Potsdam:

---

[17] Exkurs: In der Stadt Luxemburg geht man sehr innovative Wege, um bauliches Erbe kulturtouristisch inwertzusetzen. Unter relativ hohem finanziellen Aufwand ist dort eine besondere Kulturroute eingerichtet worden. Sie macht die Stadtentwicklung seit den Ursprüngen im Mittelalter nachvollziehbar. Die Route wird zu einem besonderen Erlebnis, weil man neben Kulturdenkmälern (Stadtmauern, Türmen etc.) ein archäologisches Museum und mehrere audiovisuelle Einrichtungen mit einbezogen hat. Beispielsweise wird unterwegs Musik aus dem Mittelalter von originalgetreuen Instrumenten eingespielt und die Mauererweiterungen in einem kurzen Videofilm präsentiert. Zu dieser Kulturroute „Wenzelrundweg" sind in der Luxemburger Tourist-Information ein Folder mit Kurzinformation sowie eine detaillierte, anspruchsvollere Monographie erhältlich. Damit kann man den Rundweg auf eigene Faust begehen. Daneben werden geführte Rundgänge angeboten. Die Akzeptanz seitens der Gäste ist sehr gut, so daß weitere derartige Kulturrouten in Planung sind.

[18] Beispiele von Hotels in historischen Bauten beschreiben Abasolo (1991, S. 158 ff.) und Michailidou (1991, S. 163 ff.) und von einem Bildungszentrum im Kloster Kuhne (1991, S. 148 ff.) in: Becker, Chr. (Hg.): Denkmalpflege und Tourismus III. Materialien zur Fremdenverkehrsgeographie, 23. Trier 1991.

**(a) Café Bley, Trier**

Im sogenannten Dreikönighaus, einem frühgotischen Wohnturm aus dem 13. Jahrhundert, ist ein Café untergebracht. Hier ging man einen architektonischen Kompromiß ein. Denn im Erdgeschoß finden sich heute ein Schaufenster und Türen, wo ursprünglich nur ein Schlupfloch war und man den Hauseingang im Obergeschoß über eine Leiter erreichen konnte.

**(b) Sankt Maximin, Trier**

Die ehemalige Klosterkirche ist heute Veranstaltungshalle für klassische Konzerte und Ballett mit ungefähr 1.200 Plätzen.

**(c) Sorat Insel-Hotel, Regensburg**

Auf der Donauinsel befindet sich die frühere Kupfer- und Silberschmiede. Sie erfuhr eine neue Nutzung als Hotel mit 75 Zimmern. (Preiskategorie: Übernachtung mit Frühstück im Einzelzimmer ab 200 DM)

**(d) Seidler art'otel, Potsdam**

1843 entwarf der Schinkel-Schüler Ludwig Persius den Getreidespeicher, der nun ein Hotel beherbergt. (Preiskategorie: vgl. Regensburger Sorat Insel-Hotel)

## 4.2  Museen und Ausstellungen

Eine wahre Musealisierungswelle ergoß sich während der vergangenen Jahrzehnte (insbesondere in den 80er Jahren) über Deutschland. Die Zahlen der Museen und Ausstellungen stiegen kontinuierlich bis Anfang der 90r Jahre öffentliche Mittel knapper wurden und vor allem die Länder und Gemeinden ihre Kulturausgaben drastisch kürzten. Wie aber können Museen und Ausstellungen gezielt in den Kulturtourismus einbezogen werden? Die erfolgreiche Arbeit von Museen in Hildesheim, Speyer, Metz und anderen Städten beweist, daß es möglich ist, am kulturtouristischen Marktsegment zu partizipieren.

Die Historic Highlights of Germany verfügen neben ihrem bedeutendem baulichen Erbe auch über eine vielfältige Museumslandschaft. Im Rahmen von kulturtouristischen Programmen binden die Destinationen ihre Museen ein, indem sie sie gezielt zum Hauptbestandteil eines Pauschalarrangements oder eines Stadtrundgangs machen oder wenigsten Eintrittsgutscheine zu allgemeinen Pauschalangeboten hinzufügen.

Drei Beispiele aus Bonn, Trier und Heidelberg sollen Chancen kulturtouristisch orientierter Museumsinszenierungen deutlich machen:

**(1) Museumsmeile Bonn**

Bonn versucht mit vier Museen[19] ein Kulturensemble zu schaffen. Die Einrichtungen an der Adenauerallee/Friedrich-Ebert-Allee befinden sich zwar in unterschiedlicher Trägerschaft, aber man betreibt Gemeinschaftswerbung und versucht ein Corporate Design zu schaffen. Die Öffnungszeiten der Häuser sind noch unterschiedlich, was den Informationsaufwand der Besucher erhöht. Ein Kombiticket gilt nur für das Kunstmuseum und die Kunst- und Ausstellungshalle; ansonsten sei der Besucher auf die BonnCard verwiesen. Das Verkehrsamt bietet selber keine Pauschalarrangements mit Museumsbesuchen an. Es wirbt lediglich für Pauschalangebote örtlicher Hotels, vermittelt aber nicht. Im Verkaufshandbuch der Historic Highlights of Germany sind diese Angebote ebenfalls aufgeführt, die Museumseintritte, Übernachtung und Verpflegung enthalten. Einmal jährlich wird ein Straßenfest entlang der Museumsmeile veranstaltet (Museumsmeilenfest).

**(2) Events im Museum**

Auch bei Museen und Ausstellungen geht die Entwicklung hin zur Event-Kultur. Grundlegende Museumsaufgaben sind Erwerben, Erhalten, Erforschen und Erläutern. Nunmehr werden die Standards Authentizität, Originalität und Exklusivität gefordert. Vor dem Hintergrund nicht weiter steigender Besucherzahlen und zurückgehender öffentlicher Gelder sind die Museen bestrebt, eine besucherorientierte Politik zu betreiben. Ohne die grundlegenden Aufgaben zu vernachlässigen, will man den Gästen einen Zusatznutzen bieten.

Der Erlebnischarakter steht beim Trierer Weinforum im dortigen Rheinischen Landesmuseum im Vordergrund. An einem Wochenende im Jahr wird vor der Kulisse von Exponaten aus zweitausendjähriger Geschichte eine Weinprobe mit kulinarischen Genüssen und klassischer Musik abgehalten. Mit einer konsequenten und breiteren Einbindung in kulturtouristische Programme ist man allerdings sehr zurückhaltend.

---

[19] Kunst- und Ausstellungshalle der Bundesrepublik Deutschland, Kunstmuseum Bonn, Haus der Geschichte der Bundesrepublik Deutschland und Museum Alexander Koenig.

**(3) Museumsarrangement Heidelberg**

Das Heidelberger Verkehrsamt bietet ein Paket an mit Übernachtung, Verpflegung, Museumspaß und Altstadtrundgang. Das Museumsarrangement ist über START buchbar.

### 4.3 Theater- und Musikfestivals

In den 80er Jahren hat eine regelrechte Festivalisierung stattgefunden, so daß beinahe jede Stadt ihr eigenes Festival bzw. Festspiele hat. Alle Destinationen der Historic Highlights of Germany bieten solche Festivalveranstaltungen an, auf die man auch ortsfremde Kulturinteressierte aufmerksam macht. In Trier beabsichtigt man die Etablierung von Antikenfestspielen. Exemplarisch werden Angebote aus Würzburg und Heidelberg dargestellt:

**(1) Würzburger Barockfeste**

Seit 1979 wird dieses dreitägige Festival vom Fränkischen Weinbauverband einmal im Jahr veranstaltet. Für Organisation und Durchführung zeichnet die Gebietsweinwerbung Frankenwein-Frankenland GmbH verantwortlich. Als Kulisse hat man den Kaisersaal der zum UNESCO-Weltkulturerbe gehörenden fürstbischöflichen Residenz gewählt. Man erreicht ihn über das größte und schönste Barocktreppenhaus Europas. Das Programm bietet an drei Abenden jeweils 450 Gästen ein Barockmusikkonzert mit anschließendem festlichem Essen bei Frankenwein im Gartensaal und im weißen Saal der Residenz. Die Küche des Hotel Rebstock bereitet ein viergängiges Galamenü zu. Die Kosten für den Abend pro Person belaufen sich auf etwa 250 DM. Das Angebot ist direkt beim Veranstalter buchbar. Da das Verkehrsamt nur Hotelpauschalen anbietet und keine eigenen Arrangements, wird man mit seinem Wunsch nach „allem aus einer Hand" an Hotels bzw. Incomingagenturen verwiesen. Dieses Kulturereignis ist ein hervorragendes Beispiel für eine echte Inszenierung im Rahmen des Kulturtourismus.

**(2) Schloßfestspiele Heidelberg**

Im Innenhof des Heidelberger Schlosses wird den Besuchern im Sommer eines jeden Jahres romantisches Theater und klassische Musik angeboten. Veranstalter sind die Theater der Stadt Heidelberg. Organisation und Durchführung obliegen einer eigens zusammengestellten Festspielleitung. Festspielkarten sind über START im Reisebüro buchbar wie auch ein Pauschalangebot des Verkehrsvereins. Das Schloßfestspielarrangement enthält Übernachtung, Verpflegung, Altstadtrundgang und ein Festspielticket für eine Aufführung nach Wahl.

### 4.4 Märkte und Feste

Das Phänomen „Besuch von Märkten und Festen" ist weder eindeutig kulturell orientiert noch erholungsbestimmt. Im Vordergrund steht vielmehr das Erlebnis (vgl. Schliephake 1989, S. 97).

Die Problematik, solchen Märkten und Festen touristische Aspekte abzugewinnen, besteht darin, daß in der Regel Übernachtungskomponenten fehlen und diese Feste überwiegend von lokaler und regionaler Bevölkerung besucht werden. Manchmal fehlt auch ein historischer oder anderer kultureller Hintergrund. Andererseits sind solche Märkte und Feste ein Ausdruck des urbanen Lebens. Für den Kulturtourismus sind sie dann relevant, wenn sie auf lokale bzw. regionale Traditionen oder historische Ereignisse zurückgehen, d.h. ein Ausdruck der jeweiligen Stadtkultur sind. Dem Besucher bieten sie auch Chancen, etwas von der vorherrschenden Mentalität der Stadtbewohner zu erfahren. Die touristische Attraktivität kann auf der kulturellen Bedeutung des jeweiligen Festes basieren oder auf der Atmosphäre, die davon ausstrahlt. Das Informationsmaterial der Historic Highlights of Germany stellt die vielen Bürgerfeste, Weihnachtsmärkte, Karnelvalsumzüge, Weinfeste, Sankt Martinszüge, Volksfeste etc. als Besucherattraktionen heraus. Anhand von drei Beispielen soll dies verdeutlicht werden:

**(1) Kiliani Volksfest in Würzburg**

Das Kiliani Volksfest findet alljährlich im Sommer statt und dauert 17 Tage. Es ist dem Schutzpatron der Stadt Würzburg geweiht und fand seinen Ursprung als Handelsmesse im Jahr 1030. Später trennte man von der Verkaufsmesse ein Volksfest ab, das an das Münchner Oktoberfest als traditionelles Landwirtschaftsfest anknüpft. Organisator des Kilianifests in Würzburg ist das Kulturamt der Stadt. Nach 1988 durchgeführten Befragungen stammten 15% der Volksfestbesucher aus überregionelen Einzugsbereichen bzw. aus dem Ausland. Von diesen Besuchern kamen 65% ausschließlich wegen des Festes. Auch Gruppenreisende befanden sich darunter. Ihr Anteil lag jedoch nur bei 2%. Legt man die Schätzung von 300.000 Besuchern zugrunde, wird die touristische Relevanz eines derartigen Festes deutlich (vgl. Schliephake 1989, S. 103).

**(2) Weinfeste**

Weinfeste werden allerorts zumindest beworben. Die Städte der Historic Highlights of Germany, die in Regionen mit Weinanbau liegen, bieten auch entsprechende Pauschalarrangements an. Das Freiburger Angebot ist über START buchbar. In Trier kann man über das Trierer Weinfest hinaus an bestimmten Terminen an einem mehrtägigen Weinseminar teilnehmen. Und der Würzburger Festwirte e.V. veranstaltet jedes Jahr das Würzburger Weindorf mit kulturellem Rahmenprogramm. Pauschalarrangements hierzu bieten allerdings nur Hotels an.

**(3) Weihnachtsmärkte**

Eine festliche, vorweihnachtliche Atmosphäre auf Märkten vor der Kulisse mittelalterlicher Stadtbilder wird den Gästen in Augsburg, Heidelberg und Trier per Pauschalarrangement angeboten. In Augsburg enthält das Paket zwei Übernachtungen mit Frühstück, Informationsmaterial, ein Gastgeschenk und eine ermäßigte Stadtführung. In Heidelberg bietet man dem Besucher, zwei Übernachtungen mit Frühstück, einen Glühwein auf dem Weihnachtsmarkt, ein ÖPNV-Ticket, Kulinarisches in Alt-Heidelberger Lokalen bzw. in Studentenkneipen und einen Stadtrundgang. In Trier kann man ebenfalls die Unterkunft zusammen mit einem Rundgang und der Gelegenheit zum Weihnachtsmarktbesuch buchen.

## 4.5   Regionale Lebensart

Um das Regionstypische zu einem Erlebnis zu machen, haben die Verkehrsämter bzw. Hotels einiger Destinationen spezielle kulturtouristische Angebote kreiert, die Unterkunft, bauliches Erbe, Museen oder Theater und kulinarische Genüsse in historischem Ambiente kombinieren.

In Augsburg können die Gäste entweder einen historischen Aufenthalt buchen, der Übernachtungen, Stadtführung, Theaterbesuch und Abendessen in historischen Restaurants enthält, oder ein romantisches Wochenende mit Übernachtungen, Stadtführung, Besuch einer Vorstellung im Marionettentheater und schwäbischem Menü.

1. Heidelberger Pauschalen enthalten regionaltypische Spezialitäten in Altstadtlokalen oder führen den Besucher in die Atmosphäre der alten Studentenkneipen.

2. In Regensburg hat man ein bayerisches Spezialitätenwochenende, eine Pauschale rund um das Bier und ein kulinarisches Wochenende für exklusivere Ansprüche zusammengestellt.

## 5 Probleme der Programmkonzeptionierung

Der Kulturtourist erwartet ein gut organisiertes Programm, das ihm einen gewissen subjektiven Nutzen bringt. Aber bei der organisatorischen und konzeptionellen Arbeit im KulturTourismusManagement stößt man immer wieder auf Hemmnisse. Als Problembereiche gelten

- das Konfliktpotential zwischen Denkmalpflege und Tourismus,
- Vorbehalte der Kulturschaffenden gegenüber dem Tourismus und umgekehrt,
- die Vielzahl der Beteiligten sowie
- die Kommunikation unter den Beteiligten.

Zwischen Denkmalpflege und Tourismus bestehen fast schon traditionelle Spannungen, weil das massenhaft gestiegene Interesse an Kulturgütern immer auch eine Gefährdung dessen in sich birgt, was so attraktiv wirkt. Auf der einen Seite möchte die Denkmalpflege das kulturelle Erbe in möglichst unverfälschter Art und Weise sichern und erhalten. Auf der anderen Seite betrachtet gerade der Kulturtourismus das kulturelle Erbe als seine wichtigste Ressource. Neben der physischen Schädigung von Kulturdenkmälern kann die Transformation von Stätten der Geschichte und Kunst in touristische Schauplätze auch den Sinn bzw. die Funktion der Stätte verändern. Man betrachtet sich aus mißtrauischer Distanz und könnte doch eine fruchtbare Partnerschaft eingehen, wenn man zu Kompromißen bereit ist.[20]

Vorbehalte der Kulturschaffenden gegenüber dem Tourismus und umgekehrt ergeben sich aus der Frage nach der Vereinbarkeit von Kultur und Konsum. Hier polarisieren sich die Schlagworte „Bildungsanspruch" der Kultur und „Erlebniswunsch" des Tourismus. Kultur soll nicht zum Fetisch werden.

Angebote im Kulturtourismus werden naturgemäß von vielen verschiedenen Trägern der Kultur und der touristischen Leistungen mitgestaltet. Diese Akteure können ganz unterschiedliche Motivationen und Rahmenbedingungen hinsichtlich ihrer Handlungsweisen haben, sie können sich ergänzen oder auch in Konkurrenz zueinander stehen. Ob eine Organisation nun von kommerziellen oder von nicht-kommerziellen Interessen gesteuert wird, beeinflußt z.B. ihr Dienstleistungsdenken sehr stark. Es gilt, diese Vielzahl an Kräften mit unterschiedlichen Handlungsorientierungen und -

---

[20] Ein internationales Symposium zu diesem Thema wurde in den Jahren 1986, 1988 und 1990 in Trier durchgeführt (vgl. Becker 1987/1989/1991).

richtungen zu bündeln und gezielt einzusetzen, so daß jeder weiß, welche Aufgabe er zu erfüllen hat.

Eine schnelle und eindeutige Kommunikation unter den Akteuren ist wichtig für die sinnvolle Kooperation. Feste Kommunikationsstrukturen ermöglichen nämlich erst die sinnvolle Koordination, den ständigen Erfahrungsaustausch und den so wichtigen Informationsfluß, wie z.B. die schlichte Meldung von Kulturveranstaltungen beim Verkehrsamt. Diese Strukturen sind durchaus optimierbar.

Für das KulturTourismusManagement stellen diese potentiellen Problembereiche Herausforderungen dar auf dem Weg zu kreativen Konzepten für die touristische Inszenierung von Stadtkultur.

**Literatur:**

Art: Art-Umfrage: Wie kunstinteressiert sind die Deutschen? In: Art, 6/1996, 119

Becker, Christoph: Kulturtourismus: Eine Einführung. In: Becker, Chr./Steinecke, A. (Hg.): Kulturtourismus in Europa: Wachstum ohne Grenzen? ETI-Studien, 2. Trier 1993, 7 ff.

Becker, Christoph (Hg.): Denkmalpflege und Tourismus. Bände I, II und III. Materialien zur Fremdenverkehrsgeographie, 15, 18 und 23. Trier 1987, 1989 und 1991

Becker, Christoph/Hensel, Harald: Struktur und Entwicklungsprobleme des Städtetourismus - analysiert am Beispiel von 19 Städten. In: Akademie für Raumforschung und Landesplanung (Hg.): Städtetourismus. Analysen und Fallstudien aus Hessen, Rheinland-Pfalz und Saarland. Forschungs- und Sitzungsberichte, 142. Hannover 1982, 167 ff.

Bleile, Georg: Langfristige Entwicklungstendenzen im westdeutschen Fremdenverkehr. Die Entwicklung auf den Teilmärkten Städtetourismus, Kurtourismus und Erholungs-tourismus von 1960 bis 1979. IVT-Schriftenreihe Fremdenverkehr, 6. Heilbronn 1981

Bosshart, David: Zwischen Preisen und Kulten - Marktdifferenzierungen im Konsum- und Tourismusbereich. In: Steinecke, A. (Hg.): Der Tourismusmarkt von morgen - Zwischen Preispolitik und Kultkonsum. ETI-Texte, 10. Trier 1996, S. 7 ff.

Dangschat, Jens: Vertreibung aus der Stadt durch Kultur? Ursachen der Instrumentalisierung von Kultur und ihre Folgen. In: Ebert, R. et al. (Hg.): Partnerschaft für die Kultur: Chancen und Gefahren für die Stadt. Dortmunder Beiträge zur Raumforschung, 57. Dortmund 1992, 127 ff.

Deutsches Institut für Wirtschaftsforschung (Hg.): Kultur als Wirtschaftsfaktor in Berlin. Studie im Auftrag der Senatsverwaltung für kulturelle Angelegenheiten, Berlin. Berlin 1992

Dr. Gugg + Partner (Hg.): Chancen und Risiken im Städtetourismus der Zukunft. Frankfurt 1994

Ennen, Edith: Die europäische Stadt des Mittelalters. Göttingen 1987

Ferstel, Friedrich: Inanspruchnahme kultureller Einrichtungen in der Stadt Salzburg. Salzburger Institut für Raumforschung, Mitteilungen und Berichte, 4. Salzburg 1982

Feßmann, Ingo: Das kulturelle Erbe in der Stadt. In: Becker, Chr./Steinecke, A. (Hg.): Kulturtourismus in Europa: Wachstum ohne Grenzen? ETI-Studien, Band 2. Trier 1993, 14 ff.

Forschungsgemeinschaft Urlaub + Reisen (Hg.): Reiseanalyse Urlaub + Reisen 1995. o. O. 1995

Fraaz, Klaus: Die Pflege des Mittelalters fördert das moderne Image. In: Der Fremdenver-kehr, 8/1983, 12-18

Freyer, Walter: Tourismus-Marketing. München, Wien 1997

Heinrichs, Werner: Kommunale Kulturarbeit im ländlichen Raum. Stuttgart 1988

Heinrichs, Werner: Kommunale Kulturarbeit - Kultur vor Ort. Köln 1992

Höcklin, Susanne: Magnet Kultur. Materialien zur Fremdenverkehrsgeographie, 33. Trier 1996

Hotzan, Jürgen: dtv-Atlas zur Stadt. München 1993

Irish Tourist Board: Inventory of cultural tourism ressources in the member states and assessement of methods used to promote them. Tourism Study Ref., VII/A-4/1. Dublin, Brussels 1988

Jätzold, Ralph: Die Erhaltung der europäischen Stadt als Kulturraum. Trierer Beiträge aus Forschung und Lehre, XII. Trier 1983

Jätzold, Ralph: Die Ausgliederung von Stadtschutzzonen am Beispiel Trier. In: Jätzold, R. (Hg.): Der Trierer Raum und seine Nachbargebiete. Trierer Geographische Studien, 6. Trier 1984, 151 ff.

Jätzold, Ralph: Differenzierungs- und Förderungsmöglichkeiten des Kulturtourismus und die Erfassung seiner Potentiale am Beispiel des Ardennen-Eifel-Saar-Moselraumes. In: Becker, Chr./Steinecke, A. (Hg.): Kulturtourismus in Europa: Wachstum ohne Grenzen? ETI-Studien, 2. Trier 1993, 135 ff.

Kaspar, Claude: Die Fremdenverkehrslehre im Grundriß. Bern, Stuttgart 1991

Kraus, Maximilian: Die Grundlagen des Fremdenverkehrs in München und im bayerischen Hochland. München 1917

Lindstädt, Birte: Kulturtourismus als Vermarktungschance für ländliche Fremdenverkehrs-regionen. Materialien zur Fremdenverkehrsgeographie, 29. Trier 1994

Meier, Iris: Städtetourismus. Trierer Tourismus Bibliographien, Band 6. Trier 1994

Möhlenbrink, Anke: Pauschalen im Städtetourismus: Eine vergleichende Analyse im Rahmen der Historic Highlights of Germany. Unveröffentl. Diplomarbeit Universität Trier. Trier 1995

Romeiß-Stracke, Felizitas: Vom Urlaubs-Traum zum Traum-Urlaub - die Traumfabrik Tourismus. In: Steinecke, A. (Hg.): Der Tourismusmarkt von morgen - zwischen Preispolitik und Kultkonsum. ETI-Texte, 10. Trier 1996, 43 ff.

Rosengren, Karl Erik: Media linkage of culture and other social systems. Gothenburg 1992

Schliephake, Konrad: Das Kiliani-Fest in Würzburg. In: Pinkwart, W./Schliephake, K. (Hg.): Geographische Elemente von Fremdenverkehr und Naherholung in Würzburg. Würzburger Geographische Manuskripte, 22. Würzburg 1989, 97 ff.

Schmidt, Kurt: Leitbilder für die Stadtgestalt. In: Düsseldorfer Heft, 41 (1996), 3, 28-31

Schwartz, Horst: Historic Highlights of Germany. In: touristik aktuell, 4, 25.1.1994, 14

Spörel, Ulrich: Inlandstourismus 1994. Ergebnisse der Beherbergungsstatistik. In. Wirtschaft und Statistik, Juni 1995, 466-473

Statistisches Bundesamt (Hg.): Statistisches Jahrbuch für die Bundesrepublik Deustchland 1994. Wiesbaden 1994

Statistisches Bundesamt (Hg.): Statistisches Jahrbuch für die Bundesrepublik Deustchland 1996. Wiesbaden 1996

Steinecke, Albrecht: Kultur und Tourismus: Aktuelle Forschungsergebnisse und künftige Forschungs- und Handlungsfelder. In: Zeitschrift für Fremdenverkehr, 4/1994, 20-24

Steinecke, Albrecht u.a..: Tourismusstandort Deutschland - Hemmnisse, Chancen, Heraus-forderungen. In: Stadt und Gemeinde, 51 (1996), 7, 260-265

Studienkreis für Tourismus (Hg.): Reiseanalyse 1983/1986/1989/1992. Starnberg 1983/ 1986/1989/1992

Turowski, Gerhard: Bewertung und Auswahl von Freizeitregionen. Schriftenreihe des Instituts für Städtebau und Landesplanung der Universität Karlsruhe, 3. Karlsruhe 1972

Uthoff, Dieter: Fremdenverkehr und Stadtbild - wirtschaftliche Bedeutung historischer Stadtbilder. In: Schroeder-Lanz, H. (Hg.): Stadtgestalt-Forschung. Trierer Geographische Studien, 4/5. Trier 1982/1986, 591 ff.

Uthoff, Dieter: Struktur und Motive von Besuchern historischer Stadtkerne. In: Bekker, Chr. (Hg.): Denkmalpflege und Tourismus. Materialien zur Fremdenverkehrsgeographie, 15. Trier 1987, 69 ff.

Van der Borg, Jan/Gotti, Giuseppe: Tourism and Cities of Art. Venedig 1996

Veser, Thomas: Schätze der Menschheit. München 1997

Weissenborn, Benno: Kulturtourismus. Trierer Tourismus Bibliographien, Band 10. Trier 1997

Wolber, Thomas: Kulturtourismus in einer Stadt - der Weg zu einem Konzept am Beispiel von Weimar. In: Dreyer, A. (Hg.): Kulturtourismus. München, Wien 1996

Wolf, Klaus/Jurczek, Peter: Geographie der Freizeit und des Tourismus. Stuttgart 1986

Zindel, Michael: Städtetourismus in der Schweiz. St. Gallen 1994

# VI   Inszenierung von Special Events im Städtetourismus
*Ellen Roth*

## Einleitung

Der Städtetourismus[1] galt lange Zeit als Wachstumsmarkt im Fremdenverkehr, der sich ohne besondere Förderung positiv entwickelte und im Rahmen der städtischen Wirtschaft eine bedeutende Rolle spielte. Die viel zitierte Entwicklung vom Verkäufer- zum Käufermarkt, rasch wechselnde Präferenzen der Gäste sowie die Abhängigkeit von politischen und gesellschaftlichen Rahmenbedingungen zeigten in den letzten Jahren jedoch mehr und mehr die Anfälligkeit dieses Segments. Seit den deutlichen Nachfrageschwankungen zu Beginn der 90er Jahre ist die zukünftige Entwicklung des Städtetourismus wesentlich schwerer abzuschätzen[2].

Vor diesem Hintergrund sowie einer verstärkten Konkurrenz der Städte untereinander um Besucher, reichen Standardangebote und -konzepte nicht mehr aus. Neue Ideen und interessante Angebote sind gefragt. Eine Möglichkeit, sich von den Wettbewerbern bzw. dem Angebot anderer Städte zu differenzieren, stellt die Inszenierung von **Special Events** dar. Dieser Begriff, den man mit „besondere Veranstaltung" oder „besonderes Ereignis" übersetzen kann, taucht immer häufiger auch im touristischen Sprachgebrauch auf. Was bisher eine Veranstaltung war, wird heute als Event, Festival oder auch Happening bezeichnet. Der Begriff „Event" hat sich zu einem Modewort entwickelt, welches dem Zeitgeist entspricht und in die heutige Erlebnisgesellschaft paßt.

Vor diesem Trend zum Erlebnis, bietet die Inszenierung von Special Events Chancen für die Stadt und den Städtetourismus.

---

[1]   Vgl. zur Definition ausführlich Meier 1994

[2]   Vgl. dazu ausführlich Spörel 1995, und Meier 1994

# 1 Special Events im Städtetourismus

## 1.1 Definitorische Abgrenzung

In der Literatur gibt es aufgrund der vielfältigen Funktionen und Dimensionen von Special Events verschiedene Definitions- und Abgrenzungsversuche.

Wesentlich früher als im Tourismus, hat sich die Inszenierung von Events als Marketinginstrument im Konsumgüterbereich etabliert, weshalb zunächst eine Definition aus diesem Bereich angeführt wird. Diese Betrachtungen bezieht sich zwar auf ein eigenständiges Unternehmen bzw. ein Konsumgut, können aber ohne weiteres auch auf den Bereich Tourismus übertragen werden.

Nach der Definition des Deutschen Kommunikationsverbandes (BDW) werden unter Events:

„Inszenierte Ereignisse sowie deren Planung und Organisation im Rahmen der Unternehmenskommunikation (verstanden), die durch erlebnisorientierte firmen- oder produktbezogene Veranstaltungen emotionale und physische Reize darbieten und einen starken Aktivierungsprozeß auslösen. Event-Ziele können sowohl image-, profilbildender oder motivierender Art sein als auch zur Unterstützung des Verkaufs dienen" (BDW zitiert nach Inden 1993, S. 28).

Auch im Tourismus gewinnt die Inszenierung von Special Events[3] zur Erreichung der oben genannten Ziele an Bedeutung. Allerdings ist diese Erscheinung von wissenschaftlicher Seite noch nicht ausreichend untersucht worden. In der deutschsprachigen Tourismusliteratur gibt es vergleichsweise wenig Autoren, die sich mit diesem Phänomen intensiv beschäftigen. Es finden sich keine neueren umfassenden Studien, sondern in erster Linie Fallbeispiele zu Festspielen oder Sportgroßveranstaltungen (vgl. dazu auch Meier 1994). Sehr viel aufmerksamer wurde die Entwicklung von Special Events im Tourismus bisher in Nordamerika untersucht, beispielsweise von Getz. Er definiert den Begriff wie folgt:

„A special event is a onetime or infrequently occurring event outside the normal program or activities of the sponsoring or organizing body. To the customer, a special event is an opportunity for a leisure, social or cultural experience outside the normal range of choices or beyond everyday experience" (Getz 1991a, S. 44).

---

[3] Hier findet sich auch der Begriff „Hallmark Events", der wie folgt definiert wird: „Major one-time or recurring events of limited duration, developed primarily to enhance the awareness, appeal and profitability of a tourism destination in the short and/or lang term. Such events rely for their success on uniqueness, status or timely significance to create interest and attract attention" (Hall 1992, S. 2; vgl. Law 1992, S. 613).

Getz stellt hier, anders als die oben genannten Definitionen, die Bedeutung von Events in sozialer und kultureller Hinsicht heraus, da er die Sicht der Besucher einbezieht. Auch Saleh/Ryan betonen diesen Aspekt von Special Events:

„...they are planned for public occasion in which actions and objectives invested with meaning and values are put on display (...they) may be an expression of a community's sense or fun, or a statement about its existence and its norms" (Saleh, Ryan 1993, S.289).

Aus den oben genannten Definitionen ergeben sich charakteristische Merkmale eines Special Event (vgl. Getz 1991a, S. 45 f.)[4]:

- es findet nur einmal im Jahr oder noch seltener statt,
- es ist öffentlich,
- Hauptziel ist das Feiern oder die Darstellung eines bestimmten Themas,
- es ist von begrenzter Dauer,
- es gibt keine permanenten Strukturen,
- das Programm kann aus verschiedenen unabhängigen Aktivitäten bzw. Veranstaltungen bestehen,
- alle Aktivitäten/Veranstaltungen finden am selben Ort statt.

Die Größenordnung ist für Special Events kein Kriterium.[5] Es gibt Mega-Events wie Olympische Spiele oder Weltausstellungen, Groß- und Mittelveranstaltungen wie Stadt- und Gemeindefeste oder bspw. die Reichstagsverhüllung in Berlin, sowie kleinere Aktivitäten im öffentlichen Raum oder in sonstigen Einrichtungen (vgl. ebd. 1991a, S. XI).

Nach dem Kriterium der Dauer lassen sich Events in kurze, singuläre Events mit einer Dauer von ein bis vier Tagen, in mehrwöchige Ereignisketten sowie in mehrmonatige Veranstaltungen unterscheiden (vgl. Travis, Croizé 1987, S. 62 f. zit. nach Schneider 1993, S. 115 f.).

### 1.2 Einordnung in den Städtetourismus

Obwohl die meisten Events, wie sportliche Wettkämpfe, (Welt-) Ausstellungen oder religiöse und kulturelle Feste, wie Kirchweihe oder Kirmes, schon sehr

---

[4] Getz weist aber gleichzeitig darauf hin, daß bei Zugrundelegung dieser charakteristischen Merkmale verschiedene Veranstaltungen ausgeschlossen werden: Messen und Ausstellungen, die auf permanente Einrichtungen (Ausstellungsgelände) angewiesen sind, Wanderzirkusse oder -bühnen, Veranstaltungen, die öfter als einmal im Jahr stattfinden oder Konferenzen (vgl. ebd. 1991a, S. 46).

[5] Die Größe läßt sich z.B. nach der Teilnehmer- oder Besucherzahl oder dem Kapitaleinsatz messen (vgl. Schneider 1993, S. 120).

lange existieren und ursprünglich aus nicht touristischen Gründen entstanden sind, werden sie seit einigen Jahren verstärkt für den Städtetourismus genutzt und unter dem Begriff „Event" vermarktet.[6] Dies liegt zum einen daran, daß die Organisatoren, im Städtetourismus vielfach die Kommunen selbst, die ökonomische Bedeutung solcher Events erkannt haben. Zum anderen sind besondere Konzepte und Highlights ein effektives Instrument, sich aus dem vielfältigen städtetouristischen Angebot herauszuheben und die Aufmerksamkeit auf die eigene Stadt zu lenken (vgl. auch o.v. 1995d, S. A 16).

Vor dem Hintergrund der verstärkten Konkurrenz der Städte untereinander um Touristen sowie der zunehmenden Erlebnisorientierung werden nicht mehr nur das Stadtbild, die landschaftliche Lage oder die Geschichte einer Stadt bei der Präsentation in den Vordergrund gestellt, sondern ebenso ihr Erlebniswert, den sie beispielsweise durch Veranstaltungen bieten kann (vgl. ebd.; vgl. Pürschel, Romeiß-Stracke 1991, S. 10).

Viele Veranstaltungen oder Festivals werden mit dem Ziel, die touristische Nachfrage insgesamt zu steigern sowie eine verbesserte Auslastung von Freizeiteinrichtungen, Tagungsräumen und vor allem auch der Unterkünfte zu erreichen, für die Dauer von einigen Tagen initiiert. Je nachdem, wann und wo Special Events stattfinden bzw. wie lange sie dauern, können sie darüber hinaus Konzentrationen der touristischen Nachfrage zeitlich und räumlich entzerren (vgl. Getz 1991a, S. 6 ff.).

Für die Inszenierung von Special Events im Tourismus hat sich ein eigener Begriff herausgebildet, man spricht hier vom **Event-Tourismus**, unter dem nach Getz folgendes zu verstehen ist:

„The systematic planning, development, and marketing of festivals and special events as tourist attractions, development catalysts, and image builders for attractions and destination areas" (Getz 1991a, S. XII).

Wie Getz hier andeutet, sind Special Events aber nicht nur als zusätzlicher Angebotsfaktor im Tourismus, sondern gleichzeitig auch im Rahmen der Corporate Identity von Bedeutung (vgl. auch Saleh, Ryan 1993, S. 289). Im folgenden wird dieser Aspekt näher betrachtet.

---

[6] Vgl. dazu auch Getz 1991b; Chacko, Schaffer 1993; Schneider 1993; Law 1992.

## 1.3 Special Events als Instrument der Corporate Identity

Die **Corporate Identity** einer Stadt bezeichnet das Vorstellungsbild oder auch Eigen-Image[7], das die Bewohner von ihrer Stadt haben. Sie setzt sich aus den drei Komponenten, dem Stadtdesign (Corporate Design), der Stadtkommunikation (Corporate Communication) und der Stadtkultur (Corporate Culture) zusammen. Alle drei Elemente stehen in engem Zusammenhang und müssen aus diesem Grund aufeinander abgestimmt werden (vgl. Meffert 1989, S. 277).

Demgegenüber steht das **Corporate Image** oder Fremd-Image als das Bild, welches Auswärtige oder im speziellen auch Touristen von einer Stadt haben (vgl. ebd.). Wie stark das Corporate Image durch Events geprägt werden kann, zeigen folgende Beispiele: mit München assoziiert man das Oktoberfest, mit Landshut die Landshuter Hochzeit, mit Kassel die documenta oder mit Salzburg die Salzburger Festspiele. An diesen Beispielen ist erkennbar, daß ein Image mittel- bis langfristig wirkt. Ergibt sich also aus der Inszenierung eines Special Event ein Imagegewinn oder auch ein Imageverlust, wirkt dies weit über das Event selbst hinaus.

Special Events stellen jedoch nicht nur ein besonders geeignetes Instrument zur Vermittlung, sondern vor allem auch zur *Bildung* einer Corporate Identity dar. Zum einen kann das gemeinsame Feiern im Rahmen eines Special Event städtische Geschichte, Traditionen und Werte wiederaufleben lassen, die zur Identifikation des Bürgers mit der Stadt beitragen. Zum anderen sind mit der Inszenierung von Events vielfach umfangreiche städtebauliche Maßnahmen verbunden, wie die Verbesserung der Infrastruktur, die Sanierung einzelner Stadtteile oder

---

[7] Das Eigen-Image läßt sich selbstverständlich nicht für alle Bürger einer Stadt festlegen. Es gibt jedoch Dinge, Gebäude, Veranstaltungen oder Personen, die allen Stadtbewohnern bekannt sind und so Bestandteil eines allgemeinen Selbstbildes sind (vgl. Ruhl 1971, S. 37 zit. nach May 1986, S. 23). Genauer ist unter Image nach Johannsen generell „*die Gesamtheit (...) aller Einstellungen, Kenntnisse, Erfahrungen, Wünsche, Gefühle usw.* (zu verstehen), *die mit einem bestimmten Meinungsgegenstand (...) verbunden sind*" (Johannsen 1967, S. 33 zit. nach Nieschlag/dichtl/Hörschgen 1991, S. 411). Das Image setzt sich aus drei Komponenten zusammen (vgl. zum folgenden Zimmermann 1975, S.46 f. und May 1986, S. 17): In der Regel ergibt sich ein bestimmtes Vorstellungsbild allein aufgrund einiger Besonderheiten einer Stadt, d.h. es werden ganz bestimmte Assoziationen mit einer Stadt verbunden (kognitive Komponente). Daneben wird das Image einer Stadt durch Gefühle, Werthaltungen und Bedürfnisse geprägt (affektive Komponente). Ist man grundsätzlich positiv gegenüber einer Stadt eingestellt, werden negative Seiten der Stadt weniger intensiv wahrgenommen und umgekehrt. Als dritter Aspekt ergibt sich die verhaltensgesteuerte Komponente (behaviorale Komponente). Danach steuert das Image einer Stadt auch entsprechende Entscheidungen oder Handlungen, die wiederum auf das Image zurückwirken.

Gebäude, die Verschönerung oder Neugestaltung von öffentlichen Plätzen und Parks oder die Einrichtung von Fußgängerzonen. Zu beobachten ist dies aktuell bei den Vorbereitungen zur Weltausstellung expo 2000 in Hannover. Vor diesem Hintergrund stellen Special Events ein effektives Instrument der Stadtentwicklung bzw. -planung dar[8], die die Lebensqualität der Stadtbewohner verbessern und damit wiederum der Identifikation der Bürger mit ihrer Stadt dienen. Lebensqualität sowie gemeinsam gestaltete und erlebte Veranstaltungen tragen demnach zur Entstehung von Stadtkultur oder auch städtischer Verhaltensweisen bei (corporate culture oder auch corporate behavior), die die Voraussetzung zur Kommunikation eines Corporate Image darstellen.

Im Rahmen eines Special Event wird das Selbstbild einer Stadt schließlich auf umfangreiche Weise nach außen vermittelt (corporate communication). Insbesondere trägt dazu die Berichterstattung in den regionalen, überregionalen oder teilweise auch internationalen Medien aus Anlaß des Event bei. Besonders einprägsam ist das Event, wenn im Rahmen der Kommunikationspolitik zu seiner Darstellung *einheitliche* Signets oder Slogans verwendet werden (corporate design). Eine Messung des Images ist schwierig. Anhaltspunkte, über welches Ansehen eine Stadt verfügt, kann nach Michaelis der Umfang der auswärtigen Tages- und Übernachtungsgäste geben (vgl. Michaelis 1982, S. 20). Ein Imagegewinn oder auch ein Imageverlust können ferner nur schwer in Geldeinheiten ausgedrückt werden. Bei einer Kosten-Nutzen-Analyse eines Special Event sind sie aber dennoch in die Überlegungen mit einzubeziehen (vgl. auch Hall 1992, S. 155).

## 1.4 Einzelaspekte der Inszenierung von Special Events

Um die Inszenierung von Special Events erfolgreich für den Tourismus nutzen zu können, sind verschiedene Aspekte zu berücksichtigen. Dies betrifft zunächst die Zieldefinition, die Schaffung von angemessenen Organisationsstrukturen, die Gestaltung, Vermarktung und Finanzierung des Event sowie eine abschließende Erfolgskontrolle. Berücksichtigt wird im folgenden ausschließlich die Inszenierung von städtischer Seite. Daneben fließen in die Betrachtung konkrete Untersuchungsergebnisse mit ein. Diese wurden im Rahmen einer Analyse von sieben deutschen Städten (Trier, Augsburg, Düsseldorf, Bonn, Hamburg, Koblenz, Münster), die ein Special Event, in diesem Fall ein **Stadtjubiläum**, inszenierten, gewonnen.[9]

---

[8] Vgl. zum Aspekt Special Events im Rahmen der Stadtentwicklung ausführlich Häußermann, Siebel 1993; vgl. auch Gaebe 1993; Schneider 1993; Law 1992.

[9] Vgl. dazu ausführlich Roth, E. (1995): Die Inszenierung von Special Events im Städtetourismus. Eine Untersuchung am Beispiel von sieben Stadtjubiläen.- Diplomarbeit an der Universität Trier, Fachbereich Fremdenverkehrsgeographie.

## 1.4.1 Initiierung und Zieldefinition

Der erste Planungsschritt besteht darin, ein Leitbild für das Special Event zu entwickeln sowie daraus konkrete Ziele und Anforderungen zu definieren (vgl. Koch 1993, S. 32).[10] Dies ist um so wichtiger, je mehr unterschiedliche Personen, Institutionen oder Betriebe an der Planung und Durchführung eines Special Event beteiligt sind (vgl. Sovis 1993, S. 36). Das Leitbild oder die übergreifenden Ziele dienen zur Orientierung für alle Beteiligten und den gesamten Verlauf der Inszenierung. Eine Möglichkeit, Ideen und Vorstellungen für die Gestaltung eines Special Event zu sammeln, bietet die Veranstaltung von Workshops, an denen Organisatoren, Fachleute, Bürger sowie Vertreter einzelner Interessensgruppen teilnehmen können. Nur wenn ein Konsens über mögliche Ziele und Vorgehensweisen gefunden wird, ist eine erfolgreiche Durchführung des Event möglich. Ein Zielsystem kann folgendermaßen aussehen:

Abbildung 1: Ziele und Zielgruppen im Rahmen eines Special Events

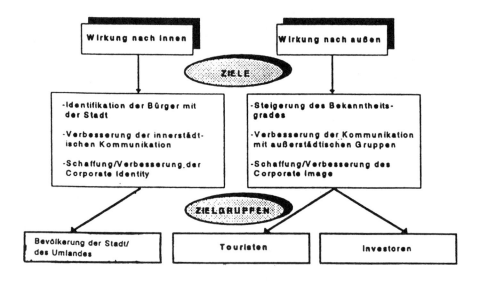

Quelle: Eigene Darstellung

---

[10] Vgl. zur Entwicklung von Leitbildern ausführlich Sovis 1993.

### 1.4.2 Event-Organisation

Da Events außergewöhnliche bzw. zeitlich begrenzte Ereignisse darstellen, müssen auch besondere, ebenfalls zeitlich fixierte Organisationsformen und -strukturen für das Event-Management geschaffen werden, die außerhalb der Verwaltung oder zumindest außerhalb der regulären Linienorganisation stehen (vgl. Häußermann, Siebel 1993, S. 9; vgl. Hall 1992, S. 100 f.).[11]

Die Organisationsbildung vollzieht sich in einem komplexen Prozeß, bei dem die ursprüngliche Idee erst verschiedene informelle Stadien durchläuft und eventuell bereits öffentlich diskutiert wird, bevor eine Institutionalisierung stattfindet. Dadurch ergibt sich ein insgesamt langer Planungs- und Vorbereitungszeitraum (vgl. Hall 1992, S. 100 f.).[12]

Die Partizipation der Öffentlichkeit bzw. der Bevölkerung ist generell wichtig, da die Planung und Organisation von Events in starkem Maße von öffentlicher Unterstützung und freiwilliger Mitarbeit abhängig ist (vgl. ebd., S. 100, 107). Dies fördert einerseits das 'Wir-Gefühl', erhöht andererseits aber auch die Komplexität des Managements (vgl. ebd., S. 107).

Um letztendlich eine feste oder formelle Struktur zu schaffen und Hauptverantwortliche zu identifizieren, sind folgende Schritte zu unternehmen (vgl. Watt 1992, S. 25):

1. Identifikation aller anstehenden Aufgaben,

2. Zusammenführung aller Stellen oder Personen, die zur Bewältigung dieser Aufgaben beitragen sollen,

3. Festlegung der Aufgabenwahrnehmung und Kompetenzen,

4. Identifizierung und Darstellung von Synergien sowie Aufbau formeller und informeller Informations- und Kommunikationswege.

Die Einhaltung dieser Schritte empfiehlt sich, um eine leistungsstarke Organisation bilden und Koordinationsprobleme oder Informationsdefizite, die den Erfolg des Event gefährden, vermeiden zu können (vgl. auch Koch 1993, S. 38).

---

[11] Pearce/Robinson verstehen unter Organisation „the process of defining the essential relationships among people, tasks, and activities in such a way that all the organization"s resources are integrated and coordinated to accomplish its objectives" (Pearce, Robinson zit. nach Hall 1992, S. 105).

[12] Vgl. dazu auch Schneider 1993, S. 115.

Struktur und Umfang der Organisation sind schließlich abhängig von den zu lösenden Aufgaben sowie der Größe eines Event. Vereinfacht kann die Struktur folgendermaßen aussehen:

Abbildung 2: Einfache Organisationsstruktur

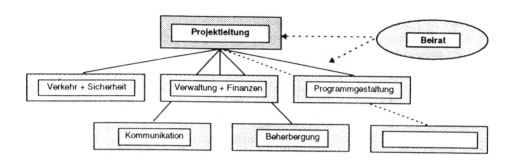

Quelle: Eigene Darstellung in Anlehnung an Watt 1992, S .26 und Hall 1992, S. 107

Ergänzend zur Projektleitung und den spezifischen Arbeitsgruppen, beispielsweise für Kommunikation oder Programmgestaltung, können, um größtmöglichen Rückhalt in der Bevölkerung zu erreichen, Beiräte gebildet werden. Diese setzen sich aus Vertretern unterschiedlicher Interessensgruppen zusammen und übernehmen beratende Funktion (vgl. auch Hall 1992, S. 108).

Für die formelle Struktur der Projekt- oder Arbeitsgruppe bieten sich grundsätzlich verschiedene rechtliche **Organisationsformen** an. Im Rahmen eines von der Stadt veranstalteten Event kann die Verantwortung innerhalb der städtischen Verwaltung liegen oder auch privatwirtschaftlich, in der Rechtsform eines Vereins oder einer GmbH, institutionalisiert werden (vgl. zum folgenden Freyer 1992, S. 46 ff.).

Ist die Arbeitsgruppe in die Verwaltung eingegliedert, ist in der Regel eine geringe Entscheidungsflexibilität und Marktanpassungsfähigkeit gegeben. Bürokratie und Hierarchien können für die umfangreichen Aufgaben hinderlich sein. Dieser Nachteil läßt sich dadurch beheben, daß die mit der Inszenierung des Event beauftragte Gruppe mit besonderen Kompetenzen und finanziellen Mitteln ausgestattet, bzw. von der Linienorganisation losgelöst wird. Der Vorteil, die Projektgruppe innerhalb der Verwaltung anzusiedeln, besteht darin, daß auf alle anderen Ämter und städtischen Dienstleistungen zurückgegriffen werden kann. Des weiteren ist diese Form nicht mit besonderen Gründungs- und Finanzaufwendungen verbunden.

Wird zur Wahrnehmung der mit einem Event verbundenen Aufgaben ein Verein oder eine GmbH gegründet, besteht der größte Vorteil in der höheren Flexibilität. Auch kann aufgrund der Erfolgsorientierung die Leistungs- bzw. Einsatzbereitschaft der Mitarbeiter höher sein. Als größter Nachteil stellt sich bei der Bildung einer GmbH der hohe Gründungs- und Finanzierungsaufwand dar. Die speziellen Vor- und Nachteile der einzelnen Rechtsformen sind im einzelnen abzuwägen.

### 1.4.3 Event-Marketing

Der Begriff Marketing kann als „Ausdruck eines marktorientierten unternehmerischen Denkstils" definiert werden (Nieschlag, Dichtl, Hörschgen 1991, S. 8). Generelles Ziel ist es dabei nach Nieschlag et al., die Bedürfnisse des Kunden optimal zu befriedigen und diesem den Zusatznutzen zu verdeutlichen, der ihm durch Kauf oder Konsum entsteht (vgl. Nieschlag, Dichtl, Hörschgen 1991, S. 5). Daneben geht es um die Erschließung neuer oder die Ausweitung und Sicherung bestehender Märkte (vgl. ebd., S. 10 f.). Die Ausrichtung auf die Verhältnisse des Marktes bzw. die Bedürfnisse der Nachfrage wird auch im Städtetourismus immer bedeutender. Grund dafür sind u.a. gesellschaftlichen Rahmenbedingungen und Trends, insbesondere Trend zur Erlebnisgesellschaft. Hinzu kommen spezielle Veränderungen im Tourismus, wie die Entwicklung vom Verkäufer zum Käufermarkt, geänderte Präferenzen und Werte der Gäste, eine schwankende Gästenachfrage und Auslastung, Wettbewerbsdruck der Städte u.v.a.m.[13]

Marketing oder die Analyse, Planung und Kontrolle von Programmen, die erwünschte Austauschvorgänge mit ausgewählten Märkten und Zielgruppen bewirken sollen, ist demnach entscheidend (vgl. Meffert 1989, S. 274).

Wie diese Überlegungen auf das Event-Marketing zu übertragen sind und welche Aspekte hier zu berücksichtigen sind, zeigt die folgende Abbildung im Überblick.

---

[13] Vgl. auch Kaspar 1990, S. 72; vgl. Meffert 1989, S. 274; vgl. Freyer 1992, S. 46.

Abbildung 3: Marketing von Erlebniswelten

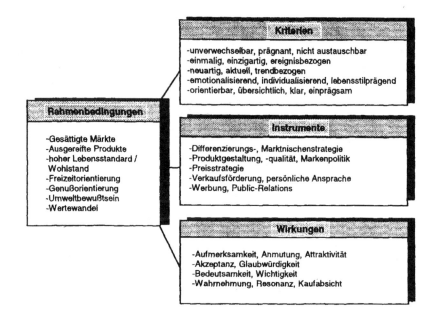

Quelle: Eigene Darstellung nach Opaschowski 1993, S. 144

Der Begriff Event-Marketing läßt sich wie folgt definieren:

„Marketing is that function of event management[14] that can keep in touch with the event's participants and visitors (customers), read their needs and motivations, develop products that meet these needs, and build a communication programme which expresses the event's purpose and objectives" (Hall 1992, S. 136).

Ziel des Event-Marketings ist es, den Teilnehmern emotionale Erlebnisse zu vermitteln und zwar durch die oben genannten Kriterien wie Einmaligkeit oder Unverwechselbarkeit. Wichtiger als das Produkt selbst ist nach Opaschowski allerdings, welchen Beitrag es zur individuellen Lebensqualität leistet, das heißt, es geht nicht nur um die Befriedigung individueller Bedürfnisse, sondern vielmehr um die subjektive Wahrnehmung dieser Befriedigung (vgl. Opaschowski 1993, S. 145). Um die gesteckten Ziele zu erreichen, ist die systematische Erforschung und Beobachtung des Marktes sowie der Bedürfnisse der Menschen not-

---

[14] „Marketing-Management ist der Planungs- und Durchführungsprozeß der Konzipierung, Preisfindung, Förderung und Verbreitung von Ideen, Waren und Dienstleistungen, um Austauschprozesse zur Zufriedenstellung individueller und organisationeller Ziele herbeizuführen" (Kotler, Bliemel 1992, S. 16).

wendig (vgl. Nieschlag, Dichtl, Hörschgen 1991, S. 9). Daraus erfolgen Marktsegmentierung und Zielgruppendefinition, die die Voraussetzungen für eine erfolgreiche Marketingarbeit darstellen (vgl. Watt 1992, S. 53). Zielgruppen eines Event können neben potentiellen Gästen auch Teilnehmer, Sponsoren, Unternehmen, die Medien oder Bevölkerung sein (vgl. Watt 1992, S. 54; vgl. Hall 1992, S. 138). Richten sich die Marketing-Aktivitäten gezielt nach innen, auf die eigene Stadt, wird von Binnenmarketing gesprochen (vgl. Oettinger 1986, S. 40). Zielgruppen des bzw. Beteiligte am Binnenmarketing sind zahlreiche städtische Personen und Gruppen:

Abbildung 4: Beteiligte am Binnenmarketing

Quelle: Eigene, erweiterte Darstellung nach Oettinger 1986, S. 41

Für eine erfolgreiche touristische Nutzung des Event müssen die Marketing-Maßnahmen jedoch auch außerstädtische Gruppen, also potentielle Gäste, erreichen. Je nach Art, Dauer und Umfang des Special Event können diese sehr unterschiedliche Merkmale aufweisen, die im einzelnen nicht dargestellt werden können.[15]

Neben Ziel- und Zielgruppendefinition ist für die erfolgreiche Inszenierung eines Special Event eine Marketing-Konzeption[16] zu entwickeln, die alle absatzpoliti-

---

[15] Vgl. dazu u.a. Urlaub und Reisen 1995.

[16] „Das **Marketingkonzept** besagt, daß der Schlüssel zur Erreichung unternehmerischer Ziele darin liegt, die Bedürfnisse und Wünsche des Zielmarktes zu ermitteln und diese dann wirksamer und wirtschaftlicher zufriedenzustellen als die Wettbewerber" (Kotler, Bliemel 1992, S. 24).

schen Instrumente optimal aufeinander abstimmt (vgl. Nieschlag, Dichtl, Hörschgen 1991, S. 11). Die Instrumente des Marketings sind Produkt-, Preis-, Distributions- und Kommunikationspolitik, die auch als Marketing-Mix oder im angelsächsischen als die „four p's" (product, price, place, promotion) bezeichnet werden.[17]

*Produktpolitik*

Die Produktpolitik ist das Kernstück des Marketings, da alle weiteren Maßnahmen darauf aufbauen (vgl. Nieschlag, Dichtl, Hörschgen 1991, S. 93; vgl. auch Kreilkamp 1993, S. 286). Das touristische Produkt besteht generell aus einem Leistungsbündel, das heißt verschiedene Teilleistungen wie Erreichbarkeit, Transport, Erlebnis, Atmosphäre, Unterkunft und Verpflegung ergeben erst in ihrer Kombination das touristische Gesamtprodukt (vgl. Freyer 1991, S. 128 f.).[18] Dieses besteht aus allem, was für Touristen hergestellt wird bzw. was Touristen kaufen (vgl. Freyer 1991, S. 129). Dazu zählen sowohl Produkte als auch Dienstleistungen, welche gegenüber Sachgütern einige Besonderheiten aufweisen (vgl. ebd.):

- Dienstleistungen sind immateriell, nicht greifbar.
- sie setzen sich aus vielen Teilkomponenten zusammen.
- sie können nicht gelagert werden, sind also vergänglich.
- sie sind heterogen, das heißt, die Qualität der Dienstleistung kann variieren, da sie von (unterschiedlichen) Personen erbracht wird. Zudem kann die Qualität nur subjektiv beurteilt werden (vgl. Schneider 1993, S. 117).
- Produktion und Konsum fallen zeitlich unmittelbar zusammen (vgl. Kreilkamp 1993, S. 283 f.).

Auch für das spezielle touristische Produkt 'Special Event' gelten diese Besonderheiten (vgl. auch Saleh, Ryan 1993, S. 291). Die genaue Abstimmung der einzelnen Teilleistungen und -programme ist hier um so bedeutender, da ein Event **Erlebnisse** vermitteln will. Positive Erfahrungen werden allerdings leicht durch negative Eindrücke wie Probleme bei der An- und Abreise, lange Warteschlangen vor dem Eintritt oder schlechten Service überdeckt (vgl. auch Adac 1995, S. 11).

---

[17] In Ergänzung zu diesem klassischen Mix findet sich in der touristischen Literatur eine Einteilung, die besonders auf Tourismusbelange eingeht (vgl. Hall 1992, S. 142). Danach ergeben sich weitere fünf „p"s": partnership (cooperative efforts), packaging, programming, people und positioning (vgl. dazu näher Hall 1992, S. 142; vgl. Getz 1991, S. 197 f.).

[18] Vgl. zur Produktgestaltung ausführlich auch Wachenfeld 1987, S. 272 ff.

Im einzelnen setzt sich das Produkt „Special Event" zudem aus öffentlichen Gütern, wie Personenbeförderung, und privaten Leistungen, beispielsweise der aktiven Teilnehmer, zusammen (vgl. zum folgenden Schneider 1993, S. 117 f.). Über Umfang und Qualität der öffentlichen Leistungen entscheiden Vertreter von Politik und Verwaltung, Umfang und Qualität der privaten Leistungen sind von der Einsatzbereitschaft der einzelnen Teilnehmer und Träger abhängig und demnach nicht sicher vorherzubestimmen. Die Qualität des Event ist ferner vom Verhalten der Nachfrager abhängig. Welche Atmosphäre sich letztendlich ergibt, hängt „von der individuellen Akzeptanz des Ereignisses bei den Besuchern ab" (Schneider 1993, S. 118).

Von besonderem Interesse bei der Betrachtung „Inszenierung von Special Events im Städtetourismus" ist selbstverständlich das Produkt „Veranstaltung" an sich. Anhand einiger Beispiele wird aufgezeigt, welche Veranstaltungen im Rahmen eines Stadtjubiläums, als besondere Form eines Special Events, inszeniert wurden und welche Auswirkungen sie auf den Städtetourismus hatten:

In Augsburg fand im Rahmen der Jubiläumsfeierlichkeiten ein von der Stadt veranstaltetes, 14tägiges historisches Bürgerfest rund um das (mittelalterliche) Rathaus statt, das etwa 800.000 Gäste besuchten. Besondere Attraktionen waren hier unter anderem ein mittelalterlicher Markt, im Rahmen dieses Marktes nach alten Rezepten zubereitete Speisen und gebrautes Bier sowie etwa 1.000 Augsburger Bürger, die sich für das mittelalterliche Stadtfest nach Vorgaben einer Historikerkommission originalgetreue Kostüme geschneidert hatten und auf diese Weise dem Spektakel Authentizität verliehen (vgl. Bergmann-Ehm 1990, S. 577 f.). Auf Authentizität bzw. die wissenschaftlich fundierte Nachstellung historischer Gegebenheiten wurde in Augsburg insgesamt großer Wert gelegt, da nach Ansicht der Verantwortlichen nur so eine besondere und nicht vergleichbare Attraktion für die Augsburger selbst und die auswärtigen Gäste geschaffen werden konnte (vgl. Stadt Augsburg, o.J., Anlage 10, S. 2).

In Düsseldorf zog die viertägige offizielle Feier zum Stadtgeburtstag etwa 1,5 Mio. Besucher an (mündl. Mitteilung). Hier hatte man, bezugnehmend auf die Bedeutung, die der Rhein in der Geschichte der Stadt spielt, eigens für das Jubiläum ein Floß bauen lassen, das von Mainz bis Düsseldorf zur Werbung auf dem Rhein eingesetzt wurde und im Rahmen der Geburtstagsfeier in den Düsseldorfer Hafen einlief. Zu den Feiern zum fünftägigen Hafengeburtstag in Hamburg, mit einem außergewöhnlichen Programm (Schiffsparaden, „Ballett" von Hafenschleppern, mehreren Feuerwerken etc.) kamen im Jubiläumsjahr zwischen zwei und drei Mio. Besucher, darunter waren etwa 1,5 Mio. auswärtige Gäste (vgl. Tourismus Zentrale Hamburg o.J., o.S.).[19] Die elftägige Veranstaltung „Sail

---

[19] Im Vergleich dazu kamen 1995 nur etwa 1,2 Mio. Besucher zum Hafengeburtstag (mündl. Mitteilung Franck).

Hamburg" besuchten insgesamt etwa vier Mio. Menschen. Als Special Event kann hier die Schiffsparade von 250 historischen Schiffen bezeichnet werden (vgl. ebd.).

*Preispolitik*

Im Mittelpunkt preispolitischer Überlegungen steht in der Regel das Preis-Leistungsverhältnis (vgl. Nieschlag, Dichtl, Hörschgen 1991, S. 237; vgl. Kreilkamp 1993, S. 294).[20] Welcher Preis für eine bestimmte Leistung festgesetzt werden kann, ist von verschiedenen Faktoren abhängig.[21] Einerseits nimmt die Marktsituation, das heißt die eigene Stellung im Markt, die Zahl der Wettbewerber und deren Angebote, sowie die wirtschaftlichen Rahmenbedingungen großen Einfluß auf die Preispolitik (vgl. Kaspar 1990, S. 81).[22] Entscheidend ist andererseits, welche Nachfrage- bzw. Preiselastizitäten für bestimmte Leistungen bestehen. Verschiedene Nachfrageelastizitäten ermöglichen es, eine Leistung zu verschiedenen Preisen anzubieten (Preisdifferenzierung) (vgl. ebd., S. 82). Zu berücksichtigen ist hierbei, daß die Gestaltung der Preispolitik Auswirkungen auf das Image hat (vgl. Getz 1991a, S. 210).

Diese preispolitischen Überlegungen konkret auf das Event-Marketing zu übertragen, ist schwierig. Erstens kann ein Event aus vielen Teilleistungen und Veranstaltungen bestehen, die unterschiedliche Zielgruppen ansprechen und für die dementsprechend auch verschiedene Preise erhoben werden können. Die Preisfestsetzung ist dabei im einzelnen von oben genannten Faktoren abhängig. Je nach Event und Veranstalter variiert die Situation am Markt ebenso wie die gesetzten Ziele und das erwünschte Image. Über die Elastizität der Nachfrage bei Events ist generell jedoch wenig bekannt (vgl. Getz 1991a, S. 210; vgl. Wachenfeld 1987, S. 297 f.). Hier können nach Getz allein Erfahrungswerte aus früheren Veranstaltungen der Preisfestlegung dienen (vgl. ebd.). Zweitens werden viele Events von öffentlicher Seite initiiert. In diesen Fällen steht der Gesamtleistung in der Regel kein direkter Preis gegenüber, da es kommunalen Event-Veranstaltern vor allem darum geht, einen Teil der Kosten zu decken, nicht aber, Gewinne zu erzielen (vgl. Getz 1991a, S. 208; vgl. Hall 1992, S. 146).

---

[20] Unter Leistung ist die Gesamtheit aller Nutzen stiftender Komponenten zu verstehen, unter Preis alle objektiven und subjektiven Kosten, die für den Konsumenten aus der Inanspruchnahme entstehen (vgl. Nieschlag, Dichtl, Hörschgen 1991, S .237 f.).

[21] Vgl. dazu ausführlich auch Wachenfeld 1987, S. 297 ff.

[22] Ist die eigene Stellung im Markt stark, können sich die Preise an den Kosten orientieren, ist die Position dagegen schwach, bestimmt das Angebot- und Nachfrageverhältnis den Preis und die Kosten müssen sich an die Preise anpassen (vgl. ebd.).

*Distributionspolitik*

Die Distributionspolitik im Tourismus beinhaltet alle Maßnahmen, die dem Kunden bzw. potentiellen Gast die Verfügbarkeit über die touristische Leistung verschaffen, also Vertrieb und Absatz (vgl. Kaspar 1990, S. 89). Zu unterscheiden sind direkte von indirekten Distributionsmöglichkeiten (vgl. Freyer 1991, S. 258). Beim Direktvertrieb wird das Produkt dem Endverbraucher unmittelbar angeboten, bei der indirekten Distribution werden dagegen Mittler eingeschaltet.

Die Frage nach direktem oder indirektem Vertrieb ist nach nach Hall eng mit der Vermarktung eines Event verbunden, das heißt, es ergibt sich die Frage, wie können Werbematerialien bei begrenzten finanziellen Möglichkeiten am besten an die jeweiligen Zielgruppen verteilt werden (vgl. Hall 1992, S. 146). Der direkte Absatz, beispielsweise in Form von Mailing-Aktionen an private Haushalte ist möglicherweise zwar effektiver, ist andererseits aber auch kostenaufwendiger, als das Material indirekt zu vertreiben, indem es zum Beispiel an verschiedenen öffentlichen Stellen ausgelegt wird (vgl. ebd.).

Eine große Rolle für den indirekten Vertrieb spielen Informations- und Reservierungssysteme zur Vermittlung von Eintrittskarten oder Unterkünften. Sind nur geringe Kapazitäten vorhanden oder weisen bestimmte Veranstaltungen eine hohe Attraktivität auf, könnten eventuell alle Karten in der Region abgesetzt werden (vgl. Koch 1993, S. 36). Auf diese Weise bleiben die touristischen Auswirkungen allerdings relativ unbedeutend. Für den touristischen bzw. wirtschaftlichen Erfolg ist es aus diesem Grund wichtig, den Vertrieb von Tickets ebenso wie die Zimmervermittlung für potentielle Gäste auch außerhalb der Region zu erleichtern (vgl. ebd.).

*Kommunikationspolitik*

Die Kommunikationspolitik ist das wesentliche Instrument, mit dem Botschaften über das Special Event an potentielle Gäste, Reiseveranstalter und -mittler, Multiplikatoren und andere Interessensgruppen vermittelt werden können. Sie umfaßt die Instrumente Öffentlichkeitsarbeit oder Public Relations (PR), Werbung und Verkaufsförderung. Freyer zählt als weiteres eigenständiges Instrument die Corporate Identity hinzu (vgl. Freyer 1991, S. 259). Allerdings ist das Vorhandensein einer gemeinsamen Identität generell als „Dach" der Kommunikationspolitik oder auch als grundsätzliche Voraussetzung zu verstehen (vgl. Oettinger 1989, S. 63). Die Corporate Identity dient als Leitlinie für alle Marketingmaßnahmen nach innen und außen (vgl. ebd.).

**Public Relations**

Unter PR sind alle Maßnahmen zu fassen, die das Ansehen eines Unternehmens oder einer Institution in der Öffentlichkeit festigen oder verbessern sollen (vgl. Willnauer 1994, S. 234). Die Öffentlichkeitsarbeit spielt eine wichtige Rolle im

Zusammenhang mit der Vermittlung des Corporate Images. Um bei den jeweiligen Zielgruppen das gewünschte Vorstellungsbild zu erzeugen, müssen die Maßnahmen und Informationen sorgfältig ausgewählt und weitergegeben werden (vgl. May 1986, S. 19). Die Informationsverbreitung kann gezielt über die Medien erfolgen (Pressearbeit) oder auch über direkte Kontakte zur Öffentlichkeit (vgl. Kaspar 1990, S. 83).

**Werbung**

Die Werbung wird in vielen Fällen als das wichtigste Kommunikationsinstrument angesehen (vgl. Freyer 1991, S. 260). Sie soll Bedürfnisse oder Wünsche wecken, die Nachfrage auf spezielle Angebote richten und informieren (vgl. Kaspar 1990, S. 83). Voraussetzung zur Ausgestaltung der Werbung im einzelnen sind umfassende Informationen über die allgemeine Situation am Markt, über Zielgruppen und -märkte. Es sind grundsätzlich folgende Fragen zu beantworten:

- „warum wird geworben? (Werbezweck)
- wofür wird geworben? (Werbeobjekt)
- welche Wirkung soll erzielt werden? (Werbeziel)
- wer soll umworben werden? (Zielgruppe)
- wo soll geworben werden? (Zielgebiet)
- welche Geldmittel stehen zur Verfügung? (Werbeetat)
- welche Medien sollen benutzt werden? (Werbeträger)
- in welcher Form soll geworben werden? (Werbemittel)
- was soll vermittelt werden? (Werbebotschaft)
- wann soll geworben werden? (Timing)"

(Nieschlag, Dichtl, Hörschgen 1991, S. 498)

Die statistische Erfassung der Nachfrage vor, während und nach der Werbung, Werbe- oder Prospektantwortkarten, Coupons bei Anzeigen, Direktbefragungen und Beobachtungen stellen begrenzte Möglichkeiten der Werbeerfolgskontrolle dar (vgl. Schönemann 1989 S. 14; vgl. Kaspar 1990, S. 85). Eine umfassende Prüfung der Werbewirkung ist jedoch nicht möglich (vgl. ebd.).

**Verkaufsförderung**

Verkaufsförderung oder Sales Promotion bezeichnet alle Aktionen, die den Absatz unmittelbar und kurzfristig erhöhen sollen (vgl. Nieschlag, Dichtl, Hörschgen 1991, S. 493), d.h. die durch Werbung erzeugten Kauf- bzw. Konsumanreize sollen umgesetzt werden (vgl. Kaspar 1990, S. 88; vgl. Freyer 1991, S. 259). Häufig werden Maßnahmen der Werbung und Verkaufsförderung auch miteinander kombiniert. Eine Auswahl der Mittel aus den Bereichen Public Relations, Werbung und Verkaufsförderung, die im Rahmen eines Special Event eingesetzt werden können, zeigt nachfolgende Tabelle.

Tabelle 1: Mittel des Kommunikationsmix im Rahmen von Special Events

| | |
|---|---|
| **Public Relations** | *Pressemappen<br>*Reden und Vorträge<br>*Seminare<br>*Informationsstände<br>*Veröffentlichungen |
| **Werbung** | *Stadtmagazine *Stadtgeschichte, Festschrift<br>*Programmhefte<br>*Broschüren, Prospekte, Kataloge, Folder<br>*Stadtpläne, -karten<br>*Plakate *Fahnen<br>*Handzettel *Reklameschilder<br>*Zeichen, Symbole, Logos<br>*Anzeigen in den Printmedien<br>*Spots in Funk und Fernsehen<br>*Kinowerbung *Poststempelwerbung<br>*Mailing-Aktionen |
| **Verkaufsförderung** | *Preisausschreiben *Gewinnspiele und Verlosungen<br>*Produktproben und Werbegeschenke<br>*Event-Artikel *Sonderbriefmarken<br>*Fachmessen, -veranstaltungen *Ausstellungen<br>*Gutscheine und Coupons *Rabatte<br>*Unterhaltungs- und Bewirtungsangebote<br>*Videofilme |

Quelle: Eigene, ergänzte Zusammenstellung nach Kotler, Bliemel 1992, S. 829; Schönemann 1989, S. 53; Willnauer 1994, S. 235 f.; Nieschlag, Dichtl, Hörschgen 1991, S. 493.

Wie diese Instrumente im einzelnen ausgestaltet werden können, wird anhand der Kommunikationsmittel, die die untersuchten Städte (z.B. Trier und Augsburg) zur Inszenierung des Stadtjubiläums einsetzten, verdeutlicht.

Kommunikationsmaßnahmen im Rahmen der Stadtjubiläen

| | Trier | Augsburg |
|---|---|---|
| Konzeptaufbau | ja | ja |
| Logos/Signets | nein | ja |
| Verwendung von Slogans | 'Trier, Deutschlands älteste Stadt' | 'Augsburg, 2.000 Jahre lebendige Stadt' |
| Besondere Aktivitäten der Kommunikation nach innen | -Wandkalender-Serie zum Jubiläum von 1979-1984 (je 22.500-25.000 Stück) | -Wettbewerb für ein Signum zur 2.000-Jahr -Feier -Ausstellung |
| Festschriften u.ä. | Stadtbiographie | nein |
| Auswahl der Presse- und Öffentlichkeitsarbeit | -Journalistenreisen/Medienbetreuung ab'79 -Pressekonferenzen auch auf ausländ. Messen ab '79 -Pressedienst ab 1983, monatlich (1. Ausgabe an 298 Redaktionen u. DZT-Auslandsvertretungen -Presse-Kolloquium 1984 | -1.500 allg. Pressemappen mit VA-kalender -Pressemappen für besondere VA -Presse-Info-Dienst -Pressekonferenzen zu Schwerpunktthemen |
| offizielle Plakate Stückzahl insgesamt | -7 versch. Plakate = 1 Plakatserie mit 4 Motiven in 4 Sprachen, -1 Piatti-Plakat: Fassung 15.000 dt.,19.000 engl., französisch, niederländ. | -14 verschiedene Plakate -113.775 |
| Prospekte/Folder/ Programm Stückzahl insges. | Jahresprogramm: 166.000 dt., 35.000 engl. Bildprospekt, 35.000 in 4 Sprachen | 16 Prospekte/Folder 1.814.305 |
| Anzeigenschaltung | nein | 2 Werbewellen in Regionalz. (Mai/Juni) |
| sonstige Werbung | Plakatwerbung: Aushang von 552 Plakaten in 168 dt. Bahnhöfen; 6.000 Anschlagstellen (Außenwerbung) | Funkwerbung: 30 Kurzspots im BR |
| Jubiläumslogo | k.A. | k.A. |
| Sonstige Kommunikationsmittel | -Sonderbriefmarke -Farbfilm in 4 Sprachen -Merian-Heft Trier (250.000 Exemplare) -HB-Bild-Atlas Trier (235.000 Exemplare) -umfangr. Werbung über die DB, Vertretung auf Touristikmessen | -Sonderbriefmarke -Mulivisionsshow -Vertretung auf Touristikmessen |
| Fahnen u. sonstiger Stadtschmuck | k.A. | Umfass. Konzept zur Anordnung von Fahnen und Schildern |
| Werbeetat in DM Zeitraum | 579.000 1982-1984 | 3.600.000 insgesamt |
| dokumentiertes Medienecho im Jubiläumsjahr | 132 Berichte in inländ. Zeitungen, Gesamtauflage 43 Mio. Stück, Gegenwert: 1,4 Mio. DM (dokumentiert sind nur Artikel, von denen dem Verkehrsamt ein Veröffentlichungsbeleg zu geschickt wurde) 17 Radio- u. Fernsehsendungen (davon ZDF- u. SWF- Filmproduktionen) | 2000 Berichte in Regionalzeitungen 353 inländ. Zeitungen 39 ausländ. Zeitungen 11 Sendungen/Filme im dt. Fernsehen |

## 1.4.4 Event-Finanzierung

Die Inszenierung eines Special Event ist mit erheblichen Kosten verbunden. In vielen Fällen wird aufgrund der gesellschaftlichen und sozialen Funktion von Events ein Großteil dieser Kosten durch öffentliche Gelder gedeckt. An dieser Stelle richtet sich die Untersuchung auf die Möglichkeiten der Eigenfinanzierung, da diesem Aspekt vor dem Hintergrund der immer knapper werdenden öffentlichen Mittel entscheidende Bedeutung zukommt.

*Finanzierung durch Sponsoring*

Als wichtige Einnahmequelle zur Finanzierung von Events dient das Sponsoring.[23] Sponsoring oder Sponsorship bezeichnet die Zuwendungen von Wirtschaftsunternehmen an Einrichtungen, Organisationen oder Maßnahmen in verschiedenen Bereichen (vgl. Freyer 1993, S. 455). Die klassischen Bereiche für Sponsoring sind Sport, Kultur und Soziales.

Für die Gesponsorten, meist nicht kommerzielle Einrichtungen, stellen Zuwendungen in Form von Geld-, Sach- oder Dienstleistungen eine wichtige Finanzierungsquelle ihrer Aktivitäten dar. Für die Sponsoren selbst ist Sponsoring ein Kommunikationsinstrument, mit deren Hilfe sie im wesentlichen Imageprofilierung betreiben und spezielle Zielgruppen ansprechen können. Dieses Instrument wurde vor dem Hintergrund eines immer härter werdenden Wettbewerbes sowie der gesellschaftlichen Forderung nach sozialer Verantwortung von Unternehmen in die Strategie vieler Betriebe aufgenommen (vgl. ebd.).

Auch im touristischen Bereich spielt Sponsoring eine zunehmend wichtigere Rolle. Zurückzuführen ist dies vor allem darauf, daß Freizeit und Urlaub mit sehr positiven Werten wie Entspannung, Erholung oder Freiheit assoziiert werden (vgl. Freyer 1993, S. 461 f.). Die umfangreichen Aktivitäten der Werbung und Öffentlichkeitsarbeit im Fremdenverkehr bieten den Sponsoren außerdem eine umfassende Plattform zur Selbstdarstellung (vgl. ebd.).

Für Städte und Gemeinden stellt die Unterstützung von seiten Dritter vor dem Hintergrund knapper Finanzmittel eine zusätzliche Finanzierungsmöglichkeit dar. Eine Zusammenarbeit beider Partner bietet demnach Möglichkeiten, die jeweiligen Ziele zu erreichen. Allerdings sind dabei verschiedene Faktoren zu berück-

---

[23] Obwohl dieser Begriff neuerdings vermehrt durch den Begriff „Partnerschaften" abgelöst wird, um damit die Gleichberechtigung von Sponsor und Gesponsortem zu betonen, wird hier der klassische Begriff verwendet, da dieser in der Literatur vorherrscht.

sichtigen (vgl. zum folgenden Hall 1992, S. 149 f.; vgl. Watt 1992, S. 44 f.). Wichtige Aspekte für die **gesponserte** Seite sind[24]:

- Sponsor und Gesponsorter müssen hinsichtlich ihrer Unternehmensphilosophie, -ziele und -aktivitäten zusammenpassen (zum Beispiel kein Sponsoring von Sportveranstaltungen durch die Tabakindustrie).
- In engem Zusammenhang damit steht, daß der Sponsor von den Organisatoren und Mitwirkenden eines Event akzeptiert werden muß.
- Darüber hinaus muß der Umfang der Zuwendungen im Verhältnis zur Größe des Event stehen. Geht die Authentizität oder der besondere Charakter durch zuviel Werbung verloren, verliert das Event seine charakteristischen Merkmale und damit auch seine touristische Anziehungskraft.
- Die finanzielle Unterstützung durch Sponsoren darf nicht dazu führen, daß diese Einfluß auf Inhalte und Ziele des Event nehmen.

*Weitere Finanzierungsmöglichkeiten*

Einnahmen können von öffentlicher bzw. städtischer Seite darüber hinaus durch Merchandising[25], die Erhebung von Standgebühren oder den Verkauf von Lizenzen erzielt werden. Der Verkauf von T-Shirts, Aufklebern, Fahnen u.ä. seitens der Stadt dient allerdings weniger der Gewinnerzielung als vielmehr dazu, Einheimischen und Besuchern Identifikations- bzw. Erinnerungsmöglichkeiten zu bieten.

Werden Standgebühren für Schausteller oder Verpflegungsbetriebe erhoben, ergeben sich daraus zwar städtische Einnahmen. Es ist jedoch zu berücksichtigen, daß die Stadt die Kosten zur Bereitstellung und Instandhaltung der gesamten Infrastruktur trägt (vgl. auch Hall 1992, S. 146).

Lizenzrechte können beispielsweise für die Verwendung des Event-Logos verkauft werden. Da eine möglichst vielseitige Verwendung eines Logos jedoch als Werbemittler dient, sind auch hier die jeweiligen Effekte im einzelnen abzuwägen.

Die folgende Tabelle zeigt, in welcher Spannweite sich die Finanzrahmen bei der Inszenierung eines Stadtjubiläums bewegen.

---

[24] Vgl. Getz 1991a, S. 220 f. zu Faktoren, die für Sponsoren besonders wichtig sind.

[25] Merchandising bedeutet Vermarktung und Verkauf von Gegenständen, die mit dem Event verbunden werden (vgl. auch Rau 1994, S. 250).

Tabelle 2: Finanzrahmen einzelner Stadtjubiläen (Angaben in Mio. DM)

| | städt.Zu-schüsse[26] | Sponso-renlei-stungen[27] | Jubilä-umsge-schenke | Einnah-men[28] | Abschluß |
|---|---|---|---|---|---|
| **Trier** | 2,781 | k.A. | k.A. | k.A. | k.A. |
| **Augsburg** | 33,700 | k.A. | k.A. | k.A. | k.A. |
| **Düsseldorf** | 4,100 | k.A. | k.A. | k.A. | 0,190 |
| **Bonn** | 9,994 | 4,000 | 7,600 | 0,236 | positiv |
| **Hamburg** | k.A. | 20,000 | k.A. | k.A. | negativ |
| **Koblenz** | 4,900 | 3,810 | 3,400 | 0,530 | positiv |
| **Münster** | 3,000 | 1,260 | 16,000 | 0,949 | 0,166 |

Quelle: Materialien zu den Stadtjubiläen und den Expertengesprächen

### 1.4.5 Erfolgskontrolle

Ein Aspekt, dem wesentliche Bedeutung zukommt, der allerdings oft vernachlässigt wird, ist die Kontrolle bereits während und nach der Inszenierung eines Special Events. Nach Spehl beinhaltet eine vollständige und effektive Erfolgskontrolle die Elemente der Vollzugs-, Wirkungs- und Zielerreichungskontrolle (vgl. zum folgenden Spehl u.a. 1981, S. 21 ff.).

---

[26] Angaben ohne Personalkosten und Investitionen.
[27] Es handelt sich um geschätzte Angaben.
[28] Einnahmen aus Eintrittsgeldern, Lizenzen und Verkauf von Jubiläumsartikel.

Abbildung 5: Erfolgskontrolle

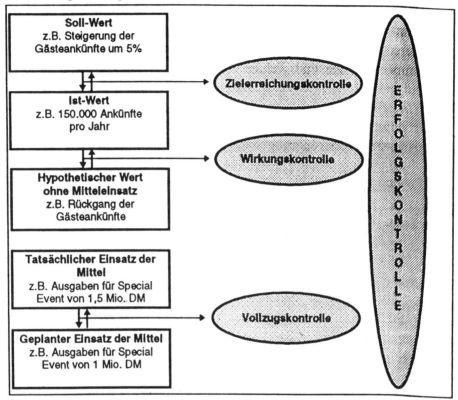

Die Vollzugskontrolle stellt die Frage nach den Mitteln, die ursprünglich vorgesehen und dann tatsächlich ausgeben wurden, und ist grundsätzlich die Voraussetzung für eine Erfolgskontrolle. Mit Hilfe der Wirkungskontrolle sollen die Wirkungen der eingesetzten Maßnahmen in Zusammenhang mit dem erzielten Ergebnis gebracht werden. Hierbei wird ein festgestellter Ist-Wert eines Indikators (z.B. Gästeankünfte) mit einem hypothetischen Wert, der sich ohne Mitteleinsatz ergeben hätte, verglichen. Es ist jedoch oft schwierig, Wirkungen auf bestimmte Ursachen zurückzuführen. Da hier ein aufwendiges methodisches und empirisches Vorgehen erforderlich ist, wird die Wirkungskontrolle in der Praxis oft vernachlässigt (vgl. ebd.). Die Zielerreichungskontrolle überprüft, inwieweit die gesteckten Ziele erreicht wurden. Zur Zielerreichungskontrolle ist eine Operationalisierung der Ziele notwendig, d.h. den touristischen Erfolg eines Special Events kann man nur messen, wenn vorher festgelegt wurde, was (Gegenstand), um wieviel (Quantität), in welchem Zeitraum (Zeit) erreicht werden soll.

## 1.5 Auswirkungen eines Special Events auf den Städtetourismus

**Zusammenfassende Beurteilung**

Wie bereits oben angesprochen, wurde am Beispiel von Städten, die ein Stadtjubiläum feierten, im Detail untersucht, welche Aktivitäten im Rahmen einer solchen städtischen Inszenierung unternommen wurden und welche Auswirkungen dies konkret auf den Städtetourismus hatte.

Die Ergebnisse dieser Untersuchung können übertragen sowie allgemeine Erkenntnisse aus der Inszenierung eines Special Events abgeleitet werden.

Bei einer zusammenfassenden Beurteilung von Aktivitäten im Rahmen der Inszenierung eines Special Events zeigt sich zunächst, daß viele unternommene Maßnahmen **kurz-** oder höchstens **mittelfristige**[29] Auswirkungen haben.

So ergeben sich aus der Inszenierung eines Special Events im jeweiligen Event-Jahr und teilweise auch noch im Folgejahr deutliche Impulse auf die städtetouristische Nachfrageentwicklung. Diese Entwicklung ist jedoch jeweils in Abhängigkeit von den allgemeinen Tendenzen im Städtetourismus zu sehen und in Beziehung zu den spezifischen Besonderheiten des Fremdenverkehrs in den Untersuchungsstädten zu setzen. Aus diesem Grund können sich im einzelnen sehr unterschiedlich starke Nachfrageeffekte zeigen. Insgesamt gesehen bleibt es im wesentlichen bei deutlichen, aber relativ kurzen, Effekten.

Demnach wirken auch die mit der erhöhten Nachfrage verbundenen besseren Auslastungsraten, höheren Umsätze, Einkommens- und Beschäftigungswirkungen sowie die zusätzlichen Einnahmen für die Kommune, vor allem in Form von Steuern, nur kurz- bzw. mittelfristig.[30] Diese monetär meßbaren Effekte sind grundsätzlich positiv und als Erfolg des Special Events zu beurteilen.

Es bleibt allerdings jeweils im einzelnen festzustellen, ob der Aufwand im Verhältnis zum Nutzen steht. Dieser Aspekt läßt sich, wie bereits oben aufgeführt, jedoch nur mit Hilfe einer umfangreichen Erfolgskontrolle bzw. einer Kosten-Nutzen-Analyse klären. Im einzelnen zu hinterfragen ist auch, ob für jede Stadt eine Steigerung der touristischen Nachfrage im Rahmen der Inszenierung eines Special Events angestrebt werden sollte.

---

[29] Als kurzfristige Auswirkungen werden hier die Effekte bezeichnet, die sich im Event-Jahr selbst zeigen, als mittelfristig wird ein Zeitraum von zwei bis drei Jahren und als langfristig ein Zeitraum von mehr als drei Jahren angesehen.

[30] Vgl. dazu auch Feßmann 1986, S. 20 ff.

Viele Städte stoßen auch ohne zusätzliche Marketingmaßnahmen bereits an die Grenzen ihrer Belastbarkeit. Eine quantitative Steigerung des Tourismus ist hier nicht erstrebenswert, gefordert sind vielmehr Aktivitäten zur qualitativen Verbesserung. Es ist zu berücksichtigen, daß ein höheres Besucheraufkommen grundsätzlich mit höheren Umweltbelastungen, insbesondere hinsichtlich Verkehr, Lärm und Müllaufkommen, verbunden ist.

Ferner kann es zu weiteren negativen Begleiterscheinungen, wie Schäden an Bau- und Kunstwerken (vgl. dazu Kramer 1993, S. 27 f.) oder Beeinträchtigungen der Lebensqualität der Bevölkerung durch „Überfüllung" der Stadt kommen. Nachteile für die Einwohner können sich außerdem durch Preissteigerungen aufgrund der touristischen Nachfrage, durch Kommerzialisierung von Stadtkultur oder Veranstaltungen oder „Vermassung des Angebotes" (Becker 1993, S. 59) ergeben.

Soll die touristische Nachfrage gesteigert werden, ist darüber hinaus zu beachten, daß nur begrenzte Kapazitäten zur Verfügung stehen, was sowohl für Ver- und Entsorgungseinrichtungen, Parkplätze, Transportmittel und ähnliches als auch für Konzert-, Theater- oder Museumskarten etc. gilt. Da Besucher und Bewohner der Stadt gleichermaßen den Wunsch hegen, an einer besonderen Veranstaltung teilzunehmen, besteht hier nach Feßmann ein Konfliktpotential zwischen beiden Gruppen (vgl. Feßmann 1993, S. 17).

Wenn eine Anpassung der Kapazitäten, beispielsweise im Bereich der infrastrukturellen Erschließung oder im öffentlichen Personennahverkehr, grundsätzlich möglich wäre, ist dennoch abzuwägen, ob und inwieweit die Angleichung an tourismus- bzw. veranstaltungsbedingte Zusatzlasten erfolgen sollte und wer die Kosten dafür tragen könnte (vgl. Schneider 1993, S.124).

Die Beurteilung auf die oben genannten, eher kurzfristigen quantitativen Effekte zu beschränken, würde den umfangreichen Aktivitäten im Rahmen der Inszenierung von besonderen Veranstaltungen jedoch nicht gerecht, da auch Investitionen getätigt werden, die mit **mittel- bis langfristigen**, qualitativ bedeutenden Wirkungen verbunden sind.

Inwieweit dadurch Gelder für andere wichtige Maßnahmen verloren gehen und dadurch eventuell ein Rechtfertigungsdruck der Verwaltung und Politik gegenüber der Bevölkerung entsteht, kann an dieser Stelle nicht beantwortet werden, ist aber grundsätzlich in die Betrachtung mit einzubeziehen.

Längerfristig von Nutzen für die Stadt sind zum einen Veranstaltungen, die aufgrund eines besonderen Anlasses initiiert wurden und sich dann als feste Bestandteile des jährlichen Programms etablieren. Von bleibendem Wert sind des weiteren durch das Event geschaffene öffentliche Einrichtungen, Ausstellungen und Dokumentationen. Alle diese Aktivitäten erweitern das städtische Angebot sowohl für Touristen als auch für die Bevölkerung.

Des weiteren erhöhen die umfangreichen Kommunikationsmaßnahmen im Rahmen des Special Events den Bekanntheitsgrad der Stadt mittel- bis langfristig und vermitteln in der Regel das gewünschte positive Bild von ihr. Diese beiden Aspekte können als wesentliche Erfolge angesehen werden, da sie über das Event-Jahr hinaus Wirkungen auf den Tourismus sowie auf die Wirtschaft bzw. Investoren allgemein zeigen.

Von entscheidender Bedeutung sind schließlich alle Aktivitäten zur Stadtgestaltung. Maßnahmen in diesem Bereich wirken **langfristig** und erhöhen einerseits die Attraktivität der Stadt für Touristen. Andererseits steigern sie die Lebensqualität der Bevölkerung. Insbesondere dieser Aspekt, aber auch die Bürgeraktionen aus Anlaß der Eventinszenierung, beeinflussen die Herausbildung der Corporate Identity.

Wie bereits an anderer Stelle betont wurde, ist das Vorhandensein einer Stadtidentität eine wesentliche Voraussetzung zur Vermittlung eines positiven Corporate Image, das wiederum sowohl auf Touristen als auch als weicher Standortfaktor auf potentielle Investoren anziehend wirken kann. Die folgende Abbildung stellt die oben genannten Aspekte zusammenfassend dar.

Positiv auf die Stadt wirken sich darüber hinaus Aspekte aus, die nicht in direktem Zusammenhang mit dem Tourismus stehen, aber dennoch zu berücksichtigen sind. Die Zusammenarbeit zwischen Stadtverwaltung oder städtischen Gruppen einerseits und Unternehmen der Wirtschaft andererseits, kann das Verhältnis zwischen diesen verbessern sowie die Motivation der Wirtschaft für die weitere Unterstützung von kommunalen Aktivitäten wecken. Positive Auswirkungen kann darüber hinaus die Kooperation zwischen städtischer Verwaltung und der Bürgerschaft haben. Im Rahmen der gemeinsamen Organisation des Events zeigt sich die Verwaltung in vielen Fällen offener und bürgerfreundlicher und motiviert die Bürger damit, die Zukunft der Stadt mitzugestalten.

Abbildung 6: Maßnahmen im Rahmen des Special Evens und deren positive Auswirkungen auf den Städtetourismus

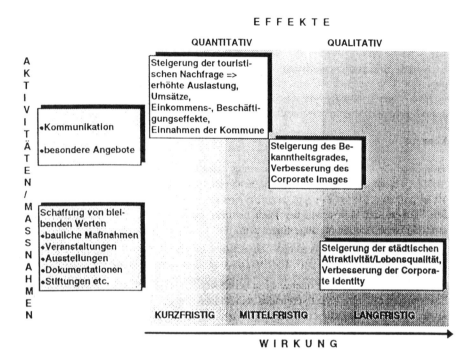

Unter Einbeziehung der oben genannten Gesichtspunkte zur Beurteilung, ergibt sich eine insgesamt positive Bilanz der Inszenierung eines Special Events (vgl. Roth 1995). Ein Special Event ist als Impulsgeber für eine Stadt und den Städtetourismus anzusehen. Damit die Inszenierung eines Special Event als Erfolg beurteilt wird, ist es allerdings entscheidend, daß, trotzdem es sich um ein einmaliges oder zumindest sehr seltenes Ereignis handelt, die Auswirkungen nicht nur auf das Event-Jahr beschränkt bleiben, sondern auch darüber hinaus reichen. Die Inszenierung eines Special Events ist zu nutzen, um bleibende Werte zu schaffen.

## 2 Erfolgsfaktoren für die Inszenierung eines Special Events im Städtetourismus

Welche Voraussetzungen zur erfolgreichen Inszenierung gegeben sein müssen, wird nachfolgend noch einmal zusammenfassend dargestellt.

**Konzept**

Grundlage für die erfolgreiche Inszenierung eines Special Event ist ein Konzept, das Ziele, Zielgruppen, Strategien und Maßnahmen sowie die zur Verfügung stehenden Mittel aufzeigt. Dieses Konzept, aus dem sich alle weiteren Punkte ableiten, sollte auf den Stärken und Schwächen der Stadt beruhen sowie auf eventuell vorhandene gesamtstädtische Programme abgestimmt sein.

**Ziele und Zielgruppen**

Obwohl in einer Stadt viele Interessen zu berücksichtigen sind und sehr unterschiedliche Erwartungen mit dem Event verbunden sein können, müssen ein gemeinsames Leitbild sowie konkrete Ziele definiert werden. Nur wenn eine Einigung über die anzustrebenden Ziele erreicht wird und diese auch operationalisiert werden, können die personellen und finanziellen Mittel sinnvoll und konzentriert eingesetzt, die Planung und Abwicklung des Events erfolgreich durchgeführt sowie die Maßnahmen abschließend kontrolliert werden. Ebenso wie über die Ziele muß Klarheit darüber herrschen, **wen** die Aktivitäten im Rahmen des Special Events ansprechen sollen. Die Kenntnis der bzw. die Definition von Zielgruppen ist die Voraussetzung für die segmentspezifische Angebotsgestaltung und Kommunikation.

**Finanzielle und personelle Mittel**

Wichtig ist darüber hinaus, die zur Verfügung stehenden personellen Kräfte zu prüfen und die finanziellen Mittel festzulegen. Die ausreichende Besetzung von Arbeitsgruppen mit qualifiziertem Personal beugt Überlastungen und eventueller Demotivation vor. Der Finanzrahmen muß frühzeitig bekannt sein, damit konkrete Maßnahmen geplant und umgesetzt werden können.

**Planung und Organisation**

Für die erfolgreiche Durchführung eines Special Events wichtig ist zunächst die **Zeitplanung**. Je früher mit der Planung begonnen wird, umso eher können die zu beteiligenden städtischen Ämter und Gruppen unterrichtet werden, Aufgaben und Kompetenzen festgelegt, die Bevölkerung eingeschaltet, touristische Leistungsträger, Multiplikatoren oder die Presse benachrichtigt und Termine abgestimmt werden. Damit die nötige Motivation erhalten bleibt, darf sich die Planung allerdings nicht über einen zu langen Zeitraum hinziehen.

Für die verschiedenen Aktivitäten und Maßnahmen im Rahmen eines Events der Größenordnung eines Stadtjubiläums müssen ungefähr folgende Zeiträume eingeplant werden:

- Beginn der (Vor-)Planung: fünf bis sieben Jahre,
- Einrichtung einer Koordinierungsstelle: mit Beginn der (Vor-)Planung,
- Binnenmarketing: drei bis vier Jahre,
- Einrichtung einer Arbeitsgruppe, die sich ausschließlich mit Aufgaben des Special Events beschäftigt: zwei bis vier Jahre,
- konkrete Angebotsgestaltung: zwei bis drei Jahre,
- Werbung: zwei bis drei Jahre,
- Vertrieb: ein Jahr.

Ein weiterer wesentlicher Punkt im Rahmen der Veranstaltungsvorbereitungen ist die Erstellung von **Ablaufplänen** (vgl. Hansen 1986, S. 70). Diese sollten Angaben zur Vorbereitung, zum Ablauf, zu Fragen der Sicherheit, Verkehrsführung, Technik, Ver- und Entsorgung etc. sowie zu den Verantwortlichen und Ansprechpartner enthalten, um einen reibungslosen Verlauf des Programms zu ermöglichen.

Betreffend der **Organisationsform und -strukturen** lassen sich keine allgemein gültigen Aussagen treffen, da jeweils die örtlichen Verhältnisse zu berücksichtigen sind. Entscheidend ist allerdings, daß einerseits die Organisationsstrukturen und andererseits die Kompetenzen an die außergewöhnlichen Aufgaben angepaßt werden. Dies kann durch die Bildung einer Arbeitsgruppe geschehen, die mit Mitarbeitern aus der städtischen Verwaltung oder aber auch mit externen Fachleuten besetzt wird. Sie sollte ausschließlich Aufgaben im Zusammenhang mit dem Special Event erfüllen sowie gegenüber anderen städtischen Stellen weisungsbefugt sein.

Auch die Wahl der **Rechtsform** für diese Arbeitsgruppe muß im Einzelfall getroffen werden. Jede Form weist spezifische Vor- und Nachteile auf.

Für eine so außergewöhnliche Aufgabe wie die Inszenierung eines Special Events kann die Gründung einer Vermarktungs- oder Veranstaltungs-GmbH sinnvoll sein, da diese sehr flexibel agieren kann.

Ein weiterer Punkt, den es bei der Organisation zu berücksichtigen gilt, ist die **Partizipation** der städtischen Bevölkerung. Viele Aktivitäten im Rahmen des Special Events können ohne freiwillige Mitarbeiter nicht realisiert werden. Auch kann eine gemeinsame Planung von Verantwortlichen und „Betroffenen" viele neue Ideen bringen sowie leichter die nötige Akzeptanz und Bereitschaft zur Mitwirkung schaffen.

**Veranstaltungsprogramm**

Das Programm ist als Kernstück eines Special Events anzusehen und damit für dessen Erfolg entscheidend. Um mit dem Angebot auch auswärtige Besucher anzuziehen, muß das Programm Bedeutung über den regionalen Bereich hinaus haben und etwas Besonderes darstellen.

Bei der Programmgestaltung im einzelnen sind einige wesentliche Aspekte zu berücksichtigen. Um verschiedene Zielgruppen anzusprechen, muß das Programm breit angelegt werden, das heißt es sind nicht nur Veranstaltungen zu initiieren, die auf eine 'elitäre' Nachfrage ausgerichtet sind, sondern auch die Alltagskultur berücksichtigen (vgl. auch Hansen 1986, S. 67; Unger 1993, S. 116; Koch 1993, S. 3).

Unter Umständen kann es jedoch sinnvoller sein, sich auf einige große Aktivitäten im Rahmen des Special Events zu konzentrieren. Dann können Veranstaltungen besser vorbereitet und eine eventuelle Übersättigung oder „Feiermüdigkeit" verhindert werden (vgl. auch Hansen 1986, S. 65). Ausschlaggebend sind hier wiederum personelle und finanzielle Mittel sowie die Erfahrung der Organisatoren.

Für die Gruppe der Reiseveranstalter sind vor allem Wiederholungsveranstaltungen, die während der gesamten Saison laufen, interessant. Damit diese bzw. spezielle Angebote in das Programm von Reiseveranstaltern aufgenommen werden, müssen die Aktivitäten frühzeitig bekanntgegeben werden.

Bedeutend für den Verkauf von Veranstaltungskarten sowie speziellen Eventpackages ist es, ein zentrales Vertriebsnetz bereitzustellen, damit eine schnelle und problemlose Reservierung gewährleistet ist (vgl. Unger 1993, S. 120).

**Kommunikation**

Es bieten sich effektive Kommunikationsmöglichkeiten sowohl nach innen als auch nach außen an, die nicht zwingend an einen großen Werbeetat gebunden sind. Wesentlich wichtiger sind zielgruppenspezifische Maßnahmen und neue Ideen.

Insgesamt erscheint es sinnvoll, bei einem städtischen Event auf teure Anzeigenwerbung zu verzichten und stattdessen eine intensive Presse- und Öffentlichkeitsarbeit zu betreiben. Stellt das Special Event tatsächlich ein besonderes und einmaliges Ereignis dar, zeigen die regionalen und teilweise auch überregionalen Medien bereits ein grundsätzliches Interesse. Dieses Interesse sollte durch gezielte Maßnahmen wie Journalistenreisen oder Pressedienste genutzt und gesteigert werden (vgl. auch Cloer 1990, S. 576).

Ein spezielle Signet oder -motto kann erheblich zur Erzeugung von Aufmerksamkeit beitragen und ist ein wichtiges Erkennungsmerkmal (vgl. auch Hall 1992, S. 56). Werden solche Zeichen und Symbole verwendet, sind sie bei allen Anschreiben, Veröffentlichungen oder Werbemitteln einheitlich und konsequent einzusetzen. Nur so kann auch ein einheitliches Erscheinungsbild wirksam nach außen kommuniziert werden.

**Sonstige Maßnahmen**

Wichtig ist es, neben dem speziellen Angebot im Rahmen der Eventinszenierung auch das normale städtetouristische Angebot attraktiv zu gestalten. Dazu zählen unter anderem auch die Öffnungszeiten von Museen sowie des Einzelhandels, die auf die Bedürfnisse der Besucher abgestimmt sein sollten (vgl. o.V. 1986, S. 56).

**Follow up**

Aufgrund des großen finanziellen und personellen Mitteleinsatzes ist es entscheidend, das Special Event auch langfristig zu nutzen. Es bieten sich dazu verschiedene Möglichkeiten und Bereiche an: Die geknüpften Kontakte zu den Medien können durch Pressedienste oder Journalistenreisen gepflegt werden. Das Logo oder Motto des Special Events kann für Anschreiben und Werbemittel der Stadt weiter verwendet werden. Ebenso ist die Zusammenarbeit verschiedener städtischer Gruppen fortzuführen und die Motivation der touristischen Leistungsträger zu erhalten. Dies kann durch Einrichtung von ständigen Arbeitsgruppen, Frühschoppen oder „Stammtischen" geschehen. Mit Hilfe einer nachträglichen Auswertung der Anfragen bei den Tourist-Büros können die Zielgruppen besser kennengelernt und diese bei zukünftigen Aktionen gezielt(er) angesprochen werden.

Die Nach- und Aufbereitung des Events durch Dokumentationen der verschiedensten Art wie Filme, Tonbandaufzeichnungen, Bildbände und ähnliches bietet zudem auch nach dem Special Event noch Identifikations- und Erinnerungsmöglichkeiten.

## Literatur

Allgemeiner Deutscher Automobil-Club e.V., Adac (Hg.): Kreative Wege zum besseren Angebot. Eine Planungshilfe für Tourismuspraktiker. München 1995

Becker, Christoph: Kulturtourismus - Eine Einführung. In: Becker, C., Steinecke, A. (Hg.): Kulturtourismus in Europa: Wachstum ohne Grenzen? Trier 1993, S. 7 ff.

Becker, Christoph, Steinecke, Albrecht (Hg.): Kulturtourismus in Europa: Wachstum ohne Grenzen? ETI-Studien Band 2. Trier 1993

Bergmann-Ehm, Ingrid: Eine Stadt feiert Jubiläum - Was bleibt davon? In: Der Städtetag, 8/1990, S. 577-579

Chacko, Harsha E., Schaffer, Jeffrey D.: The evolution of a festival. Creole Christmas in New Orleans. In: Tourism Management, 14/6/1993, S. 475-482

Cloer, Bruno: Eine Stadt feiert Jubiläum. Was wird investiert? In: Der Städtetag, 8/1990, S. 575-577

Feßmann, Ingo: Das kulturelle Erbe in der Stadt: Möglichkeiten und Grenzen der touristischen Vermarktung. In: Becker, C., Steinecke, A. (Hg.): Kulturtourismus in Europa: Wachstum ohne Grenzen? Trier 1993, S. 14-25

Forschungsgemeinschaft Urlaub und Reisen e.V., F.U.R. (Hg.): Urlaub und Reisen 1995. Erste Ergebnisse vorgestellt auf der ITB '95 in Berlin. Hamburg 1995

Freyer, Walter: Tourismus. Einführung in die Fremdenverkehrsökonomie.- 3. ergänzte und aktualisierte Auflage, München 1991

Gaebe, Wolf (1993): Moderne Architektur als Ziel des Städtetourismus. In: Becker, C., Steinecke, A. (Hg.): Kulturtourismus in Europa: Wachstum ohne Grenzen? Trier 1993, S. 64-78

Getz, Donald: Festivals, Special Events and Tourism. New York 1991

Getz, Donald: Special Events. In: Medlik, S. (Hg.): Managing tourism. Oxford 1991, S. 122-130

Getz, Donald: Special Events. In: Tourism Management, 10/1991, S. 125-137

Getz, Donald: Event tourism and the authenticity dilemma. In: Theobald, W. (Hg.): Global Tourism. The Next Decade. Oxford 1994, S. 313-329

Hall, Colin M.: Hallmark Tourist Events. Impacts, Management and Planning. London 1992

Hansen, Uwe Jens: 1000 Jahre Plön - 750 Jahre Stadt. In: DSF (Hg.): Städtetourismus. Referate zum Fachkursus "Strategisch planen im Städtetourismus" in Berlin. Berlin 1986, S. 63-73

Häußermann, Hartmut/ Siebel, Walter: Die Politik der Festivalisierung und die Festivalisierung der Politik. Große Ereignisse in der Stadtpolitik. In: Häußermann, H., Siebel, W. (Hg.): Festivalisierung der Stadtpolitik. Stadtentwicklung durch große Projekte. Leviathan Sonderheft 13. Oplladen 1993, S. 7-31

Inden, Thomas: Alles Event?! Erfolg durch Erlebnismarketing. Landsberg/Lech 1993

Kaspar, Claude: Einführung in das touristische Management. St. Galler Beiträge zum Fremdenverkehr und zur Verkehrswirtschaft, Reihe Fremdenverkehr, 21. Bern/Stuttgart 1990

Koch, Martin: Die Touristische Nutzung kultureller Großveranstaltungen. Das Beispiel "Luxembourg - Europäische Kulturhauptstadt 1995". In: Becker, C., Steinecke, A. (Hg.): Megatrend Kultur? Chancen und Risiken der touristischen Vermarktung des kulturellen Erbes. 2. Europäisches Wissenschaftsforum auf der ITB Berlin '93. Trier 1993, S. 31-41

Kotler, Philip, Bliemel, Friedhelm: Marketing-Management. Analyse, Planung, Umsetzung und Steuerung. 7. vollständig neu bearbeitete und für den deutschen Sprachraum erweiterte Auflage. Stuttgart 1992

Kreilkamp, Edgar: Produkt- und Preispolitik. In: Haedrich, G. u.a. (Hg.): Tourismus-Management. Tourismus-Marketing und Fremdenverkehrsplanung. Berlin/New York 1993, S. 283-306

Law, Christopher M.: Urban Tourism and its contribution to Economic Regeneration. In: Urban Studies, 3/4 May/1992, S. 599-618

May, Mechthild: Städtetourismus als Teil der kommunalen Imageplanung dargestellt am Beispiel der kreisfreien Städte im Ruhrgebiet. Materialien zur Fremdenverkehrsgeographie, 14. Trier 1986

Meffert, Heribert: Städtemarketing - Pflicht oder Kür? In: Planung und Analyse, 8/1989, S. 273-280

Meier, Iris: Städtetourismus. Trierer Tourismus Bibliographien, 6. Trier 1994

Michaelis, Herbert: Zum Begriff und zur Bedeutung des Städtetourismus als Teil des Fremdenverkehrs. In: Akademie für Raumforschung und Landesplanung (Hg.): Städtetourismus. Analysen und Fallstudien aus Hessen, Rheinland-Pfalz und Saarland. Forschungs. und Sitzungsberichte, 142. Hannover 1982, S. 13-27

Nieschlag, Robert, Dichtl, Erwin, Hörschgen, Hans: Marketing. 16. durchgesehene Auflage. Berlin 1991

Oettinger, Peter: Marketing im Städtetourismus am Beispiel herausragender Sonderveranstaltungen. Möglichkeiten und Probleme. In: DSF (Hg.): Städtetourismus. Referate zum Fachkursus "Strategisch planen im Städtetourismus" in Berlin. Berlin 1986, S. 39-53

Opaschowski, Horst W.: Freizeitökonomie: Marketing von Erlebniswelten. Opladen 1993

o.V.: Bonn wird 2000. Ergebnisse der Arbeitsgruppen 1 und 2. In: DSF (Hg.): Städtetourismus. Referate zum Fachkursus „Strategisch planen im Städtetourismus" in Berlin. Berlin 1986, S. 56-62

o.V.: Städtereisen: Neue Impulse durch geschicktes Event-Marketing. Kurz- und Städtereisen bleiben im Trend. In: Fvw 10/1995, A16

Pürschel, May B., Romeiss-Stracke, Felizitas: Städtetourismus. Eine Planungs- und Orientierungshilfe für Klein- und Mittelstädte. München 1991

Roth, Ellen: Die Inszenierung von Special Events im Städtetourismus. Eine Untersuchung am Beispiel von sieben Stadtjubiläen. Diplomarbeit an der Universität Trier. Trier 1995

Saleh, Farouk, Ryan, Chris: Jazz and knitwear. Factors that attract tourists to festivals. In: Tourism Management, 14/4/1993, S. 289-297

Schneider, Ulrike: Stadtmarketing und Großveranstaltungen. Beiträge zur angewandten Wirtschaftsforschung, 26. Hannover 1993

Schönemann, Klaus: Werbung im Tourismus-Marketing. Grundlagen der Fremdenverkehrswerbung. Schriftenreihe des Landesfremdenverkehrsverbandes Bayern e.V., 14. Berchtesgarden 1989

Sovis, Wolfgang: Die Entwicklung von Leitbildern als strategische Analyse- und Planungsmethode des touristischen Managements. In: Zins, A. (Hg.): Strategisches Management im Tourismus. Planungsinstrumente für Tourismusorganisationen. Wien/New York, S. 31-65

Spehl, Harald u.a.: Regionale Wirtschaftsförderungspolitik und regionale Entwicklungsplanung in strukturschwachen Regionen. Erfolgskontrolle und alternative Entwicklungskonzeptionen. Schriftenreihe der Gesellschaft für regionale Strukturentwicklung, 4. Bonn 1981

Spörel, Ulrich: Inlandstourismus 1993. Ergebnisse der Beherbergungsstatistik. In: Statistischen Bundesamt (Hg.): Tourismus in Zahlen 1994. Wiesbaden 1995. S. 13-20

Stadt Augsburg, Referat Oberbürgermeister, Amt für Öffentlichkeitsarbeit (Hg.): Offizielle Broschüre zur 2000-Jahr-Feier. Augsburg. Stadtjubiläum 1985. Wichtige Informationen für Bürger und Gäste. Augsburg o.J.

Tourismus Zentrale Hamburg (Hg.): Medienspiegel. 800. Hafengeburtstag. 3.-7. Mai '89. Hamburg o.J.

Unger, Klemens: Festivals und Veranstaltungen als kulturtouristische Angebote. In: Becker, C., Steinecke, A. (Hg.): Kulturtourismus in Europa: Wachstum ohne Grenzen? Trier 1993, S. 112-121

Wachenfeld, Harald: Freizeitverhalten und Marketing. Grundlagen des Marketing für Freizeitangebote. Konsum und Verhalten, 13. Heidelberg 1987

Watt, David C.: Leisure and Tourism Events Management and Organisation. London 1992

Willnauer, Franz: Musikmanagement. In: Rauhe, H. (Hg.): Kulturmanagement: Theorie und Praxis einer professionellen Kunst. Berlin/New York 1994, S. 223-242,

Zimmermann, Klaus: Zur Imageplanung von Städten. Untersuchung zu einem Teilgebiet kommunaler Entwicklungsplanung. Kölner Wirtschafts- und Sozialwissenschaftliche Abhandlungen, 5. Köln 1975

# VII Die Reichstagsverhüllung in Berlin 1995
## Auswirkungen einer kulturellen Großveranstaltung auf die touristische Nachfrage
*Katrin Schlinke*

## I  Einleitung
### 1  Einleitung und Fragestellung

In immer mehr Städten werden Konzepte für Großveranstaltungen entwickelt. Ein neuer Typus von Politik wird sichtbar: Die Politik der großen Ereignisse (vgl. Häusser-Mann, Siebel 1993, S. 8). Die Austragung von Großveranstaltungen hat Einzug in die Stadtentwicklungspolitik erhalten. Im Wettbewerb der Städte sollen sie als Besonderheit zusätzliche Impulse bringen. Zumindest kurzzeitig gelangen die Städte auf diese Weise in das Bewußtsein der breiten Öffentlichkeit. Die Städte - als Wiege der Kultur - versuchen die Anzahl der Besucher mit Hilfe kultureller Anreize zu steigern.

Auch in Berlin erkannte man spätestens seit 1987 - der 750-Jahr-Feier der Stadt - die Wirksamkeit von kulturellen Ereignissen. Vielfältige Kulturveranstaltungen steigerten damals Berlins Attraktivität und verschafften Berlin das Image einer Metropole mit vielfältigem Charakter. Auch 1995 rückte eine Kulturgroßveranstaltung - die Reichstagsverhüllung - Berlin in das Licht der breiten Öffentlichkeit. Dieses Projekt „initiiert Wirkungen, die gerade hier in Berlin und gerade zu diesem Zeitpunkt für die Stadt von unschätzbaren Wert sind", so Roloff-Momin (1995), Kultursenator von Berlin. Wichtig ist vor allem der Nutzen des Fremdenverkehrs für die Stadt, der weit über den direkten ökonomischen Nutzen hinausgeht. Großveranstaltungen werden als geeignetes Mittel zur raschen Verbesserung des touristischen Angebots sowie der Verbesserung der touristischen Nachfrage, zur nachhaltigen Steigerung des Bekanntheitsgrades und zur langfristigen Imageprofilierung des Austragungsortes betrachtet (vgl. Brönnimann 1987, S. 16).

Im folgenden soll dargestellt werden, welche fremdenverkehrsrelevanten Wirkungen von kulturellen Großveranstaltungen zu erwarten sind. Beispielhaft für eine spektakuläre Großveranstaltung wird hier die Reichstagsverhüllung und deren touristische Wirkungen für Berlin betrachtet. Konkret sollen folgende Fragen aufgegriffen werden:

- Welche Auswirkungen auf die touristische Nachfrage treten im Zusammenhang mit der Reichstagsverhüllung auf? Zieht der Reichstag vorwiegend Ausflugsgäste an oder kommen auch Übernachtungsgäste? Wird die Reichstagsverhüllung Hauptreisemotiv sein? Wird sich demnach ein erhöhtes Touristenaufkommen in den Statistiken überhaupt bemerkbar machen?

- Können längerfristige touristische Auswirkungen durch das Ereignis erwartet werden? Wird vor allem die Medienberichterstattung über die Verhüllung eine werbende Wirkung für Berlin besitzen?

- Kann Berlin durch die Reichstagsverhüllung sein Image als (Kultur-) Metropole behaupten und ausbauen?

## II Kulturtourismus in Städten - Großveranstaltungen als kulturtouristische Angebote - Theoretische Grundlagen

### 2 Wirkungen von Großveranstaltungen auf die Standortentwicklung

An dieser Stelle sollte der Begriff Großveranstaltung kurz definiert werden. Für diese Arbeit zutreffend erscheint eine Abgrenzung von Richtie (1987, S. 20), der Großveranstaltungen als einmalige oder wiederkehrende Veranstaltungen beschreibt, die vor allem dazu entwickelt worden sind, einen Tourismusstandort in das Licht der Öffentlichkeit zu bringen. Sie erzeugen Interesse durch eine gewisse Einzigartigkeit oder zeitliche Begrenztheit. Die Motivation eine Großveranstaltung durchzuführen, kann recht vielfältig sein. Ein Großereignis hat nicht nur fremdenverkehrsrelevante Auswirkungen, auch andere wirtschaftliche Aspekte sind zu betrachten. Ebenso müssen gesellschaftliche und ökologische Auswirkungen betrachtet werden. Die ökologischen Aspekte werden nicht behandelt, da diese Thematik primär für die Fragestellung nicht relevant war.

### 2.1 Gesellschaftliche Auswirkungen

Nicht nur Christos und Jeanne Claudes Reichstagsverhüllung ist zu einem Bundestagsthema geworden, sondern auch andere Großereignisse sind für die Politik interessant. Die Ausstrahlungskraft und die emotionalen Mechanismen von Veranstaltungen dienen der Politik grundsätzlich in zwei Richtungen (vgl. Brönnimann 1982, S. 33):

- Nach Innen haben Großveranstaltungen eine Ablenkungsfunktion, sie können ernste und eigentlich wichtigere Dinge zumindest für eine begrenzte Zeit in den Hintergrund rücken.

– Nach Außen dienen Großveranstaltungen als Möglichkeit der Selbstdarstellung und als Aushängeschild für die Leistungsfähigkeit der jeweiligen Veranstalter (Städte, Gemeinden, Länder, etc.)

Die Durchführung von Großveranstaltungen beeinflußt das Fremd- und Selbstbild der gastgebenden Standorte. Die Außenwirkungen werden üblicherweise durch die Berichterstattung in den Medien, aber auch durch die unmittelbaren Erfahrungen der Besucher bewirkt (vgl. Schneider 1993, S. 183).

Großveranstaltungen können insbesondere auf regionaler und örtlicher Ebene eine Imageaufwertung bedeuten, eventuell kann das geschaffene Image oder Prestige auch zur Verstärkung der Identifikationskraft und zum Zusammenhalt der einheimischen Bevölkerung führen (vgl. Brönnimann 1982, S. 35).

## 2.2 Wirtschaftliche Auswirkungen

Die Vorbereitung und Durchführung von Großveranstaltungen bedeuten für den gastgebenden Standort zusätzliche Einnahmen. Investitionen für die Veranstaltung, die Betriebsausgaben der Trägergesellschaften, die zusätzlichen Ausgaben der Besucher, Sponsoren und Medienunternehmen stellen einen Nachfrageimpuls dar, der sich gemäß dem volkswirtschaftlichen Multiplikatortheorem im regionalen Produktions- und Einkommenskreislauf potenziert (vgl. Schneider 1993, S. 136). Natürlich sind Produktions-, Beschäftigungs- und Einkommenseffekte abhängig von der Großveranstaltung. So wird je nach Art der Veranstaltung eine unterschiedliche Zahl von Arbeitskräften direkt vom Projektträger beschäftigt. Die Zeitdauer der Beschäftigung ist ebenfalls unterschiedlich. Der Umsatz durch Veranstaltungen variiert mit dem Ausstrahlungsgrad des Ereignisses.

Standortmerkmale bestimmen die regionalen Wirkungen der Multiplikatoreffekte. Je nachdem, ob der Arbeitsmarkt des Standortes den Bedarf des Projektes decken kann, fließen Lohnausgaben der Wohnbevölkerung oder aber importierten Arbeitskräften zu. Ebenso verhält es sich mit der Wertschöpfung durch die Nachfrage des Veranstalters. Je stärker die Zulieferer aus dem lokalen Bereich kommen und je geringer die Importrate der regionalen Unternehmen ist, desto geringer sind die „Sickerverluste" durch Vorleistungsimporte (vgl. ebd., S. 138).

Der monetäre Impuls, der aus der veranstaltungsbedingten Fremdenverkehrswirkung resultiert, wird in der Literatur ganz unterschiedlich bewertet. Nach einer Untersuchung, die 1987 zu den Ausgaben bundesdeutscher Tagesausflügler und Tagesgeschäftsreisender vorgelegt wurde, liegen die durchschnittlichen Ausgaben für Tagesausflügler bei etwa 30 DM. Bei Ausflügen in Großstädten wird mit 36 DM etwas mehr ausgegeben. Die Beiträge von Tagesgeschäftsreisenden belaufen sich auf etwa 90 DM. Mehrtagesbesucher der Brisbaner Weltausstellung von 1988 gaben etwa 150 DM pro Tag und Person aus. Ausländische Messebesucher und dazu Messegäste gelten als relativ ausgabefreudig. Auf der CeBIT

1990 wurde bei ausländischen Messegästen ein mittlerer Ausgabebetrag von 829 DM für zwei Tage ermittelt (ebd., S. 156). Vor diesem Hintergrund spannt sich mit 30 - 400 DM pro Tag und Person ein sehr breites Intervall für die Durchschnittsausgaben von Veranstaltungstouristen auf. Der Bruttoumsatz durch die Veranstaltungstouristen muß noch um die Wirkungen, die aus der Verdrängung anderer touristischer Zielgruppen folgt, korrigiert werden. Beispielsweise können Stamm- oder anderweitig interessierte Besucher durch eine Großveranstaltung verdrängt werden. Weiterhin treten Umschichtungen auf, wenn Besuche in der gastgebenden Gemeinde ohnehin geplant waren und nun in die Zeit des Großereignisses gelegt werden. Eine entsprechende Zahl von Aufenthalten wird somit zwar im Veranstaltungszeitraum, aber nicht in der Folgesaison verbucht (vgl. Schneider 1993, S. 140).

### 2.3 Längerfristige Werbeeffekte von Großveranstaltungen

Die Fremdenverkehrsorte und auch große Städte haben heute ein starkes Interesse an publikumswirksamen Großveranstaltungen. Besonders durch die Berichterstattung in den Medien erhalten die Veranstaltungsstätten die einmalige Möglichkeit, auf ihre Stadt oder Gemeinde aufmerksam zu machen. Diese Berichterstattung ist folglich als kostenlose Werbung zu betrachten, die eine Großzahl von potentiellen Touristen mobilisiert. Die Fremdenverkehrsorte und Städte erhoffen sich durch das Großereignis eine Erhöhung bzw. Festigung des Bekanntheitsgrades, die Schaffung eines positiven Images und eine Steigerung der touristischen Nachfrage (vgl. Brönnimann 1982, S. 35). Gerade wenn ein unzulängliches Wissen über ein Zielgebiet vorliegt, erfolgt die Reisezielentscheidung oft anhand des Images. Man kann zwar davon ausgehen, daß je positiver das Image des Reiselandes ist, desto größer ist auch die Wahrscheinlichkeit, eine Reise dorthin anzutreten. Doch wirken aufgrund der Vielschichtigkeit des Reiseentscheidungsprozesses eine Vielzahl weiterer Verhaltenskomponenten mit ein (vgl. Messerschmidt 1991, S. 14 f.).

### 3  Bedeutung von Kunst und Kultur für den Tourismus in Berlin

Nach einer Studie des Institut für Planungskybernetik (IPK)-München verfügt Berlin in erster Priorität über folgende Attraktionen (IPK) zitiert in DIW 1992, S. 165):

– Sehenswürdigkeiten,
– Boulevards,
– Kultur,
– Brandenburger Tor.

Der Vereinigungsprozeß und das Kulturangebot werden vor allem im Ausland als positive Imagefaktoren für Berlin genannt. Insgesamt stellt die Kultur einen wichtigen Aktivposten der Stadt dar (ebd., S. 166).

Das Deutsche Institut für Wirtschaftsforschung (DIW) ließ 1991 eine eigene Befragung von Berlinbesuchern durchführen. Die große Mehrheit der Touristen hat während ihres Aufenthaltes in der Stadt in irgendeiner Form das Kulturangebot genutzt. Bei dieser Studie haben etwa 16% der Berlintouristen angegeben, sie seien zum Besuch besonderer Veranstaltungen in die Stadt gereist. Insgesamt sind etwa 15% der Berlinbesucher „ausschließlich oder stark überwiegend" aufgrund des regionalen Kulturangebots nach Berlin gereist (DIW) 1992, S. 103-168). Die Kultur stellt ein wesentliches Potential Berlins dar. Allgemein ist in letzter Zeit der Versuch unternommen worden, durch ein interessantes Kulturangebot die Übernachtungszahlen in Städten und Gemeinden zu steigern. So haben in den letzten Jahrzehnten viele Städte sogenannte Kulturfestivals gegründet. Mit diesen und anderen Großveranstaltungen sollen vor allem in den städtischen Nebensaisonen Touristen angezogen werden (vgl. Fessmann 1993, S. 17 f.).

### 4 Das Beispiel „Verhüllter Reichstag" als Großveranstalung in Berlin - Vorstellung des Projektes -

Die Anregung zum Projekt erhielten die amerikanischen Künstler Christo und Jeanne Claude 1971 durch eine Postkarte des Berliner Historikers und Journalisten Michael S. Cullen. 1977, 1981 und 1987 lehnte das Bundestagspräsidium - als Hausherr des Reichstags - das Projekt ab. Am 25. Februar 1994 befaßte sich der Deutsche Bundestag mit dem Kunstwerk. Es wurde mit 292 gegen 223 Stimmen genehmigt (vgl. Glatzer 1995, S. 10). Der Reichstag blieb vom 23. Juni 1995 bis zum 7. Juli 1995 vollständig verhüllt. Die Auf- und Abbauarbeiten nahmen zusätzlich einige Tage in Anspruch. Die Gesamtkosten des Projektes von 15 Mio DM trugen die Künstler selbst. In den Kosten enthalten sind die Herstellung des Stoffes, das Verpackungsseil, Stahlbauten, die Gerüste, Arbeiten von Architekten und Statikern, Sicherheitsvorkehrungen und die Betreuung der Gäste. Weiterhin waren Mieten, Löhne, Gebühren, Transport- und Versicherungskosten zu entrichten. Die Einnahmen kamen und kommen noch ausschließlich durch den Verkauf von Christos Zeichnungen, Drucke etc. (vgl. Hinze 1995). Der Kunstcharakter des Projektes wird immer wieder in Frage gestellt. Eine Definition für Kunst zu finden und damit das Projekt einzuordnen, ist kaum möglich. In jedem Fall wird Kunst in diesen Dimensionen zu einem öffentlichen Ereignis, zum „Happening". „Christo steht in der Tradition der großen Feste und Prozessionen, der Triumphzüge der Renaissance, der barocken Festdekorationen und der Massenfeste des Volkes der französischen und russischen Revolutionsfeiern" (Buddensieg 1995, S. B2).

Die Reichstagsverrhüllung ist also durchaus als kulturelle Großveranstaltung zu sehen. Es gab fünf Mio[1] Besuchern (incl. Berliner Besucher) Anlaß den verhüllten Reichstag zu besichtigen. Von Seiten der Stadt wurde ein erhöhtes Touristenaufkommen erwartet, da die Reichstagsverhüllung terminlich in die Nebensaison der Stadt fiel. Im Ausland sollte vor allem der Bekanntheitsgrad Berlins gesteigert werden.

## III  Die unmittelbaren Auswirkungen der Reichstagsverhüllung auf die touristische Nachfrage

## Empirischer Teil (A Gästebefragung)

### 5  Methodische Vorgehensweise

Gegenstand der Untersuchung war die Reichstagsverhüllung und deren Auswirkungen auf die touristische Nachfrage. Die Besucherbefragung richtete sich an all jene Personen (über 14 Jahre), die während der Reichstagsverhüllung den Reichstag aufsuchten. Einheimische Besucher wurden nicht befragt. Die insgesamt 300 Interviews wurden mit Hilfe eines standardisierten Fragebogens am verhüllten Reichstag durchgeführt. Es wurde zur Auswahl der Stichprobe ein willkürliches Auswahlverfahren genutzt.

### 6  Datenanalyse - Ergebnisse der Gästebefragung
#### 6.1  Soziodemographische Struktur der Gäste
#### 6.1.1  Herkunft der Gäste

Die Befragung zeigte eindeutig, daß mehrheitlich deutsche Gäste den verhüllten Reichstag besuchten. Jedoch waren immerhin etwa 8% der Gäste ausländischer Herkunft. Etwa ein Viertel der deutschen Besucher kam aus dem bevölkerungsreichsten Bundesland Nordrhein-Westfalen. Auch aus Niedersachsen kam insgesamt eine überproportional große Anzahl der Besucher (18%), was sicher auf die räumliche Nähe zurückzuführen ist.

---

[1] Schätzwert des Berliner Senators für kulturelle Angelegenheiten. Pressekonferenz vom 7.07.95

VII Reichstagsverhüllung 187

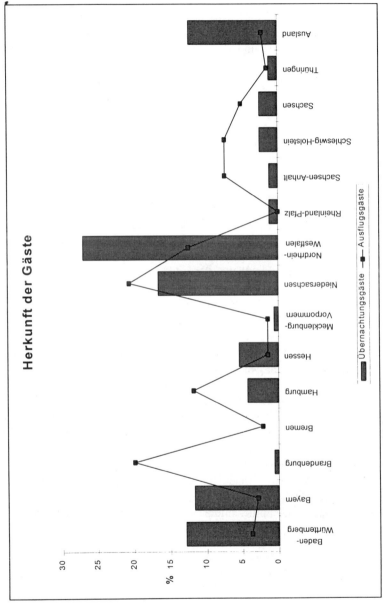

Abb. 1: Herkunft der Besucher des Verhüllten Reichstags

Quelle: Eigene Erhebungen 1995

Die Anteile Baden-Württembergs und Bayerns sowie aus Brandenburg, Hamburg, Sachsen-Anhalt und Schleswig Holstein nehmen eine Mittelstellung ein. Besucher aus Rheinland-Pfalz, Bremen, Mecklenburg-Vorpommern, Hessen, Sachsen, Saarland und Thüringen sind dagegen unterproportional vertreten. Bei Niedersachsen, Hamburg und Brandenburg muß darauf hingewiesen werden, daß die Besucher aus diesen Bundesländern überwiegend nur Tagesgäste waren.

Interessant ist, daß nur etwa 20% der Besucher aus den neuen Bundesländern kamen. Dieses entspricht zwar dem Bild der durchschnittlichen Städtereisenden, die auch nur zu 20% aus den neuen Bundesländern kommen (Mangold, Lohmann 1995, S. 59), dennoch erscheint dieser Anteil zu gering, wenn man die zentrale Lage Berlins in den betreffenden Bundesländern berücksichtigt.

Diese Ergebnisse können also eventuell darauf hindeuten, daß in den neuen Bundesländern Kunst einen noch nicht so hohen Stellenwert bei der Freizeitgestaltung einnimmt. Weiterhin tragen sicher andere soziale Gründe ebenfalls zu diesem geringeren Interesse an der Reichstagsverhüllung bei. Auch eine Befragung[2] der Besucher der Documenta (d9) 1992 belegte, daß nur 5% aller Besucher aus den neuen Bundesländern kamen. Über ein Viertel der Reichstagsbesucher kam aus Großstädten mit über 500.000 Einwohnern. Die bundesdeutschen Zentren für Kultur sind auch die wichtigsten städtischen Quellgebiete der Besucher des verhüllten Reichstags. Aus den Städten Hamburg, Köln, Düsseldorf, aber auch Essen kam ein Großteil der Besucher. Aus München kam allerdings nur ein kleiner Teil der Gäste. Offensichtlich ist die räumliche Nähe zwar ein wichtiger Faktor, aber es prägen auch Kunstbezug und Größe der Herkunftsstadt die Bereitschaft zu einem Besuch des verhüllten Reichstags.

Die ausländischen Gäste kamen überwiegend aus dem angrenzenden europäischen Ausland (65%), wobei auffälligerweise keine Gäste aus Osteuropa befragt werden konnten. Es ist anzunehmen, daß tatsächlich wenige Besucher aus Osteuropa den Reichstag besichtigten. Aus dem außereuropäischen Ausland dominierten eindeutig die Touristen aus den USA. Die kleine Stichprobe (n = 20) präsentiert allerdings keinen vollständigen Querschnitt der ausländischen Gäste. Der relativ geringe Anteil ausländischer Besucher ist sicher auch auf den kurzen Zeitraum der Verhüllung zurückzuführen. Eine Untersuchung der Stadt Köln[3] zu

---

[2]  Die Universität Kassel und die Museum Fridericianum Veranstaltungs GmbH führten 1992 eine Besucherbefragung während der Documenta durch (Hellstern 1993b, S. 2).

[3]  Das Statistische Amt der Stadt Köln führte 1981 eine Untersuchung über „Sekundärwirkungen kultureller Großveranstaltungen" in Köln durch. Die Untersuchungen wurden im Rahmen der Austellungen „Westkunst", „Picasso" und „Kunstschätze aus China" sowie drei Vorstellungen des „Theater der Welt" durchgeführt. 1985 wurden weitere Untersuchungsergebnisse vorgelegt Statistisches Amt der Stadt Köln 1981, S. 1).

kulturellen Großveranstaltungen kam zu einem ähnlichen Schluß: „Ein entsprechendes kulturelles Angebot muß über einen längeren Zeitraum präsentiert werden, erst dann und nur so kann es überregional und international - bei entsprechend eingeleiteter Medieninformation des potentiellen Interessenkreises - besucherwirksame Effekte auslösen".

### 6.1.2 Altersstruktur der Gäste

Die Besucher des verhüllten Reichstags gehören überproportional den reiferen Jahrgängen an. Etwa die Hälfte der Befragten ist über 50 Jahre. Die Zahl der unter 20-jährigen ist unterrepräsentiert. Dieses Ergebnis erscheint erstaunlich, da sowohl bei der Kölner Untersuchung über kulturelle Großveranstaltungen als auch bei der Befragung der Documenta-Besucher eher jüngere Altersgruppen dominierten (vgl. Statistisches Amt der Stadt Köln 1985, S. 12 und Hellstern 1993b, S. 14). Grundsätzlich sind auch Städtereisende insgesamt eher jünger (Lohmann zitiert in Meier 1994, S. 44).

### 6.1.3 Bildungs- und Berufsstruktur der Gäste

Eine überproportionale Anzahl der Besucher des verhüllten Reichstags hat eine höhere Schulbildung. Etwa 64% haben Abitur oder einen Hochschul- bzw. Fachhochschulabschluß als höchsten Schulabschluß angegeben. Dieses Ergebnis erstaunt zusätzlich, wenn man die Altersstruktur betrachtet. Normalerweise besitzen Altersgruppen über 40 Jahre eine durchschnittlich geringere Schulbildung, was unter anderem mit der damaligen Ausbildungssituation erklärt werden kann. Im Jahre 1993 gestaltete sich das Bildungsniveau als Vergleich in der gesamten Bundesrepublik folgendermaßen (Statistisches Jahrbuch 1994):

| | |
|---|---|
| 4,0% | befinden sich in einer schulischen Ausbildung |
| 54,7% | besitzen Volks-, bzw. Hauptschulabschluß |
| 17,9% | besitzen Realschulabschluß |
| 8,3% | haben einen Abschluß einer polytechn. Oberschule |
| 9,4% | machten Abitur / Fachabitur |
| 5,6% | haben einen Universitäts- oder Fachhochschulabschluß (sind statistisch nicht bei den Personen mit Abitur/Fachabitur enthalten) |

Diese Daten zeigen eindeutig, daß Besucher mit höherem Bildungsniveau am „Verhüllten Reichstag" äußerst stark vertreten waren. Über die Hälfte der Reichstagsbesucher sind berufstätig. Etwa 20% der Gäste gehören zu den Rentnern. Die Berufsgruppe der Angestellten dominierte eindeutig mit etwa 46% der Gäste. Beachtlich war auch der Anteil der Studenten mit etwa 10%. Die Gruppe der Selbständigen ist in der Darstellung deshalb so hoch, weil ein großer Anteil selbständiger Architekten und freischaffender Künstler den Reichstag besuchte.

Unterrepräsentiert war die Berufsgruppe der Arbeiter und die Gruppe der Schüler und Auszubildenden. Auch bei der Untersuchung zu Kölner Großveranstaltungen wurde festgestellt, daß ein Kultur- und Kunstangebot am stärksten Aufnahme bei Personen mit formal hohem Bildungsabschluß und höheren Berufspositionen findet (Amt für Statistik der Stadt Köln 1985, S. 15).

### 6.2 Informations- und Entscheidungsverhalten der Gäste

#### 6.2.1 Informationsquellen

Die meisten Besucher wurden von der Reichstagsverhüllung erstmalig durch das Fernsehen und die Tageszeitungen informiert. 10% der Gäste konnten sich an ihre erste Informationsquelle nicht erinnern, da sie schon seit den Anfängen die Planung der Reichstagsverhüllung mitverfolgten. Dieser Anteil ist in der Abbildung 6 unter dem Punkt „Sonstiges" aufgeführt. Bei diesen Gästen kann man überwiegend von wahren „Christo-Fans" sprechen, was viele Gäste auch betonten. Andere Informationsquellen wie der Rundfunk oder das Verkehrsamt sowie das Reisebüro spielten eine ganz untergeordnete, wenn nicht sogar keine Rolle.

Als weitere Informationsquellen kamen grundsätzlich alle Medien in Betracht. Das Fernsehen war wieder die meistgenutzte Informationsquelle. Viele gaben an, auch im Freundeskreis die Verhüllung des Reichstags diskutiert zu haben. Insgesamt ist die Reichstagsverhüllung eine Veranstaltung gewesen, die „in aller Munde" war.

Im Vergleich zwischen den neuen und alten Bundesländern zeigten sich deutliche Differenzen in der Nutzung von Informationskanälen. In den neuen Bundesländern wurden etwa 88% der Gäste durch die Medien auf die Reichstagsverhüllung erstmalig aufmerksam. In den alten Bundesländern waren es vergleichsweise nur ca. 63% der Gäste. Dort hatten viele Besucher die Reichstagsverhüllung schon seit den Anfängen der Projektentwicklung verfolgt und konnten sich, wie oben erwähnt, an keine erste Informationsquelle erinnern. In den neuen Bundesländern gab es erwartungsgemäß sehr wenige, die das Reichstagsprojekt schon länger verfolgten. Bei den Nennungen zu weiteren Informationsquellen über die Reichstagsverhüllung gab es keine gravierenden Unterschiede zwischen den neuen und alten Bundesländern. Im Ausland spielten die Tageszeitungen als erste Informationsquellen die größte Rolle, das Fernsehen wurde dagegen verhältnismäßig wenig genannt. Viele Besucher aus dem Ausland kannten das Reichstagsprojekt schon seit seinen Anfängen, waren also wirklich interessierte Besucher.

#### 6.2.2 Entscheidungsverhalten

Im Hinblick auf den Teil IV dieser Arbeit ist das Entscheidungsverhalten der Gäste von Interesse, welches durch die Medien beeinflußt wurde.

Über die Hälfte der Reichstagsbesucher hatte sich aufgrund der Berichterstattung in den Medien mit der Reichstagsverhüllung intensiver beschäftigt. Ein eher kleiner Teil der Gäste (14%) hat sich darüber hinaus auch mit der Stadt Berlin beschäftigt. Dieser Anteil ist im wesentlichen so gering, weil sehr viele Besucher Berlin zumindest aus Gesprächen bereits kannten.

Ein wiederum größerer Anteil (26%) der Gäste hat sich verständlicherweise wegen des Medienspektakels mit Christo und seinen anderen Projekten näher beschäftigt. Für diese Arbeit überaus interessant ist, daß sich fast 40% der Reichstagsbesucher aufgrund der Medienberichterstattung auch tatsächlich für eine Reise nach Berlin entschlossen haben. Daß die Medien zumindest einen gewissen Einfluß auf das Entscheidungsverhalten der Reichstagbesucher hatten, bezeugt zusätzlich die Betrachtung der Reiseentscheidung in Verbindung mit dem Befragungsdatum.

In der ersten Befragungswoche (vom 19.06. - 24.06. = Aufbauphase) haben sich nur etwa 25% der Gäste aufgrund der Medien für einen Besuch in Berlin entschlossen. In der zweiten Befragungswoche (vom 25.06. - 1.07.) vermehrte sich dieser Anteil um etwa 10%.

In der letzten Befragungswoche (2.07. - 6.07.) waren es dann über die Hälfte (56%) der Befragten, die durch die Medienberichterstattung den Reichstag persönlich anschauten. Dieser Zusammenhang ist statistisch als signifikant zu bezeichnen. Bestätigt werden diese Ergebnisse durch eine Betrachtung der Gäste, die nichts aufgrund der Medienberichterstattung unternommen haben. In der ersten Woche liegt der Anteil, der aufgrund der Medien keine Entscheidung getroffen hat, noch bei etwa 40%. In der dritten Woche fällt dieser Wert auf nur 24% der Gäste ab.

Eine rückwirkende Betrachtung der Berichterstattung über die Reichstagsverhüllung in den Medien zeigt eine deutliche Zunahme der Berichte im Laufe der Verhüllung. In der ersten Woche bzw. vor der Verhüllung war die Berichterstattung bei weitem nicht so ausführlich und glanzvoll wie in den letzten beiden Verhüllungswochen.

In diesem Zusammenhang ist verständlich, daß eine größere Anzahl der Besucher tatsächlich ihren Besuch in der zweiten und dritten Befragungswoche aufgrund der zunehmenden Berichterstattung in den Medien unternahm. Analog ist die Anzahl derer, die keine Reiseentscheidung aufgrund der Medienberichterstattung traf, in der letzten Woche am geringsten.

Tab 1: Entscheidungsverhalten der Gäste aufgrund der Medienberichterstattung

|  | 1. Befragungswoche | 2. Befragungswoche | 3. Befragungswoche |
|---|---|---|---|
| Aufgrund der Medien für eine Reise entschlossen | 25 % der Gäste | 35,9% der Gäste | 55,8% der Gäste |
| Aufgrund der Medien keine Entscheidung getroffen | 39,8%der Gäste | 28,2% der Gäste | 24,2% der Gäste |

Quelle: Eigene Erhebungen 1995

## 6.3 Interessensstruktur der Gäste

### 6.3.1 Besuchsmotiv

Weit über die Hälfte der Reichstagsbesucher ist hauptsächlich wegen der Reichstagsverhüllung nach Berlin gekommen. Für weniger als ein Viertel der Besucher spielte die Verhüllung zumindest eine Nebenrolle beim Besuchsmotiv. Diese Gäste besuchten überwiegend Verwandte oder Freunde und legten den Besuchstermin in die Zeit der Reichstagsverhüllung. Einige Gäste waren beruflich in Berlin, aber auch geschäftliche Treffen wurden oft terminlich auf die Reichstagsverhüllung abgestimmt. Es gab einen signifikanten Zusammenhang zwischen dem Besuchsmotiv und der Aufenthaltsdauer der Gäste. Für fast 85% der Ausflugsgäste war die Reichstagsverhüllung das Hauptmotiv ihres Berlinbesuchs. Übernachtungsgäste kamen allerdings nur zur Hälfte aufgrund der Verhüllung. Ein Tagesaufenthalt ist normalerweise zeitlich so begrenzt, daß nur eine Aktivität Auslöser des Ausflugs ist. Hier war es offensichtlich die Reichstagsverhüllung.

Wichtig erscheint dieses Ergebnis, wenn man die Sekundärwirkungen kultureller Großveranstaltungen untersuchen möchte. Denn nur wenn die Reichstagsverhüllung Haupt- zweck für eine Fahrt nach Berlin war, konnte der Besuch Sekundärwirkungen auslösen, andernfalls wäre der Besuch nur ein abgeleitetes Ergebnis anderer Hauptzwecke gewesen (vgl. Statistisches Amt der Stadt Köln 1985, S. 18). Für über zwei Drittel aller Befragten war der Reichstagsbesuch Hauptanlaß für den Berlinaufenthalt. Der Besuch der Verhüllung war somit in den meisten Fällen kein abgeleitetes Ergebnis, sondern die Reichstagsverhüllung selbst hatte sekundärwirkenden Charakter. Dieser sekundärwirkende Charakter wurde deutlich, wenn die Besucher zusätzliche Besucheraktivitäten entwickelten.

## 6.3.2 Interessenstruktur der Gäste in Berlin

Die Reichstagsbesucher wurden gefragt, was für sie zu einem gelungenen Berlinaufenthalt dazugehöre. Natürlich fanden viele nicht die Zeit für verschiedene Unternehmungen, es ging bei der Frage auch nur um Interessengebiete und nicht um tatsächlich ausgeführte Aktivitäten. Die Gäste haben grundsätzlich ein überwiegendes Interesse an Museen und Ausstellungen in Berlin. Ebenfalls wichtig oder sogar sehr wichtig sind für viele Gäste die besonderen kulturellen Ereignisse in der Stadt. Interessant ist, daß Konzerte für die Reichstagsbesucher eher unwichtig sind. Vor allem Rock-, Pop-, Jazz-Konzerte gehören für den Großteil der Gäste nicht unbedingt zu einem gelungenen Berlin-Aufenthalt. Im Hinblick auf die relativ hohe Altersstruktur der Reichstagsbesucher erscheint dieses Ergebnis verständlich.

Klassische Konzerte nehmen bei den Reichstagsbesuchern in puncto Wichtigkeit eine mittlere Position für einen gelungenen Berlinaufenthalt ein. Auch Theateraufführungen - besonders moderne Inszenierungen - haben eine untergeordnete Bedeutung. Jedoch muß man hier wieder auf die Altersstruktur hinweisen. Moderne Theateraufführungen sind eher beliebt bei jüngeren Gästen. Klassisches Theater hat unter den Befragten wiederum eine mittlere Bedeutung.

Die guten Einkaufsmöglichkeiten der Großstadt sind für viele Gäste in Berlin durchaus wichtig. Messen sind für die Befragten grundsätzlich eher unbedeutend.

Die Beschaffenheit der Unterkunft ist für viele Gäste nur mäßig wichtig. So kann man bei diesem Ergebnis fast vermuten, daß ein großartiges Ereignis Gegebenheiten wie eine gute Unterkunft in den Hintergrund rücken läßt. Die gute Gastfreundschaft gehört allerdings für drei Viertel der Besucher dazu. Der im Polaritätsprofil (Abb. 7) eingetragene Wert entspricht dem arithmetischen Mittel der bewertenden Antworten. Als bewertende Antworten auf die Frage gelten alle Angaben der Befragten von 1 (sehr wichtig) bis 5 (absolut unwichtig).

Betrachtet man die Interessensbereiche der Reichstagsbesucher und dazu deren Besuchsmotiv, so wird erneut deutlich, daß insbesondere kulturell Interessierte auch hauptsächlich wegen der Reichstagsverhüllung nach Berlin gekommen sind. Über 90% der Befragten gaben als Hauptmotiv ihrer Reise den Reichstag an und bekundeten gleichzeitig Interesse für Museen und Ausstellungen. Ebenso verhält es sich mit kulturellen Ereignissen allgemein. Etwa 80% der Reichstagsbesucher mit Hauptmotiv „Verhüllter Reichstag" haben an besonderen kulturellen Ereignissen Interesse. Bei den Interessenbereichen Theater und Konzerte sind die Zusammenhänge nicht eindeutig.

Zusammenfassend kann man also feststellen, daß besonders die Museen- und Ausstellungsinteressierten sowie Kulturveranstaltungsinteressierte auch den verhüllten Reichstag als Reisegrund hatten.

### 6.3.3 Kulturorientiertes Freizeitverhalten der Gäste

Um das besondere Interesse der Reichstagsbesucher für Kultur weiter auszuarbeiten, wird im folgenden das Freizeitverhalten der Gäste betrachtet. Auch hier wird wieder das besondere Interesse der Reichstagsbesucher für Museen und Ausstellungen deutlich. Über zwei Drittel der Gäste besuchten in ihrer Freizeit zumindest einmal im letzten halben Jahr ein Museum. Immerhin etwa 30% der Reichstagsbesucher gingen öfter als dreimal im letzten halben Jahr ins Museum. Ähnlich verhält es sich mit Ausstellungsbesuchen. Über drei Viertel der Gäste besuchten zumindest einmal oder öfter eine Ausstellung im letzten halben Jahr.

Klassische Konzerte und Theater- bzw. Ballettaufführungen wurden überwiegend ebenfalls einmal im letzten halben Jahr besucht. Rock/Pop- und Jazz-Konzerte sowie kulturelle Großereignisse und die Oper nahmen als Freizeitaktivitäten eine kleinere Rolle unter den Reichstagsbesuchern ein. Jedoch muß hier darauf hingewiesen werden, daß sowohl Opern als auch kulturelle Großereignisse nicht unbedingt jedem gut zugänglich sind. Gerade Besuchern aus ländlichen Gegenden stehen i.d.R. keine Opernhäuser in akzeptabler Entfernung zur Verfügung. Die untergeordnete Bedeutung von Rock-, Pop- und Jazz-Konzerten hängt sicher erneut mit der Altersstruktur zusammen.

Diejenigen Besucher, die den verhüllten Reichstag als Hauptmotiv ihrer Reise angaben, sind auch in ihrer Freizeit besonders kulturinteressiert.

Es besteht ein eindeutiger Zusammenhang zwischen dem Besuchsmotiv „Reichstagsverhüllung" und einem verstärkten Besuch von Ausstellungen und Museen in der Freizeit der Befragten.

Besonders stark ist der Zusammenhang bei den Ausstellungsinteressierten. Etwa 37% der Gäste, deren Reisemotiv mit der Reichstagsverhüllung absolut nichts zu tun hatte, besuchten auch keine Ausstellungen im letzten halben Jahr. Bei denjenigen, die als Hauptreisemotiv die Reichstagsverhüllung angaben, sind es nur 18%, die im letzten halben Jahr kein Interesse an Ausstellungen zeigten. Ähnlich verhält es sich mit dem Besuch klassischer Konzerte. Die Gäste mit dem Hauptreisemotiv „Reichstagsverhüllung" besuchten eher klassische Konzerte als diejenigen, die nicht aufgrund der Verhüllung nach Berlin reisten.

Es zeigt sich zusammenfassend, daß die Gäste, die speziell zur Reichstagsverhüllung anreisten, auch ein grundsätzliches Interesse für Kultur haben.

Abb. 7: Freizeitverhalten der Gäste

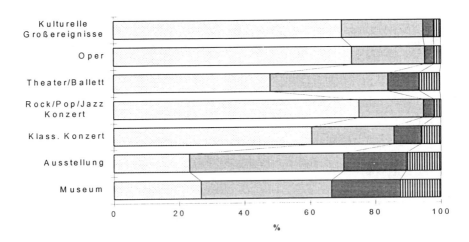

Quelle: Eigene Erhebungen 1995

### 6.3.4 Städtereisen der Gäste in den letzten drei Jahren/Interesse bei diesen Städtereisen

Im Durchschnitt machten die Reichstagsbesucher in den letzten drei Jahren 2,3 reine private Städtereisen. Weniger als etwa ein Viertel der Befragten unternahm überhaupt keine Städtereise, wohingegen fast die Hälfte der Gäste mindestens drei Reisen bestritt.

Im jährlichen Durchschnitt machte die Hälfte der Reichstagsbesucher mindestens eine Städtereise pro Jahr. Dieses Ergebnis liegt weit über dem allgemeinen deutschen Durchschnitt. 1989 haben nur etwa 28% aller Westdeutschen (über 14 Jahren) pro Jahr mindestens eine Städtereise unternommen (DIW 1992, S. 163).

Der größte Teil der Städtereisen ging nach Berlin, es waren also - wie schon vorher festgestellt - sehr viele „Berlinkenner" unter den Befragten. Zu den weiteren Städten, die offensichtlich Ziel vieler Reisen sind, gehören Paris und London als europäische Metropolen sowie Hamburg und München in Deutschland. Die häufigst genannte außereuropäische Stadt war New York.

In der Abbildung 9 sind nur die häufigst genannten Städte aufgeführt. Natürlich wurden noch zahlreiche andere Städte als Reiseziele genannt, diese waren aber vom Gewicht her unbedeutend und sind in der Graphik aus Gründen der Darstellung weggelassen worden.

Das Ergebnis bestätigt in etwa eine Untersuchung des DIW aus dem Jahre 1989. Dort lag allerdings die von deutschen Städtetouristen am häufigsten besuchte Stadt München, vor Berlin und Hamburg. Damals wurde festgestellt, daß die Hälfte der Reisen eher Verwandten- und Bekanntenbesuchen gilt als den Städten selbst. Bei Reisen, die nicht vorwiegend dem Besuch von Verwandten und Bekannten dienen, stand West-Berlin als Reiseziel 1989 an der Spitze. Danach folgten Paris, München und Hamburg.

Ähnliche Ergebnisse sind bei dieser Untersuchung erzielt worden, sie bestätigen allerdings, daß Berlin als städtetouristisches Ziel auch mit Bekannten- und Verwandtenbesuchen (die in dieser Untersuchung mit einbezogen sind) den ersten Rang eingenommen hat.

Abb. 8: Städtereisen der Gäste in den letzten drei Jahren

Quelle: Eigene Erhebungen 1995

Die Frage nach dem Interesse bei den Städtereisen war eine offene Frage, die später kodiert wurde. Der überwiegende Anteil der Besucher gab an, ein kulturelles Interesse bei Städtereisen zu haben. Natürlich erscheint diese Aussage relativ allgemein, da der Begriff Kultur zu vielfältig ist, um die Interessen der Reichstagsbesucher genau zu charakterisieren.

Immerhin nannten etwa 20% der Gäste ein besonderes Interesse bei ihren Städtereisen an Stadtgeschichte, Architektur oder Ausstellungen. Diese Aussagen deuten auf eine relativ große Gruppe Besucher hin, die ein konkretes bildungsorientiertes Interesse bei Städtereisen hat.

Insgesamt ist festzuhalten, daß die Reichstagsbesucher grundsätzlich öfter Städtereisen unternehmen, was wiederum mit dem hohen Bildungsniveau korreliert.

Abb. 9: Interesse der Besucher bei ihren Städtereisen

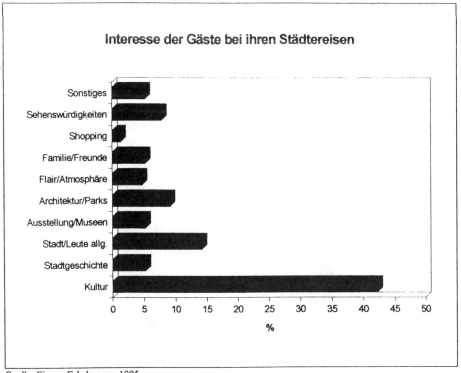

Quelle: Eigene Erhebungen 1995

## 6.4 Aufenthaltsmerkmale

### 6.4.1 Anreise, Unterkunft und Aufenthaltsdauer

Die meisten Gäste (45,5%) reisten mit dem Auto nach Berlin. Ein weiterer großer Anteil (37%) der Besucher nutzte die Bahn als Verkehrsmittel. Hier gab es einige Sonderzüge speziell zur Reichstagsverhüllung (Bsp. NDR-Sonderzug aus Hamburg). Geringer vertreten waren der Bus und das Flugzeug als Anreisemittel, nur etwa 5-7% nutzten diese. Die Busanreisen sind sicherlich auch so gering, da nur etwa 5% der Gäste eine Pauschalreise, welche aus dem Bundesgebiet üblicherweise mit dem Bus durchgeführt werden, nach Berlin gebucht hatten. Das Flugzeug wurde insbesondere von Gästen aus den ferneren Bundesländern genutzt. Oft blieben diese dann auch nur einige Stunden in Berlin. Besucher aus dem Umland von Berlin kamen zum großen Teil mit dem öffentlichen Personennahverkehr - wie z.B. der S-Bahn - in die Stadt.

Von den Übernachtungsgästen kam über die Hälfte bei Verwandten und Bekannten unter. Etwa 30 % der Gäste übernachtete im Hotel oder in einer Pension. Jugendherbergen wurden vorwiegend von jüngeren Gästen genutzt. Erstaunlicherweise gaben einige, besonders jüngere Gäste an, im Freien vor dem Reichstag oder im Tiergarten zu campieren. Diese sind in der Abb. 13 unter Sonstiges aufgeführt. Die große Anzahl der Verwandten- und Bekanntenunterkünfte ist beachtlich und beeinflußt natürlich entstehende Sekundäreffekte. Diese werden aufgrund der geringeren Ausgaben der Gäste, zumindest für Übernachtungen, kleiner ausfallen.

Abb. 10: Unterkunft der Übernachtungsgäste

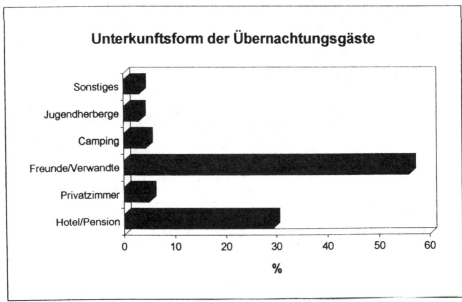

Quelle: Eigene Erhebungen

Die Aufenthaltsdauer bzw. die Übernachtungshäufigkeit der auswärtigen Gäste ist wichtig für die Abschätzung des Konsum- und Nachfrageverhaltens der Besucher. Von den Befragten besuchten 136 Gäste (45,5%) den verhüllten Reichstag nur für einen Tag (Ausflugsgäste) und 164 Besucher (54,5%) übernachteten in der Stadt (Übernachtungsgäste). Die durchschnittliche Aufenthaltsdauer der Gäste insgesamt[4] betrug 2,2 Übernachtungen. Bezieht man diesen Durchschnittswert nur auf die Übernachtungsgäste, so bleiben diese durchschnittlich 3,9 Übernachtungen, was relativ hoch ausfällt. Die durchschnittlich hohe Aufenthaltsdauer der Übernachtungsgäste ergibt sich durch einige länger weilende Besucher, vor allem derjenigen, die bei Verwandten und Bekannten unterkamen. Etwa 37% der übernachtenden Gäste blieben länger als 3 Übernachtungen und immerhin 17% blieben länger als 6 Übernachtungen. Die Mehrzahl der Übernachtungsgäste von ca. 28% blieb allerdings nur 2 Nächte in Berlin.

Abb. 11: Aufenthaltsdauer der Übernachtungsgäste

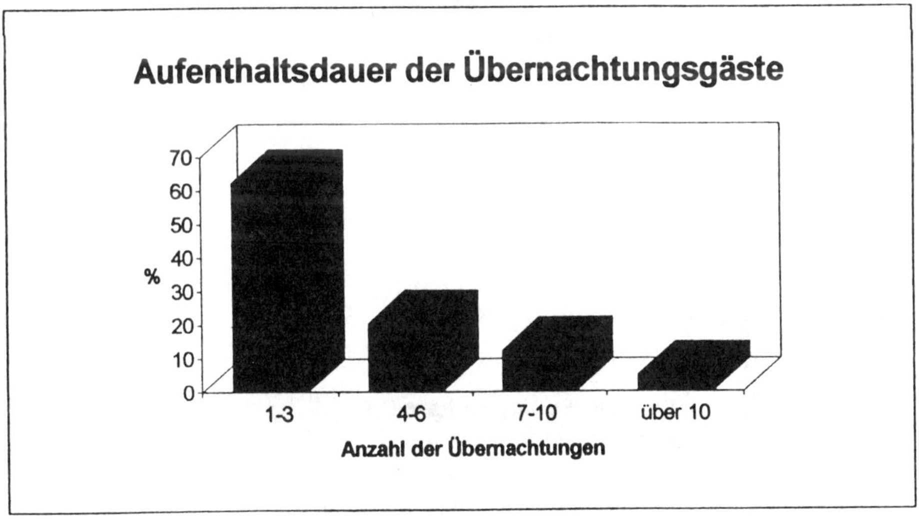

Quelle: Eigene Erhebungen 1995

Auch nach der Kölner Studie über Großveranstaltungen hat über die Hälfte der Gäste nicht in Köln übernachtet. Dort war der größte Teil der Übernachtungsgäste nur eine Nacht in der Stadt, und 35% der Gäste blieben für drei Übernachtungen oder länger (Statistisches Amt der Stadt Köln 1985, S. 47). Zum Vergleich in Berlin blieben die Übernachtungsgäste zum größten Teil länger als zwei Nächte.

---

4   Insgesamt bedeutet, daß die Rechengrundlage aus Ausflugs- und Übernachtungsgästen besteht.

Etwa 52% der Gäste blieben drei Übernachtungen oder länger. Die Gruppe der Gäste, die länger als 2 Übernachtungen in Berlin blieb, kam verstärkt als Nachfrager des Dienstleistungs- und Warenangebotes in Betracht, da diese Gruppe rein zeitlich eher konsumieren konnte.

### 6.4.2 Besuche von Sehenswürdigkeiten und Stadtteilen in Berlin und Umgebung

Insgesamt besuchten natürlich die meisten aller Gäste die Straße „Unter den Linden" und den Alexanderplatz, da hier die räumliche Nähe zum Reichstag gegeben ist. Weiterhin war der Kurfürstendamm, als klassische Attraktion im ehemaligen Westteil der Stadt, mit etwa 49% der Gäste gut besucht. Relativ interessant schien auch das Nikolaiviertel auf die Gäste zu wirken. Etwa 17% besuchten diesen historischen Teil Berlins. Beachtlich ist ebenfalls der Anteil der Potsdam-Besucher. 22% der Reichstagsbesucher fuhren während ihres Aufenthalts nach Potsdam. Geringer besucht, zu etwa 10%, waren die Oranienburger Straße und Kreuzberg als alternative Stadtviertel. Zusätzlich zu den standardisierten Antwortvorgaben nannten die Reichstagsbesucher noch weitere Besichtigungspunkte:

3,3% machten eine Bootsfahrt oder besuchten Wälder und Seen der Stadt.

3,0% besuchten das Pokalendspiel am 24.06.95 im Olympiastadion.

3,0% besuchten die Museumsinsel.

2,3% besuchten allgemein östliche Stadtbezirke.

2,0% besichtigten den Fernsehturm am Alexanderplatz.

Insgesamt ist auffällig, daß Sehenswürdigkeiten und Stadtbezirke im ehemals östlichen Teil der Stadt zur Zeit für die auswärtigen Gäste interessanter sind als Besichtigungsmöglichkeiten im ehemaligen Westteil Berlins. Die Anzahl der Aktivitäten variiert erwartungsgemäß zwischen Übernachtungsgästen und Ausflugsgästen. Ausflugsgäste haben normalerweise nicht die Zeit, viele Besichtigungen zu unternehmen. Lediglich die Straße „Unter den Linden" und der Alexanderplatz sind auch von den Ausflugsgästen relativ häufig besucht worden.

Merklich große Unterschiede gab es beim Kurfürstendamm. Diese Sehenswürdigkeit besuchten nur etwa 36% der Ausflugsgäste, aber etwa 58% der Übernachtungsgäste. Viele Ausflugsgäste kommen aus dem Umland Berlins und die Sehenswürdigkeiten der Stadt sind diesen Besuchern bereits bekannt. Sie kamen wirklich nur nach Berlin, um sich den Reichstag anzuschauen. Gravierend ist auch der Unterschied beim Schloß Charlottenburg. Hier spielt sicher die Entfernung des Schlosses zum Reichstag eine Rolle. Nur wenige Ausflugsgäste fanden die Zeit, zum Schloß zu fahren. Ebenso verhält es sich mit Potsdam und den Stadtvierteln Kreuzberg und der Oranienburger Straße. Eine zum Teil signifikante Abhängigkeit besteht zwischen der Anzahl der vorherigen Besuche in Berlin und den Besichtigungen in der Stadt. Besuche des Schlosses Charlottenburg, des Kurfürstendamms, Kreuzbergs und Potsdams sind weniger häufig von befragten Gästen genannt worden, die schon einmal oder öfter in Berlin gewesen sind.

Beim Nikolaiviertel, dem Gendarmenmarkt und dem Stadtviertel Oranienburger Straße verhalten sich diese Ergebnisse etwas anders. Diese Orte wurden eher von Gästen besucht, die schon einmal in Berlin waren. Das sind Plätze, die nicht zu den direkten Sehenswürdigkeiten wie Kurfürstendamm und Alexanderplatz gehören. Für diese „zweitrangigen" Sehenswürdigkeiten wird oft erst beim zweiten Besuch in Berlin Zeit gefunden. Weiterhin sind diese Orte im ehemaligen Ostteil der Stadt gelegen, der von vielen Gästen erst jetzt „erforscht" wird.

Besonders verhält es sich zur Reichstagsverhüllung mit dem Besuch der Straße „Unter den Linden". Viele Gäste durchquerten diese ganz zwangsläufig, da sowohl die Ausstiegspunkte der öffentlichen Verkehrsmittel als auch Verpflegungsstände dort angesiedelt waren. So besuchten sowohl Gäste, die zum ersten Mal in Berlin waren, als auch Gäste, die die Stadt schon öfter gesehen haben, diesen Bereich fast gleichrangig.

Abb. 12: Besichtigungen der Gäste in Berlin - Getrennt nach Ausflugs- und Übernachtungsgästen

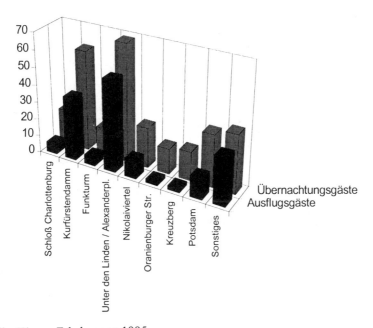

Quelle: Eigene Erhebungen 1995

## 6.5 Ausgabeverhalten der Gäste

Die durchschnittlichen Tagesausgaben der Gäste umfassen die Geldbeträge für die Übernachtung, den Besuch von Cafés und Restaurants, die Unterhaltung am Abend, Eintrittsgelder für Museen, Ausstellungen etc., Souvenirs und Shopping sowie Gelder für die Benutzung von Transportmitteln.

Die so entstandenen Durchschnittsausgaben betrugen für Ausflugsgäste insgesamt etwa 34 DM pro Person und Tag. Dieser Wert stimmt in etwa mit dem überein, den Koch, Zeiner, Feige 1986 für Großstädte ermittelt haben. Damals lagen die Ausgaben für Tagestouristen bei 36 DM (zitiert in Meier 1994, S. 50). Übernachtungsgäste gaben in Berlin pro Tag etwa 69 DM aus.

Die Durchschnittsausgaben für Übernachtungsgäste erscheinen gering. Doch muß man hierbei beachten, daß etwa 57% der Gäste keine Ausgaben für Übernachtungen hatten, weil sie beispielsweise bei Verwandten oder Freunden unterkamen (vgl. Kap.7.5.1). Rechnet man diese Verwandten- und Bekanntenbesuche bei den Durchschnittsausgaben für Übernachtungen nicht mit ein, liegen die Tagesausgaben insgesamt bei etwa 112 DM pro Übernachtungsgast. Als Grundlage weiterer Berechnungen in dieser Arbeit wird der niedrigere Wert genommen, da dieser die tatsächlichen Einnahmen durch die Touristen widerspiegelt.

Vergleichbare Ausgabenwerte schwanken stark. Koch, Zeiner, Feige ermittelten für Münchener Übernachtungsgäste einen viel höheren Betrag, dort lagen die Durchschnittsausgaben bei 281 DM/Tag (1989, S. 71). In einer Untersuchung zu den Bayreuther Festspielen wurden Durchschnittswerte von 105 DM pro Übernachtungsgast/Tag ermittelt (Meier 1994, S. 54). Bei den Vergleichswerten wird allerdings nicht deutlich, ob die kostenlosen Übernachtungen bei Verwandten und Bekannten in die Berechnung miteinflossen.

Der Betrag, der für Christo-Souvenirs ausgegeben wurde, ist weder bei den Durchschnittsausgaben der Übernachtungsgästen noch bei den Ausflugsgästen mit eingerechnet, da diese Ausgaben überwiegend Christo und Jeanne-Claude persönlich zuflossen. Die genaue Verteilung der einzelnen Ausgaben ist aus der folgenden Abbildung 14 zu entnehmen. Dort sind die jeweiligen Durchschnittsausgaben angegeben. Es entfielen bei den Übernachtungsgästen etwa 74% der Ausgaben auf das Gastgewerbe (Übernachtung und Verpflegung). Etwa 10% kamen dem Einzelhandel zu, 7% entfielen auf Verkehrsmittel und weitere 7% waren Eintritte (Museen, Theater, etc.).

Zu einer ähnlichen Erkenntnis kommt Zeiner, der festhält, daß beim „übernachtenden Fremdenverkehr ca. 80% der Umsätze auf das Gastgewerbe entfallen. Auf sonstige Branchen (Dienstleistungsunternehmen, Verkehrsbetriebe etc.) entfallen insgesamt maximal 20% der touristischen Umsätze" (zitiert in Meier 1994, S. 84).

Bei den Ausflugsgästen gingen 72% der Ausgaben an das Gastgewerbe (Verpflegung) und etwa 15% an die Verkehrsmittel. Der Einzelhandel profitierte mit etwa 10% der Ausgaben. Für Christo-Souvenirs wurden von den Übernachtungsgästen etwa 4 DM im Durchschnitt ausgegeben, allerdings ist der Wert derjenigen, die keine Souvenirs kauften, mit fast 50% sehr hoch. Ausflugsgäste gaben vergleichsweise mehr aus. Sie hatten für Christo-Souvenirs Ausgaben in Höhe von durchschnittlich 13 DM getätigt.

Die verhältnismäßig niedrigen Ausgaben der Übernachtungsgäste für Christo-Souvenirs liegen mit Sicherheit am Zeitpunkt der Befragung und an dem Angebot an Souvenirs. Zunächst sind überwiegend Drucke und Zeichnungen des verhüllten Reichstag erhältlich gewesen, die nicht ohne Überlegung gekauft werden. Weiterhin entschlossen sich viele Gäste erst kurz vorm Abfahrtstag für eine größere Investition, z.B. in einen signierten Druck vom verhüllten Reichstagsgebäude. Auch das verhältnismäßig hohe Preisniveau verschiedener Zeichnungen und Drucke ist zu beachten. Eine Kaufentscheidung wird in diesem Fall mit erst deutlicher Überlegung gefällt.

Abb. 13: Ausgabenstruktur der Gäste

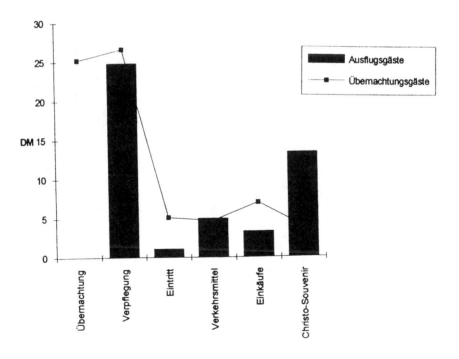

Quelle: Eigene Erhebungen 1995

## 6.6 Mögliche längerfristigen Wirkungen der Reichstagsverhüllung - Tendenzen

### 6.6.1 Möglicher Wiederholungsbesuch der Gäste

Die Gäste wurden gefragt, ob sie sich einen erneuten Besuch in Berlin vorstellen könnten, wenn es eine ähnlich attraktive Großveranstaltung in der Stadt geben würde. Über drei Viertel der Befragten könnte sich einen Wiederholungsbesuch bei einem ähnlichem Ereignis vorstellen. Nur etwa 7% behaupteten, mit Sicherheit nicht erneut nach Berlin zu reisen. 19% waren sich ihrer zukünftigen Reiseabsichten nach Berlin nicht sicher.

Dieses Ergebnis ist sicher nicht nur auf die Reichstagsverhüllung zurückzuführen, sondern auch auf Berlins übriges touristisches Potential. Dennoch spiegelt es die positive Ausstrahlung der Verhüllung auf die Gäste wieder. Der kleine Anteil derer, die nicht unbedingt wieder nach Berlin reisen wollen, besteht im wesentlichen aus ausländischen Gästen, für die eine Reise nach Berlin grundsätzlich aufwendiger ist als für deutsche Besucher.

Bei den Aussagen gibt es leichte Unterschiede zwischen Ausflugs- und Übernachtungsgästen. Von den Ausflugsgästen sind es 86%, die Berlin bei einem ähnlichen Ereignis wieder besuchen wollen. Die Anzahl der Übernachtungsgäste, die sich einen Wiederholungsbesuch vorstellen können, liegt bei nur 64%. Diese Aufteilung liegt nahe. Ausflugsgäste haben in der Regel aufgrund der kurzen Reiseentfernung keine größeren Mühen, noch mal nach Berlin zu fahren, zumal ein großer Teil der Ausflugsgäste aus dem Umland Berlins stammte. Die Ergebnisse der Fragestellung nach einem Wiederholungsbesuch sind jedoch als hypothetisch zu bezeichnen, weil die Frage in die Zukunft gerichtet war.

Abb. 14: Möglicher Wiederholungsbesuch

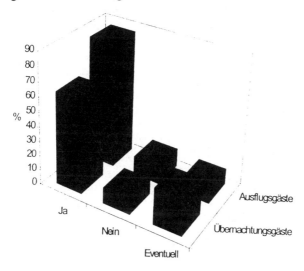

Quelle: Eigene Erhebungen 1995

### 6.6.2 Imagewirkung

Berlin hat selbstverständlich schon ein herausragendes Image als Kulturstadt. Doch das Bestreben liegt natürlich darin, dieses Image zu bestätigen bzw. weiter auszubauen. Die Reichstagsbesucher wurden als Zeitzeugen dazu befragt, ob sie sich eine grundsätzliche Verbesserung des Berliner Images aufgrund der Verhüllung vorstellen können. Über 80% der Gäste bestätigten die Hoffnung der Stadt: Eine positive Imageveränderung würde durch das Ereignis stattfinden. Ein wieder sehr geringer Teil der Befragten bestätigte diese Imageveränderung nicht, und etwa 9% konnten sich zu keiner Aussage diesbezüglich entscheiden. Natürlich kann man von den Reichstagsbesuchern nicht auf die Gesamtheit der Bundesbürger oder gar auf die Allgemeinheit rückschließen. Die Reichstagsbesucher hatten aufgrund des persönlichen Teilhabens am Geschehen einen viel intensiveren Bezug zur Verhüllung als Nichtbesucher. Daher ist hiermit nicht geklärt, ob grundsätzlich in der Allgemeinheit Berlin eine Imageveränderung erfahren hat. Doch zeigt die Meinung der Reichstagsbesucher immerhin eine positive Tendenz auf. Es muß darauf hingewiesen werden, daß letztendlich für eine Imageveränderung der Stadt vor allem die Atmosphäre um den Reichstag, die nicht zuletzt durch die Berliner Bevölkerung maßgeblich beeinflußt wurde, wichtig ist. Daß ein derartiges Spektakel in Berlin möglich war, zeichnet die Stadt aus und könnte vor allem dadurch zu einer Verbesserung des Images beitragen.

Die Reichstagsverhüllung und das „Geschehen" um den Reichstag sind demnach Attraktionen gewesen, welche durchaus längerfristige positive Auswirkungen hinterlassen können. Zumindest wird Berlin als Kulturstadt bestätigt, und von einer positiven Imagewirkung durch die Verhüllung und das friedliche „Volksfest" um den Reichstag kann ausgegangen werden.

### 6.7 Zusammenfassung

Zusammenfassend handelt es sich bei den Besuchern des verhüllten Reichstags vorwiegend um Gäste aus den alten Bundesländern. Es ist unter anderem anzunehmen, daß für derartige Spektakel in den mit starken sozialen Problemen behafteten neuen Bundesländern kein Verständnis aufgebracht wird. Diese Erkenntnis wird durch einige Gäste aus den betreffenden Ländern bestätigt: Jene fanden die Verhüllung grundsätzlich zu teuer.

Die Reichstagsbesucher waren vorwiegend ältere Personen. Typische Städtereisende sowie Reisende zu Kulturereignissen gehören allerdings eher den jüngeren Altersgruppen an, somit erstaunt dieses Ergebnis der Untersuchung. Die Altersstruktur der Gäste ist sicher auf ein noch nicht ausgebautes Interesse der jüngeren Generation an Kunst dieser Art zurückzuführen. Vor allem die Altersgruppe der unter 20-jährigen zeigte sich deutlich unterrepräsentiert.

Beachtlich ist das Bildungsniveau der befragten Gäste. Die durchschnittliche Schulbildung der Befragten ist überproportional hoch und weicht vom Bundesdurchschnitt stark ab.

Als Informationsquellen für die „Verhüllung" fungierten im wesentlichen das Fernsehen und die Tageszeitungen. Einige verfolgten Christo und seine Projekte schon seit langer Zeit und bezeichneten sich selbst als Christo-Anhänger.

Die Medien spielten bei der Entscheidung zu einer Fahrt nach Berlin grundsätzlich eine große Rolle. In der letzten Verhüllungswoche, in der auch die Berichterstattung über die Verhüllung quantitativ stärker war, kam über die Hälfte der Gäste aufgrund der Medien.

Der größte Anteil der Besucher hatte den Reichstag als Hauptmotiv seiner Reise angegeben. Die Reichstagsverhüllung besaß somit eine eigenständige Motivationskraft, um Besuchergruppen nach Berlin zu führen.

Grundsätzlich kann man die Reichstagsbesucher als kulturinteressierte Gäste bezeichnen. Insbesondere die Gästegruppe, die auch den Reichstag als Hauptmotiv ihrer Reise angab, bekundete Interesse für Kultur.

Die Befragten stellten im wesentlichen einen Interessentenkreis dar, der auch kontinuierlich Austellungsangebote wahrnimmt. Die verstärkte Anzahl von Besuchen in Museen und Ausstellungen in der Freizeit der Gäste deutet auf eine Vertrautheit dieser mit Kunst hin.

Auch die Interessenstruktur der Gäste während ihrer sonstigen Städtereisen charakterisiert erneut die Gruppe der Reichstagsbesucher als kunstinteressierte Personen mit einem gewissen Bildungsinteresse.

Folgende Aufenthaltsmerkmale kennzeichneten die Besucher des verhüllten Reichstags: Der größere Teil der befragten Gäste übernachtete in der Stadt. Die Ausflugsgäste kamen erstaunlicherweise nicht nur aus dem Umland Berlins, sondern nahmen auch längere Strecken in Kauf, um den verhüllten Reichstag für nur einige Stunden zu besichtigen.

Die durchschnittliche Aufenthaltsdauer der Übernachtungsgäste betrug 3,9 Tage. Dieser Wert fällt verhältnismäßig hoch aus, da ein Großteil der Gäste bei Verwandten und Bekannten übernachtete und dort in der Regel länger verweilte als in einem gewerblichen Betrieb.

Die Gäste besuchten während ihres Berlinaufenthalts außer dem Reichstag vorwiegend Sehenswürdigkeiten im ehemaligen Ostteil der Stadt. Besonders häufig besucht waren Attraktionen in der räumlichen Nähe des Verhüllungsobjektes (z.B. „Unter den Linden", „Alexanderplatz"). Gravierende Unterschiede gab es zwischen Ausflugs- und Übernachtungsgästen. Ausflugsgäste fanden erwartungsgemäß nicht die Zeit, viele Besichtigungen zu unternehmen.

Das Ausgabeverhalten ist für die Bewertung der wirtschaftlichen Effekte der Reichstagsverhüllung von besonderer Bedeutung. Die Besucher des Reichstags haben, im Vergleich zu anderen Studien, wenig Geld ausgegeben. Vor allem die Übernachtungsgäste verhielten sich sparsam in Berlin. Der Durchschnittswert von 69 DM pro Tag und Übernachtungsgast liegt sicher unter den Erwartungen der Stadt. Diese geringe Ausgabenhöhe ist erneut auf die zahlreichen kostenlosen Übernachtungen bei Verwandten und Bekannten zurückzuführen. Das Ausgabeverhalten der Ausflugsgäste (34 DM pro Tag und Person) entspricht dem Wert, der in anderen Untersuchungen für Großstädte ermittelt wurde.

Die von der Reichstagsverhüllung ausgehenden Multiplikatoreffekte können in dieser Untersuchung nicht abgeschätzt werden. Es ist aber davon auszugehen, daß die gewonnenen Effekte durch die verstärkte Nachfrage auch tatsächlich überwiegend der Stadt Berlin zukommen, da sich aufgrund ihrer Größe „Sickereffekte" klein halten.

Das Image Berlins als Kulturstadt konnte durch die Reichstagsverhüllung gefestigt werden. Dieses bestätigten auch überwiegend die befragten Besucher.

Der größte Teil der Gäste beurteilte das Projekt für die Stadt sehr gut. Die „Verhüllung" wurde teilweise als Jahrhundertereignis beschrieben. Besonders die positive Atmosphäre und das Flair, das die Veranstaltung umgab, wird sicher auch auf die Berliner Bevölkerung zurückgeführt und könnte auf diese Weise zu einer grundsätzlichen Imageverbesserung Berlins beitragen. Mängel an der Veranstaltungsorganisation wurden nur vereinzelt festgestellt.

Wenn die auswärtigen Besucher der Reichstagsverhüllung mit der Stadt und der Atmosphäre zufrieden waren, werden diese Gäste ihre guten Eindrücke weitertragen. Somit sind auch längerfristig positive Effekte für die touristische Nachfrage zu erwarten. Zumindest sind die befragten Gäste zu einem Wiederholungsbesuch bei einer ähnlichen Veranstaltung bereit. Ob die große Medienberichterstattung auch eine werbende Wirkung für Berlin hat, wird im IV. Teil der Untersuchung aufgegriffen.

## B  Analyse von Sekundärdaten

### 7  Methodische Vorgehensweise

Da es von Interesse ist, wie sich die Reichstagsverhüllung nun tatsächlich auf die touristische Nachfrage auswirkte, also ob sich eine verstärkte Nachfrage in Fremdenverkehrsstatistiken ausdrückt, sollen im folgenden Abschnitt Gäste- und Übernachtungszahlen, Herkunftsländer und Aufenthaltsdauer der Gäste sowie die Bettenauslastung im Juni/Juli 1995 betrachtet und mit den Vorjahren verglichen werden. Es werden zu diesem Zweck die Berliner Statistiken des Fremdenverkehrs und der Beherbergungskapazitäten aus den Monaten Juni und Juli in den Jahren 1992, 1993, 1994 mit dem Jahr 1995 verglichen. Die gewonnenen Daten sagen natürlich nichts darüber aus, ob aufgrund der Verhüllung auch längerfristig - wenn Berlin z.B. eine Imageverbesserung erlebt - die Nachfrageziffern steigen.

### 8  Untersuchungsergebnisse

#### 8.1  Gästeankünfte und Aufenthaltsdauer im Juni/Juli 1995 im Vergleich zu den Vorjahren

Im Juni 1995, also im Monat der Aufbauarbeiten und der ersten Verhüllungswoche, wurden 340 549 Gästeankünfte gezählt.[5] Damit fand eine Steigerung der Ankünfte gegenüber dem gleichen Vorjahresmonat (6/1994) um 10% statt. Diese Steigerungsrate ist beachtlich, wenn man die Junidaten aus den Vorjahren ver-

---

[5]  Gästeankünfte, soweit sie meßbar sind. Damit sind nicht die Besucher erfaßt, die bei Verwandten und Bekannten unterkamen. Es sind die Ankünfte in allen gewerblichen Einrichtungen eingeschlossen Campingplätze, aber auch Jugendherbergen, Gästehäuser etc. in der Statistik aufgeführt.

gleicht. Es ist festzuhalten, daß es zwar seit 1992 eine kontinuierliche Steigerung der Gästeankünfte im Monat Juni gab, aber die Steigerung vom Jahr 1994 auf das Verhüllungsjahr 1995 beachtlich groß war (Statistisches Landesamt Berlin 1992, 1993, 1994, 1995). Im Juli zeigt sich ein ähnliches Bild. Es wurden im Juli 1995 279.391 Gästeankünfte gezählt. Damit fand in diesem Monat eine Steigerung von 9,4% zum Vorjahresmonat (7/1994) statt. Diese Steigerungsrate fällt im Vergleich zu den Junizahlen zwar geringer aus, dennoch ist auch diese Rate relativ hoch, wenn man die sonst üblichen jährlichen Steigerungsraten im Juli betrachtet. Die Julimonate in den Jahren 1992 und 1993 verbuchten sogar eine negative Steigerungsrate (ebd.). Insgesamt verzeichnen die Verhüllungsmonate Juni und Juli 1995 eine Steigerung der Gästeankünfte zum Jahr 1994 von 8,9%. Diese Steigerungsrate ist im Vergleich zu den Vorjahren überdurchschnittlich hoch und offensichtlich auf die Reichstagsverhüllung zurückzuführen.

Tab.2: Entwicklung der Gästeankünfte in Berlin (incl. Campingplätze)

| Jahre | Gästezahlen (absolut) | | Veränderung gegenüber dem gleichen Vorjahresmonat in % | |
|---|---|---|---|---|
| | Juni | Juli | Juni | Juli |
| 1992 | 301 829 | 279 331 | - | - 8,3 |
| 1993 | 303 731 | 248 284 | 0,6 | - 11,1 |
| 1994 | 309 573 | 255 483 | 1,9 | 2,9 |
| 1995 | 340 576 | 279 391 | 10,0 | 9,4 |

Quelle: Statistisches Landesamt Berlin 1992, 1993, 1994, 1995

Die Aufenthaltsdauer der Gäste betrug im Juni 1995 laut Statistik 2,3 Tage (ohne Campinggäste). Im Vorjahresmonat waren es durchschnittlich 2,4 Tage. Im Jahr 1993 waren es sogar 2,5 Tage durchschnittliche Aufenthaltsdauer. Hier fand also eine kontinuierliche Abnahme der Aufenthaltsdauer statt. Auch die Reichstagsverhüllung steigerte somit nicht die durchschnittliche Verweildauer der Übernachtungsgäste.

Im Juli 1995 betrug die Aufenthaltsdauer der Gäste 2,5 Tage (ohne Campinggäste). Im Vorjahresmonat waren es 2,6 Tage und 1993 waren es erneut 2,5 Tage. Im Juli 1995 fand somit auch keine durch die Reichstagsverhüllung bewirkte Verlängerung der Aufenthaltsdauer statt (ebd.).

Betrachtet man die Auswertung der empirischen Erhebung zur Reichstagsverhüllung, zeigen sich die Ergebnisse etwas anders. Die Übernachtungsgäste blieben nach dieser Untersuchung durchschnittlich 3,9 Tage, was natürlich unter anderem auf die privaten Übernachtungsgäste zurückzuführen ist, die in der amtlichen Statistik nicht erfaßt werden und üblicherweise länger in der Stadt bleiben als Gäste, die in gewerblichen Betrieben unterkommen.

So kann als Ergebnis der Reichstagsverhüllung festgehalten werden, daß die spezifischen Besucher durchaus eher länger in Berlin verweilten als in den Statistiken allgemein aufgeführt. Grundsätzlich haben sie aber die statistischen Durchschnittswerte für die Monate Juni und Juli 1995, im Vergleich zu den Vorjahresmonaten, nicht erhöht.

### 8.2  Bettenauslastung im Juni/Juli 1995 im Vergleich zu den Vorjahren

Die Bettenauslastung im Juni 1995 lag durchschnittlich bei 56,8%. Dieser Wert ist im Vergleich zum Vorjahresmonat (6/1994) zwar um etwa 2% gestiegen, fällt aber im Vergleich zu den Jahren 1993 und 1992 eher gering aus. In diesen vergangenen Jahren betrug die Bettenauslastung im Juni durchschnittlich etwa 58% (Statistisches Landesamt Berlin 1992, 1993, 1994, 1995).

Im Juli 1995 betrug die Bettenauslastung 47,5% und ist damit minimal höher als im gleichen Monat 1994 (46,6%). Insgesamt ist in den Julimonaten seit 1993 eine jährliche Steigerung der Bettenauslastung zu verzeichnen. 1992 lag sie mit 48,6% höher als im Verhüllungsmonat (ebd.)

Diese Werte würden bedeuten, daß die Reichstagsverhüllung keine wesentlichen Veränderungen in der Bettenauslastung der Beherbergungsbetriebe Berlins gebracht hat. Diese Aussage stimmt in etwa überein mit einer Hotelierbefragung, die die Autorin nach der Reichstagsverhüllung mit 20 Hoteliers in verschiedenen Bezirken Berlins telefonisch durchgeführt hat[6]. Hier bestätigten die Befragten, daß in der ersten Verhüllungswoche lediglich das Wochenende gut belegt oder ausgebucht war. In der zweiten Woche waren die Innenstadthotels wochentags zwar zu etwa 80-90% ausgelastet und am Wochenende zu 95-100%, die Hotels in den Außenbezirken spürten allerdings von der Reichstagsverhüllung kaum etwas. Die Reichstagsverhüllung reichte zudem zeitlich nur eine Woche in den Juli herein, offensichtlich reichten die zusätzlichen Touristen zur Veranstaltung nicht aus, um den monatlichen Durchschnitt zu heben.

Daß trotz der erhöhten Gästeankünfte in den betreffenden Monaten die Bettenauslastung nicht stärker stieg, ist auch mit dem jährlich steigenden Bettenangebot der letzten Jahre zu erklären.

---

[6]  Hierbei handelte es sich um ein unstandardisiertes Interview.

## 8.3 Zusammenfassung

Zusammenfassend haben die Auswertungen der Statistiken gezeigt, daß die Reichstagsverhüllung insgesamt eine Steigerung der Gästeankünfte in den Beherbergungsbetrieben (incl. Campingplätze) bewirkte. Die Bettenauslastung in den Verhüllungsmonaten 1995 ist allerdings nicht viel größer als zu den Vorjahresmonaten. Die Hotelierbefragung bestätigte, daß vor allem die Innenstadthotels von der Reichstagsverhüllung profitierten, aber die Beherbergungsbetriebe in den äußeren Bezirken Berlins keine Verbesserung der Bettenauslastung verspürten.

## IV Die möglichen längerfristigen Werbeeffekte der Reichstagsverhüllung ausgelöst durch eine breite Medienberichterstattung

### 9 Fragestellung und methodische Vorgehensweise

Im Folgenden soll aufgezeigt werden, inwieweit sich die Berichterstattung über die Reichstagsverhüllung in der Presse auf das touristische Angebot Berlins bezieht und dadurch eine potentielle oder effektive Nachfragewirkung auslösen kann. Unter fremdenverkehrsspezifischer Publizität ist jener Teil der Berichterstattung über die Großveranstaltung gemeint, der sich auf den Austragungsort bzw. auf dessen touristisches Angebot bezieht. Gemäß dem Kommunikationsprozeß können Botschaften zu einem Reiseentscheidungsprozeß führen. Im ersten Schritt des Kommunikationsprozesses treffen die Botschaften auf den dazugehörigen Kommunikationskanal, der diese an den Empfänger herantritt. Dieser Schritt ist letztendlich entscheidend für das Eintreffen eines Kommunikationserfolges (Werbeerfolg), er stellt die Grundvoraussetzung für die Wahrnehmung der Medien (Publizität) durch den touristischen Nachfrager dar (vgl. Brönnimann 1982, S. 133). Die Wahrnehmung ist selektiv und hängt neben individueller Faktoren des Empfängers vor allem von den Merkmalen der Kommunikation ab. Der Veranstalter oder die Stadt hat keinen Einfluß auf die Publizität. Üblicherweise befaßt sich die Berichterstattung auch vorwiegend mit dem Geschehen selbst und nicht mit dem Austragungsort (ebd., S. 143).

Ausgehend von dieser Problemstellung soll die Berichterstattung über die Reichstagsverhüllung näher betrachtet werden. Es wurde eine quantitative und qualitative Analyse von Presseartikeln dafür durchgeführt. Die Untersuchung beschränkt sich exemplarisch auf zwei Tageszeitungen. Es boten sich die überregionalen Zeitungen Süddeutsche Zeitung und Frankfurter Allgemeine Zeitung an. Die Untersuchung der fremdenverkehrsspezifischen Publizität bezieht sich im wesentlichen auf den Zeitraum der Reichstagsverhüllung mit Vorbereitungsphase. Um den Umfang der gesamten Artikel messen zu können, wurden die Wörter gezählt. Zur Bestimmung des Inhalts wurden verschiedene Schlüsselkategorien gebildet, an denen der Inhalt gemessen und auf seine touristische Relevanz hin überprüft werden konnte.

## 10 Berichterstattung in der Presse - Analyseergebnisse

Es muß festgehalten werden, daß die Berichterstattung in den ausgewählten Zeitungen über die Reichstagsverhüllung als Grundlage für die Fremdenverkehrswerbung nicht überschätzt werden darf. Allgemein haben Zeitungen zwar eine bemerkenswerte Reichweite, es besteht aber die Gefahr, daß in den Artikeln vornehmlich über die Veranstaltung berichtet wird und nur im geringen Umfang (in dieser Untersuchung nur zu 2,9%) über das eigentliche fremdenverkehrsspezifische Potential der austragenden Gemeinde. Da der Name der Stadt in den Artikeln relativ häufig genannt wurde, besteht eine gewisse Möglichkeit die Bekanntheit Berlins zu steigern bzw. die Stadt durch die Berichterstattung wieder einmal in die Erinnerung der Leser zu rufen.

Positiv erscheinen in dieser Analyse auch die relativ häufigen Äußerungen über die allgemeine Atmosphäre in Berlin. Eine gute Atmosphäre bleibt den Lesern sicher ebenfalls gut in Erinnerung und könnte diese später zu einer Reise motivieren. Allerdings darf nicht vergessen werden, daß auch negative Inhalte in den Berichterstattungen auftreten und diese, in wenigen Zeilen, den publizistischen Effekt des ganzen Artikels zunichte machen können. Wichtige Attraktivitätsfaktoren Berlins, wie die Kneipenszene oder die Einkaufsmöglichkeiten der Stadt wurden zudem in den Artikeln nicht erwähnt. Auch wenn eine verhältnismäßig große Anzahl journalistischer Aktivitäten zur Verhüllung bemerkbar war, so sind die werbenden Effekte für die Stadt durch Printmedien insgesamt mit Vorsicht zu betrachten. Eine abschließende Beurteilung der fremdenverkehrsspezifischen Publizität ist allerdings nicht nur durch eine Analyse der Berichterstattung in den Medien möglich. Eine solche kann erst vollzogen werden, wenn die Wirkungen auf die potentielle und effektive touristische Nachfrage beurteilt sind. Diese Wirkungen festzustellen, bedarf es einer weiterführenden Untersuchung.

## V Fazit

In Berlin war die Veranstaltung trotz der eher geringen Ausgaben der Gäste ein Erfolg. Die geschätzten 3 Mio auswärtigen Besucher der Reichstagsverhüllung stellen einfach eine enorme Dimension dar, die auch geringe Ausgaben kompensiert. Da die Kosten der Verhüllung durch die Künstler getragen wurden, fielen für die Stadt nur verhältnismäßig geringe Ausgaben an. Die Gewinnsumme erhöhte sich damit. Die direkten Beschäftigungseffekte waren zwar groß, aber wie bei Großveranstaltungen üblich, nur sehr kurzweilig. Investitionen in infrastrukturelle Einrichtungen wurden nicht längerfristig getätigt. Somit können zu hohe Kosten für die Stadt und unkontrollierte Baumaßnahmen nicht zum Kritikpunkt der Veranstaltung werden. Die eigentlich für die Stadt „preisgünstige" Möglichkeit eine Attraktion zu präsentieren und damit im Mittelpunkt der Medien zu stehen, relativiert die vermutlich geringen längerfristigen Werbewirkungen durch die Berichterstattung. Die Besonderheit der Reichstagsverhüllung ist vor allem ihr symbolischer Charakter und ihre zusammenführende Wirkung von Ost und West. Die Genehmigung der Verhüllung des Reichstagsgebäudes durch den Bundestag verleiht ganz Deutschland ein liberales Image und damit ein sicherlich positives Ansehen vor allem im Ausland.

Es bleibt zusammenfassend festzuhalten, daß ein Großereignis dieser Dimension direkt zusätzliche Touristen anzieht und damit einen Ausgleich für die sinkenden Übernachtungszahlen in der städtischen Nebensaison erbringen kann. Die Auswertung von Statistiken zeigte, daß die Reichstagsverhüllung insgesamt eine Steigerung der Gästeankünfte in den Verhüllungsmonaten bewirkte. Verläuft die Veranstaltung organisatorisch gut und findet sie eine breite Akzeptanz im Publikum sind durchaus auch positive Imageveränderungen zu erwarten.

**Literatur**

Brönnimann, Max: Die touristische Bedeutung von Wintersport-Großveranstaltungen. (Dissertation der Universität Bern). Bern 1982

Buddensieg: Eine Transfiguration. In: Der Tagesspiegel. Sonderbeilage Juni/Juli 1995, S. B2.

Deutsches Institut für Urbanistik (Hg.): Die Bedeutung von Kunst und Kultur als Wirtschaftsfaktor. Berlin 1993

Deutsches Institut für Wirtschaftsforschung (Hg.): Kultur als Wirtschaftsfaktor. (Gutachten im Auftrag der Senatsverwaltung für Kulturelle Angelegenheiten, Berlin). Berlin 1992

Fessmann, Ingo: Das kulturelle Erbe in der Stadt. In: Becker, Christoph, Steinekke, Albrecht (Hg.): Kulturtourismus in Europa. Wachstum ohne Grenzen.- (ETI-Studien, Bd. 2), S. 14-25. Trier 1993

Glatzer, Ullrich: Christo & Jeanne-Claude. In: Berlin. Das Magazin 3/1995, S. 10

Häussermann, Hartmut, Siebel, Walter (Hg.): Festivalisierung der Stadtpolitik. Leviathan-Sonderheft 13/1993

Häussermann, Hartmut, Siebel, Walter: Die Politik der Festivalisierung und die Festivalisierung der Politik. In: Häussermann, Hartmut, Siebel, Walter (Hg.): Festivalisierung der Stadtpolitik. Leviathan-Sonderheft, 13/1993, S. 7-31

Hellstern, Gerd-Michael: Die Documenta. Ihre Ausstrahlung und regionalökonomischen Wirkungen. In: Häussermann, Hartmut, Siebel, Walter (Hg.): Festivalisierung der Stadtpolitik. Leviathan-Sonderheft 13/1993, S. 305-324.

Hellstern, Gerd-Michael: Evaluation der Documenta IX. Auszüge aus der Besucherinnenbefragung. KASSEL 1993b

Hinze, Albrecht: Eine Schachtel für den Reichstag.- In: Süddeutsche Zeitung vom 12.06.1995

Koch, Alfred, Zeiner, Manfred, Feige, Matthias: Untersuchung zur gegenwärtigen und künftigen Bedeutung des Fremdenverkehrs für München. München 1989

Lohmann, Martin, Mangold, Ulrike: Berlin, München und Paris sind die Wunschziele. In: FVW International, 10/1995, S. 59-60.

Meier, Iris: Städtetourismus: Trierer Tourismus Bibliographien, Bd. 6. Trier 1994

Messerschmidt, Ute: Die praktische Werbeerfolgskontrolle - am Beispiel einer Imageanalyse für Neuseeland. Heilbronn 1991

Richie, J.R. Brent, Yangzhou, J.U.: The Role and Impact of Mega-Events and Attractions on National and Regional Tourism: A Conceptual and Methodological Overview. In:Association Internationale d'Experts Scientifiques du Tourisme (Hg.): Der Einfluss von Großveranstaltungen auf die nationale und regionale Fremdenverkehrsentwicklung. (Publications de l'Aiest, 28), S. 17-58, St. Gallen 1987

Roloff-Momin, Ulrich: Bilanz des Reichstagsprojektes von Christo und Jeanne-Claude. Pressekonferenz am 7.07.1995

Schneider, Ulrike: Stadtmarketing und Großveranstaltungen. (Dissertation Universität Hannover; zugleich: Beiträge zur angewandten Wirtschaftsforschung; Bd. 26), Berlin 1993

Statistisches Amt der Stadt Köln (Hg.): Kulturelle Großveranstaltungen in Köln 1981. Zwischenbericht über die Ergebnisse einer Untersuchung der Struktur der Besucher und der Resonanz bei den Kölnern. Köln 1981

Statistisches Amt der Stadt Köln (Hg.): Kulturelle Großveranstaltungen in Köln 1981-1982. Befragungsergebnisse zu 'Sekundärwirkungen kultureller Großveranstaltungen'. Köln 1985

Statistisches Amt der Stadt Köln (Hg.): Kulturelle Großveranstaltungen in Köln 1981-1982. Regionale Herkunft, Interessen- und Medienprofil Kölner Ausstellungsbesucher. Köln 1986

Statistisches Bundesamt (Hg.): Statistisches Jahrbuch der Bundesrepublik Deutschland 1994. Wiesbaden 1994

Statistsches Landesamt Berlin (Hg.): Statistische Berichte. Fremdenverkehr und Beherbergungskapazität in Berlin Juni 1992, 1993, 1994, 1995 und Juli 1992, 1993, 1994, 1995

# VIII Museen als touristische Anziehungspunkte?

## Eine Untersuchung anhand von ausgewählten Kunstmuseen in NRW

*Karin Hantschmann*

> Gesellschaftlich an der Kunst
> ist ihre immanente Bewegung
> gegen die Gesellschaft,
> nicht ihre manifeste Stellungnahme.
> Th. W. Adorno

## Einleitung

„Die Kultur ist ein Grundnahrungsmittel, auf das man nicht verzichten kann und darf!" Mit diesen Worten eröffnete Ministerpräsident Rau im Oktober 1994 die erste Leipziger Kulturwoche. Er sprach von der Kultur und ihrer Bedeutung für die Verbesserung der nach wie vor schwierigen Beziehung zwischen Ost und West. „Wer nur noch in Märkten denkt, wird eines Tages eine Generation haben, die von allem den Preis kennt, aber von nichts den Wert." In der Kunst sieht er eine Kommunikationsmöglichkeit, um diese Entwicklung zu verhindern (vgl. GROSS 1994, S. 14). Eine neue Dimension öffnet sich damit auch für Museen als traditionelle kulturtragende Institutionen. Museen kommt nicht nur eine kulturbewahrende Funktion zu, sondern vor allem dienen sie als Hilfsmittel bei der Fortschreibung unseres kulturellen Verständnisses (vgl. Schuck-Wersig, Wersig 1992, S. 129). Dabei darf allerdings die Verbindung der Kultur mit der Politik und Wirtschaft nicht außer acht gelassen werden. Rückblickend auf die gesellschaftlich und kulturpolitisch defizitäre Situation der Museen in den 60er und Anfang der 70er Jahre, kann heute von einem doppelten Boom gesprochen werden. Von der Angebotsseite her gesehen, stieg die Zahl der Neugründungen von Museen in den letzten Jahren an. Dabei standen oft architektonisch aufsehenerregende Museumsbauten im Vordergrund. Die Nachfrageseite hat sich dementsprechend positiv entwickelt, so daß eine kontinuierliche Zunahme der Museumsbesucher registriert werden konnte (vgl. Klein 1990, S. 29). Diese Entwicklung zeichnet sich vor allen Dingen bei Kunstmuseen ab. Gleichzeitig schrumpften jedoch in den letzten Jahren die Kulturetats, so daß die Museen in einen Konflikt zwischen Bildungsauftrag und Markterfolg geraten sind (vgl. Wilink 1994, S. 7). Nicht nur die Kürzungen der Kulturetats, sondern auch die Kosten der Einigung, die anziehende Inflation und das hohe Zinsniveau etc. sind ausschlaggebend dafür, daß der für kulturelle und freizeitliche Zwecke frei verfügbare Einkommensanteil sinkt. Folglich vergrößert sich die Konkurrenz zwischen allen Freizeiteinrichtungen um diesen Einkommensanteil. Dies wird sich dort besonders auswirken, wo der Freizeitwert der Museen als eher gering empfunden wird.

Durch den verschärften Wettbewerb um Geld und Zeit werden auch die Museen selber zu Wettbewerbern untereinander, insbesondere für den Ausflugs- und Reiseverkehr. Die Entstehung des gemeinsamen europäischen Binnenmarktes intensiviert die Konkurrenz der verschiedenen Regionen untereinander (vgl. Wersig-Schuck, Wersig 1992, S. 128). Im Hinblick auf diese Situation und die Tatsache, daß die öffentlichen Mittel sinken, der Stellenwert der Kunst in der Gesellschaft aber sehr wichtig ist, ist die Situation der Museen problematisch. Die Leiter der Museen sind deshalb gefordert zu reagieren. In der vorliegenden Arbeit wird untersucht, inwieweit Museen als touristische Anziehungspunkte in den Städten fungieren; wie die Museen sich einerseits dem Verbraucher präsentieren und wie sie andererseits von den Städten dargestellt werden und ob sie den heutigen Anforderungen gerecht werden können.

## 1 Städte- und Kulturtourismus - ein Überblick

Das Reisen ist ein Phänomen, dessen Ursprünge geschichtlich weit zurückführen. Allerdings haben sich durch die Jahrhunderte hindurch die Transportmittel, die Reisemotive und die Anzahl der Reisenden verändert. Die heutige Form des Tourismus ist ein relativ junges Phänomen (vgl. Freyer 1993a, S. 19). Die heutige Gesellschaft ist durch den Bedeutungszuwachs des Freizeitsektors gegenüber der Arbeitswelt geprägt. Die Neigung zum Hedonismus trägt erheblich zu einer erhöhten Lebensqualität bei. Verstärkt wird diese Neigung durch die Verfügbarkeit von mehr Zeit, Geld, Bildung und Wohlstand (vgl. Opaschowski 1990, S. 121). So haben sich auch im Laufe der Jahre die Ansprüche an den Urlaub oder allgemeiner formuliert an das Reisen geändert. Die unterschiedlichen Interessen und Motivationen der Urlauber erfordern eine immer präziser werdende Differenzierung der Reisearten. Im Städtetourismus ist der Boom der letzten Jahre gebremst worden, dennoch sind Kulturveranstaltungen nach wie vor sehr beliebt. Gut präsentierte Kultur wird immer häufiger zum Anziehungspunkt von Städtereisenden. Mit attraktiven Besucherpässen und anderen Vergünstigungen werben die Städte für ihr Angebot (vgl. Neumann, Schwartz 1995, S. 2). Nach den Ergebnissen von Urlaub & Reisen 1995 liegt der 'Stadtbummel mit Besichtigungen" als Urlaubsart, gemessen an der Beliebtheit der Urlaubsarten, mit knapp 40% an zweiter Stelle hinter dem traditionellen Strand-, Bade- und Sonnenurlaub. Bei den Urlaubsformen werden Städtereisen an zweiter Stelle genannt (d.h. 39,5% der Befragten, was einer Zahl von 7.780 entspricht). Dabei ging der Anteil an Deutschlandreisen insgesamt leicht von 35% auf 34 Prozent zurück (vgl. Forschungsgemeinschaft Urlaub und Reisen e.V. (F.U.R.) 1995, S. 5). Kulturtourismus findet überall in Städten statt. Die Kulturreise steht mit 13% an siebter Stelle der Urlaubsformen, das heißt Kunst und Kultur sind für 8,2 Mio. Deutsche ein interessantes Urlaubsmotiv (vgl. F.U.R. 1995, S. 5).

In den letzten Jahren hat sich im Bereich des Kulturtourismus eine positive Entwicklung abgezeichnet. Es gibt eine Vielzahl von Definitionen. Eine umfassende Definition liegt von Becker (1992, S. 21) vor, der die Angebotsseite in den Vordergrund stellt:

„Der Kulturtourismus nutzt Bauten, Relikte und Bräuche in der Landschaft, in Orten und in Gebäuden, um dem Besucher die Kultur-, Sozial- und Wirtschaftsentwicklung des jeweiligen Gebietes durch Pauschalangebote, Führungen, Besichtigungsmöglichkeiten und spezifisches Informationsmaterial nahezubringen. Auch kulturelle Veranstaltungen dienen häufig dem Kulturtourismus" Jätzold (1993, S. 136 ff.) hingegegen hebt die Nachfragerseite hervor.

„Kulturtourismus im engeren Sinne und für sich allein genommen, umfaßt nur ein schmales Segment der Nachfrage." Er sollte mit anderen Fremdenverkehrsbereichen, wie zum Beispiel Erholung, Erleben oder Sport verbunden werden. Es gibt verschiedene Arten von Kulturtourismus, die sich auf unterschiedliche Reise- bzw. Ausflugmotive zurückführen lassen. Der Kulturtourismus läßt nach Objekt-, Gebiets-, Ensemble-, Ereignis-, gastronomischer und Fern-Kulturtourismus differenzieren.

Eine erweiterte Definition bietet Lindstädt (1994, S. 13) sie versteht unter Kulturtourismus: „Eine Angebotsform im Tourismus, die versucht, dem bildungsorientierten Besucher kulturelle Eigenarten und Ereignisse in einer Region nahezubringen und ihn durch geeignete Kommunikationsmittel mit ihr in Kontakt treten zu lassen. Als kulturelle Eigenart gilt, was bei Besuchern Verständnis für die besuchte Region schafft, Hintergründe beleuchtet und Unbekanntes erfahren läßt. Kulturtourismus zielt auf die Vermittlung früherer und heutiger Lebensweisen der einheimischen Bevölkerung in ihrem sozialen und ökonomischen Umfeld einschließlich ihrer materiellen und baulichen Umgebung ab."

Diese Definition geht von einem sehr umfassenden Begriff der Kultur aus, bei dem ganze Regionen miteinbezogen werden. Die Untersuchung der Kunstmuseen als touristische Anziehungspunkte erfordert einen enger gefaßten Kulturbegriff. Es bietet sich daher an, den Kulturtourismus als einen Teil des Städtetourismus anzusehen. Touristische Anziehungspunkte in Städten sind, neben Theatern, Denkmälern, Kirchen, Schlössern und historischen Palästen, die Museen. Der Kulturtourismus liegt innerhalb des deutschen Reisemarktes von seiten der Nachfrage, was die Beliebtheit von Reisearten angeht, an fünfter Stelle hinter dem Erholungsurlaub, Vergnügungsurlaub, Strandurlaub, Verwandten- und Bekanntenbesuch. Der deutsche Kulturtourist der 80er Jahre wird, nach einer detaillierten Marktanalyse von 1987, wie folgt charakterisiert: Er ist relativ jung, gebildet, mobil und auslandsorientiert, oft Pauschalreisender, aktiv und hat hohe Reiseausgaben (vgl. Steinecke 1993, S. 9). Eine Studie des Europäischen Tourismus Instituts hat ergeben, daß es sich bei den Kulturtouristen eher um ältere, gebildete und konsumkräftige Touristen handelt, die ansonsten aber die oben genannten Eigenschaften aufweisen (vgl. Steinecke 1994, S. 22). Der Bildungs- und Kulturtourismus - als Nachfragesegment - umfaßt verschiedene Ausprägungen. So gehören beispielsweise die klassische Studienreise, die Besichtigungsreise, die Reise mit dem Hauptzweck an kulturellen Veranstaltungen teilzunehmen sowie die Bildungsreise im Sinne von Weiterbildung dazu (vgl. Bernt u.a. 1985, S. 39). Die Reisemotive und -ziele liegen im städtischen Kulturtourismus im Bildungserlebnis, d.h. sich sowohl geistig als auch künstlerisch anregen zu lassen. Daneben bieten gute Einkaufsmöglichkeiten und Restaurants einen zusätzlichen Anreiz zum Besuch. Da der Städtetourist in der Regel ein bis drei Tage in der Stadt verbringt, sollte das kulturelle Angebot auch hinsichtlich der Vielfalt und Dichte von Sehenswürdigkeiten ausreichend sein. Wichtig ist hierbei, daß mit dem Kulturangebot richtig geworben wird (vgl. Fessmann 1993, S. 14 f.). Die Studien und Prognosen hinsichtlich des Kulturtourismus in Europa lassen erkennen, daß es sich bei diesem Element generell um ein stabiles Marktsegment mit guten Wachstumsperspektiven handelt (vgl. Steinecke 1994, S. 22). Er ermöglicht nicht nur die wirtschaftliche Stabilisierung einer Region, sondern auch das Bewußtwerden der eigenen Kultur und das Entstehen eines neuen Regionalbewußtseins innerhalb der Bevölkerung. Dieses Phänomen fällt unter den Begriff des regionalpsychologischen Stabilisierungseffektes. Unter anderem wird anhand von Studienreisen die Integration der europäischen Völker ermöglicht und damit verbunden ein Beitrag zur Völkerverständigung und Vergangenheitsbewältigung geleistet. Außerdem kann durch Reisen den Besuchern und Einheimischen ein globales, grenzüberschreitendes Denken vermittelt werden (vgl. Steinecke 1993, S. 9).

Wie oben erwähnt, sind die wirtschaftlichen Effekte des Kulturtourismus nicht unerheblich. So wurde durch die Ausgaben des kulturbedingten Tourismus in Berlin, nach Berechnungen des Deutschen Instituts für Wirtschaftsforschung, ein Steueraufkommen in Höhe von 300 Mio. DM erwirtschaftet (vgl. Neumann, Schwartz 1995, S. 5).

Kulturelle Einrichtungen sind unter volkswirtschaftlichen Gesichtspunkten wegen der hohen Umwegrentabilität von besonderem Interesse.[1] Dabei muß allerdings berücksichtigt werden, daß es sich auch um nicht-monetären Nutzen handeln kann. Außerdem ermöglicht der Kulturtourismus eine Saisonverlängerung, da Kulturveranstaltungen nicht unbedingt jahreszeitlich gebunden sind. Kultur wird immer mehr zu einem Publikumsmagneten. Aus diesem Grund hat beispielsweise Madrid den Kunst-Spaziergang entlang des Paseo del Prado in den Mittelpunkt ihrer Werbekampagnen gestellt. Im Van-Gogh-Jahr 1990 in den Niederlanden konnten in Amsterdam 1,9 Mio. Aufenthaltstouristen gezählt wer-

---

[1] Dickertmann, Diller (1986, S. 206) verstehen unter Umwegsrentabilität: „Bestimmte staatliche Leistungsangebote ziehen oftmals einen Nutzen nach sich, welcher nicht augenfällig ist, sondern sich an anderer Stelle und/oder mit erheblicher zeitlicher Verzögerung einstellt." In der Umwegrentabilität werden die Einnahmen aus Steuern und Sozialversicherungsabgaben errechnet, die der Staat in öffentlichen und aus Steuermitteln finanzierten Einrichtungen erzielt (Heinrichs 1994, S. 349).

den. Die Hälfte der Besucher gab an, speziell für die Ausstellung angereist zu sein. Positive Erfahrungen mit dem Kulturtourismus wurden auch in Wien gemacht. Etwa die Hälfte (42% bei Mehrfachnennungen) der Wien-Gäste geben 'Kunstwerke, Museen besichtigen' und 26% den 'Besuch kultureller Veranstaltungen' als Reisemotive an (vgl. Neumann, Schwartz 1995, S. 5).

## 2 Museen

Um die heutige Situation der Kunstmuseen besser verstehen zu können, soll in diesem Abschnitt die geschichtliche Entwicklung von Museen dargestellt werden. Es stellt sich die Frage, warum und mit welchen Zielsetzungen Kunstsammlungen der Öffentlichkeit zugänglich gemacht wurden.

### 2.1 Zur Geschichte der Museen bzw. Kunstmuseen

Oftmals wird nur die Geschichte der Sammlung, und nicht die Geschichte der Institution mit berücksichtigt. Letztgenannte ist aber von besonderem Interesse, da Kunstsammlungen in einem langwierigen Prozeß und nicht immer im Sinne ihrer Besitzer der Öffentlichkeit zugänglich gemacht wurden. Kunstmuseen können auf eine fast zweitausendjährige Geschichte zurückblicken.

### 2.1.2 Museumsgründer

In der Antike findet sich der Ursprung des Begriffes Museum. Das „Musicon" im antiken Alexandria war den Musen gewidmet. Es enthielt eine Bibliothek, ein Forschungsinstitut für die Gelehrtenelite und eine Sammlung aus verschiedenen Wissensgebieten. Die Ursprünge unserer heutigen Museen liegen in der Renaissance, wo in fürstlichen Schlössern unter anderem Naturalienkabinette eingerichtet wurden (Hense 1990, S. 25).

Bis vor zweihundert Jahren war die geschlossene Sammlung der Regelfall, wobei kirchliche und weltliche Herrscher Eigentümer und Nutznießer dieser Sammlungen waren. Im ausgehenden Mittelalter wurden die Sammlungen der Feudalherrscher als Wunderkammern bezeichnet, in denen Bilder, Bücher, magische Gerätschaften und Arzneien, exotische Fauna und Flora, Goldschmiedearbeiten und andere Kuriositäten aufbewahrt wurden. Die Exklusivität der Kunst- und Wunderkammern des 16. und 17. Jahrhunderts behielten auch die Gemäldegalerien und Antikenkabinette des 18. Jahrhunderts bei. Erst Ende des 18. Jahrhunderts wurden die Sammlungen zum Teil der Öffentlichkeit zugänglich gemacht. In dieser Zeit kam es durch die kurzfristige Entmachtung des Adels und der Kirche und dem aufstrebendem Bürgertum zu vereinzelten bürgerlichen Museumsgründungen. Die Französische Revolution brachte einen entscheidenden Einschnitt in der Museumsgeschichte mit sich. Mit der Enteignung der Sammlungen ging auch die Zerstörung und der Verkauf von Kunstwerken einher. Der Initiative von privaten Personen ist es zu verdanken, daß es zu dem Aufbau der Revolutionsmuseen kam. Unter dem Regiment Napoleons veränderten die Museen erheblich ihren Charakter. Die bis dahin bestehende Museumskommission wurde durch einen Museumsdirektor und untergeordnete Assistenten ersetzt. Für Napoleon selbst galten Kunstwerke als wertvollste Kriegsbeute der Revolutionsheere. Für ihn waren es Trophäen, die dem Volk seine Größe widerspiegeln sollte (vgl. Grasskamp 1981, S.30; vgl. hierzu auch Vieregg 1990, S. 6 und Klein, Bachmeier 1981, S. 16 ff.).

Schon vor der Französischen Revolution wurden auch in Deutschland, Österreich, Spanien und Italien einige wenige Kunstsammlungen der Öffentlichkeit eingeschränkt zugänglich gemacht. Dabei wurden die deutschen Fürstenmuseen aus politischen Interessen für die Bürger geöffnet.

„Gegen die Emanzipationsbestrebungen des Bürgertums konnte der Adel ökonomische und politische Legitimationsansprüche nicht glaubwürdig geltend machen, die Museen dienten daher dem Zweck, das Feudalsystem dadurch zu legitimieren, daß die Fürsten als diejenigen in Erscheinung traten, denen die Gesellschaft ihre kulturellen Güter zu verdanken hat" (GRASSKAMP 1981, S. 37).

### 2.1.3 Museumsstürmer

In der zweiten Hälfte des 19. Jahrhunderts kam es zu regen Neugründungen und Wiedereinrichtungen, dabei wurde besonderer Wert auf eine umfassende und möglichst komplette Ausstellung sämtlicher Sammlungen gelegt. Es führte allerdings dazu, daß die Räume überladen waren und dem Zuschauer unsystematisch präsentiert wurden. Um dem wissenschaftlichen Anspruch der Forscher und den Publikumsbedürfnissen gerecht zu werden, kam es zu einer Trennung von Schau- und Studiensammlungen, wobei die Bestände in Magazinen und Depots den Wissenschaftlern frei zugänglich waren (vgl. Hense 1990, S. 29). Das 19. Jahrhundert wartete mit einer romantischen Kunstverehrung auf. Die nationale Begeisterung führte zu einer völlig neuen Betrachtungsweise der schon vorhandenen Sammlungen. Die entstehende Kunstwissenschaft und die aufblühende Naturwissenschaft trugen zu der Entwicklung unterschiedlicher Museumsformen bei (vgl. Klein 1990, S. 59). Vor dem Hintergrund, daß Kunstmuseen selten unpolitisch waren, kam es zu verschiedenen Entwicklungen. Durch die raschen sozialen Veränderungen in der Zeit um die Jahrhundertwende und den massiven Veränderungen der Malweise, wie sie etwa die Impressionisten, die Fauves und die Expressionisten hervorbrachten, kam es zu Konflikten im Bereich der Kunst. Das Museumspublikum war mit den neuen Bildern nicht einverstanden. Der Kaiser verbot sogar um 1905, ein geschenktes van Gogh Bild in der Berliner Nationalgalerie aufzuhängen. Nach Ende des Kaiserreichs wurden die Bestimmungen gelockert, doch diese „liberale" Zeit dauerte nur 14 Jahre, bis zur Machtergreifung durch die Nationalsozialisten. Die gesamte Kunst der Avantgarde wurde von den Nazis beschlagnahmt; dazu zählten die Kubisten, Futuristen, Dadaisten und Maler des Expressionismus. Diese „entartete Kunst" wurde teuer ins Ausland verkauft. Für die Nationalsozialisten wurden die Museen zu Volksbildungsstätten (vgl. Grasskamp 1981, S. 43). Von dieser Zensur waren die Kunstmuseen in

Nordrhein-Westfalen besonders betroffen, da ein traditioneller Schwerpunkt der meisten Sammlungen dieser Region die deutsche Kunst des 20. Jahrhunderts war. Nach dem Krieg, als die Rehabilitation der Verfemten und der Wiederaufbau der expressionistischen Sammlungen begann, konnte Verlorenes nicht wieder ersetzt werden (vgl. Mazzoni 1994, S. 17). Die Zeit nach 1945 kann, bei der Betrachtung der Entwicklung von Kunstmuseen, in zwei Abschnitte gegliedert werden. Bis Ende der 60er Jahre bestand die Phase des Wiederaufbaus. Die Museumspädagogik konnte sich in den 70er Jahren etablieren. Anfang der 80er Jahre kam es zum Museumsboom mit Neugründungen von Museen in spektakulären Museumsneubauten und die Besucherzahlen stiegen sprunghaft in die Höhe (vgl. Lückerath 1993, S. 147).

„Grundlage des aktuellen Kulturbooms, von dem der Museumsboom nur ein Teil ist, stellt zweifellos die Prosperität der hochentwickelten, starken Industriegesellschaft dar, die sich in Deutschland in einer einmaligen und weltweit einzigartigen Intensität darstellt" (Kramer 1992, S. 45).

## 2.2 Definition von Museen

Aus der Geschichte der Museen haben sich nicht nur die deutlich unterschiedlichen Initiativen, sondern auch ihre Aufgaben entwickelt. Hinter dem Wort Museum verbirgt sich noch heute eine ungeheure Vielfalt von Ideen und Konzeptionen, die unter anderem von der Heterogenität der Erscheinungsformen der Museen zeugen. Von der verwirrenden Vielfalt der Definitionen, die sich oft nur in Details unterscheiden, sollen an dieser Stelle nur zwei beispielhaft genannt werden.

Die Definition des Museumsverbandes Amerikas von 1970: „Das Museum ist eine permanente Institution, ohne gewinnbringendes Ziel, die einen wesentlichen erzieherischen und ästhetischen Zweck verfolgt. Das Museum wird von ausgebildetem Personal geführt. Es ist Besitzer seiner aus konkreten Gegenständen gebildeten Sammlungen belebter oder unbelebter Natur. Das Museum verwaltet seine Sammlungen nach anerkannten Methoden, befaßt sich mit der Erhaltung und stellt sie für die Öffentlichkeit zur Schau nach einem festen Zeitplan" (Lapaire 1983, S. 11).

In den meisten Ländern besitzt die Bezeichnung Museum keinerlei Rechtsschutz. Es ist daher den nationalen Museumsverbänden überlassen, eine Verbandszugehörigkeit an die Erfüllung bestimmter Kriterien zu binden, um einem Mißbrauch des Museumsbegriffes entgegenzuwirken. Der amerikanische Museumsverband ist in dieser Hinsicht führend. Er versucht, Qualitätsstandards für Museen und Museumsarbeit zu setzten und seinen Mitgliedern bei deren Erfüllung zu helfen. Diesem Zweck dient die Definition von Museen (vgl. Lückerath 1993, S. 48).

Der Internationale Museumsrat2 hat die am meisten verbreitete und akzeptierte Definition von Museum 1974 mit in seine Statuten aufgenommen.

„Das Museum ist eine permanente Institution ohne gewinnbringende Ziele im Dienste und zur Entwicklung der Gesellschaft, der Öffentlichkeit zugänglich und mit der Erforschung, dem Erwerb, der Bewahrung und der Weitergabe der materiellen Zeugnisse des Menschen sowie ihrer Ausstellung für Zwecke des Studiums und der Erziehung und Erbauung beauftragt" (Lapaire 1983, S. 11).

In dieser relativ weit gefaßten Definition wird das Museum und seine Aufgaben beschrieben. Lapaire (1983, S. 11) versucht, die verschiedenen Definitionen auf einen Nenner zu bringen.

„Das Museum ist eine öffentliche kulturelle Institution und keine Privatsammlung und kein kommerzielles Unternehmen. Es ist dauerhaft und kann nicht verschwinden, geschlossen oder verkauft werden, wenn die Person die es schuf, sich nicht mehr damit befaßt. Seine Sammlungen haben wissenschaftlichen Charakter und sind nicht ausschließlich durch Zufall zusammengetragen worden. Schließlich sind seine Sammlungen der Öffentlichkeit zugänglich gemäß einem genauen Zeitplan und ohne Unterscheidung von Rasse, Stand oder Kultur."

Die gängige Lexika Definition[3] unterscheidet sich insofern von den vorliegenden Definitionen, da in ihr das Museum als Institution mit den personell verschiedenen Funktionen deskriptiv angesprochen wird. Außerdem werden die Mittel der Kommunikation explizit beschrieben.

## 3 Kernaufgaben der Kunstmuseen

Unter den traditionellen Aufgaben von Museen wird das Sammeln, Bewahren, Forschen, Präsentieren und Vermitteln verstanden (vgl. Börsch-Supan 1993, S. 20). Diese Kernaufgaben wurden den Museen aufgrund der europäischen Tradition und der französischen Revolution übertragen. In beispielsweise Japan, Australien und den USA haben die Museen andere Aufgaben, es handelt sich hier um Kulturzentren im weitesten Sinne (Interview in Köln im Januar 1995).

In den Experteninterviews wurde gefragt, ob es innerhalb der Kernaufgaben Schwerpunkte gibt, ob diese sich in den letzten Jahren verändert haben und ob

---

[2] Der Internationale Museumsrat ICOM (International Council of Museums) wurde im November 1946 in Paris gegründet. Die vordringlichen Ziele waren die Ausführungen von UNESCO-Programmen im Bereich der Museumsentwicklung, der Museologie und der Museumspädagogik (Vieregg 1990, S. 14).

[3] Museum = seit dem 18. Jh. Bezeichnung sowohl für Sammlungen künstlerischer und wissenschaftlicher Gegenstände als auch für die Bauten, in denen sie untergebracht werden ... (Meyers Großes Taschenlexikon 1987, Band 15, S. 85).

darüber hinaus neue Schwerpunkte hinzugekommen sind. Eine ergänzende Frage beschäftigt sich mit dem Verhältnis zwischen Bildungsauftrag und Markterfolg. Während der Gespräche konnte festgestellt werden, daß die zentralen Aufgaben nicht gleich gewichtet werden, sondern daß sich das inhaltliche Gewicht verändert hat. Sicherlich läßt sich vieles mit gekürzten Mitteln und Personalmangel erklären, aber die Verschiebung innerhalb der Kernaufgaben hat auch andere Gründe, die im folgenden erörtert werden.

### 3.1 Das Sammeln

Das Sammeln ist die erste Funktion eines Museums. Unter den Aspekt des Sammlens fällt die Erfassung und das Erwerben von Materialien, die für die jeweilige Museumsgattung (in diesem Fall für Kunstmuseen) relevant sind. Dabei ist die Ankaufstätigkeit von den Finanzmitteln der Träger und von fachwissenschaftlichen Kriterien abhängig. Die Ankaufspolitik kann sehr verschieden aussehen. Entweder steht die Komplettierung der Sammlung im Vordergrund oder es werden museal attraktive Einzelstücke erworben (vgl. Lückerath 1993, S. 70). Viele der kleineren und mittleren Häuser wurden nach dem Krieg neu gegründet oder ausgebaut und verfügen oft über ähnliche Bestände. Wie im Kapitel über den Finanzhaushalt der Museen beschrieben, stehen den Häusern nur geringe Mittel zur Verfügung, um ihre Sammlungen zu erweitern. Meist tragen Stiftungen, Vereine, Sponsoren und Mäzene dazu bei, daß die Sammlungen ergänzt werden können. Dabei liegt oft kein klares Konzept zugrunde, sondern es werden günstige Gelegenheiten abgewartet. Beispielsweise können, durch die zur Verfügung stehenden Mittel der Von der Heydt Stiftung in Wuppertal, wichtige Bildwerke erstanden werden. Dazu kommen die Unterstützungen des Landes. Allerdings verfolgt der Direktor des Karl-Ernst-Osthaus Museums in Hagen seit einigen Jahren eine Nischenpolitik, denn aufgrund des geringen Ankaufsetats von 40.000 DM kann die Folkwangsammlung mit den damaligen Schwerpunkten der zeitgenössischen Kunst (Van Gogh, Manet, Renoir etc.) nicht realisiert werden. Das Ziel dieser Idee ist es, das Museum zu einem Avantgarde-Museum weiterzuentwickeln. Deshalb liegt heute der Sammlungsschwerpunkt im Bereich der zeitgenössischen Kunst, die in keinem anderen Museum präsentiert wird. Es soll ein Ort entstehen, der eine interdisziplinär angelegte, innovative und zukunftsorientierte Auseinandersetzung mit der gesellschaftlichen Bildproduktion möglich macht. Dadurch grenzt sich das Haus gegenüber den anderen Museen ab.

### 3.2 Das Forschen

Die wissenschaftliche Forschung beschäftigt sich mit den musealen Gegenständen und versucht, diese zu beschreiben, zu vergleichen und in Raum und Zeit einzuordnen. Dabei sollten die Bildungsinhalte entsprechend den politischen, sozialen, ökonomischen und kulturellen gesellschaftlichen Bedingungen angepaßt werden. Im Museum werden drei Arten von Forschung unterschieden: die angewandte oder programmatische Forschung, die Grundlagenforschung und die Besucherforschung. Die angewandte Forschung beschäftigt sich mit der Authentizität der Museumssammlungen und -programme und hat den engsten Bezug zum Kunstwerk. Die Grundlagenforschung umfaßt den wissenschaftlichen Beitrag von Kunstmuseen bei der Erarbeitung und Verbreitung von fundamentalem Wissen. Die Besucherforschung beschäftigt sich mit demographischen und sozioökonomischen Besucherstrukturen. Dabei wird die verhaltenswissenschaftliche Reaktion auf Leistungsangebote von Kunstmuseen und die Effektivität von museumspädagogischen Marktleistungen erforscht (vgl. Lückerath 1993, S. 70). Bedingt durch die personelle Unterbelegung im wissenschaftlichen Bereich, findet das Forschen kaum noch statt. Außerdem gilt der Personaleinsatz den häufig wechselnden Ausstellungen. Die Inventarisierung und die Katalogisierung von Kunst- und Kulturgut gehören im weitesten Sinne auch zur Forschung. Die Bedeutung der EDV-gestützten Dokumentation nimmt zu. Dies wird allerdings oft in den kunstgeschichtlichen Studiengängen nicht mitberücksichtigt (vgl. Nagel 1994, S. 23 ff.). Krämer (1994, S. 1) kritisiert, daß die Ausstellungen, die Begrifflichkeiten und Kunststile, aber auch die notwendigen Ankäufe stetig zunehmen. Damit einhergehend scheint die Katalogisierung der Bestände verloren zu gehen. Die Grundlagen der Forschung, d.h. die Erfassung, die Erschließung und Bewahrung der Bestände geraten dadurch in Gefahr.

### 3.3 Das Bewahren

Die bewahrenden Tätigkeiten im Kunstmuseum sind eher defensiver Art und zielen darauf ab, Einwirkungen zu verhindern bzw. rückgängig zu machen. Dabei richtet sich das Bewahren auf die Erhaltung und die Sicherung der Objekte (vgl. Lückerath 1993, S. 66).

Das Bewahren ist unter den heutigen technischen Möglichkeiten meist kein Problem mehr. Dennoch entstehen in diesem Bereich hohe Kosten, die der Öffentlichkeit oft verborgen bleiben. Das Konservieren gestaltet sich als problematisch, da in den Häusern oft nur wenig Restauratoren beschäftigt sind und diese über ihre ursprünglichen Aufgaben hinaus auch die Wechselausstellungen mit Abbau und Transport überwachen (Wuppertal Von der Heydt Museum). Dies ist allerdings nicht überall gleich. In Münster werden im Gegensatz dazu viele Restauratoren beschäftigt.

### 3.4 Das Präsentieren

Die Präsentation bildet die wichtigste Schnittstelle des Museums mit der Öffentlichkeit. Dabei sind das Sammeln, das Forschen und das Bewahren vorgelagerte Funktionen. Unter dem Präsentieren wird das öffentliche Zugänglichmachen von Objekten verstanden. Dabei wird als Präsentationsmittel die Ausstellung eingesetzt. Da das Präsentieren und Vermitteln eng miteinander verknüpft sind, soll im Hinblick auf das Präsentieren erörtert werden, wie die Beschriftung der Bilder und die Informationen zur Sammlung sind. Die Untersuchung hat ergeben, daß die Beschriftung der Bilder meist nur auf den Künstler, das Jahr in dem das Bild entstanden ist, die verwendete Methode des Malens und den Titel des Bildes hinweist. In den meisten Museen ist die Beschriftung der Bilder einsprachig. Im Suermondt-Ludwig Museum in Aachen sind die Bilder zusätzlich auf Niederländisch, Englisch und Französisch beschriftet.

### 3.5 Das Vermitteln

Das weite Spektrum der Bildungsarbeit reicht von der informativen Kommentierung der Abteilung über zielgruppenorientierte Angebote bis zu schriftlichen Informationsmitteln (vgl. Hense 1990, S. 38-42). Das Vermitteln stellt in der historischen Entwicklung die jüngste und zugleich anspruchsvollste Aufgabe des Museums dar. Die Aufgabe ist dabei auf das engste mit dem Bildungsauftrag des Museums verbunden. Das Vermitteln und Präsentieren ist in den letzten Jahren immer wichtiger geworden. Das Vermitteln läßt sich in zwei Punkte gliedern, zum einen in die Vermittlung der Inhalte, die die Forschung widerspiegeln und zum anderen die Vermittlung der allgemeinen Inhalte im Rahmen der Museumspädagogik (vgl. Lückerath 1993, S. 72). Es handelt sich bei der Museumspädagogik um eine Grenzwissenschaft, in der Museologie und Erziehungswissenschaften zusammenlaufen. Der Hauptgegenstand der Museumsarbeit liegt für alle Museen in der Bildungs- und Erziehungsarbeit. Dazu gehört nicht nur die Besucherbetreuung, sondern auch eine Mitgestaltung der Ausstellungen. Einer der Grundsätze der Museumspädagogik ist es, das Bewahrte lebendig zu halten. Um dies zu ermöglichen, müssen museumsspezifische Formen der Kommunikation gefunden werden (vgl. Tripps 1990, S. 3 ff.). Das Vermitteln wurde von den Experten mit einem besonders hohen Stellenwert eingestuft. Gerade seit den 70er Jahren mit Einführung der Museumspädagogik rückt die Funktion des Vermittelns immer mehr in den Vordergrund. Allerdings muß bei großen Sonderausstellungen das Vermitteln oft in Frage gestellt werden. Nach wie vor werden Sonderausstellungen anhand des Besucherstroms für erfolgreich oder nicht erfolgreich gehalten. Bei großen Ausstellungen sehen sich oft zu viele Besucher auf einmal die Exponate an, so daß die Vermittlerfunktion in den Hintergrund rückt. Dabei gelangt das Museum im Hinblick auf die Sicherheit der Gemälde und der Personalbesetzung oft an seine Kapazitätsgrenzen.

Eine Möglichkeit der didaktischen Aufbereitung der Sammlung ist die Führung. Dabei können persönliche Führungen von Tonbandführungen unterschieden werden. Die meisten Museen bieten persönliche Führungen an. Bei den Vermittlungsangeboten liegt die persönliche Führung an erster Stelle, an zweiter Stelle steht der Videofilm und an dritter Stelle die Ton-Dia-Schau (vgl. Furthmann 1992, S. 1 ff.). Neu ist die Möglichkeit durch Touchscreens Bildinhalte zu vermitteln, diese Methode wird zur Zeit im Kölner Wallraf-Richartz Museum erprobt. Einzelne Bilder, die auf den Bildschirmen dargestellt werden, können per Fingerdruck inhaltlich in Details untersucht werden. Dies gehört zu einem gestaffelten Informationssystem, das in Köln praktiziert wird. Dabei spielt der Dialog zwischen dem Betrachter und dem Bild eine wichtige Rolle. Die Bildbeschriftung übermittelt Basisdaten, zur Vertiefung dienen die Informationstafeln/-säulen und die Touchscreens. Darüber hinaus können an der Kasse kleine Informationsheftchen zu einzelnen Bildern und Abteilungen vom Besucher gekauft werden. Jede Aussage bzw. Information hat ihre optimale Präsentationsform. Der Einsatz von Computern in Museen wird von Kunsthistorikern kontrovers diskutiert. Zu den Folgen und Konsequenzen der „Audiovisuellen Kultur" gehören die geänderten Sehgewohnheiten und die Grenzauflösung von Fiktion und Realität, denen sich das Museum anpassen muß (vgl. Nagel 1994, S. 26).

### 3.6 Das Ausstellen

Zu den klassischen Kernaufgaben wurde von allen Experten das Ausstellen als eine eigenständige Aufgabe mit einem besonders hohen Stellenwert hinzugefügt.

„Durch Ausstellungen wird das in einem Museum gesammelte Vermögen aktiviert. Durch sie kann es seine Zielsetzungen formulieren, die Bedeutung seiner Bestände darstellen und die Wirkung von Kunstwerken erproben. Ihr Erfolg ist nur begrenzt kalkulierbar. Besucherzahlen und Presseberichte sind keine allein gültigen Kriterien für ihre Qualität" (Fehr, Direktor des Karl-Ernst Osthaus Museums in Hagen).

Das Ausstellungsgeschäft hat sich in den letzten Jahren fast verselbständigt. Es wird versucht, von seiten der Museen gute Ausstellungen zu zeigen, um Landeszuschüsse zu bekommen. Meistens haben die Ausstellungen zwar irgendeinen Bezug zur Sammlung, aber thematisieren die Sammlungsbestände oft nicht. Das führt dazu, daß nicht in dem Maße bewahrt, konserviert, geforscht und vermittelt werden kann, wie dies wünschenswert wäre. Allerdings ermöglicht der Ausstellungsbereich eine gewisse Wertung, indem manche Künstler ausgestellt werden und andere wiederum nicht. In Wuppertal liegt dazu folgendes Konzept zugrunde:

1. publikumswirksame Ausstellungen,
2. Ausstellungen, die Avantgarde vorstellen,
3. Ausstellungen die Künstlerpersönlichkeiten vorstellen,
4. Ausstellungen mit Bezug zur Sammlung,
5. Ausstellungen, die die regionale Künstlerszene der Vergangenheit und Gegenwart berücksichtigen.

In den letzten zwei Jahren ist in den meisten der untersuchten Museen die Anzahl der Sonderausstellungen leicht gestiegen. Einige Museen bieten demnach monatlich wechselnde Ausstellungen an.

### 3.7 Die Probleme der Kernaufgaben

Der Zwiespalt zwischen Markterfolg und Bildungsauftrag ergibt sich zum einen aus den Kernaufgaben der Museen und zum anderen aus dem zunehmenden Druck seitens der Kulturpolitik, beispielsweise durch Kürzungen der Zuschüsse. Das marktorientierte Denken wird nur langsam von den Museumsexperten angenommen. Nach wie vor werden Marketingstrategien nur sporadisch eingesetzt (Wuppertal). Der Markterfolg wird durch Ausstellungen erzielt, die das Publikum anziehend findet und bei denen die Thematik oft schon bekannt ist. Die Aufgabe der Kunst und des Vermittlers sollte aber darin liegen, die Kunst zu zeigen, die Sehgewohnheiten und Wahrnehmungsgewohnheiten verändert. Also sollte etwas Unerwartetes und Unbekanntes, das nicht marktkonform ist, vorgestellt werden. Diese zwei Aufgaben sollten möglichst miteinander verbunden werden. Dies wird beispielsweise durch Ausstellungen ermöglicht, in denen Maler nicht nur mit ihren bekannten Motiven, sondern auch mit unbekannten Bildern ausgestellt werden. Um das Ziel zu erreichen neue Sehgewohnheiten zu eröffnen, werden auch weiterhin Sonderausstellungen angeboten, die aus marktwirtschaftlichen Gesichtspunkten nicht vertretbar sind. Hierbei steht dann der Bildungsauftrag im Vordergrund. Um marktwirtschaftlich zu wirtschaften werden mittlerweile in den Museumsshops über das gewöhnliche Angebot hinaus Seidenschals und -krawatten, Puzzle, Anhänger, T-Shirts etc. angeboten, die im Sinne des Bildungsauftrags des Museums kaum noch vertreten werden können (Münster). Das Verhältnis zwischen Markterfolg und Bildungsauftrag ist ein großes Problem. An erster Stelle sollte nach wie vor der Bildungsauftrag stehen. Oft werden aber die Markterfolge an erste Stelle gesetzt, d.h. Mamutausstellungen mit Besucherrekorden, bei denen die Besucher nur noch durchgeschleust werden, haben oft keinen Bildungserfolg. Die Interessengruppe der wirklich Kunstinteressierten bewegt sich zwischen drei und fünf Prozent. Selbst durch museumspädagogische Arbeiten konnte diese Gruppe nur um ein halbes Prozent erhöht werden. Qualität und Niveau gehen verloren, wenn nur noch nach allgemeinem Geschmack und populistischen Kriterien geurteilt wird (Mülheim). Es muß versucht werden, ein ausgeglichenes Verhältnis zwischen Markterfolg und Bildungsauftrag zu schaffen. In der Kunstsammlung NRW haben beispielsweise Schulklassen freien Eintritt. Dies ist eine Möglichkeit damit der Bildungsauftrag des Landes NRW erfüllt wird (Düsseldorf). Eine Gefahr besteht darin, daß oft nur Besucherzahlen für Markterfolg sprechen, damit der Träger des Museums die Gelder zur Verfügung stellt. Optimal ist es, wenn die Qualität der Ausstellung die Besucher anzieht. Ein Museum sollte auch Dinge zeigen, die noch nicht im Blickpunkt der Öffentlichkeit standen (Aachen). Zusammenfassend läßt sich festhalten, daß es schwierig ist, den Bildungsauftrag von Museen zu erfüllen und gleichzeitigen Markterfolg zu erzielen.

### 3.8 Nordrhein-Westfalen als Museumslandschaft

An den Museen in Nordrhein-Westfalen mit ihrem breiten Spektrum an Sammlungen, Gebäuden und ihren unterschiedlichen Entstehungs- und Entwicklungsgeschichten ist die deutsche Museumsgeschichte gut ablesbar. Nordrhein-Westfalen bietet ein außerordentlich facettenreiches Kulturleben. Das liegt nicht zuletzt daran, daß in diesem Land die kulturellen Institutionen und Aktivitäten stark dezentralisiert sind. Seit jeher sind die Städte, insbesondere die Industriestandorte, die Träger der Kultur gewesen. Im Gegensatz zu Süddeutschland gab es hier kaum ein fürstliches Mäzenatentum, so daß daraus hervorgegangene Kultureinrichtungen selten sind. In den letzten Jahren haben die Kommunen Kultur als Wirtschaftsfaktor entdeckt, dabei wird ein breites, vorhandenes kulturelles Angebot als attraktiver Standortvorteil für neu anzusiedelnde Investoren gesehen. Zu den Kultureinrichtungen in NRW gehören öffentliche Theater, Privattheater, Kulturorchester, Bibliotheken und Museen (vgl. Boldt, Lhotta 1990, S. 343).

Die Volks- und Heimatkundemuseen sind am stärksten vertreten. Es handelt sich meistens um relativ kleine Museen, die in fast jedem Ort zu finden sind. An zweiter Stelle stehen die Kunstmuseen. Im Vergleich zu der gesamten BRD, hier liegen die Kunstmuseen an dritter Stelle, sind die Anzahl der Kunstmuseen in NRW und dementsprechend auch die Besuchszahlen sehr hoch. Es wird ersichtlich, daß den Kunstmuseen in NRW eine große Bedeutung zukommt. Die kulturgeschichtlichen und naturwissenschaftlichen und technischen Museen sind von ihrer Anzahl für die Museumslandschaft bedeutend. Insgesamt gibt es in NRW über 50 naturkundliche und historisch/archäologische Museen. Schloß- und Burgmuseen, Sammelmuseen mit komplexen Beständen und mehrere Museen in einem Museumskomplex spielen eine untergeordnete Rolle.

Auffallend ist, im Gegensatz zu anderen Bundesländern, die geringe Entfernung der Museen zueinander. Daraus ergeben sich einerseits Konkurrenzsituationen im Hinblick auf Sonderausstellungen etc., aber andererseits auch Möglichkeiten der Kooperation.[4] Die befragten Museen haben sich in den letzten zehn Jahren verändert. Entweder wurde an alte Gebäude angebaut oder es entstanden spektakuläre Neubauten. Namhafte Architekten haben an Wettbewerben für Museumsneubauten teilgenommen. Oft werden in der Selbstdarstellung der Städte die modernen Bauten in den Vordergrund gestellt. Die Reize der großen Städte sind eine Mischung von Bauten unterschiedlicher Entstehung, Funktion und Stilelementen. Dabei zählen zu den Investitionszielen der Stadt die Steigerung der Attraktivität, die Repräsentation und die nationale Identifikation (vgl. GAEBE 1993, S. 67). Die kulturelle Modernisierung der Städte bietet den heutigen Architekten ein reizvolles Arbeitsfeld. Museen zählen zu den Institutionen, die zur Imageaufwertung einer Stadt beitragen. In den vorliegenden Besucherbefragungen wurde allerdings die Wirkung der Architektur auch im Zusammenhang des Inventars nicht erfragt.

---

[4] Den nachfolgenden Ausführungen liegt eine Untersuchung zugrunde, bei der Experten von folgenden Museen befragt wurden: Suermondt-Ludwig Museum, Haus der Geschichte, Folkwang, Internationale Forum Ludwig, Kunstmuseum Düsseldorf, Kunstsammlung NRW, Wallraf-Richartz-Museum, Kaiser-Wilhelm Museum, Städtisches Museum Mülheim, Westfälisches Landesmuseum Münster, Von der Heydt Museum.

### 3.9 Arten von Museen

In Deutschland gibt es mittlerweile knapp 4500 Museen. 1992 wurden insgesamt 93,2 Mio. Museumsbesuche registriert (vgl. Statistisches Jahrbuch deutscher Gemeinden 1993, S. 233). In Anlehnung an die UNESCO-Klassifikation lassen sich die Museen aufgrund des Sammlungsschwerpunktes in verschiedene Arten einteilen.[5]

---

[5] 1. **Volks- und Heimatkundemuseen** (Stadtgeschichtliche Sammlungen, Heimat-, Kreis-, Bauernhaus-, Mühlen-, Landwirtschafts- und volkskundliche Museen)

2. **Kunstmuseen** (Kunst-, Architekturmuseen, Museen des Kunsthandwerks, der kirchlichen Kunst, der Kirchenschätze, des Films und der Fotografie)

3. **Schlösser und Burgen** (Schlösser und Burgen mit typischem Schloß- und Burginventar)

4. **Naturwissenschaftliche/Technische Museen** (Chemie, Physik, Humanmedizin, Pharmazie, Astronomie; Technik-, Industrie-, Verkehrsmuseen, einschließlich Museen zum Bergbau- und Hüttenwesen, Technik- und Industriegeschichte)

5. **Historische und Archäologische Museen** (Politisch-historische Museen einschließlich zeitgeschichtlicher Sammlungen, politisch-historische Gedänkstätten mit Ausstellungsgut)

6. **Kulturgeschichtliche Spezialmuseen/Spezialsammlungen** (Spezialmuseen zur Religions- und Kirchengeschichte, zur Literatur-, Musik-, Theatergeschichte, Schul- und Kindermuseen; Völkerkundliche Museen, Feuerwehr-, Bier-, Weinbaumuseen, Spezialsammlungen z.B. von Münzen/ Medaillen/ Plaketten, Musikinstrumenten, Kostüme/ Trachten/ Textilien, Spielkarten, Spielzeug, Zinnfiguren, Möbel/ Wohnkultur und sonstige Spezialitäten)

7. **Naturkundliche Museen** (Botanik, Geologie, Mineralogie, Paläontologie, Zoologie, Veterinärmedizin, Naturgeschichte, Naturkunde)

8. **Museen mit umfassenden Beständen** aus mehreren gleichwertigen Sammlungsschwerpunkten verschiedener Hauptsammelgebiete sowie Zusammenfassungen von Museen unterschiedlicher Hauptsammelgebiete (Deutscher Städtetag (Hg.): Statistisches Jahrbuch Deutscher Gemeinden 1993, S. 232).

Abb. 1: Museumsarten in der BRD, ihre Anzahl und Besuchszahlen 1993 in % im Vergleich zu den Museumsarten in NRW, ihre Anzahl und Besuchszahlen 1992 in %

Quelle: Eigene Grafik und Berechnungen nach Daten des Statistischen Jahrbuchs NRW 1993, S.180 und des Instituts für Museumskunde Berlin 1994, S. 29[6]

Anhand dieser Grafik läßt sich die Verteilung der Museen auf die verschiedenen Museumsarten sowie die damit verknüpften Besuchszahlen in der Bundesrepublik Deutschland und in Nordrhein-Westfalen erkennen. Diese prozentuale Darstellung macht die Daten besser vergleichbar und veranschaulicht die Bedeutung der einzelnen Museumsarten für den Tourismus. Die Grafik zeigt, daß die Museen mit ihrer Anzahl in Deutschland und im Bundesland Nordrhein-Westfalen leicht variieren; ebenso schwankt die Zahl der Besuche je nach Museumsart. Volks- und Heimatkundemuseen sind in Deutschland und in NRW am stärksten vertreten, ziehen jedoch vergleichsweise nur wenig Besucher an. Diese Museen

---

[6] Dabei ist zu berücksichtigen, daß die berechneten Prozentzahlen der Museenanzahl und der Besuchszahlen von NRW in den Prozentzahlen der BRD natürlich enthalten sind. Da zum Zeitpunkt der Untersuchung kein geeignetes vergleichbares Datenmaterial vorlag, basieren die Daten auf zwei aufeinanderfolgenden Jahren.

laden meist nur zu einem einmaligen Besuch ein, da sie von der Größe her oft überschaubar sind und selten Sonderausstellungen anbieten. Ähnlich sieht es bei den kulturgeschichtlichen Spezialmuseen aus. Die Kunstmuseen stehen in der Bundesrepublik Deutschland, von ihrer Anzahl her gesehen, an dritter Stelle und ziehen ein Fünftel der Museumsbesucher an. In NRW dagegen stehen sie an zweiter Stelle. Mehr als ein Viertel der Museumsbesucher in NRW besuchen Kunstmuseen. Diese relativ hohe Zahl ist damit zu erklären, daß Kunstmuseen durch Wechselausstellungen ihr Angebot ständig erneuern und somit immer wieder Besucher anziehen, die die Sonderausstellungen sehen möchten. In erster Linie sind es Kunstmuseen, die den häufig benutzten Begriff Boom im Hinblick auf die Publikumsentwicklung verdienen (Klein 1990, S. 23). Naturwissenschaftliche und technische Museen sind in NRW nicht so publikumswirksam. Betrachtet man jedoch ganz Deutschland, so erweisen sie sich als sehr attraktiv. Ähnlich sieht es mit historischen und archäologischen sowie naturkundlichen Museen aus. Gerade die naturkundlichen Museen werden in NRW von knapp 20% der Besucher frequentiert. Umgekehrt ist es dagegen im Vergleich der Schloß- und Burgmuseen. In Deutschland werden Schlösser und Burgen stark besucht (Bsp. Schloß Neu-Schwanstein im Freistaat Bayern). In NRW liegt die Anzahl der Schloß- und Burgmuseen unter 5% und die Besuchszahlen nur knapp darüber.

### 3.10 Das Museum und seine Besucher

90% der Bevölkerung finden Museen als Institutionen wichtig und positiv. Dennoch sind es nur etwa 10% der Bevölkerung, die Museen wirklich besuchen (vgl. Klein, Bachmayer 1981, S. 164 und Borger 1991, S. 43 ff.). Die Museen und ihre Besucher interessieren gerade im Hinblick auf ein sinnvolles Marketing. Die Besucherstruktur ist besonders wichtig, da mit dieser Kenntnis Zielgruppen im Bereich der Werbung und Öffentlichkeitsarbeit in Museen leichter angesprochen werden können.

#### 3.10.1 Besucherzahlen

Die Besuchszahlen sind generell kein Indikator dafür, wie gut Museen hinsichtlich ihrer Wirtschaftlichkeit sind. Außerdem sagen sie nichts über die Qualität der Museen aus. Die Grundgesamtheit der Museen liegt mittlerweile bei 4.500 Museen, die jährlich vom Institut für Museumskunde untersucht werden. Nicht alle Museen stellen ihre Daten zur Verfügung, deshalb ändert sich die Anzahl der verfügbaren Daten. Um eine umfassende Interpretation zu ermöglichen, wurde die Analyse der Besuchszahlen mit Hilfe verschiedener literarischer Quellen durchgeführt.

Abb. 2 : Entwicklung der Museumsbesuche

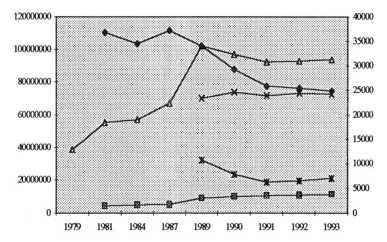

Scharioth (1974, S. 46) stellt in einer Untersuchung über Kulturinstitutionen und ihre Besucher fest, daß die Museumsbesuche von 1954 bis 1966 stagnierten, seit Mitte der sechziger Jahre der Museumsbereich aber an Bedeutung gewinnt.

Für die Jahre 1981 bis 1987 läßt sich ein Museumsbesuchsanstieg von 8,5% auf etwas über sechs Mio. Besuche erkennen. Zu berücksichtigen ist hierbei, daß sich die Statistiken nur auf Museumsbesuche im gesamten Bundesgebiet beziehen und die Stichprobe der befragten Museen sich auf 1218 beläuft (vgl. Klein 1990, S. 38). Insgesamt gibt es in der BRD mittlerweile 4500 Museen. Seit dem Jahre 1989 werden in den Statistiken des Instituts für Museumskunde die alten und neuen Bundesländer differenziert aufgezeigt. Da die Grundgesamtheit bei der Untersuchung des obigen Instituts jährlich leichten Schwankungen unterliegt (1990 gaben 3.314 Museen ihre Besuchszahlen an, 1993 waren es 3.786 der befragten Museen), sind die Zahlen nicht direkt vergleichbar. Es wurde das arithmetische Mittel gebildet, anhand dessen sich Tendenzen klar erkennen lassen. Die Mittelwerte zeigen, wieviele Museumsbesuche durchschnittlich auf ein Museum entfallen. Betrachtet man diese Zahlen, so muß die These über den doppelten Museumsboom[7] überdacht werden. Beim Verlauf der Kurve der Besuche insgesamt läßt sich in der Tat eine Besuchszahlensteigerung erkennen. Die gemittelten Werte dagegen lassen erkennen, daß die Besuche pro Museum rückläufig bzw. stagnierend verlaufen. Im Vergleich zu 1989 konnte im Jahre 1990 ein Rückgang der Museumsbesuche von 5% registriert werden. Dabei verzeichneten die alten Bundesländer nur einen minimalen Rückgang, die neuen Bundesländer mußten dagegen mit 27,5% weniger Museumsbesuchen kämpfen. Das Gleiche spiegelt sich auch im Vergleich der Jahre 1990 und 1991 wider. Mit einem Rückgang von knapp 5%, der in etwa fünf Millionen Besuchern entspricht, wurde in den Alten Bundesländer ein minimaler Rückgang von 0,2% verzeichnet. In den Neuen Bundesländern mußte ein Rückgang von knapp 20% registriert werden. Das Jahr 1992 weist eine Steigerung von 0,8% gegenüber dem Vorjahr auf. Im weiteren Verlauf bis ins Jahr 1993 wurden 700.000 Besuche mehr gezählt als im Vorjahr. Das Bild der Alten und Neuen Bundesländer hat sich hier erstmals umgekehrt. Die Museen in den Alten Bundesländern verzeichneten einen minimalen Rückgang, dagegen konnten die Museen der Neuen Bundesländer Zuwächse verbuchen. In den genannten Besuchszahlen sind auch die Besuche der Sonderausstellungen enthalten. Diese werden erst seit 1994 gesondert aufgeführt. Aus diesem Grund müssen die Besuchsanstiege kritisch betrachtet werden, denn die meisten Besucher werden von Sonderausstellungen angezogen. Eine differenzierte Betrachtung zeigt, daß die Besuche zu Sonderausstellungen stark gestiegen sind, dagegen gingen die Besuche der Dauerausstellungen zurück. 1990 wurden von 1.768 Museen insgesamt 7.114 Sonderausstellungen gezeigt. Der Anstieg der Besuchszahlen wird oft mit Neubau oder Neueröffnung, mit der Zunahme von Sonderausstellungen und einer erweiterten Öffentlichkeitsarbeit und Museumspädagogik begründet. Die Abnahme der Besuchszahlen wird darauf zurückgeführt, daß im Vorjahr mehr oder attraktivere Ausstellungen stattgefunden haben bzw. keine Ausstellungen durchgeführt wurden. Auch längere Schließungen oder Teilschließungen sind für einen Besuchsrückgang ausschlaggebend (vgl. Institut für Museumskunde 1994, S. 13). Die Hälfte der befragten 3.768 Museen zählen bis zu 5.000 Besuche jährlich, dagegen zählen nur 0,4% der Museen mehr als 500.000 Besuche (vgl. Institut für Museumskunde 1994, S. 24). Die Besuchsziffer weist außerdem ein ausgeprägtes Süd-Nord-Gefälle auf. Während in den norddeutschen Bundesländern die Publikumsresonanz in den 80er Jahren stagnierte bzw. deutlich rückläufig war, sind in den süddeutschen Flächenstaaten kräftige Zugewinne erzielt worden. Dabei spielen Entwicklungen im kulturpolitischen Bereich sowie beschäftigungs- und wirtschaftsstrukturelle Faktoren eine wichtige Rolle.

---

[7] Doppelter Museumsboom = auf der einen Seite stieg die Zahl der Neugründungen von Museen und auf der anderen Seite hat sich dementsprechend die Nachfrageseite entwickelt (Klein 1990, S. 29).

## 3.10.2 Besucherstrukturen

Klein (1983) führte eine Untersuchung zur Analyse von Besucherstrukturen in 28 ausgewählten Museen in ganz Deutschland durch. Sieben Jahre später untersuchte er die Publikumsstrukturen einer Museumslandschaft. In die zweite Untersuchung wurden 37 Museen in Westfalen und Berlin mit einbezogen. Dabei wurde in der ersten Untersuchung festgestellt, daß die Angaben über die nicht ortsansässigen Besucher der Museen zwischen 10% und 90% schwankt. Einen maßgeblichen Einfluß auf diesen Wert haben weniger die Größe und die Bekanntheit des betreffenden Museums oder die Ortsgröße, sondern in erster Linie der Umstand, welche touristischen Funktionen in der betreffenden Stadt oder Standortregion vorliegen. Dabei überwiegt der Ausländeranteil unter den Besuchern in grenznahen Gebieten und an international bekannten Häusern. Eine Minderheit stellen die in Deutschland lebenden Ausländer dar. Klein fand bei seiner Untersuchung heraus, daß der Männeranteil unter den Besuchern in technischen und Militärmuseen überwiegt, und der Rentneranteil allgemein unterrepräsentiert ist. Dabei sind in Großstadtmuseen die zwanzig- bis vierzigjährigen überproportional als Besucher vertreten. Kunstmuseen haben nach den Untersuchungsergebnissen ein eindeutig elitär selektiertes Publikum, dabei werden andere Museen von Akademikern eher vernachlässigt. Generell werden Museumsbesuche in geselliger Form ausgeübt. Bei Gruppenbesuchen überwiegen Schulklassen verschiedenster Schultypen. Darüber hinaus wurde festgestellt, daß an Vormittagen während der Woche nur wenig Besucher registriert werden. Die saisonale Verteilung läßt sich nicht vollständig generalisieren, schwach sind die Besucherzahlen im Dezember, Januar und Februar.

Mit zunehmender Suburbanisierung der Stadtbevölkerung kommt es zu einer Lockerung oder gar Auflösung der Beziehung zu Kultureinrichtungen in der Stadt. Umlandbewohner reduzieren oft ihre kulturellen Aktivitäten in Bezug auf die City (vgl. Klein 1984, S. 7).

Als Hauptmotiv eines Museumsbesuchs wird die persönliche Bereicherung des Allgemeinwissens angegeben. Positiv wird dabei bewertet, daß diese Aneignung auf unterhaltsame Weise geschieht. Nach Eigeneinschätzung der Besucher sind ihre Vorkenntnisse über Sammlungsgebiete und -hintergründe des besuchten Hauses sehr bescheiden.

## 3.11 Besucherstrukturen der Kunstmuseen

In der Untersuchung von 1994 des Instituts für Museumskunde wiesen 473 Museen in NRW Besuchszahlen von 11,5 Mio. auf. Von diesen Institutionen wurden mehr als 1.200 Ausstellungen geboten. Damit liegt NRW bei der Untersuchung an erster Stelle, gefolgt von Bayern und Baden-Württemberg (vgl. Institut für Museumskunde 1994, S. 38). Köln, Münster, Düsseldorf und Bonn gehören zu den Städten mit den meisten Museumsbesuchern in Deutschland (vgl. statistisches Jahrbuch deutscher Gemeinden 1993, S. 230). Durch die Krise der Museen in den 60er Jahren wurde die Situation der Museen und ihre Wirkung auf die

Öffentlichkeit deutlich. Um ein gezieltes Marketing planen zu können, gilt es, im Vorfeld die Besucherstruktur zu analysieren. Dabei muß berücksichtigt werden, daß sich diese je nach Lage und Bedeutung des Museums leicht verändern kann. Deshalb ist es wichtig, daß in den Museen regelmäßig Besucherbefragungen durchgeführt werden. Nur so kann schnell und sensibel auf Veränderungen reagiert werden. In den meisten der befragten Museen lagen zum Zeitpunkt der Untersuchung keine Besucherbefragungen vor, oder die letzte lag Jahre zurück.[8] In der Sammlung NRW in Düsseldorf wurde 1992 eine Befragung durchgeführt. Diese wurde in einem Zeitraum von acht Monaten mit einer Stichprobe von 2.611 Fragebögen durchgeführt. In Hagen wurden 1994 in einem Zeitraum von vier Monaten in verschiedenen Sonderausstellungen 677 Besucher befragt. In den Museen der Stadt Bonn, ausgenommen dem Haus der Geschichte, wurde im April 1994, im Rahmen der Diplomarbeit von Mainz (1994), eine Stichprobe von 410 Besuchern befragt. Mainz hat Anfang 1994 eine Besucherbefragung in der Museumsmeile durchgeführt. Weitere Erkenntnisse in diesem Bereich basieren auf den durchgeführten Expertengesprächen. Zusammenfassend läßt sich feststellen, daß die Besuchszahlen bei den befragten Museen überwiegend gleichbleibend waren. Museen mit gestiegenen Besucherzahlen führten dies auf außergewöhnliche Sonderausstellungen zurück, die sehr publikumswirksam sind. Bei stagnierenden oder rückläufigen Besuchszahlen wurde dies darauf zurückgeführt, daß in diesem Jahr keine besonderen Sonderausstellungen gemacht wurden.

Keine Angaben zu Besuchszahlen wurden vom Museum Folkwang in Essen, von der Kunst- und Ausstellungshalle in Bonn und vom Suermondt-Ludwig Museum in Aachen gemacht. Die geringe Besuchsanzahl im Kunstmuseum Mülheim an der Ruhr bezieht sich 1994 nur auf ein knappes halbes Jahr seit der Wiedereröffnung. An erster Stelle steht das Wallraf-Richartz Museum/Museum Ludwig in Köln mit knapp 1 Mio. Besuchen. Danach folgen die Museen in Bonn, Münster und Wuppertal. Innerhalb der Statistik des Instituts für Museumskunde Berlin wurde erst 1994 die Unterscheidung der Besuche zwischen Wechselausstellung und der ständigen Sammlung vorgenommen. Früher wurden diese Zahlen zusammengefaßt. Dabei entsteht das Problem, daß die Zahlen falsch interpretiert werden. Die Besuchszahlen gehen indes scherenförmig auseinander. Die Besuche der Dauerausstellung nehmen ab, dagegen steigen die Besuche von Sonderausstellungen. In den kleineren Museen werden im Durchschnitt 20.000 Besucher pro Sonderausstellung registriert. Die größeren Museen zählen bis zu 500.000 Besucher pro Sonderausstellung.

Interessant im Hinblick auf die Grafik ist, daß die Museumsbesuche der Städte Köln, Bonn und Münster die Anzahl der Einwohner übersteigt.

---

[8] Das Museum in Mülheim, das Suermondt-Ludwig-Museum in Aachen und das Kunstmuseum in Düsseldorf haben erst 1994 ihre Wiedereröffnung gefeiert. Aus diesem Grund lag zum Untersuchungszeitpunkt noch keine aktuelle Besucherbefragung vor.

## 3.11.1 Saisonale Verteilung der Besucher in Kunstmuseen

Klein (1990, S. 24) stellte in seiner Untersuchung fest, daß der sommerlichen Hauptreisezeit die größte Bedeutung zukommt, vor allem dann, wenn der Standort von Reiseströmungen tangiert wird. Vor den Ferien steigen die Schulgruppenbesuche überproportional. In Städten kann dagegen die höchste Besuchsziffer auf andere Jahreszeiten fallen, was im wesentlichen von der Sammlungsart und von Sonderausstellungen abhängt. Ein weiterer Unterschied der Besuchsfrequenz macht sich zwischen Wochenenden und Werktagen bemerkbar. An den Wochenenden wird meistens ein Besucheranstieg registriert. Die Besucherstrukturen weisen nach Analyse der Expertenbefragung nach Lage, Standort und Sammlungsart der Museen zum Teil sehr spezifische Merkmale auf. Die Jahresverteilung der Besucher ist in allen befragten Museen recht ähnlich. In den Sommerferien, vor Weihnachten und um Ostern gibt es kleine Einbrüche bei den Besucherzahlen. Im allgemeinen läßt sich die Besuchsverteilung an die Ferien anbinden. Die Experten bestätigen, daß die besuchsstärksten Monate März bis Mai, September bis November bzw. Dezember sind. Oft wurde noch der Juni genannt, da vor den Schulferien wie oben erwähnt die Schulklassenbesuche in den Museen leicht ansteigen. Der Einbruch in den Sommerferien war im Jahr 1994 durch die außergwöhnlich sommerlichen Temperaturen besonders stark. Inwieweit das Wetter den Museumsbesuch beeinflußt, müßte anhand von Besucherbefragungen eruiert werden. In der Literatur konnte dazu kein Beleg gefunden werden. Daß in den Sommerferien der Anteil der kunstinteressierten Touristen steigt, konnte in den befragten Museen nicht bestätigt werden. Weiterhin sind die Schwankungen der Besuchszahlen während der Woche und zu unterschiedlichen Tageszeiten interessant. Ein Besuchsanstieg wurde von allen Museen am Wochenende angegeben. Während der Woche überwiegen oft Schulklassen. Angaben über die Frequentierung der Tageszeiten konnten nur von wenigen Museen gemacht werden. In Köln liegt die höchste Besucherfrequenz zwischen 11.30 Uhr und 13.00 Uhr. In Hagen konnte anhand der Besucherbefragung festgestellt werden, daß 49 Prozent der täglichen Besucher zwischen 11.00 Uhr und 14.00 Uhr das Museum besuchten. Diese Frage wurde weder in der Besucherbefragung der Kunstsammlung NRW noch in der Bonner Museumsmeile behandelt. Dabei ist sie besonders wichtig, wenn Öffnungszeiten geändert und auf Zielgruppen abgestimmt werden sollen.

## 3.11.2 Besuchermerkmale

Anhand der Besucherbefragung in der Kunstsammlung NRW in Düsseldorf konnte herausgefunden werden, daß 48 Prozent der Besucher zwischen 14 und 30 Jahre alt sind, 31 Prozent sind zwischen 30 und 49 Jahre und nur 21 Prozent über 50 Jahre. Es kann hier von einer typischen Altersstruktur eines Museums in Citylage einer Großstadt gesprochen werden (vgl. Furthmann 1992, S. 8). In der Bonner Befragung ist das Publikum der Kunst- und Ausstellungshalle in den Altersklassen über 60 Jahre und zwischen 20 und 30 Jahren am stärksten vertreten (vgl. Mainz 1994, S. 54). Die Kunstsammlung NRW wird überwiegend von

Frauen (zu 58%, Männer zu 42%) besucht. Wenn Sonderausstellungen angeboten werden, kommen durchschnittlich 80% der Besucher speziell wegen dieser Ausstellung. Das Bildungsniveau ist meist sehr hoch, wobei die Gruppe der Schüler und Studenten und die Gruppe der leitenden und akademischen Berufe mit je 31 Prozent den größten Anteil darstellen.

Die drei wichtigsten Gründe, weshalb die Besucher in die Kunstsammlung kommen sind:

1. allgemeines Kunstinteresse,
2. Interesse an Moderner Kunst und
3. Wissensbestätigung und -erweiterung.

Die durchschnittliche Besuchszeit liegt nach Einschätzungen der Experten zwischen einer und zwei Stunden.

### 3.11.3 Einzugsgebiet der Kunstmuseen in NRW

Das Einzugsgebiet der Museen ist unterschiedlich. Es richtet sich einerseits nach der Größe und Bekanntheit des Museums und andererseits nach der Lage innerhalb NRWs. Angaben über die Einzugsgebiete sind gerade im Hinblick auf Marketingmaßnahmen besonders wichtig, da gezielter geworben werden kann. Die Grafik wirft die Frage auf, ob die Einwohner einer Stadt auch potentielle Museumsbesucher sind. In einer Studie, die vom Amt für Statistik und Einwohnerwesen der Stadt Köln (1985, S. 6) zur Sekundärwirkung kultureller Großveranstaltungen 1982 durchgeführt wurde, konnte festgestellt werden, daß drei von vier deutschen Museumsbesuchern nicht aus Köln stammen. Diese Aussage wurde vom Direktor des Wallraf-Richartz-Museums im Interview im Januar 1995 bestätigt: „70% der Besucher des Wallraf-Richartz Museum in Köln sind keine Kölner. Die Besucher kommen aus dem Um- oder Ausland." Die Besucherbefragung der Museumsmeile in Bonn (vgl. Mainz 1994, S. 58) hat ergeben, daß mehr als 70 Prozent der Befragten der Kunst- und Ausstellungshalle aus NRW stammen, wobei die Besucher aus dem Einzugsbereich von Null bis über 100 km gleichmäßig verteilt sind. Im Gegensatz dazu hat die Besucherbefragung in der Kunstsammlung NRW (Furthmann 1992, S. 13) in Düsseldorf ergeben, daß die größte Besuchergruppe mit gut 20 Prozent aus Düsseldorf kam. In Hagen konnte anhand der Besucherbefragung (vgl. Amt für Statistik und Stadtforschung der Stadt Hagen 1994, S. 2) festgestellt werden, daß 30% der Besucher aus Hagen selbst kommen und die verbleibenden 70% aus dem übrigen NRW. Etwa 60% der Besucher des Von der Heydt Museums in Wuppertal kommen von außerhalb. Bei Sonderausstellungen liegt dieser Anteil sogar bei 70%. Das gleiche Ergebnis konnte in Hagen belegt werden. Grenznahe Museen wie Aachen, Köln und Krefeld werden dagegen auch im hohen Maße von Besuchern aus den Niederlanden, Belgien und Frankreich besichtigt. Die Kenntnisse über den Wirkungs- bzw. Einzugsbereich eines Museums dienen vor allen Dingen der gezielten Öffentlichkeitsarbeit von Museen. Dies kann beispielsweise durch punktuelle Werbung oder verbesserte Ausschilderung innerhalb der Städte geschehen (vgl. Klein

1990, S. 190). Museen, die überwiegend von Einheimischen besucht werden, müßten ihre Werbung auf andere Gebiete ausdehnen. Dagegen sollten Museen mit einem hohen Prozentanteil von auswärtigen Besuchern versuchen, die heimische Stadtbevölkerung gezielter mit Anzeigen, Flugblättern und Kampagnen anzusprechen.

### 3.11.4 Erreichbarkeit der Kunstmuseen

Wie im ersten Kapitel beschrieben, liegen die meisten der befragten Museen im Stadtzentrum der jeweiligen Stadt. Eine Ausnahme ist die Museumsmeile in Bonn, die vom Stadtzentrum aus nicht zu Fuß erreicht werden kann. Ein Trend der 80er und 90er Jahre ist es, Museen aus dem Stadtkern auszulagern, wie beispielsweise das Museumsufer der Stadt Frankfurt und die Museumsmeile der Stadt Bonn. Die Integration der Museen in das Stadtzentrum hat den Vorteil, daß potentielle Besucher nach einem Einkaufsbummel spontan einen Besuch im Museum anschließen können. Bei ausgelagerten Museen sind solche Spontanbesuche eher selten. Aus diesem Grund spielt die Erreichbarkeit eine große Rolle. Ein museumseigener Parkplatz wird von den meisten Besuchern als positiv bewertet, doch nur Museen in Stadtrandlage können mit einer solchen Infrastruktur dienen. In den meisten Innenstädten ist genügend Parkraum in Parkhäusern vorhanden. Den Museen entfallen dadurch Kosten. Die Untersuchung hat gezeigt, daß Parkmöglichkeiten in unmittelbarer Nähe der Museen vorhanden sind. Aus den vorliegenden Besucherbefragungen ist hervorgegangen, daß nach wie vor die meisten Besucher mit dem PKW anreisen. Die Kunstsammlung NRW wird von 50% der Besucher mit dem PKW angefahren. In Bonn liegt der Durchschnitt bei 60% und in Hagen bei fast 70%. Die meisten der untersuchten Museen sind mit dem öffentlichen Nahverkehr gut zu erreichen. Oft sind die Haltestellen direkt vor dem Eingang des Museums. Als Ortsfremder ist es allerdings schwierig herauszufinden, welche Buslinie das Museum anfährt. Die im Zentrum der Stadt gelegenen Museen können im Schnitt mit einem fünfzehn bis zwanzigminütigen Fußweg vom Bahnhof aus erreicht werden (eigene Recherche). Zusammenfassend läßt sich feststellen, daß die Museen mit öffentlichen Verkehrsmitteln gut zu erreichen sind. Im Untersuchungsgebiet liegen zwei wichtige Flughäfen in Köln und Düsseldorf. Inwieweit sie als Anreisemittel genutzt werden, konnte nicht eruiert werden, da hierzu kein Datenmaterial vorlag. Basierend auf den vorliegenden Besucherbefragungen der Städte Hagen von 1994, Düsseldorf von 1992 und Bonn von 1994 sieht die Anreise der Besucher prozentual folgendermaßen aus:

## 4 Marketing in Kunstmuseen NRWs

Im nun folgenden Kapitel wird darauf eingegangen, wie Marketing in den untersuchten Museen betrieben wird. Viele der befragten Experten verstehen unter Marketing nur Presse- und Öffentlichkeitsarbeit.

„Marketing has a negative image because it is though to be trying to „mass market" the museum, wich the curatorial staff views negatively. Top management of most museums does not come from a marketing background and has little understanding of the importance of marketing or its likely impact in the museum" (Blattberg, Broderik 1991, S. 330).

Es konnte auch in den Gesprächen festgestellt werde, daß die Bedeutung des Marketings zum Teil noch nicht erkannt wurde. Wichtig ist es jedoch, den ganzen Marketing-Mix zu berücksichtigen. Im folgenden wird der Versuch unternommen, die Bereiche und Funktionen der Museen dem Marketing-Mix zuzuordnen.

### 4.1 Der Marketing-Mix angewandt auf Kunstmuseen

Unter Marketing-Mix wird die Produkt-, Distributions-, Preis- und die Kommunikationspolitik verstanden (vgl. Freyer 1993a, S. 238).

#### 4.1.1 Produktpolitik der Kunstmuseen

In erster Linie fällt unter die Produktpolitik das Suchen, die Auswahl und die Entwicklung neuer Produkte (in Museen Konzerte, Lesungen etc.), aber auch die Weiterentwicklung bestehender Produkte. Um mit den naturwissenschaftlichen Museen in Konkurrenz zu treten, müssen Kunstmuseen aus ihren veralteten Traditionen ausbrechen und neuen Strategien nachgehen.

„Science Museums effectively attract a large visitorship. Their exhibits are more interactive and more involving than art museums. People receive audio and sensory stimulation as well as visual. There`s always a great deal of activity to attract the visitors attention" (Blattberg, Broderik 1991, S. 330).

Generell kann unter dem Produkt von Kunstmuseen die Sammlung mit ihrer Dauerausstellung und die Sonderausstellungen gezählt werden. Um die Attraktivität zu steigern, wurde in den letzten Jahren die Anzahl der Sonderausstellungen in den Kunstmuseen erhöht. Die Sonderausstellungen nehmen innerhalb der Museen einen besonderen Status ein. Durchschnittlich werden große Ausstellungen zwei bis drei Jahre im voraus geplant. Der dafür zur Verfügung stehende Werbeetat ist relativ gering. Oft werden Sonderausstellungen aus eigenen Beständen erstellt. Allerdings sind Kooperationen mit anderen Museen im Ausstellungsbereich sehr wichtig, um die Kosten (beispielsweise die Katalogkosten) in Grenzen zu halten. Da die Konkurrenz zu groß ist, können Museen, die zu nahe beieinander liegen, im Ausstellungswesen im besonderen bei Wanderausstellungen nicht miteinander kooperieren. Aus diesem Grund werden diese an möglichst weit auseinanderliegende Museen weitergegeben. Bei solchen Sonderausstellungen entstehen hohe Leihgabe-, Versicherungs- und Transportkosten. Die Konkurrenzsituation entfällt, wenn naheliegende Museen gemeinsame Ausstellungen inszenieren. Anfang 1995 wurde in Düsseldorf und Köln eine gemeinsame Yves

Klein Ausstellung durchgeführt.[9] Um die Attraktivität der Museen zu steigern, werden immer häufiger Sonderveranstaltungen angeboten. Dazu zählen in erster Linie klassische Konzerte, Theater, Vorträge, Tagungen und Konferenzen. Im städtischen Museum in Mülheim werden darüber hinaus auch Rockkonzerte und Kabarett angeboten. Diese Art von Veranstaltungen zeigen den Wandel der Museen von reinen Bildungsstätten zu Kulturzentren.

### 4.1.2 Distributionspolitik der Kunstmuseen

Im Kultursektor spielt die Distributionspolitik im Sinne von Vertrieb nur eine untergeordnete Rolle, da sich der Kunde, in diesem Fall der Besucher, das Produkt bzw. die Dienstleistung selber „abholt", indem er ins Museum geht. Im weiteren Sinne zählt aber auch der Service zur Distributionspolitik, d.h. wie bekommt der Kunde die Eintrittskarten, ob die Öffnungszeiten kundenfreundlich sind und ein Verantwortlicher bei Reklamationen erreichbar ist.

Die Öffnungszeiten sind ein wichtiger Faktor, um bestimmten Zielgruppen einen Besuch in den Museen zu ermöglichen. Oft werden allerdings die Öffnungszeiten von seiten der Stadtverwaltung vorgeschrieben, so daß die jeweiligen Museumsdirektoren keinen Einfluß darauf haben. Grundsätzlich sind alle Museen montags geschlossen. Das Gros der Museen öffnet um zehn oder elf Uhr morgens und schließt zwischen fünf und sechs Uhr abends. Nur das Haus der Geschichte kann ab neun Uhr morgens besucht werden. Am verkaufsoffenen Donnerstag ist ein Teil der Museen bis 20 oder 21 Uhr geöffnet (das von der Heydt Museum in Wuppertal, das Karl-Ernst-Osthaus Museum in Hagen und das Folkwang Museum in Essen). Das Kunstmuseum in Düsseldorf hatte während der Sonderausstellung freitags bis 24 Uhr geöffnet. In Hagen konnte anhand der Besucherbefragung (Amt für Statistik und Stadtforschung der Sadt Hagen 1994, S. 3) festgestellt werden, daß fast die Hälfte der Besucher zwischen elf und zwei Uhr mittags das Museum besucht. Ein Drittel der Besucher stattet in den frühen Nachmittagsstunden zwischen zwei und vier Uhr seinen Besuch ab. (In den weiteren vorliegenden Besucherbefragungen wurde die Besuchsverteilung nach Tageszeit nicht erhoben). Die Untersuchung von Klein (1986, S. 4 ff.) über die Änderungen von Öffnungszeiten, anhand Befragungen in sieben verschiedenen Museen, bestätigt dieses Ergebnis. Sie hat darüber hinaus herausgefunden, daß die Beibehaltung der bestehenden Öffnungszeiten von 30 Prozent der Befragten befürwortet wurde. Dagegen wünschte sich jeder Zweite eine Abendöffnung. Leider wurden in der letzten Zeit die Öffnungszeiten in den Krefelder Kunstmuseen aufgrund von Stelleneinsparungen verkürzt. Dabei plädieren einige Museumsleiter für eine

---

[9] Unter dem gemeinsamen Motto „Sprung ins Leere" wurde Anfang 1995 vom Museum Ludwig in Köln und der Sammlung NRW in Düsseldorf eine Yves Klein Ausstellung angeboten. Dabei wurde das Leben des Künstlers in zwei Phasen geteilt, die in den beiden Museen ausgestellt wurden (Engelhard 1994, S. 19). Damit verbunden war ein Sonderpreis, der den Besuch beider Ausstellungen ermöglichte.

Verlängerung der Öffnungszeiten, um der erwerbstätigen Bevölkerung auch nach ihrer Arbeitszeit die Möglichkeit eines Museumsbesuchs zu bieten. Verlängerte Öffnungszeiten wurden dagegen im Museum in Münster vom Publikum überhaupt nicht angenommen und deshalb wieder abgeschafft. Die befragten Experten sind sich darüber einig, daß die Museen morgens eher öffnen sollten, damit Schulklassen besser integriert werden können. Allerdings muß festgehalten werden, daß die saisonale, wöchentliche und tageszeitliche Verteilung an den einzelnen Museen sich durchaus unterscheiden, so daß eine generelle Öffnungszeitenänderung nicht sinnvoll erscheint.

Die Eintrittskarten werden den Kunden in den untersuchten Museen an einer zentralen Kasse verkauft. Verkaufsautomaten oder Vorverkauf existieren in keinem der Museen. Es stellt sich die Frage, wie Wartezeiten beim Eintrittskartenverkauf bei populären Sonderausstellungen, die eine breite Masse des Publikums anziehen, vermieden werden können. Unter Serviceleistungen fallen außerdem noch der Zustand des Empfangsbereiches, der Toiletten, der Bibliothek und des Cafés oder Restaurants. Da diese Bereiche im Zusammenhang mit der Sammlung gesehen werden müssen, sind Öffnungszeiten und Service wichtig, um dem Besucher den Gesamtaufenthalt so angenehm wie möglich zu gestalten. Dazu zählt auch ein Ansprechpartner bei Beschwerden. In vielen Museen liegt hierfür ein Beschwerdebuch aus. Die Frage, ob ein solches Beschwerdebuch sinnvoll ist, wurde von den Experten unterschiedlich beantwortet. In Düsseldorf in der Kunstsammlung NRW und im Wallraf-Richartz Museum in Köln wurde das Besucherbuch wieder zurückgezogen, weil es sich nach Angaben der Experten nicht gelohnt hat. Ebenso liegt im Kunstmuseum Mülheim kein Besucherbuch aus. Dagegen existiert im Haus der Geschichte ein Besucherbuch und zusätzlich liegen Postkarten aus, auf denen die Besucher positive Eindrücke und Kritik direkt an das Museum richten können. Ein Besucherbuch liegt auch im Westfälischen Landesmuseum für Kunst- und Kulturgeschichte, im Karl-Ernst Osthaus Museum in Hagen und im Von der Heydt Museum in Wuppertal aus. Im Kaiser Wilhelm Museum in Krefeld muß gezielt nach einem Besucherbuch gefragt werden. Für das Marketing innerhalb des Museums ist es wichtig, daß Besucherbeschwerden und Anregungen registriert werden, um dementsprechend reagieren zu können.

### 4.1.3 Preispolitik der Kunstmuseen

Der Preis ist aus betriebswirtschaftlicher Sicht ein wesentliches und empfindliches Instrument. Dabei muß berücksichtigt werden, daß die öffentliche Kulturverwaltung keine Gewinne erzielen darf. Im Kultursektor kann der Preis variieren, indem er nach Wochentagen oder Jahreszeiten differenziert wird. Eine Untersuchung in den Karlsruher Museen hat ergeben, daß 20% der Besucher nicht bereit sind, Eintrittsgebühren zu zahlen, 60% würden zwischen 50 Pfennig und einer Mark bezahlen und nur 20 Prozent sind bereit, mehr zu zahlen (Klein, Bachmeyer 1981, S. 131). Eintrittspreise sind nach wie vor „Filter" für die Besucher. Der Preisvergleich in den untersuchten Museen hat ergeben, daß Erwachsene zwischen drei und zehn DM Eintritt zahlen, bei der Hälfte der befragten Museen liegt der Eintrittspreis bei fünf. Bei Sonderausstellungen zahlen Erwachsene bis zu 15 DM. Dementsprechend sehen die Ermäßigungen für Schüler, Studenten etc. aus, die meistens 50% des normalen Preises zahlen. Gruppenpreise sind meist gesondert aufgeführt. Nach wie vor bieten nur wenige der Museen Familienkarten an (das Museum in Münster, Krefeld, Essen und das Kunstmuseum in Düsseldorf). Dadurch wird Großfamilien, die aber nicht unter den Gruppentarif fallen, der Museumsbesuch erschwert. Freien Eintritt gewährt nur das Haus der Geschichte in Bonn und drei weitere Museen an jeweils unterschiedlichen Wochentagen einmal in der Woche. Die Kunst- und Ausstellungshalle der BRD gewährt den ersten Sonntag im Monat freien Eintritt. Wie sensibel Besucher auf Preise reagieren, hat sich beim Westfälischen Landesmuseum für Kunst- und Kulturgeschichte gezeigt. Hier wurde nach der Einführung von Eintrittsgeldern vor zwei Jahren ein Besucherrückgang registriert. Eine Preisdifferenzierung nimmt allein Aachen vor. Eine Kombikarte für acht Mark ermöglicht den Eintritt in alle städtischen Museen. Damit wird der Anreiz geschaffen, nicht nur ein Museum zu besichtigen.

Zur Preispolitik gehören auch die zum Verkauf angebotenen Kunstartikel und Kataloge. Die Katalogpreise liegen zwischen 24,- und ca. 70,- DM. In den seltensten Fällen wurden kurze Informationsbroschüren zu den jeweiligen Sammlungen angeboten. Ein positives Beispiel ist der Ausstellungsführer der Alten und Neuen Pinakothek in München, der für sieben DM erhältlich ist. Anhand der Informationsbroschüre (kleiner Katalog) werden kurz und prägnant die Epochen mit den jeweiligen Kunstrichtungen und die ausgestellten Bilder beschrieben. Damit verschafft er einen Überblick über die Sammlung und liefert so dem Laien Basisinformationen.

### 4.1.4 Kommunikationspolitik der Kunstmuseen

Die Kommunikationspolitik trägt zum einen dazu bei, das Image aufzubauen und zum anderen werden Informationen über die eigentlichen Leistungen vermittelt. Zu den klassischen Kommunikationsinstrumenten zählen die Werbung, die Verkaufsförderung und die Öffentlichkeitsarbeit (vgl. Nieschlag u.a. 1991, S. 441).

**Werbung der Kunstmuseen**

Die Einstellung zur Werbung hat sich in den letzten 20 Jahren geändert. So spricht Rave (1973, S.107) von enthusiastischen Berichten über Besuchersteigerungen, ausgelöst durch Berichterstattungen in Presse, Rundfunk und Fernsehen oder intensiven Werbeaktionen, die nicht skeptisch genug betrachtet werden könne. Das Amt für Statistik und Einwohnerwesen der Stadt Köln (1985, S. 8) hat in einer Studie festgestellt, daß 56% der nordrhein-westfälischen Besucher der Sonderausstellungen sich darüber beklagt haben, nicht ausreichend über das Kölner Museumsangebot informiert worden zu sein. Mittlerweile hat sich die Einstellung zu den Medien geändert. In unserer Welt der Reizüberflutung wird gute und gezielte Werbung immer wichtiger.

Zu den klassischen Werbemaßnahmen gehören u.a. die Anzeige, die Außenwerbung, das Plakat, Transparente, Rundfunk, Fernsehen, Kino. Die persönliche Empfehlung ist das beste Werbemedium. Die ortsansässige Bevölkerung bezieht ihre Informationen aus Zeitung und Radio. An touristisch hoch frequentierten Orten dienen eher Prospekte, Plakate oder Verkehrsvereine als Informationsmittel (vgl. Klein 1990, S. 26).

Das Mailing gehört zu den wichtigsten Werbemittel der Museen. Bis zu 4.000 Adressen werden regelmäßig angeschrieben. Dazu zählen Presseadressen im In- und Ausland und Kunstinteressierte. Mit den Mailings wird u.a. versucht, die Multiplikatoren zu erreichen.

Die Wirkung von Plakaten besteht vor allem in der längerfristigen Marktpositionierung, nicht aber in der kurzfristigen, konkreten Veranstaltungswerbung. Die Plakatwirkung wird von einigen der Experten angezweifelt. Eine Studie besagt, daß 90% der Passanten an Plakatwänden vorbei gehen, ohne sie anzusehen. Außerdem sind Plakate in ihrer Herstellung relativ teuer (ca. 5,- DM plus Versandkosten), so daß die Plakate häufig nur noch verkauft werden (Mülheim). Plakate sind nicht nur ein wirksames Instrument, um auf Veranstaltungen aufmerksam zu machen, sie wirken auch besuchveranlassend (vgl. Amt für Statistik und Einwohnerwesen der Stadt Köln 1985, S. 8). Von allen Experten wird die Mund zu Mund Propaganda als werbewirksamstes Medium betrachtet. Ebenso wird die Pressearbeit und ihre Wirkung recht hoch eingeschätzt. Diese Werbemittel sind vom Kostenaufwand her betrachtet recht gering, in ihrer Werbewirkung aber sehr effektiv. Dies wird auch in der Besucherbefragung des Karl-Ernst Osthaus Museums in Hagen (1994, S. 9) bestätigt. Vierzig Prozent der Befragten wurden durch Zeitungen und Zeitschriften auf das Museum aufmerksam gemacht. Jeder vierte Besucher der Ausstellung kam aufgrund einer Empfehlung von Freunden und Bekannten. Ähnliche Ergebnisse finden sich auch in der Besucherbefragung der Museumsmeile Bonn (vgl. Mainz 1995, S. 68). Die meisten der Besucher der Kunstsammlung NRW in Düsseldorf wurden durch Medienberichte, hierbei handelt es sich meist um Pressemitteilungen, zu einem Besuch der Ausstellung animiert. Die Besucherbefragung hat ergeben, daß durch folgende Mittel mehr Erstbesucher animiert werden, die Kunstsammlung zu besuchen:

(1) Mund zu Mund Propaganda,
(2) Presseberichte und Anzeigen,
(3) Touristeninformationen und Prospekte.
(4) Veröffentlichungen in Kultur- und Fachzeitschriften (vgl. FURTHMANN 1994, S. 15)

Plakate werden nach wie vor häufig genutzt.

Im Fernsehen und Radio wird selten aktiv geworben, außer beispielsweise in Videotexteinblendungen. Ansonsten wird versucht, bei Sonderausstellungen die Fernseh- und Radioanstalten einzuladen, damit später eine Berichterstattung erfolgt. Meistens finden diese Berichterstattungen in lokalen Sendern statt. Im

Westdeutschen Rundfunk wird morgens im Radio die Sendung Mosaik mit Berichten über die Kunstszene ausgestrahlt, die ein bestimmtes Publikum, meist die ältere Generation, anspricht. Der WDR (Fernsehen) hat keinen eigenen Kulturkanal im Gegensatz zum Südwestfunk oder Bayern 3. Die Werbewirksamkeit des Fernsehens und Radios wird von den Experten unterschiedlich eingeschätzt. Einige sehen in diesen Medien den besten Werbeträger, andere wiederum erachten diese Medien im Bereich der Kunst als nicht so bedeutend.

Messen werden selten von den einzelnen Museumsvertretern besucht. Überwiegend informieren Fremdenverkehrsämter auf touristischen Messen mit Prospekten und Informationen über die jeweiligen Museen.

Werbung in öffentlichen Verkehrsmitteln wird meist sporadisch geschaltet. In der Zeitschrift der Deutschen Bundesbahn „Ihr Zugbegleiter" finden sich Hinweise auf einzelne Sonderausstellungen.

*Verkaufsförderung in Kunstmuseen*

Zu den verkaufsfördernden Maßnahmen zählen Aufkleber, Werbegeschenke, Preisausschreiben, Gutscheine, Sonderangebote, Aktionswochen etc. Damit werden verschiedene Zielgruppen wie der Konsument, das Verkaufspersonal und Multiplikatoren angesprochen. Für den Besucher können jedoch auch andere Anreize geschaffen werden, so daß möglicherweise das „Sommerloch" oder ungünstige Wochentage besser ausgelastet werden. Ein positives Beispiel sind die Niederlande. Zu den preispolitischen Merkmalen gehören seit 1991 eine eingeführte Jahreskarte für 400 Gulden, mit der 400 Museen ein Jahr lang besucht werden können. 150.000 Menschen kauften die Jahreskarte im ersten Jahr, mittlerweile sind es mehr als zwei Millionen. Sie wird als Incentive von Banken an ihre Kunden weitergegeben. Durch diese Maßnahme haben die Museen ein neues Publikum angesprochen (Heinrichs 1993, S. 183 ff.). In Wuppertal konnten Tikket 2000[10] Besitzer das Von der Heydt Museums 1994 zum halben Preis besuchen. Diese Möglichkeit wird aber nicht weiter forciert, da der Eintritt damit zu preiswert ist. In einigen der untersuchten Museen werden Jahreskarten angeboten, die zum Teil Sonderausstellungen mit einbeziehen. Diese Jahres- oder Servicekarten kosten zwischen 30 DM (z.B. im Westfälischen Landesmuseum für Kunst- und Kulturgeschichte) und 150 DM (z.B. im Von der Heydt Museum in Wuppertal). Entsprechend kosten sie ermäßigt 50% des Preises. Die Service-Card des Von der Heydt Museums in Wuppertal beinhaltet den freien Eintritt zur Dauerausstellung, zu sämtlichen Sonderausstellungen und zu Ausstellungseröffnungen. Dazu gehört zusätzlich die Teilnahme an allen Lesungen und (Dia-)Vorträgen, einer der angebotenen Atelierkurse und einem der angebotenen Künstleratelierbesuche nach Wahl sowie die freie Teilnahme an den angekündigten Führungen. In diesem Jahr soll die Osthaus Card in Hagen eingerichtet werden, die mittlerweile in der Jahreskarte der WestLB enthalten ist. Zehn Museen Nordrhein-

---

[10] Ticket 2000 ist eine Jahreskarte zur Vergünstigung von Bahnfahrten.

Westfalens wurden mit in diese Karte aufgenommen, unter anderem auch die Museen in Bonn und Münster. Diese Servicekarten fallen nicht nur unter die Vertriebspolitik, als kommunikative Maßnahme und zur Effizienzsteigerung, sondern ebenso unter die Preispolitik.

*Öffentlichkeitsarbeit in Kunstmuseen*
Die Darstellung des Museums in der Öffentlichkeit stellt einen wichtigen Bereich in der Museumsarbeit dar. Die Erhebung des Instituts für Museumskunde hat bewiesen, daß die Darstellung des Museums in der Öffentlichkeit in erster Linie über Pressemitteilungen stattfindet. Danach folgen Plakate und Aushänge, Anzeigen, Wegweiser im Stadtbild, Einladungen an Pressevertreter, Einladungen an Stammbesucher, Pressekonferenzen, Sonderveranstaltungen, Einladung an Zielgruppen und andere Maßnahmen der Außenwerbung. In den meisten Fällen wird die Aufgabe der Öffentlichkeitsarbeit vom Museumsleiter übernommen (Institut für Museumskunde 1994, S. 63). Zu 90% finden die Museen in der regionalen Berichterstattung Beachtung, überregional und international nimmt diese stark ab (ebd. 1994, S. 66). Die Führung gehört im Museum zu der am häufigsten genutzten Vermittlungsform. Des weiteren zählen zu den Vermittlungsformen Handzettel, Kataloge, Walkmen, Schrifttafeln. Ein einheitliches Corporate Identity konnte in keinem der untersuchten Museen festgestellt werden. Obwohl es bei den Museumsbesuchern einen Wiedererkennungseffekt auslöst, wird ein Logo nur von wenigen Museen genutzt.

Bei der Frage, mit welchen Einrichtungen im Bereich der Öffentlichkeitsarbeit zusammengearbeitet wird, sind überwiegend andere kulturelle Einrichtungen, wie Theater, Oper etc. und andere Museen genannt worden. In den seltensten Fällen kommt es zu einer Zusammenarbeit mit Universitäten, Fachhochschulen, Akademien oder Kunsthochschulen.

Eine Besonderheit sind die Museumszeitungen in Köln und Aachen. Hier wird das Publikum kostenlos über die städtische und überregionale Kunstszene in dreimonatigen Abständen informiert. Zusammenfassend kann festgestellt werden, daß nur in Ausnahmefällen eine umfassende Information zu den jeweiligen Kunstmuseen der Städte vorliegt. Es ist oft kein klares Konzept in den Prospekten hinsichtlich der „Vermarktung" der Museumslandschaft erkennbar. Auch die jeweiligen Angaben zu den Museen sind häufig ungenau. Daß die Bedeutung der Kultur im Hinblick auf den Städtetourismus zugenommen hat, läßt sich anhand der Pauschalangebote erkennen, die oft Museumsbesichtigungen mit einschließen. Eine einheitliche Vermarktung der Kunstmuseen auf Landes-, regionaler- und örtlicher Ebene wäre sinnvoll und wünschenswert.

## 5 Ausblick

Die Phase der Rezession und die grundlegenden Veränderungen in den Strukturen des Finanzsystems werden auch den Kulturbereich nicht unberücksichtigt lassen. Die Einschränkung des Kulturbegriffes und die Konzentration auf ein deutlich begrenztes Aufgabenfeld kann künftig nicht mehr ausgeschlossen werden. Aus Gründen der Effektivität wird verstärkt die Schaffung privatrechtlich-gemeinnütziger Institutionen angestrebt. Nur so kann das erforderliche flexible Management ermöglicht werden, wobei ein höherer Grad an Professionalität der im Kultursektor Beschäftigten vorausgehen muß. Umstrukturierungen im Bereich der Trägerschaft werden immer wichtiger, denn nur mit einer entsprechenden Rechtsform ist es den Museen möglich, flexibel zu agieren und Gewinne zu erwirtschaften. Firmen, die Vorteile aus dem Imagefaktor Kultur ziehen können, müssen sich zukünftig an solchen Institutionen beteiligen (Heinrichs 1994, S. 350). Allerdings ist es hierbei schwierig, Trittbrettfahrer zu erkennen. So liegen in erster Linie die Probleme im Bereich der Finanzierung und Umstrukturierung der Museen. Der von der Kulturpolitik vorgegebene Rahmen muß neu überdacht werden. Innerhalb der EG müssen die Aufgabenfelder der Kultur besser definiert werden und dementsprechend Maßnahmen unterstützt werden. Von Gründungen neuer Museen sollte in finanzschwachen Jahren abgesehen werden. Gerade die relativ hohe Museumsdichte in Nordrhein-Westfalen spricht gegen Neugründungen, vielmehr sollten die vorhandenen Museen unterstützt werden, um eine außergewöhnliche Museumslandschaft zu erhalten. Die Analyse hat gezeigt, daß in den letzten Jahren langsam alte Strukturen aufgebrochen werden. Im Bereich der Museumspädagogik wird zunehmend mehr getan. Das Museum wird immer mehr der Öffentlichkeit zugänglich gemacht. Über die Museumsfunktionen hinaus werden Sonderveranstaltungen angeboten, die ein breites Publikum anziehen. Möglichkeiten die Museen besser zu nutzen, nehmen an Bedeutung zu. Dennoch fehlen diesen Maßnahmen oft Konzepte.

Die Analyse des Prospektmaterials der einzelnen Städte hat ergeben, daß die Kunst und Kultur in zunehmendem Maße immer mehr an Bedeutung gewinnt. Es ist unverkennbar, daß der Kulturtourismus innerhalb der Städtereisen zunimmt, dieser Trend wird in den Marketingkonzeptionen mit aufgenommen. Dennoch lassen sich gerade im Bereich der Kooperation zwischen Museen und Fremdenverkehrsämtern Defizite erkennen. Obwohl Sonderausstellungen nach Aussagen der Experten bis zu vier Jahre im voraus geplant werden, erreichen die festgelegten Termine die Fremdenverkehrsämter oft zu spät, so daß sie in verschiedenen Programmen oder im Rahmen der Stadtwerbung nicht mehr mitaufgenommen werden können. Eine effizientere Zusammenarbeit wäre wünschenswert. Die Ausschilderung in den Städten läßt oft zu wünschen übrig. Genaue Bus-, Bahn- und Autowegweiser fehlen. Plakate an Bahnhöfen und im Stadtbild locken Spontanbesucher an, die wiederum wichtige Multiplikatoren sind.

Aufgrund schrumpfender Kulturetats und einer multimedialen Umwelt sind die Museen gefordert, neue Ideen und Strategien zu entwickeln.

„Denn der Bereich der Bildenden Kunst ist einer überaus starken Kommerzialisierung ausgesetzt, die in absehbarer Zeit zu einer Aufspaltung der Szene führt und Monopolisierungen hervorbringen wird: in wenige, mit erheblichen Mitteln ausgestattete, von privater Seite aus unterstützte und den Medien promovierte Großveranstaltungen in den großen Häusern der Zentren einerseits und andererseits in viele kleine, mit geringem Etat ausgestattete Veranstaltungen, die zunehmend weniger Beachtung finden und nur noch für Randgruppen durchgeführt werden können" (Fehr, Direktor des Karl-Ernst-Osthaus Museum in Hagen).

Die Analyse hat ergeben, daß in den Museen nicht genügend zielgruppenorientiert gearbeitet wird. Öffnungszeiten müssen auf die jeweilige Zielgruppe abgestimmt werden, so sind für Schulklassen frühe Öffnungszeiten wünschenswert, für Erwerbstätige Abendöffnungen oder längere Wochenendöffnungen. Fehlende Familieneintrittskarten schließen finanzschwache Familien aus. Die Bemühungen sollten aber dahingehen, daß jeder Personengruppe ein Besuch im Museum ermöglicht wird. Weiterhin ist es schwierig, die Zielgruppe zwischen 20 und 40 Jahren anzusprechen. Gerade der Trend zu einem multifunktionalen Angebot, daß heißt Einkaufen, Essen und Unterhaltung in Kombination wird immer wichtiger, um auch diese Altersgruppe anzusprechen. Um zielgruppenorientiert agieren zu können, müssen häufiger Besucherbefragungen durchgeführt werden. Zu oft ist es eine Frage der Finanzierung, daß solche Analysen durchgeführt werden. Um den Kostenaufwand minimal zu gestalten, können Fragebögen an der Kassen ausliegen oder dort jedem Besucher mitgegeben werden. Wer einen Fragebogen ausfüllt und separat seine Adresse hinterläßt, nimmt an einer Verlosung teil. Beispielsweise können dabei Jahreskarten oder Karten zu Sonderausstellungen verlost werden.

Im Bereich des Marketings kann effizienter gearbeitet werden. Ein wichtiger Punkt ist die Gestaltung der Eintrittskarte. Wenn diese als Postkarte vorliegt (im städtischen Kunstmuseum Düsseldorf wurde anläßlich der Kahnweilerausstellung eine solche Eintrittskarte verteilt) kann die Rückseite als Werbefläche von Firmen genutzt werden, wie dies im Von der Heydt Museum in Wuppertal praktiziert wird. Beim Verschicken dieser Karte spielt sie als Werbeträger noch eine Rolle, da wiederum Kunstinteressierte indirekt angesprochen werden. Eine weitere Maßnahme in diesem Bereich ist eine kombinierte Eintrittskarte, mit der gleichzeitig der öffentliche Nahverkehr genutzt werden kann. Besucher, die öffentliche Verkehrsmittel benutzen und einen Fahrschein vorzeigen können, nehmen beispielsweise an einer Verlosung teil. Mehrere Museen können einen Museumspaß anbieten. Bei einem Besuch bekommt der Kunstinteressierte einen Stempel in diesen Paß. Wenn beispielsweise zehn Stempel vorhanden sind, bekommt der Besucher einen Eintritt frei. Der Verband Rheinischer Museen verfolgt die Idee das niederländische System einzuführen. Es beinhaltet einen Museumspaß, der bei der Eröffnung eines Kontos in Sparkassen und Banken ausgehändigt wird. Diese Museumskarte wird bei einem Museumsbesuch nur noch durch ein Magnetband gezogen. Diese Installation ist allerdings sehr teuer. Um Wartezeiten bei hochfrequentierten Sonderausstellungen an der Kasse zu vermeiden, sollten die Eintrittskarten an verschiedenen Vorverkaufsstellen verkauft werden. Besucherlenkung ist gerade bei diesen Sonderausstellungen wichtig. Eine Möglichkeit in diesem Bereich sind Führungen per Kopfhörer.

Die Vielfalt der Prospekte in den Regionen sollte einheitlicher gestaltet werden, damit der Besucher schneller einen Überblick über das gesamte Kulturangebot bekommt. Gerade Kunstmuseen sind in ihrer Bedeutung grenzüberschreitend im Hinblick auf Regionen-, Länder- und Staatsgrenzen. In diesem Bereich muß auch von seiten der Fremdenverkehrsorganisationen mehr getan werden. Die Prospekte sollten nicht losgelöst von anderen Regionen konzipiert werden, sondern darauf aufbauen. Basierend auf dem Prospekt des Landesverkehrsverbandes Rheinland über die Kunstmuseen, kann eine Kulturroute in NRW konzipiert werden. Die Museen sollten in einen geschichtlichen Zusammenhang gebracht und die jeweiligen Besonderheiten herausgestellt werden. Sie sollten möglichst mit Eisenbahnverbindungen, Schiffahrtmöglichkeiten oder landschaftlich schönen Strecken verbunden werden.

„Durch Kulturrouten werden verschiedene kulturelle Anziehungspunkte, die alle unter derselben Thematik stehen, entlang eines bestimmten Weges vernetzt. Sie stellen somit nur einen Ausschnitt aus der verfügbaren kulturellen Potential dar, werden aber dadurch transparenter und für den Besucher leichter zu bewältigen. Der Gast bewegt sich auf der Route anhand eines schriftlichen Führers, der ihm neben einer Beschilderung alle notwendigen Informationen zur Verfügung stellt" (Lindstädt 1994, S. 96). Die Vorteile der Routen sind, daß die Region als Ganzes wahrgenommen wird. Dabei bietet die Zeit zwischen den Besichtigungsobjekten Gelegenheit zum Entspannen (vgl. Hey 1993, S. 223).

Eine reine Museumsroute erscheint nicht sehr sinnvoll, da der Besucher meist nur ein Museum am Tag besichtigen kann (durchschnittliche Aufenthaltsdauer liegt bei ein bis zwei Stunden), vorausgesetzt er will sich mit der Sammlung auseinandersetzen und sie nicht nur gesehen haben. Aus diesem Grund müssen kulturelle Punkte einer Region harmonisch miteinander verbunden werden. Kulturrouten sind eine Möglichkeit, in einer Region die Bedeutung von Kultur ins Gedächtnis zu rufen.

Diese Möglichkeiten können helfen, die Bedeutung der einzelnen Museen und ihre Stellung innerhalb der Kulturlandschaft NRWs zu festigen. Eine positive Entwicklung im Bereich der Kunst und Kultur wäre, trotz schrumpfender Kulturetats, wünschenswert.

## Literatur

Amt für Presse- und Öffentlichkeitsarbeit der Stadt Essen (Hg.): Museen und Galerien in Essen. Essen 1994

Amt für Statistik und Stadtforschung der Stadt Hagen (Hg.): StromlinienForm und Aids. Eine Besucherbefragung im Karl-Ernst-Osthaus Museum (Unveröffentlichte Arbeit). Hagen 1994

Amt für Statistik und Einwohnerwesen der Stadt Köln (Hg.): Kulturelle Großveranstaltungen in Köln 1981-1982. Befragungsergebnisse zu Sekundärwirkungen kultureller Großveranstaltungen. Kölner Statistische Nachrichten. Köln 1985

Antal, Ariane Berthoin: Unternehmenskultur: wenn Management Sinn macht.- In: Look, Friedrich (Hg.): Kulturmanagement. Kein Privileg der Musen. Wiesbaden 1991, S. 9-16

Art Cities in Europe Initiative (Hg.): Art Cities in Europe (Katalog). Konstanz 1994

Auer, Hermann (Hg.): Das Museum im technischen und sozialen Wandel unserer Zeit. München 1973

Bahrenberg, Giese, Nipper: Statistische Methoden in der Geographie 1. (Teubner Studienbücher der Geographie, Band 1). Stuttgart 1985

Bea, Franz Xaver, Dichtel, Erwin, Schweitzer, Marcel: Allgemeine Betriebswirtschaftslehre. (Band 1). Stuttgart/New York 1988

Becker, Christoph: Kulturtourismus - eine zukunftsträchtige Entwicklungsstrategie für den Saar-Mosel-Ardennenraum. In: Becker, Christoph, Schertler, Walter, Steinecke, Albrecht (Hg.): Perspektiven des Tourismus im Zentrum Europas (ETI-Studien, Band 1). Trier 1992, S. 21-25

Becker, Christoph: Kulturtourismus eine Einführung.- In: Becker, Christoph, Steinecke, Albrecht (Hg.): Kulturtourismus in Europa: Wachstum ohne Grenzen? (ETI-Studien, Band 2). Trier 1993, S. 7-9

Becker, Christoph, Hensel, H.: Struktur- und Entwicklungsprobleme des Städtetourismus - analysiert am Beispiel von 19 Städten. In: Akademie für Raumforschung und Landesplanung (Hg.): Städtetourismus. Analysen und Fallstudien aus Hessen, Rheinland-Pfalz und Saarland (Forschungs- und Sitzungsberichte, 142, S. 167-184), Hannover 1982

Becker, Christoph, Schertler, Walter, Steinecke, Albrecht (Hg.): Perspektiven des Tourismus im Zentrum Europas (ETI-Studien, Band 1). Trier 1992

Becker, Christoph, Steinecke, Albrecht (Hg.): Kulturtourismus in Europa. Wachstum ohne Grenzen? (ETI-Studien, Band 2). Trier 1993

Becker, Christoph, Steinecke, Albrecht (Hg.): Megatrend Kultur? Chancen und Risiken der touristischen Vermarktung des kulturelen Erbes (ETI-Texte, Heft 1). Trier 1993

Berekhoven, Ludwig: Der Dienstleistungsbetrieb. Wesen -Struktur - Bedeutung.- Wiesbaden 1974

Bernt, Diether, Fleischhacker, Volker, Pauer, Peter, Hesina, Wolfgang: Internationale und nationale Trends im Tourismus. Rahmenbedingungen für die Fremdenverkehrsentwicklung in Österreich (Österreichische Raumordnungskonferenz (ÖROK) Schriftenreihe Nr. 47). Wien 1985

Bielicki, Jan: Kulturschande oder solide Haushalte? In: Das Parlament. Die Woche im Bundeshaus - Aus Politik und Zeitgeschichte, 44. Jg/ Nr. 32-33, 12.-19. August 1994, S. 1.

Blattberg, Robert C., Broderick, Cynthia J.: Marketing of Art Museums. In: Feldstein, Martin (Hg.): The Economics of Art Museums. Chicago, London 1991, S. 327-346

Blumentritt, Ulrich: Modell zur ökonomischen Führung von Museen. Betriebsgesellschaft des Landschaftsverbandes Rheinland für kulturelle Einrichtungen mbH. Köln 1984

Börsch-Supan, Helmut: Kunstmuseen in der Krise. Chancen, Gefährdungen, Aufgaben in mageren Jahren. München 1993

Borger, Hugo: Die Kölner Museen. Köln 1990a

Borger, Hugo: Anmerkung zum Museum. In: Look, Friedrich (Hg.): Kulturmanagement. Kein Privileg der Musen. Wiesbaden 1991b, S. 43-55

Boldt, Hans; Lhotta, Roland: Nordrhein-Westfalen. In: Esche, Falk, Hartmann, Jürgen (Hg.): Handbuch der deutschen Bundesländer. Bonn 1990, S. 309-344

Bühl, Walter: Kulturwandel. Für eine dynamische Kulturpolitik. Darmstadt 1987

Deutscher Städtetag (Hg.): Statistisches Jahrbuch Deutscher Gemeinden. 77. Jg. Köln 1990

ebd.: Statistisches Jahrbuch Deutscher Gemeinden. 79. Jg. Köln 1992

ebd.: Statistisches Jahrbuch Deutscher Gemeinden. 80. Jg. Köln 1993

Deutscher Reisemonitor - Forum: Die Reisen der Deutschen 1994 im Überblick. In: IPK International (Hg.): München 1995, S. 2-15

Diemer, Peter: Kölner Museumsrocharde? Dilemma einer Kunststadt. In: Kunstchronik, 47 Jahr, Heft 4. April 1994a, S. 216-219

Diemer, Peter: Kölner Museumsrocharde II. In: Kunstchronik, 47. Jahr, Heft 7. Juli 1994b, S. 386-387

Dickertmann, Dietrich, Diller, Klaus Dieter: Grundlagen und Grundbegriffe der Volks- und Finanzwirtschaft. Brilon 1986

Einert, Günther: Sprechzettel des Ministers für Wirtschaft, Mittelstand und Technologie des Landes Nordrhein-Westfalen anläßlich der Pressekonferenz zum Thema: Schwerpunkte in der nordrhein-westfälischen Tourismuspolitik, am 5. März 1995 auf der ITB in Berlin, S. 1-9

Engelhard, Günther: „Der Sprung ins Leere". Düsseldorf, Köln und Krefeld erinnern an Yves Klein. In: Rheinischer Merkur Nummer 45, 11. November 1994, S. 19

Esche, Falk/ Hartmann, Jürgen (Hg): Handbuch der deutschen Bundesländer. Bonn 1990

Eschenbach, Rolf, Horak, Christian (Hg.): Museumsmanagement. Ein Weg aus der Museumskrise dargestellt am Beispiel des Technischen Museums Wien. Wien 1991

Everding, August: Kultursponsoring: Die Grenzen eines Phänomens. In Look, Friedrich (Hg.): Kulturmanagement. Kein Privileg der Musen. Wiesbaden 1991, S. 69-74

Feldstein, Martin (Hg.): The Economics of Art Museums. Chicago, London 1991

Fessmann, Ingo: Das kulturelle Erbe in der Stadt: Möglichkeiten und Grenzen der touristischen Vermarktung. In: Becker, Christoph, Steinecke, Albrecht (Hg.): Kulturtourismus in Europa: Wachstum ohne Grenzen? (ETI-Studien, Band 2). Trier 1993, S. 14-25

Fischer, Dirk: Kunst und Knete. In: Bundeszentrale für politische Bildung (Hg.): Kultur in der Krise, PZ/wir in Europa, Nr. 77. Bonn 1994, S. 6-7

Forschungsgemeinschaft Urlaub und Reisen e.V. (F.U.R): Urlaub + Reisen 95. Erste Ergebnisse vorgestellt auf der ITB 1995 in Berlin, S. 1-4

Freyer, Walter: Tourismus. Einführung in die Fremdenverkehrsökonomie. München 1993a

Freyer, Walter: Sponsoring. In: Hahn, Heinz, Kagelmann, H. Jürgen (Hg.): Tourismuspsychologie und Tourismussoziologie. Ein Handbuch zur Tourismuswissenschaft. München 1993b, S. 455-462

Furthmann, Margit: Bericht. Besucherbefragung Kunstsammlung Nordrhein-Westfalen (Unveröffentlichte Arbeit). Düsseldorf 1992

Gaebe, Wolf: Moderne Architektur als Ziel des Städtetourismus. In: Becker, Christoph, Steinecke Albrecht (Hg.): Kulturtourismus in Europa: Wachstum ohne Grenzen? (ETI-Studie, Band 2).Trier 1993, S. 64-78

Gau, D.: Kultur als Politik. Eine Analyse der Entscheidungsprämissen und des Entscheidungsverhaltens in der kommunalen Kulturpolitik.- Beiträge zur Kommunalwissenschaft, Band 32. München 1990

Gesetz- und Verordnungsblatt für das Land NRW Nr. 55 vom 2. September 1994: Bekanntmachung der Neufassung des Gesetzes über den Kommunalverband Ruhrgebiet vom 14. Juli 1994, S. 640-646

Gessner, Hans-Jürgen: Vertriebspolitik. In: Haedrich, Günther u.a. (Hg.): Tourismus-Management. Tourismus-Marketing und Fremdenverkehrplanung. Berlin, New York 1993, S. 329-367

Glaser, Ulrich, Röbke, Thomas: Zwanzig Jahre Soziokultur in der Bundesrepublik Deutschland. In: Aus Politik und Zeitgeschichte, 1. Oktober 1993, Band 40/1993, S. 9-15

Glaser, Hermann: Kleine Kulturgeschichte der Bundesrepublik Deutschland 1945-1989. In: Bundeszentrale für politische Bildung (Hg.). Bonn 1991

Gottwald, Alfred: Salonwagen 10205. Stiftung Haus der Geschichte der Bundesrepublik Deutschland (Hg.). Bonn 1994

Grabbe, Jürgen: Stadt und Kultur. Arbeitshilfen des Deutschen Städtetages zur städtischen Kulturpolitik. Die Neuen Schriften des Deutschen Städtetages. Stuttgart, Berlin, Köln, Mainz 1986

Grasskamp, Walter: Museumsgründer und Museumsstürmer. Zur Sozialgeschichte des Kunstmuseums. München 1981

Gross, Dagmar: Kultur ist ein Grundnahrungsmittel. In: Remscheider General Anzeiger, 5. Oktober 1994, S. 14

Haedrich, Günther, Kaspar, Claude, Klemm, Kristiane, Kreilkamp, Edgar (Hg.): Tourismus-Management. Tourismus-Marketing und Fremdenverkehrsplanung. Berlin, New York. 1993

Haedrich, Günther: Kommunikationspolitik. In: Haedrich, Günther u.a.. (Hg.): Tourismus-Management. Touristisches Marketing und Fremdenverkehrsplanung. Berlin, New York 1993, S. 307-328

Hagmann, Walter: Kommunikationspolitik des Tourismuslandes Schweiz auf dem Deutschen Reisemarkt.(Dissertation). St. Gallen 1984

Hahn, Heinz., Kagelmann, H. Jürgen (Hg.): Tourismuspsychologie und Tourismussoziologie. Ein Handbuch zur Tourismuswissenschaft. München 1993

Haus der Geschichte (Hg.): SpielZeitGeist. Spielzeug im Wandel. München 1994

Heinrichs, Werner: Einführung in das Kulturmanagement. Darmstadt 1993

Heinrichs, Werner: Kommunale Kulturarbeit. In: Rauhe, Hermann, Demmer, Christine (Hg.): Kulturmanagement. Theorie und Praxis einer professionellen Kunst. Berlin, New York 1994, S. 343-350

Hense, Heidi: Das Museum als gesellschaftlicher Lernort. Aspekte einer pädagogischen Neubetrachtung. Frankfurt am Main 1990

Hey, B.: Der Weg ist das Ziel: Historische Kulturrouten.- In: Becker, Christoph, Steinecke, Albrecht (Hg.): Kulturtourismus in Europa: Wachstum ohne Grenzen? (ETI-Studien, Band 2). Trier 1993, S. 212-232

Hubrath, Margarete, Lange, Helmut: Neues in Organisation, Konzeption und Präsentation von Museen. Deutscher Städtetag, Heft 21. Köln 1994

Hütter, W., Hoffmann, P.: ZeitRäume. Konzept - Architektur - Ausstellungen. Stiftung Haus der Geschichte der Bundesrepublik Deutschland (Hg.). Bonn 1994

Institut für Museumskunde (Hg.): Erhebung der Besuchszahlen an den Museen der Bundesrepublik Deutschland samt Berlin (West) für das Jahr 1987. Materialien aus dem Institut für Museumskunde, Heft 23. Berlin 1988

Institut für Museumskunde (Hg.): Erhebung der Besucherzahlen an den Museen der Bundesrepublik Deutschland für das Jahr 1990. Materialien aus dem Institut für Museumskunde, Heft 34. Berlin 1991

ebd.: Erhebung der Besucherzahlen an den Museen der Bundesrepublik Deutschland für das Jahr 1991. Materialien aus dem Institut für Museumskunde, Heft 36. Berlin 1992

ebd.: Erhebung der Besucherzahlen an den Museen der Bundesrepublik Deutschland für das Jahr 1993. Materialien aus dem Institut für Museumskunde, Heft 40. Berlin 1994

Jacob, Wenzel (o.J.): Kunst- und Ausstellungshalle der Bundesrepublik Deutschland GmbH. Daten, Fakten, Hintergründe. In: Pressemappe der Kuahbrd, o.S.

Jätzold, Ralph: Differenzierungs- und Fördermöglichkeiten des Kulturtourismus und die Erfassung seiner Potentiale am Beispiel des Ardennen-Eifel-Saar-Moselraumes. In: Becker, Chr., Schertler, W., Steinecke, A. (Hg.): Kulturtourismus in Europa: Wachstum ohne Grenzen? (ETI-Studien, Band 2). Trier 1993, S. 135-144

Klebl, Ulf, Böck, Nikola Maria: Marketing im Tourismus. In: Hahn, Walter, Kagelmann H. Jürgen (Hg.): Tourismuspsychologie und Tourismussoziologie. Ein Handbuch zur Tourismuswissenschaft. München 1993, S, 437-446

Klein, H.-J., Bachmayer M.: Museum und Öffentlichkeit. Fakten und Daten - Motive und Barrieren. Berliner Schriften zur Museumskunde, Band 2. Berlin 1981

Klein, Hans-Joachim: Analyse von Besucherstrukturen an ausgewählten Museen in der Bundesrepublik Deutschland und Berlin (West). Materialien aus dem Institut für Museumskunde, Heft 9. Berlin 1984

Klein, Hans-Joachim: Gutachten zur Änderung der Öffnungszeiten an den staatlichen Museen Stiftung Preußischer Kulturbesitz. Materialien aus dem Institut für Museumskunde, Heft 17. Berlin 1986

Klein, Hans-Joachim: Der gläserne Besucher. Publikumsstrukturen einer Museumslandschaft. Berliner Schriften zur Museumskunde, Band 8. Berlin 1990

Kotler, Ph., Bliemel, F: Marketing-Management. Analyse, Planung, Umsetzung und Steuerung. Stuttgart 1992

Krämer, Harald: EDV im Museum. Über Kunst und Computer, über Ausstellungsagenturen und Grundlagenforschung. In: Historiker Aktuell, Mitteilungen des österreichischen Kunsthistorikerverbandes, Jg. 11/1994 Heft 1, S. 1.

Kramer, Dieter: Museen in der Prosperitätsgesellschaft: Pläsier und Anregungspotential für zukunftsfähige Persönlichkeiten?. In: Schmidt-Herwig, Angelika, Winter, Gerhard (Hg.): Museumsarbeit und Kulturpolitik. Bonn 1992, S. 45-56

Kreilkamp, Edgar: Produkt- und Preispolitik. In: Haedrich, Günther u.a. (Hg.): Tourismus-Management. Tourismus-Marketing und Fremdenverkehrplanung. Berlin, New York, S. 283-307

Kreissig, G., Grabbe, J.: Kultur vor Ort. Hinweise und Materialien zur Förderung der offenen Kulturarbeit in den Städten. Stuttgart, Berlin, Köln, Mainz 1987

Kunst- und Ausstellungshalle der Bundesrepublik Deutschland GmbH (Hg.): Die Kunst- und Ausstellungshalle der Bundesrepublik Deutschland. Architekt Gustav Peichel. Bonn 1992

ebd. (Hg.): Wunderkammer des Abendlandes. Museum im Spiegel des Zeit. Bonn 1994, S. 1-28

Kommunalverband Ruhrgebiet (Hg.): Wir gestalten die Zukunft des Ruhrgebiets. Kommunalverband Ruhrgebiet 1989 bis 1994. Bilanz der achten Legislaturperiode. Essen 1994a

ebd. (Hg.): Ruhrgebiet. Im Herzen Europas. Essen 1994b

ebd. (Hg.): RuhrTour. Essen 1994c

Landesamt für Datenverarbeitung und Statistik Nordrhein-Westfalen (Hg.): Statistisches Jahrbuch Nordrhein-Westfalen. 35. Jg. Düsseldorf 1993

ebd.: Tourismus in Nordrhein-Westfalen. Ergebnisse der Beherbergungsstatistik. Düsseldorf 1994

Landschaftsverband Rheinland (Hg.): Neue Strukturen für Museen? Tagungsband zum Kolloquium am 17./18. Juni 1993 Bildungsstätte für Museumspersonal

Rheinisches Museumsamt. Schriften des Rheinischen Museumsamtes Nr. 57. Köln 1994

ebd. (Hg.): Stadtgesichter (Prospekt). Bonn 1994

Lapaire, Claude: Kleines Handbuch der Museumskunde. Stuttgart 1983

Liebald, Christiane: Kulturmanagement - ein neues Berufsfeld für Künstler. Schriftenreihe des Instituts für Bildung und Kultur, Band 16. Remscheid 1989

Lindstädt, Birte: Kulturtourismus als Vermarktungschance für ländliche Fremdenverkehrsregionen. Ein Marketingkonzept am Fallbeispiel Ostbayern. Materialien zur Fremdenverkehrsgeographie, Heft 29. Trier 1994

Lückerath, Vera: Angebotsgestaltung bei Kunstmuseen im Spannungsfeld zwischen Bildungsauftrag und Markterfolg. Bamberg 1993

Mainz, Birgitt: Kulturinstitutionen und ihre Besucherstruktur. Ergebnisse einer Befragung in den Museen der Bonner Museumsmeile (Unveröffentlichte Diplomarbeit an der Universität Tier). Trier 1994

Mazzoni, Ira: Das multiplizierte Museum. Ehrgeiz und Wirklichkeit: Impressionen von der Kunstlandschaft an Rhein und Ruhr. In: Süddeutsche Zeitung vom 29./30.10.1994, No. 250, S. 17.

Meffert, Heribert: Marketing: Grundlagen der Absatzpolitik. Wiesbaden 1991

Meier, Iris: Städtetourismus. In: Becker, Christoph (Hg.): Trierer Tourismus Bibliographien. Trier 1994

Meyers Grosses Taschenlexikon: Museum. Band 15. Mannheim, Wien, Zürich 1987

Michaelis, Ralf: Verpennte Kultur. In: Die Zeit 11. November 1994. S. 53

Ministerium für Wirtschaft, Mittelstand und Technologie des Landes Nordrhein-Westfalen (Hg.): Vorsprung im Fortschritt. Düsseldorf 1992

ebd.: Tourismus in Nordrhein-Westfalen. Leitlinien und Handlungsfelder. Düsseldorf 1994a

ebd.: 2. Tourismustag Nordrhein-Westfalen. Vorsprung durch Qualität - Neue Strategien im Tourismus für Nordrhein-Westfalen. Düsseldorf 1994b

Moser, Klaus: Tourismuswerbung. In: Hahn, H., Kagelmann, H.J. (Hg.): Tourismuspsychologie und Tourismussoziologie: Ein Handbuch zur Tourismuswissenschaft. München 1993a, S. 463-469

Moser, Klaus (1993b): Werbemittel im Tourismus (Reisemedien). In: Hahn, H., Kagelmann, H.J.(Hg.): Tourismuspsychologie und Tourismussoziologie: ein Handbuch zur Tourismuswissenschaft. München 1993b, S. 490-495

Nagel, Tobias: Computer und (Kölner) Museen II. In: Kölner Museumsbulletin Heft 2. 1994, S. 23-35.

Naisbitt, John, Aburdene, Patricia: Megatrends 2000 - zehn Perspektiven für den Weg ins nächste Jahrtausend. Düsseldorf, Wien, New York 1990

Neumann, S., Schwartz, H.: Städtereisen im Wandel?. Presse-Information ITB-Berlin, 27. Februar 1995. Berlin, S. 2-6.

Nieschlag, R., Dichtel, E., Hörschgen, H.: Marketing. Berlin 1991

Oberstadtdirektor der Stadt Wuppertal (Hg.): Wuppertal 2004. Marketing-Konzept für unsere Stadt. Wuppertal (o.J.)

Opaschowski, W.: Freizeit, Konsum und Lebensstil.- In: Szallies, R., Wiswede, G. (Hg.): Wertewandel und Konsum. Landsberg 1990, S. 109-133

o.V.: Kultur und Tourismus als echte Partner. In: Iserlohner Kreisanzeiger und Zeitung, 25.11.1994, S. 19

o.V.: Wunderkammer des Abendlandes. Museum im Spiegel der Zeit. In: Deutsches Ärzteblatt 92, Heft 1/2. 9. Januar 1995, S. 68.

Presse- und Informationsamt der Stadt Wuppertal (Hg.): Museen & Sammlungen (Prospekt). Wuppertal 1993

Pommerehne, Werner, Frey, Bruno S. (Hg.): Musen und Märkte. Ansätze zu einer Ökonomie der Kunst. München 1993

Rauhe, Hermann, Demmer, Christine (Hg.): Kulturmanagement. Theorie und Praxis einer professionellen Kunst. Berlin, New York 1994

Rave, Jürgen Ortwin: Der Museumsbesuch unter dem Einfluß von Massenmedien und Tourismus. In: Auer, Hermann (Hg.): Das Museum im technischen und sozialen Wandel unserer Zeit. München 1973, S. 106-112

Ress, Georg: Kultur und Europäischer Binnenmarkt. Rechtliche Auswirkungen des Europäischen Binnenmarktes auf die Kulturpolitik in der Bundesrepublik Deutschland. Schriftenreihe des Bundesministeriums des Inneren, Band 22. Stuttgart, Berlin, Köln 1992

Richter, Karl: Interkommunale Zusammenarbeit.- In: Rauhe, H., Demmer, Chr. (Hg.): Kulturmanagement. Theorie und Praxis einer professionellen KunstBerlin, New York 1994, S. 403-409

Richter, Eva: Münzen, Tanzferkel und chirurgische Instrumente. „Wunderkammer des Abendlandes", eine Ausstellung zur Geschichte des Museums in der Bonner Kunsthalle. In: Ärzte Zeitung, Nr. 3. Mittwoch 11. Januar 1995, S. 18

Romeiss-Stracke, Felizitas: Freizeit- und Tourismusarchitektur. In: Haedrich, Günther u.a. (Hg.): Tourismus-Management. Tourismus-Marketing und Fremdenverkehrsplanung. Berlin, New York 1993, S. 423-433

Roth, Peter: Komunikationspolitik im Tourismus. In: Hahn, H., Kagelmann, H. J. (Hg.): Tourismuspsychologie und Tourismussoziologie: Ein Handbuch zur Tourismuswissenschaft. München 1993a, S. 433-436

Roth, Peter: Werbeplanung im Tourismus. In: Hahn, H., Kagelmann, H.J. (Hg.): Tourismuspsychologie und Tourismussoziologie: Ein Handbuch zur Tourismuswissenschaft. München 1993b, S. 484-489

Schäfer, Hermann: Begegnung mit unserer eigenen Geschichte. Zur Eröffnung des Hauses der Geschichte der Bundesrepublik Deutschland in Bonn am 14. Juni 1994. In: Bundeszentrale für politische Bildung (Hg.): Aus Politik und Zeitgeschichte, Band 23, S. 11-22

Scharioth, Joachim: Kulturinstitutionen und ihre Besucher. Eine vergleichende Untersuchung bei ausgewählten Theatern, Museen und Konzerten im Ruhrgebiet. Essen 1974

ebd.: Museumslandschaft Ruhrgebiet. In: Deutsche Unesco-Kommission (Hg.): Die soziale Dimension der Museumsarbeit. Köln, S. 81-85

Schenker, Philipp: Ökonomie und Management von Kunstinstitutionen. Basel 1990

Schlüter, Wolfgang: Das „Fenster nach draußen". PR-Konzeption für das „Forum" der Kunst- und Ausstellungshalle der Bundesrepublik Deutschland in Bonn. Bonn 1994

Schmalenbach, Werner: Die Kunstsammlung Nordrhein-Westfalen. Düsseldorf 1989

Schmeer-Sturm, M.-L., Thinesse-Demel, J., Ulbricht, K., Vieregg, H. (Hg.): Museumspädagogik. Grundlagen und Praxisberichte. Göppingen 1990

Schmidt-Herwig, Angelika, Winter, Gerhard (Hg.): Museumsarbeit und Kulturpolitik. Frankfurt am Main 1992

Schreyögg, G.: Normsysteme der Managementpraxis. In: Fuchs, Max (Hg.): Zur Theorie des Kulturmanagements. Ein Blick über die Grenzen. Remscheid 1993, S. 21-39

Schuck-Wersig, Petra, Schneider, Martina, Wersig, Gernot: Wirksamkeit öffentlichkeitsbezogener Maßnahmen für Museen und kulturelle Ausstellungen. Staatliche Museen Preußischer Kulturbesitz. Institut für Museumskunde Berlin, Heft 21. Berlin 1989

Schuck-Wersig, Petra, Wersig, Gernot: Museen und Marketing in Europa. Großstädtische Museen zwischen Administration und Markt. Materialien aus dem Institut für Museumskunde Heft 37. Berlin 1992

Schwieren-Höger, Ulrike: Ärgerliche Kunst kann die Augen öffnen. In: Rheinischer Merkur. 11. November 1994, S. 29.

Seminarbericht der deutschen Unesco-Kommission Nr. 28: Die soziale Dimension der Museumsarbeit. Köln, München 1976

Siebenhaar, Klaus (Hg.): Kulturmanagement. Wirkungsvolle Strukturen im kommunalen Kulturbereich. Workshop 1993

Spickernagel, Ellen, Walbe, Brigitte (Hg.): Das Museum: Lernort contra Musentempel. Gießen 1976

Spörel, Ulrich: Tourismusentwicklung in Deutschland 1994. Statistisches Bundesamt (Hg.). Wiesbaden 1995

Stadler, Clarissa: Millionen für Visionen. In: Visa-Magazin, Heft 4,. Wien 1990, S. 16-17

Stadtwerbung und Touristik Münster (Hg.): Touristik Angebote. Kunst, Kultur und Freizeitspaß 1995. Münster 1994

Statistisches Bundesamt (Hg.): Statistisches Jahrbuch 1992 für die Bundesrepublik Deutschland. Wiesbaden 1992

Steinecke, Albrecht: Chancen und Risiken der touristischen Vermarktung des kulturellen Erbes - Eine Einführung. In: Becker, Chr., Steinecke, A. (Hg.): Megatrend Kultur? Chancen und Risiken der touristischen Vermarktung des kulturellen Erbes.), ETI-Texte, Heft 1. Trier 1993, S. 7-12

Steinecke, Albrecht: Kultur und Tourismus: Aktuelle Forschungsergebnisse und künftige Forschungs- und Handlungsfelder. In: Zeitschrift für Fremdenverkehr, 4/1994, S. 20-24

Szallis, R., Wiswede, G.: Wertewandel und Konsum. Landsberg 1990

Tripps, Manfred: Was ist Museumspädagogik?. In: Schmeer-Sturm, M. L., Thinesse-Demel, Ulbricht, K., Vieregg, H. (Hg.): Museumspädagogik. Grundlagen und Praxisberichte. Göppingen 1990, S. 3-5

Towse, Ruth, Khakee, Abdul (Hg.): Cultural Economics. Heidelberg 1992

Vieregg, Hildegard: Meilensteine in der Entwicklung der Museumspädagogik: Persönlichkeit - Position - Programme. In: Schmeer-Sturm, M.L. u.a. (Hg.): Museumspädagogik. Grundlagen und Praxisberichte. Göppingen 1990, S. 6-16

Verkehrsamt Köln (Hg.): Sales Guide Köln 1995. Köln 1994

Wilink, Andreas: Die Erschöpfung bis zum Letzten. Verteilungskämpfe und schrumpfende Kultur-Etats am aktuellen Beispiel Düsseldorf. In: Remscheider General Anzeiger, 7. Dezember 1994, S. 7

Willems, Sophia: Froschgrün für Frans. Aachen eröffnet morgen das neue Suermondt-Ludwig Museum. In: Remscheider General Anzeiger, 2. Dezember 1994, S. 7

Willems, Sophia: Weekend mit Picasso. Stark gefragt: Kunstvermittlung der Kunstsammlung NRW. In: Remscheider General Anzeiger, 26. August 1994, S. 9

Willnauer, Franz: Kulturförderung. In: Rauhe, H., Demmer, Chr. (Hg.): Kulturmanagement. Theorie und Praxis einer professionellen Kunst. Berlin, New York 1994, S. 101-117

Winzer, Fritz: Kunstmuseen in der Bundesrepublik Deutschland. Bonn, Braunschweig 1980

Zolles, H., Ferner, F.K., Müller, R.: Marketingpraxis für den Fremdenverkehr. Wien 1981

Weiterführende Literatur

Baer, Ilse: Zur Öffentlichkeitsarbeit in Museen. Referierende Bibliographie (1945-1975). Staatliche Museen Preußischen Kulturbesitz. Berlin 1978

Bott, Gerhard (Hg.): Das Museum der Zukunft. 43 Beiträge zur Diskussion über die Zukunft des Museums. Köln 1970

Brauerhoch, Frank-Olaf: Das Museum und die Stadt. Münster 1993

Cloß, Hans-Martin, GAFFGA, Peter (Hg.): Museum Idar-Oberstein unterhalb der Felskirche. Mineralien - Edelstein - Schmuck. Heft 4. Idar-Oberstein 1983

Herbst, Helmut: Öffentlichkeitsarbeit. In: Museumsmagazin, Heft 5. Stuttgart 1992, S. 192-197

Hooper-Greenhill, Eilaean: Museums and their visitors. London 1994

Hummel, Marlies: Kultur und Wirtschaft - Kultur als Standortfaktor. In: Brandenburgische Museumsblatt, Heft 4. Potsdam 1992, S. 10-16.

Hummel, Marlies: Kultur als Standortfaktor- Das Beispiel der Region Siegen. München 1990

John, Patrick: Museums 2000. Politics, People, Professionals And Profit. London 1992

Karp, Ivan (Hg.): Museums And Communities. The Politics Of Public Culture. Washington 1992

Landschaftsverband Rheinland - Rheinisches Museumsamt (Hg.): Neue Strukturen für Museen? Schriften des Rheinischen Museumsamtes Nr. 57. Köln 1993

Miles, Roger (Hg.): Towards The Museum Of Future. New European Perspectives. London 1994

Möbius, Hanno: Entwicklung von Museumskonzeptionen in der Bundesrepublik Deutschland und Berlin (West) 1974-1985. Berliner Schriften Zur Museumskunde

Oppermann, Thomas: Kulturverwaltungsrecht. Bildung - Wissenschaft - Kunst. Tübingen 1969

o.V.: Europäisches Museumsnetz - Eine Neue Dienstleistung. In: UNESCO Heute, Heft 3. Bonn 1992, S. 191-192

o.V.: Kultursponsoring in Zahlen und Daten. Wie und weshalb engagiert sich die Wirtschaft?. In: Brandenburgische Museumsblatt, Heft 4. Potsdam 1992, S. 22-29

o.V.: Mal Ins Museum. In: Remscheider General Anzeiger, 29. Oktober 1994, S. 5

Runyard, Sue: The museum marketing handbook. London 1994

Schuck-Wersig, Petra, Wersig, Gernot: Die Lust am Schauen oder müssen Museen langweilig sein? Berlin 1986

# IX    Kulturtourismus im Ruhrgebiet

*Rotraud Hücherig*

## 1    Einleitung

Industrieregionen wie das Ruhrgebiet sind für Touristen wenig attraktiv und kein erklärtes Reiseziel. Diese Meinung war bis vor wenigen Jahren unumstritten. Aus solch altindustrialisierten Räumen fährt man weg, um sich zu erholen, man besucht sie aber nicht. Auch heute noch wird mit dem Ruhrgebiet in erster Linie eine Region assoziiert, die von der Schwerindustrie, von Bergbau, Kohle und Stahl, geprägt ist. Dieses Image widerspricht deutlich den häufigsten Reisemotiven.

In den letzten Jahren haben sich aber einige Rahmenbedingungen geändert, die für bestimmte Möglichkeiten einer touristischen Entwicklung im Ruhrgebiet sprechen. So erfreuen sich etwa Städte- und Kulturreisen einer wachsenden Nachfrage. Der touristische Wert von Industriedenkmälern ist erkannt und wird nicht mehr in Frage gestellt. Dies wird deutlich etwa durch die Anerkennung der Völklinger Hütte als UNESCO Weltkulturerbe oder durch die steigende Anzahl von Industriemuseen. Diesen aktuellen touristischen Nachfragetrends steht im Ruhrgebiet, wie aufgezeigt wird, ein entsprechendes Angebotspotential gegenüber.

Die Tatsache, daß das Ruhrgebiet derzeit kein touristisches Image besitzt, birgt neben den damit verbundenen Nachteilen möglicherweise auch Vorteile. So kann ein touristisches Image erst aufgebaut und bewußt gestaltet werden. Hierbei sollte die Möglichkeit genutzt werden, sich von anderen Regionen abzusetzen, statt zu versuchen, diese nachzuahmen. Ein Absetzen gegenüber anderen Regionen kann vor allem erreicht werden durch die Betonung der Einzigartigkeit, die das Ruhrgebiet aufgrund seiner Industriekultur besitzt. Diese ist zweifellos eine Besonderheit, die in dieser Form in keiner anderen Region in Deutschland vorhanden ist.

Damit stellt sich die Frage, wie eine Region, die aufgrund ihrer geschichtlichen Entwicklung mit einem negativen Image behaftet ist, touristisch erschlossen werden kann, d.h. wie eine Inwertsetzung des vorhandenen Potentials erfolgen kann und welche touristischen Marktsegmente hierfür in Betracht kommen.

Die Art und Weise der Gestaltung eines touristischen Angebotes im Ruhrgebiet wird im vorliegenden Beitrag am Beispiel von Projekten der Internationalen Bauausstellung Emscher Park (IBA Emscher Park) aufgezeigt. Diese Projekte verleihen dem Ruhrgebiet ein unverwechselbares Profil, da die Betonung der

Industriekultur als unverwechselbares Kennzeichen des Ruhrgebietes im Vordergrund steht. Somit spielt die IBA Emscher Park bei der Gestaltung des Angebotes nicht nur eine wesentliche Rolle, sondern übernimmt in verschiedener Weise sogar eine gewisse Vorbildfunktion für den Aufbau eines Tourismus im Ruhrgebiet.

Auf Initiative der IBA Emscher Park wurde zunächst ein Arbeitskreis "Phantasie für Reisen im Revier" gegründet, der sich im Jahr 1995 mit diesem Thema befaßt hat. Dessen Arbeiten bildeten die Grundlage für eine Kommission, die einberufen wurde, um einen "Masterplan für Reisen ins Revier" zu erarbeiten, der im Rahmen eines Gesamtkonzeptes Vorschläge für die touristische Entwicklung der Region in verschiedenen Bereichen enthalten sollte. Dieser Masterplan wurde im September 1997 vorgestellt. Die Hauptaussagen dieses Konzeptes beziehen sich auf das Hervorheben der eigenen Stärken mit Themen wie Industriekultur und außergewöhnlichen Kulturereignissen.

Die Landesregierung unterstützt und fördert die touristische Entwicklung des Ruhrgebietes, wobei wiederum betont wird, daß der Schwerpunkt der Entwicklung vor allem im Bereich der Industriekultur liegen solle.[1] Für ausgewählte Tourismusprojekte werde das Land 78 Mio. Mark zur Verfügung stellen, wobei ein herausragendes Projekt die Entwicklung einer "Route der Industriekultur" ist.[2] Weitere Projekte in diesem Zusammenhang sind etwa die Verwirklichung eines Besucherbergwerkes sowie die touristische Vermarktung des traditionsreichen Spitzenfußballs in der Region.

Zunächst wird im vorliegenden Beitrag das Ruhrgebiet abgegrenzt, wobei ein kurzer geschichtlicher Überblick unabdingbar ist, um die Besonderheiten dieser Region aufzuzeigen. Nach einer Kurzdarstellung der IBA Emscher Park wird im weiteren Verlauf die Ausgangssituation des Tourismus im Ruhrgebiet aufgezeigt und dargestellt, welche besondere Rolle der Kulturtourismus für die touristische Entwicklung dieser Region spielt. An einigen exemplarischen Tourismus-Projekten der IBA Emscher Park wird dies abschließend verdeutlicht.

## 2  Abgrenzung des Untersuchungsgebietes

Seit etwa 150 Jahren hat die industrielle Entwicklung kaum eine Region mehr geprägt als das Ruhrgebiet. Der technische Fortschritt brachte diesem Raum und damit auch dem gesamten Bundesgebiet wirtschaftliche Entwicklung und Wohl-

---

[1] Mündliche Aussage vom Wirtschaftsminister Clement auf dem Tourismustag NRW 1996

stand. Damit einher gingen jedoch auch ein massiver Ausbau von Industrie und Infrastrukturen sowie erhebliche Umweltbeeinträchtigungen in der Region. Daraus resultierte eine Kulturlandschaft, die noch heute in erster Linie stark industriell geprägt ist.

Diese Aussagen treffen uneingeschränkt auf das gesamte Ruhrgebiet zu. Darüberhinaus ist das Ruhrgebiet jedoch kaum als eine Einheit zu beschreiben. So stellt die Region weder aus naturräumlicher Sicht noch aufgrund ihrer historischen Entwicklung ein homogenes Gebilde dar. Das Ruhrgebiet ist heute ein polyzentrischer Ballungsraum, d.h. eine Ansammlung von vielen Siedlungskernen, die sich sehr selbständig und selbstbewußt ihre Eigenständigkeit bewahren. Trotz dieser Vielfalt im Ruhrgebiet soll im weiteren Verlauf des vorliegenden Beitrages eher die Eigenart des Ruhrgebietes als Ganzes im Vordergrund stehen.

Das Ruhrgebiet stellt kein einheitliches politisches Gebilde dar, es wurde nie "verbindlich abgegrenzt oder als administrative oder politische Einheit definiert" (Kersting 1990, S. 7). Da es sich zwar um eine historisch gewachsene, aber dennoch künstliche Region handelt, gibt es unterschiedliche verwaltungstechnische Abgrenzungen, die auf verschiedenen Ansätzen beruhen, aber keine einheitliche administrative Abgrenzung.

Üblicherweise wird mit dem Begriff "Ruhrgebiet" das heutige Verbandsgebiet des Kommunalverbandes Ruhrgebiet (KVR) bezeichnet. Zu diesem Gebiet gehören elf kreisfreie Städte und vier Kreise. Es umfaßt eine Fläche von 4.434 qkm, insgesamt leben hier knapp 5,5 Mio. Menschen. Im vorliegenden Beitrag wird die Abgrenzung des Ruhrgebietes mit dem Verbandsgebiet des KVR gleichgesetzt und der Begriff "Ruhrgebiet" synonym zu diesem Gebiet verwendet.

**Geologisch** betrachtet ist das rheinisch-westfälische Steinkohlegebiet ein Teil des nordwesteuropäischen Kohlengürtels. Die Existenz dieser Steinkohlevorkommen war der Hauptfaktor der Entwicklung dieser Region. Im Süden treten die kohlenführenden Schichten an der Erdoberfläche aus, während sie nach Norden hin von einem Deckgebirge überlagert werden. An der Lippe liegt die Flöz-Obergrenze bereits in 600-800 m Tiefe und fällt weiter nördlich bis 1.500 m ab (vgl. Slotta 1991, S. 247). Durch verschiedene Faltungen hat das Steinkohlengebirge des Ruhrgebietes zudem eine äußerst komplizierte Tektonik. Dies ist mit ein Grund, weshalb der Abbau der Steinkohle hier im weltweiten Vergleich mit relativ hohen Kosten verbunden ist.

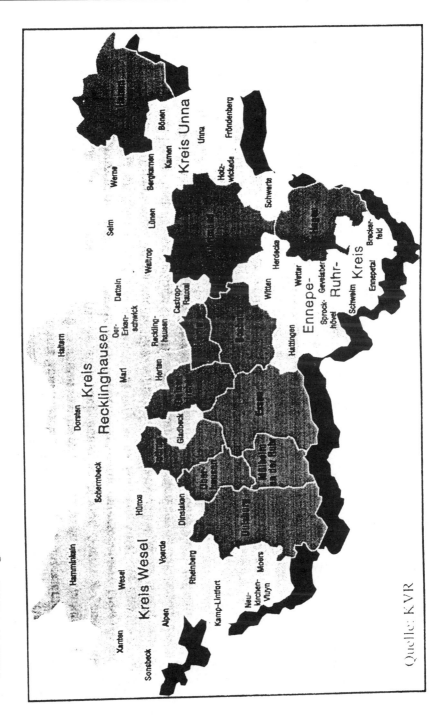

Abb. 1: Verbandsgebiet des Kommunalverbandes Ruhrgebiet (KVR)

Quelle: KVR

Im Ruhrgebiet lagern verschiedene abbauwürdige Kohlenarten, wobei der Anteil der sog. Fettkohle besonders hoch ist. Diese Kohlenart ist aufgrund ihrer Eigenschaften geeignet für die Herstellung von Koks (Verkokung), der insbesondere zur Erzeugung von Roheisen im Hochofen zu verwenden ist. Die Fettkohlenvorkommen begründen demnach zum großen Teil die Existenz der nachgelagerten Industrien der Stahl- und Eisenerzeugung im Ruhrgebiet.

**Naturräumlich** kann das Ruhrgebiet keine nennenswerten topographischen Besonderheiten aufweisen. Im Süden und im Norden ist die Landschaft attraktiv, nicht aber im Kernbereich. So erfüllt der Naturraum zwar eine wichtige Naherholungsfunktion, löst aber keinen touristischen Anreiz aus.

**Die historische Entwicklung** des Ruhrgebietes war nicht einheitlich, sie erfolgte vor allem in wirtschaftlicher Hinsicht von Süden nach Norden. Dieser unterschiedlich verlaufende Industrialisierungs- und Verstädterungsprozeß führte zu einer ausgeprägten Zonenstruktur des Ruhrgebietes. So sind auch heute noch vier Zonen gegeneinander abzugrenzen, die sich vor allem in ihrer Wirtschaftsstruktur unterscheiden. Dies sind die Ruhrzone im Süden, nördlich anschließend folgen die Hellwegzone, die Emscherzone und die Lippezone. Die unterschiedlichen historischen Entwicklungen sind von erheblicher Bedeutung für die heutige Gestalt, Struktur und Funktion sowie die daraus resultierenden Probleme der jeweiligen Räume. Dies trifft insbesondere auch auf den Bereich des Tourismus zu.

In der Ruhrzone wurde Kohle bereits seit dem Mittelalter abgebaut, da sie hier bis an die Erdoberfläche reicht. Der Abbau geschah im Stollenbau. Nachdem mit der Erfindung der Dampfmaschine das Abpumpen von Wasser aus den Tiefbauschächten ermöglicht worden war, konnte 1840 die wasserreiche Mergelschicht weiter nördlich durchstoßen werden. Der Kohlenabbau begann nach Norden zu wandern. Die Kleinzechen in der Ruhrzone wurden verdrängt. In dieser Zone begann die Industrialisierung früher und endete auch früher. Diese ältesten durchweg kleinen Bergbaubetriebe und ihre wenigen weiterverarbeitenden, ebenfalls kleinen Anlagen sind heute alle stillgelegt, so daß ein industrieller Einfluß hier kaum noch erkennbar ist.

In der Hellwegzone mit den Städten Duisburg, Essen, Bochum und Dortmund, in der die Kohle nicht mehr offen zutage tritt, spielte der Bergbau erst ab der Mitte des 19. Jhdts. eine wesentliche Rolle. Da das Durchbohren der wasserführenden Mergelschicht des Deckgebirges technisch zwar möglich, aber sehr kostenintensiv war, kam es zu Zusammenschlüssen von Zechen und daher zu größeren Betrieben. Im Tiefbau konnten hier auch Fettkohleschichten abgebaut werden. Dies führte zur Ansiedlung von Kokereien und Eisengewinnungsbetrieben in unmittelbarer Nähe der Zechen. Diese neuen Zechen benötigten für den erforderlichen großen Maschinenpark (vor allem Wasserpumpen und Fördermaschinen) entsprechende Gebäude. Dem steinernen Förderturm (Malakoffturm) folgte das stählerne Fördergerüst. Erstmals entstanden große, fabrikartige oberirdische Zechenanlagen. Die Gebäudekomplexe wurden häufig in historisierender Architektur oder im Jugendstil errichtet. Auch diese „Übertageanlagen" sind heute alle stillgelegt, dennoch prägen sie noch weite Teile dieser Stadtlandschaft.

In der Emscherzone entstanden Mitte des 19. Jhdts. die ersten Schachtanlagen. Diese Zone war bis dahin nur wenig besiedelt, daher konnten sich die Industrialisierung an keinen vorhandenen Strukturen orientieren. Alle hier entstandenen Zechen waren Großanlagen, die abseits der Bauerndörfer in die offene Landschaft gebaut wurden. Hier erfolgte die Industrialisierung zwar erst später, dafür aber um so rücksichtsloser. Neben Zechenanlagen entstanden Industriebetriebe, Arbeitersiedlungen und Infrastrukturen. Für jede Großanlage wurde eine eigene Siedlung gebaut, da es ab dem Ende des 19. Jhdts. durch die verstärkte Nachfrage nach Arbeitern zu enormen Zuwanderungen, vor allem aus Polen, Masuren und Litauen kam. Die entstandenen Großstädte, wie etwa Gelsenkirchen, Oberhausen oder Herne, versuchen zum Teil erst heute mit erheblichem planerischen und finanziellen Aufwand ihre Strukturen zu ordnen und Stadtzentren zu erhalten.

In der Lippezone entstanden die ersten Zechen erst gegen Ende des 19. Jhs. Nach dem Zweiten Weltkrieg wurden neue Schächte nur noch nördlich der Lippe und am linken Niederrhein erschlossen. Diese Zone mit den Städten Dorsten, Wulfen, Recklinghausen und Marl besitzt noch heute die meisten fördernden Großzechen. Die wesentlich verbesserte Bergbautechnik ermöglicht hier einen Abbau der Kohle bis in Tiefen von 1.500 m. Oberirdische Schachtanlagen werden durch neue Abbautechniken unbedeutender, so daß der Einfluß des Bergbaus hier nicht mehr so deutlich spürbar ist.

Diese historische Entwicklung, die noch bis vor wenigen Jahrzehnten in erster Linie von der Industrie geprägt war, bedingt bis heute die Massierung von Industrieanlagen, Industrieflächen, Verkehrsadern und Siedlungen in enger Nachbarschaft.

Ab den 60er Jahren verursachte der veränderte Wettbewerb durch offenere Weltmärkte und neue Energieträger wie etwa Erdöl, Erdgas und Kernenergie die erste Kohle-Krise. Als Folge kam es zu Zechenstillegungen. Von 1956 bis 1978 ging die Zahl der Zechen von 140 auf 31 zurück, die Zahl der Bergleute sank im gleichen Zeitraum von fast 400.000 auf etwa 140.000 (vgl. Slotta 1991, S. 247). 1993 beschäftigte der Steinkohlenbergbau nur noch knapp 87.000 Mitarbeiter (vgl. Schrader 1995, S. 215). In den 70er und 80er Jahren schloß sich die Stahl-Krise an, auch Hüttenwerke wurden geschlossen.

So ist das Ruhrgebiet bis heute einem tiefgreifenden Strukturwandel unterworfen. Angesichts des Niederganges der traditionellen Wirtschaftsbereiche und dem damit verbundenen Verlust von Arbeitsplätzen muß nach neuen, zukunftsweisenden Alternativen gesucht werden. Hier stellt der Bereich des Tourismus eine möglicherweise sehr erfolgversprechende Perspektive dar. Im Prozeß dieses Strukturwandels nimmt die IBA Emscher Park eine bedeutende Rolle ein.

## 3  Internationale Bauausstellung Emscher Park

Die Internationale Bauausstellung Emscher Park GmbH (IBA Emscher Park) ist ein Strukturprogramm des Landes Nordrhein-Westfalen. Sie wurde Ende 1988 von der Landesregierung beschlossen und hat eine Laufzeit von 1989 bis 1999. Als "Werkstatt für die Zukunft von Industrieregionen" verfolgt sie das Ziel der ökologischen und städtebaulichen Erneuerung des Ruhrgebietes bzw. der Emscherregion als Grundlage für einen ökonomischen Strukturwandel.[3] Zentrales Anliegen ist hierbei die Verbesserung der natürlichen Umwelt und der Lebensqualität als Voraussetzung für eine Imageverbesserung. Es sollen zukunftsweisende Impulse für den Umbau einer altindustrialisierten Region aufgezeigt werden. Dabei stellt die Revitalisierung industrieller Brachflächen eine wesentliche Aufgabe dar. Gleichzeitig soll das industrielle Erbe in die regionale Erneuerung der Region einbezogen werden (vgl. hierzu etwa EBA Emscher Park 1996). „Die Grundphilosophie ist es, durch exemplarische und vor allem sichtbare Projekte notwendige mentale Veränderungen in der Region herbeizuführen, überregionale Aufmerksamkeit auf die Region zu ziehen, die natürliche und bebaute Umwelt in der Region wieder für Bewohner und Touristen attraktiv zu machen, so daß sie auch für regionale wie internationale Investoren wieder interessant wird" (Kunzmann 1996, S. 141.

Die Arbeit der IBA Emscher Park orientiert sich an fünf großen Arbeitsfeldern, den sogenannten Leitthemen:

- Emscher Landschaftspark - Wiederaufbau von Landschaft
- Ökologischer Umbau des Emscher-Systems
- Neue Nutzung für industrielle Bauten - Industriedenkmäler als Kulturträger
- Arbeiten im Park
- Wohnen/Integrierte Stadtteilentwicklung

Im Rahmen der Leitthemen wird derzeit an über 100 Einzelprojekten gearbeitet, die zum größten Teil zur Endpräsentation der IBA Emscher Park im Jahr 1999 fertiggestellt sein sollen.

---

[3] Der ursprüngliche Sinn der Bauausstellungen, bautechnische Neuerungen zu präsentieren, veränderte sich im Laufe der Zeit. Die neuen Themenschwerpunkte wie humanes Wohnen oder neue Formen von Planungsprozessen wurden auch noch um den ökologischen Aspekt erweitert.

Von besonderer Bedeutung für die Entwicklung des Tourismus im Ruhrgebiet sind die IBA-Leitthemen "Emscher Landschaftspark" und "Neue Nutzung für industrielle Bauten". Industriedenkmäler sind durch die IBA Emscher Park zu wichtigen Merkzeichen der Region geworden, die von der Bevölkerung positiv aufgenommen werden(vgl. IBA Emscher Park 1996, S. 14). Verschiedene denkmalwerte Industrieanlagen werden durch IBA-Projekte erhalten und dadurch einer neuen, oftmals touristischen Nutzung zugeführt.

Der Emscher Landschaftspark ist erstes Leitprojekt und gleichzeitig verbindendes Thema aller Projekte. "Mit dem Emscher Landschaftspark wird zum ersten Mal in der Geschichte systematisch daran gearbeitet, eine von der Industrie verbrauchte Landschaft (...) nach ökologischen und ästhetischen Kriterien neu zu gestalten" (ebd. S. 5). Zentrales Element des Emscher Landschaftsparkes ist ein Wegesystem. Zu diesem gehören Wanderwege, Radwege, Eisenbahnstrecken sowie Wasserwege für das Wasserwandern und die Fahrgastschiffahrt.

Die Zwischenpräsentation der IBA Emscher Park fand in den Jahren 1994/95 statt. Unter dem Slogan "Bauplatz Zukunft" wurden verschiedene, zu diesem Zeitpunkt bereits realisierte oder zumindest begonnene, Projekte der Öffentlichkeit vorgestellt. Neben einer Zentralausstellung fand die Präsentation an den Projekten vor Ort statt. Hierfür wurden diese einzelnen Orte mit Hinweistafeln erschlossen, da möglichst viele Menschen angesprochen werden sollten (vgl. zur Zwischenpräsentation EBA Emscher Park 1995). Nach der Zwischenpräsentation wurden neue Themenschwerpunkte festgelegt. Dazu zählte "die Entwicklung eines eigenständigen touristischen Profils für das Ruhrgebiet" (ebd., S. 33). Wurde früher noch betont, daß IBA-Projekte nur zweitrangig für den Tourismus gedacht sind, engagiert sich die IBA Emscher Park jetzt auch gezielt in diesem Bereich. Die Arbeiten des hierfür ins Leben gerufenen Arbeitskreises "Phantasie für Reisen im Revier" dienten wie bereits erwähnt auch der Kommission zur Erarbeitung des Masterplanes "Reisen ins Revier" als Grundlage.

Das Planungsgebiet der IBA Emscher Park umfaßt jedoch nicht das gesamte Ruhrgebiet, sondern nur die Emscherregion im nördlichen Teil des Ruhrgebietes. In dieser Region erfolgte die Industrialisierung im Gegensatz etwa zur südlichen Hellwegzone erst relativ spät, dafür aber besonders hektisch, ungeplant, rücksichtslos und in großem Maßstab. Dementsprechend handelt es sich um den Teil des Ruhrgebietes, in dem heute noch die Auswirkungen der industriellen Entwicklung am deutlichsten spürbar sind. Das Projektgebiet erstreckt sich hier auf einer Länge von 80 km von Duisburg im Westen bis nach Kamen im Osten und ist mehrere Kilometer breit. Insbesondere bei touristischen Projekten wird diese Eingrenzung aber nicht als absolut verbindlich angesehen, sondern vielmehr wird hier die gesamte Region in der Vordergrund gestellt.

## 4 Tourismus im Ruhrgebiet

### 4.1 Touristische Ausgangssituation

Obwohl das Ruhrgebiet kein erklärtes Reiseziel ist, gab und gibt es hier schon immer verschiedene Formen des Tourismus. Hierzu zählen vor allem etwa Geschäftsreisen, Messe-, Ausstellungs-, Tagungs- und Kongreßreisen, aber auch Bildungsreisen, Kulturreisen oder Verwandten- und Bekanntenbesuche.

Dennoch ist das Ruhrgebiet generell als Reiseziel eine unbedeutende Region. Sowohl im Bundesvergleich als auch gemessen an anderen Wirtschaftszweigen ist der Stellenwert des Tourismus im Ruhrgebiet derzeit relativ gering. Allerdings verlief die touristische Entwicklung im Ruhrgebiet in den letzten Jahren im Vergleich zu den Entwicklungen auf Landes- und Bundesebene positiver, hier konnten deutlich höhere Wachstumsraten verzeichnet werden. Wurden im Verbandsgebiet des KVR 1987 noch nur 1,2 Mio. Ankünfte mit 2,9 Mio. Übernachtungen gezählt, waren es 1996 bereits 2,0 Mio. Ankünfte mit 4,2 Mio. Übernachtungen. Dieser Trend scheint sich weiter fortzusetzen, wie aktuelle Zahlen belegen.

Die höchsten Zuwachsraten konnten dabei während der letzten Jahre diejenigen Städte erzielen, die touristisch am unbedeutendsten sind, wie etwa Bottrop oder Oberhausen. Diese Daten sind jedoch mit gewisser Vorsicht zu interpretieren, da ein hoher Zuwachs bei äußerst niedrigen Ausgangszahlen leichter erreicht werden kann und so beeindruckender wirkt als die tatsächlichen Zahlen es sind. Dies darf auch nicht darüber hinwegtäuschen, daß nach wie vor die Großstädte Bochum, Dortmund, Duisburg und Essen bereits einen Großteil der Übernachtungen im gesamten Ruhrgebiet auf sich vereinigen. Zur Struktur der Nachfrage nach Reisen ins Ruhrgebiet, etwa zu Reisemotiven oder der Gästestruktur, liegen nur wenige Daten vor. Es ist jedoch davon auszugehen, daß das Gästeaufkommen auch derzeit noch entscheidend durch Geschäftsreisen sowie durch Tagungs- und Kongreßreisen geprägt ist (vgl. May 1986, S. 79).

Das Ruhrgebiet verfügt über ein beachtliche Angebotspotential, welches touristisch attraktiv ist. Dies trifft vor allem auf die Bereiche der Stadtlandschaft, der Hochkultur, der Industriekultur sowie auf den Bereich des modernen Entertainments zu. Angebote mit konkreter touristischer Zielsetzung konzentrieren sich derzeit noch verstärkt auf den letzten Bereich, der neben Musicals auch Themenparks und Erlebnis-Einkaufszentren mit einschließt, sowie auf den Bereich der Hochkultur, etwa Klavierfestspiele oder Sonderausstellungen. Es läßt sich festhalten, daß die Nachfrage nach Reisen in die Region steigt. Auch ein entsprechendes Angebot ist in den verschiedenen relevanten Bereichen vorhanden. Nun stellt sich die Frage, welche touristischen Marktsegmente in diesem Rahmen eine besondere Rolle spielen und ausbaufähig sind.

## 4.2 Potentielle Marktsegmente des Tourismus im Ruhrgebiet

Die potentiellen Marktsegmente für den Tourismus im Ruhrgebiet, d.h. diejenigen Marktsegmente, für die derzeit eine große bzw. eine erwartungsgemäß zukünftig noch steigende Nachfrage besteht, sind der Städte-, der Kultur- und der Industrietourismus. Sie liegen im allgemeinen Trend des Wertewandels im Tourismus von Erholungs- zu Erlebnisreisen. Charakteristisch ist für diese Segmente in der Regel eine kurze Reisedauer, es handelt sich meist um Zweit- oder Drittreisen oder um Wochenend-Kurzreisen. Hierbei ist zu beachten, daß die einzelnen Marktsegmente nicht ausschließlich getrennt voneinander zu betrachten sind, sondern sich häufig überschneiden bzw. nicht eindeutig gegeneinander abgegrenzt werden können, wie etwa Städte- und Kulturtourismus oder Kultur- und Industrietourismus. Insbesondere der Städtetourismus mit seinen unterschiedlichen Erscheinungsformen nimmt für das Ruhrgebiet eine Schlüsselposition ein, da es sich hier um einen ausgeprägten polyzentrischen städtischen Ballungsraum handelt und die anderen Marktsegmente nicht getrennt von dieser Stadtlandschaft zu sehen sind. Da in diesen Bereichen ausgehend von der Nachfrage die größten Chancen für einen Tourismus im Ruhrgebiet liegen, sollten die vorhandenen Angebotspotentiale im Hinblick auf die segmentspezifischen Anforderungen touristisch erschlossen und vermarktet werden.

Abb. 2: Potentielle Marktsegmente des Tourismus im Ruhrgebiet

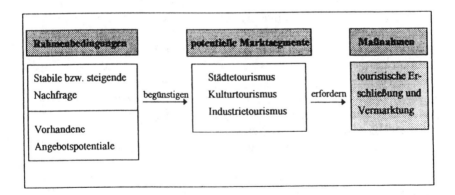

Quelle: eigene Darstellung

Eine Konzentration des Angebotes auf die aufgeführten Marktsegmente scheint besonders unter Berücksichtigung einer einheitlichen Vermarktungsstrategie des Ruhrgebietes notwendig. Es sollte nicht versucht werden, alle Segmente des Tourismus, die momentan im Trend der Nachfrage liegen, auch im Ruhrgebiet anzubieten. So werden etwa die derzeit boomenden Segmente Gesundheits- und Wellnesstourismus oder Sport- und Aktivreisen in dieser Region wenig erfolgversprechend sein. Vielmehr gilt es, sich auf die Marktsegmente mit imageprägender Bedeutung zu konzentrieren, um das touristische Image zu vereinheitlichen und gleichzeitig das Regionstypische und Unverwechselbare dieser Stadt-, Kultur- und Industrielandschaft in den Vordergrund zu stellen.

Im folgenden werden diese Marktsegmente zur besseren Übersicht kurz einzeln dargestellt, obwohl sie, wie bereits erwähnt, getrennt schwer zu betrachten sind, sondern insbesondere im Ruhrgebiet sehr eng zusammenhängen. Dabei wird vor allem auf den Städtetourismus nur sehr kurz eingegangen.

### 4.2.1 Städtetourismus

Im Städtetourismus konnten in Deutschland ab Anfang der 80er Jahre im Vergleich zu den allgemeinen Übernachtungszahlen überdurchschnittlich hohe Zuwächse verzeichnet werden. Überproportionale Steigerungsraten konnten hierbei vor allem diejenigen Städte aufweisen, die eine geringere touristische Bedeutung haben.

Für das Ruhrgebiet als Stadtlandschaft nimmt der Städtetourimus einen besonderen Stellenwert ein. Die Stadtlandschaft des Ruhrgebietes wird z.B. auch in der Werbung des Landesverkehrsverbandes Westfalen betont, der für das westfälische Ruhrgebiet mit dem Slogan "das Stadterlebnis" wirbt.

Für dieses Marktsegment sind die Perspektiven positiv, aus verschiedenen Umfragen wird deutlich, daß das Interesse an Städtereisen kontinuierlich steigt. So gaben 1995 in der Untersuchung der FUR knapp 40% der Befragten an, Interesse an einer Städtereise zu haben. Dies entspricht einem Potential von 25 Mio. Reisenden.

Die Nachfrageseite des Städtetourismus ist dadurch gekennzeichnet, daß sich die Motive von Städtereisenden nie scharf abgrenzen lassen, sondern in der Regel ein komplexes Motivbündel der Reise zugrunde liegt. Zu diesem gehört aber unbestritten als wesentlicher Faktor das kulturelle Interesse im weitesten Sinne.

Obwohl die ausschlaggebenden Motive nie klar zu trennen sind, können Nachfragergruppen des privat motivierten Städtetourismus abgegrenzt werden. Es läßt sich eine gewisse Dominanz älterer Jahrgänge neben einem ebenfalls etwas höheren Anteil von Jugendlichen feststellen. Städtetouristen verfügen über ein besseres Ausbildungsniveau und ein höheres Einkommen. Die Zielgruppe der älteren Reisenden ist den klassischen Besichtigungsreisenden zuzuordnen. Die Zielgruppe der jüngeren Menschen sind eher als unterhaltungsorientierte Nachfrager zu bezeichnen. Für diese Nachfragergruppe sind vor allem solche Städte attraktiv, die sich durch vielbeachtete Veranstaltungen oder Konzerte und ein ausgeprägtes Unterhaltungsangebot hervorheben.

Die Städte des Ruhrgebietes verfügen in der Regel nicht über herausragende Anziehungspunkte, so daß eine bewußte Gestaltung des städtetouristischen Angebotes hier besonders wichtig ist. Hierdurch können die vorhandenen Potentiale in den Bereichen Kultur und Industriekultur in den Vordergrund gestellt werden. Damit wird bereits die enge Beziehung zwischen Städte- und Kulturtourismus deutlich. Das Kulturangebot einer Stadt beeinflußt in entscheidendem Maße ihre touristische „Verkaufbarkeit".

### 4.2.2 Kulturtourismus

Es läßt sich seit einiger Zeit beobachten, daß das Interesse breiter Bevölkerungsschichten an Kultur gestiegen ist und sich dabei gleichzeitig auch gewandelt hat. "War das kulturelle Interesse früher vor allem von Bildungsmotiven bestimmt, so besteht heute eher eine Freizeitkultur mit Schwerpunkten auf Unterhaltung, Geselligkeit und Erlebnis" (vgl. Dreyer 1996, S. 25).

Entsprechend den unterschiedlichen Auffassungen von Kultur gibt es auch keine einheitliche Definition von Kulturtourismus. In früheren Definitionen ist der Begriff noch stark auf die Bereiche der klassischen Hochkultur, also vor allem auf Museen, Theater, Konzerte und Ausstellungen begrenzt und damit zu eng gefaßt. Auch sind sie häufig zu einseitig auf die Kultur als primäres Motiv der Reise ausgerichtet.

Einem umfassenderen Verständnis insbesondere der kulturtouristischen Angebotselemente wird die Definition von Becker gerecht, der Kulturtourismus wie folgt definiert: "Der Kulturtourismus nutzt Bauten, Relikte und Bräuche in der Landschaft, in Orten und in Gebäuden, um dem Besucher die Kultur-, Sozial- und Wirtschaftsentwicklung des jeweiligen Gebietes durch Pauschalangebote, Führungen, Besichtigungsmöglichkeiten und spezifisches Informationsmaterial nahezubringen. Auch kulturelle Veranstaltungen dienen häufig dem Kulturtourismus" (Becker 1993, S. 8).

In dieser Abgrenzung wird neben dem Bereich der Hochkultur auch der Bereich der Alltags- und Regionalkultur in das Angebotspotential einbezogen. Dieser spielt für die Entwicklung eines Kulturtourismus heute eine immer wesentlichere Rolle.

Zu beachten ist weiterhin, daß das einer Kulturreise zugrunde liegende Motiv in der Regel nicht primär die Kultur ist, sondern diesen Reisen in besonderem Maße ein vielschichtiges Motivbündel zugrunde liegt. Diesem Ansatz wird die Definition von Jätzold gerecht, indem betont wird: "Kulturtourismus im engeren Sinne und für sich allein genommen umfaßt nur ein schmales Segment der Nachfrage, dessen Potential in der Verbindung mit anderen Fremdenverkehrsbereichen, wie Erholung, Erleben oder ähnlichem liegt" (Jätzold 1993, S. 137).

Eine pragmatische Definition aus Sicht der Tourismuswirtschaft gibt Dreyer mit der Feststellung: "Mit Kulturtourismus werden alle Reisen bezeichnet, denen als Reisemotiv schwerpunktmäßig kulturelle Aktivitäten zugrunde liegen. Tourismuswirtschaftlich werden alle Aktivitäten als kulturell bezeichnet, die der Reisende als solche empfindet" (Dreyer 1996, S. 26 f.). Es gestaltet sich also sowohl aus Anbieter- als auch aus Nachfragersicht als schwierig, exakt abzugrenzen, welche Formen der Reise dem Kulturtourismus zuzurechnen sind. Ein wesentlicher Bestandteil des Kulturtourismus ist jedoch, bei den Besuchern Verständnis für kulturelle Eigenarten der besuchten Region zu schaffen.

Kulturtourismus stellt damit eine wichtige Entwicklungsstrategie vor allem für solche Regionen dar, die bisher wenig touristisch entwickelt sind. Durch den Kulturtourismus bietet sich für jede Region die Chance, ihre unverwechselbaren Eigenheiten touristisch zu erschließen und zu vermarkten.

Der Kulturtourismus stellt seit einigen Jahren ein boomendes Marktsegment dar. Die Ursachen hierfür liegen zum Teil in der wachsenden Nachfrage begründet. Diese ist wiederum auf verschiedene gesellschaftliche Entwicklungstendenzen zurückzuführen. So ist in der heutigen Gesellschaft die Freizeit zu einem wichtigen Bestandteil der Lebensqualität geworden. Die Freizeit wird aber nicht mehr nur als solche geschätzt, sondern bei ihrer Gestaltung spielen verschiedene Erlebniswerte eine wesentliche Rolle. Durch weitere gesellschaftliche Trends, vor allem durch ein steigendes Bildungsniveau und höhere Einkommen, rücken besonders die Erlebniswerte im kulturellen Bereich in den Vordergrund.

Die steigende Nachfrage nach Kultur läßt sich aber auch auf die Suche nach Halt und Identität in der heutigen schnellebigen, anonymen und mobilen Gesellschaft zurückführen. Diese Erscheinung wird häufig als 'Nostalgietrend' beschrieben. Im Rahmen dieser Entwicklung spielt neben der Hochkultur die Alltags- und Regionalkultur eine zunehmend wichtigere Rolle.

Diese Trends begründen die steigende Nachfrage nach kulturellen Aktivitäten und Erlebnissen nicht nur im Alltag, sondern vor allem auch in der Freizeit und im Urlaub.

Das Volumen der kulturtouristischen Nachfrage ist nur schwierig zu erfassen. Für diesen Bereich liegen bislang kaum gezielte Untersuchungen vor. Eine Ausnahme bildet eine Sonderauswertung der FUR 96, in der spezielle Fragen zu diesem Marktsegment untersucht wurden. Deren Ergebnisse sind aber nicht zugänglich. Aufgrund verschiedener Erhebungen können jedoch Anhaltspunkte zur kulturtouristischen Nachfrage gegeben werden. In der Untersuchung der FUR 95 gaben 13,1% der Befragten an, an kulturellen Reisen interessiert zu sein bzw. in den nächsten Jahren eine Kulturreise zu planen. Dies entspricht einem Potential von etwa 8 Mio. Reisenden.

Die potentiellen Nachfrager sind nach verschiedenen Merkmalen zu charakterisieren, wozu vor allem die Motive und die Aktivitäten zählen. Bei den Motiven ist eine grundlegende Unterscheidung zwischen kulturmotivierten und kulturinteressierten Nachfragern zu treffen. Die Motive der Kulturtouristen sind unterschiedlich, rein kulturell motivierte Reisen im Sinne von klassischen Bildungsreisen sind eher selten, oftmals ist das Interesse an Kultur nicht das ausschlaggebende Motiv. Es ist vielmehr davon auszugehen, daß der Kulturreise ein äußerst komplexes Motivbündel zugrunde liegt. Im Vordergrund stehen dabei Motive wie „Interesse an etwas Neuem", „etwas entdecken und erleben".

Im Gegensatz dazu werden kulturelle Aktivitäten tatsächlich von einer deutlich größeren Anzahl Reisender ausgeübt als dies bei den Motiven angegeben wird. Zu den Hauptaktivitäten der Kulturtouristen zählt das Besichtigen von Sehenswürdigkeiten sowie der Besuch unterschiedlicher kultureller Veranstaltungen. Vor allem Veranstaltungen oder besondere Ereignisse, sogenannte 'Events', sprechen das kulturelle Interesse der Bevölkerung an.

Kulturtouristen verfügen nach der FUR 95 über ein höheres Bildungsniveau und gehören den oberen Einkommensklassen an. Die Altersgruppe der 20-29jährigen ist überproportional hoch vertreten. Für diese Zielgruppe ist ein „junges" kulturelles Angebot wichtig. Ebenso sind die über 50jährigen verstärkt an Kulturreisen interessiert. Sie sind eher den klassischen Bildungs- und Besichtigungsreisenden zuzuordnen und präferieren eher konservative kulturelle Angebote. Die Nachfrager haben überdurchschnittlich hohe Erwartungen an die Reise und üben eine Vielzahl verschiedener Aktivitäten aus.

Über ein entsprechendes **Angebotspotential**, das im Rahmen des Kulturtourimus erschlossen werden kann, verfügt jede Region in unterschiedlichem Maße. Das Ruhrgebiet wird häufig als eine der dichtesten und vielfältigsten Kulturlandschaften beschrieben. Laut einer Studie der UNESCO gehört das Ruhrgebiet zu den fünf Regionen der Welt mit dem reichsten Kulturangebot. Dies bezieht sich vor allem auf den Bereich der Hochkultur wie etwa Theater, Museen und Ausstellungen.

Ist auch die Dichte der kulturellen Infrastruktur hier beeindruckend, so konnten doch wenige kulturelle Einrichtungen oder Veranstaltungen ein dauerhaftes, überregionales Profil nach internationalen Qualitätsstandards entwickeln (vgl. Kunzmann 1996, S. 138). Zu nennen sind hier das Bochumer Schauspielhaus, das Essener Tanztheater, das Folkwang-Museum in Essen, das Museum Quadrat in Bottrop, das Lehmbruck-Museum in Duisburg, die Ruhr-Festspiele in Recklinghausen sowie die zumindest in Fachkreisen bekannten Wittener Tage für neue Musik und die Tage alter Musik in Herne.

Des weiteren gehört zum kulturtouristischen Angebotspotential eine individuelle Regionalkultur. Auch im soziokulturellen Bereich verfügt das Ruhrgebiet über ein großes Angebot. Besonders durch die Vielfalt seiner relativ früh enstandenen soziokulturellen Zentren ist das Ruhrgebiet bekannt. Diese wurden in der Regel in alten Industriegebäuden eingerichtet und sind vor allem auf die kulturellen Ansprüche Jugendlicher ausgerichtet. Der Förderung der Regionalkultur kommt zugute, daß die Landespolitik eine „regionale Kulturpolitik" betont und Regionen bei der Entwicklung regionaler Kulturentwicklungskonzepte ausdrücklich unterstützt (vgl. KVR (o.J.), S. 13). Das daraufhin erarbeitete 'Profil für die Kulturregion Ruhrgebiet' stellt ein derartiges Konzept für die Region dar, in dem Gemeinsamkeiten betont und Handlungsempfehlungen für die Zukunft gegeben werden (vgl. KVR (o.J.)).

Tab. 1: Kulturtouristisches Angebotspotential im Ruhrgebiet

| Einzel-Kulturobjekte | • Kirchen<br>• Burgen, Schlösser, Wasserschlösser, Herrenhäuser<br>• Museen, Ausstellungen<br>• Technische Sehenswürdigkeiten und Industrie |
|---|---|
| Kulturobjekt-Häufungen | • Kulturlandschaftliche Sehenswürdigkeitgen (Industrielandschaft)<br>• Objekt-Häufungen<br>'Straßen', 'Routen' |
| Kulturensembles | • Arbeitersiedlungen |
| Kulturelle Ereignisse | • Theater, Festspiele, Festivals, Musicals<br>• (Groß-)Veranstaltungen, 'Events' |
| Gastronomische Kultur | • regionale Küche<br>• Bierkultur |
| Regionalkultur, regionale Milieus | • spezifische städtische Kulturen (Fußball, Büdchen, Schrebergärten) |

Quelle: eigene Darstellung in Anlehnung an Jätzold, 1993, S. 138

Das kulturtouristische Angebotspotential setzt sich demnach aus einer Vielzahl von unterschiedlichen Elementen zusammen. Hierzu gehören neben einzelnen Kulturobjekten auch kulturelle Ereignisse sowie die Regionalkultur. Das Ruhrgebiet verfügt über ein äußerst vielfältiges Angebotspotential in diesen Bereichen, wie aus Tab. 1 ersichtlich wird, wobei vor allem der Bereich der Industriekultur von herausragender Bedeutung ist.

Das Vorhandensein eines umfangreichen Angebotspotentials reicht jedoch allein noch nicht aus, um die kulturtouristische Nachfrage zu befriedigen. Es stellt für sich genommen noch nicht unbedingt Anlaß für einen Besuch dar. Vielmehr müssen einzelne Angebotselemente als touristische Angebote entsprechend gestaltet werden. Gerade die wachsende Nachfrage nach Kultur erfordert eine Professionalisierung des Angebotes. Hierbei sind die Anforderungen und Ansprüche an eine systematische touristische Erschließung und Präsentation kultureller Angebote sehr hoch. So sind bei der Gestaltung kulturtouristischer Angebote verschiedene Grundsätze zu beachten. Die Angebote des Kulturtourismus sind nicht ausschließlich für Touristen zu inszenieren, sondern gleichermaßen für Einheimische wie für Touristen zu entwickeln. Desweiteren sollen sie ein "gebietsspezifisches, authentisches Erlebnis vermitteln und müssen sich durch ein hohes Maß an Sachkunde, Gründlichkeit und Phantasie auszeichnen" (Becker 1993, S. 9).

Für Angebote im Kulturtourismus, vor allem im Rahmen der Regionalkultur, ist eine derartige Aufbereitung häufig wichtig, da verschiedene Bereiche in der Regel erklärungsbedürftig sind. Außerdem entspricht eine touristische Inwertsetzung eher der Nachfrage der nicht mehr in erster Linie bildungs-, sondern vielmehr erlebnisorientierten Zielgruppen. Eine Aufbereitung kulturtouristischer Potentiale kann durch Führungen, Lehrpfade oder Rundgänge erfolgen sowie durch die Gestaltung von Pauschalangeboten.

Weiterhin ist wichtig, einzelne Angebotsbestandteile miteinander zu verknüpfen. Es können Angebote der Hochkultur mit Angeboten der Alltagskultur kombiniert werden. Hierbei sollte jedoch die Alltagskultur hervorgehoben werden, damit regionale Eigenarten betont werden. Ebenso ist eine Verbindung mit anderen touristischen Bereichen wichtig, da nur ein kleiner Anteil der Nachfrager ausschließlich an Kultur interessiert ist. So lassen sich kulturelle Angebote mit Erholungs-, Erlebnis- oder Kongreßreisen kombinieren. Diese Verknüpfungen einzelner Elemente eröffnen Handlungsspielräume bei der Gestaltung kulturtouristischer Angebote. Mit einem derartigen Angebot kann eine breitere Schicht von Besuchern angesprochen werden. Auch kann das Angebot dadurch zielgruppenspezifischer gestaltet werden.

Für das Ruhrgebiet spielt die Kombination von Angeboten der Industriekultur mit weiteren Bereichen eine besondere Rolle. Besonders erfolgversprechend scheinen in diesem Zusammenhang kulturelle Veranstaltungen in Industriedenkmälern zu sein. Dies wurde im Ruhrgebiet bereits mehrfach erfolgreich durchgeführt. Ein Beispiel ist etwa die historische Ausstellung über das Ruhrgebiet "Feuer und Flamme" im Gasometer Oberhausen, die in den Sommermonaten der Jahre 1994 und 1995 rund 500.000 Besucher anzog. Neben der Ausstellung selbst war die Kulisse des Gasometers eine weitere Attraktion. Auch die Errichtung einer Freilichtbühne in einem Hochofen im Landschaftspark Duisburg-Nord oder verschiedene Kulturveranstaltungen auf dem Gelände der Zeche Zollverein in Essen zählen zu derartigen gelungenen Kombinationen. Die Verbindung kultureller Ereignisse oder Aktivitäten mit den Zeugnissen der industriellen Bauepoche ist besonders geeignet, das Interesse an Industriekultur zu wecken.

Dem Angebot an Veranstaltungen kommt im Rahmen des Kulturtourismus derzeit eine große Bedeutung zu. Zu diesen Veranstaltungen oder Ereignissen, heute oft als 'Events' bezeichnet, wurde bereits 1971 bemerkt: "Wirksamer dürften Sonderveranstaltungen sein, weil diese dem Auswärtigen einen Grund geben, die Stadt aufzusuchen" (Landwehrmann, zit. in May 1986, S. 107). Heute werden Veranstaltungen als Medium zur Vermarktung und Positionierung von Zielgebieten immer bedeutender.

Das Angebot an Veranstaltungen in den Städten des Ruhrgebietes ist äußerst vielfältig. Es gibt beispielsweise überregionale Festivals wie die Internationalen Kurzfilmtage in Oberhausen oder die Ruhrfestspiele Recklinghausen. Auch einmalige Großveranstaltungen, wie etwa die Bundesgartenschau 1997 in Gelsenkirchen, gehören zum Angebot.

Durch den Erfolg der derzeit im Ruhrgebiet aufgeführten Musicals bietet sich hier die Möglichkeit, Besuchern im Rahmen ihres Aufenthaltes weitere spezielle Besonderheiten der Region nahezubringen. Die Kombination eines Musicalbesuchs mit dem Besuch anderer Sehenswürdigkeiten wird bereits angeboten. So wird eine Reise zum Musical "Starlight Express" häufig mit einem Besuch des Bergbaumuseums in Bochum verbunden. Auch bieten einzelne Veranstalter bereits eine Kombination eines Musicalbesuches mit einem Besuch der Zeche Zollern II/IV in Dortmund an.[4]

Es wird deutlich, daß der Kulturtourismus im Ruhrgebiet in weiten Teilen von der Industriekultur geprägt ist und losgelöst von dieser nicht betrachtet werden kann.

### 4.2.3 Industrietourismus

Im Sinne eines erweiterten Kulturbegriffes zählt auch die Industriekultur zu den kulturellen Äußerungen bzw. dem kulturellen Erbe einer Gesellschaft. So wird der Industrietourismus in der Regel auch als eine Sonderform des Kulturtourismus gesehen. Da der Industrietourismus aber für das Ruhrgebiet eine außerordentlich bedeutende Rolle spielt, wird er im folgenden eigenständig betrachtet.

Soyez definiert Industrietourismus ebenfalls als eine besondere Ausprägung des Kulturtourismus, indem er ausführt: "Kulturtourismus in Industrielandschaften sei verstanden als eine Tourismusform, deren wesentliches Zielobjekt Industriebetriebe selbst und die von ihnen in charakteristischer Weise geprägten Räume sind. (...) Es seien darunter solche Formen der räumlichen Mobilität verstanden, die durch die Anziehungskraft ehemaliger oder in Betrieb befindlicher Industrien

---

[4] Mündl. Mitteilung eines Zuständigen der Zeche Zollern II/IV, als Beispiel wurde ein Busreiseveranstalter aus Nürnberg genannt.

auf externe Besucher ausgelöst werden (...)" (Soyez 1993, S. 41). Auch der Besuch von Industriemuseen oder Ausstellungen mit industriellen Themenschwerpunkten zählt zum Industrietourismus. Weiterhin sind nicht nur die technischen Anlagen, sondern auch andere typische Elemente einer Industrielandschaft zu den Anziehungspunkten zu rechnen. Hierzu gehören etwa Arbeiterwohnsiedlungen oder Direktorenvillen, die als Informationsträger industrieller Epochen von Interesse sind.

Derartige Reisen wurden schon immer unternommen, aber erst seit Anfang der 80er Jahre begann die Wissenschaft sich mit diesem Sachverhalt zu beschäftigen. Eine wesentliche Grundlage hierfür bildeten die Industriearchäologie und die Industriedenkmalpflege. Der Begriff der Industriearchäologie wurde in Großbritannien geprägt. In den 70er Jahren kam es auch in Deutschland zu einem verstärkten Bewußtsein, daß zum kulturellen Erbe der Gesellschaft auch technische Denkmäler gehören. Insbesondere im 1980 in Kraft getretenen Denkmalschutzgesetz des Landes Nordrhein-Westfalen wird diesem Bereich Aufmerksamkeit geschenkt, indem betont wird, daß die Entwicklung der Produktions- und Arbeitsverhältnisse im Rahmen der Denkmalpflege durch einen weiter gefaßten Denkmalbegriff besonders berücksichtigt wird. Das Land Nordrhein-Westfalen hat damit erstmals in der Geschichte der Denkmalpflege Modelle entwickelt, um auch Gesamtindustrien an Beispielen zu erhalten und darzustellen. Dabei wurden in einem Konzept verschiedene regionale Schwerpunkte festgelegt, was für das Ruhrgebiet bedeutete, daß vorwiegend Denkmäler der Montanindustrie erhalten werden sollen (vgl. Slotta 1991, S. 253).

Zunächst ist festzustellen, daß Industriebetriebe und Industrielandschaften in der Regel von Seiten der Nachfrager als Reiseziel wenig anerkannt und akzeptiert sind. Vor allem neueren Industrieanlagen wird selten ein architektonischer, kulturhistorischer oder ästhetischer Wert zugesprochen. Diese Einstellung hat sich in den letzten Jahren gewandelt. Der Wert von industriellen Denkmälern als wesentlicher Teil des Kulturgutes und somit auch ihre touristische Attraktivität wird mehr und mehr allgemein anerkannt.

Industrietouristen waren lange Zeit eine sehr kleine Nachfragergruppe, die in der Regel aus sehr speziellen Interessen derartige Reisen unternahmen. Das Interesse an solchen Reisen kann jedoch auch bei breiteren, „normalen" Zielgruppen geweckt werden, wenn die Angebote entsprechend aufbereitet werden, wie Beispiele aus England und Schweden zeigen.

Über die Nachfrage nach Reisen mit industriellen Schwerpunkten liegen bisher jedoch noch wenige Untersuchungen vor. Da dieses Motiv in repräsentativen Umfragen nicht erhoben wird, muß versucht werden, aufgrund vorliegender Einzeluntersuchungen ein Nachfrageprofil von Industrietouristen zu erstellen. Ebenso geben Besucherzahlen einzelner industrietouristischer Attraktionen aufschlußreiche Anhaltspunkte.

Ein wichtiges Merkmal des Industrietourismus ist, daß er zum großen Teil zum Tagestourismus zu zählen ist und nur selten mit Übernachtung stattfindet. Ziele des Industrietourismus sind zudem oft nur ein zufälliges oder sekundäres Reiseziel (vgl. Soyez 1993, S. 46). Dies wird bestätigt durch eine Untersuchung über Besucherstrukturen von industrietouristischen Angeboten im Ruhrgebiet (vgl. Peschken 1995). Demnach wurde von 80% der Befragten ein Industriedenkmal im Rahmen eines Tagesausfluges besucht. Weitere 12% kamen in Verbindung mit einem Verwandtenbesuch und nur 8% machten tatsächlich einen (Kurz-) Urlaub.

Bei den Besuchern handelt es sich nach dieser Untersuchung in der Regel um Erstbesucher, die sich zum Großteil erst spontan am Tag des Besuches für die Besichtigung entscheiden. Je nach Inhalt sind Familien mit Kindern eine bedeutende Nachfragergruppe. Dies ist insofern sehr interessant, da Familien mit Kindern im Kulturtourismus kaum vertreten sind. Der Industrietourismus scheint demnach eine Sonderform des Kulturtourismus zu sein, der für die genannte Zielgruppe interessant ist und mit dem diese angesprochen werden kann. Bei einem Großteil der Ausflügler stellt der Besuch des Industriedenkmales die Hauptaktivität an diesem Tag dar, etwa ein Drittel verbindet den Besuch mit der Besichtigung weiterer kultureller Einrichtungen. Dieses Verhältnis variiert jedoch in Abhängigkeit von dem jeweiligen Industriedenkmal erheblich. So sind 75% der Personen, die das Bergbau-Museum in Bochum im Rahmen eines Kurzurlaubes besuchten, in erster Linie wegen des Musicals "Starlight Express" nach Bochum gekommen (vgl. ebd., S. 69).

Auch die Besucherzahlen der Industriemuseen belegen ein großes Interesse an industriellen Denkmälern. So besuchen die Zeche Zollern II/IV als Sitz des Westfälischen Industriemuseums in Dortmund, etwa 30.000 registrierte Personen pro Jahr. Hierbei handelt es sich jedoch nur um angemeldete Gruppen und Besucher zu den Öffnungszeiten an Samstagen und Sonntagen. Da das Gelände aber während der Woche nicht abgeschlossen ist, kann davon ausgegangen werden, daß die Zahl der Besucher noch wesentlich höher liegt. Das Schiffshebewerksmuseum Henrichenburg im östlichen Ruhrgebiet hatte im Jahr 1994 knapp 60.000 Besucher und das Bergbau-Museum in Bochum 390.000 (ebd., S. 52). Im Jahr 1994 nahmen desweiteren 22.000 Personen an Führungen durch das Meidericher Hüttenwerk und den Landschaftspark in Duisburg teil. Am Tag der offenen Tür der Zeche Zollverein in Essen kamen 20.000 Besucher. An Führungen auf Zollverein nahmen 1995 etwa 15.000 Personen teil. Das Nachfragepotential ist also nicht unerheblich.

Die industrietouristische Nachfrage weicht von der Nachfragestruktur von kulturellen Einrichtungen der Hochkultur ab. Im Gegensatz zu kulturell motivierten Besuchern sind Besucher industrietouristischer Einrichtungen nicht markant höher gebildet, sondern es sind vielmehr alle Bildungsklassen gleichermaßen vertreten. Auch alle Altersklassen sind relativ gleich vertreten.

Gruppenreisen bieten sich für dieses Marktsegment in besonderem Maße an, da das Angebot dann zielgruppenspezifisch gestaltet werden kann. Mögliche Zielgruppen sind in erster Linie Tagesausflügler und Kurzurlauber. Vor allem in Kombination mit anderen touristischen Elementen lassen sich weitere Zielgruppen ansprechen.

Ein außergewöhnlich hohes Interesse ist aufgrund verschiedener Untersuchungen an Untertagefahrten in einem authentischen Besucherbergwerk festgestellt worden. Bereits in einer 1976 durchgeführten Untersuchung zur Attraktivität des Ruhrgebietes gaben 45% der Befragten an, gerne eine Zeche kennenlernen zu wollen (vgl. Springorum 1976, zit. in Peschken 1995, S. 35). Diese Nachfrage nach einem einzigartigen Erlebnis ist bedeutend und stellt ein enormes Potential dar. Bislang scheiterte die Entwicklung eines entsprechenden Angebotes meist aus Sicherheits- und Kostengründen. Im Rahmen des erwähnten Masterplanes "Reisen ins Revier" wird diesem Thema nun aber trotz der damit verbundenen Schwierigkeiten die entsprechende Bedeutung zugemessen.

Der allgemein zu beobachtende Trend von Erholungs- zu Erlebnisreisen kommt dem Industrietourismus zugute. Er stellt häufig ein 'Kontrastprogramm' zu herkömmlichen Reiseformen dar.

Das wichtigste touristische Potential des Ruhrgebietes ist die Industriekultur. Diese muß hervorgehoben und betont werden, da hierin ein besonderes und einzigartiges Angebots- und Anziehungspotential liegt.

Das touristische Potential einer altindustriellen Region bzw. einer Industrielandschaft ist vor allem in Industrierelikten begründet. Diese gestalten sich äußerst vielfältig. Hierzu zählen Industrieanlagen wie Zechen, Hüttenwerke und Speichergebäude. Aber auch Halden und Verkehrsanlagen als Elemente der gewachsenen Industrielandschaft gehören zu diesem Potential. Ebenso sind Arbeitersiedlungen als Informationsträger einer vergangenen Lebens- und Wirtschaftsweise bzw. vergangener Arbeitsverhältnisse zu diesem Potential zu zählen. Im Ruhrgebiet gibt es noch heute eine Vielzahl derartiger Kolonien, die zum Teil aufgrund von Bürgerinitiativen erhalten wurden und heute nach Erneuerungen über eine hohe Wohn- und Lebensqualität verfügen. Im Stadtteil Eisenheim in Oberhausen befindet sich die älteste Arbeitersiedlung des Ruhrgebietes. Hier setzte sich eine Bürgerinitiative für den Aufbau eines Museums und eines Lehrpfades durch die Siedlung ein. In diesem Rahmen wurden Hinweisschilder mit Erklärungen zu bestimmten Themenbereichen und Orten errichtet.

Der wirtschaftliche Strukturwandel seit den letzten 30 Jahren führte dazu, daß im Ruhrgebiet viele Industriedenkmäler abgerissen wurden, um die Flächen einer Neunutzung zugänglich zu machen. Erst zu Beginn der 80er Jahre setzte mit dem in Kraft getretenen Denkmalschutzgesetz ein Umdenken ein.

Das Ruhrgebiet verfügt aber trotz des Verlustes zahlreicher Industriedenkmäler über ein ausgesprochen großes Potential industrietouristischer Attraktionen. Dabei läßt der vorhandene Denkmalbestand derzeit noch zu, die verschiedenen industriellen Entwicklungsphasen des Ruhrgebietes lückenlos zu dokumentieren (vgl. Slotta 1991, S. 253; vgl. zu den Entwicklungsphasen auch Kap. 2).

Eine umfassende Auflistung der industrietouristischen Sehenswürdigkeiten existiert bislang jedoch nicht. Als ein erster Ansatz hierfür mag eine Zusammenstellung der Autorin dienen, die im Rahmen des Bildbandes "Industriedenkmale im Ruhrgebiet" erschienen ist (vgl. Hücherig 1996, S. 92 ff.).

Touristischen Reiz entwickeln Industriestandorte in der Regel nicht von selbst. Sie müssen vielmehr erlebnisorientiert aufbereitet und gezielt touristisch inwertgesetzt werden. Hierbei bieten sich verschiedene Möglichkeiten, funktionslos gewordene Industriedenkmäler zu nutzen. Sie können entweder museal genutzt und entsprechend aufbereitet werden oder durch kulturelle Einrichtungen einer neuen Nutzung zugeführt werden. Vor allem die Umnutzung von Industriedenkmälern durch eine Verbindung mit kulturellen Einrichtungen stellt eine erfolgsversprechende Strategie dar. Das größte Hemmnis bei einer Inwertsetzung oder Nutzung ist ein negatives Image. Weitere Hemmnisse sind etwa wirtschaftliche Überlegungen. Auch die mangelnde historische Distanz ist oft ein Grund dafür, den Wert der Dinge zu verkennen.

An der Gestaltung des industrietouristischen Angebotes im Ruhrgebiet sind verschiedene Initiativen beteiligt, so z.B. die Landschaftsverbände Rheinland und Westfalen sowie die IBA Emscher Park. Ehemals bedeutende Industriedenkmäler werden von diesen Institutionen erschlossen. "Ohne daß dies das Hauptziel wäre, werden damit zugleich auch neue industrietouristische Potentiale entstehen und vorhandene Anziehungspunkte in einem breiten Kontext angemessener inwertgesetzt" (Spyez 1993, S. 44). Wenngleich die Intention also nicht immer eine touristische Erschließung ist, wird diese in der Folge aber häufig erzielt.

Industriekultur oder industriegeschichtliche Sehenswürdigkeiten sind nicht einfach touristisch zu erschließen. Diese Denkmäler erklären sich zum großen Teil nicht von selbst, sie müssen durch verschiedene Informationsträger vermittelt werden. Das Angebot muß entsprechend gestaltet werden, d.h. touristische Infrastruktur und Erlebnisse müssen geschaffen werden. Eine große Bedeutung kommt hierbei einer sehr guten didaktischen Aufbereitung und Präsentation des Potentials zu. Dies kann durch Reiseleitung oder gut gestaltetes Informationsmaterial geschehen. In kaum einem anderen Bereich kommt einer Reiseleitung diese Wichtigkeit zu. Nicht nur die Technik, sondern auch die Arbeits- und Lebensverhältnisse müssen erklärt werden. Besonders gut eignen sich für die Vermittlung derartiger Informationen im Industrietourismus ehemalige Beschäftigte. Sie können neben den reinen technischen Daten und Fakten auch Anekdoten erzählen, die die Informationen mit Leben erfüllen. Dies könnte auch der Gefahr einer

Verklärung oder Verkitschung der industriellen Epochen im Sinne einer sog. 'Industrieromantik' entgegenwirken, da nicht nur positive Seiten, sondern auch die realen, oft harten Arbeitsbedingungen erläutert werden können. Das Erlebnis eines Besuches wird dadurch auf jeden Fall echter und glaubwürdiger.

Bei vielen Industriedenkmälern im Ruhrgebiet handelt es sich um Einzelstandorte, die relativ weit voneinander entfernt liegen. Sie müssen durch zusätzliche Erlebniswerte miteinander verbunden werden, wofür sich die Wegekonzeption der IBA Emscher Park anbietet. Die Entwicklung räumlich festgelegter Themenrouten zur Erschließung einzelner Standorte ist eine erfolgsversprechende Strategie. Dies geschieht im Ruhrgebiet derzeit durch die 'Route der Industriekultur' (vgl. Kap. 5).

Industriekultur ist in Verbindung mit kulturellen Ereignissen oder mit anderen Erlebniswerten einer breiten Besucherzahl zugänglich zu machen. Daher konzentriert sich die Arbeit der IBA Emscher Park in den nächsten Jahren stärker auf die Verbindung industrieller Anlagen mit kulturellen Ereignissen (vgl. IBA Emscher Park 1996, S. 37).

Bei Reiseführern über Industriegebiete im allgemeinen sowie speziell für das Ruhrgebiet ist in den letzten Jahren ein Wandel festzustellen. Wurden hier früher noch Kirchen und Burgen betont und von der Industriekultur allenfalls herausragende 'Highlights', wie etwa das Bergbaumuseum in Bochum, erwähnt, erscheinen in neueren Reiseführern immer öfter auch Hinweise auf einzelne Fördertürme, Hüttenwerke, Zechen oder Arbeitersiedlungen.[5] Immer öfter sind auch Reiseführer zu finden, die sich speziell nur mit Denkmälern der Technik und der Industrie auseinandersetzen.

### 4.3 Touristische Vermarktung des Ruhrgebietes

Nachdem aufgezeigt wurde, daß die Marktsegmente des Tourismus im Ruhrgebiet in den Bereichen Städte-, Kultur- und Industrietourismus liegen, stellt sich die Frage, wie diese Segmente touristisch vermarktet werden.

Zunächst ist festzustellen, daß das Ruhrgebiet in der Regel als eine Einheit gesehen wird, von der die einzelnen Städte nur ein Teil sind. Daraus entsteht für die Vermarktung die Notwendigkeit der Zusammenarbeit. Bislang fehlt jedoch eine gemeinsame einheitliche Werbestrategie, die als unverwechselbares Kennzeichen der Region auch die Industriekultur in den Vordergrund stellt und damit zur Imagebildung beiträgt.

---

[5] Im DuMont-Kunstreiseführer wird im Ortsverzeichnis explizit in jeder einzelnen Stadt auf sehenswerte Zechen und Kolonien hingewiesen (vgl. PARENT 1991, S. 374 ff.).

Marketing im Tourismus beinhaltet neben dem Außenmarketing den sehr wichtigen Bestandteil des Innenmarketing. Dieser ist vor allem für das Ruhrgebiet von besonderer Bedeutung. Im Rahmen des Innenmarketing muß den Verantwortlichen und den Bewohnern die Eigenart und Besonderheit ihrer Region bewußt gemacht werden. Gelingt dies, sind diese dann wirksamere Werbeträger als alles andere. Vor allem im Industrietourismus kommt diesem Innenmarketing eine hohe Bedeutung zu. Die Bewohner der Region müssen den Wert der "von ihnen für alltäglich - und damit banal - gehaltenen Objekte erkennen" (Soyez 1993, S. 44).

Betrachtet man aber die tatsächlichen Vermarktung des touristischen Angebotes des Ruhrgebietes, so fällt folgendes auf: Angesichts der Bedeutung, die der Industriekultur im Rahmen einer touristischen Aufwertung des Ruhrgebietes zukommt, ist das Informationsmaterial über bzw. die Werbung mit Stätten der Industriekultur eher spärlich. Mit einem ausdrücklich durch die Industrie geprägten Profil wirbt keine einzige Stadt der Region. Dies entspricht einer sogenannten Verdrängungswerbung, womit versucht wird, vermeintlich unattraktive Gegebenheiten zu verschweigen. Nur einzelne Kommunen des Ruhrgebietes weisen in ihren Imagebroschüren oder in sonstigen Materialien auf die Existenz von sehenswerten Industriedenkmälern hin, wobei vor allem Kommunen aus dem südlichen Ruhrgebiet eher mit ihren bzw. für ihre Industriedenkmäler werben.[6] Die dort existierenden und beworbenen Zeugnisse der Industriekultur stammen in der Regel aus den früheren Epochen der Industrialisierung und gehören noch nicht der Großindustrie an. Dadurch, daß hier bereits ein gewisser Zeitraum vergangen ist und so die nötige Distanz entstehen konnte, läßt sich zu diesen Epochen leichter ein 'historischer' Bezug herstellen. Dagegen werden jüngere Zeugen der Industriegeschichte noch nicht als historisch bedeutend angesehen. Ebenfalls häufiger erwähnt werden Industriedenkmäler, die erst in jüngerer Zeit wieder durch eine gezielte Aufwertung ins Bewußtsein der Bevölkerung gerückt sind. Hierzu zählen etwa die Außenstellen des Westfälischen Industriemuseums und verschiedene Projekte im Rahmen der IBA Emscher Park. Insgesamt läßt sich feststellen, daß mit gezielt touristisch erschlossenen Zeugnissen der Industriekultur leichter geworben werden kann als mit noch nicht inwertgesetzten Anlagen.

Insgesamt ist bei vielen Kommunen des Ruhrgebietes das Werbe- und Informationsmaterial zwar äußerst vielfältig, aber gleichermaßen unspezifisch. Dies trifft vor allem auf Angebote im Kultur- und Freizeitbereich zu. Das Kulturangebot des Ruhrgebietes wird generell als sehr gut eingeschätzt und ist für Kurzurlaube quantitativ und qualitativ mehr als ausreichend. Wenige Kultureinrichtungen

---

[6] Hierzu gehören vor allem die Städte Bochum, Witten und Hattingen.

haben jedoch einen so hohen Rang, daß sie überregional bekannt sind und daher Anlaß für einen Besuch sein könnten.

### 4.4 Zwischenfazit

Für die touristische Entwicklung des Ruhrgebietes stellt der Kulturtourismus mit seiner Sonderform des Industrietourismus eine herausragende Rolle dar.

Von besonderer Bedeutung für die Region ist, daß durch kulturtouristische Angebote bei entsprechender Gestaltung oftmals ein Beitrag zur Stärkung der regionalen Identität geleistet werden kann. Ebenso tragen sie auch häufig zum Erhalt historischer Bausubstanz bei. Besonders im Industrietourismus trägt eine Umnutzung industrieller Denkmäler durch eine touristische Inwertsetzung zur Erhaltung bei, Industrierelikte würden sonst häufig abgerissen. Zudem kann "die Inwertsetzung dieses touristischen Potentials von Industrielandschaften (...) - insbesondere in problembeladenen Altindustrieräumen - deutliche Stabilisierungseffekte aus regionalpsychologischer und regionalwirtschaftlicher Sicht bewirken" (Soyez 1993, S. 43). Zwischen den dargestellten einzelnen Marktsegmenten bestehen enge Verbindungen. Die Nachfrage für diese potentiellen Marktsegmente ist vorhanden, ebenso das Angebotspotential, so daß nun das Angebot entsprechend gestaltet und vermarktet werden muß. Es sollte anprechend und auf 'Erlebnis' ausgerichtet sein. Herausragende Events und Highlights müssen gestaltet werden, da sie Images aufbauen helfen und aktualisieren können. Insbesondere im Vergleich zu anderen europäischen Stadtregionen sind in der Stadtlandschaft des Ruhrgebietes nur wenige städtische Höhepunkte zu finden. Es gibt keine lokalen 'Highlights' mit überregionalem Bekanntheitsgrad. Daher sollte die Möglichkeit genutzt werden, durch umgenutzte Industriedenkmäler ein neues Bild des Ruhrgebietes zu vermitteln.

Eine Erschließung ist für das Ruhrgebiet wichtig. Man muß die Besucher führen, da sonst auch viele negative oder falsche Eindrücke entstehen können. Das Zitat eines Verantwortlichen von der Zeche Zollern II/IV bringt dies zum Ausdruck: "Wenn man hier den Besuchern nicht zeigt, wo sie hinsollen, dann sollen sie lieber direkt nach dem Musical wieder nach Hause fahren. Der Eindruck, den sie sonst möglicherweise bekommen, könnte schlechter sein".[7]

---

[7] Mündl. Aussage eines Verantwortlichen von der Zeche Zollern II/IV.

## 5 Exemplarische Tourismus-Projekte der IBA Emscher Park

Im folgenden werden einige beachtenswerte Projekte der IBA Emscher Park im Bereich des Tourismus vorgestellt. Sie erfüllen in der Regel vorbildlich die aufgeführten theoretischen Ansprüche an die Gestaltung kulturtouristischer bzw. speziell industrietouristischer Angebote. Zu unterscheiden sind hierbei zunächst einzelne Projekte von übergreifenderen Projekten. Die Einzelprojekte, die zum Teil zwar eine herausragende Bedeutung besitzen, induzieren in der Regel noch keinen Tourismus. Ausnahmen stellen hier bislang vermutlich nur der Gasometer in Oberhausen als Ausstellungshalle und die Zeche Zollverein in Essen dar. Viele Einzelprojekte sind auch nicht überragend, wie etwa einzelne Fördertürme, Malakowtürme oder Arbeitersiedlungen. Oftmals sind diese auch in keinster Weise touristisch erschlossen. Dennoch sind sie industriegeschichtlich, architektonisch, sozialgeschichtlich oder kunsthistorisch von großer Bedeutung. Hier gilt es, touristisch interessante Konzepte zu entwickeln, in die die Einzeldenkmäler integriert werden können. Dies geschieht durch die verbindenden Projekte, die somit für den Tourismus von größerer Bedeutung sind.

Bei den verbindenden Projekten spielen zusätzlich geschaffene Erlebniswerte eine wichtige Rolle, um so die Attraktivität zu steigern. Sie sind zudem von besonderer Bedeutung, da sie über einzelne Stadtgrenzen hinausgehen und das Ruhrgebiet als Gesamtregion in seiner Vielfältigkeit zum Gegenstand haben. Beispiele für bereits verwirklichte Projekte in dieser Richtung sind etwa der Emscher Park Wanderweg und der Emscher Park Radweg. Beide Projekte sollen unter dem Leitthema "Emscher Landschaftspark" zu einer Vernetzung der bestehenden Freiräume beitragen. Derzeit noch in Planung befinden sich die Projekte der Emscher Park Eisenbahn und der Route der Industriekultur.

Tab. 2: Freizeit- und Tourismusprojekte der IBA Emscher Park

| Einzelprojekte | Verbindende Projekte |
| --- | --- |
| • Landschaftspark Duisburg-Nord<br>• Haldenereignis Emscher-Blick<br>• Gesundheitspark Quellenbusch<br>• Landesgartenschau Lünen<br>• Bundesgartenschau Gelsenkirchen<br>• Hallenbad Ruhrort - Museum der Deutschen Binnenschiffahrt<br>• Zeche Zollverein<br>• Gasometer Oberhausen<br>• Schleusenpark Waltrop<br>• Hammerkopfturm Zeche Erin | • Emscher Landschaftspark<br>• Emscher Park Wanderweg<br>• Emscher Park Radweg<br>• Emscher Park Eisenbahn<br>• Wasserwandern/Fahrgastschiffahrt<br>• Route der Industriekultur |

Quelle: eigene Darstellung nach IBA Emscher Park, 1996b, S. 38 ff.

**Emscher Park Eisenbahn**

Das Ruhrgebiet verfügt über eines der dichtesten Schienennetze Europas. Aus der Idee zu einer verstärkten touristischen Nutzung von Infrastrukturen und Industrieanlagen als unverwechselbares vorhandenes Potential entstand der Gedanke, das Ruhrgebiet auf diesem Wege touristisch zu erschließen. Eine derartige Vernetzung von Freizeitinfrastrukturen, industriellen Zeugnissen und Grünflächen stellt eine wesentliche Grundlage für die touristische Entwicklung der Region dar. Die Fahrten ermöglichen den Besuchern, industriegeschichtliche und landschaftlich interessante Teile des Ruhrgebietes aus einer unbekannten und ungewöhnlichen Perspektive zu erleben.

Das Angebot richtet sich nicht in erster Linie an Eisenbahn-Nostalgiker, sondern soll vielmehr durch besondere Angebote und Erlebnisse einen breiten Kundenkreis erschließen. In diesem Zusammenhang ist es von besonderer Bedeutung, die eigene Attraktion des historischen Zugmaterials durch zusätzliche Angebote zu ergänzen. Geplant sind etwa Gourmet-Fahrten oder Entertainment-Fahrten. Die Verbindung mit gastronomischen Angeboten sowohl während der Fahrt als auch im Anschluß an die Fahrt ist entscheidend für die Attraktivität. Auf allen Touren kommt auch der Informationsvermittlung eine wichtige Rolle zu. Ebenso muß durch die Gestaltung der Bahnhöfe und Haltepunkte ein zusätzliches Erlebnis geboten werden. Ein Gelände der Zeche Zollverein in Essen wird zum Bahnhof ausgebaut. Zollverein verfügt bereits über ein gastronomisches Angebot und übt als herausragendes Industriedenkmal mit kulturellen Veranstaltungen zusätzliche Anziehung aus. Die einzelnen Stationen werden im Rahmen eines Rundkurses angefahren. Großes Interesse besteht von Seiten der Nachfrager vor allem an direkten Besichtigungsmöglichkeiten von Industrieanlagen (vgl. Wibera 1992, S. 6).

Dennoch handelt es sich hier um ein unverwechselbares Angebot, an dem festgehalten werden sollte. Mit der Emscher Park Eisenbahn sowie mit der Route der Industriekultur können am ehesten auch überregionale Besucher angesprochen und gewonnen werden. Die beiden Angebote lassen sich gut überregional vermarkten und tragen damit auch zur Bekanntheit des Ruhrgebietes bei.

## 6 Route der Industriekultur

Das Projekt "Route der Industriekultur" ist ein umfassender Ansatz, das Ruhrgebiet touristisch zu erschließen und gleichzeitig ein erster konkreter Ansatz im Rahmen des derzeit umgesetzten Masterplanes "Reisen ins Revier". Die Route lehnt sich an das Konzept touristischer Straßen an. Sie stellt die Industriekultur als unverwechselbares Kennzeichen der Region in den Mittelpunkt. Ein Netz touristisch bedeutender Orte wird über verschiedene Verkehrsmittel erschlossen. Hierzu zählen einzelne industriegeschichtlich bedeutende Standorte, die sog. 'Ankerpunkte' sowie weitere bedeutende Attraktionen, wie etwa herausragende

Museen, Aussichtspunkte oder repräsentative Arbeitersiedlungen. Drei entsprechend ausgestattete Ankerpunkte sollen als Besucherzentren fungieren. Dies sind der Landschaftspark Duisburg-Nord, Zollverein XII in Essen sowie Zollern II/IV in Dortmund. Hervorgehoben und als Logo verwendet wird dabei die Anlage der Zeche Zollverein. Für diese wird als Symbol für die gesamte Region ein überregionaler bzw. internationaler Bekanntheitsgrad angestrebt.

Im Auftrag der IBA Emscher Park wurde von der Deutschen Gesellschaft für Industriegeschichte eine Machbarkeitsstudie erarbeitet, die Ende 1996 vorgelegt wurde (vgl. Deutsche Gesellschaft für Industriekultur 1996). Sie beinhaltet die vollständige Konzeption des Projektes. Insbesondere wurde in diesem Rahmen zunächst eine Auswahl potentieller Ankerpunkte für die Route vorgenommen. Hierbei handelt es sich um Orte, die die Industriekultur in besonderem Maße symbolisieren. Vorrangig tun dies bauliche und technische Zeugen der Montanindustrie. Diese einzelnen Stationen müssen bestimmten Anforderungen genügen, um für Besucher interessant zu sein. Hierfür wurde ein Kriterienkatalog erarbeitet, in dem verschiedene Aspekte berücksichtigt werden, wie etwa Erlebniswert, historische Präsentation, industrietouristische Infrastruktur, Qualität des Umfeldes und der allgemeinen touristischen Infrastruktur sowie Verkehrsanbindung mit unterschiedlichen Verkehrsmitteln.

Als Ergänzung zu der begrenzten Anzahl von Ankerpunkten werden zu einzelnen Themenbereichen Vertiefungsrouten ausgearbeitet. Dies beinhaltet den Vorteil, spezielle Interessengruppen gezielter ansprechen zu können. Mögliche Themen sind etwa die "Thyssen-Route", "Kanäle und Schiffahrt im Ruhrgebiet" oder "Route der frühen Industrialisierung".

Bei dem Projekt "Route der Industriekultur" handelt es sich um einen ersten konkreten Ansatz, das Ruhrgebiet gemeinsam touristisch zu erschließen und zu vermarkten. Ein umfassendes Gesamtkonzept liegt bereits vor. Dieses soll bis 1999, dem Jahr der Endpräsentation der IBA Emscher Park, verwirklicht sein.

## 7 Schlußbetrachtung

Das Ruhrgebiet verfügt über einen sehr eigenen touristischen Reiz. Dieses Bewußtsein muß sich in den Köpfen der Verantwortlichen und der Bewohner festigen.

Vor allem das unverwechselbare kulturelle Erbe und die dadurch begründete regionale Identität dieser industriegeprägten Stadtlandschaft müssen vermarktet werden, da diese die Vielfalt und Einzigartigkeit des Ruhrgebietes begründen. Die Industriekultur stellt im Ruhrgebiet das unverwechselbare Potential dar, welches im Rahmen einer Tourismusentwicklung ausgebaut werden sollte. Das heißt nicht, daß für den Ausbau eines Tourismusangebotes andere Attraktionen, wie etwa Musicals nicht von Bedeutung wären. Im Gegenteil, sie ergänzen das Angebot und runden es ab. Die Industriekultur ist es jedoch, die der Region ein eigenes und unverwechselbares Profil gibt.

Der Anstoß zu einer touristischen Entwicklung, der von der IBA Emscher Park gegeben wurde, sollte in dem eingeschlagenen Weg fortgeführt werden.

Das Ruhrgebiet ist eine Region, die sich bislang immer sehr gut veränderten Rahmenbedingungen angepaßt hat und auftretende Probleme zu bewältigen wußte. Diese Eigenschaften werden dem Ruhrgebiet von verschiedenen Autoren zugesprochen. "Fortschrittlich und pragmatisch wie die Region im Grunde immer war (...) (Kunzmann 1996, S. 124). "Und trotz aller Bedenken besitzt das Revier eine innere Kraft, die es auch weiterhin wird leben lassen: Das Ruhrgebiet dürfte die wohl dynamischste Landschaft in der Bundesrepublik Deutschland sein (Slotta 1991, S. 257). Diese innere Kraft und diese Fortschrittlichkeit können und sollten nun dafür eingesetzt werden, der Herausforderung einer touristischen Entwicklung in den genannten Bereichen zu begegnen und hier mit innovativen und kreativen Ideen ein neues und eigenständiges Bild der sich wandelnden Region zu formen und dauerhaft zu vermitteln.

**Literatur:**

Becker, Christoph: Kulturtourismus: Eine Einführung. In: Becker, Chr., A. Steinecke, A. (Hg.): Kulturtourismus in Europa: Wachstum ohne Grenzen? (ETI-Studien, 2) Trier 1993, S. 7-9

Deutsche Gesellschaft für Industriekultur e.V. (Hg.): Route der Industriekultur im Ruhrgebiet. Machbarkeitsstudie im Auftrag der IBA Emscher Park. o.O., 1996

Dreyer, Axel: Der Markt für Kulturtourismus.- In: A. Dreyer, A. (Hg.): Kulturtourismus. Lehr- und Handbücher zu Tourismus, Verkehr und Freizeit. München, Wien 1996, S. 25-48

Hücherig, Rotraut: Industriedenkmale im Ruhrgebiet von A bis Z.- In: Bieker, J. (Hg.): Industriedenkmale im Ruhrgebiet. Eine Bildreise, , Hamburg 1996, S. 92-96

Internationale Bauausstellung Emscher Park GmbH (Hg.): Werkstatt für die Zukunft von Industrieregionen. Memorandum der Internationalen Bauausstellung Emscher Park 1996-1999. Gelsenkirchen 1996

Internationale Bauausstellung Emscher Park GmbH (Hg.): Bauplatz Zukunft: Dokumentation der Zwischenpräsentation der Internationalen Bauausstellung Emscher Park 1994/95. Gelsenkirchen 1995

Jätzold, Ralph: Differenzierungs- und Förderungsmöglichkeiten des Kulturtourismus und die Erfassung seiner Potentiale am Beispiel des Ardennen-Eifel-Saar-Moselraumes.- In: Becker, Chr., Steinecke, A. (Hg.): Kulturtourismus in Europa: Wachstum ohne Grenzen? (ETI-Studien, 2). Trier 1993, S. 135-144

Kersting, Ruth; Ponthöfer, L.: Wirtschaftsraum Ruhrgebiet. Berlin 1990

Kommunalverband Ruhrgebiet (Hg.): Zeichen setzen. Zeichen geben. Ein neues Profil für die Kulturregion Ruhrgebiet. Essen o.J.

Kommunalverband Ruhrgebiet (Hg.): Zeugen der Industriegeschichte. Essen 1994

Kunzmann, Klaus (1996): Das Ruhrgebiet: alte Lasten und neue Chancen. In: Akademie für Raumforschung und Landesplanung (Hg.): Agglomerationsräume in Deutschland: Ansichten, Einsichten, Aussichten, Forschungs- und Sitzungsberichte). Hannover 1996, S. 112-153, S. 199

May, Mechthild: Städtetourismus als Teil der kommunalen Imageplanung, dargestellt am Beispiel der kreisfreien Städte im Ruhrgebiet (Materialien zur Fremdenverkehrsgeographie). Trier 1986, S. 14

Mensendiek, Jürgen: Neun Thesen zum Tourismus im Ruhrgebiet. Unveröffentlichtes Vortragsmanuskript. o.O. 1995 o.A.: Tourismus-Eisenbahn im Ruhrgebiet: Die Emscher Park Eisenbahn. Ein regionales Tourismusprojekt. o.O. o.J.

o.A.: Phantasie für Reisen im Revier. Neue Ideen für einen Tourismus in alten Industriegebieten. Positionen eines Kreises von Sachverständigen der Internationalen Bauausstellung Emscher Park. Gelsenkirchen 1996

Parent, Thomas: Das Ruhrgebiet. Kultur und Geschichte im 'Revier' zwischen Ruhr und Lippe ( DuMont Kunst-Reiseführer). Köln 1991

Peschken, Petra: Industrietourismus im Ruhrgebiet: Besucherbefragungen an fünf ausgewählten industriehistorischen Kulturinstitutionen im Ruhrgebiet. Unveröffentlichte Diplomarbeit Universität Trier. Trier 1995

Schrader, Manfred: Altindustrielle Regionen im Wandel - Hemmnisse und Chancen des Ruhrgebietes nach EU-Integration und Ostöffnung. In: Wirtschaftsgeographische Entwicklungen in Nordrhein-Westfalen (Kölner Forschungen zur Wirtschafts- und Sozialgeographie). Köln 1995, S. 44

Slotta, Rainer: Das Ruhrgebiet und seine Denkmäler als Dokument der Entwicklung eines Wirtschaftsraumes. In: Grätz, R., Lange, H., Beu, H. (Hg.): Denkmalschutz und Denkmalpflege: 10 Jahre Denkmalschutzgesetz Nordrhein-Westfalen. Köln 1991, S. 247-257

Soyez, Dietrich: Kulturtourismus in Industrielandschaften: Synopse und 'Widerstandsanalyse'. In: Becker, Chr., Steinecke, A. (Hg.): Kulturtourismus in Europa: Wachstum ohne Grenzen? (ETI-Studien, 2). Trier 1993, S. 40-63

Wehling, H.-W.: Möglichkeiten und Probleme der Erhaltung und Inwertsetzung historischer Produktionsstätten im Ruhrgebiet. In: Semmel, A. (Hg.): 47. Deutscher Geographentag Saarbrücken. Tagungsbericht und wissenschaftliche Abhandlungen. Stuttgart 1990, S. 351-355

Wibera (Hg.): Touristische Nutzung der Zechenbahnen. Unveröffentlichte Machbarkeitsstudie. Düsseldorf 1992

# X Kulturtourismus in der Regio Aachen - Ideen und Konzepte

*Roswitha Heinze-Prause/Thomas Heinze*

## 1 Zur Entwicklung eines einheitlichen Leitbildes

### 1.1 Die Entwicklung eines Leitbildes aus dem historischen Erbe

Entsprechend den theoretischen Vorgaben - wie sie in dem Beitrag von Th. Heinze (Kap. I) formuliert worden sind - ist für die Entwicklung eines gemeinsamen kulturtouristischen Marketingkonzepts für die Regio Aachen ein einheitliches und typisches Leitbild nötig. Grundlage für die Entwicklung dieses Leitbildes ist die Gemeinsamkeit der Region (und ihrer Kreise) als charakteristische und unverwechselbare Größe. Gerade dies stößt in der Regio auf besondere Schwierigkeiten.[1]

*Als Ansatzpunkte für die Entwicklung eines Leitbildes bieten sich an:*

**Die Einheitlichkeit der Landschaft**

Begriffe wie „Der Niederrhein" oder „Das Münsterland" sind mit einem spezifischen Landschaftstyp verbunden und ermöglichen die übergreifende Vermarktung des Gebiets. Diese Basis muß bei der Regio außer Acht gelassen werden, da ihr landschaftliches Erscheinungsbild zu unterschiedlich ist.

**Die geographische Lage**

der Regio im äußersten Westen Deutschlands könnte als Ansatzpunkt für ein touristisches Leitbild dienen. Slogans wie „Wir im Westen", „Go west – Go Regio" oder „Reisen in die Regio" sind zwar nutzbar für das Etablieren einer regioweiten Identität, d.h. die geographische Lage dient als Grundlage für das Binnenmarketing, doch geben sie keine Hinweise für einen authentischen Kulturtourismus im traditionellen Sinn, und vor allem bedürfen sie der inhaltlichen Ausdifferenzierung.

---

[1] Dieser Beitrag ist Bestandteil des als Studienbrief konzipierten Forschungsberichts „Kulturtourismus in der Regio Aachen. Ideen - Konzepte - Strategien" (Hg. Thomas Heinze). Weiterbildendes Studium KulturTourismusManagement. FernUniversität. Hagen 1998

**Das Erbe an historischen Bauwerken**

kann ebenfalls genutzt werden, um ein einheitliches Vermarktungskonzept zu entwickeln. Diesen Ansatzpunkt verwendet die Straße der Romanik in Sachsen-Anhalt. Sie führt durch verschiedene Landschaften, die Gemeinsamkeit besteht in der mittelalterlichen Geschichte und in der entsprechenden kunstgeschichtlichen Epoche dort entstandener sakraler und profaner Bauwerke. In der Regio Aachen ist jedoch die Existenz eines historischen Bestandes an sakralen und profanen Bauwerken, aufgrund von Kriegseinwirkungen, sehr unterschiedlich.

**Die ethnische Zugehörigkeit**

der Bevölkerung ist eine weitere mögliche Basis für die Konstruktion eines Leitbildes. Um diese Gemeinsamkeit in der Regio Aachen aufzufinden, muß man weit in die Geschichte zurückgehen, bis in die Zeit der Entwicklung und Konsolidierung des Frankenreiches, d.h. bis 500-900 n.Chr. Seit dieser Zeit wird der Raum von Ripuariern bewohnt, einem Übergangstypus zwischen Ober- und Niederfranken. Doch liegt diese Gemeinsamkeit weit zurück und bietet heute wenig für die Entwicklung eines charakteristischen Leitbildes.

**Die geschichtliche Entwicklung der Region**

kann ein weiterer Ansatzpunkt für die Entwicklung eines einheitlichen Leitbildes sein, wobei die politische und wirtschaftliche Geschichte zu unterscheiden ist. Als Beispiel für eine auf der politischen Geschichte basierende Vermarktung ist Sachsen zu nennen, während die Wirtschaftsgeschichte bei der Initiierung des Ruhrgebiets als touristische Region die Klammer bildet.

Hier ergeben sich Möglichkeiten für die Entwicklung eines Leitbildes der Regio Aachen. Es verbleiben als Ansatzpunkte die frühmittelalterliche Geschichte (Zeit der Karolinger, vor Entstehen der unterschiedlichen geistlichen und weltlichen Herrschaften), die Ära Napoleons (französische Besatzung) und die Handwerks- und Industriegeschichte.

*Doch auch diese Ansatzpunkte sind nur mit Einschränkungen zu benutzen.*

Die Zeit der französischen Besatzung von 1794 bis 1815 kann aufgrund der kurzen Dauer nicht dazu dienen, ein gemeinsames Leitbild zu entwickeln. Ebenso sind die erhaltenen Reste der gemeinsamen Industriegeschichte nur bedingt nutzbar. Zwar werden die im Zeitalter der Industrialisierung entstandenen Industrieanlagen zur Zeit so vermarktet, daß sie als gleichrangig mit Kathedralen, Schlössern und anderen historischen Bauwerken von den Besuchern akzeptiert werden. Doch ist auf dem Gebiet der "Industriekultur" das Ruhrgebiet in Deutschland führend, es besitzt die "Stars" dieser Kultur (Beispiel: Zeche Zollern in Dortmund) und vor allem, es ist in der Vermarktung dieses Angebots professioneller als jede andere Region.

Damit können sich die kreisübergreifend in der Regio vorhandenen Industriedenkmäler (die Kreise Heinsberg, Aachen, Düren verfügen über Industriedenkmäler, die die Industriegeschichte dokumentieren, hinzu kommen Bergwerke, Fabriken und Werkstätten, die die vorindustrielle Fertigung verdeutlichen) zwar präsentieren, dies muß aber in deutlicher Profilierung vom Ruhrgebiet abgehoben geschehen. Eine Möglichkeit besteht in der Verbindung mit anderen Attraktionen, aber auch hier ist die Konkurrenz des Ruhrgebiets (Industriekultur, Industrienatur und Boulevard Ruhr) zu beachten. Hinzu kommt, daß die Bevölkerung des Ruhrgebiets als potentielle Besucher angesprochen werden soll. Es ist aber fraglich, ob Bewohner einer Industrieregion Kurz- oder Kultur-Urlaub in einer anderen Industrieregion mit ähnlichen „Attraktionen" machen werden.

Insgesamt stößt die Initiierung eines typischen und profilierten Leitbildes für die Etablierung eines Kulturtourismus-Konzepts in der Regio auf besondere Schwierigkeiten, die u.a. auf die Heterogenität des Raumes, die unterschiedlichen Besiedlungsformen und Flächennutzungen, die fehlende gemeinsame historische Entwicklung und die unterschiedliche industrielle und verkehrsmäßige Erschließung zurückzuführen sind. Als Fazit ist festzustellen, daß es sich bei der Regio Aachen weder um einen einheitlichen Natur- oder Kulturraum noch um einen einheitlichen Wirtschaftsraum handelt.

Als regioweite Gemeinsamkeiten verbleiben die frühmittelalterliche Geschichte sowie die gemeinsame Handwerksgeschichte. Für diese beiden Gemeinsamkeiten gilt, daß sie euregionalen Charakter haben. Deshalb ist zu überlegen, ob nicht eine zweigleisige Strategie Sinn macht:

- Die Initiierung eines euregionalen Bewußtseins (Ferien und Freizeit in der Euregio) und damit einhergehend das Angebot eines euregionalen Kulturtourismus.

- Die forcierte Vermarktung einzelner touristisch attraktiver Gebiete der Regio.

### 1.2 Die Entwicklung eines Leitbildes aus dem aktuellen Kulturangebot der Regio Aachen

Der Blick auf die Kulturlandschaft der Regio (vgl. Schwarzbauer 1997) zeigt eine Vielfalt von Institutionen und Angeboten, doch sind diese Angebote überwiegend lokal, wenige regional ausgerichtet. Dies ist vorteilhaft für eine flächendeckende und nahe Kulturversorgung der Bevölkerung. Für touristische Zwecke ist diese Vielfalt mit ihrer geringen Attraktivität uninteressant.

Die unterschiedlichen Museen (naturhistorische, kulturhistorische, industriegeschichtliche, Kunst-Museen) sind in ihren Sammlungen ähnlich, Sammlungsschwerpunkte überschneiden sich, Dauerausstellungen und temporäre Ausstellungen werden nicht koordiniert, sind vielfältig und unübersichtlich und vor allem nur von lokaler/regionaler Bedeutung. Dabei wäre das Potential für herausragende Ausstellungen durchaus vorhanden und könnte durch Leihgaben noch optimiert werden. Ähnliches kann man auch für den Musikbereich (vgl. Ritter 1998) feststellen, für das Theater muß die Zentrierung in Aachen ebenso wie für die Kunst-Museen akzeptiert werden.

Fast jede Kommune, jeder Kreis in der Regio gibt einen eigenen Veranstaltungskalender heraus, es existiert keine regioweite Zusammenstellung der Angebote. Zwar erscheint in Aachen ein wöchentlicher Veranstaltungsführer (der Tageszeitungen), doch ist diese Ankündigung aufgrund der Kurzfristigkeit für touristische Zwecke nicht nutzbar. Ein regioweites Marketing erfolgt nicht, das regioexterne Marketing ist zufällig und hängt von der Aktivität des jeweiligen Veranstalters ab.

Die öffentlichen und privaten Kulturanbieter arbeiten nicht zusammen, da es für die Planung von Events keine Institution gibt. Ein Beispiel für eine beginnende Koordination ist das Angebot des Kongreßzentrums in Aachen, das z.T. Verweise auf das sonstige kommunale/private Kulturangebot enthält.

Der Blick auf die aktuellen Kulturangebote zeigt, daß es, mit Ausnahme des Aachener Kultursommers, keine überregional attraktiven Events gibt. Daher sind in der Regio langfristig angelegte und standortbezogene Kultur-Konzepte zu erarbeiten, mit dem Ziel, das kulturelle Angebot überregional und international zu attraktivieren. Sie sollten ein typisches Profil zeigen und neben der Möglichkeit der kulturtouristischen Vermarktung auch dazu beitragen, eine „Identität" der Bevölkerung in der Regio zu initiieren. Das Konzept einer typischen und regionalbezogenen Ereigniskultur, das im Rahmen eines Kulturtourismus nutzbar wäre, kann von uns nicht erarbeitet werden, da es mit den Beteiligten und den Akteuren vor Ort zu entwickeln ist.

## 2 Perspektiven des Kulturtourismus in der Regio Aachen

### 2.1 Die Inszenierung eines euregionalen Kulturtourismus

Der euregonale Kulturtourismus hat sowohl das historische Erbe als auch die aktuellen Angebote zu berücksichtigen. Die traditionelle Variante des Kulturtourismus wird bereits in der Verbindung von Aktiv-Urlaub und Kulturtourismus angeboten. So offerieren die verschiedenen Tourismus-Verbände der Euregio Rad- und Wandertouren zu den euregionalen Kultur-Zentren. Dieses Angebot ist weiter zu spezifizieren, z.B. könnten die Touren in das „Kernland der Karolinger", also in die Städte Aachen, Lüttich und Maastricht führen und die Spuren des frühen Mittelalters nachzeichnen. Hinzukommen könnten andere Bauwerke der Zeit wie Kirchen und Klöster der Karolinger im Raum der Euregio. Die Wegstrecken dieser „Kulturrouten für Radfahrer" können als "Pakete" von den Touristik-Anbietern offeriert werden. Streckenführung und Informationen sollten aber auch in den Hotels ausliegen, die sich zudem auf die Bedürfnisse der Radwanderer einstellen müssen (Fahrradverleih/-reparatur u.ä.).

Dies erfordert vor allem ein intensives Marketing in den Zielregionen (z.B. Ruhrgebiet). Doch gibt es hier ein Problem: Während die Prospekte der deutschen Veranstalter dreisprachig sind (deutsch, niederländisch, französisch), sind die entsprechenden Angebote des VVV Limburg nur auf niederländisch zu erhalten (Prospekt des VVV Limburg 1998). Damit sind deutschsprachige Besucher nicht zu erreichen.

Darüber hinaus kann die Nutzung und Vermarktung der gemeinsamen Handwerkskultur zu einer regionalen und euregionalen Profilbildung beitragen. Dazu existiert bereits eine regionale sowie euregionale Arbeitsgruppe (AG Industriemuseen). Sie kann für die Konzeptionalisierung von Straßen der Handwerkskultur/Industriekultur Vorarbeiten leisten. (Ein Beispiel für eine derartige Themenstraße „Auf den Spuren der Tuchmacher und Weber" findet sich bei Wessel 1998).

Für das aktuelle Kulturangebot der Euregio sollte ein Euregio-Festival konzipiert werden. Ein derartig flächendeckendes Angebot gibt es z.B. in Flandern (Flandern-Festival, "alte Musik") oder in Schleswig-Holstein mit klassischer Musik (Schleswig-Holstein-Festival). Doch zeigen die Festspiele der Klassik rückläufige Besucherzahlen. Vor diesem Hintergrund ist die Inszenierung eines weiteren Musik-Festivals klassischer Musik, wie das geplante Eifel-Festival, sorgfältig zu prüfen (vgl. Ritter 1998).

Das Euregio-Festival bedarf eines klaren Konzepts, das es von anderen Festivals unterscheidet. Es muß international ausgerichtet sein und aktuelle sowie attraktive Angebote präsentieren. Ansatzpunkte für eine derartige Inszenierung gibt der Aachener Kultursommer, der attraktive Veranstaltungen bietet und auch die Städte (Kerkrade, Maastricht, Heerlen, Eupen) der Euregio miteinbezieht. Dieses Angebot, das den Begriff der Authentizität modifiziert und dem Thema des Erlebnis/Ereignis-Kulturtourismus folgt (der zwar an das vorhandene Potential anknüpft und es nutzt), sollte intensiviert und euregional ausgeweitet werden.

### 2.2 Die Planung von Themenstraßen in der Regio

Der klassische Kulturtourismus in der Regio kann in Form von Themenstraßen, die als Kulturrouten gelten, intensiviert werden. Grundidee ist dabei, die Kunstwerke/Sehenswürdigkeiten dem Besucher in ihrer landschaftlichen und historischen Umgebung zu präsentieren. Dies kann im Verlauf einer Ausstellungstraße, die einem bestimmten Thema folgt, geschehen. Dabei müssen die einzelnen Strecken/Etappen ausgeschildert sein; auf die jeweiligen Sehenswürdigkeiten ist mit Hinweisen und Tafeln aufmerksam zu machen. Ausgangspunkt einer derartigen Route kann ein Museum/Bauwerk/Wirtschaftsgebäude sein, das sich mit der entsprechenden Thematik befaßt. Mit der Konzeption von Themenstraßen soll die Gemeinsamkeit der Regio betont werden. Ein Beispiel zeigt das Konzept der Kulturroute „Auf den Spuren der Tuchmacher und Weber" (Wessel 1998). Eine weitere Themenstraße könnte die in der Regio zahlreich erhaltenen historischen Orts- und Stadtkerne zusammenführen. Entsprechend dem Konzept der Ausstellungsstraßen sollten das "Thema" der Straße auch in den vorhandenen kulturhistorischen Museen präsentiert werden. Die Museen/Ausstellungsorte greifen Aspekte der lokalen/regionalen Geschichte auf. Eine weitere Möglichkeit zur Attraktivierung besteht in der Inszenierung aktueller kultureller Events an/in dieser Straße, die an besonderen, herausgehobenen Orten stattfinden könnten. Diese sollten nicht nur Darstellungen und Aufführungen der Hochkultur umfassen, sondern passend zum Ambiente mittelalterliche Märkte, Ritterturniere u.ä.

Der besondere Vorteil dieser Form von Kulturtourismus besteht darin, daß in eine Themenstraße auch bisher touristisch noch nicht erschlossene Orte miteinbezogen werden können.

Da der Tourismus anhand von Themenstraßen vor allem Radwanderer anspricht, muß gewährleistet sein, daß sich die Hotels auf diese Gruppe einrichten. Dies bezieht sich auf die Lokalkenntnisse der Hoteliers und ihrer Mitarbeiter (die sie den Gästen vermitteln), aber vor allem auf einen Service „Rund ums Rad", wie Abstellräume für die Räder, sportärztliche Betreuung, Fit-Menüs, etc. Für die einzelnen Themenstraßen muß ein entsprechender Führer entwickelt werden, in dem die Wegstrecke ausgewiesen ist, der Kurz-Informationen zum Thema enthält und bei den Touristik-Anbietern sowie in den Hotels erhältlich ist. Außerdem sollte dieser Führer alle spezialisierten Betriebe erfassen und darüber informieren, welche Hotels eher auf Radfahrer-Familien und welche auf Sport-Radfahrer eingerichtet sind.

### 2.3 Die Konzeption von künstlichen Ferien- und Freizeitwelten

Ein wesentliches Merkmal der gegenwärtigen Freizeits- und Urlaubsgestaltung liegt in der Ansprache und Ausnutzung der sinnlichen Wahrnehmung unter besonderer Betonung der optischen Sinneseindrücke, die dem Betrachter auf immer spektakulärere Weise und unter Benutzung sämtlicher technischer Möglichkeiten „Erlebnisse" vermitteln sollen. Dieser Trend schlägt sich in der Konzeption von neuen Freizeit-, Vergnügungs- und Themenparks nieder.[2] Die fünf großen Frei-

---

[2] Horst W. Opaschowski hat in seinem jüngsten Skript zur Freizeitforschung - „Kathedralen des 21. Jahrhunderts. Die Zukunft von Freizeitparks und Erlebniswelten."

zeitparks in Deutschland hatten 1995 8,8 Mio. Besucher. 1996 wurde der Themenpark „Movie World" in Bottrop eröffnet, der jährlich mit 2,5 Mio. Besuchern rechnet. Marktanalysen (vgl. Masterplan 1997, S. 54) gehen davon aus, daß ca 13-15% der Gesamtbevölkerung zur Kerngruppe der Freizeitparkbesucher zählen.

Auf den Trend Freizeitparks reagieren die Reiseveranstalter bereits mit Spezial-Katalogen (der 62-seitige Neckermann Katalog „Parks, Fun und Breakfast" erscheint zum Saisonstart 98 mit einer Auflage von 600.000 Exemplaren). Der Grund dafür sind die steigenden Besucherzahlen der Ferien- und Freizeitparks. Sie zeigten 1997 eine Steigerung um 5,7% auf 22,2 Mio. Gäste. Damit wächst dieses Segment deutlich stärker als das Normalprogramm der Reiseveranstalter.

Um diese in den USA schon lange verbreitete Möglichkeit der Ferien- und Freizeitgestaltung zu charakterisieren, müssen die unterschiedlichen Formen dieser künstlichen Freizeitwelten beschrieben werden. Gemeinsames Kennzeichen ist die Tatsache, daß sie von privaten Betreibern und Investoren getragen werden, was sie von den öffentlichen Anlagen der Zoos, Grünanlagen, Parks und Nationalparks abhebt.

Die touristische Nutzung der Freizeitparks erfuhr Anfang der 80er Jahre einen Aufschwung mit der Idee der „Resorts", d.h. der Verbindung von Freizeit- und Erlebnispark mit Hotels; als Beispiel kann das „Magic Kingdom" Disneyland bei Orlando, Florida, genannt werden.

Eine besondere Form der Freizeitparks sind die Themenparks, deren Spektrum vom Märchen- bis zum Technologiepark reicht.

### 2.3.1 EXKURS: Künstliche Ferien- und Freizeitwelten - Beispiele für Vergnügungs- und Themenparks

Der Europa-Park Rust, dessen Angebot vom Vergnügungspark über „Nationalstraßen" (wie „Russisches Dorf", „Deutsche Straße") bis zur Übernachtung im Erlebnishotel „El Andaluz" reicht.

Ähnliche Konzepte liegen dem Heide-Park Soltau und dem Hansa Park Sierksdorf/Ostsee zugrunde.

---

Hamburg 1988 - Ergebnisse und Analysen einer Repräsentativumfrage des Freizeitforschungsinstituts der British American Tobacco vorgestellt, in der 3.000 Personen ab 14 Jahren nach ihrer Einschätzung und Bewertung von Freizeit- und Erlebniswelten befragt worden sind.

**Themenparks**

Das amerikanische Unternehmen Anheuser-Busch betreibt insgesamt neun Themenparks in den USA. Obwohl alle Parks eine jeweils spezifische Thematik haben, besteht die Gemeinsamkeit in der Begegnung mit Tieren und in dem Anspruch, Interessantes und Wissenswertes über die Tierwelt zu vermitteln. Diese Konzeption ist auf deutsche Verhältnisse übertragbar und wird in dem Projekt „Öko-geologischer Park Eifel" vorgestellt (vgl. Kap. 4). Bekannte Parks sind die Sea World Adventure Parks bei Orlando und San Diego. In den Parks der Anheuser Busch Gruppe stellen Tiere die Attraktion dar, doch werden auch spezielle Lern- und Informationsprogramme angeboten.

Das Thema Film dient als Anreiz für die Themenparks „Movie World" bei Bottrop sowie dem Filmpark Babelsberg in Potsdam.

Die Erdgeschichte ist das Thema für den französischen Park „Vulcania", der von dem österreichischen Architekten Hans Hollein geplant wird und der in der Nähe von Clermont-Ferrand in dem Vulkangebiet am Puy de Dome entsteht. Er benutzt ein ehemaliges Militärgelände bei Saint-Ours-les-Roches und soll als „Parc Naturel des Volcans d´Auvergne" das Gebiet für den Massentourismus erschließen. Insgesamt soll das Vulcania-Gelände 57 Hektar umfassen, eine neue Straße wird die ca. 80 Vulkane der Gegend für Autofahrer erreichbar machen.

Für das Areal des Vulkanparks hat Hollein eine teils unter- teils oberirdische Anlage konzipiert. Der unterirdische Teil wird von einem Glasdom überdacht und besteht aus einem Garten mit Basaltfelsen, mit tropischer und regionaler Vegetation. Eine Spiralrampe transportiert die Besucher ca. 20 m tief in die Erde, wo sie ein Filmsaal in Form eines Amphitheaters erwartet. Dort erhalten die Touristen mit Hilfe der neuen Kommunikationstechniken Einblick in die Entwicklung unseres Planeten. Die Besucher können ein Erdbeben erleben, Schwefelgeruch atmen, glühende Lava und Geysire beobachten. Die Vulkankette des Puy de Dome wird als Riesenmodell zu sehen sein wie auch die Nachbildungen anderer Vulkane. Außerdem soll ein Bereich die Topographie des Meeresbodens darstellen. Im oberirdischen Teil befindet sich das „Europäische Zentrum für Vulkanismus und Erdwissenschaften", das die wissenschaftliche Begleitung des Projekts leistet. Die Initiatoren rechnen mit rund 500.000 Besuchern im Jahr, der Eintrittspreis wird ca. 100 Francs betragen.

Ebenfalls die Erdgeschichte und die durch Filme initiierte Saurierbegeisterung ist Grundlage des Dinosaurier-Parks Münchenhagen bei Hannover. Das Zentrum des Parks bilden die in der Landschaft erhaltenen, mehr als 130 Mill. Jahre alten Trittspuren von Dinosauriern. Sie sind in einer 3.500 qm großen Glashalle zu besichtigen. Der Rundgang ermöglicht dem Besucher eine ca. 2,5 km lange Entdeckungsreise vom Devon bis zum Tertiär. Ca. 100 Rekonstruktionen dokumentieren in Originalgröße die Entwicklung der Riesenreptilien. Zusammen mit dem museumspädagogischen Dienst sind verschiedene Aktivitäten für unterschiedliche Altersgruppen unter dem Motto „Ausstellungen über Saurier bereichern das Wissen" geplant.

In zunehmendem Maße wird die Technik thematischer Focus der Themenparks. Als Beispiel ist das „Epcot-Center" bei Orlando nennen, wo Infotainment betrieben wird: Der Besucher kann sich auf vergnügliche Weise über Kommunikation, Satellitentechnik usw. informieren. Ein wenig bekanntes Beispiel ist der Freizeitpark Futuroscope bei Poitiers, der Kindern und Erwachsenen auf spielerische Weise die Themen Multimedia, Computertechnik und neue Filmtechnologien nahebringt.

Ein weiteres Thema, das sich von den obengenannten, themenzentrierten, aber auch erlebnisbetonten Parks unterscheidet, ist die Akzentuierung von Ökologie und Natur. Hier tritt neben den öffentlichen Anlagen (Naturparks, Landschaftsparks etc.) bereits ein privater Anbieter, die holländische Gruppe Landal Green Parks auf. Ihr Konzept besteht darin, dem Besucher ein Naturerlebnis „pur" zu ermöglichen: Die neun Anlagen der Gruppe liegen in abgeschiedenen, meist waldreichen Gegenden, es gibt keine Attraktionen, dafür aber Wanderungen und Ausflüge. Dieses Konzept erscheint ausbaufähig und in der Regio realisierbar, es wird z.T. in kleinem Rahmen in der Eifel bereits praktiziert. Die verschiedenen Möglichkeiten der Themenparks stellen ein Potential dar, das hinsichtlich der Realisierungsmöglichkeiten in der Regio überprüft werden sollte. Die vielfältigen Ansatzpunkte für die Etablierung dieser Freizeit- und Ferienwelten können die Besonderheiten der Regio aufgreifen.

So ist denkbar, daß die vorhandenen Beherbergungs- und Gastronomiebetriebe, Kulturanbieter, Veranstalter und öffentliche Einrichtungen unter einem spezifischen Thema sukzessive kooperieren und die einzelnen Angebotselemente vernetzen, mit dem Ziel der Erstellung eines regionstypischen touristischen Produkts. Als Beispiel dazu dient die Konzeption eines öko-geologischen Parks in der Eifel, die im Kapitel 4.4.2 vorgestellt wird.

## 3  Die Entwicklung von jahresübergreifenden Themen

Jahresübergreifende Themen, die den Besucher an die jeweilige Region binden sollen, können in bereits etablierten Fremdenverkehrsregionen entwickelt werden. Damit sind die Möglichkeiten dieser Variante in der Regio begrenzt, da nur die Eifel und die Stadt Aachen als bereits bekannte touristische Destinationen gelten können. Die Entwicklung von jahresübergreifenden Themen ist im Anschluß an die Etablierungsphase des öko-geologischen Parks Eifel möglich. In dem Konzept des öko-geologischen Parks Eifel könnte „Das Feuer der Erde" ein zentrales Thema sein. Mögliche Inhalte wären: Die unterschiedlichen Formen des Vulkanismus, die Erscheinung von Geysiren, die verschiedenen Ergußgesteine, evtl.

ihre Nutzung durch den Menschen, das Entstehen von Edelsteinen, die geologische Entwicklung der Erdkugel mit der Entstehung der Kontinente.

Ein anderes Jahresthema wäre: „Die Macht der Gestirne" (Die Wirkung der Gestirne auf Erde und Menschen). Für die Ansprache astronomisch interessierter Touristengruppen ist die Eifel durch ihre Höhenlage und die geringe Luftverschmutzung besonders geeignet. Zudem können in ein derartiges Thema die bereits vorhandenen Einrichtungen eingebunden werden. Dabei handelt es sich um das Observatorium auf dem Hohen List bei Daun sowie um das dreh- und kippbare Radioteleskop in Effelsberg/Bad Münstereifel.

## 4 Konzepte für die Regio Aachen

### 4.1 Die Stadt Aachen

Als kulturtouristisches „Highlight" ist die Stadt Aachen zu nennen. Sie ist durch das vorhandene kulturelle Erbe für die traditionelle Form des Kulturtourismus prädestiniert. Allerdings ist - so Herr Schlösser, Leiter des Verkehrsvereins Aachen - die touristische Infrastruktur Aachens (d.h. Auslastung der Gastronomie und der Hotels) „ausgereizt" durch den Kongreß- und Kurtourismus. (Ob diese Einschätzung zutreffend ist, wäre im Detail zu prüfen).

Der Kongreßtourismus könnte in Aachen attraktiviert werden, indem die Taglastigkeit dieser Tourismusform durch Unterhaltungs- und Kulturangebote ergänzt wird. Denkbar sind auch Fitness- und Wellnessangebote für „gestreßte" Manager. Sowohl die Unterhaltungs- als auch die Kultur- und Fitnessangebote sind in den späten Nachmittags- bzw. Abendbereich zu legen. Dies würde zwar nicht eine Erhöhung der Gästezahlen bewirken (dies ist auch nicht erwünscht, da die Kapazitäten ausgelastet sind), doch würden die Gäste mehr Geld in Aachen ausgeben.

### 4.2 Der Landkreis Aachen

Die Gebiete des Landkreises Aachen, des Kreises Düren und die Regionen des Kreises Euskirchen, die nicht zur Eifel zählen, sind kulturtouristisch zum gegenwärtigen Stand nicht relevant: Einerseits aufgrund des fehlenden historischen Bestandes, andererseits sind in diesem Gebiet keine überregional attraktiven kulturellen Angebote vorhanden (Event-Kultur). Die existierenden Reste der Industrie-Kultur sind, obwohl bereits teilweise zu Museen ausgebaut, nur unter Vorbehalt kulturtouristisch zu vermarkten: Der Grund besteht in der Nähe zum Ruhrgebiet, das ein ähnliches touristisches Angebot bereits auf dem Markt präsentiert.

Um den Kulturtourismus in diesen Kreisen der Regio erst einmal zu starten, werden verschiedene, thematisch passende Orte/Bauwerke etc. der betreffenden Kreise in die Streckenführung der folgenden z.T. ausgearbeiteten, z.T. erst konzipierten Themenstraßen („Auf den Spuren der Tuchmacher und Weber", „Route der romantischen Orte") eingebunden.

Als weitere Möglichkeit schlagen wir für die betreffenden Kreise der Regio eine Kooperation zwischen „Gleichen" vor: d.h. die ZAR sollte mit Düren und Jülich im Bereich Tourismus zusammenarbeiten.

### 4.3 Der Kreis Heinsberg

Auch der Kreis Heinsberg ist für den traditionellen Kulturtourismus unergiebig, da ein überregional bedeutendes kulturelles Erbe nicht vorhanden ist. Deshalb sind andere Formen des Kulturtourismus insbesondere in Verbindung mit dem Erleben der Landschaft zu konzipieren. Dies wird vom Heinsberger Tourist Service (HTS) teilweise schon realisiert (vgl. Schlemmermarkt), könnte aber noch ausgebaut werden. Das Angebot des HTS entspricht den Möglichkeiten und dem Potential des Kreises. Es gibt einen jährlichen Wander- und Radwanderführer sowie spezielle Pakete an bestimmten Terminen. Hinzu kommt die Auflistung der stattfindenden Ereignisse.

Da im Kreis Heinsberg der Tourismus vor allem Wander- und Radwander-Tourismus ist, müssen die bestehenden Wander- und Radwanderwege vernetzt, gepflegt, gut beschildert sein und zu attraktiven Objekten führen. Auch sollten die vom HTS bereits angebotenen Wanderungen differenzierter ausgerichtet werden, z.B. könnten anstelle der Montagswanderung Touren angeboten werden, die unter einem Thema stehen.

Weiter ist darüber nachzudenken, wie neben dem tradionellen Wandern und Radfahren die Besucher „aktiviert" werden könnten. Denkbar sind auf den thematischen Touren das Nachvollziehen handwerklicher Fertigkeiten. Fitness- oder Wellness-Angebote sollten dabei in Zusammenarbeit mit den örtlichen Sportvereinen und Fitness-Clubs in Erwägung gezogen werden.

Um das Touristenaufkommen zu forcieren und den Kreis Heinsberg in den Zielregionen bekannter zu machen, wird ein Radwandersonntag vorgeschlagen. Er könnte unter dem Motto „Happy Heinsberg" oder auch "Auf in den weiten Westen Deutschlands" firmieren. Dieser Sonntag sollte an einem Sommerwochenende (Termin muß sich an den Ferien orientieren) stattfinden, in Zusammenarbeit mit der DB (ab Dortmund, über Bochum, Essen, Duisburg, Düsseldorf) und den Bahnen in NL und B organisiert werden. Die Bahnen offerieren für diesen Sonntag einen Sonderpreis und ermöglichen die Mitnahme von Fahrrädern. Vor Ort, im Kreis Heinsberg, sollten Straßen, die eine Routenführung zwischen 25/30 km und 70 km ermöglichen, für den Autoverkehr gesperrt werden. Entsprechend dem Heinsberger Profil „Märkte, Motten und Mühlen" führt der Parcours an einigen dieser Sehenswürdigkeiten vorbei. Sie können auch in den Verlauf der Route eingeplant werden (Besuch eines Marktes, Besichtigung einer Motte und einer

Mühle). Außerdem sollten die Gastronomen die gesperrten Straßen teilweise für eine „Open air" Gastronomie nutzen.

Jugendliche sollten ebenfalls für eine Weekend-Tour nach Heinsberg angesprochen werden. Dies könnte im Rahmen eines Challenge-Day erfolgen, die Werbung dafür ist euregional zu organisieren. Als Sportaktivitäten sind Beachvolleyball, Streethockey, Skateboards, Inline Skates, evtl. Surfen und Wasserski, u.a. denkbar. Am Samstagabend folgt der „kulturelle" Teil, z.B. Konzerte mit verschiedenen Gruppen und Musikstilen, Shows von Theatergruppen und sonstige kulturelle Aktivitäten. Da dieses Wochenendangebot an verschiedenen Orten des Kreises präsentiert werden kann, ist die Frage des Transports und der Verkehrsverbindungen zu klären. Preiswerte Unterkünfte und Gaststätten müssen vorhanden sein.

Für das Binnenmarketing wäre es sinnvoll, diesen Challenge-Day zunächst nur im Kreis Heinsberg und den angrenzenden niederländischen Gemeinden durchzuführen. Die ARGE realisiert derartige Veranstaltungen mit unterschiedlichen Angeboten für verschiedene Bevölkerungsgruppen. Sie bietet sportliche Aktivitäten für Kinder, Jugendliche, Männer und Frauen, aber auch für Senioren an. Dieses Angebot muß auf bestimmte Zielgruppen spezifiziert und um kulturelle Aspekte ergänzt werden, damit es zum „Challenge-Week-End" und außerdem touristisch nutzbar wird.

Konkurrenz für den Tourismus im Kreis Heinsberg stellt vor allem der angrenzende Niederrhein dar aufgrund der landschaftlichen Gegebenheiten sowie der möglichen Verknüpfung von Erleben der Landschaft, historischem Erbe und attraktiven Events. Von dieser Konkurrenz muß sich der Kreis Heinsberg durch ein eigenes Profil abheben, das unter zwei Themen bestimmt werden könnte.

Das erste Thema wird unter dem Slogan „Märkte, Motten und Mühlen" entwickelt. Eine derartige Kombination entspricht auch den Zielgruppenanalysen, aus denen hervorgeht, daß deutsche Kulturtouristen ein touristisches Produkt erwarten, das sich aus Erlebnis-, Konsum- und Gourmetelementen zusammensetzt (vgl. Steinecke 1994, S. 22). Von den Sehenswürdigkeiten mit lokaler und regionaler Bedeutung können vor allem die profanen Bauwerke genutzt werden. Da im Tal der Wurm zahlreiche Schlösser und Burgen vorhanden sind, sollte eine thematische Route zu ihnen führen (Geilenkirchen: Schloß Trips, Übach: Haus Zweibrüggen). Mit der VHS, dem Heimatverein, dem Denkmalamt könnte ein Paket über die Entwicklung dieser Bauwerke unter dem Thema „Von Motten und Burgen zu Schlössern" geschnürt werden.

Entsprechend dem Slogan „Märkte, Motten und Mühlen" ist es möglich, Wander/Radwandertouren, eine „Wassermühlen-Tour im Tal der Schwalm" oder eine „Windmühlen-Tour" (Heinsberg, Haaren, Waldfeucht, evtl. niederländische Mühlen) zu konzipieren. Bei diesen Touren können die Mühlen besichtigt (evtl.

als Paket mit Führung), die Heimatmuseen miteingebunden und schließlich die Teilnehmer einer derartigen Tour aktiviert werden. Das Thema „Vom Korn zum Brot" erklärt die Funktion einer Kornmühle. Im Heimatmuseum oder auf einem der erhaltenen Bauernhöfe (z.B. Rietdachgehöfte des 17./18. Jahrhunderts in Rickelrath, Venheyde, Schwaam, Merbeck) wird mit alten Verfahren und Öfen Brot gebacken. Derartige Themen und Aktionen könnten in Zusammenarbeit mit dem Kreismuseum, der VHS oder dem Heimatverein realisiert werden.

Außerdem ist zu überlegen, wie die kreisweit stattfindenden Märkte und Ereignisse „typisiert" werden könnten. Jeweils einer Gemeinde sollte ein „Ereignis" zugeordnet werden, z.B. der Stadt Heinsberg ein bestimmter Markt, der Gemeinde X der Schlemmermarkt, der Gemeinde Y der Töpfermarkt, Erkelenz das Schnauferl-Treffen und die grenzüberschreitende Oldtimer-Rallye (fand am 27./28.9.1997 erstmalig statt). Auch ein jährlicher Europa-Tag, der einzelnen Staaten der EU gewidmet ist, könnte realisiert werden („Geilenkirchen blickt auf Europa" 1997 Niederlande). Diese Events sollten regelmäßig wiederkehren und als aktuelle Kulturereignisse in die Wander- und Rad-Touren mit eingebunden werden.

Entsprechend den Trends im Tourismus muß eine stärkere Spezifizierung des Angebots vorgenommen und auf spezifische Zielgruppen ausgerichtet werden. Dies ist möglich über den Slogan, mit dem der Kreis Heinsberg sich profilieren könnte. Ausgehend von der geographischen Lage wäre er als der „Weite Westen Deutschlands" vermarktbar. Landschaft (Heideflächen, Flußtäler, Naturschutz) und die dünne Besiedelung lassen es zu, hier ein Western Szenario zu inszenieren (Rodeos, Reiterferien, Gastspiele der Karl-May-Festspiele, Western Town-Atmosphäre mit Glücksspielen im „Saloon").

Die obigen Vorschläge dokumentieren, daß hier ein erweiterter Kulturbegriff zugrundegelegt wird. Auch wird der Begriff der Authentizität vernachlässigt, d.h. das touristische Angebot erwächst nicht direkt aus dem vorhandenen regionalen Potential.

Eine Spezialisierung, die allerdings kaum noch Berührung mit dem Kulturtourismus hat, kann über die Ausrichtung auf bestimmte Sportarten erfolgen. Nachdem Tennis- und Golf-Ferien fest etabliert sind, könnte der Kreis Heinsberg, bedingt durch die Gegebenheiten vor Ort, zum Eldorado der Reiter werden. Die bereits vorhandenen Reiterhöfe und noch zu errichtenden Pferde-Raststationen könnten zusammen mit einem ausgebauten und gepflegten Reitwegenetz attraktive Angebote für eine zahlungskräftige Gruppe, nämlich die der Reitsport-Anhänger, entwickeln. Sie sollten von der Reitausbildung über Ausflüge mit Lagerfeuer bis zu Wanderreit-Trails reichen und als Zielgruppe Kinder, Jugendliche und Wanderreiter ansprechen. Diese Spezialisierung würde das „Western"-Image sinnvoll ergänzen.

Insgesamt muß eine stärkere Bündelung der kulturellen Angebote in Heinsberg erfolgen. Vorrangig ist hier die Zusammenfassung eines Kulturkalenders für die Stadt und den Kreis Heinsberg, die z.Zt. noch jeweils einen eigenen Führer herausgeben wie auch die Kreisgemeinden, die zusätzlich eigene Flyer drucken. Dies macht das Angebot sowohl für die Besucher, aber auch für die Bewohner des Kreises unübersichtlich. Ein guter Ansatzpunkt sind die vom HTS zusammengestellten Veranstaltungsinformationen. Sie gelten bereits für den Kreis und könnten um die Angebote der niederländischen Gemeinden erweitert werden. Der Veranstaltungsführer muß aus zwei Teilen bestehen: Ein Teil beinhaltet die ständigen oder wiederkehrenden kulturellen Angebote mit Angabe von Adressen, Art des kulturellen Angebots und Öffnungszeiten/Preise. Der zweite Teil müßte regelmäßig aktualisiert werden und über die einmaligen/temporären Angebote informieren.

Auch sollte der Heinsberger Kultursommer nicht in Konkurrenz zum gleichen Event in Aachen treten, dessen Höhepunkte in Heinsberg ohnehin nicht finanzierbar sind. Er muß inhaltlich/thematisch anders ausgerichtet sein und ein ganz spezifisches Publikum ansprechen. Im Unterschied zu Aachen, wo aufgrund des historischen Erbes ein klassischer Kulturtourismus möglich ist und dem als temporäre Events entsprechend „klassische" Veranstaltungen („Klassisches" aus Oper, Operette, Musical, Pop, aber auch Theater) zugeordnet werden können, sollte in Heinsberg ein „Nischen-Publikum" angesprochen werden, das ganz spezifische kulturelle Ereignisse nachfragt. Dies könnte über die Western-Thematik erreicht werden. Denkbar sind ein Country-Music-Festival, Trucker-Treffen oder Square-Dance-Competitions (Square-Dance-Clubs treffen sich zum Wettbewerb).

### 4.4 Die Eifel-Gebiete

Im Bewußtsein der Bevölkerung ist die „Eifel" ein bereits etablierter Begriff, sie wird in Zusammenhang mit Vulkanismus, Abgelegenheit („Preußisch-Sibirien") und natürlicher Landschaft gebracht. Da das gesamte Eifelgebiet bereits ein Image hat, macht es wenig Sinn, nordrhein-westfälische Eifelgebiete getrennt von den rheinland-pfälzischen Teilen der Eifel zu vermarkten. Hier ist eine bundesländerübergreifende Kooperation dringend geboten, um dem potentiellen Besucher ein umfassendes und attraktives Angebot zu präsentieren. Um das bereits existierende Image der Eifel, das zum Teil auch negativ besetzt ist, touristisch nutzbar zu machen, wird eine Modifizierung des Eifel-Images vorgeschlagen. Das vorgeschlagene neue Leitbild vermarktet die Eifel als "Wunderwelt Eifel". Die "Wunderwelt Eifel" kann als touristisches Markenprodukt sowohl Angebote machen, die dem klassischen Kulturtourismus verpflichtet sind, als auch erlebnisorientierte Formen anbieten.

Auch kann in der Eifel die Grenzlage für einen grenzüberschreitenden Tourismus genutzt werden. Dies geschieht bereits in den vorhandenen Naturparks, die Zusammenarbeit mit belgischen und luxemburgischen Anbietern sollte allerdings weiter ausgebaut werden und z.b. zu grenzüberscheitenden Themenstraßen führen.

### 4.4.1 Konzepte zum traditionellen Kulturtourismus in der Eifel

Die Inszenierung der Eifel als kulturtouristisches Gebiet bietet sich an, da sie über erhaltene historische Reste (Kirchen und Klöster, Burgen und Schlösser, Stadt- und Ortskerne) und zudem über landschaftliche Schönheit und Vielfalt verfügt. Damit ist ein Kulturtourismus möglich, der auf dem vorhandenen Erbe aufbaut und der deshalb als authentisch gilt. In der Eifel ist eine weitaus intensivere Vermarktung des historischen Erbes geboten, um eine größere, vor allem eine überregionale Bekanntheit zu erreichen. Dies muß nach der Entwicklung eines typischen Leitbildes für die klassische Variante des Kulturtourismus in der Eifel durch die Zusammenarbeit mit allen dort tätigen Touristik-Anbietern in den Zielregionen (Ruhrgebiet, belgische und niederländische Ballungsräume, Berlin etc.) realisiert werden. Hier ist im Sinne einer effektiven Vermarktung ein länderübergreifender Zusammenschluß dringend nötig. Ob das typische Leitbild des Kulturtourismus in der Eifel sowohl Natur als auch Kultur umfassen sollte, ist zu diskutieren, da das GHZ Luxemburg bereits mit dem Slogan „Kultur liegt in unserer Natur" operiert. Im Sinne einer Profilierung der Eifel als eigenständige kulturtouristische Destination sollte eher darauf verzichtet, dafür aber die aktuelle Kultur miteinbezogen werden. Deshalb ist die Attraktivierung der Destination Eifel durch regelmäßig stattfindende kulturelle Events zu betreiben. Dies kann in den unterschiedlichen Sparten geschehen, es ist zu überlegen, ob man den Musik-Bereich oder eine andere Kunstsparte, z.B. Theateraufführungen, bevorzugt. Diese (wetterunabhängige) Form des Kulturtourismus bietet sich in der Eifel an. Jedoch gilt für alle Sparten der Kunst, daß der Akzent weniger auf dem klassischen (Hoch)Kulturbereich liegen sollte, sondern eher auf der unterhaltsamen und populären Kunst.

Als Stichwort für den authentischen Kulturtourismus in der Eifel wird der Begriff „Romantik" vorgeschlagen: „Romantische Zeitreisen" für die Sparte der darstellenden Kunst und „Romantische Musik an romantischen Orten" für die klassische Musik. Die "Wunderwelt Eifel" ermöglicht dem Kulturtouristen "romantische" Erlebnisse in der Welt der Künste. Dies zeigt, daß der Begriff "Romantik" sich hier nicht auf die entsprechende Zeitepoche und Stilrichtung der Musik bezieht, also nicht als Fachterminus benutzt, sondern umgangssprachlich zur Bezeichnung einer Gefühlslage gebraucht wird.

**Romantische Zeitreisen**

Die darstellenden Künste könnten die historischen Bauten nutzen, um dem Besucher „Zeitreisen" anzubieten, d.h. szenische Darstellungen einer entsprechenden Epoche in einem „passenden" Ambiente. Dies wird zum Teil auch schon realisiert, wie die Burgspiele in Satzvey mit Ritterturnieren und mittelalterlichem

Markttreiben zeigen. Die Aufführungen und Darstellungen der „Zeitreisen" könnten erweitert werden: Szenische Bearbeitungen in säkularisierten Klöstern (Umberto Ecos: Im Namen der Rose) geben ein Bild des mittelalterlichen Klosterlebens, historische Stadtkerne dienen als Kulisse für das „Erleben" der Vergangenheit, Schlösser laden zu „Hoffesten" mit entsprechenden Aufführungen. Hier sind der Phantasie kaum Grenzen gesetzt. Durch Zusammenarbeit mit den vor Ort bestehenden musealen Einrichtungen, Heimat- und Brauchtumsvereinen können ganze „Museumsdörfer oder -orte" etabliert werden. Die Museumsdörfer/-orte werden außerdem in den öko-geologischen Park „Wunderwelt Eifel" eingebunden und verbinden den traditionellen, authentischen Kulturtourismus mit neuen, auf das „Erleben" ausgerichteten Formen.

Ein Beispiel für ein derartiges Museumsdorf ist das „Beamish Museum" in Nordengland, das im folgenden beschrieben wird. Derartige Museumsorte gibt es auch in den USA, wo die „Bewohner" dem Touristen eine beeindruckende Vorstellung von der Lebensweise ihrer Vorfahren geben.

Das Beamish Museum bringt dem Besucher die Lebensweise der Menschen in Nordengland zu Beginn unseres Jahrhunderts nahe. Dies geschieht nicht durch Texte und Ausstellungsstücke, sondern durch das Erleben der Geschichte: Im „Sun Inn" Pub wird dunkles Ale gezapft, auf der Getränke- und Speisekarte gibt es die typischen Getränke und Speisen der Zeit, die selbstverständlich von entsprechend gekleideten Darstellern serviert werden. Im „Sweet Shop" können die Gäste zusehen, wie Bonbons hergestellt werden, die Verkäuferinnen tragen weiße Häubchen und Schürzen und verkaufen die bunten Bonbons aus den Gläsern. Die „Home Farm" ist der Bauernhof von Beamish, der Misthaufen liegt vor dem Hof, Schweine, Kälber, Hühner werden in der früher üblichen Weise gehalten. Die bürgerliche Lebensform wird in dem Haus des Zahnarztes oder der Anwaltskanzlei präsentiert. Die Tageszeitung wird mit Bleilettern im „Newspaper Office" gesetzt. Selbstverständlich gibt es einen zeittypischen Laden zum Einkaufen der Lebensmittel, alte Straßenbahnen transportieren die Gäste durch das weiträumige Gelände und an der „Railway Station" schnauft eine Dampflok. Die Bergarbeiterhäuschen aus einem nahegelegenen Dorf sind in Beamish neben der Kohlengrube wieder aufgebaut worden und genauso eingerichtet wie zur Jahrhundertwende. Das Museumsdorf ist ganzjährig geöffnet, der Eintritt beträgt 20 DM (Kinder) und 24 DM (Erwachsene).

**Romantische Musik an romantischen Orten**

Die Eifel kann im Bereich der Musik ebenfalls ein authentisches, kulturtouristisches Angebot entwickeln, das die gesamte Bandbreite der musikalischen Entwicklung umfaßt: Von gregorianischen Gesängen in Kirchen und Klöstern, über profane und sakrale Musik der Renaissance in Burgen und Schlössern bis hin zu Barock, Klassik und Romantik in entsprechenden Bauten. Ein Ansatzpunkt zur überregionalen Attraktivierung der Eifel in der Sparte Musik wäre die Anbindung an das noch zu konzipierende Euregio-Festival. Die musikalischen Beiträge der Eifel sollten stimmig zum Programm des Euregio-Festivals sein, es ergänzen, dabei aber einen ganz spezifischen Charakter besitzen. Dies kann unter der Bezeichnung „Romantische Musik an romantischen Orten" erfolgen.

Die Bezeichnung „Romantische Musik an romantischen Orten" kann als Thema für die Etablierung des Eifel-Festivals dienen, das ein entsprechendes Musikangebot aus dem Bereich der klassischen Musik offeriert. Allerdings wenden sich Aufführungen von klassischer Musik, die hier als Stimmungsträger benutzt werden soll, an ein gebildetes und anspruchsvolles Publikum. Um dieses Publikum anzuziehen, ist ein hochkarätiges und überregional attraktives musikalisches Angebot zu konzipieren. Damit stellt sich die Frage, ob dies im Bereich der Eifel finanzierbar ist, zumal diese Musikformen nur von einer ganz bestimmten, oben beschriebenen und zahlenmäßig geringen Zielgruppe nachgefragt werden.

**„Swinging Eifel"**

Aus diesem Grund sollte unter dem Stichwort „Swinging Eifel" die Musik unseres Jahrhunderts präsentiert werden, wobei das Gewicht auf der „leichten Muse" liegen müßte. Unter dem Stichwort „Magic Music Wonderland", "Swinging Eifel" (ein griffiger deutscher Titel ist noch zu finden) sind Musiktheater-Aufführungen zu bestimmten Terminen denkbar, sie können ergänzt werden durch Musicals („Die Schöne und das Biest" in einem Schloß) sowie durch andere musikalische Show- und Entertainment-Angebote. Durch die Konzentration auf die Unterhaltungs-Musik unseres Jahrhunderts unterscheidet sich die Destination Eifel von anderen Festivalgebieten (Schleswig-Holstein-Festival, Flandern-Festival), aber auch von den etablierten Festspiel-Orten wie Bayreuth oder Salzburg. Einen Berührungspunkt gibt es lediglich zu den Bregenzer Festspielen, die inzwischen auch Musicals (Porgy und Bess) im Repertoire haben. Mit der deutlichen Abgrenzung durch die Festlegung auf die Unterhaltungs-Musik kann das Eifel-Festival in das ebenfalls geplante Euregio-Festival miteinbezogen werden. Ein weiterer Vorteil besteht in der mit dieser Ausrichtung erfolgten Vergrößerung der Zielgruppe, da mit diesem Programm nicht nur die Klassik-Liebhaber, sondern auch Fans anderer, populärer Musik-Richtungen angesprochen werden.

### 4.4.2 Erlebnisorientierte Formen des Kulturtourismus in der Eifel

**Die „Wunderwelt Eifel" als öko-geologischer Park**

Dieses touristische Konzept verläßt die Variante des klassischen Kulturtourismus, indem es kulturtouristische Aspekte mit dem Erleben der vorfindbaren Kulturlandschaft verbindet. Die „Wunderwelt Eifel" beinhaltet „feuerspeiende Berge und Fossilien, Fauna und Flora der Eifel" und stellt die Besonderheit und Einzigartigkeit der Eifellandschaft in den Vordergrund. Der öko-geologische Park wird in Abkehr von der Ereignis- und Erlebniskultur geplant und soll als Dauereinrichtung ein Informationsangebot über die Erdgeschichte und somit ein kulturtouristisches Angebot entwickeln. Die inhaltlichen Themen des Parks konzentrieren sich auf drei Bereiche: Die Erdgeschichte, die eifeltypische Naturlandschaft (wobei vorausgesetzt wird, daß unsere heutige „Natur"-Landschaft immer schon vom Menschen bearbeitete und damit veränderte „Natur" darstellt) sowie die für die Eifel charakteristische Kulturlandschaft, d.h. die Nutzung der natürlichen Ressourcen durch den Menschen. In die beiden letzten inhaltlichen Bereiche sind ökologische Aspekte integrierbar. Unter dem Label „Wunderwelt Eifel" kann ein neues Image der Eifel etabliert werden, das von allen Regionen der Eifel benutzt und gemeinsam vermarktet wird. Die „Wunderwelt Eifel" gliedert sich nach den lokalen Funden, Vorkommen und Gegebenheiten in „Feuerspeiende Berge und Fossilien", „Wunderwelt Eifel: Fauna und Flora" sowie „Wunderwelt Eifel: Kultur und Natur pur". Das Ziel dieser Strategie ist es, die „Eifel" zu einem touristischen Markenprodukt zu machen, das sich von anderen Destinationen unterscheidet und das dem Touristen ein attraktives und spezielles Angebot macht.

Dem Besucher des öko-geologischen Parks wird ein Panorama der Entwicklung der Erdgeschichte, der Pflanzen- und Tierwelt vor Augen geführt, das ihn zur Achtung und Bewahrung seiner Umwelt anregen soll. Der Aspekt „Erholung" steht jedoch im Vordergrund, obwohl er in eine inhaltliche Thematik miteingebunden wird und als Klammer der drei inhaltlichen Bereiche dient: Der Gast sucht nämlich vor allem „Erholung vom Alltag". Deshalb ist der gesamte Park ein „Resort", er verfügt über gut ausgestattete Picknick-, Spiel- und Sportplätze, die in die unterschiedlichen inhaltlichen Schwerpunkte integriert werden und als „Aktionsräume" ausgewiesen sind. Das Hotel- und Gaststättenangebot bedient alle Preisgruppen, Auto-, Rad- und Wanderwege sind ausgeschildert und gepflegt.

Der Entwurf des öko-geologischen Parks im Rahmen der „Wunderwelt Eifel" macht zwar Anleihen bei dem Konzept der Themenparks, jedoch in Form einer speziell auf die Gegebenheiten der Eifel zugeschnittenen Variante. Bei dem öko-geologischen Park handelt es sich nicht um einen Park, der dem Vergnügungspark-Konzept mit Fahrgeschäften u.ä. Attraktionen folgt, sondern um eine großräumige Einrichtung eines Themenparks mit Resort-Anlagen an entsprechenden Stellen. Er sollte den Charakteristika der Themenparks entsprechen:

– Eine eigene, kleine Welt mit eigener Atmosphäre muß um das Thema hergestellt werden.

– Serviceleistungen müssen differenziert und umfangreich auf unterschiedliche Zielgruppen hin erbracht werden.

– Er muß in eine landschaftlich und architektonisch entsprechend gestaltete Umgebung eingebettet werden.

– Fast alle Anlagen sollten durch die Betreiber selbst bewirtschaftet werden.

Um ökologischen Ansprüchen zu genügen, müssen die Prinzipien für die Errichtung und den Betrieb von Naturparks sowie die Naturschutzbestimmungen beachtet werden. Grundsätzlich ist der Naturschutz mit den Maßnahmen zur touristischen Erschließung zu vereinen, um die ökologisch sensiblen Bereiche zu schützen und zu erhalten, nicht zuletzt, weil der Tourismus nur in einer intakten Landschaft erfolgreich sein kann. Dies kann u.a. durch die Gliederung des Eifel-Parks in Aktions- und Erlebnis-Räume, in Erholungs- und Ruheplätze sowie in Tabuzonen (für Besucher nicht zugänglich) geschehen.

Die inhaltlichen Schwerpunkte des Themenparks, die Erdgeschichte, die Natur- und die Kulturlandschaft, bedürfen der weiteren Ausdifferenzierung. Diese Ausdifferenzierung und gleichzeitig touristische Inwertsetzung erfolgt nach den Funden und Gegebenheiten vor Ort und wird im folgenden vorläufig skizziert.

**Der öko-geologische Park "Wunderwelt Eifel" umfaßt drei inhaltliche Themenbereiche:**

| Erdgeschichte | Naturlandschaft | Kulturlandschaft |
|---|---|---|
| Mögliche Themen: | Mögliche Themen: | Mögliche Themen: |
| Entstehung der Erde, Entstehung der Eifel-Formationen, Fossilienfunde, Vulkanismus. | Erholung in „natürlicher Landschaft", Resortanlagen wie Hotels, Spiel-, Sport-, Picknick-Plätze (Aktionsräume), Natur-, Tier- und Wildparks als Ruhezonen. | Nutzung der Landschaft durch den Menschen, Verwendung/ Verarbeitung der natürlichen Ressourcen, ökologische Aspekte. |

Die drei Themenbereiche werden schwerpunktartig in Besucher-Zentren, d.h. in zentralen Einrichtungen, ähnlich den Visitor Centers in den amerikanischen National-Parks, vermittelt, wo der Gast in die spezielle Thematik eingeführt und über die jeweiligen inhaltlichen Ausdifferenzierungen informiert wird. Der Besucher startet seinen ein- oder mehrtägigen Parcours durch den „Park" (eigentlich: das gesamte Eifel-Gebiet) in diesem Zentrum, zu dem eine bereits bestehende Einrichtung umgebaut werden sollte. Sie wird dem Thema und den Funden/Vorkommen vor Ort entsprechend eingerichtet. Dort, an einem möglichen Anfangspunkt der Route, kann der Verkauf von Eintrittskarten (sie berechtigt zum Eintritt in alle angeschlossenen Institutionen, zur Benutzung der Aktionsräume, etc.), der Fahrrad-Verleih sowie die Information über den Verlauf der

Route erfolgen. Postkarten, Süßigkeiten, Getränke und Andenken müssen in einem zugehörigen Laden erhältlich sein, Restaurant, Toiletten, Telefon usw. sollten sich ebenfalls in dem Besucher-Zentrum befinden. Damit wird deutlich, daß die Besucher-Zentren zwei Aufgaben übernehmen: Die Versorgung der Gäste sowie die Information über das in diesem Zentrum schwerpunktartig präsentierte Thema, das aus der umgebenden Landschaft erwachsen ist.

Der inhaltlichen Ausdifferenzierung der Themenbereiche folgend werden kleinere Besucher-Treffs eingerichtet, wo einzelne Akzente (z.B. spezielle Fossilien) behandelt werden. Auch diese „Treffs" sollten in bereits bestehende Einrichtungen integriert werden, einen kleinen Shop und eine Cafeteria umfassen. Ausgehend von diesem „Treffpunkt" führt die Route zu freigegebenen geologischen Fossilienfundorten, Bergwerken, etc. Die im Gebiet vorhandenen Museen sollten ihre Sammlungen auf spezielle und passende Themen konzentrieren. Außerdem ist ihr Ausstellungsdesign, d.h. die Art der Präsentation, auf die Ansprüche der heutigen Besucher hin zu konzipieren. Sie dienen nicht nur als Ausstellungsräume, sondern sind zugleich Treffpunkte, informieren über Details und führen an bestimmten Terminen geologische Exkursionen durch, bei denen die Hobby-Geologen ihre eigenen Fossilien „entdecken" können. Sinn macht die Spezialisierung der Museen auch, zumal nach Abschluß der Etablierungsphase des Parks jahresübergreifende Themen zu entwickeln sind, um die Besucher zum Wiederkommen zu veranlassen.

**Vorschläge zur möglichen inhaltlichen Ausdifferenzierung der drei Themen**
**Themenbereich Erdgeschichte: Feuerspeiende Berge und Fossilien**

Die inhaltliche Ausdifferenzierung des Themas „Erdgeschichte" behandelt die Entstehung der Erde und speziell der Formationen in der Eifel. Der Vulkanismus und die Bildung der Fossilien sind weitere inhaltliche Schwerpunkte. Als bereits bestehende Einrichtung zum Themenbereich „Erdgeschichte", die weiter ausgebaut werden könnte, ist das Naturkunde- und Geologische Museum in Gerolstein aufgrund seiner Lage in einer Eifler Kalkmulde (dies sind Gebiete des an Fossilien reichen mitteldevonischen Kalkgesteins, das sich in einer N-S-Senke von Trier bis Zülpich zieht) geeignet. Da die „Fossilien" einen Schwerpunkt des Bereichs „Erdgeschichte" darstellen, müssen sie entsprechend präsentiert werden.

Als Beispiel für eine Präsentation kann das neue Museum für Mineralogie und Paläontologie in Thallichtenberg bei Kusel dienen. Der Standort des Museums im Raum Kusel ist die Hauptfundstelle fossiler Zeugnisse aus dem Permokarbon. In dieser Zeit vor ca. 270 Millionen Jahren lebten in der Pfalz noch Dinosaurier. Das neue Museum ist ein "Geoskop", es soll dem Besucher Wissen und Einblick in den Verlauf der Erdgeschichte geben. Die Mineraliensammlung wird auf 60 qm präsentiert. Das Prunkstück der Sammlung, ein „weißer Hai" aus dem Permokarbon, zeigt sich dem Besucher durch ein Guckloch im Boden des Museums. Im Untergeschoß des Museums hat der Besucher „direkten" Kontakt mit der Vergangenheit: Ein Fels aus dem Permokarbon ragt in den Raum hinein. Das Labor des Präparators ist mit einer Glaswand versehen, eine Gegensprechanlage ermöglicht die Kommunikation.

Die Ausstellung und Sammlung des Museums in Gerolstein ist zu attraktivieren, vor allem müssen zu ihrer Aufbereitung und Präsentation die technischen Möglichkeiten genutzt werden, um dem Besucher ein möglichst eindrückliches und intensives Bild von den Veränderungen in den Formationen, Sedimentbildungen und der Fossilienentstehung zu vermitteln. Diese Investition sollte in einer bereits vorhandenen Einrichtung, z.B. der oben genannten, konzentriert und schwerpunktartig erfolgen. Im Anschluß an die Attraktivierung der Präsentation und dem Aus- und Umbau des Museums zu einem Besucher-Zentrum wird ein offensives und gebündelten Marketing der Touristik-Anbieter in den Zielregionen nötig.

Der Gast kann nach der im Besucher-Zentrum erfolgten Einführung die in der Landschaft auffindbaren Relikte zu den Themen erfahren, erleben, erwandern sowie die spezialisierten Besucher-Treffs ansteuern. Ansatzweise, in einem kleinen Rahmen, wird dies bereits im Geo-Park der Verbundgemeinde Gerolstein praktiziert, außerdem werden geologische Exkursionen in Daun, Hillesheim und Manderscheid angeboten. Die bestehenden Angebote sind inhaltlich zu fokussieren und schließlich zu einem Gesamt-Paket „Wunderwelt Eifel: Feuerspeiende Berge und Fossilien" zu verbinden.

Hauptattraktion des Themas „Erdgeschichte" aber ist der Vulkanismus, der in der Eifel in spezifischen Formen anschaulich wird. Auch bei der Präsentation dieses Inhalts kann auf Institutionen zurückgegriffen werden, die im Gebiet der Vulkaneifel existieren; hier ist vor allem das Geo-Zentrum Vulkaneifel in Daun zu nennen. Dieses Zentrum dient bereits jetzt der Informations- und Wissensvermittlung durch Aus- und Darstellungen. Es kann ebenfalls zu einem Besucher-Zentrum ausgebaut werden; vor allem muß das interessante Thema mit allen technischen Möglichkeiten vermittelt werden. Als Beispiel für die Attraktivierung dieses Zentrums kann das französische Vulcania-Projekt dienen. Neben der Präsentation von Panoramen und Modellen von Vulkanen sollten die neuesten medialen Innovationen und technologischen Möglichkeiten genutzt werden, um den Besucher durch Computersimulationen und Filme Vulkanausbrüche oder Erdbeben „live" erleben zu lassen. Danach kann der Gast die Spuren des Vulkanismus in der Landschaft „erfahren" (zu Fuß, per Rad oder Auto) und inhaltliche „Spezialitäten" vor Ort in kleineren Besucher-Treffs erleben.

**Themenbereich Naturlandschaft: Fauna und Flora**

Das Thema „Naturlandschaft" bildet einen weiteren inhaltlichen Fokus des Parks. Grundlage ist die landschaftliche Schönheit und Vielfalt der Eifel, die einen hohen Erholungswert hat. Damit liegt der Akzent hier weniger auf der Information und Darstellung bestimmter Inhalte, sondern der Aspekt des Erlebens der Landschaft und der Erholung in der Natur tritt in den Vordergrund, hinzu kommen die Erhaltung und der Schutz der vorhandenen Flora und Fauna. Um diesen Aspekt zu realisieren, kann wiederum auf bestehende Einrichtungen zurückgegriffen werden. So können die beiden Naturparks (Deutsch-Belgischer und Deutsch-Luxemburgischer Naturpark) mit einbezogen werden. Außerdem sind bereits für Autowanderer Streckenführungen zum Thema „Grüne Straße Eifel-Ardennen", die „Große Eifel-Route" und die „Deutsche Wildstraße" ausgearbeitet worden.

In das Thema „Naturlandschaft, Fauna und Flora der Eifel" gehören auch die Wildparks, in die z.T. Freizeitanlagen integriert sind. Der Hirsch- und Saupark Daun, der Wild- und Freizeit-Park-Eifel bei Gondorf und der Adler- und Wolfspark Kasselburg sind durch die Deutsche Wildstraße verbunden (Strecke: Daun, Manderscheid, Gondorf, Bitburg, Kyllburg und Kylltal, Gerolstein, Pelm, Daun).

In der Nordeifel gibt es Wildparks bei Heimbach (Wildpark Schmidt), bei Schleiden (Gemünd, Waldlehrpfad und Walderlebniszentrum), bei Hellenthal (Wildgehege Hellenthal) und bei Mechernich-Kommern den Hochwildpark Rheinland. Das Hochwild- und Freigehege Gangelt liegt entfernt davon im Kreis Heinsberg.

Diese bereits vorhandenen staatlichen und privaten Institutionen sollten in das Konzept des öko-geologischen Parks eingebunden werden. Ergänzt werden müssen sie durch Resort-Einrichtungen, die neben Unterkünften und Gaststätten der verschiedenen Preisklassen auch Freizeitanlagen für die unterschiedlichen Zielgruppen (Familien mit Kindern, Schüler- und Jugendgruppen) bereitstellen. Sie bilden die Aktionsräume des Parks und müssen zielgruppenorientiert spezielle Inhalte miteinander verbinden, z.B. geologische oder naturkundliche Exkursionen sowie Spiel und Sport in ausgewiesenen/ausgestatteten Aktionsräumen des öko-geologischen Parks. Damit die unterschiedlichen Bedürfnisse der Zielgruppen (erholungsuchende Gäste, Kinder und Jugendliche) nicht kollidieren, erfolgt eine Gliederung des Parks in Aktions-Räume, Ruhe- und Tabu-Zonen. Über die Ausstattung der Aktionsräume ist nachzudenken. Ausgehend von der Zielgruppenbestimmung sollten sie verschiedene Sportarten ermöglichen, die vom Wassersport über Beach-Volleyball, Kletterwände, Half-pipes für Skate-Boards u.ä. bis hin zu Ballspielen wie Fußball und Tennis reichen.

**Themenbereich Kulturlandschaft: Kultur und Natur pur**

Das Thema „Kulturlandschaft" beschäftigt sich mit der Bearbeitung und Nutzung der Natur durch den Menschen sowie den ökologischen Aspekten. Der Umgang des Menschen mit der Natur, die Produktion von Nahrung und die Nutzung der Rohstoffe, kann in der Form von „Öko-Museen" dargestellt werden. Dazu werden die vorhandenen kulturhistorischen Ausstellungsorte/Museen mit ihren Sammlungen zum bäuerlichen Leben auf bestimmte Themen verpflichtet, d.h. ein Haus konzentriert sich auf die Nutzung des Waldes und die Bearbeitung des Holzes.

Dazu gehören die Baumarten, die das Holz liefern, die Berufe, die mit der Verarbeitung des Holzes zu tun hatten und noch haben, etc.

Ebenso können ein Haus des Getreides konzipiert oder bestimmte Verarbeitungsformen der lokalen Rohstoffe demonstriert werden. Zusammen ergeben diese, in ihrer Sammlung und Ausstellung spezialisierten und aufeinanderbezogenen, Einrichtungen die „Öko-Route" durch den Park. In diesem Zusammenhang sollte auch das Konzept des Parks, seine Gliederung in Aktions-, Ruhe- und Tabuzonen erklärt werden. Außerdem könnten ökologische Inhalte in Form von Spezialprogrammen der Ausstellungshäuser oder -orte und in geführten Besichtigungen vermittelt werden. Auch dieser Schwerpunkt wird in einer Kombination von Informationen zum Thema und dem „Erfahren" der Landschaft realisiert. Wesentlich ist das Aktivieren der Besucher, damit sie „Natur" nicht nur konsumieren (dies ist eine Frage der Animation, bei der die öffentlichen Anbieter durchaus von den kommerziellen Institutionen - z.B. Animation in den Ferien-Clubs - lernen können).

In diesen inhaltlichen Bereich ist auch das „Museumsdorf", das unter den „Romantischen Zeitreisen" beschrieben worden ist, einzuordnen. Ein passendes Ambiente für ein überschaubares Museumsdorf ist in Kronenburg/Dahlem gegeben.

Eine bereits sehr aktive Einrichtung ist das Naturschutzzentrum Eifel in Nettersheim. Es unterbreitet Angebote in einer derartigen Vielfalt, die für den Besucher fast unüberschaubar ist: Vom kreativen Gestalten über Esoterik bis zu Fossilien reicht das Spektrum. Grundsätzlich gilt, daß ein spezifisches thematisches Angebot nur dort konzipiert werden sollte, wo es Bestandteil des „endogenen Potentials" ist. Zur Orientierung der Besucher und zur gezielten Vermarktung ist eine Spezialisierung der Institution von Vorteil. Museen, Ausstellungs- und Aktionsorte sollten nicht ein breites Sortiment von Ähnlichem und Gleichem anbieten, sondern ganz gezielt inhaltliche und thematische Schwerpunkte setzen. Aus diesem Grund sind Besucherbefragungen dringend geboten. Aus einer solchen Erhebung ließen sich Konsequenzen für die Profilierung des Angebots und seine Attraktivierung ziehen.

**Resümee**

Das Hauptziel des Konzepts ist es, den Naturraum Eifel als Ganzes zu erfassen, ihn in seiner Eigenart bekannt zu machen und ihn als touristisches „Marken-Produkt" zu etablieren. Die oben skizzierten Vorschläge zum öko-geologischen Park übernehmen die Marke „Wunderwelt Eifel" um klar erkennbares touristisches Produkt mit eigenem Profil anzubieten.

Das Ziel eines öko-geologischen Parks „Wunderwelt Eifel" sollte in einer schrittweisen Kooperation und Vernetzung der bereits vorhandenen Angebote zum Thema realisiert werden. Dazu ist ein hoher Kooperations- und Koordinationsaufwand erforderlich. Um den Marktzugang zu ermöglichen, muß in den Kommunen übergreifend geplant werden und vor allem betriebswirtschaftliches „Know How" benutzt werden. Fragen der Finanzierung sollten in einem derartigen Verbund ebenso wie ein effektives Marketing diskutiert werden. Die thematisch orientierten Kooperationen sind gemeinde- und vor allem bundesländerübergreifend anzulegen. Da das Thema sich auf die vorhandenen regionalen Ressourcen bezieht, dürfte es weder von Einheimischen noch von Gästen als „unecht" empfunden werden.

Besonderes Gewicht ist auf den Aufbau einer differenzierten Zielgruppenarbeit zu legen. Die vielfältige Nutzbarkeit des Angebots muß Bestandteil des Konzepts sein. Für Schulklassen ist ein anderes Angebot zu erarbeiten als für den Familienausflug, Einheimische erwarten andere Schwerpunkte als Urlauber, etc.

**Zu den Realisierungschancen des Konzepts**

Das Gespräch mit Prof. Dr. Kasig[3] und Herrn Katsch von der RWTH Aachen ergab, daß zahlreiche, bereits schon bestehende Einrichtungen in dieses Konzept eingebunden werden könnten. Sowohl in der rheinland-pfälzischen Vulkaneifel wie auch in den nordrhein-westfälischen Eifelgebieten gibt es geologische Lehr-Pfade, Sammlungen von Fossilien, freigegebene Kalk- und Erzbergwerke, Fossilien- und Mineralienfundorte sowie Ausstellungen zum Vulkanismus. Diese einzelnen Attraktionen müssen konzentriert, d.h. auf die Gesamtkonzeption „Wunderwelt Eifel" hin orientiert werden; hinzu kommt die publikumsnahe Aufbereitung und Attraktivierung, damit ein charakteristisches und eifeltypisches touristisches Produkt entsteht, das zugleich dem Anspruch eines authentischen Kulturtourismus und eines ökologisch vertretbaren Tourismus genügt.

---

[3] Herr Prof. Kasig nannte als bereits in ihrem Gebiet zuständige Ansprechpartner für dieses Konzept: H. Brunemann, Koordinationsstelle Hellenthal-Rescheid; Fr. Frey, Zielgruppe Jugendliche und Kinder, Gerolstein; H. Jungheim, Museum Nettersheim; und H. Eschgi, Daun.

**Literatur**

Heinze, Th. (Hg.): Kulturtourismus in der Regio Aachen. Ideen - Konzepte - Strategien. Studienbrief des Weiterbildenden Studiums KulturTourismus-Management. FernUniversität. Hagen 1998

Masterplan für Reisen ins Revier. Bericht der Kommission. August 1997. Im Auftrag des Ministers für Wirtschaft und Mittelstand, Technologie und Verkehr des Landes Nordrhein-Westfalen.

Ritter, N.: Entwurf eines Marketingkonzepts für das „Eifel-Festival" als neuem kulturtouristischen Angebotssegment im Eifel-Raum. Abschlußarbeit zum Weiterbildenden Studium KulturManagement. FernUniversität. Hagen 1998

Schwarzbauer, H.: Bestandsaufnahme der kulturellen Infrastruktur in der Regio Aachen. Im Auftrag des MSKS NRW. Manuskript 1997

Wessel, G.: „Auf Tuchfühlung mit der Region". Radwandern durch die Eifel: Die Tuchmacher- und Weberkulturroute. In: Heinze, Th.: Kulturtourismus in der Regio Aachen. Ideen - Konzepte - Strategien. Studienbrief des Weiterbildenden Studiums KulturManagement. FernUniversität. Hagen 1998

# XI  Kulturtourismus im Pustertal (Südtirol)
*Thomas Heinze*

**Vorwort**

Dieser Bericht zu meinem Lehr-/Forschungsprojekt „Kulturtourismus im Pustertal" dokumentiert die in den Projektwochen (22.9.97 – 26.9.97; 7.1.98 – 10.1.98; 25.5.98 – 29.5.98) an der Internationalen Fachhochschule für alpinen Tourismus (Bruneck-Dietenheim) entwickelten Forschungsaktivitäten und erzielten Forschungsergebnisse.

Im Kapitel 1 erfolgt (von Prof. Stemberger) die Bestandsaufnahme (Deskription) der kulturellen Infra- und Angebotsstruktur im Pustertal, differenziert nach den Gebieten Unter-, Oberpustertal, Ahrntal, Bruneck und Umgebung (Kronplatz).

Im 2. Kapitel werden die Ergebnisse der Gäste- und Hotelierbefragungen sowie der Experteninterviews dargestellt. Auf dieser empirischen Datenbasis ist unter Rückgriff auf die Bestandsaufnahme in Kapitel 1 eine Einschätzung der touristischen Inwertsetzung des kulturellen Potentials im Pustertal und damit die Entwicklung eines Marketingkonzepts für den KulturTourismus in dieser Region möglich.

# 1 Bestandsaufnahme der kulturellen Infra- und Angebotsstruktur im Pustertal

*Hubert Stemberger*

In diesem Kapitel wird der Versuch unternommen, eine Bestandsaufnahme des landschaftlichen, geschichtlichen und kulturellen Angebotes des Pustertales sowie dessen Nebentäler zu bieten. Dabei können nur größere Ortschaften und bedeutende Kunstdenkmäler, wie Kirchen und Schlösser behandelt werden, die zahlreichen kleinen Kirchen, Kapellen, Bildstöcke usw. wurden nicht beachtet, sie würden den Rahmen dieser Arbeit überschreiten. Ebensowenig wurden Hotels, Gastbetriebe oder andere Unternehmen namentlich genannt.

## 1.1 Das Landschaftsbild

Das Pustertal, in Südtirol meist neben dem Eisack- und dem Etschtal als das dritte Hauptal bezeichnet, ist eine in fast genauer Ost-West-Richtung verlaufende Talfurche, die im Westen an der Mühlbacher Klause, im Osten an der Lienzner Klause endet. Schon das Wort Klause weist darauf hin, daß es sich um Talengen handelt, die nur der Straße, der Eisenbahn und dem Fluß einen Durchgang gewähren.

Alle Orte im „Grünen Tal", wie es mit Recht genannt wird, liegen inmitten von Wiesen, Feldern, Äckern und Weideland, die zu beiden Talseiten sich erhebenden Berge sind bis auf eine Höhe von ca. 2.000 m mit dichtem Wald bewachsen. Eine Ausnahme machen nur die Dolomiten im oberen Pustertal.

Der bekannte Brunecker Heimatforscher, Paul Tschurtschenthaler, schreibt in den „Südtiroler Wanderbildern": „Wer das erste Mal in das Pustertal kommt, dem fällt eines auf: der Wald. Der große, urtümliche Wald, der alle Bergflanken bis hoch hinauf bedeckt und nur ein paar Bauernhöfen da und dort Platz macht, der Wald, der das Tal so ernst, fast feierlich macht, der ihm aber auch im Sommer so viel Waldluft und Waldfrische gibt."

Nach der Mühlbacher Klause steigt das Tal so sanft an, daß man es kaum verspürt, und man erreicht nach wenigen Kilometern die Orte Nieder- und Obervintl (750 – 756 m ü.d.M.), wo das von Norden kommende Pfunderer Tal in das Hauptal mündet. Die nächste Ortschaft ist St. Sigmund (790 m); hier weitet sich das Tal allmählich, um dann bei Kiens (838 m) und Ehrenburg einen noch bescheidenen Kessel zu bilden. Nach wenigen Kilometern erreicht man den bedeutenden Marktflecken St. Lorenzen (813 m), der an der Westseite des großen Brunecker Talkessels liegt. Nach Süden öffnet sich das Gadertal, das in die von

Ladinern bewohnten Dolomitentäler führt (das kleine oder Nordwesttor in die Dolomiten).

Im Süden von St. Lorenzen erhebt sich das große, weite Reischacher Mittelgebirge, an dessen Fuße die Stadt Bruneck liegt (835 m). Sie ist umgeben von einer Reihe von Dörfern, die im Jahre 1928 an die Stadtgemeinde Bruneck angeschlossen wurden (St. Lorenzen blieb eigene Gemeinde).

Von Bruneck aus gelangt man in das größte Seitental des Pustertales, in das Tauferer Ahrntal, das in die Gletscherwelt der Zillertaler und der Venediger Gruppe führt.

Im Osten liegt eine Talstufe, die bewirkt, daß die nächste Ortschaft Percha (933 m), die noch zum Großraum Bruneck gehört, bereits hundert Meter höher liegt.

Von der nächsten Ortschaft Olang, die in die Ortsteile Nieder-, Mitter-, Oberolang und Geiselberg geteilt ist und die Meereshöhe von 1.000 m bereits erreicht, führt die Straße nach Norden über Rasen in das Antholter Tal, an dessen Talschluß der Antholzer See (1.642 m) liegt. Von dort führt eine gut ausgebaute Straße über den Staller Sattel (2.055 m) in das Defreggen Tal (Osttirol).

Schon ab Percha begleiten an der südlichen Talseite die Olanger und Pragser Dolomiten das Tal, die bis zum „Hausberg" von Innichen, dem Haunold, reichen und sich dann in das Sextental hinein ziehen.

Von Olang aus Pustertal aufwärts erreicht man Welsberg (1.085 m), von wo aus, wiederum nach Norden, das Gsieser Tal sich erstreckt. Zwischen den Ortschaften Welsberg und Niederdorf (1.158 m) mündet das Pragser Tal aus dem Süden in das Haupttal. Im Talende liegt der Pragser Wildsee. Bereits nach wenigen Kilometern erreicht man den höchsten Punkt des Pustertales, das Toblacher Feld (1.210 m), das die Wasserscheide zwischen der nach Westen fließenden Rienz und der Drau bildet, die das Tal nach Osten hin entwässert. Von der Ortschaft Toblach aus gelangt man in das kleine Silvester Tal, im Süden gelangt man durch das große Dolomitentor in das Höhlenstein Tal, weiter nach Cortina d'Ampezzo und schließlich über die uralte Handelsstraße nach Venedig. Der Hauptverkehr läuft allerdings seit mehreren Jahren auf den Teilstücken der Autobahn.

Die nun folgende ehemalige Hofmark Innichen war einst eines der Kulturzentren des Tales, das auch weit bis in die Nachbarländer hinauswirkte. Ein Zeugnis der früheren Bedeutung ist die mächtige romanische Stiftskirche, die als eines der schönsten Bauwerke dieses Stils im süddeutschen Raum gilt.

Von Innichen aus gelangt man in das Sextental und über den Kreuzberg in die Nachbarprovinz Belluno.

Die letzten Ortschaften in dem zu Südtirol gehörenden Teil des Pustertales sind Vierschach und Winnebach, die schon ganz nahe an der im Jahre 1920 gezogenen Grenze zwischen Österreich und Italien liegen.

### 1.2 Eine kurze geschichtliche Darstellung

Die ersten deutlichen Siedlungsspuren im Pustertal stammen aus der mittleren Bronzezeit (ca. 1500 – 1300 v. Chr.). Einzelne Fundstücke aus früheren Zeiten, auch solche aus der spätesten Steinzeit, beweisen nur, daß das Tal von Jägern und Sammlern begangen wurde, besiedelt war es damals noch nicht. Dies aber um so stärker in der frühen Eisenzeit; aus dieser und den folgenden Jahrhunderten gibt es eine große Zahl von Siedlungen und auch einen bedeutenden Urnenfriedhof in Niederrasen. Im Pustertal war die Umgebung der späteren Ortschaft St. Lorenzen am stärksten bewohnt. Die Menschen lebten in diesen Zeiten, auch noch in den ersten Jahrhunderten nach Christi Geburt, in kleinen Gemeinschaften auf den Hügeln am Rande der Talsohle, sie betrieben etwas Landwirtschaft, Handel und Handwerk. Eine größere staatliche Gemeinschaft kannten sie nicht, sie lebten in den einzelnen Tälern im Stammesverband. Da man diese Menschen bisher noch keiner größeren Völkergemeinschaft jener Zeit zuweisen kann, sie aber im Laufe der fünfhundertjährigen Besetzung durch die Römer viel von deren Zivilisation, Kultur und Sprache angenommen hatten, nennt die Wissenschaft sie „Alpenromanen".

In den Jahren 16 und 15 v. Chr. eroberten die Stiefsöhne des Kaisers Augustus fast das ganze Alpengebiet, um die Grenze des römischen Reiches an die Donau zu verlegen. Das Pustertal machte hier eine Ausnahme, es gehörte zum Königreich Norikum, das schon länger mit Rom in Verbindung war und später zur Provinz Norikum wurde, deren Westgrenze an der Stelle der späteren Mühlbacher Klause lag. Die Bewohner des westlichen Pustertales, die Saevates, waren Alpenromanen, wie die Bewohner der anderen Täler. Da aber das große Norikum, das bis an die Donau reichte, hauptsächlich von Kelten bewohnt war, die große Teile Mittel- und Osteuropas bewohnten, war der Einfluß dieses Volkes im Pustertal sehr spürbar, so in manchen Ortsnamen.

Der Name Pustertal ist sicher auf einen keltischen Personennamen Busturus zurückzuführen, auf Busturissa, dem Gebiet dieses Mannes, aus dem dann später die Grafschaft Pustrissa hervorging.

Nach dem Untergang des weströmischen Reiches 476 n. Chr. kam das Pustertal vorübergehend unter die Herrschaft des germanischen Heerführers Odoaker, dann unter die des Gotenkönigs Theoderich. Aus dieser Zeit gibt es nur spärliche Nachrichten.

Um 600 n. Chr. drangen die Bajuwaren (Bayern) in das Land vor und trafen hier auf die frühen Bewohner. Die Bezeichnung Raeter und Noriker sagt nur so viel aus, daß es sich dabei um die Bewohner der von den Römern geschaffenen Provinzen Raetien und Norikum handelt.

Es gibt keine Nachrichten, daß es zwischen diesen Bewohnern und den eindringenden Bajuwaren zu größeren Auseinandersetzungen gekommen wäre, im Gegenteil, es gibt deutliche Hinweise, daß die beiden Völker lange Zeit hindurch nebeneinander gelebt haben. Im Laufe langer Jahrzehnte haben sich dann viele dieser romanisierten Bewohner in die Dolomitentäler zurückgezogen, wo sie bis heute als Ladiner weiterleben.

Im oberen Pustertal mußten die bayrischen Herzöge, zu deren Herrschaft nun auch das Pustertal gehörte, noch lange harte Kämpfe gegen die aus dem Osten vordringenden slavischen Wenden führen, nach deren Abschluß dann von Herzog Tassilo III. das Benediktinerkloster Innichen gegründet werden konnte (769 n. Chr.). Das Pustertal wurde nun ein Teil des Herzogtums Bayern, das bereits weitgehend vom Frankenreich abhängig war.

Seit Karl dem Großen mußten die deutschen Könige die lange Reise nach Rom antreten, um dort vom Papst zum römischen Kaiser gekrönt zu werden. Dieser Weg führte über die Alpen, zum Großteil über den Brenner. Um nun diesen Weg in sicheren und verläßlichen Händen zu haben, gaben die Könige den Bischöfen von Brixen und Trient schon im 11. Jahrhundert den Großteil des späteren Landes Tirol als Lehen, wodurch die beiden Bischöfe zu Territorialherren wurden; im Range eines Reichsfürsten standen sie bereits als Bischöfe. Da diese einen starken Schutz benötigten, nahmen sie dazu einen Vogt auf, wobei zunächst die bayrischen Grafen von Andechs dieses Amt erhielten. Deren Nachfolger, die Grafen von Tirol und die von Görz Tirol übernahmen aber bald die Zuständigkeiten, die sie eigentlich nur im Namen des Bischofs auszuüben hatten, in der Weise, daß sie sehr bald die eigentlichen Herren des Landes wurden. Der letzte Graf von Tirol, Albert III. nannte sich bereits „dominus terrae", Herr des Landes, und prägte diesem den Namen Tirol auf, der dann die ganzen folgenden Jahrhunderte beibehalten wurde.

Den Bischöfen verblieben nur mehr kleine Gebiete, so die Grafschaft im Pustertal; um darin in Zukunft auch nur einen Teil der Herrschaft ausüben zu können, begann Bischof Bruno von Bullenstätten und Kirchbergh mit dem Bau des Schlosses und der Stadt Bruneck. Am 23. Februar 1256 wurde hier bereits die erste Urkunde ausgestellt.

(Eine kurze geschichtliche Darstellung siehe im Kapitel Bruneck).

## 1.3 Eine Wanderung durch das Tal

Wie bereits hingewiesen, beginnt das Pustertal im Westen an der Mühlbacher oder Haslacher Klause zwischen Mühlbach und Vintl. Hier wurde schon in der Zeit der Römerherrschaft in den Alpen die Grenze zwischen den Provinzen Norikum und Raetien gezogen. Zu Beginn des 13. Jahrhunderts wurde von den Herren von Rodank (Rodeneck) eine Festung erbaut und 1269 den Grafen von Görz übergeben, die sie 1271 als Grenze der Herrschaftsgebiete der Brüder Meinhard und Albert von Görz Tirol bestimmten. Die heutige Form erhielt sie unter Herzog Sigmund von Tirol. Nach der Vereinigung des Pustertales mit dem übrigen Tirol 1500 verlor sie an Bedeutung und spielte erst in den Napoleonischen Kriegen wieder eine Rolle. 1809 wurde sie weitgehend zerstört; jetzt nach der Verlegung der Staatsstraße wird sie restauriert.

### Vientl

Dieses Dorf, geteilt in Ober- und Untervintl (auch Niedervintl), ursprünglich eigene Gemeinden, die 1928 zusammengelegt wurden, hatte für das untere Pustertal immer eine gewisse Bedeutung, dies vor allem wegen der dort liegenden Großmühle und Futtermittelfabrik.

Untervintl, der Sitz der Gemeinde überrascht durch gefällige Fassaden, Alleebäume und Gärten. Besonders stimmungsvoll ist der von Lärchen umrahmte Kirchhügel, wo der Friedhof und die zwei wichtigsten Kirchen von Vintl liegen. Es handelt sich um die dem Weinheiligen Sankt Urban geweihte alte Pfarrkirche von Vintl aus dem 14. Jahrhundert und die neue Pfarrkirche zu Mariä Verkündigung. Diese ist ein einheitlicher Barockbau, unter dem Einfluß des Brixner Domes 1760 errichtet, 1762 geweiht und 1976 restauriert. Die gesamte Wandbemalung stammt von Josef Anton Zoller.

### Die Nikolauskirche in Obervintl

Die Nikolauskirche wurde früher auch „Weiße Kirche" genannt. Von wo dieser Name stammt, bleibt eine offene Frage. Einige behaupten, es wäre eine „Kirche der Waisenkinder". Erwähnt wurde die Kirche um 1300. Der spätgotische Bau ist um 1450 entstanden und wurde innen im 18. Jahrhundert barockisiert. Interessant ist ein Zeichenstein an der Schwelle der Kirche neben einer in den Boden eingelassenen Grabplatte der Troyer, sowie eine mit Kreuzen und Blumensymbolen versehene Grabkreuzhalterung vor dem Eingang zur Friedhofskapelle (16. Jh.). Hans Fink hat die beiden Steine beschrieben und abgebildet.

### Ansitz Töpsl

Gegenüber der Obervintler Kirche befindet sich der Ansitz Töpsl, der aufgrund seiner prächtigen Fassade mit Erker, Schmiedeeisengitter und schwungvollen

Wappenfresko herausragt. Obervintl ist schließlich auch als Geburtsort (1866) des Tiroler Lyrikers Arthur von Wallpach zu nennen.

**Sankt Sigmund**

Der Ort ist Fraktion der Gemeinde Kiens. Die Geschichte von Sankt Sigmund setzt damit ein, daß hier eine Filialkirche der alten Pfarrei Kiens errichtet wurde. Der Name stammt von Burin (1050) dann von Peuren (1317). Um 1500 St. Sigmund in Peuren, dann wurde die alte Bezeichnung durch den Namen des Kirchenpatrons verdrängt. Er lebt aber als „Pairbach" im Unterlauf des Gruipenbaches weiter.

**Die Kirche in Sankt Sigmund**

Die heutige Kirche ist ein spätgotischer Bau. Mit dem Bau wurde 1449 von Friedrich von Pfalzen begonnen und 1489 von Valentin Winkler zur Vollendung gebracht; an Stelle der alten Kirche wurde 1513 die heutige Seitenkapelle errichtet. Im Granit der Portale finden sich Steinmetzzeichen der Brixner Bauhütte. Besondere Beachtung verdienten zunächst die Wandgemälde der Außenseite, und zwar eine Pietà in schöner Landschaft an der Fassade sowie an der Südwand ein mächtiger Christophorus, in Farbenpracht und unter Verwendung von Renaissanceelementen hervorragend komponiert. Besonders auffallend ist auch die sorgfältige Behandlung der Landschaft mit Tiroler Bauernhäusern, Burgen und Brükken. Einzigartigen Rang hat der Flügelaltar von Sankt Sigmund, einer der ältesten und bedeutendsten Südtirols.

Im Schrein der Kirche steht Maria mit dem Kind zwischen St. Jakob und Sigmund; die kleinen Predellafiguren (Anbetung der Könige) wurden insgesamt dreimal gestohlen und durch Interpol wieder aufgefunden. Im Gespreng steht die originale Kreuzigungsgruppe, die Flügel enthalten Tafelmalereien, und zwar außen verschiedene Heilige und innen Szenen aus dem Marienleben, darunter die Vermählung der Jungfrau mit der Taube und dem leiblich dargestellten Christus, von Gott Vater gesandt. Das Presbyterium darf nicht betreten werden. Neben dem Altar stehen zwei Kerzenstangen; im Kirchenschatz werden zwei kostbare Gefäße verwahrt und zwar ein Ziborium, nach der Überlieferung ein Geschenk des Herzogs an seine Kirche, sowie ein Kelch mit dem Wappen von Görz.

Im Friedhof ist das Kriegerdenkmal hervorzuheben mit zwei Posaunenengeln aus Terracotta aus der Hand von Maria Delago.

**Kiens**

Die Gemeinde besteht aus den Ortsteilen Kiens, Ehrenburg, Getzenberg, Hofern und St. Sigmund. Sitz der Gemeinde ist Kiens, die Haltestelle der Pustertaler Eisenbahn liegt in Ehrenburg. In der Ortschaft haben sich in den letzten Jahrzehnten mehrere Betriebe angesiedelt, vornehmlich einheimische, so daß diese Gemeinde zu einem kleinen Industriezentrum im unteren Pustertal wurde.

## Die Pfarrkirche zu den heiligen Petrus und Paulus in Kiens

Das Gotteshaus in der heutigen Größe und Form wurde in den Jahren 1835 bis 1838 unter Mitwirkung des Kuraten Jakob Prantl erbaut; der Bau wurde vom Grafen Künigl gefördert. Während des Zweiten Weltkrieges wurde die Kirche stark beschädigt, kurz darauf aber wieder fachgerecht erneuert. Die Deckengemälde zeichnete der Maler Josef Renzler; Teile davon sind im Jahre 1901 stark übertüncht worden. Diese Gemälde berichten von den Opfern des Alten und des Neuen Testamentes, vom Martyrium des heiligen Petrus und von den Kirchenvätern, sowie von der Aussendung der Apostel und den göttlichen Tugenden. Der Kreuzweg, die barocken Figuren und die Bilder am Hochaltar stammen von Josef Renzler und Stadler. Von den Holzskulpturen ist die Pietà (um 1500) mit Johannes und Magdalena besonders erwähnenswert. Die turmartige Monstranz (um 1600) mit dem Emaillewappen der Künigl und den gotischen Elementen ist ein wertvoller Schatz dieser Kirche.

## Ehrenburg

### Propstei- und Pfarrkirche zu Mariä Himmelfahrt

Über den Römerweg gelangt man nach Ehrenburg. Auf dem Schloßhügel thront die im Jahre 1957 renovierte, zu den schönsten Barockkirchen Südtirols zählende Pfarrkirche zu Ehrenburg. Neben der Burgkapelle wurde im Jahre 1370 eine kleine Kirche von Graf Stephan Künigl gebaut; das heutige Gotteshaus wurde in den Jahren 1698 und 1701 neu errichtet, der Turm stammt aus dem 15. Jahrhundert.

Besondere Aufmerksamkeit verdienen die Gemälde im Inneren, eine Arbeit des A. Mölck (1755). Dargestellt sind im Chor: die Himmelfahrt Mariens, St. Sebastian und Alexander; im Schiff: die Anbetung der Könige, St. Philipp und Jakob und mehrere andere Heilige. Dies alles ist mit reichem Beiwerk ausgeschmückt. Stukkaturen umfassen Gewölbe und Wände. Auch der Hochaltar und die Seitenaltäre sind Zeugen barocker Kunst. Hingewiesen sei noch auf das Totenschild des Stephan Künigl als „stiffter der capelln" (1441).

In der Presbyterium angebauten Gruftkapelle konnte man bis Juni 1975 eine kleine Pietà aus dem 14. Jahrhundert und am Altar selbst die berühmte „Kornmutter", Maria mit dem Kinde, bewundern. (Diese Objekte wurden neben anderen Statuen und Putten gestohlen.)

## Schloß Ehrenburg

Der Name, wie auch der der kleinen Ortschaft, geht auf Arbenburc (1241) zurück. Die später Künigl genannten Herren von Ehrenburg wurden in den Grafenstand erhoben und vergrößerten im 15. Jahrhundert die ursprünglich kleine Burganlage. 1512 wurde ein neuer Trakt mit dem Arkadenhof hinzugefügt, ein Werk des Maestro Lucio da Trento, Sohn des Vorstandes der bischöflichen Bauhütte zu Trient.

Durch den Brixner Fürstbischof Kaspar Ignaz Graf Künigl (1671 – 1747) und seinen Bruder Sebastian Georg wurde Ehrenburg weitgehend barock umgestaltet, wobei die Renaissanceteile aus dem 16. Jahrhundert eingegliedert wurden. Im älteren Teil des Schlosses steht ein hoher Turm aus romanischer Zeit.

Das im besten Zustand sich befindliche Schloß, eines der schönsten im Pustertal, wird von den Grafen Künigl bewohnt und kann besichtigt werden.

## Der Meilenstein

An der in Ehrenburg vorbeiführenden alten Römerstraße, in Hinterbühel, wurde 1927 ein römischer Meilenstein gefunden, der noch die vollständige Inschrift zeigt, aus der hervorgeht, daß er von Kaiser Septimius Severus im Jahre 201 gesetzt wurde.

Die Orte Pfalzen, Issing, Hofern, Terenten und deren Sehenswürdigkeiten werden im Abschnitt „Die Pustertaler Sonnenstraße" behandelt.

## St. Lorenzen

Der alte Markt St. Lorenzen war einst der bedeutendste Ort im großen Talkessel; er geht auf eine bayrische Gründung zurück, liegt aber teilweise auf der alten Römerstation Sebatum, von der große Teile ausgegraben wurden. Die bedeutendsten archäologischen Erkenntnisse wurden bei Grabungen in der Pfarrkirche im Jahre 1994 erreicht, als man die Reste einer frühchristlichen Kirche aus dem 4. oder dem beginnenden 5. Jahrhundert fand. Dieser Fund belegt nicht nur die frühe Christianisierung des Gebietes, sondern auch die Kontinuität einer Kirche, die wiederum die später so große Bedeutung der Pfarre St. Lorenzen bestätigt.

Die Geschichte dieses Ortes wird von der Kirche, den Schlössern Michelsburg und Sonnenburg sowie von den großen Märkten geprägt.

## Die Pfarrkirche

Die Pfarrkirche von St. Lorenzen prägt mit ihren zwei ungleichen Türmen das Bild der Ortschaft und steht majestätisch am Rande des großen Hauptplatzes. An der Nordwestseite der Kirche erhebt sich ein Turm, der mit seinen spitzbögigen Fenstern ganz deutlich eine spätere Erhöhung zeigt. Der untere Teil, an dem bei einer Restaurierung im Jahre 1988 wieder die romanischen Schallfenster freigelegt wurden, stammt aus dem 13. Jahrhundert und dürfte an eine Seitenkapelle des ältesten Teiles der Kirche angebaut gewesen sein. Dieser bestand aus den beiden westlichen Jochen des heutigen Mittelschiffes und paßt in die Zeit des nördlichen Turmes (Weingartner). Das Mittelschiff wirkt für eine gotische Kirche niedrig, dafür aber sehr breit; es wurde im 14. Jahrhundert verlängert und mit dem Presbyterium versehen. Die heutige Form der Egerer Kapelle und die beiden Seitenschiffe stammen aus spätgotischer Zeit (ca. 1500). Die Hauptfassade der Kirche wurde in letzter Zeit restauriert. Der ganze Bau ist von einem großen Satteldach aus Blech abgedeckt.

Der mächtige gotische Turm an der Südwestseite wurde im Jahre 1454 vollendet, die Turmuhr stammt aus dem Jahre 1541. An der Außenseite der Kirche sind mehrere Grabsteine Adeliger und bekannter bürgerlicher Bewohner des Marktes angebracht, so an der Nordseite drei der Familie von Egerer, den Stiftern der gleichnamigen Kapelle. In dieser Kirche befindet sich eines der schönsten Werke Michael Pachers, die Muttergottes mit dem Jesuskind mit der Traube.

**Die Sonnenburg**

Am Westende der Ortschaft St. Lorenzen liegt auf einem steil zur Staatsstraße und zur Rienz abfallenden Felskopf die Sonnenburg, heute zum Teil wieder als Schloßhotel restauriert. Da die Sonnenburg sowohl für Einheimische als auch für (Kultur) Touristen eine besondere Attraktion darstellt, soll ihre Geschichte ausführlich dokumentiert werden. Diese große Anlage - sie mißt von der West- bis zur Ostecke 160 m - geht auf ein kleines Schloß namens „Suanapurc" zurück, das Otwin, der Gaugraf des Pustertales, im 11. Jahrhundert seinem jüngsten Sohn namens Volkhold überließ. Volkhold, der sich dem geistlichen Stande zuwandte, übergab seine „Suanapurc" mit einigen dazugehörenden Besitzungen dem Orden des hl. Benedikt zur Errichtung eines Benediktinerinnen Stiftes. Die Schenkung fand am Pfingstfest des Jahres 1039 statt. Wann die „Suanapurc" entstanden ist und ob die Schenkung in der heute wieder zugänglichen Kripta stattgefunden hat, ist noch nicht ermittelt worden.

In das neu errichtete Stift kamen Nonnen aus dem Kloster Lengsee in Kärnten und aus Salzburg, als Äbtissin wurde eine Frau Wichburgis, eine nahe Verwandte des Stifters, bestellt.

Ebenfalls aus verwandtschaftlichen Gründen erhielt Bischof Ulrich II. von Trient die Vogtei des Klosters, obwohl dieses im Bistum Brixen lag und Volkholds Bruder (oder naher Verwandter) diesem vorstand. Das Kloster wurde sehr bald wohlhabend, dies durch viele Schenkungen, durch die Mitgift der eintretenden Frauen, sicher aber auch durch eine gut funktionierende Verwaltung. Aus den ältesten Aufzeichnungen des endenden 13. Jahrhunderts geht hervor, daß das Stift damals im Besitz von über 400 Gütern und Rechten war.

Das Stift erhielt zu einem nicht ganz genau bekannten Zeitpunkt die Immunität, eine teilweise Ausklammerung aus der Grafschaftsgewalt, und zwei Gerichte mit der niedrigen Gerichtsbarkeit: Das Hofgericht in Sonnenburg mit Sitz in der gleichnamigen Ortschaft, das für die Besitzungen in der Umgebung der Burg zuständig war; die hohe Gerichtsbarkeit dieses Gebietes unterstand dem Gericht Michelsburg. Das zweite Gericht lag in Enneberg und war für die Besitzungen im Gadertal zuständig, für dessen Blutgerichtsbarkeit das bischöfliche Gericht in Schloß Andraz in Buchenstein verantwortlich war. So entstand allmählich das „Fürstliche Stift Sonnenburg", dessen Untertanen der jeweiligen Äbtissin den Huldigungseid ablegen mußten.

Die Frauen auf Sonnenburg lebten nach ihrer eigenen benediktinischen Ordensregel, die sich nur ganz unwesentlich von der allgemeinen Regel dieses Ordens unterschied. Sie legten die Gelübde ab, hielten sich allerdings nicht an die strenge Klausur, was ihnen viele Unannehmlichkeiten bringen sollte.

Da ursprünglich nur adelige Damen aufgenommen wurden, die auf einen Kontakt mit ihren Familien nicht verzichten wollten und auch aus wirtschaftlichen Gründen auf ihre Freiheit pochten, ähnelte das Kloster in mancher Hinsicht auch einem adeligen Damenstift.

Nachdem im Jahre 1450 der deutsche Kardinal Nikolaus von Kues (Cusanus) Bischof von Brixen wurde und in den folgenden Jahren die Klöster der Diözese visitieren ließ, kam es zwischen Casanus und der Äbtissin Verena, der ihr Vogt Herzog Sigmund von Tirol zur Seite stand, zu einem jahrelangen Streit. Diese Auseinandersetzung hat den Klosterfrauen den Beinamen „Die streitbaren Nonnen von Sonnenburg" eingebracht. Für Kaiser Josef II., der in der Zeit der Aufklärung regierte und sich sehr in kirchlich-religiöse Verhältnisse einmischte, hatte ein Kloster, das der Allgemeinheit nicht zum Nutzen gereichte, keine Daseinsberechtigung. Zu den etwa 300 Klöstern, die Josef in seinem Herrschaftsbereich auflösen ließ, gehörte auch die Sonnenburg. Den Insassen wurde zur Last gelegt, daß sie nur ein contemplatives Leben führten und die Klausur nicht einhielten. Daher handle es sich bei der Sonnenburg nicht um ein richtiges Kloster, aber auch nicht um ein Damenstift, da sie feierliches Gelübde abgelegt hätten. Im Frühjahr des Jahres 1785 überbrachte der Kreishauptmann Josef von Grebmer das Aufhebungsdekret. Der ganze Komplex der Sonnenburg ging in private Hände über.

Die Burg ist von einer zum Teil noch erhaltenen Ringmauer umgeben. Man betritt sie durch das Haupttor im Nordosten und gelangt in einen großen Vorhof; von dort führt der Zugang an der Ruine der Klosterkirche und des Haupttraktes vorbei zu einem weiteren Tor, durch das man in den Innenhof gelangt. Der

Haupttrakt konnte mit einigen Nebengebäuden so ausgebaut werden, daß daraus das Schloßhotel entstehen konnte. Im Ostteil der Burg sieht man noch die Reste der beiden Kirchenschiffe, wobei man unter der gotischen Form noch die der einstigen romanischen Kirche erkennen kann. Nördlich der Kirche schließt sich der Kreuzgang an, der weiter freigelegt wird.

Nördlich des Hauptgebäudes erkennt man die Reste ehemaliger Nebengebäude, im Westen zuerst das verfallene Schlößchen „Suanapurc" (des Gründers Volkhold) mit der Rundmauer einer Vigilius Kapelle, dann, etwas tiefer gelegen, einen großen freien Platz, der in einer Kreuzkapelle endet. Die verfallenen Mauern wurden vom heutigen Besitzer so konserviert, daß sie keine Gefahr mehr bieten und auch die ehemalige Bauform des Schlosses erkennbar geblieben ist.

### Die Kripta

Zu den ältesten architektonischen Kostbarkeiten der Sonnenburg gehört die Kripta, die nachweisbar in die Gründerzeit, also in die erste Hälfte des 11. Jahrhunderts zurückgeht. Die Kripta, die nach der Aufhebung des Klosters offenbar beim Abriß der Kirche zugeschüttet wurde, konnte im Jahre 1973 wieder freigelegt und restauriert werden.

### St. Johann im Spital

Am Fuße der Sonnenburg, an der alten Landstraße durch das Pustertal, liegt auf einem Felsen das kleine Kirchlein St. Johann im Spital. Das an das Kirchlein angebaute Bauernhaus war ein Hospiz, das von den Nonnen der Sonneburg zeitweilig betreut wurde. Im beginnenden 18. Jahrhundert wurde die Kirche, die in das 12. Jahrhundert zurückgeht, mit barocken Bildern und Figuren ausgestattet. Das bedeutendste Kunstwerk in diesem Raum ist aber der überlebensgroße Christus ( 12. Jahrhundert), dessen Antlitz und zum Teil der Körper wahrscheinlich im 17. Jahrhundert umgestaltet wurden.

### Der Meilenstein von Sonnenburg

Im Jahre 1857 wurde auf einem Acker unterhalb der Sonnenburg ein Meilenstein gefunden, der 1885 in das Museum Ferdinandeum nach Innsbruck gebracht wurde. Für die Fundstelle wurde eine genaue Kopie angefertigt, die heute neben der Straße unterhalb der Burg steht. Aus der vollständig erhaltenen Inschrift geht hervor, daß es sich um einen Meilenstein des Kaisers M. Opellius Severus Macrinus (217-218) und seines Sohnes Diaduminianus handelt.

### Die Michelsburg

Bei dieser mächtigen Ruine handelt es sich um das einst bedeutendste Schloß des westlichen Pustertales. Die Burg liegt auf einem freistehenden Hügel, der zunächst nicht sehr steil ansteigt: Auf einem Absatz erkennt man die Reste einer Vorburg, während die Hochburg auf dem steil aufragenden Felskopf steht. An der Vorburg, die an der Nordwestecke angebaut war, stehen die Reste eines viereckigen Turmes, die Ringmauern sind stark verfallen. An der Hochburg ist noch der südliche Turm in seiner früheren Gestalt erhalten, ebenso ein großer Teil des Mauerwerkes des Hauptgebäudes. In den letzten Jahren wurden häufig Versuche einer Restaurierung unternommen, wobei viele Teile der Burg so konsolidiert werden konnten, daß sie für einige Zeit im heutigen Zustand erhalten bleiben werden.

Die Geschichte der Michelsburg verlief in ganz anderen Bahnen als die der Sonnenburg. Die hier wohnenden Geschlechter waren Pfleger, Richter und Verwaltungsbeauftragte der jeweiligen Inhaber, deren Einzelschicksale wenig bekannt sind. Auch das Leben auf der Burg ist weitgehend unbekannt. Das Leben der Nonnen auf Sonnenburg, die das Stift über 750 Jahre bewohnten, ist durch Chroniken und andere Schriften bis in kleine Einzelheiten dokumentiert.

Die Michelsburg war nicht die älteste, wohl aber die bedeutendste des westlichen Pustertales. Sie ist vermutlich kurz vor dem Jahre 1091 erbaut worden, dem Jahr, in welchem Kaiser Heinrich IV den Bischof von Brixen mit einer Grafschaft im Pustertal belehnte.

Ein Geschlecht, das ihren Namen trägt, wird 1205 zum ersten Male erwähnt. Nach all dem, was man erschließen kann, dürfte es sich bei den Herren von Michelsburg um ein Dienstmannengeschlecht handeln, das schon seit etwa 1200 mit der Grafschaftsgewalt im Pustertal, das das Gebiet des späteren Landgerichts im Pustertal umschloß, betraut war. Die Abhängigkeit von den Grafen von Andeck, Tirol und Görz ist durch deren Stellung als Vögte der Bischöfe von Brixen erklärbar. 1232 verlieh Bischof Heinrich von Brixen seine Lehen im Pustertal wieder an die Andechser; dazu gehörte auch die Michelsburg.

Nach dem Aussterben der Andechser erhielten die Grafen von Tirol die Burg, nach ihnen die Grafen von Görz und Tirol.

Ab dem späten 14. und 15. Jahrhundert betreuten die Pfleger auf der Michelsburg zur Verwaltung des Gerichts einen eigenen Richter, der sich „Richter von St. Michelsburg oder auch von St. Lorenzen" nannte. Im 15. Jahrhundert wurde aus dem Landgericht im Pustertal das Landgericht St. Michelsburg.

Nach dem Aussterben der Albertinischen Linie der Grafen von Görz im Jahre 1500 ging das Pustertal an das Haus Habsburg über. Kaiser Maximilian I., der auch Landesfürst von Tirol war, übergab die Michelsburg Bischof Melchior von Brixen als Pfand. Es folgten nun verschiedene Inhaber, die teils dem Bischof, teils der tirolischen Landesregierung unterstanden. Im Jahre 1678 erhielten die Künigl von Ehrenburg Schloß und Gericht. Die Burg verblieb, mit einer kurzen

Unterbrechung, bis 1955 in deren Besitz. Das Landesgericht Michelsburg wurde schon 1850 endgültig mit dem Bezirksgericht Bruneck vereint. Die Michelsburg ist heute in Privatbesitz und kann nicht besichtigt werden.

**Die Pustertaler Sonnenstraße**

Ausgehend von Stegen bei Bruneck führt eine sehr gut ausgebaute Straße zunächst durch ein längeres Waldstück auf das Pfalzner Mittelgebirge. Gleich nachdem die Höhe erreicht ist, kann man feststellen, daß diese Straße mit gutem Recht den Namen führen kann. Auf der Höhe gleich rechter Hand sieht man im freien Feld das Kirchlein St. Valentin stehen.

**St. Valentin in Greinwalden**

Das gotische Kirchlein wurde 1434 geweiht. Im 16. Jahrhundert kamen das Gewölbe, der Chor und der Spitzturm dazu. Im Inneren ist ein Freskenzyklus zu bewundern, der dem Brunecker Maler Friedrich Pacher zugeschrieben wird. „Der Besucher bewundert die einmalige Lage dieses Gotteshauses, die Einheit zwischen Landschaft und Kunst. Es ist ein Bild – wenn man den daneben liegenden Bauernhof mit seinen Obstbäumen einbezieht – von einer wahrhaft reizvollen Einheit und Geschlossenheit, es ist ein Kunstwerk, das aus dem Naturrahmen herauswächst und sich harmonisch in den Naturraum einfügt" (J. Niedermair).

**Pfalzen**

Die Ansitze Luttach , Sichelburg und der Pfarrhof beweisen, daß auch frühere Dienstmannen und Adelsgeschlechter den Sonnenreichtum und die herrliche Lage dieses Dorfes zu schätzen wußten. Der Pfarrhof war Sommersitz der Görzer Grafen; sie ließen diesen massiven Ansitz im 13. Jahrhundert erstellen. Im Ansitz Luttach, einem einfachen Bau mit viereckigen Türmen, wohnten die Herren von Pfalzen; später ging Luttach in den Besitz der Herren von Luttach über, die es dann an Bauern verkauften. Die Sichelburg beherrscht das Bild des Oberdorfes; es war die ursprüngliche Wohnstätte der Herren von Pfalzen; in Urkunden spricht man von "falciburgum"; dieser Name stammt von den beiden Sicheln im Wappen der genannten Herren; im heutigen Namen und im heutigen Gemeindewappen finden sich der Hinweis auf die Sichelburg und die Sicheln selbst.

**Pfarrkirche zum heiligen Cyriakus**

Wuchtig überragt die Pfarrkirche das Dorf, beeindruckend ist der Aufstieg über die Granittreppe, die von Roßkastanienbäumen umrahmt wird. Schon um 1090 wird hier ein Gotteshaus erwähnt, für 1177 ist eine Kirche nachgewiesen. Der Turm verrät, daß an dieser Stelle ein gotischer Bau stand, der später einem weiträumigen Neubau weichen mußte. Die Kirche ist 1917 und danach noch einige Male renoviert worden. Eine Glocke und der Weihwasserbrunnen stammen aus der Mitte des 16. Jahrhunderts. Die Deckengemälde zeigen die Himmelfahrt Mariens, Kirchenväter und Bilder aus dem Leben des heiligen Cyriak. Die Statuen am Hochaltar stellen die heiligen Augustinus, Sebastian, Thomas und Kassian dar. Die Schmerzensmutter am Seitenaltar war früher das Ziel vieler Pilger. Die kleine Friedhofskapelle wurde im 17. Jahrhundert errichtet.

**Der Pfalzner Granit**

Diese auf dem ganzen Mittelgebirge vorkommende Gesteinsart hat dazu geführt, daß viele Steinmetze dort ihre Arbeit ausführen konnten. Diese Handwerker fanden in den Pfalzner Granitfindlingen das Material, aus dem sie Aufbau, Säulen und Gerippe gestalteten. Steinmetze gab es in Pfalzen bis in die jüngere Zeit, selbst eine Steinmetzschule ist nachweisbar. In einem Handwerksverzeichnis werden im Jahre 1900 noch 40 Steinmetze aufgeführt. Auch die Franzensfeste wurde zum Großteil aus Pfalzner Granit erbaut.

Die nächste Ortschaft ist

**Issing**

In der Kirche dieses Dorfes wurde auf einem Schlußstein eine der frühesten Arbeiten Michael Pachers gefunden. Der Schlußstein befindet sich im Museum von Bruneck.

**St. Nikolaus in Issing**

Issing ist ein Dorf neben Pfalzen. Die Kirche St. Nikolaus wurde 1519 in gotische Form gekleidet, der Chor mit dem Spitzturm ist aus Quadern errichtet worden. Im 18. Jahrhundert wurde die Kirche entgotisiert und zu Barock umgestaltet.

**Hofern**

Hier steigt die Straße steil an und erreicht den zweiten Teil der Pustertaler Sonnenstraße, die Hochfläche von Terenten. Bevor man diese erreicht, liegt auf einem steilen Hügel rechts der Straße Schloß Schöneck, etwas höher an der linken Straßenseite im Walde versteckt das Kirchlein St. Martin, dessen roter Spitzturm die Gipfel der Fichten und Lärchen überragt. Der Blick von der Kirche schweift in eine weite Landschaft, vom oberen Pustertal bis zum Kreuzkofelmassiv in den Dolomiten.

In dieser kleinen Kirche ist der Flügelaltar von besonderer Bedeutung. Im Schrein steht Maria mit dem Christuskind zwischen Martin und Silvester, in der Predella sind es Anna mit Joachim und Josef, an den Flügeln der Predella die heilige Katharina und Barbara, an den Schreinflanken St. Georg und St. Floria, im Gesprenge schließlich die Kreuzigungsgruppe. Besonders wertvoll und anmutig sind die Gemälde an der Predella, die die heilige Agnes und die heilige Dorothea darstellen. Die Holzstatue des Kirchenpatrons ist eine Arbeit aus dem 15. Jahrhundert.

**Schloß Schöneck**

Die Herren dieser im 12. Jahrhundert gegründeten Burg waren Ministerialen des Bischofs von Brixen; das Geschlecht dieser Herren von Schöneck starb im 14. Jahrhundert aus.

Die Burg als Mittelpunkt eines bedeutenden Gerichtes wurde verschiedentlich als Pflege oder Pfand verliehen, darunter auch an die Wolkensteiner. Der Minnesänger Oswald von Wolkenstein wurde höchstwahrscheinlich um 1377 auf diesem Schloß geboren.

Der schon zum Teil zur Ruine verfallene Bau wurde nach dem Kauf durch die Familie Tinzl (1964) einer gründlichen Restaurierung unterzogen und stellt heute ein wertvolles Kulturdenkmal in dieser Gegend dar.

**Terenten**

Bevor die Pustertaler Sonnenstraße ziemlich steil gegen Vintl abfällt, liegt auf einer weiten Ebene das sonnige Dorf Terenten. Dieser weit auseinandergezogene Ort mit den behäbigen Bauernhäusern und Gasthöfen hinterläßt einen guten Eindruck.

Die Pfarrkirche zum hl. Georg, die im 14. Jahrhundert erwähnt wird, ruht auf einem frühen romanischen Bau, wie aus Grabungen im Jahre 1964 deutlich hervorgeht. Die spätgotische Kirche erhielt nach mehreren Umbauten im Jahre 1850 schließlich den heutigen neuromanischen Stil. Auch die Altäre zeigen den Übergang vom Klassizismus zur Neuromanik.

Erwähnenswert sind das Kirchlein Heiligkreuz am Friedhof und St. Margareth in Margen.

**Bruneck**

Auf die erste Urkunde, in welcher der Name Bruneck aufscheint, wurde bereits hingewiesen. Der Gründer, Bischof Bruno von Bullenstätten und Kirchberg, gab dem Schloß und der Stadt den Namen. Bereits Ende des 14. Jahrhunderts war sie vollendet und mit Mauer, Graben und vier Toren versehen. Im selben Jahrhundert erhielt sie die „Freyheit des Wochenmarktes" und die „Freyheit um das Hochgericht". Im 15. Jahrhundert führte die bedeutende Handelsstraße zwischen Augsburg und Venedig durch das Pustertal und die Waren wurden in der Stadt Bruneck gewogen, verzollt und oft auch gelagert. Dies brachte der Stadt und dem

Stadtherren, dem Bischof von Brixen, gute Einnahmen. Der Wohlstand drückte sich nicht nur in einem immer geschäftlicheren Leben aus, sondern auch in Verwaltung und Kultur. In Bruneck gab es schon sehr früh eine Lateinschule neben der Vulgärschule, im 15. Jahrhundert entwickelte sich die Pustertaler Malschule, aus der letztlich auch die großen Künstler Michael und Friedrich Pacher hervorgingen.

Von Krieg und Seuchen blieb die Stadt ziemlich verschont, dafür gab es öfter Wasser- und Brandkatastrophen. In den Napoleonischen Kriegen wurde die Stadt von Franzosen und Bayern besetzt und mußte schwere Kriegslasten tragen. Im Ersten Weltkrieg war Bruneck Etappenstation und blieb im großen und ganzen ohne Schäden, im Zweiten fielen auch hier einige Bomben, die Menschenleben forderten und Gebäude zerstörten.

Bruneck hatte sich schon seit Mitte des letzten Jahrhunderts dem Fremdenverkehr geöffnet, der Winterverkehr entstand aber erst in der zweiten Hälfte unseres Jahrhunderts, als die Seilbahn auf dem Kronplatz eröffnet wurde.

**Die Stadtgasse**

Die Stadtgasse, ursprünglich überhaupt die einzige Gasse der Stadt, wird von den alten Bürgerhäusern eingeschlossen, die zum Teil noch ihr altertümliches Gepräge beibehalten haben. Nach dem Brand von 1723 mußte allerdings bei sehr vielen Häusern der obere Teil im alten Stil neu erbaut werden. Neben gotischen Spitzbogentoren tragen viele Häuser noch Zinnengiebel und bisweilen Spitzbogenfriese. Im Inneren der Häuser finden sich noch vielfach schöne Gratgewölbe, malerische Treppenhäuser, in den Räumen Kassetten- oder Stuckdecken. Hofanlagen fehlen im allgemeinen, da die eng an den Schloßberg oder an die Stadtmauer angelehnten Häuser keine Hinterhäuser haben.

Die Stadtgasse hat auch keine Lauben, wie sie sonst in Südtiroler Städten vielfach vorkommen. Dafür weist sie eine ganz ansehnliche Breite auf, die auf eine gewisse Großzügigkeit der Anlage schließen läßt, was besonders durch den einst im Westen der Stadt gelegenen Platz bezeugt wird (heute Garten des Klosters der Ursulinen).

Verschiedene Häuser sind mit Fresken versehen, die erst in den letzten Jahren durch fachgerechte Renovierungen an den Tag kamen.

Neben den Stadthäusern, die von einer soliden bürgerlichen Wohlhabenheit zeugen, stehen noch einige historisch bedeutsame Gebäude: Das große Haus neben dem Garten der Ursulinen, am Eingang der Hintergasse, war einst das Verwaltungsgebäude des Klosters Neustift.

Oberhalb des Hauptportales ist das Wappen des Stiftes angebracht mit der Inschrift „Vivat faelix Novacella, HP..NP. 1547", „Es lebe das glückliche Neustift, Hieronymus Piesendorfer, Probst von Neustift, 1547".

Das Haus dient heute der Stadtbibliothek, die oberen Räume stehen dem Realgymnasium zu Verfügung. In der Stadtapotheke befindet sich ebenerdig eine Trinkstube aus dem 16. Jahrhundert. Sie ist gegenwärtig nicht zugänglich.

Schräg gegenüber dem Verwaltungsgebäude der Neustifter steht das stattliche Haus „Kirchberger", ursprünglich Verwaltungsgebäude des Bischofs, seit 1723 zwei Jahrhunderte hindurch Brauerei und Gastbetrieb. Etwa in der Mitte der Stadtgasse zweigt die Florianigasse ab, so genannt nach einem großen Brunnen, der 1834 dort aufgestellt wurde.

Auf dem weiteren Gang durch die Stadtgasse (gegen Osten) sieht man an der rechten Seite einen mächtigen Bau, einst Rathaus und Gerichtsgebäude; die Ratstube wurde später einige Häuser weiter (Nr. 42) verlegt. Das Haus Nr. 29 an der linken Straßenseite war einst Wohnhaus und Werkstätte des großen Meisters der späten Gotik, Michael Pacher (siehe Inschrift an der Hauswand).

**Michael Pacher**

Michael Pacher war der unbestritten größte spätgotische Bildhauer und Maler. Sein Geburtsort und das Geburtsdatum sind unbekannt; aus zahlreichen Brunekker Urkunden des 15. Jahrhunderts geht aber hervor, daß „maister Michl der maler und purger" in der Stadtgasse beheimatet war und dort seine Werkstätte hatte. Die bedeutendsten seiner Werke sind die Altäre von St. Wolfgang und Gries-Bozen, die Tafeln der Kirchenväter in der Alten Pinakothek in München, zahlreiche Fresken in Neustift und im Pustertal, sowie die Muttergottes mit dem Jesukind mit der Traube in der Pfarrkirche von St. Lorenzen im Pustertal. Der mit Michael nicht verwandte Friedrich Pacher war auch Brunecker Bürger und arbeitete zeitweilig in der Werkstätte des großen Meisters. In der Malkunst steht er als Künstler sicher neben Michael Pacher.

Die Gasse verengt sich dann, da die Häuser durch die Rienz eng an den Schloßberg herangedrückt werden. Hier führt nach Norden das Rienztor hinaus, etwas weiter im Osten führt das Ragentor in die „Oberstadt". Alle vier Tore, die in die Stadtgasse führen, sind noch erhalten, auch wenn das westliche beim Kloster der Ursulinen etwas zu hoch ausgeschlagen wurde.

Die Oberstadt ist das zweite Geschäftsviertel Brunecks, dort stehen auch die Ansitze von Brunecker Adligen. Die dritte Geschäftsstraße in der Altstadt ist der Graben, der im westlichen Teil vom Kloster der Ursulinen eingenommen wird. In den letzten Jahren haben sich in den die Stadt umgebenden Neubauten zahlreiche neue Geschäftshäuser und Gastbetriebe angesiedelt.

## Die Kirchen der Stadt

*Die Pfarrkirche „Zu Maria Himmelfahrt"*

Die Pfarrkirche „Zu Unserer Lieben Frau" steht auf dem ältesten Siedlungsboden des Brunecker Stadtgebietes. Hier lag das Dorf Ragen, das aus mehreren Ansitzen und bischöflichen Meierhöfen bestand.

Aus einer Urkunde aus der Zeit zwischen 995 und 1005 wissen wir von einer edlen Frau Suanahilt, die ihre Besitzungen im Ragen gegen Güter in Stegen an das Domkapitel in Brixen abgibt.

Auch eine Kapelle hat hier bereits gestanden, die allerdings erst im 13. Jahrhundert erwähnt wird. In einem Ablaßbrief vom Jahre 1334 wird die Kirche oder Kapelle erstmals urkundlich erwähnt. Da dieses kleine Gotteshaus aber für die inzwischen entstandene Stadt Bruneck sicherlich zu klein war, wurde eine größere Kirche erbaut, die 1381 vom Fürstbischof Friedrich von Erdingen geweiht wurde. Diese Kirche war bereits ein dreischiffiger romanischer Bau. 1515 wurde der Pfalzner Steinmetz Valentin Winkler mit dem Neubau einer Kirche betraut, die im gotischen Stil errichtet werden sollte.

Dieser Umbau wurde aber nie vollendet. Erst Ende des 18. Jahrhunderts erstellte der angesehene Brunecker Bürger, Stadtbaumeister Jakob Philipp Santer, den Plan für eine neue Kirche, mit deren Bau dann 1789 begonnen wurde. Dieser Kirche war nur ein kurzer Bestand beschieden, denn am 23. März 1850 brannte sie vollständig ab. Unter Dekan Anton von Klebelsberg wurde dann die vierte Kirche erbaut, die nach den Plänen des Freiherrn Hermann von Bergmann aus Wien im frühen neuromanischen Stil errichtet wurde. 1853 war der Bau vollendet.

Die Inneneinrichtung stammt aus der Zeit nach dem Brande. Die Deckengemälde, die das Leben Marias darstellen, stammen von Georg Mader, die Altarbilder von Franz Hellweger aus St. Lorenzen bei Bruneck. Beide Künstler gehörten der „Nazarener Schule" an, die in München ihren Sitz hatte. Am Hochaltar ist der Tod Mariens dargestellt, am linken vorderen Seitenaltar steht eine spätgotische Pietà aus Steinguß, an der rechten hängt über dem Taufbecken ein Kruzifix aus der Pacher-Schule in Bruneck (ca. 1530).

Die Seitenaltäre stellen an der rechten Seite das Martyrium des hl. Sebastian, Mutter Anna mit ihrer Tochter Maria und an der linken den Tod des hl. Josef dar. Bemerkenswert sind in der Kirche noch die beiden Grabdenkmäler von dem Erbauer der Kirche, Dekan Klebelsberg, an der rechten Innenseite, und eine bronzene Platte mit der Darstellung der Kreuzabnahme.

Dieses Werk, eine sehr vollkommene Arbeit von Michael Gras, wurde für den Bürger Hans Kempter gesetzt, der als großer Gönner der Stadt galt.

*Die Rainkirche „Zur Heiligen Katharina"*

Im Jahre 1340 stiftete ein edler Bürger von Bruneck, Nikolaus der Stuck, auf dem Rain, unterhalb des Schlosses, eine Kapelle zu Ehren des Heiligen Geistes.

Es war die erste Kirche innerhalb der Stadtmauern, denn die Frauenkirche, die spätere Pfarrkirche, stand in Ragen, außerhalb der Stadt. Die Kapelle am Rain erscheint in einem Visitationsprotokoll bereits als Katharina-Kirche.

Der Turm wurde 1660 im gotischen Stil erbaut, nach dem Brand von 1723, dem er zum Opfer fiel, erhielt er die heutige barocke Form. Dieser schön geformte Rainturm wird heute neben dem Schloß als Wahrzeichen der Stadt angesehen.

In einem kleinen Stübchen oberhalb des Glockenhauses versah bis zum Jahre 1972 der Nachtwächter seinen Dienst. An der Außenwand, oberhalb des Hauptportals, wird die Enthauptung der hl. Katharina dargestellt, eine stark übermalte Arbeit aus dem 17. Jahrhundert. Am Turm sieht man die Wappen von Tirol, Bruneck, Spaur und Wenzl.

Der Grabstein des letzten Stuck aus der Familie des Stifters, gestorben 1368, steht hinter dem Hochaltar.

Das Innere der Kirche besteht aus dem Langschiff mit flachem Tonnengewölbe und dem Chor. Den barocken Hochaltar zieren zwei Holzstatuen der Heiligen Ursula und Barbara; auf dem Altarbild sieht man die Mutter Gottes mit dem Christkind, das der vor ihm knienden hl. Katharina den Ring an den Finger steckt.

*Die Spitalkirche „Zum Heiligen Geist"*

Die ursprüngliche Spitalkirche wurde von Heinrich von Stuck 1358 gestiftet, aber erst von seiner Witwe errichtet. 1381 wurde sie vom Bischof Friedrich von Erdingen geweiht. Im Jahre 1758 wurde die schon baufällig gewordene Kirche abgetragen und neu erbaut.

Diese von Ingeniun Gasser errichtete Kirche wurde am 9. August 1761 von Bischof Künigl zu Ehren des Heiligen Geistes und des heiligen Johannes des Täufers geweiht.

Der Bau besitzt eine reich gegliederte Fassade mit Volutengiebel, und ist mit einer hohen Tonne eingedeckt. Seitlich angebrachter Kuppelturm.

Im Innern sieht man am Gewölbe Kompositionen, Pfingstfest mit Evangelisten, Geschichte Johannes des Täufers und Stuckdekoration. Alles mäßige Arbeiten aus der zweiten Hälfte des 18. Jahrhunderts.

Die Altäre zeigen gefälligen Säulenaufbau aus Stuckmarmor. Am Hochaltar die Statuen der Heiligen Petrus und Paulus, das Altarblatt mit der Darstellung der Taufe Christi, eine gute barocke Arbeit von Franz Unterberger (1705 – 1776) aus Calvese, einem Bruder des Direktors der Wiener Akademie, Michelangelo Unterberger. Am linken Seitenaltar die hl. Notburga von Johann Georg Grasmair aus Brixen, am rechten die hl. Elisabeth von Franz Unterberger. Die Einrichtung stammt aus der Bauzeit der Kirche, die Orgel aus dem Jahre 1800.

*Die Klosterkirche der Kapuziner „Zur Heiligen Dreifaltigkeit"*

Im Jahre 1625 erteilte das bischöfliche Ordinariat die Erlaubnis, ein Kapuzinerkloster zu bauen. Die Stadt schenkte einen Teil des Spitalangers und stellte Baumaterial aus einem aufgelassenen ehemaligen Messingwerk zur Verfügung. Am 14. September 1631 erfolgte bereits die Einweihung des Klosters und der Kirche zur Heiligen Dreifaltigkeit durch Bischof Wilhelm von Welsberg in Gegenwart des Landesfürsten Leopold und seiner Gemahlin Erzherzogin Claudia.

Bei dem großen Brand von 1723 wurde auch das Kloster eingeäschert, aber bald darauf wieder aufgebaut. Die Kirche hat die typische Form der Kapuzinerkirchen mit Seitenkapelle, beigesetztem Chor und Tonnengewölbe. Das Hochaltarbild zur Hl. Dreifaltigkeit (17. Jahrhundert) wird von den beiden Heiligen Johannes flankiert. An den beiden Seitenaltären die Heiligen Felix und Antonius von Padua.

Das Kapuzinerkloster ist seit seiner Gründung für die Seelsorge der Stadt und der Umgebung von größter Bedeutung.

*Die Klosterkirche der Ursulinen*

Bischof Ulrich von Wien erlaubte der Stadt Bruneck am 27. September 1410, am Stadtplatz bei der Ballwaage eine Kapelle zu erbauen; bereits 1411 war die Kapelle errichtet und der Heiligsten Dreifaltigkeit geweiht.

1427 schon wurde sie zu einer Kirche zu Ehren des Heiligen Erlösers umgebaut und vergrößert, wobei ein Stadtturm mit Wehrgang in den Bau einbezogen wurde.

Die „Neukirche", wie der Bau genannt wurde, ging 1742 in den Besitz des inzwischen gegründeten Ursulinenklosters über. Die Klosterfrauen mußten sich verpflichten, die Kirche auf eigene Kosten zu erhalten und sie für den Gottesdienst zur Verfügung zu stellen.

Um die Mitte des 18. Jahrhunderts wurde sie barockisiert, 1880 – 81 wieder in den gotischen Zustand zurückversetzt.

Die heutige gefällige Form erhielt sie nach einer Restaurierung nach 1983. Über eine Steintreppe erreicht man ein schönes Spitzbogenportal mit gekreuzten Rundstäben. Im Innern ein Sterngewölbe. Der kleine gefällige Flügelaltar, der bei der letzten Restaurierung aus Teilen der früheren neugotischen Altäre erstellt wurde, zeigt Reliefs im „weichen Stil" aus der Zeit um etwa 1430, die dem „Meister des Ursulinenaltars" zugeschrieben werden. Sie stellen die Heimsuchung Mariens, Jesus im Tempel, die Anbetung der hl. Drei Könige und links neben dem Altar den Tod Mariens dar.

Die Ursulinenkirche zum hl. Erlöser, ganz allgemein Klosterkirche genannt, steht den ganzen Tag offen. Es werden in ihr täglich Gottesdienste abgehalten.

**Schloß Bruneck**

Das von Bischof Bruno von Bullenstätten um 1250 erbaute Schloß steht auf einem von der Natur kaum geschützten Hügel, der an der Südseite durch das Herausschlagen von Gesteinsmaterial unzugänglicher gemacht wurde.

Daß dieses Schloß bis heute so gut erhalten ist, verdankt es seinem Herrn, dem Bischof von Brixen, dessen Güterverwaltung es noch immer gehört.

Der Bau wurde im Laufe der Jahrhunderte öfters erweitert, den heutigen Zustand führte eine Erweiterung im 16. Jahrhundert herbei.

An der Südseite der Burg führt eine feste Brücke über den inzwischen zugeschütteten Graben in den äußeren Hof. Den architektonisch sehr interessanten Innenhof schmücken stark übermalte Dekorationsmalereien aus dem 16. Jahrhunderts, sowie die Wappen verschiedener Bischöfe des 16. und 17. Jahrhunderts. Besonders abwechslungsreich gestalten ein Treppenturm und eine kleine Freitreppe mit Mauerbrüstung den Hof.

Die Räume im Innern sind eher einfach gehalten; sie werden seit Jahren als Klassenräume des Humanistischen Gymnasiums benützt. Sehr schön sind aber die mit Kassettendecken geschmückten Fürstenzimmer, die in den Sommermonaten sehr oft von den Bischöfen von Brixen bewohnt wurden.

Während der Napoleonischen Kriege wurde das Schloß vorübergehend der Herrschaft des Bischofs entzogen und von französischen und bayrischen Truppen besetzt, nach dem Krieg aber wieder dem rechtmäßigen Besitzer zurückerstattet.

## Edelsitze

Verläßt man die Stadtgasse durch das Ragentor, so erblickt man gleich einen großen wuchtigen Bau, der die „Oberstadt" in zwei Straßenzüge teilt: das Palais Sternbach. Ursprünglich im Besitz der Herren von Wenzl, von denen ein Zweig in den Freiherrenstand mit dem Prädikat von Sternbach zu Stock und Luttach erhoben wurde.

Vor dem Ansitz Sternbach gabelt sich die Straße; links führt der Weg weiter zur Pfarrkirche, an der rechten Seite, in der Paul-von-Sternbach-Straße, steht der Ansitz Vintler. Dieses Geschlecht mit dem Prädikat „zu Platsch und Runkelstein" lebte seit dem 17. Jahrhundert in Bruneck und hatte hier öfters höhere Stellen in der Stadt- und Landesverwaltung inne.

Das Ragenhaus, südlich der Pfarrkirche gelegen, war einst ein bischöflicher Küchenmeierhof, den die Familie Mair zu Ragen bereits im 13. Jahrhundert verwaltete. Ein späterer Besitzer, Stefan von Wenzl, gestaltete den Innenhof in einen sehr gefälligen Renaissance-Stil um. Das Haus wurde um die Mitte des 19. Jahrhunderts von der Stadtgemeinde erworben und in den Jahren 1979 bis 1985 von Grund auf restauriert. Es beherbergt heute die Musikschule, der Innenhof wird für Ausstellungen, Konzerte und andere Feiern verwendet.

Nur wenige Schritte weiter liegen zwei Ansitze, von einer gemeinsamen Mauer umschlossen. Das Haus Teisegg (nach der 1460 erbauten Theiserhube) wurde von den Brunecker Geschlechtern der Söll, Gall, Klebelsberg und Fedrigotti bewohnt und ist heute im Besitz der Grafen Mamming. Das Haus an der Straße wurde um 1700 von den Herren von Gall zu Ansiedl erbaut und trägt heute den Namen eines späteren Besitzers, Ansitz Mayrhauser.

## Öffentliche Denkmäler

*Die Mariensäule*

In Oberragen (Oberstadt) steht vor dem schönen Palais Sternbach eine große Bildsäule, die von einer Muttergottesstatue gekrönt wird. Die Bildsäule, ein Werk des Brixner Bildhauers Michael Rasner, wurde von Andrä Wenzl, Freiherr von Sternbach, im Jahre 1716 errichtet. Ob für die Stiftung ein besonderer Grund vorgelegen hat, ist nicht bekannt. Es lag wohl im Geschmack jener Zeit, daß reiche Herren sich durch solche Stiftungen hervortaten.

*Das Denkmal Eduard von Grebmers*

Auf dem Graben, gegenüber dem Ursulinenkloster, steht auf einem Steinsockel eine Bronzebüste des Herrn Eduard von Grebmer. Herr von Grebmer war auf politischem und wirtschaftlichem Gebiet einer der größten Brunecker der letzten Zeit.

Er wurde am 24. Jänner 1821 auf dem väterlichen Ansitz in Dietenheim bei Bruneck geboren, studierte nach der Absolvierung des Gymnasiums die Rechtswissenschaft in Innsbruck, Graz und Padua und erlangte den Doktorgrad. 1850 übernahm er die von seinem Bruder geführte Post und Landwirtschaft in Bruneck. Im Jahre 1848 wurde er zum Bürgermeister von Dietenheim gewählt, 1861 zum Bürgermeister von Bruneck.

Als Mitglied des Landtages, des Landesausschusses und des Reichsrates war er neben seiner politischen und wirtschaftlichen Tätigkeit sehr um die soziale Fürsorge der Angestellten und Dienstboten besorgt. 1865 wurde Herr von Grebmer vom Kaiser zum Landeshauptmann-Stellvertreter ernannt und mit dem Ritterkreuz des Franz-Josefs-Ordens ausgezeichnet. 1869 wurde er Landeshauptmann von Tirol.

Am 11. Jänner 1875 starb Herr von Grebmer in seiner Heimatstadt Bruneck. Für seine unermüdliche Tätigkeit für die Stadt und für das ganze Land setzte ihm die Bürgerschaft von Bruneck 1878 dieses Denkmal.

*Die Statue des hl. Florian*

Am Hause Nr. 3 der Florianigasse steht in einer Rundbogennische eine fast lebensgroße Statue des hl. Florian. Es ist ein Werk des weit über die Stadt hinaus bekannten Brunecker Malers und Bildhauers Josef Bachlechner (1871 – 1923). Bachlechners große Kunst zeigt sich hauptsächlich in seinen neugotischen Altären sowie in den reizenden Tiroler Krippen. Eine seiner schönsten Madonnenstatuen besitzt Bruneck in der Immaculata der Ursulinenkirche.

*Das Alpinidenkmal am Kapuzinerplatz*

Im Krieg Italiens gegen Abessinien in den Jahren 1935 – 36 wurden auch Alpinisoldaten eingesetzt. Zur Erinnerung an die Gefallenen dieses Krieges wurde 1938 ein überlebensgroßes Standbild eines Alpino errichtet; die heute hier stehende Büste erinnert an dieses Denkmal. Aus der Inschrift am Sockel geht hervor, daß es an die unsterbliche Ehre aller Alpini erinnern soll.

**Die Kronplatz Seilbahn**

In Bruneck, das bereits im vergangenen Jahrhundert im Sommer von fremden Gästen besucht wurde, gab es bis zur Eröffnung der Kronplatz Seilbahn 1963 fast keine Wintersaison, da die nötigen Einrichtungen fehlten. Dies änderte sich fast schlagartig von Jahr zu Jahr, als auf dem Kronplatz noch mehrere kleinere Aufstiegsanlagen errichtet wurden und die Orte Olang im oberen Pustertal und St. Vigil Enneberg im Gadertal ihre eigenen Bahnen bauten.

So wurde der Kronplatz bald einer der ersten Skiberge des ganzen Landes, auf dem an manchen Tagen bis zu 15.000 Skifahrer gezählt wurden, die aus der ganzen Ferienregion Kronplatz kamen.

### Das Stadtmuseum für Grafik

1990 wurde in Bruneck der Museumsverein gegründet, dessen Vorläufer 1935 unter dem Faschismus aus politischen Gründen aufgelöst wurde; die Museumsbestände wurden größtenteils nach Bozen gebracht.

Der Verein sah seine Aufgabe in der Förderung und Pflege der Kunst und in der Errichtung eines Stadtmuseums, was in der Zwischenzeit auch gelungen ist. Gemeindeverwaltung, Fraktionsverwaltung, das Amt für Schule und Kultur für die deutsche und ladinische Volksgruppe, sowie das Amt für öffentliche Arbeiten stellten die finanziellen Mittel zum Kauf und zur Ausgestaltung des Hauses zur Verfügung. Das Museum, das in erster Linie für moderne Graphik vorgesehen ist, hat in seinen Beständen auch ältere Werke, die dem interessierten Besucher zur Ansicht geboten werden.

### Der Kronplatz

Siehe dazu die Ortschaft **Reischach**

### Die Dörfer der Umgebung

Die Stadt Bruneck wird von fünf Dörfern umgeben, die noch bis in die Zeit nach dem Ersten Weltkrieg eigene Gemeinden bildeten. Nur die der Stadt am nächsten gelegene Ortschaft Stegen war immer ein Ortsteil von St. Lorenzen, 3,5 km westlich von Bruneck. Mit Königlichem Dekret Nr. 450 vom 19.2.1928 wurden alle Dörfer der Stadtgemeinde angeschlossen und bilden seither eigene Fraktionen mit einer bestimmten Selbstverwaltung.

### Dietenheim

Wie die anderen Orte, so geht auch Dietenheim auf die bajuwarische Besiedlung des 7. und 8. Jahrhunderts n. Chr. zurück. Das Dorf, das den Namen eines Siedlers Diet oder Dietpert trägt, liegt am Abhang des Amater Berges, dem sonnigsten Platz des ganzen Talkessels. Nachdem im Mittelalter verschiedene Grundherren hier ihre Herrschaft ausgeübt hatten, erbauten sich adelige Herren aus der Stadt und dem übrigen Lande ihre Ansitze, deren Namen bis heute auf diese Geschlechter hinweisen.

Die Pfarrkirche zum Heiligen Jakobus wird erst 1332 urkundlich erwähnt, aus dem Bau kann aber geschlossen werden, daß sie viel früher errichtet wurde. Die ursprüngliche Lokalkaplanei wurde 1891 zur Pfarre erhoben.

Die Kirche ist an den Außenwänden und im Inneren mit Fresken geschmückt, die zum Teil auf Hans von Bruneck (Anfang 15. Jahrhundert) zurückgehen. Die wertvollste Darstellung ist die „Gregoriusmesse" von Simon von Taisten, datiert 1505, am rechten Seitenaltar.

Dietenheim war nach der Kreiseinteilung durch Kaiserin Maria Theresia im 18. Jahrhundert der erste Sitz dieses Amtes im Pustertal. Der erste Kreishauptmann war der im Ort ansässige Josef Antonin von Grebmer.

In den letzten Jahrzehnten ist die Ortschaft durch das schon genannte Volkskundemuseum auch international bekannt geworden.

Dazu schreibt Dr. Hans Grießmair, der Leiter des Museums: „Das Kriterium für die Auswahl der Baulichkeiten ist nicht die Herkunft, sondern die Funktion. Damit ist nicht gesagt, daß eine Streuung, eine Vertretung aller Talschaften und Gebiete im Museum nicht begrüßenswert oder nicht angestrebt worden wäre ... statt der in anderen Freilichtmuseen vorwiegend geographischen Betrachtungsweise soll hier eine mehr sozialgeschichtliche walten. Dem Hof des Adeligen wird der autark wirkende Bauernhof, sowie die Behausung des Kleinhäuslers, des „Hüttners" gegenübergestellt. Dies geschieht nun ganz und gar nicht mit gesellschaftskritischen Absichten, sondern ist eine mögliche und wissenschaftlich vertretbare Betrachtungsweise des Volkslebens, die fast zwingenderweise aus dem Museumsstandort erwächst."

**Aufhofen**

Im Norden von Bruneck, am Eingang in das Tauferer Ahrntal, liegt am Fuße eines stark bewaldeten Hügels die Ortschaft Aufhofen. Auch diese Siedlung weist laut Urkunden auf ein bereits tausendjähriges Bestehen zurück; ihr Name wird auf das bayrische Ufe zurückgeführt. Das heute so stille und liebliche Dorf mit dem eigenartigen gotischen Turm war vor der Erbauung der Stadt Bruneck Sitz der bischöflichen Verwaltung und es herrschte öfters ein sehr lebhaftes Treiben. In dieser Sommerresidenz des Bischofs trafen sich am 29. Oktober 1182 Bischof Heinrich von Brixen, Bischof Otto von Bamberg und dessen Bruder Leuthold, Markgraf von Istrien, mit siebzig namentlich genannten Edelleuten.

Ähnlich wie in Dietenheim wurden auch hier einige Ansitze erbaut, so Schloß Aufhofen, wahrscheinlich der ehemalige Sitz der bischöflichen Verwaltung, und die Häuser Steinburg und Mohrenfeld.

Die Kirche stammt aus der Zeit um die Mitte des 15. Jahrhunderts, die Innenausstattung aus einer Restaurierung um 1835.

Am Hochaltar ist das von Franz Hellweger aus St. Lorenzen gemalte Bild der hl. Katharina zu sehen, an den Seitenaltären Bischof Hartmann von Brixen und das Allerheiligenbild von Anton Bachlechner aus Bruneck.

**St. Georgen (822 m)**

St. Georgen ist eine der ältesten Siedlungen - 861 erstmals erwähnt - des Pustertals. Die aus dem Tauferer Ahrntal herausfließende Ahr teilt das Dorf in zwei Teile: St. Georgen am linken und Gißbach am rechten Ufer. Sehenswert ist die Pfarrkirche, die dem heiligen Georg geweiht ist; es ist ein spätgotischer Bau (er wurde im Inneren bei kleinen Ausbesserungen im 18. Jh. barockisiert, im 19. Jh. jedoch teilweise wieder regotisiert). Nach gründlichen Restaurierungen stieß man bei der Aufdeckung des Fußbodens auf romanische und vorromanische Grundmauern und auf mehrere Grabsteine. Bemerkenswert sind auch die Fresken auf der Außenwand. Im Ortsteil Gißbach stehen zwei große Gebäude: die Ansitze Gißbach und Gremsen, die noch heute vom Aufenthalt der erzbischöflichen Amtsverwalter zeugen. Der restaurierte Ansitz Gremsen fällt durch seine Eckertürme, Freitreppe und die Rundbogenloggia auf.

Gißbach oder „Obergremsen" gehört auch den Besitzern von Gremsen, ist aber älter, was aus den etwas burgartigen Bau erschlossen werden kann. Bemerkenswert ist auch die vor dem Friedhofseingang von St. Georgen liegende drei Meter lange und eineinhalb Meter breite unregelmäßige Steinplatte. Sie wird vom Volksmund „Gerichtsstein" genannt.

Sehenswert sind die etwas oberhalb des Dorfes liegenden beiden „Pipen", deren gefundene Spuren wahrscheinlich auf vorgeschichtliche Wallburgen zurückzuführen sind.

**Stegen**

Von St. Georgen aus erreicht man auf einem schönen Fußweg der Ahr entlang die Ortschaft Stegen. Dieses Dorf liegt am Zusammenfluß von Rienz und Ahr und war sicher einst der bedeutendste Thingplatz (Versammlungsort) des mittleren Pustertales. Der Flurname Althing, zwischen St. Georgen und Stegen, weist noch darauf hin. Außerdem wird in Stegen jährlich Ende Oktober der weit über die Grenzen des Landes hinaus bekannte dreitägige „Stegener Markt" gehalten, der wahrscheinlich auf eine der früheren Thingversammlungen verweist. Die Ortschaft wird auch bereits in einer Urkunde zwischen 995 und 1005 erwähnt, später wird der Ort öfters als bedeutender Gerichts- und Verwaltungssitz bezeichnet.

Die Kirche wird 1247 erstmals genannt, ist aber sicher viel älter, worauf schon die sehr frühe Bedeutung des Ortes hinweist. Sie wurde in den letzten Jahren vollständig restauriert und ist ein Beispiel, wie sich der lebensfreudige barocke Stil mit der strengen Gotik vereinen läßt.

Das wertvollste Stück ist die Madonna am Hochaltar, ein Werk des „Pyld Schnytzers Lienhartt von Stegen" aus dem Ende des 15. Jahrhunderts.

Die von der Friedhofsmauer umschlossene Kirche mit dem Beinhaus gehört zu den eindrucksvollsten gotischen Bauten des Landes.

### Reischach

Am südlichen Mittelgebirge von Bruneck liegt am Fuße des Kronplatzes die auch schon im 11. Jahrhundert genannte Ortschaft Reischach, die aus den ehemaligen kleinen Gemeinden Walchhorn, Reischach und Reiperting besteht. Dieses in einer schönen Landschaft liegende Dorf war bis zur Erbauung der Kronplatz-Seilbahn eine rein bäuerliche Siedlung, die diesen Charakter auch beibehalten hat, wenn auch in der letzten Zeit zwischen den Höfen sich Hotels, Pensionen, Gaststätten und Kaufhäuser aller Art angesiedelt haben. Am ehemaligen Reipertinger Moos ist eine große Sportanlage mit Tennis- und Fußballplätzen sowie Sportmöglichkeiten aller Art entstanden, ebenso ein den modernen Gesichtspunkten entsprechendes Hallenbad.

In der Mitte des Dorfes liegt die „Angerburg", ein Ansitz aus dem 17. Jahrhundert, der nach einem früheren Besitzer Prach zu Asch heute „beim Pracken" genannt wird. Das Haus ist im bäuerlichen Besitz.

Eine Kirche erscheint in Reischach in Urkunden aus der Urzeit 1075 – 93. Die Grundmauern dieses im romanischen Stil errichteten Baues, sowie die Erweiterung im 13. Jahrhundert und die Grüfte der Stifter wurden während der Restaurierung 1993 – 95 freigelegt.

### Das obere Pustertal

### Percha (973 m)

Diese Ortschaft, die noch zum Großraum Bruneck gerechnet wird, umfaßt auch die Ortsteile Nasen, Wielenberg, Nieder- und Oberwielenbach.

Die Einrichtung der Kirche des hl. Kassian ist neugotisch, der lebensgroße Kruzifix gehört dem 18. Jahrhundert an. Neuerdings wurden Fresken eines Pacherschülers aufgedeckt. Besondere Beachtung verdient ein vor der Kirche flachgelagerter Monolith (Meilenstein).

### Die Erdpyramiden

Oberhalb der Ortschaft Oberwielenbach, weit abseits von jedem Verkehr, findet man eine sehr interessante Gruppe von Erdpyramiden. Ihr Merkmal ist die große Formenvielfalt; neben kleinen, zierlichen Pyramiden fallen vor allem sehr gedrungene auf, die von der Erosion so stark zernagt sind, daß jeweils ein ganzes Bündel von kleinen Türmchen entstanden ist. Diese Pyramiden ändern ihre Farbe je nach Tageszeit und Lichtverhältnissen.

### Olang

Die in vier Dörfer aufgegliederte Gemeinde Olang war bis vor wenigen Jahrzehnten ein fast nur landwirtschaftlich ausgerichtetes Gebiet. Seit Jahren aber haben sich vor allem Mittel- und Oberolang zu Fremdenverkehrszentren von großer Bedeutung entwickelt, dies nicht zuletzt auch wegen der modernsten Aufstiegsanlagen, die auf den Kronplatz führen. In Olang liegen auch einige bedeutende Industrieanlagen.

Die Kirche zum hl. Petrus und zur hl. Agnes in Niederolang war einst die Pfarrkirche aller vier Ortsteile. Ihren gotischen Stil hat sie durch spätere Umbauten weitgehend verloren, dieser ist aber an St. Michael am Friedhof erhalten geblieben. In der Kirche von Mittelolang wird das Altarbild dem Brunecker Maler Friedrich Pacher zugeschrieben (Ende 15. Jahrhundert); die einmal barockisierte Kirche von Oberolang wurde zu Beginn unseres Jahrhunderts durchgreifend regotisiert. In der Kirche von Geiselsberg finden sich Werke des Malers Simon von Taisten, um 1500.

Wie schon angedeutet führt von Olang nach Norden die Straße über Rasen und Antholz zum Antholzer See und weiter über den Staller Sattel nach Defreggen (Osttirol).

### Welsberg

Der Name geht auf die Freisingischen Dienstleute Ruprecht und Amelrich de Welfesberch im 12. Jahrhundert zurück (Rampold), die später als Freiherr und Grafen von Welsberg für längere Zeit die Gerichtsherrschaft innehatten. Deren Sitz, die mächtige Burg Welsberg kann man über eine hohe Brücke, die über einen Halsgraben führt, erreichen.

### Die Pfarrkirche zur hl. Margareth

Sie hat die heutige Form erst in diesem Jahrhundert erhalten. Der ursprüngliche Bau war gotisch, der schlanke Spitzturm mit seinen spitzbogigen Schallfenstern ist aus spätgotischer Zeit erhalten geblieben. Die Westfassade weist auf eine Barockkirche hin. Der Kirchenraum ist einschiffig und erhält das Licht durch Viereck- und Lünettenfenster. Im dreiseitigen Chorabschluß befinden sich drei Altarbilder Paul Trogers und an den Altären stehen Holzstatuen aus dem 19. Jahrhundert.

**Die Rainkirche**

Diese spätgotische Kirche steht im Osten des Dorfes auf luftiger Höhe. Beeindruckend ist das reich und spielerisch verzierte Netzgewölbe im Langhaus. Die Spitzbogenfenster sind abgerundet worden, auch die gotischen Altäre sind durch barocke Gebilde ersetzt worden. Vier wertvolle barocke Statuen am Hochaltar wurden im Jahre 1969 gestohlen. Im Chorgewölbe befinden sich die Evangelistensymbole, Maria mit dem Kinde und verschiedene Wappen. An der linken Chorwand zeigt ein Fresko die Auferstehung, den Gnadenthron mit den Kirchenvätern und einige Engel, die das Blut Christi auffangen.

**Paul Troger (1698 – 1762)**

Paul Troger, einer der größten Barockmaler seiner Zeit, wurde als Sohn eines Schneiders und Mesners in Welsberg geboren. Seine ersten Lehrjahre verbrachte er im Fleimstal, um sich dann in Venedig weiter zu bilden. Von Gönnern unterstützt konnte er einen längeren Aufenthalt in Italien verbringen, wo er sich in der spätbarocken Malkunst perfektionieren konnte. Nach Österreich zurückgekehrt schuf er seine größten Werke in verschiedenen Stiften und Klöstern des Landes. Er wurde Lehrer und schließlich Rektor der Wiener Akademie, einer der bekanntesten jener Zeit. In den Jahren 1748 bis 1750 schuf er die berühmten Fresken im Brixner Dom.

**Taisten**

Der etwa 100 Höhenmeter über Welsberg liegende Ort ist ein typisches Tiroler Bauerndorf geblieben, obwohl es sich dem Fremdenverkehr geöffnet hat und über die entsprechenden Betriebe verfügt.

Die Pfarrkirche zu den heiligen Ingeniun und Albuin, einst ein gotischer Bau, wurde im 18. Jahrhundert barockisiert, wobei das Innere mit Fresken von Franz Anton Zeiller geschmückt wurde.

Die Kirche St. Georg gehört zu den ältesten Gotteshäusern des Landes. Sowohl die Außenwand wie das Innere wurden von Künstlern aus dem Pacherkreis gestaltet.

Taistens bedeutendster Sohn ist Simon Marenkl, in der Kunstgeschichte als Simon von Taisten bekannt (15. Jahrhundert).

## Gsies

Über Taisten gelangt man in das Gsiesertal, in dem die größeren Ortschaften Pichl, St. Martin und St. Magdalena liegen. In diesem langgestreckten Wiesental, das zu beiden Seiten von einem Waldgürtel begleitet wird, herrschen noch Land- und Forstwirtschaft vor; in den letzten Jahren hat sich aber auch der Fremdenverkehr mehr und mehr durchgesetzt.

## Niederdorf

Die Ortschaft Niederdorf war schon vor dem Eisenbahnbau durch das Pustertal (1870 - 71) ein Hauptpunkt des Fuhrwerksverkehrs, hier lagen eine Zollstätte, ein Mautamt und ein Warenstapelplatz. Das Dorf wurde bereits in der ersten Hälfte des vergangenen Jahrhunderts die „Urzelle" des Fremdenverkehrs im Pustertal und dies war einer Wirtin zu verdanken, die geradezu europäischen Ruf erhielt, Frau Emma Hellensteiner. Mit ihrem Mann zusammen führte sie den Gasthof „Schwarzer Adler", später „Hotel Emma", in dem schon damals Gäste aus hohen Kreisen der österreichisch-ungarischen Monarchie, Männer des Finanzwesens und Vertreter von Kunst und Wissenschaft verkehrten. Das Haus bot einen eigenen Stellwagendienst von Brixen nach Lienz, ebenso in das Pragsertal, wo am Wildsee 1899 das erste Luxushotel im Pustertal erbaut wurde. Vor diesem Haus standen an manchen Sommertagen bis zu 200 Pferdekutschen.

Die spätbarocke bis neoklassizistische Pfarrkirche zum hl. Stephan bietet Malereien von Simon von Taisten, J. Altmutter, vor allem aber vom berühmten Tiroler Barockmaler Martin Knoller (1725 – 1804).

Niederdorf beherbergt ein sehr interessantes Fremdenverkehrs-Museum.

Die heute gut ausgebaute Fahrstraße in das Pragsertal beginnt an der Pustertaler Staatsstraße fast in der Mitte der Strecke zwischen Welsberg und Niederdorf.

## Toblach

Die Ortschaft liegt am höchsten Punkt des Toblacher Feldes, an der Wasserscheide zwischen der Rienz, die nach Westen abfließt und der Drau, die auf diesem Feld entspringt.

Die Gemeinde besteht aus den Ortsteilen Alt- und Neutoblach, wobei dieses überhaupt erst mit dem Bau des Südbahnhotels 1877 – 78 entstand. Dann aber wurde Neutoblach sehr bald zum vornehmsten Fremdenverkehrsort des ganzen Tales, in dem Könige, Fürsten und höchste Gäste aus der alten Monarchie, sowie solche aus dem Ausland verkehrten. Schon früh gab es einen täglichen Stellwagendienst von Toblach nach Cortina und zurück, der ständig von Gästen und vor allem von Alpinisten ausgelastet war. Die Bahn von Toblach in das Höhlensteintal wurde erst während des Ersten Weltkrieges als Teilstrecke erbaut.

**Die Pfarrkirche zum hl. Johannes dem Täufer**

In Toblach stand sicher schon im 10. Jahrhundert eine Kirche, die 1225 als Pfarre erwähnt wird. Eine gotische Kirche aus dem Ende des 15. Jahrhunderts wurde durch Brand zerstört, die im 18. Jahrhundert erbaute barocke Kirche zählt zu den schönsten ihrer Art im Pustertal. Das Hochaltarbild stammt von Anton Zeiller (1769).

In Toblach finden jährlich die „Toblacher Gespräche" statt, bei denen verschiedene wissenschaftliche Themen behandelt werden, ebenso immer ein Gedenken an den großen Musiker Gustav Mahler, der viele seiner bedeutenden Werke in seinem kleinen Sommerhäuschen in Toblach schuf.

**Innichen**

Der Talabschnitt zwischen der Goste bei Olang im Westen und Abfaltersbach im Osten wird als das Hochpustertal bezeichnet. Fast genau in der Mitte liegt der alte Marktflecken Innichen, jahrhundertelang in der Geschichte als Hofmark bezeichnet.

Nachdem in der spätesten Völkerwanderungszeit in diesem Gebiet oft heftige Kämpfe zwischen den vom Westen vordringenden Bajuwaren und den aus dem Osten kommenden Slaven stattgefunden hatten, behielten die bayrischen Herzöge schließlich die Oberhand. Herzog Tassilo III. gründete 769 ein Benediktinerstift, das Abt Atto von Scharnitz unterstellt wurde. Nachdem Atto Bischof von Freising wurde, verblieb auch Innichen bei dessen Bistum, das allerdings, nachdem das Kloster zu einem weltlichen Kollegiatsstift umgewandelt worden war (1141), nur mehr die weltliche Herrschaft ausüben konnte.

**Die Stiftskirche**

Die Bevölkerung von Innichen nennt die Stiftskirche den „Dom", obwohl sie keine bischöfliche Kathedrale ist, es wird damit aber ausgedrückt, daß es sich dabei um das unbestritten eindrucksvollste und schönste Gotteshaus des ganzen Tales handelt.

Schon zur Zeit von Abt Atto wurde eine Kirche erbaut, von der noch Mauerreste gefunden werden konnten. Nach der Umwandlung in ein Kollegiatsstift wurde wahrscheinlich die zweite Kirche erbaut, die im Jahre 1200 durch Brand zerstört wurde. Der Wiederaufbau verlieh der Kirche dann das Aussehen, das sie nach mehreren Restaurierungen bis heute zeigt.

Es handelt sich bei diesem Bau um ein Schulbeispiel einer romanischen Kirche, deren massiger Turm erst in den Jahren 1320 - 1326 erbaut wurde, wie aus den eingemeißelten Daten zu erkennen ist.

Das dreischiffige Innere entspricht im Aufriß, in den Säulen, im Chor und den Fensteröffnungen ganz dem romanischen Stil. Die Krypta erstreckt sich unter der Hauptapsis und der Vierung und stellt eine dreischiffige Halle dar. Die Vorhalle stammt aus dem Jahre 1468, die angeschlossene Silvesterkapelle aus dem Jahre 1524.

Das in der Vorhalle liegende Westportal bildet den Haupteingang in die Kirche, das künstlerisch wertvollste Tor ist aber das südliche, das im Tympanon Christus mit aufgeschlagenem Buch und die Evangelistensymbole zeigt, im Bogen Kaiser Otto I. und die Bischöfe Candidus und Corbinian (Michael oder Friedrich Pacher).

Die bedeutendsten Einzelstücke sind der fast lebensgroße Christus auf dem Hochaltar (12. Jahrhundert) mit den Begleitfiguren Maria und Johannes und der hl. Corbinian in der Krypta.

### Die Pfarrkirche zum hl. Michael

An dieser Stelle stand vermutlich eine alte romanische Kirche, deren eigenartig runder Turm noch erhalten ist. Die heutige Kirche stammt aus dem 18. Jahrhundert. Seit der letzten gründlichen Restaurierung der Stiftskirche anläßlich der 1200-Jahrfeier 1968 spielt sich das kirchliche Leben des Ortes hauptsächlich in dieser ab.

### Die Altöttinger Grabeskirche

Der Innicher Bürger Georg Paprion brachte aus einer Pilgerfahrt ins Heilige Land 1563 den Plan der Grabeskirche mit und ließ diese mit der schon bestehenden Altöttinger Gnadenkapelle zusammenschließen. So entstand dieser sehr eigenartige Bau.

### Das Sextental

Ausgehend von Innichen führt nach Südosten die Straße in eines der schönsten Täler der Dolomiten, in das Sextental, in dem die beiden größeren Orte St. Veit und St. Josef liegen, die allgemein aber immer als Sexten und Moos angesprochen werden. Zu den eindrucksvollsten Bildern in den Dolomiten gehört zweifellos die Sextner „Sonnenuhr", die von Sexten aus – am besten von einer bestimmten Höhe – gesehen werden kann. Sie besteht aus der Rotwandspitze (2939 m), dem Elfer (3029 m), dem Zwölfer (3094 m) und dem Einser Kofel (2699 m), die zusammen mit der Dreischusterspitze (3152 m) als Felskulisse den fast ebenen Boden des Fischleintales abschließen.

Sexten ist Ausgangspunkt zahlreicher Bergtouren in die Dolomiten und auf den Helm, so auch auf das Plateau der Drei Zinnen, es ist ein sehr bekanntes Wintersportzentrum, das in der Sommer- und Wintersaison dem Gast auch in kultureller Hinsicht vieles bieten kann.

An der Pfarrkirche zu den Heiligen Petrus und Paulus liegt der Friedhof mit einer Rundkapelle, die durch den Totentanz von Rudolf Stolz zu einer würdigen sakralen Stätte erhoben wurde.

Beachtenswert ist das Rudolf Stolz – Museum in der Ortschaft St. Veit.

**Das Tauferer Ahrntal**

Im Norden der großen Brunecker Talweite öffnet sich zwischen den noch zur Stadtgemeinde gehörenden Ortschaften St. Georgen und Aufhofen das Tauferer Ahrntal, das größte Seitental des Pustertales. Dieses wird eingeteilt in das Tauferer Tal zwischen Gais und Sand in Taufers, dem Ahrntal, das weiter bis St. Peter in Ahrn reicht und in den letzten Abschnitt, den man durch die Engstelle, der „Klamm", erreicht, Prettau. Das Tal wird von der Ahr durchflossen, die im Windtal, in der innersten Ecke entspringt, sich zunächst als Wildbach gebärdet, um dann ab Sand bis zur Einmündung in die Rienz bei Stegen ruhig und gemächlich dahinfließt. Der Höhenunterschied zwischen Sand und Stegen beträgt etwa 50 m.

Das Tal war einst Herrschaftsgebiet der Herren von Taufers, eines der mächtigsten Adelsgeschlechter des Landes, das bereits im 11. Jahrhundert erscheint und 1340 mit Ulrich IV. ausstirbt.

Die erste Gemeinde im Tal besteht aus den Dörfern Gais und Uttenheim. Die romanische Pfarrkirche in Gais, dem Heiligen Johannes dem Täufer und dem Evangelisten geweiht, ist eine „der ältesten und interessantesten Landkirchen von ganz Tirol" (Weingartner).

An der Westseite des Dorfes liegt auf halber Höhe die Burg Neuhaus, ein gut restauriertes Schloß mit Gastbetrieb, einst im Besitz der Herren von Taufers.

Auf einem bewaldeten Hügel im Osten sieht man die Ruine des Schlosses Kehlburg, die von den Bischöfen von Brixen an verschiedene Geschlechter verliehen wurde und im Jahre 1944 fast vollkommen ausbrannte.

In Uttenheim steht auf steilem Westhang die Ruine des gleichnamigen Schlosses, einst Sitz eines bedeutenden Gerichtes.

Bei der nächsten Ortschaft Mühlen in Taufers öffnet sich der große vollkommen ebene Talboden von Taufers, an dessen Rand noch der Karkt Sand und die Ortschaft Kematen liegen.

In der Kirche dieser Ortschaft wurden in den letzten Jahren bedeutende Fresken des Brunecker Malers Erasmus aus dem 15. Jahrhundert freigelegt und restauriert.

Der Hauptort des ganzen Tales, der Markt Sand in Taufers, war schon im letzten Jahrhundert ein bekannter Sommerfrischort, teils von länger weilenden Gästen besucht, aber vor allem von Passanten und Alpinisten, für die Sand ein idealer Ausgangspunkt für verschiedene Hochtouren war. Seit Jahren hat die Ortschaft mehr und mehr einen fast städtischen Charakter angenommen, mit Geschäftshäusern, Banken, Hotels und Gaststätten. In den vorher genannten Talboden, an dessen Rand einige größere Industriebetriebe liegen, münden auch die beiden Seitentäler, das Mühlwalder und das Reintal.

Die Pfarrkirche zu Maria Himmelfahrt, ein Hauptwerk der Pustertaler spätgotischen Kirchenarchitektur, wurde vom Meister Valentin Winkler aus Pfalzen 1527 vollendet. Das Innere schmücken zahlreiche wertvolle Stücke, meist aus etwas späterer Zeit. Bereits aus dem 15. Jahrhundert stammt die zweigeschössige Anlage von St. Michael am Friedhof.

Gleich nördlich des Dorfes verengt sich das Tal und wird abgeschlossen durch die mächtige Burg Taufers, einst Sitz des schon genannten Geschlechtes, das dieses Schloß Ende des 13. Jahrhunderts erbaute. Reste des früheren Wohnsitzes finden sich noch am Eingang in das Reintal.

Schloß Taufers, heute im Besitz des Südtiroler Burgenvereins, ist eine der größten noch bewohnbaren Anlagen dieser Art, beinhaltet wertvolle Stücke und kann in den Sommermonaten auch besichtigt werden.

Noch vor der Ortschaft Luttach, die bereits zum Gemeindegebiet Ahrntal gehört, liegt an der Straße die Talstation einer modernen Aufstiegsanlage in das Skigebiet Michlreis. Luttach ist Ausgangspunkt eines kleinen Seitentales, in dem auf der Meereshöhe von 1334 m das Dorf Weißenbach liegt.

Die Straße taleinwärts führt nun an einem Teilstück der großartigen Zillertaler Alpen entlang und gibt auch den Blick in den Talschluß frei. Nahe der Ortschaft St. Johann liegt die Martinskirche, die im 16. Jahrhundert anstelle der vermurten alten Urpfarre von Ahrn erbaut wurde.

Beachtenswert ist auch der Ansitz Mühleck, in dem einst der Bergrichter in Ahrn seines Amtes waltete.

Steinhaus, der Sitz der Gemeindeverwaltung, dürfte seinen Namen von den großen gemauerten Häusern erhalten haben, die einst den Mittelpunkt der Verwaltung des Ahrner Bergwerkes darstellten (siehe Prettau).

Es folgen nun die Dörfer St. Jakob und St. Peter, an denen vorbei einst die Straße nach Prettau führte. Die Straße durch die Klamm wurde erst 1814 erbaut und im Laufe der letzten Jahrzehnte weiter ausgebaut und vor den Lawinen gesichert.

Die nun folgende Gemeinde Prettau ist geschichtlich und wirtschaftlich eng mit dem ehemaligen Bergbau verbunden. Der Kupferabbau am Knappenberg zwischen Prettau und der letzten Ortschaft im Tale, Kasern, wird urkundlich erst 1479 erwähnt, ist aber nachweislich älter. Das hier gewonnene Kupfer, das als besonders wertvoll galt, wurde noch im Tal verhüttet; Verwaltungshäuser des sogenannten Ahrner Handels gab es auch in Bruneck. Nachdem gegen Ende des 19. Jahrhunderts der Kupferbergbau wegen zu starker Konkurrenz eingestellt werden mußte, verlegten sich die Prettauer, um eine zusätzliche Einnahme zu erreichen, auf das Sammeln von Mineralien, die verkauft wurden. Heute spielt der Fremdenverkehr, vor allem aber der Alpinismus, im ganzen Talschluß eine bedeutende Rolle.

Vom hintersten Ahrntal und von Kasern aus gibt es verschiedene Übergänge in das nordtirolische Zillertal, in den salzburgischen Pinzgau und nach Osttirol. Diese Übergänge, die einmal sogar für den Handel von Bedeutung waren, werden heute nur mehr von Touristen begangen, sind aber zum Teil auch noch in die Almwirtschaft eingebunden.

## 2 Empirische Erhebungen

*Thomas Heinze*

Grundlage (kultur-) touristischer Planungen, marketingstrategischer Überlegungen und operativer Maßnahmen im Sinne einer Angebots- und Kommunikationspolitik ist die Kenntnis der (potentiellen) Nachfrage sowie die Einschätzung des Marktsegmentes Kulturtourismus durch Akteure aus den Bereichen Politik, Kultur und Tourismus (Wirtschaft). In diesem Sinne wurden von Studierenden „meiner Klasse" Gäste- und Hotelierbefragungen[1] sowie von mir Experteninterviews durchgeführt und ausgewertet.

Generell gilt für alle Erhebungen, daß sie nicht repräsentativ sind, und ihre Ergebnisse damit „nur Trends" aufzeigen können.

### 2.1 Gästebefragung

Von den insgesamt 400 Gästefragebögen, die in 18 Hotels (in und um Bruneck) hinterlegt worden waren, sind 120 bearbeitet und retourniert worden. Diese relativ geringe Rücklaufquote ist nicht ungewöhnlich und auf den für den Sommertourismus (1997) im Pustertal späten Zeitraum der Befragung zurückzuführen.

Zunächst einige Kerndaten der Auswertung:

Die überwiegende Mehrheit der Gäste ist älter als 40 Jahre (77,5%), wobei die Gruppe der 60 – 70jährigen dominiert (42,5%).

Mehr als die Hälfte (57%) der Touristen stammt aus Deutschland, gefolgt von Italienern (24%), Schweizern (12%) und Österreichern (7%). Ebenfalls mehr als die Hälfte (53%) der Incoming-Touristen kommt aus Städten mit mehr als 100.000 Einwohnern.

Angereist ist nahezu die Hälfte der Gäste mit dem PKW (48%), die Mehrheit als Reisegruppe mit dem Bus (52%). Den mit dem PKW angereisten „Singles/Einzelgästen" (20%) steht ein etwas höherer Prozentsatz (30%) von Familien gegenüber. Die Touristen zeichnet Regionstreue aus: Immerhin 45% waren schon mehrmals im Pustertal, 55% zum Zeitpunkt der Befragung zum ersten Mal. Die häufigst frequentierten Ortschaften sind: Bruneck, Percha, Sand, Taufers, Rei-

---

[1] Darauf hinzuweisen ist, daß die Gästebefragungen im Pustertal, in Kärnten (Kap. XII) und Neustift (Kap. XIII) auf der Basis eines identischen Fragebogens durchgeführt worden ist.

schach, St. Johann, Toblach. Einen längeren Aufenthalt (1 – 2 Wochen) realisiert die Hälfte (50%) der Befragten, ein Viertel verbringt ein paar Tage, ein weiteres Viertel bleibt mal länger, mal kürzer im Pustertal.

Nur 20% der Gäste haben sich aufgrund von Auskünften durch ein Reisebüro für das Pustertal als Urlaubsziel entschieden. Berichte von Bekannten und Verwandten haben bei einem Drittel (33%) das Urlaubsziel bestimmt. Ein weiteres Drittel (34%) hat sich aufgrund eigener Erfahrungen erneut für das Pustertal entschieden. Informationen aus Zeitungen und Broschüren (8%) und aus Fernsehen sowie Teletext (5%) spielen eine untergeordnete Rolle. Die aus den Vorinformationen gespeisten Erwartungen an den Aufenthalt haben sich bei den meisten Gästen (82%) erfüllt, bei 8% zum Teil erfüllt. Nur 10% wurden in ihren Erwartungen eher enttäuscht.

Hauptreisemotive der Sommertouristen sind:

- Erholung und Entspannung (24%)
- Wandern, Touren gehen (23%)
- Vergnügen, Spaß (12%)
- Natur (11%)
- Neues erleben (10%)
- Gesundheit (8%)
- Kultur (7%)
- Sport (2%)

Der Anteil der „Nur"-Kulturtouristen entspricht mit 7% in etwa dem Anteil der Gruppe der „Kulturtouristen", die in Repräsentativerhebungen mit 10% veranschlagt wird.

Als Unterkunftsform für den Urlaubsaufenthalt dominiert das Hotel (74%), gefolgt von der Pension (13%). Privatzimmer und Ferienwohnungen werden von den Sommertouristen im Pustertal in nur geringem Umfang (5%) in Anspruch genommen. Camping spielt fast keine Rolle (3%).

Die für das Image des Pustertals zentralen Fragen beziehen sich auf die Beurteilung der Entwicklung und Atmosphäre durch die „Stammgäste". Die Beurteilungsskala reicht von „sehr gut" (1) bis „kann ich nicht beurteilen" (5). In eine Rangskala gerückt, ergibt sich folgende Bewertung:

- Sportangebot Winter (1,5)
- Ortsbild (2,3)

- Freundlichkeit der Bevölkerung (2,5)
- Service (2,5)
- Sportangebot Sommer (3,0)
- Bauliche Veränderungen (3,2)
- Kulturangebot (3,4)
- Unterhaltungsangebot (3,8)

Die für den KulturTourismus im engeren Sinne relevanten Dimensionen wie „Kulturangebot" und „Unterhaltungsangebot" rangieren in der Beurteilung der Gäste an letzter Stelle. Dagegen werden das „Ortsbild", aber auch „bauliche Veränderungen", die ebenfalls als kulturelles Potential für eine kulturtouristische Inwertsetzung von Relevanz sind, positiver bewertet. „Freundlichkeit der Bevölkerung" und „Service" gehören zum Binnenmarketing des Tourismus. Sie werden von den Befragten relativ positiv, nämlich mit „zwischen gut und zufriedenstellend", beurteilt.

Die Atmosphäre im Pustertal wird insgesamt positiv bewertet: 55% bezeichnen sie als „sehr gut", 40% als „gut". Nur 5% der Befragten bewerten sie mit „zufriedenstellend".

Die für den KulturTourismus zentralen Fragen beziehen sich auf die Bewertung der Kulturangebote, der Informationspolitik, der Stärken und Schwächen des Pustertales als „Kulturlandschaft" sowie auf Vorschläge zur Attraktivierung des Kulturangebots im Pustertal. Besonders interessiert zeigen sich die Befragten an: „Architektur, Kunst, Historisches und Musik". Nahezu zwei Drittel (65%) von ihnen sind ausreichend über das Kulturangebot im Pustertal informiert worden. Immerhin 35% der Gäste behaupten das Gegenteil. Hotel, Pension, Prospekte, Plakate, Radio, Bücher, Tourismusverein und Reiseleiter werden von den Befragten als Informationsquellen der Kulturangebote genannt.

Zur Attraktivierung des Kulturangebots im Pustertal unterbreiten die Gäste folgende Vorschläge: „Mehr Theater, mehr Konzerte, mehr Volksmusikabende, mehr Apres-Ski" (d.h. ein breiteres Unterhaltungsangebot).

Für ein strategisches KulturTourismus-Marketingkonzept ist eine Stärken/Schwächen-Analyse unabdingbar. Deshalb sind die Befragten zur Einschätzung der „besonderen Stärke" und „besonderen Schwäche" des Pustertals aufgefordert worden. Als „besondere Stärke des Pustertals" wurden genannt: „Herrliche Wanderwege, Landschaft, freundliches Personal, Natur, Klima, Sprache, Sonne, Brunecker Stadtgasse, Organisation". Als „besondere Schwäche des Pustertals" bezeichnen die Befragten die „schlechte Beschilderung der Wanderwege", den „Autoverkehr", die „mangelhafte zweisprachige Beschilderung" und schließlich den „sehr teuren Skispaß".

Was die Regionstreue betrifft, so können Touristiker und Hoteliers zuversichtlich sein: 44% der befragten Gäste werden erneut den Urlaub im Pustertal verbringen, 24% „eher ja", 28% sind noch unentschieden („weiß noch nicht"), „eher nein" nur 4%.

Parallel zur Gästebefragung sind „Straßeninterviews" in der Altstadt von Bruneck durchgeführt worden. (20 Interviews, Dauer: ca. 10 min.). Gegenüber der Gästebefragung ist hier der Anteil der befragten deutschen Touristen mit 75% höher, gefolgt von italienischen (20%) und österreichischen Touristen (5%).

Entschieden höher fällt der Prozentsatz derjenigen Gäste aus, die schon „öfter im Pustertal Urlaub gemacht haben": „35% 2 – 5 Mal, 30% mehr als 10 Mal, 10% 6 – 10 Mal". Ein Viertel der interviewten Touristen hat zum ersten Mal „Urlaub im Pustertal" verbracht. Die überwiegende Mehrheit (75%) kann als Sommertouristen bezeichnet werden gegenüber 25%, die den Wintertourismus im Pustertal bevorzugen.

Die Entwicklungschancen des KulturTourismus entscheiden sich mit dem Stellenwert der Kultur aus der Sicht der Touristen. Nicht an Kultur interessiert waren 30% der Befragten, weniger an Kultur interessiert 40%, ein durchaus beachtenswerter Teil äußerte Interesse an der Kultur, nämlich 30%.

Die kulturinteressierten Touristen, dies geht ebenfalls aus den Interviews hervor, besuchen im Laufe ihres Urlaubs in erster Linie Kirchen und Schlösser, deren Besichtigung sie meist mit Wanderungen verbinden. Einige nutzen auch das Angebot, an einer Dolomitenrundfahrt teilzunehmen. Die schlechte Witterung ist der häufigste Anlaß für Städtebesichtigungen. Häufig werden abends Dia- und Filmvorträge sowie Theater- und Musikveranstaltungen besucht. Die Gäste werden allerdings nur unzureichend von ihren Hotels über das – aus ihrer Sicht – spärlich vorhandene Kulturangebot im Pustertal informiert. Das Tourismusbüro (in Bruneck) wird von ihnen in diesem Zusammenhang als hilfreicher eingestuft.

## 2.2 Hotelier-Befragung

Bei der Hotelier-Befragung in der Stadt Bruneck und Umgebung war die Kategorie 3-Sterne-Hotels mit 60% vertreten, gefolgt von der Kategorie 4-Sterne-Hotels mit 27% sowie der Kategorie 2-Sterne-Hotels mit 13%.

In dieser Region nimmt – dies betrifft den Sommer- und Wintertourismus – der Privattourismus mit 40% die Spitzenstellung ein. Etwa der gleiche Prozentsatz entfällt insgesamt auf den Geschäftstourismus (24%) und den Bustourismus (20%). Der Tagestourismus spielt in den ausgewählten Hotelbetrieben eine untergeordnete Rolle (6%). Einen längeren Urlaubsaufenthalt wählen – so die befragten Hoteliers – 10% der Touristen. Im Sommertourismus machen deutsche Urlauber 45%, Italiener 34% und Österreicher 15% aus.

Befragt wurden die Hoteliers nach ihrem Alltagsverständnis von Kultur. Ihr Kulturverständnis umfaßt: „Schlösser, Umzüge mit Tracht, Bildung, Traditionen, Brauchtum und Besonderheiten eines Volkes, die sich im Laufe der Geschichte entwickelt haben".

Die Gäste werden – so die Hoteliers – überwiegend (64%) von der Rezeption (40%) bzw. durch Informationsmaterial im Hotelzimmer (24%) über das Kulturangebot im Pustertal informiert.

Das Fremdenverkehrsbüro (in Bruneck) wird als Informationsquelle von 30% in Anspruch genommen. Die Hoteliers wiederum erhalten zu zwei Drittel (66%) Informationen über das Kulturangebot im Pustertal vom Fremdenverkehrsbüro. Es folgen als Informationsquelle Magazine (25%) und die HGV mit 7%.

Die Mehrheit (54%) der befragten Hoteliers setzt persönliche Schwerpunkte bei ihren Kulturangeboten. Nahezu der gleiche Prozentsatz (53%) der Befragten bezeichnet das Kulturangebot im Pustertal für ihre Gäste als ausreichend. Der andere Teil, immerhin 47%, wünscht sich darüber hinaus folgende zusätzliche Angebote: „Ausstellungen, bessere Transportmöglichkeiten, Shopping bis 22 Uhr in der Ski-Saison, mehr Fahrradwege und geführte Wanderungen".

Der Sommertourismus im Pustertal ist für nahezu zwei Drittel (62%) der Befragten von der Kultur abhängig, im Gegensatz zum Wintertourismus, wo dies zu 75% verneint wird. Als Schritte (Maßnahmen) zur Veränderung des Kulturangebots im Pustertal werden von den Hoteliers genannt: „Animation, die vom Fremdenverkehrsbüro organisiert wird, Veranstaltungen, Tradition mehr pflegen, mehr Zusammenarbeit zwischen den Tourismusvereinen und Hotels, Theatergruppen, Bilderausstellung".

Als Resümee ist festzuhalten, daß die befragten Hoteliers eine stärkere touristische Inwertsetzung des kulturellen Potentials im Pustertal sowie die Verbesserung der Infrastruktur in dieser Region dezidiert befürworten.

### 2.3 Das kulturtouristische Potential des Pustertals - Experteninterviews

Die folgenden, aus den Interviews mit Experten aus Kultur, Tourismus, Hotellerie und Politik zusammengefaßten Statements geben einen kursorischen Einblick in die Stärken und Schwächen des KulturTourismus im Pustertal. Thematisiert werden die Infrastruktur, das kulturelle Potential, die touristische Nachfrage sowie mögliche Schwerpunkte für die kulturtouristische Inwertsetzung der kulturellen Infra- und Angebotsstruktur im Pustertal.[2]

---

[2] Gesprächspartner waren: Dr. Viertler (Geschäftsführer des Tourismusverbandes Hochpustertal), Dr. Mairhofer (Präsident der Werbegemeinschaft Crontour), Herr v.

**Touristische Infrastruktur**

Die Verkehrsverbindungen des Pustertals sind unzureichend, dies betrifft sowohl die Eisenbahn als auch die Busverbindungen. Speziell im Winter werden mit zahlreichen An- und Abreisen die Straßen zu einem großen Problem, da große Automassen die enge Pustertaler Straße verstopfen. Ein weiteres Problem ist, daß die Straßen zu nahe an die Ortschaften rücken; das bedeutet Lärm- und Luftverschmutzung in den touristischen Zentren. Bessere Verkehrsverbindungen befinden sich im Ahrntal und Abteital.

Zu ungünstigen Bahnverbindungen kommen fehlende Flugverbindungen: Die Transfers sind mühsam. Die nächsten Flughäfen sind Verona und Innsbruck. Innsbruck wird hauptsächlich von Charterflügen angeflogen, selten von Linienflügen. Die nächsten Linienflughäfen sind Verona und München. Der geplante Bozener Flughafen soll zumindest im Charterbereich Verbesserungen schaffen.

Die Ausstattung der Beherbungsbetriebe und ihre Auslastung ist im Durchschnitt zufriedenstellend. Hochwertige Betriebe fehlen. Tatsächlich gibt es im Raum Bruneck nur vier oder fünf 4-Sterne-Hotels. Will sich die Region in Richtung Qualitätstourismus entwickeln, weil gerade der gut verdienende Gast auch in schwierigeren Zeiten das Pustertal aufsucht, so sind Investitionen in die Modernisierung der bestehenden Beherbungsbetriebe sowie die Errichtung neuer Betriebe unabdingbar.

Der Kronplatz ist einer der modernsten Skiberge im Alpenraum und bietet ideale Wintersportbedingungen. Auf dem Skiberg gibt es keinen Schlepplift, nur Umlaufbahnen bzw. Sessellifte. Die Infrastrukturen für den Sommertourismus fallen dagegen etwas ab, sind aber im großen und ganzen zufriedenstellend. So existieren zahlreiche Sportanlagen, Reitställe, Tennisplätze, Schwimmbäder etc. in Bruneck und Umgebung.

**Allgemeiner Tourismus**

In Südtirol gibt es ca. 25 Millionen Übernachtungen, davon entfallen auf das Pustertal ca. 7 Millionen. Touristisches Zentrum ist das Gebiet Kronplatz, also die Umgebung von Bruneck. Die Aufenthaltsdauer der Gäste beträgt durchschnittlich 5,5 – 6 Tage. Die Mehrheit der Gäste sind Italiener: 50-60% gegenüber 35%

---

Grebner (ehemals Bürgermeister von Bruneck, Eigentümer des Hotels „Post" in Bruneck), Prof. Winkler (ehemals Mittel- und Oberschullehrer, Reiseleiter und Fremdenführer, Obmann der Südtiroler Fremdenführer), Herr Tschurtschentaler (Vizebürgermeister der Stadt Bruneck, Vorsitzender der fünf Wirtschaftsbereiche und Präsident der Kaufleute des Pustertals), Prof. Stemberger (ehemals Lehrer und Direktor am Humanistischen Lyzeum in Bruneck, derzeit u.a. tätig als Reiseführer).

deutscher Gäste. Betrachtet man die Altersstruktur und den Bildungsstand dieser Touristen, so ist folgendes festzuhalten: Der italienische Tourist ist bedeutend jünger als der deutsche. Im August überwiegt die Anzahl der italienischen „Gäste", im September die der deutschen. Der im September anzutreffende Gast zählt zur Kategorie der „besseren Touristen", da er nicht nur viel Geld im Hotel ausgibt, sondern auch durch hohe allgemeine Ausgaben die Wirtschaft ankurbelt. Im Juni hingegen ist die Konkurrenz von Fernreisen und Ferienpaketen sehr groß, und es gibt zahlreiche billige Angebote.

Um den Tourismus anzukurbeln, muß die Region mehr bieten als „Landschaft". Vielen Hoteliers, die es bisher nicht für nötig erachtet haben, Kundenwerbung zu betreiben, weil sie ihre Stammkunden besaßen, drohen rückläufige Gäste.

Für die Kundenwerbung ist eine Analyse der unterschiedlichen Gästezielgruppen erforderlich, denn die Interessen der deutschen und italienischen Gäste differieren stark: Der deutsche Gast bevorzugt Wandertage, der italienische Besuche im Stadtzentrum, ältere Gäste interessieren sich stärker für Veranstaltungen, jüngere für Sport. Aufgrund dieser unterschiedlichen Interessenlagen können deutsche und italienische Gäste nicht einheitlich angesprochen werden.

Ein besonderes Anliegen für die Zukunft wird es sein, Überlegungen zu konkretisieren, wie ein jüngeres Publikum für das Pustertal gewonnen werden kann, denn der Altersdurchschnitt der Gäste ist zur Zeit sehr hoch.

**KulturTourismus**

Konsens besteht bei den befragten Experten darüber, daß neben der Landschaft (Täler und Berge) das kulturelle Erbe des Pustertals in die touristische Angebotsgestaltung einbezogen werden muß. Die zahlreichen Dorfensembles, Bauernhöfe und insbesondere die architektonischen Objekte werden hier von den Experten vor Ort hervorgehoben. So sind in Bruneck alte Häuser stilgerecht restauriert und teilweise mit moderner Technik verbessert worden, wie z.B. das Ragenhaus, das im Renaissancestil restauriert, aber mit einem Glasdach versehen wurde.

Der KulturTourismus wird von den Interviewten zwar als unbedingt notwendig angesehen, müsse allerdings auf qualitativ hohem Niveau angeboten werden, d.h. er dürfe nicht zur Touristenshow entarten. Für Herrn Winkler äußert sich Kultur vor allem im Brauchtum der Bevölkerung, und dieses Brauchtum unterscheidet sich von Ort zu Ort. Brauchtum manifestiert sich als historisches Erbe: Es beinhaltet Trachten, Kleidung, Musik, Gedichte, Formen des Lebens, Abläufe des Jahres. Dieses Brauchtum muß mit gebotenem Ernst und Zurückhaltung touristisch in Wert gesetzt werden, damit es als Identität und Individualität von den Gästen empfunden werden kann. Auf eine touristische Inwertsetzung der Hochkultur ist das Pustertal noch nicht vorbereitet. Immerhin aber gibt es in den Bereichen Musik und Theater vereinzelte Angebote. Außerdem kann man auf qualifizierte Chöre, Musikkapellen, Orchester- und Musikschulen zurückgreifen. Darüber hinaus existieren in kleinen Dörfern Gruppen, die nicht nur einfache bzw. überlieferte Volksmusik präsentieren, sondern sich auch um E-Musik bemühen. Hinsichtlich der Zielgruppen für den Kulturtourismus muß das touristische Angebot differenziert und dabei der ländliche Tourismus besonders erfaßt werden, z.B. in den kleinen Ortschaften als lokaler Identitätstourismus. Die große Anzahl von Schlössern und Kirchen würde – so Herr von Grebner – ausreichen, um eine Kulturroute durch das Pustertal zu veranstalten. Zahlreiche Gruppen – so Herr Winkler – wären sicherlich bereit, ihr Brauchtum in den verschiedenen Ortschaften zu präsentieren und dies auf sprachlich, gesanglich oder auch kleidungsmäßig gutem Qualitätsniveau.

In diesem Zusammenhang muß auf die kulturelle Heterogenität der Region Pustertal verwiesen werden. Während die Stadt Bruneck als kulturelles Zentrum bezeichnet und die kulturelle Substanz im Oberpustertal als hochwertig eingestuft wird, gilt dies für das Ahrntal und Unterpustertal nur mit Einschränkung. Für eine touristische Planung stellt die Umgebung des Kronplatzes ein besonderes Potential dar, zumal in diesen Gebieten effiziente Tourismusstrukturen vorhanden sind. Im Zentrum der Stadt Bruneck hingegen ist die Tourismusstruktur noch unterentwickelt, dagegen der kulturelle Bereich stark und kompakt ausgeprägt.

Bei den befragten Experten besteht Konsens darüber, daß ausschließlich kulturtouristische Programme im Pustertal nicht realisierbar sind. Dagegen bestehen vielfältige Kombinationsmöglichkeiten in Gesamtpaketen: z.B. Kombinationen von Kultur, Natur, Schönes Wohnen und Gastronomie. Das Interesse an solchen Gesamtpaketen wird als erheblich höher eingestuft als die spezifischen touristischen Segmentangebote. Dabei stellt die Kultur – so die Experten – eine wichtige Komponente des gesamten Angebotes dar.

Zukünftig wird man neue Schwerpunkte setzen, die Produkte verändern und marktgerechter gestalten müssen. Für den Winter gibt es die sog. Vorweihnachtswochen, es gibt Familienpakete, Frühjahrswochen und Herbstangebote, die zahlreiche Wanderungen und geführte Bergtouren mit Bergführern enthalten.

Einige attraktive kulturtouristische Angebote liegen bereits vor:

- Kultur im Museum, z.B. Führungen im Volkskundemuseum in Dietenheim,
- Führungen im Schloß Ehrenburg,
- Stadtführungen (Bruneck),
- Führungen durch die Sonnenburg für Wanderer und Radler (Voraussetzung für einen professionellen KulturTourismus ist die Kompetenz der

- Reise- und Bergführer. Bergführer müssen kulturell und geologisch adäquat ausgebildet werden),
- Veranstaltungen anläßlich der 500-Jahres-Feier von Michael Pacher,
- Brunecker Sommerkonzerte im Ragenhaus,
- Brunecker Ferienakademie (richtet sich an eine jugendliche Zielgruppe),
- Schloß Taufers,
- und schließlich: Die regionale Küche ist wieder sehr gefragt, hauptsächlich bei den italienischen Gästen, die Tiroler Menüs über Alles lieben. Auch während der vielen Veranstaltungen, wie z.B. der „Pustertaler Wochen", kann der Gast die einheimische und italienische Küche genießen.

Künstler, die über die Region hinaus Bedeutung haben:

- Paul Troger (Welsberg) (Maler): Er stammt aus der Barockzeit und ist überregional, vor allem in Österreich und Bayern, bekannt. Deckengemälde im Dom von Brixen.
- Michael Pacher – 1998 ist der 500-jährige Todestag – er ist 1498 in Salzburg gestorben. Er war der bedeutendste Schnitzer und Maler des süddeutschen Raumes.
- Friedrich Pacher: ebenfalls bedeutender Maler und Verwandter von Michael Pacher.
- Hans v. Bruneck: Er ist durch die Malschule des 14. und 15. Jahrhunderts bekannt.

Eine besondere Schwäche des Binnenmarketing liegt darin, daß die einheimische Bevölkerung über mögliche Formen des KulturTourismus nicht informiert ist. Die für den Tourismus verantwortlichen Akteure beginnen allerdings inzwischen, die einheimische Bevölkerung in die kulturtouristische Planung mit einzubeziehen.

Sie wünschen sich hierbei eine größere Offenheit der Einheimischen gegenüber den Gästen. Die Zurückhaltung der Pustertaler Bevölkerung wird als Ressentiment gegenüber der politischen Vergangenheit vor 1945 erklärt: Die älteren Bewohner des Pustertals haben sich gegenüber den Jüngeren abgekapselt, denen es leichter fällt, sich zu öffnen, da sie die Vorkriegszeit nicht miterlebt haben.

Kritisiert wird die fehlende kommunale und internationale Zusammenarbeit. Zwischen den Gemeinden herrscht ein gewisses Konkurrenzdenken, die Arbeit wird zu wenig professionell geleistet. Es wird zuviel Tagespolitik betrieben und zu wenig Visionsarbeit. Das Kernproblem ist, daß man von einem globalen Taldenken noch weit entfernt ist. Es gibt kein Regionalbewußtsein. Internationale Zusammenarbeit wurde nur partiell hergestellt. Herr Tschurtschentaler pflegt seit einigen Jahren Kontakte mit der Stadt Salzburg und auch mit dem Beauftragten der Salzburger Landesregierung für kulturelle Sonderprojekte.

Ebenfalls kritisiert wird die Zusammenarbeit zwischen Hotellerie, Tourismusverband und Politik. Es gibt zwar erste Ansätze zur Zusammenarbeit, diese geraten jedoch immer wieder ins Stocken. Zwischen dem Tourismusverband, den 12 Tourismusvereinen und den einzelnen Gemeinden müßte die Kooperation verbessert werden. Allerdings halten die Experten das Interesse der Gemeinden an touristischen Belangen für nicht besonders ausgeprägt, nur ein kleiner Teil der Gemeinderäte ist touristisch interessiert, die Mehrheit definiert sich vor allem als Kaufleute.

**Das Hochpustertal**

Der Tourismuszweig hat sich im Hochpustertal mit Beginn der 80er Jahre stabilisiert, gegen Ende der 80er Jahren einen Rückgang erfahren. Nach wie vor dominiert der italienische Gast. Vor allem Gäste der Altersgruppe von 45 und mehr Jahren suchen das Hochpustertal auf. Die wichtigste Zielgruppe sind – so Dr. Viertler – nach wie vor die Familien, die allerdings in der Regel nur ein relativ beschränktes Budget für ihren Urlaub zur Verfügung haben. Das Hochpustertal verfügt insgesamt über eine gute Hotellerie mit einem relativ hohen Preisniveau. Daher ist der Gast in der Ferienregion Hochpustertal besonders preisbewußt; d.h. er kommt zwar nach wie vor, bleibt jedoch etwas weniger lang und gibt weniger aus. Vor allem die teureren Hotels, Gasthöfe, Pensionen sehen sich deshalb in den letzten Jahren immer öfter mit dem Problem konfrontiert, daß sie nicht mehr voll ausgelastet sind, während die preiswerten Beherbungsbetriebe ausgelastet sind. Notwendig ist es deshalb, neue Zielgruppen anzusprechen, um einen Rückgang der Gästezahlen zu vermeiden. Hierzu sind neue Ideen und eine gezielte Werbung nötig.

Was die kulturtouristischen Angebote betrifft, so gibt es eine Reihe von Bräuchen, traditionellen, kirchlichen, weltlichen und festlichen Anlässen, Almabtriebe etc., die jedoch nicht in ein spezielles Programm aufgenommen wurden bzw. werden. Das kulturelle Angebot ist im Hochpustertal – so Herr Viertler – sehr bescheiden und beschränkt sich auf kleinere Events und Festivals. Hierzu zählt das schon fast traditionelle, weil jedes Jahr relativ gut besuchte Gustav Mahler-Festival. Bedeutende Denkmäler finden sich vor allem in Innichen.

„Wenn wir schon von Kultur, von kulturtouristischem Angebot reden: Ich denke, daß das Hochpustertal weniger durch seine Events, Veranstaltungen etc. begeistert, sondern vielmehr durch seine Kulturlandschaft; Kultur, die im Laufe der Zeit durch den Menschen in verschiedenster Art und Weise geprägt wurde. Da wären die vielen Burgen, Schlösser, Kirchen, die vielen schönen Bauernhöfe, die noch heute bewirtschaftet werden und natürlich die einzelnen Verbindungswege,

Straßen, die Eisenbahn etc., die das Pustertal vor allem auch in Hinsicht auf den Tourismus nach dem Ersten Weltkrieg stark verändert haben. Ich denke, daß diese Entwicklung des Tales auch für den Gast durchaus interessant sein kann ... Ich glaube, daß vor allem die Natur, das Naturerlebnis in unserer Gegend in den Mittelpunkt gestellt werden muß. Der Gast hier ist sensibel, sucht die Natur, sucht die Ruhe und dies findet er hier. Es ist deshalb die Aufgabe der Tourismusorganisationen, die Natur für den Gast erlebbar zu machen, die Natur als Erlebniswelt in ihren verschiedenen Facetten zu präsentieren" (Statement von Herrn Viertler).

Was die Authentizität des kulturtouristischen Angebots betrifft, so konstatiert Dr. Viertler: „Wir verkaufen nicht nur unsere Küche, unsere Tradition gewissermaßen, sondern auch unsere Fähigkeiten. Es ist deshalb wichtig, das, was man selber ist, dem Gast anzubieten, sei es nun der Angestellte im Tourismusverein oder der Lehrer. Man muß deshalb eine gewisse Selbstsicherheit haben, ein gewisses Maß an Regionalidentität, an Regionalbewußtsein, um sich mit der Sache, die man letztendlich verkauft, identifizieren zu können, um mit dem Gast gekonnt kommunizieren zu können."

# XII Gäste- und Hotelierbefragung zum Sommer(Kultur-) Tourismus in ausgewählten Regionen Kärntens

*Thomas Heinze*

**Vorwort**

Im Mittelpunkt meines Lehr- und Forschungsprojekts am Institut für Germanistik der Universität Klagenfurt zum „Kulturtourismus in Kärnten" standen die Gäste- und Hotelierbefragungen in den Regionen: Millstätter See; Villach; St. Veit (Wörthersee); Klopeiner See; Rosental; Hüttenberg, Knappenberg, Guttaring, Friesach, Mettnitz, Grades. An der Erhebung nahmen 336 Gäste und 110 Hoteliers teil[1]. Die Gästebefragungen sind im Juli und August 1998, die Hotelierbefragungen im Mai und Juni 1998 durchgeführt worden.

## 1 Ergebnisse der Gästebefragung

60% der befragten Gäste sind männlichen, 40% weiblichen Geschlechts. Beachtliche regionsspezifische Unterschiede bestehen hinsichtlich der **Altersgruppen** der Touristen: Während in der Region Millstätter See die 61-70- und über 70jährigen mit 47% dominieren und die Altersgruppe der 41-60jährigen 35% ausmacht, wird insbesondere die Region Rosental von einem etwas jüngeren Publikum frequentiert, die 31-40jährigen (36%) und die 41-50jährigen (25%) stellen mit 61% die wichtigste Zielgruppe dieser Destination dar. Bei dieser Zielgruppe handelt es sich zu 75% um Familien. Favorisiert von Familien werden ebenfalls die Regionen Hüttenberg/Knappenberg u.a. (72%), Klopeiner See (65%) und St. Veit (59%).

Die Gruppe der 31-40jährigen bevorzugt die Regionen Rosental (36%), St. Veit (28%), Klopeiner See (23%), Hüttenberg/Knappenberg u.a. (19%) und Villach (18%).

Die Verteilung der Altersgruppe der 41-50jährigen stellt sich wie folgt dar: St. Veit (26%), Rosental (25%), Villach (25%), Hüttenberg u.a. (24%), Klopeiner See (16%).

---

[1] An der Gäste-Befragung teilgenommen haben in den Regionen Millstätter See: 75 Gäste, St. Veit/-Wörthersee: 58 Gäste, Villach: 56 Gäste, Klopeiner See: 39 Gäste, Hüttenberg/Knappenberg u.a.: 72 Gäste, Rosental: 44 Gäste.

Die Regionen Klopeiner See und Hüttenberg u.a. sind für die 51-60jährigen, 61-70jährigen sowie die über 70jährigen, die zusammen fast die Hälfte der Gäste (Klopeiner See 49%, Hüttenberg u.a. 47%) repräsentieren, attraktive Destinationen für den Sommertourismus.

Interessant und entwicklungsfähig für die Zielgruppe der 21-30jährigen scheinen die Regionen Villach (23%) und St. Veit (14%) zu sein.

Die deutschen Gäste dominieren in den Regionen Rosental (70%), Millstätter See (51%), St. Veit (50%) und Villach (39%). In der Region Klopeiner See stellen die österreichischen mit 50%, gefolgt von den deutschen Gästen (45%), in der Region Hüttenberg u.a. die österreichischen (40%), gefolgt von den deutschen (37%) und italienischen Gästen (19%) die Mehrheit dar.

Bemerkenswert ist, daß sich die Touristen überwiegend aus Gemeinden mit weniger als 20.000 Einwohnern und Städten zwischen 20.000 und 100.000 Einwohnern rekrutieren. Eine Ausnahme macht die Region Villach mit 57% Gästen aus Städten mit mehr als 100.000 Einwohnern.

Die überwältigende Mehrheit der befragten Gäste ist mit dem PKW angereist: Rosental (86%), Hüttenberg u.a. (83%), St. Veit (81%), Villach (64%), Klopeiner See (61%), Millstätter See (60%).

Die Kärntner Touristen zeichnet eine **Regionstreue** aus. Die überwiegende Mehrheit aller Befragten hat sich mehrmals für Kärnten als Urlaubsdestination entschieden. Auf eine besondere Bindung der Gäste können die Regionen Millstätter See, Villach, Rosental sowie Guttaring und Friesach verweisen.

Die durchschnittliche Aufenthaltsdauer der Befragten beträgt mehrheitlich ein bis zwei Wochen: Rosental (75%), Klopeiner See (73%), Millstätter See (61%), Villach (57%), Hüttenberg u.a. (51%), St. Veit (46%).

Die **Reiseentscheidung** beeinflußt haben überwiegend Berichte von Bekannten (35,6%), frühere Urlaubsaufenthalte in Kärnten (23%), Auskünfte im Reisebüro (17,2%), Informationen aus Zeitungen und Broschüren (15,6%). Bemerkenswert ist, daß drei Viertel der Befragten aus der Region Villach sich aufgrund früherer Urlaubsaufenthalte erneut für diese Destination entschieden haben.

Die Beantwortung der Frage nach dem **Reisehauptmotiv** ergibt ein relativ einheitliches Ergebnis in den untersuchten Regionen: **Erholung/Entspannung** wird von insgesamt 62% der Befragten als Hauptmotiv für den Urlaubsaufenthalt in Kärnten genannt. Es folgen **Natur** mit 29,8% und **Wandern/Touren gehen** mit 26,6% der Nennungen. In den Regionen Rosental und Hüttenberg u.a. nehmen die Reisemotive **Gesundheit** und **Sport** mit 61% bzw. 41% einen beachtlichen

Stellenwert ein. Sport wird als Reisehauptmotiv von 62,5% der Gäste in Villach genannt.

**Kultur** im engeren Sinne stellt für 39% der Befragten in Hüttenberg u.a., 27% in Villach, 19% in der Region St. Veit und 14% in Rosental das Reisehauptmotiv dar. Eine wesentlich geringere Bedeutung spielt Kultur als Reisehauptmotiv in den Regionen Millstätter See (8%) und Klopeiner See (5%). Einen **erlebnisorientierten** Urlaubsaufenthalt **(Vergnügen/Spaß/Neues erleben)** wünschen sich 70% in Villach, 48% in Rosental, 39% in St. Veit, 36% in der Region Hüttenberg u.a., 18% am Klopeiner See und 11% der Befragten am Millstätter See.

Um sich gegenüber der Konkurrenz (u.a. Südtirol) als **Urlaubsdestination** zu profilieren und zu behaupten ist die Beurteilung der Entwicklung Kärntens durch die Gäste mit mehrmaligem Urlaubsaufenthalt in dieser Destination von besonderer Bedeutung. Die Befragten haben insgesamt ein positives Urteil bezüglich der **baulichen Veränderung** in den untersuchten Regionen abgegeben: Sehr gut bis gut (45% der Nennungen), befriedigend (21% der Nennungen).

Korrespondierend dazu und noch positiver stellt sich die **Beurteilung des Ortsbildes** dar: Sehr gut bis gut (60%), befriedigend (16%). Das **Sportangebot** wird in der Region Rosental mit 56% (sehr gut bis gut) und 19% (befriedigend) am besten beurteilt, gefolgt von den Regionen Klopeiner See mit 48% (sehr gut bis gut) und 16% (befriedigend) sowie Villach mit 36% (sehr gut bis gut) und 29% (befriedigend).

Für den Sommer(Kultur)Tourismus ist die Einschätzung des **Kultur- und Unterhaltungsangebots** in hohem Maße relevant. Das **Kulturangebot** (im engeren Sinne) wird von den Befragten in den Regionen Rosental (69% = sehr gut bis gut) und Hüttenberg u.a. (63% = sehr gut bis gut) überwiegend sehr positiv bewertet. Lediglich in den Regionen Villach (40%) und Klopeiner See (36%) beurteilen mehr als ein Drittel das Kulturangebot mit befriedigend bis ausreichend.

Verbesserungsbedürftig ist das **Unterhaltungsangebot** insbesondere in den Regionen Klopeiner See und Villach: 80% der Befragten bewerten dieses Angebot am Klopeiner See mit befriedigend bis ausreichend; die Hälfte der Gäste beurteilt das Unterhaltungsangebot in der Region Villach ebenfalls nur mit befriedigend bis ausreichend. Ähnlich ist die Einschätzung des Unterhaltungsangebots in der Region St. Veit (wobei allerdings nur 49% der Befragten sich geäußert haben): gut = 21%, befriedigend = 16%, sehr gut = 9%, ausreichend = 4%.

Demgegenüber fällt die Beurteilung des Unterhaltungsangebots in den Regionen Rosental und Hüttenberg u.a. positiver aus: Das Unterhaltungsangebot Rosentals bewerten 56% mit sehr gut bis gut, 31% mit befriedigend; 41% der Befragten in der Region Hüttenberg u.a. beurteilen es mit sehr gut bis gut, 21% mit befriedigend, 7% mit ausreichend.

Das **gastronomische Angebot** als Bestandteil der Alltagskultur einer jeweiligen Region wird durchweg positiv bewertet: Hüttenberg u.a. (sehr gut bis gut = 87%), Rosental (sehr gut bis gut = 81%), Klopeiner See (sehr gut bis gut = 70%), Villach (sehr gut bis gut = 57%).

Lediglich in der Region St. Veit weicht das Urteil - bei einer Stimmenthaltung von 50% - etwas ab: 36% beurteilen es mit sehr gut bis gut, 14% mit befriedigend bis ausreichend.

**Service und Freundlichkeit** der Bevölkerung sind Bestandteil des Binnenmarketing einer Urlaubsdestination. Analog zu den bisherigen Einschätzungen fällt die Beurteilung des Services nahezu in allen untersuchten Regionen aus: 100% Zustimmung (sehr gut bis gut) in Rosental, 92% in Hüttenberg u.a., 76% am Klopeiner See (bei einer Stimmenabgabe von 55%). 38% der Befragten bewerten den Service in der Region St. Veit mit sehr gut bis gut, 14% mit befriedigend, 3% mit ausreichend. Demgegenüber fällt die Beurteilung des Services in der Region Villach deutlich ab: 52% der Befragten bewerten ihn mit befriedigend bis ausreichend.

Die **Freundlichkeit der Bevölkerung** wird in den Regionen Rosental und Hüttenberg u.a. gleichermaßen positiv bewertet: 94% = sehr gut bis gut. 64% der befragten Gäste in der Region Klopeiner See, 43% in Villach und 38% in der Region St. Veit (Stimmenthaltung 54%) bewerten die Freundlichkeit der Bevölkerung mit sehr gut bis gut.

Die **Atmosphäre** insgesamt wird in den einzelnen Regionen ebenfalls sehr positiv beurteilt: Rosental (90% = sehr gut bis gut), Hüttenberg u.a. (89% = sehr gut bis gut), Klopeiner See (68% = sehr gut bis gut), St. Veit (38% = sehr gut bis gut, bei einer Stimmenthaltung von 47%).

In der Region Millstätter See sind die Durchschnittswerte bezüglich der zu beurteilenden Dimensionen ermittelt worden. Die Ergebnisse in dieser Region entsprechen weitgehend den oben dargestellten Bewertungen:

| | |
|---|---|
| Atmosphäre | = 1,5 |
| Freundlichkeit der Bevölkerung | = 1,6 |
| Service | = 1,6 |
| Sportangebot | = 1,8 |
| bauliche Veränderung | = 2,1 |
| Ortsbild | = 2,3 |
| Kulturangebot | = 2,3 |
| Unterhaltungsangebot | = 2,5 |

(Beurteilungsskala: 1 = sehr gut; 2 = gut; 3 = befriedigend; 4 = ausreichend).

Die Erwartungen der Gäste im Hinblick auf die ausgewählten Urlaubsdestinationen haben sich in hohem Maße erfüllt: Millstätter See 93%, Klopeiner See 82%, Hüttenberg u.a. 80%, St. Veit 74%, Villach 73%, Rosental 70%,

Das Interesse an und die Zufriedenheit mit den Kulturangeboten sind Voraussetzungen für den klassischen Kulturtourismus. Gleichzeitig stellen diese Kriterien für die „auch an Kultur" interessierten Zielgruppen eine zusätzliche Motivation für und Bindung an die ausgewählte Urlaubsdestination dar. Das Interesse der Befragten an Kulturangeboten umfaßt im wesentlichen den Bereich der klassischen (Hoch-)Kultur.

Hüttenberg u.a.: Museen/Ausstellungen/Kirchen/Denkmäler/
Ausgrabungen/ Konzerte = 70%;

Rosental: Ausstellungen/Theater/Konzerte = 61%;

St. Veit: Konzerte/Oper/Tanz/Ausstellungen/Museen//Burgen = 40%;

Millstätter See: Museen = 22%;

Klopeiner See: Kulturdenkmäler/Museen/Theater/Konzerte = 21%,

Villach: Kabarett = 36%, Theater = 25%, Konzerte = 15%,
Open Air-Veranstaltungen = 9%

**Zufrieden mit dem Kulturangebot** sind insbesondere die Gäste am Millstätter See (zufrieden = 69%, sehr zufrieden = 26%), in der Region St. Veit (zufrieden = 71%, sehr gut = 22%), in der Region Hüttenberg u.a. (zufrieden = 50%, sehr gut = 38%), Klopeiner See (zufrieden = 58%, sehr gut = 6%), Villach (zufrieden = 46%, sehr gut = 16%). In der Region Rosental überwiegen die mit dem dortigen Kulturangebot unzufriedenen Gäste: 39% sind unzufrieden, 20% zufrieden (Stimmenthaltung = 41%).

Bei den **Vorschlägen** zur Attraktivierung des Kulturangebots sind die Gäste sehr zurückhaltend (mehr als drei Viertel der Befragten haben sich der Stimme enthalten). In der Region Rosental fordern jeweils ein Viertel der Befragten: bessere Ankündigungen, Open-air-Kino, Vernetzung der Angebote, Disco für Jugendliche; in der Region Villach wünscht sich nahezu ein Drittel der Gäste ein attraktiveres Künstlerangebot.

Über das Angebot ihres Urlaubsortes wurde die überwiegende Mehrheit der Gäste ausreichend informiert (89%) und zwar auf der Basis von Broschüren, Plakaten, Prospekten, Foldern und Berichten von Freunden, Bekannten, Verwandten.

Die **Stärken-/Schwächen-Analyse** der jeweiligen Urlaubsdestination ist ein wesentliches Kriterium für ein professionelles Tourismusmarketing. Deshalb sind die befragten Gäste zu einer Einschätzung der Stärken und Schwächen ihrer Region aufgefordert worden. Als Stärken Kärntens wurden genannt: Landschaft/Klima/Natur (55%), Freundlichkeit/Mentalität der Bevölkerung (20%). Bezüglich der Schwächen haben mehr als die Hälfte der Befragten keine Aussage getroffen. Besonders kritisiert werden insgesamt das Preis-/Leistungsverhältnis (13%) sowie in der Region Rosental die Probleme mit der Anfahrt (44%).

Mehr als drei Viertel der Befragten (78%) beabsichtigen, den Urlaub erneut in Kärnten zu verbringen. Mit einem eingeschränkten „Ja" haben 8% der Gäste geantwortet. Nur in den Regionen Rosental und Villach ist die Zahl der Unentschiedenen mit 34% bzw. 25% relativ hoch.

**Fazit:**

Die Regionstreue der Kärnten-Touristen ist außerordentlich stark ausgeprägt. Um diese Regionstreue zu erhalten und neue Zielgruppen (insbesondere die Gruppe der 21-30jährigen) zu erreichen, bedarf es der Bündelung und Vernetzung bestehender sowie Schaffung neuer kulturtouristischer Angebote in der Kombination von Kultur, Unterhaltung, Sport und Wandern/Touren gehen. Dazu haben die befragten Inhaber von Beherbergungsbetrieben (Hotels, Pensionen u.a.) Einschätzungen und Vorschläge unterbreitet.

## 2 Zusammenfassung der Ergebnisse der Hotelierbefragung

Insgesamt sind 110 Akteure (Inhaber von Beherbergungsbetrieben) befragt worden. Das Kulturverständnis der Befragten umfaßt sowohl die klassische Kultur, also Kirchen, Burgen, Schlösser, Museen und kulturelle Veranstaltungen wie Theateraufführungen, Konzerte, Kunstausstellungen u.a., als auch die Alltagskultur wie landschaftliche Sehenswürdigkeiten, Dorf-/Stadtensembles, Brauchtum, Feste, Märkte, Gastronomie u.a.

Das Kulturangebot in Kärnten ist für den Sommertourismus von hoher Bedeutung. So sieht es die überwältigende Mehrheit der befragten Akteure in den Regionen Rosental, Hüttenberg, Knappenberg, Norische Region, Friesach, Metnitz. Verneint wird die Bedeutung dieses Zusammenhangs von den Befragten der Regionen Wörthersee und Villach. Ca. die Hälfte der befragten Akteure in den Regionen Millstätter See und Klopeiner See mißt dem Kulturangebot in ihrer Region für den Sommertourismus einen hohen Stellenwert bei.

Gleichzeitig sehen die Befragten mehrheitlich das bestehende Kulturangebot für ihre Gäste als ausreichend an. (Villach 75%, Millstätter See 70%, Klagenfurt 63%, St. Veit 62%, Klopeiner See 53%, Hüttenberg, Knappenberg u.a. 78%, Rosental 83%).

Darüber hinaus wünschen sich alle befragten Akteure zusätzliche Angebote für ihre Gäste; das Spektrum umfaßt - bezogen auf die jeweilige Region - folgende Wünsche:

**Millstätter See**: Radwege, eine Seebühne, Theaterspiele, Operetten, Events, Konzerte, Vernissagen, kreatives Malen, Maskenbau, Bildhauerei.

Ein eigenes Hausprogramm, Lichtbildervortrag, Erlebniswandertag, Schiffsfahrten, Fackelwanderungen, Sektfrühstück am See.

**Villach:** Sportliche Aktivitäten, Entertainment, Feste.

**Wörthersee/St. Veit:** Operetten, Konzerte, Moderne Musik, Lesungen, Veranstaltungen (ohne Eintritt) außerhalb der Stadt, Angebote für Kinder, Radwege, Sportangebote.

**Klagenfurt:** Mehr Theater und Konzerte, Kurkonzerte, Musicals, Seebühne, Abendeinkauf, Märkte, Abendveranstaltungen in Innenhöfen, Brauchtumsveranstaltungen, Schiffahrt mit Tanzmusik, Kulturwandern, bessere Busverbindungen - Shuttlebus.

**Klopeiner See:** Südkärntner Sommerspiele auf höherem Niveau, Musicalsommer auf der Seebühne Klopeiner See, Musicals, Highlights mit Tenören und Schlagerstars, zentrales Kulturzentrum, gepflegtes Ortsbild, Museen, Ausstellungen, mehr Brauchtum.

**Hüttenberg, Knappenberg u.a.:** Messen, Konzerte und Veranstaltungen in Kirchen, mehr Heimatabende, Tanzabende, musikalische Darbietungen, Zeichenkurse, Bastelabende, Bauernmalerei, Wanderungen, Kräuter- und Pilzesammeln, Bustransfers zu Kulturstätten/Sehenswürdigkeiten, Kulturfahrten.

**Rosental:** Rosental- und Kärntencard, verbesserte Infrastruktur, Fitnessparcour, mehr Freundlichkeit, Gast als Mensch/Freund betrachten.

Die befragten Akteure haben zahlreiche Vorschläge zur Veränderung/ Verbesserung des Kulturangebots ihrer Region entwickelt.

**Millstätter See:** Kulturangebot in einer Broschüre für die ganze Region in Verbindung mit den Betrieben und Speiselokalen bündeln, Tanzkurse, Töpfern, mehr Angebote für die Jugend.

**Villach:** Kontinuierliche, regelmäßige Veranstaltungen auf qualitativ hohem Niveau: mehr „Profis" in Kunst und Kultur, Verbesserung des Informationssystems.

**Wörthersee/St. Veit**: Seefestspiele, Ausbau Schloß Reifnitz, Angebotsspektrum von Jugendevents bis zur klassischen Kultur, Pflege traditioneller Kultur (Trachtenkapellen), natürliche Gegebenheiten nutzen, weg vom Billigtourismus, mehr Engagement, geführte Wanderungen.

**Klagenfurt:** Jugendkultur, Brauchtum, Privatisierung der Tourismusämter, Änderungen auf politischer Ebene.

**Klopeiner See**: Mehr Kulturprogramme, Top-Highlights, Konzerte, einheitlicher Veranstaltungskalender mit Bewertung und Beschreibung der Veranstaltungen für Süd- und Mittelkärnten, mehr Theaterangebote, Lesungen, Kontakte zur Laibacher Oper verstärken, Bau einer Arena, fester Platz für Veranstaltungen, Freilufttheater, mehr Zusammenarbeit und Informationsaustausch.

**Hüttenberg, Knappenberg u.a.:** Verbesserung des Konzert- und Theaterangebots, mehr Heimatabende, Platzkonzerte, Sanierung und bessere Auszeichnung der Wanderwege. Kärnten-Card, Verbesserung des öffentlichen Nahverkehrs, Forcierung der Kirchenkultur, Chorkonzerte, Jazzmessen, insgesamt mehr die Kultur und die Kunst in den Vordergrund stellen.

**Rosental:** Grenzüberschreitender Tourismus, Koordination mit Nachbargemeinden, Darstellung des Kulturangebots in der Region sowie den Nachbarländern, mehr Konzerte, Musicals, Militärmusik, Nähe zu Italien, Slowenien nutzen.

Das Dienstleistungsverständnis ist bei den Befragten unterschiedlich ausgeprägt: Die Akteure aus den Regionen Hüttenberg, Knappenberg u.a. (83%), St. Veit (72%), Villach (63%), Klopeiner See (53%) setzen persönliche Schwerpunkte bei ihren Kulturangeboten, während die Befragten der Stadt Klagenfurt (89%) sowie aus den Regionen Millstätter See (71%) und Rosental (67%) dies verneinen.

# XIII Gästebefragung in Neustift i. Stubaital

*Heidemarie Mißmann/Barbara Ravanelli*

In der Sommersaison 1998 (Juni bis September) wurde in Neustift i. Stubaital eine Gästebefragung durchgeführt. Bei der vorliegenden Studie handelt es sich um eine Befragung mit Hilfe eines standardisierten Fragebogens, der von den Gästen ausgefüllt wurde.

Im Rahmen einer zweistufigen Zufallsauswahl, bei der grundsätzlich jeder Sommergast in Neustift die gleiche Möglichkeit hatte, ausgewählt zu werden, wurden zuerst 34-Betriebe aller Kategorien rein zufällig ausgewählt. Es wurde nach gewerblichen und privaten Beherbergungsbetrieben unterschieden, sodaß sich in der Stichprobe eine genaue Verteilung dieser Beherbergungsarten, wie in der Grundgesamtheit wiederfindet. In einem zweiten Schritt wurde jeder 5-te Gast (hier wurden als Grundlage die Nächtigungsziffern des Vorjahres herangezogen) gebeten, den der Untersuchung zugrunde liegenden Fragebogen auszufüllen. Um Sprachschwierigkeiten vorzubeugen wurden die Fragebögen in deutscher, englischer, französischer und italienischer Sprache aufgelegt.

Insgesamt wurden 601 vollständig ausgefüllte Fragebögen retourniert ausgewertet. Die demographische Struktur der Befragten zeigt, daß die Ergebnisse hinsichtlich Nationalität und Unterkunftsart ein Abbild der Grundgesamtheit sind und daher als repräsentativ zu bezeichnen sind. Der Stichprobenfehler beträgt +/- 4%.

**Ergebnisse der Befragung**

**1  Geschlecht**

|          | absolut | in %  |
|----------|---------|-------|
| männlich | 309     | 51,4  |
| weiblich | 292     | 48,6  |

Die Auskunftspersonen, welche auch als Repräsentanten für ihre Familien und Reisegemeinschaften befragt wurden, setzen sich zu 51,4% aus Männern und 48,6% aus Frauen zusammen.

**2  Alter**

|                | absolut | in %  |
|----------------|---------|-------|
| bis 20 Jahre   | 25      | 4,2   |
| 21 - 30 Jahre  | 46      | 7,7   |
| 31 - 40 Jahre  | 103     | 17,1  |
| 41 - 50 Jahre  | 128     | 21,3  |
| 51 - 65 Jahre  | 212     | 35,3  |
| über 65 Jahre  | 87      | 14,5  |

Jeder zweite Sommergast ist unter 51 Jahre alt. Die am meisten vertretene Altersgruppe sind die 51 bis 65-Jährigen (35,3%).

**3  Nationalität**

|                | absolut | in %  |
|----------------|---------|-------|
| Deutschland    | 420     | 69,7  |
| Holland        | 30      | 4,8   |
| Italien        | 29      | 4,8   |
| Schweiz        | 26      | 4,3   |
| Belgien        | 23      | 3,8   |
| Frankreich     | 23      | 3,8   |
| Österreich     | 23      | 3,8   |
| Großbritannien | 17      | 2,8   |
| Sonstige       | 12      | 2,2   |

Den Hauptanteil der Sommergäste in Neustift bilden mit knapp 70% die deutschen Gäste. Die weiteren Gästenationen gruppieren sich um die 3 bis 5- Prozentmarke.

## 4 Beruf

|  | absolut | in % |
|---|---|---|
| in Ausbildung | 32 | 5,3 |
| Angestellter/Arbeiter/Beamter | 315 | 52,4 |
| Selbständig/Freiberuflich | 68 | 11,3 |
| Hausfrau/-mann | 59 | 9,8 |
| Pensionist/Rentner | 127 | 21,1 |

Mehr als die Hälfte der Befragten sind Angestellte, Arbeiter oder Beamte. 11,3% sind selbständig oder freiberuflich tätig. Jeder fünfte Gast ist Pensionist bzw. Rentner. Knapp 10% sind Hausfrauen und 5,3% sind Schüler, Studenten oder in einer anderen Ausbildung.

## 5 Größe der Herkunftsgemeinde

|  | absolut | in % |
|---|---|---|
| über 500.000 | 95 | 15,8 |
| 100.000 - 500.000 | 132 | 22,0 |
| 20.000 - 99.000 | 129 | 21,5 |
| unter 20.000 | 245 | 40,8 |

Mehr als ein Drittel der Befragten kommen aus Großstädten mit über 100.000 Einwohnern, 21,5% aus Städten mit 20.000 bis 100.000 Einwohnern und mehr als 40% aus kleinen Orten unter 20.000 Einwohnern (40,8%).

## 6 Anreise

Wie sind Sie angereist?

|  | absolut | in % |
|---|---|---|
| PKW | 515 | 85,7 |
| Bahn | 32 | 5,3 |
| Bus | 33 | 5,5 |
| Flugzeug | 19 | 3,2 |
| Motorrad | 2 | 0,3 |

Knapp 86% der Gäste sind mit dem Auto nach Neustift gekommen. Etwa 11% der Befragten nehmen den Bus oder die Bahn als Reismittel um nach Neustift zu gelangen.

## 7 Gast

Sind Sie hier als:

|  | absolut | in % |
|---|---|---|
| Einzelgast | 85 | 14,1 |
| Familie | 458 | 76,2 |
| Gruppe | 33 | 5,5 |
| mit Reiseveranstalter | 25 | 4,2 |

Mehr als drei Viertel der Sommergäste verbringen hier ihren Urlaub mit der Familie bzw. mit einem Teil der Familie. Jeder siebente Gast ist ein Einzelgast., wobei Frauen häufiger angeben, als Einzelgast nach Neustift zu kommen, als Männer. Knapp 10% der Befragten geben an, daß sie als Gruppe oder mit einem Reiseveranstalter nach Neustift gefahren sind. Männer geben signifikant häufiger an als Frauen, daß sie ihren Urlaub hier mit der Familie verbringen. Einzelgäste sind vermehrt jene Personen über 65 Jahre und Personen zwischen 31 und 40 Jahre. Gäste bis 30 Jahre geben signifikant häufiger an, daß sie mit der Familie reisen, als die anderen. Personen über 65 Jahre, die in Neustift ihren Sommerurlaub verbringen, geben signifikant häufiger als die jüngeren Gäste an, daß sie mit einer Gruppe oder einem Reiseveranstalter nach Neustift gekommen sind.

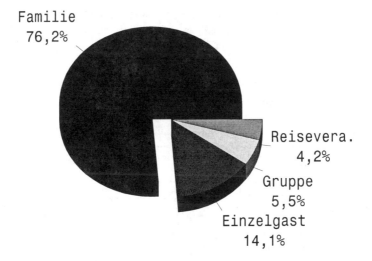

## 8   Informationen

Aufgrund welcher Informationen haben Sie sich für Neustift als Urlaubsziel entschieden?

|  | absolut | in % |
|---|---|---|
| Berichte von Bekannten und Verwandten | 140 | 23,3 |
| Zeitungen bzw. Broschüren | 77 | 12,8 |
| Waren schon einmal hier | 299 | 49,8 |
| Zufall | 26 | 4,3 |
| Fernsehen, Teletext | 18 | 3,0 |
| Auskunft durch Reisebüro | 32 | 5,3 |
| Internet | 6 | 1,0 |
| Sonstiges | 3 | 0,5 |

Fast jeder zweite Sommergast hat schon einmal einen Urlaub in Neustift verbracht (49,8%) und verbringt deshalb heuer seinen Urlaub wieder in Neustift. Mehr als jeder Fünfte hat sich auf Grund von Berichten von Bekannten und Verwandten für Neustift als Urlaubsziel entschieden, wobei Frauen dies häufiger nennen als Männer. Knapp 10% der Befragten haben sich ihre Informationen selbst über Fernsehen, Teletext, Internet oder das Reisbüro geholt, wobei sich Männer häufiger dieser Informationsquellen bedienen als Frauen. 4,3% sind durch Zufall, da sie einfach „ins Blaue" gefahren sind, in Neustift gelandet. Fast 13% der Gäste haben sich durch Informationen von Zeitungen und Broschüren für einen Urlaub in Neustift entschieden, wobei Arbeiter und Angestellte dies häufiger nennen als die anderen Berufsgruppen. Hausfrauen haben sich vermehrt aufgrund von Berichten von Bekannten und Verwandten für Neustift als Urlaubsziel entschieden. Pensionisten geben häufiger als die anderen an, daß sie sich deshalb für Neustift entschieden haben, weil sie schon einmal dagewesen sind.

## 9   Erwartungen

Haben sich Ihre Erwartungen aufgrund der erhaltenen Informationen erfüllt?

|  | absolut | in % |
|---|---|---|
| eher ja | 563 | 93,7 |
| zum Teil | 35 | 5,8 |
| eher nein | 3 | 0,5 |

Für 93,7% der befragten Sommergäste haben sich ihre Erwartungen aufgrund der jeweils erhaltenen Informationen erfüllt.

## 10 Ferienart

Verbringen Sie hier in Neustift Ihre:

|  | absolut | in % |
|---|---|---|
| Hauptferien | 344 | 57,2 |
| Zweit-/ Drittreisen | 152 | 25,3 |
| Kurzurlaube | 105 | 17,5 |

57,2% der Sommergäste in Neustift geben an, daß sie hier ihre Hauptferien verbringen. Jeder vierte Gast verbringt in Neustift eine Zweit- bzw. Drittreise. Knapp jeder sechste Urlauber verbringt hier im Sommer einen Kurzurlaub, wobei Frauen häufiger angeben, daß sie hier ihren Kurzurlaub verbringen als Männer. Auch 21 bis 30-Jährige verbringen nach eigenen Angaben in Neustift viel häufiger einen Kurzurlaub als Personen der anderen Altersgruppen.

Auch zwischen den Gästearten gibt es signifikante Unterschiede. Einzelgäste und Reisende mit Reiseveranstalter verbringen in Neustift vermehrt einen Kurzurlaub, Familien die Hauptferien und Gruppenreisende die Zweit-/ Drittreisen.

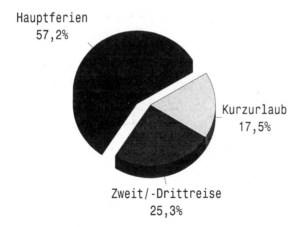

## 11 Reisehauptmotiv

Was ist ihr Reisehauptmotiv: (Mehrfachnennungen möglich)

|  | absolut | in %* |
|---|---|---|
| **Wandern, Touren gehen** | 505 | 84,0 |
| **Erholung, Entspannung** | 469 | 78,0 |
| **Natur** | 388 | 64,6 |
| **Gesundheit** | 125 | 20,8 |
| **Sport, Mountainbiken, Paragleiten** | 82 | 13,6 |
| **Vergnügen, Spaß** | 78 | 13,0 |
| **Neues erleben** | 65 | 10,8 |
| **Kultur** | 46 | 7,7 |
| **Unterhaltung** | 25 | 4,2 |

* Die Prozentzahlen ergeben mehr als 100%, da Mehrfachnennungen möglich waren.

84% der Befragten geben als Reisehauptmotiv das Wandern und Tourengehen an. 78% der Sommergäste verbringen ihren Urlaub in Neustift, da sie Erholung und Entspannung suchen. Knapp 65% der Befragten werden von der Natur angezogen. 20,8% kommen im Sommer nach Neustift, um etwas Gutes für ihre Gesundheit zu tun. Weitere Reisehauptmotive, die den Sommergast nach Neustift ziehen, sind "etwas Neues erleben" (10,8%) und "Vergnügen und Spaß" (13%).

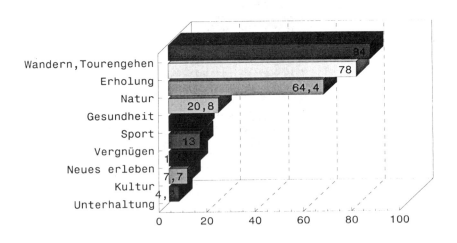

## 12 Unterkunft

In welcher Unterkunftsform verbringen Sie Ihren Urlaub?

|  | absolut | in % |
|---|---|---|
| Hotel | 326 | 54,2 |
| Pension | 131 | 21,8 |
| Privatzimmer | 66 | 11,0 |
| Gasthof | 16 | 2,7 |
| Bauernhof | 7 | 1,2 |
| Ferienwohnung | 33 | 5,5 |
| Camping | 22 | 3,7 |

54,2% der Sommergäste wohnen während ihres Urlaubsaufenthaltes in Neustift in einem Hotel. Mehr als jeder Fünfte übernachtet in einer Pension. 11% der Befragten übernachten in Privatzimmern. Das Campingangebot wird von 3,7% der Gäste in Anspruch genommen.

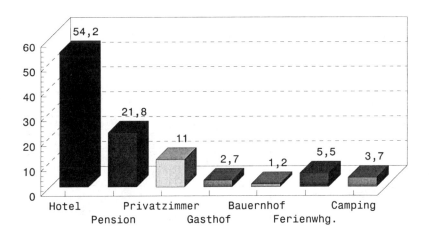

## 13 Beurteilung verschiedener Entwicklungen

Die folgende Beurteilung der Entwicklungen der einzelnen Bereiche wurde nur von jenen Gästen berücksichtigt, die schon einmal einen Urlaub in Neustift verbracht haben. Wie bereits erwähnt, haben 49,8% der Gäste schon einmal einen Urlaub hier in Neustift verbracht. Diese Gäste bilden nun die Basis für die folgenden Beurteilungen.

Wenn Sie schon öfters in Neustift Ihren Urlaub verbracht haben, wie beurteilen Sie dann folgende Entwicklungen:

### 13.1 Bauliche Veränderungen

|  | absolut | in % |
|---|---|---|
| sehr gut | 20 | 6,7 |
| gut | 101 | 33,8 |
| zufriedenstellend | 72 | 24,1 |
| weniger zufriedenstellend | 32 | 10,7 |
| nicht zufriedenstellend | 11 | 3,7 |
| kein Urteil | 63 | 21,1 |

Knapp 58% der Gäste, die schon einmal ihren Urlaub in Neustift verbracht haben, beurteilen die baulichen Veränderungen mit gut bis zufriedenstellend. Etwa jeder Siebte beurteilt diese Veränderungen mit weniger zufriedenstellend bis nicht zufriedenstellend.

### 13.2 Ortsbild

|  | absolut | in % |
|---|---|---|
| sehr gut | 72 | 24,1 |
| gut | 146 | 48,8 |
| zufriedenstellend | 45 | 15,1 |
| weniger zufriedenstellend | 6 | 2,0 |
| nicht zufriedenstellend | 9 | 3,0 |
| kein Urteil | 21 | 7,1 |

Die Entwicklungen im Bereich des Ortsbildes werden von über 70% mit sehr gut bis gut beurteilt.

## 13.3 Unterhaltungsangebot

|  | absolut | in % |
|---|---|---|
| sehr gut | 18 | 6,0 |
| gut | 112 | 37,5 |
| zufriedenstellend | 77 | 25,8 |
| weniger zufriedenstellend | 16 | 5,4 |
| nicht zufriedenstellend | 9 | 3,0 |
| kein Urteil | 67 | 22,4 |

43,5% der Sommerurlaubsgäste von Neustift sind der Ansicht, daß die Entwicklungen im Unterhaltungsangebot sehr gut bis gut sind. Jeder vierte Befragte beurteilt diese mit zufriedenstellend.

## 13.4 Kulturangebot

|  | absolut | in % |
|---|---|---|
| sehr gut | 10 | 3,3 |
| gut | 100 | 33,4 |
| zufriedenstellend | 73 | 24,4 |
| weniger zufriedenstellend | 15 | 5,0 |
| nicht zufriedenstellend | 10 | 3,3 |
| kein Urteil | 91 | 30,5 |

Jeder dritte Gast beurteilt die Entwicklungen im Kulturangebot mit gut. 24,4% beurteilen diese mit zufriedenstellend. 30,5% der Sommergäste haben die Entwicklungen im Kulturangebot nicht beurteilt, da sie, nach eigenen Zusatzbemerkungen am Fragebogen, das Kulturangebot zu wenig kennen.

## 13.5 Sportangebot - Sommer

|  | absolut | in % |
|---|---|---|
| sehr gut | 46 | 15,4 |
| gut | 119 | 39,8 |
| zufriedenstellend | 43 | 14,4 |
| weniger zufriedenstellend | 4 | 1,3 |
| nicht zufriedenstellend | 3 | 1,0 |
| kein Urteil | 84 | 28,1 |

Die Veränderungen im Bereich des Sommersportangebots werden von mehr als der Hälfte der Gäste (55,2%) mit sehr gut bis gut beurteilt.

## 13.6 Einkaufsmöglichkeiten

|  | absolut | in % |
|---|---|---|
| sehr gut | 56 | 18,7 |
| gut | 135 | 45,2 |
| zufriedenstellend | 66 | 22,1 |
| weniger zufriedenstellend | 13 | 4,3 |
| nicht zufriedenstellend | 4 | 1,3 |
| kein Urteil | 25 | 8,4 |

Etwa 64% der Gäste beurteilen die Entwicklungen der Einkaufsmöglichkeiten mit sehr gut bis gut. Nur 5,6% sind der Meinung, daß diese weniger bis nicht zufriedenstellend sind.

## 13.7 Gastronomieangebot

|  | absolut | in % |
|---|---|---|
| sehr gut | 122 | 40,8 |
| gut | 140 | 46,8 |
| zufriedenstellend | 18 | 6,0 |
| weniger zufriedenstellend | 3 | 1,0 |
| nicht zufriedenstellend | 0 | 0,0 |
| kein Urteil | 16 | 5,3 |

Die Entwicklungen im Gastronomieangebot werden von etwa 88% der befragten Gäste mit sehr gut bis gut beurteilt.

## 13.8 Service

|  | absolut | in % |
|---|---|---|
| sehr gut | 135 | 45,2 |
| gut | 130 | 43,5 |
| zufriedenstellend | 16 | 5,4 |
| weniger zufriedenstellend | 1 | 0,3 |
| nicht zufriedenstellend | 0 | 0,0 |
| kein Urteil | 17 | 5,7 |

Auch die Entwicklungen im Bereich des Service werden von 88,7% der Gäste mit sehr gut bis gut beurteilt.

## 13.9 Freundlichkeit der Bevölkerung

|  | absolut | in % |
|---|---|---|
| sehr gut | 167 | 55,9 |
| gut | 104 | 34,8 |
| zufriedenstellend | 12 | 4,0 |
| weniger zufriedenstellend | 3 | 1,0 |
| nicht zufriedenstellend | 0 | 0,0 |
| kein Urteil | 13 | 4,3 |

90,7% der Gäste, die ihren Urlaub schon einmal in Neustift verbracht haben beurteilen die Entwicklungen im Bereich der Freundlichkeit der Bevölkerung mit sehr gut bis gut.

## 13.10 Atmosphäre insgesamt

|  | absolut | in % |
|---|---|---|
| sehr gut | 125 | 41,8 |
| gut | 153 | 51,2 |
| zufriedenstellend | 12 | 4,0 |
| weniger zufriedenstellend | 0 | 0,0 |
| nicht zufriedenstellend | 0 | 0,0 |
| kein Urteil | 9 | 3,0 |

Die Entwicklung der Atmosphäre insgesamt in Neustift wird von 93% der Sommergäste mit sehr gut bis gut beurteilt. Kein einziger Gast beurteilt die Entwicklung der Atmosphäre mit weniger zufriedenstellend oder nicht zufriedenstellend.

## 14 Kulturangebote

Welche Kulturangebote würden Sie in Neustift besonders interessieren?

|  | absolut | in %* |
|---|---|---|
| Brauchtum | 62 | 18,5 |
| Volksmusik, Volkstanz | 54 | 16,0 |
| klass. Konzerte | 43 | 12,8 |
| moderne Musik, Jazz | 34 | 10,1 |
| Heimatgeschichte | 33 | 9,8 |
| Bauerntheater | 31 | 9,2 |
| Vorträge über Bergwelt/ Natur | 30 | 8,9 |
| Handwerk | 23 | 6,9 |
| Kulturwanderungen | 21 | 6,3 |
| Kino | 16 | 4,8 |
| Dorffeste, Märkte | 14 | 4,2 |
| Kirchenkonzerte | 9 | 2,7 |
| Kleinkunst | 9 | 2,7 |
| Infoabende | 8 | 2,4 |
| Kinderfest | 7 | 2,1 |
| Tanzmöglichkeiten | 7 | 2,1 |
| mehr für versch. Nationen | 6 | 1,8 |
| Kirchenchor | 6 | 1,8 |
| Almsingen | 5 | 1,5 |
| Bergmesse | 3 | 0,9 |
| Ausstellungen | 3 | 0,9 |
| klass. Filmfestival | 2 | 0,6 |

\* Die Prozentzahlen ergeben mehr als 100%, da Mehrfachnennungen möglich waren.

An der Spitze der Hitliste für künftige Kulturangebote stehen nach Meinung der befragten Sommergäste Kulturveranstaltungen bzw. -angebote rund um das Brauchtum (18,5%) , Volkstanz und Volksmusik (16%). Aber auch klassische Konzerte (12,8%) und Veranstaltungen mit moderner Musik und Jazz (10,1%) sind wünschenswerte Vorschläge von Seiten der Gäste für das zukünftige Kulturangebot.

## 15 Stärken von Neustift

Was würden Sie als besondere Stärke von Neustift bezeichnen?

|  | absolut | in %* |
|---|---|---|
| Landschaft, Natur, Berge | 222 | 47,8 |
| gute und viele Wandermöglichkeiten | 134 | 28,9 |
| schöne Lage | 85 | 18,3 |
| Freundlichkeit der Bevölkerung | 47 | 10,1 |
| Gastronomie | 25 | 5,4 |
| Kirche | 20 | 4,3 |
| Ortsbild, Blumen | 17 | 3,7 |
| viele Hütten | 14 | 3,0 |
| Sauberkeit | 13 | 2,8 |
| Ruhe | 16 | 3,4 |
| Nähe zu IBK | 11 | 2,4 |
| Atmosphäre | 10 | 2,2 |
| Unterkünfte | 9 | 1,9 |
| Gletscher | 9 | 1,9 |
| gute Luft | 9 | 1,9 |
| Sportmöglichkeiten | 9 | 1,9 |
| Besinnungsweg | 6 | 1,3 |
| Dorfcharakter | 4 | 0,9 |
| gute Busverbindung | 4 | 0,9 |
| viele verschiedene Aktionsmöglichkeiten | 4 | 0,9 |
| Lifte | 4 | 0,8 |
| Service | 3 | 0,6 |
| Freizeitzentrum | 2 | 0,4 |
| Kinderfreundlichkeit | 1 | 0,2 |
| Bergführer | 1 | 0,2 |
| Verkehrsnetz | 1 | 0,2 |

* Die Prozentzahlen ergeben mehr als 100%, da Mehrfachnennungen möglich waren.

Als besondere Stärke von Neustift werden von 47,8% der befragten Gäste die Landschaft, die Natur und die Berge bezeichnet. Etwa 29% bezeichnen die guten und vielen Wandermöglichkeiten als weitere Stärke von Neustift. Weitere Stärken von Neustift sind, nach Meinung der Gäste, die schöne Lage (18,3%) und die Freundlichkeit der Bevölkerung (10,1%).

## 16 Schwächen von Neustift

Was würden Sie als besondere Schwäche von Neustift bezeichnen?

|  | absolut | in %* |
|---|---|---|
| Durchzugsverkehr/ Lärm | 112 | 34,2 |
| zu kurze Öffnungszeiten der Geschäfte | 44 | 13,5 |
| viele Neubauten | 33 | 10,1 |
| keine Gehsteige | 29 | 8,9 |
| schlechte u. teure Busverbindung | 18 | 5,5 |
| zu wenig Action für junge Leute | 17 | 5,2 |
| falsche Zeitangaben bei Wanderwegen | 17 | 5,2 |
| kein Geländer am Besinnungsweg | 9 | 2,8 |
| Nichts für Schlechtwetter | 8 | 2,4 |
| schlechte Markierung der Wanderwege | 8 | 2,4 |
| Sport für Senioren | 8 | 2,4 |
| zu wenig Parkplätze | 8 | 2,4 |
| keine fremdsprachigen Veranstaltungen | 8 | 2,4 |
| schlechte Info über Wanderungen in Bergen | 7 | 2,1 |
| zu wenig Unterhaltung am Abend | 6 | 1,8 |
| bessere Beleuchtung in der Nacht | 5 | 1,5 |
| zu hohe Liftpreise | 5 | 1,5 |
| alles zu touristisch | 5 | 1,5 |
| Mountainbiker am Berg | 4 | 1,2 |
| Ortsbild | 4 | 1,2 |
| Maut | 4 | 1,2 |
| Kritik am Altbau Bierwirt | 4 | 1,2 |
| zu kleines Schwimmbad | 3 | 0,9 |
| kein Sportplatz auch für Gäste | 2 | 0,6 |
| Messe in Fremdsprache | 2 | 0,6 |
| Aufsicht im Schwimmbad ist schlecht | 1 | 0,3 |
| Gletscherbus auch im Sommer gratis | 1 | 0,3 |
| 1. Bergbahn fährt zu spät | 1 | 0,3 |
| alles viel zu teuer | 1 | 0,3 |
| mehr Bänke bei Wanderwegen | 1 | 0,3 |

\* Die Prozentzahlen können mehr als 100% ergeben, da Mehrfachnennungen möglich waren.

Als große Schwäche von Neustift wird von den Sommergästen vor allem der Durchzugsverkehr und Lärm gesehen. Mehr als jeder dritte Gast nennt dies als besondere Schwäche von Neustift. Als weitere Schwächen werden die zu kurzen Öffnungszeiten der Geschäfte (13,5%) und die vielen Neubauten (10,1%) genannt.

## 17 Wiederbesuchsabsicht
### 17.1 Wiederbesuch

Werden Sie wieder einmal in Neustift Ihren Urlaub verbringen?

|  | absolut | in % |
|---|---|---|
| eher ja | 517 | 86,0 |
| eher nein | 12 | 2,0 |
| weiß noch nicht | 72 | 12,0 |

86% der Sommergäste geben an, daß sie eher schon wieder einmal nach Neustift kommen werden und ihren Urlaub hier verbringen werden. 12% sind sich im Moment noch unschlüssig darüber.

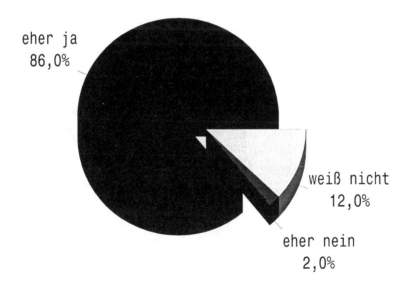

## 17.2 Begründungen

### 17.2.1 Wiederbesuchsabsicht - eher ja

|  | absolut | in % |
|---|---|---|
| gefällt uns gut hier | 199 | 43,9 |
| gute Erholung | 87 | 19,2 |
| gute Wandermöglichkeiten | 64 | 14,1 |
| schönes Tal | 39 | 8,6 |
| Freundlichkeit/ Gastlichkeit | 35 | 7,7 |
| Kurze Anreise | 12 | 2,6 |
| Skifahren/ Sport | 10 | 2,2 |
| noch mehr hier erkunden | 5 | 2,0 |
| gesundes Klima | 4 | 0,9 |

Die meistgenannten Begründungen, warum die Gäste wiedereinmal einen Urlaub in Neustift verbringen werden, lauten:

- weil es den Gästen hier gut gefällt
- weil sich die Gäste gut erholen können und
- weil es hier gute Wandermöglichkeiten gibt

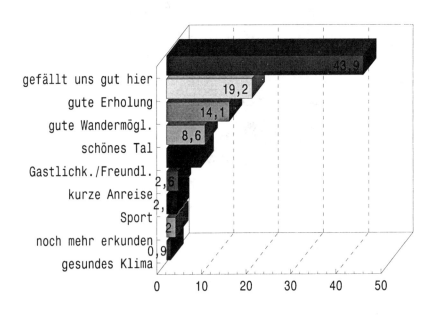

### 17.2.2 Wiederbesuchsabsicht - eher nein, weiß nicht

|  | absolut | in % |
|---|---|---|
| andere Gegenden kennenlernen | 22 | 4,9 |
| wir sind schon alt | 4 | 0,9 |
| keine Bademöglichkeit im Sommer | 3 | 0,7 |
| zu viel verbaute Natur | 2 | 0,4 |
| Mautgebühren | 1 | 0,2 |
| zu weit weg | 1 | 0,2 |
| Gäste werden ausgenützt | 1 | 0,2 |

Jene Sommergäste, die vielleicht keinen Urlaub mehr in Neustift verbringen werden, geben als Grund dafür mehrheitlich nicht eine Unzufriedenheit mit Neustift an, sondern sagen, daß sie noch andere Gegenden kennenlernen wollen.

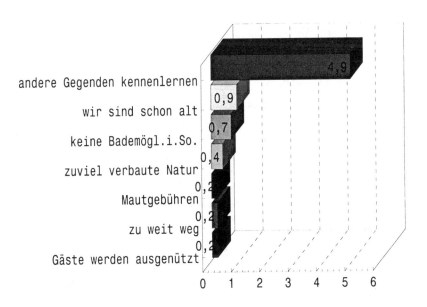

# XIV KulturtourismusMarketing im Zeichen des Erlebnismarktes

*Thomas Heinze*

Auf ein für KulturTourismusMarketing bedeutsames Phänomen verweist die - wie im Kapitel I ausgeführt - im deutschsprachigen Raum viel beachtete empirische Studie von Schulze (1992): In unserer Erlebnisgesellschaft unterliegt auch der KulturTourismus der Rationalität des Erlebnismarktes. Die konstitutiven Merkmale dieses dynamischen Marktes sowie die mit diesem Modell korrespondierenden marketingstrategischen Überlegungen sollen im folgenden in Auseinandersetzung mit dem "gängigen Bild vom Marktgeschehen" (Schulze 1994) referiert werden.

## 1 Marketing im produktorientierten Denksystem

In der einschlägigen Literatur wird Marketing "als

- unternehmerische Tätigkeit,
- ein Bündel unternehmerischer Tätigkeiten,
- Handelsphänomen,
- ein Gefühl für unternehmerische Zielsetzungen etc."

(Kotler 1992, S. 19) beschrieben.

"Der Absatz", "Einführung in die Lehre der Absatzwirtschaft" oder der ehemals für das ganze Gebiet verwendete Begriff "Handel" sind Termini, die sich bis zum Begriff "Marketing" formiert haben (Müller-Hagedorn 1990, S. 3).

Die Komplexität dieser begrifflichen Annäherung wird reduziert durch die inzwischen gebräuchliche Definition von Marketing als Austauschprozeß: "Das Marketing ist eine menschliche Tätigkeit, die darauf abzielt, durch Austauschprozesse Bedürfnisse und Wünsche zu befriedigen bzw. zu erfüllen" (Kotler 1992, S. 19).

Ausgangspunkt und grundlegende Orientierung für das Marketing sind somit die menschlichen Bedürfnisse und Wünsche. "Wünsche beschreiben die konkreten Dinge, die ein menschliches Bedürfnis befriedigen können. Je mehr sich eine Gesellschaft entwickelt, um so vielfältiger werden auch die Wünsche ihrer Mitglieder" (Kotler, Armstrong 1988, S. 6). Dies gilt in besonderem Maße für den Bereich der Kultur bzw. Kunst, der sich zu einem bedeutsamen Wirtschaftsfaktor entwickelt hat. Die zunehmende Nachfrage (als Wunsch nach spezifischen Produkten oder Dienstleistungen) nach Kultur/Kunst erfordert ein differenziertes Angebot an kulturellen und künstlerischen Leistungen.

Als Produkte, die zur Bedürfnisbefriedigung angeboten werden, sind im Kulturbereich die Vielfalt von Kunst- und Kulturleistungen (Kunstwerke, Aufführungen, kulturelle Projekte u.a.) zu verstehen.

"Der Kern des Marketing liegt in der Idee des Austauschs" (Kotler 1992, S. 41). Gegenstand des Austauschprozesses sind Güter, Produkte, Dienstleistungen oder Geld. "Wird der potentielle Austausch realisiert, so findet eine Transaktion statt. Eine Transaktion besteht in dem Übereinkommen zweier oder mehrerer Parteien über die Verwendung, den Besitz oder die Übertragung von Ressourcen. Transaktionen bilden die Basis bzw. machen den Kern des Austauschs aus" (ebd., S. 42).

Der Gedanke der Transaktion führt zur Idee des Marktes. "In modernen Gesellschaften sind Märkte an keinen bestimmten Ort mehr gebunden, an dem Käufer und Verkäufer miteinander verhandeln" (Kotler, Armstrong 1988, S. 13). Moderne Kommunikations- und Transportmöglichkeiten machen es möglich, jegliche Art von Geschäft abzuwickeln. Großteils haben weder Produzent noch Käufer einen physischen Kontakt zueinander.

Die Idee des Marktes führt zum modernen Marketing. Marketing bedeutet den Umgang mit Märkten, um Tauschvorgänge zum Zwecke der Befriedigung menschlicher Bedürfnisse und Wünsche zu bewirken. "Produktentwicklung, Forschung, Kommunikation, Verteilung, Preisfestlegung und Service bilden den Kern der Marketing-Aktivitäten" (ebd., S. 14). Marketing hat im traditionellen, produktorientierten Denksystem die Aufgabe, "potentielle Kunden davon zu überzeugen, daß ein bestimmtes Produkt sowohl ihren Bedürfnissen entgegenkommt, als auch besser und/oder billiger als konkurrierende Produkte ist" (Schulze 1994, S. 24). Das heißt: Marketing ist im produktorientierten Denksystem ganz auf die "Nutzen-Konkurrenz" (ebd., S. 27) der Waren und Produkte ausgerichtet.

## 2 Marketing in der erlebnisorientierten Denkwelt

In der "Erlebnisgesellschaft" (Schulze 1992) ist das erlebnisorientierte Denken zur Lebensphilosophie von jedermann geworden: "Das Leben soll interessant, faszinierend und aufregend sein oder vielleicht auch friedvoll, erheiternd, kontemplativ, aber auf keinen Fall ereignislos, arm an Höhepunkten, langweilig" (Schulze 1994, S. 28). Daß diese erlebnisorientierte Denkweise eine strategische Neuorientierung für den (regionalen) KulturTourismus - wie er zuvor programmatisch und konzeptionell skizziert wurde - impliziert, ist evident. In der Erlebnisgesellschaft bezeichnet Erlebnismarkt das "Zusammentreffen" von Erlebnisangebot und Erlebnisnachfrage (d.h. die Nachfrage nach alltagsästhetischem - auf das "Schöne" ausgerichteten - Konsum). Grundlage dieses Konsumverhaltens ist ein "innenorientiertes", subjektives Handeln. "Innenorientiertes" Handeln meint die Absicht, ein Produkt nicht aufgrund eines "objektiven Gebrauchsnutzens" sondern in Erwartung eines "subjektiven Erlebnisnutzens" zu kaufen. So erwirbt z.B. ein Inlineskater Rollerblades nicht in Verbindung mit einem schnelleren Fortkommen, sondern "innenorientiert", weil er damit Sportlichkeit, "In-Sein" etc. assoziiert. Dies bedeutet - verallgemeinernd - den Trend zu einer neuen Marktorientierung, die sich auf "erlebnisrationales Handeln" bezieht (Schulze 1992, S. 415).

"Beim erlebnisrationalen Konsum haben Waren und Dienstleistungen den Status eines Mittels für innere Zwecke; man wählt sie aus, um sich selbst in bestimmte Zustände zu versetzen. Erlebnisrationalität ist Selbstmanipulation des Subjekts durch Situationsmanagement. Die Absichten der Konsumenten richten sich auf psychophysische Kategorien, etwa Ekstase, Entspannung, sich wohl fühlen, Gemütlichkeit, sich ausagieren" (Schulze 1994, S. 28).

Ein Erlebnis ist als "Miteinander verknüpfter subjektiver Prozesse" zu verstehen. Typisch für ein Erlebnis ist, daß es "subjektbestimmt" und "unwillkürlich" ist (Schulze 1992, S. 735). D.h., wir können Erlebnisse nicht haben, sondern bestehen in Erlebnissen. Die damit einhergehende "Rationalisierung" des Handelns auf Erlebnisziele stellt sich als ein Prozeß dar, der nach innen gerichtet ist und durch Erwartung von "Erlebniszielen" zur Ausbildung eines Marktes führt. Erlebnisangebot und Erlebnisnachfrage treffen aufeinander. "Kennzeichnend für die Rationalität der Nachfragenden (ist) eine Kehrtwendung der Zweckdefinition von außen nach innen" (ebd., S. 416). Klassisches Muster der "alten" Moderne ist das Agieren nach rationalen Gesichtspunkten unter Verwendung optimaler Mittel, um systematisch Ziele zu erreichen. Die Optimierung der Mittel steht dabei im Vordergrund. Diese "alte" Moderne erfährt eine Veränderung: "Man will etwas an sich selbst erreichen; das Subjekt behandelt sich selbst als Objekt, dessen Zustand manipuliert werden soll" (ebd., S. 420).

Was passiert? Wir entscheiden subjektiv aufgrund angestrebter Gefühle zwischen Angenehmem und Unangenehmem. Gleichzeitig existieren aber Grundmuster des Erlebens: Rang, Konformität, Geborgenheit, Selbstverwirklichung, Stimulation. Um diese Zustände zu erreichen, wird erlebnisorientiert gehandelt und in alltagsästhetischen Episoden (Einkauf, Musik, Kosmetik, Sport, Fernsehprogramm, Ausgehen, Urlaub) ausagiert.

Diese Erlebnisse lassen sich allerdings nicht in Dauerzustände verwandeln. Es entsteht somit für den Erlebnismarkt eine ständige Nachfrage. Die Erlebnissuchenden investieren Geld, Zeit und Aufmerksamkeit in den Erlebnismarkt.

Welche Ziele verfolgen Anbieter und Nachfrager auf dem Erlebnismarkt?

Für den Anbieter hat die "Publikumswirksamkeit" (ebd., S. 425) höchste Priorität, sie ist verbunden mit Zielen wie:

- Gewinn,
- langfristiges Überleben,
- kreative Selbstverwirklichung,
- kulturpolitische Ambitionen.

Als Strategien zur Zielerreichung bedient sich der Anbieter folgender Mechanismen:

- Schematisierungen (Er reagiert auf spezielle Erlebnisbedürfnisse, gemäß den Schemata bei den Erlebnisnachfragenden);
- Profilierung (Profilgebung der Produkte nach "Erlebniserwartungen");
- Abwandlung (Bezeichnungen werden verändert, um das "Neue" auszudrükken);
- Suggestion (Symbolische Qualität wird ausgedrückt, Suggestion in Richtung "Erleben").

Die Rationalität der Erlebnisnachfrage besteht darin, etwas zu erleben. Beim Erlebnis als Handlungsziel stellt sich die Frage: "Was gefällt mir eigentlich, was nicht?" (ebd., S. 429). Im Zentrum des Handelns steht der Handelnde selbst. Wir versuchen - so Schulze (1992) - unsere Aktionen so zu gestalten, daß sich ein "gewollter psychophysischer Prozeß einstellt" (S. 430) und erwarten auf Knopfdruck "interessante", "faszinierende" Erlebnisse (Gefühle). Bezüglich der Erwartung bestimmter Erlebnisse können wir enttäuscht werden: Erst nachher wissen wir, ob das Erlebnis das gebracht hat, was wir uns vorgestellt haben.

Welche Qualitätskriterien spielen bei der Beurteilung von Erlebnissen eine Rolle? "Was schön ist oder nicht, kann der Nachfrager meist nur tautologisch definieren. Es ist schön, weil es schön ist" (ebd., S. 431). Die Erlebnisnachfrager sind also nicht imstande, Qualitätskriterien zu definieren, weil ihnen Art und Qualität ihrer, durch die Erlebnisangebote provozierten Gefühle in der Regel nicht bewußt sind, jedenfalls im Vorhinein nicht bestimmbar scheinen. Werbung, Mode und andere ästhetische Phänomene wecken spezifische Erlebnisbedürfnisse; die erworbenen Produkte können die Befriedigung dieser Bedürfnisse jedoch nicht sicherstellen, da es sich um innerpsychische Prozesse handelt, die über Erlebnisangebote höchstens stimuliert, nicht jedoch mit Sicherheit ausgelöst werden können. Ich kann mir z.B. einen Sahne-Joghurt kaufen, der in der Werbung mit "Week-end-Feeling" verbunden ist, aber ob ich "Week-end-Feeling" beim Essen des Joghurts verspüre, liegt immer noch in meiner innerpsychischen Welt.

Den Erlebnisnachfragern steht somit harte Arbeit bevor. Welches Angebot sollen sie wählen, um ihre Erlebnisziele zu erreichen? Sie leben ständig in einer Unsicherheit, verbunden mit einem Enttäuschungsrisiko. Am Erlebnismarkt erhält man nämlich nur die Zutaten für das Erlebnis. "Der erlebnisorientierte Konsument sieht die objektive Qualität der Waren nur als ein Mittel für einen subjektiven Zweck an. Oft weiß er nicht mehr als das. Er hat fundamentale Orientierungsprobleme und unsichere Erfolgsaussichten, denn sein Ziel ist noch nicht erreicht, wenn er die Ware hat, sondern erst dann, wenn er bei sich selbst wahrzunehmen glaubt, daß er auf die Ware in bestimmter Weise reagiert" (Schulze 1994, S. 32). Die folgenden Muster beschreiben die Interaktion zwischen Anbietern und Nachfragern (ebd., S. 32-34).

## 2.1 Korrespondenzprinzip und Schematisierung

Das Korrespondenzprinzip besteht in der Auswahl von Angeboten mit dem größten vermuteten Erlebnisnutzen. Darauf reagieren die Anbieter mit Schematisierungen: Sie versehen die Produkte mit Attributen, die an bestimmte alltagsästhetische Schemata appellieren. Wie weit sich das Marktgeschehen mit den Strategien von Korrespondenz und Schematisierung von der produktorientierten Denkwelt entfernt hat, zeigt sich daran, daß ein und dasselbe Produkt ganz verschieden schematisiert werden kann. Sekt beispielsweise wird häufig dem Hochkulturschema einverleibt; man sieht etwa elegant gekleidete Personen in der Konzertpause mit einem Sektglas in der Hand. Zunehmend wird Sekt aber auch mit dem Spannungsschema in Verbindung gebracht. Bei dieser Schematisierungsvariante spritzt und schäumt der Sekt in der Regel, die dargestellten Menschen sind exzentrisch, ausgelassen, meist in Bewegung und in der Nähe irgendwelcher Ekstasen.

## 2.2 Kumulation und Überflutung

Doch die Korrespondenzstrategie ist unzuverlässig. Um es in der Selbstwahrnehmung der Konsumenten auszudrücken: Die Produkte halten nicht, was sie versprechen. Angemessener wäre es freilich, die Konsumenten in die Verantwortung für ihre Enttäuschung einzubeziehen: Es gelingt ihnen nicht, jenes Erlebnis aufzubauen, das sie sich versprochen haben. Wenn man jedoch den Produkten die Verantwortung zuschiebt, erscheint Kumulation als eine rationale Strategie: Möglichst viel mitzunehmen in der Hoffnung, daß irgendetwas dabeisein möge, das die Erwartungen erfüllt. Anders als in der produktorientierten Konsumwelt kann man den Sachen ihren Nutzen beim Kauf ja noch nicht ansehen; man muß abwarten, wie sie auf einen wirken werden. Die Anbieter reagieren auf die Strategie der Kumulation mit Überflutung: Fernsehprogramme, Deodorants, Kleider, Autos, Schmuck, Urlaubsmöglichkeiten und so weiter - alles gibt es im Übermaß und in unendlich vielen Varianten. Bezeichnend für das Strategienpaar von Kumulation und Überflutung ist etwa der Trend zur Großflächenbuchhandlung. Der Kunde wird mit hunderttausend Titeln überflutet. Seine Kumulationsstrategie materialisiert sich förmlich: als Stapel von Büchern, die alle zu lesen er gar keine Zeit hat.

## 2.3 Variation und Abwandlung

Erlebnisorientierung geht mit einem ständigen Bedarf nach Neuem einher. Wer produktorientiert Schuhe kauft, die beispielsweise wasserdicht sein sollen, wird unter Umständen immer wieder auf dasselbe bewährte Modell zurückgreifen. Beim erlebnisorientierten Schuhkauf besteht die Gefahr, daß man sich mit demselben Modell nach einigen Malen langweilt. Erlebnisse speisen sich aus der Erfahrung von Unterschieden. Um Schuhe erleben zu können, braucht man immer wieder neue, andersartige Modelle. Der Variationsstrategie der Konsumenten kommt die Abwandlungsstrategie der Anbieter entgegen. Man kreiert neue Designs, Folgemodelle, den alternativen Urlaub, das revolutionäre Fahrerlebnis, den nie dagewesenen Joghurtgeschmack. Der Produktentwickler arbeitet hier keineswegs am Fortschritt der Produkte. Fortschritt ist nur in der produktorientierten Denkwelt definiert; beim erlebnisorientierten Konsum tritt an die Stelle des Fortschritts eine horizontale Kategorie: das Andere. Nun unterscheidet sich das Neue vom Alten nicht mehr dadurch, daß es besser wäre, sondern allein durch seine Neuartigkeit. Daß es auf nichts anderes als darauf ankommt, merkt man an der gelegentlichen Wiederkehr des Alten, wenn es in Vergessenheit geraten war, so daß es wieder neu wirkt. Eines von vielen Beispielen ist die modische Episode der Fünfziger-Jahre-Nostalgie.

## 2.4 Autosuggestion und Suggestion

Typisch für die Rationalität erlebnisorientierten Konsums ist schließlich die autosuggestive Maximierung von Sicherheit. Der rationale Erlebniskonsument wehrt sich nicht etwa gegen Suggestionen (wie es der rationale produktorientierte Konsument tun muß), sondern er fragt sie nach: den Ruhm des Virtuosen, den Massenandrang zum Rockkonzert, die aktuelle Etabliertheit modischer Details im eigenen Milieu, die Absegnung eines Films als "Kultfilm", die Verklärung von Reisezielen durch enthusiastische Schilderungen, die feuilletonistische Elevation von Literatur, die Definition des Erlebnisgehalts von Angeboten durch Werbung, die Erzeugung einer Aura von Besonderheit durch exorbitante Preise. Auf die Verbraucherstrategie der Autosuggestion antworten die Anbieter mit Fremdsuggestion. Man sieht die Verhältnisse zu einseitig, wenn man die Suggestions-Taktiken der Erlebnisanbieter als "Verführung" kritisiert, wird dabei doch unterstellt, daß die Nachfrager hintergangen würden. Nur auf einem produktorientierten Markt ist Suggestion Betrug. Für den erlebnisorientierten Konsumenten gilt, daß sein Konsumzweck erreicht ist, wenn er ein Erlebnis hat, das er als befriedigend ansieht. Die bloße Ware ohne symbolisches Zubehör ist hierfür selten ausreichend, weil die meisten Verbraucher entweder nicht fähig oder nicht willens sind, die gesamte psychophysische Reaktion selbst aufzubauen, die zum Erleben der Ware erforderlich ist. Beide Akteure arbeiten zusammen; Suggestion gehört zum Service. Unbrauchbar sind die Begriffe von Lüge und Wahrheit, wo es im Einvernehmen aller Marktteilnehmer primär darum geht, dem Endverbraucher gewünschte psychophysische Prozesse zu verschaffen. Unter diesen Bedingungen gilt: je wirksamer die Suggestion, desto besser das Produkt. Der Glaube des Abnehmers an zugesicherte Eigenschaften der Ware läßt die zugesicherten Eigenschaften erst entstehen.

## 3 Die Dynamik des Erlebnismarktes

Zur Dynamik des Erlebnismarktes konstatiert Schulze (1992): "Jedes Erlebnisangebot entlastet von der Aufgabe, etwas mit sich selbst anzufangen und befreit von der Angst, bei dieser Aufgabe zu scheitern" (S. 449). Dies hat Konsequenzen:

- Die Furcht vor entgangener Lebensfreude läßt den Erlebnismarkt stetig wachsen.
- Die Anbieter müssen, um überleben zu können, ständig das Publikumsinteresse, die Besucherfrequenz, die Einschaltquote etc. beachten.
- Erlebnisse sättigen nicht. Von daher suchen wir uns neue (vgl. ebd., S. 450).

Daraus folgt für die Erlebnisanbieter:

- Veränderung der Produktionsstruktur in Richtung Erlebnisorientierung (vermitteltes Feeling beim Produktkauf),
- Expansion des Tauschvolumens (mehr Angebote bei immer mehr Abnehmern / Abnehmerinnen),
- Räumliche Expansion von Absatzgebieten und Entregionalisierung (ständig wachsende Mobilität, Verschwinden von typischem Lokalkolorit sowie ständig wachsende Mobilität),
- Korporationisierung und Konzentration (professionelle Verfestigung in Institutionen),
- Progredienz (keine Gleichgewichtszustände oder Rückentwicklungen sind zu erwarten),
- Schematisierung der Alltagsästhetik (innerhalb eines Erlebnisschemas werden Lebensstile konsumiert),
- Milieusegmentierung (das Milieu wird neu zusammengestellt, aber die Erlebnisse bleiben in einer "Schablone").

Die beiden zuletzt genannten Gesichtspunkte sind hier von besonderer Bedeutung.

Die Schematisierung der Alltagsästhetik vollzieht sich durch Zuschreibung (Bündelung) von Zeichen, die in einem bzw. für ein Milieu, als natürlichem Lebenszusammenhang, entstehen, wobei "Milieu" den natürlichen Lebenszusammenhang bezeichnet.

Schulze (1992) unterscheidet folgende Milieus:

- Das Selbstverwirklichungsmilieu ("postmaterialistisch, linksalternativ eingestellter aufstiegsorientierter jüngerer Mensch"),
- Unterhaltungsmilieu ("traditionsloses Arbeitermilieu, unauffällig, eher passive Arbeitnehmer"),
- Niveaumilieu ("konservatives gehobenes Milieu, gehobene Konservative"),
- Integrationsmilieu ("kleinbürgerliches Milieu, aufgeschlossener integrierter Normalbürger und integrierter älterer Mensch"),
- Harmoniemilieu ("kleinbürgerliches Milieu, pflichtorientierter, konventionsbestimmter Arbeitnehmer, integrierter älterer Mensch, isolierter alter Mensch").

Diese Einteilungen der Erlebnisgesellschaft werden in Beziehung zu den verschiedenen Erlebniszielen gesetzt, die sich wiederum aus dem "Selbstverständnis" der "Ich-Welt-Bezüge" ergeben. So segmentiert Schulze (1992) das Spannungsschema, das Hochkulturschema und das Trivialschema als Zusammenfassungen für eine Zeichengruppe mit typischen Ausprägungen. Diese Schemata werden wie folgt charakterisiert:

- Trivialschema: Blasmusik und Gemütlichkeit, antiexzentrische Philosophie,
- Hochkulturschema: klassische Musik, Kontemplation, antibarbarischer Genuß, Perfektion,
- Spannungsschema: Rockmusik und Action, unkonventionell, Narzismus.

Für die Milieusegmentierung im Zeichen des Erlebnismarktes stellt sich folgendes Problem: "Wegen der zunehmenden Vielfalt individueller Verknüpfungen von Lebenslagen (Berufe, Einkommens- und Vermögensverhältnisse, persönliche Risikoabsicherungen, Familien- und Haushaltsstrukturen u.a.) ist es immer weniger möglich, von dem, was einer braucht, auf das zu schließen, was er gesellschaftlich ist" (ebd., S. 455).

Umgekehrt können wir nicht mehr feststellen, was ein Arzt oder eine Hausfrau oder ein Bauer braucht. Deshalb ist die ursprüngliche Marktsegmentierung verlorengegangen. Innenorientierte Konsumorientierung läßt sie schwinden. Die Segmentierungen verschwinden allerdings nicht, sondern erscheinen in anderen Formen:

"Subjektivität ist nämlich nicht identisch mit Originalität. Unter der Bedingung der Freiheit entstehen neue Ähnlichkeiten. Die kleinen und großen Verliebtheiten und Angebote tragen die Züge milieuspezifisch verteilter Erlebnisschablonen" (ebd., S. 455). Die Gruppierungen nach Konsumstilen entsprechen weitgehend der Gruppierung nach Lebensalter und Bildungsgrad. Für die Erlebnisanbieter stellt sich das Problem, daß soziale Wirklichkeit nicht in einem Modell darstellbar ist, sie somit auf Teilinformationen angewiesen sind, um sich Vorstellungen von Segmentierungen der Erlebnisnachfrager zu machen, die in das ökonomische Kalkül einbezogen werden können. Somit entstehen neue Erlebnisprodukte, die sich auf diese Segmentierungen der Erlebnisnachfrager stützen, d.h. auf einen spezifischen Typus der Nachfrage (das Produkt wird auf spezifische Bedürfnisse zugeschnitten). Damit wird gleichzeitig wieder eine Segmentierung hergestellt.

"Die segmentierte Struktur des Publikums ist eine soziale Konstruktion, die sowohl auf den Einfluß der Anbieter zurückgeht, als auch auf das Denken und Handeln des Publikums selbst" (ebd., S. 456). Rascher sozialer Wandel, Unschärfe von Gruppengrenzen, individuelle, antitypische Profilierungen und Fehler beim Wahrnehmen sind wiederum verantwortlich dafür, daß Segmentierungen nicht vollständig gelingen. Am Erlebnismarkt werden sie falsifiziert bzw. verifiziert. Als Prognose und gleichzeitig als Perspektive weist Schulze (1992) darauf hin, daß es keine "Welt-Massen-Kultur" ohne Milieudifferenzierungen geben wird, da es fundamentale Bereiche wie z.B. Generationenzugehörigkeit oder Altersunterschiede gibt, die sich schematisieren lassen, auf die die Erlebnisanbieter ihre Produkte herstellen und positionieren müssen.

## 4  Konsequenzen für den Kulturtourismus

Im (Kultur)Tourismus wird sich die Aufmerksamkeit des Management - so Schertler (1992) - zunehmend der "Beantwortung von Fragen der Segmentierung widmen müssen, da die Marktdynamik (durch veränderte Nachfragetrends) immer wieder neue Marktsegmente entstehen läßt... Demzufolge wird die Forderung in der Tourismusbranche nach einer Konzentration der Kräfte auf spezifische strategische Geschäftseinheiten immer deutlicher" (S. 88). Für den (Kultur)Tourismus ist das Denken in Produkt/Erlebnis/Markt-Kombinationen unerläßlich. "In engem Zusammenhang mit der Segmentierung und Bildung strategischer Geschäftseinheiten steht die strategische Entscheidung der Spezialisierung" (ebd., S. 89).

Spezialisierung impliziert vorrangig die Beantwortung der Frage nach den spezifischen Stärken und damit der Einzigartigkeit des Produkt-Erlebnisses (Kultur)Tourismus. Spezialisierung ermöglicht zugleich die "Konzentration auf die Entwicklung spezifischer Qualitätsstandards sowie (Dienstleistungs-)Kompetenzen, bietet ein in sich durchgestyltes Produktangebot und erlaubt ein spezifisches Marketing" (ebd.).

Für Tourismusmarketing beinhaltet der Bezug auf das Modell des Erlebnismarktes die Maxime, nicht Tourismusprodukte, sondern Tourismuserlebnisse zu verkaufen. Damit avancieren auch kulturtouristische Reisen zu Erlebnisreisen und der Kulturtourismus zum Erlebnistourismus.

"Wein, Kultur, Tourismus: Weinkultur ist nichts anderes als die Pflege der Kulturlandschaft schlechthin. Die Kulturlandschaft ihrerseits ist der Anziehungspunkt für Gäste und der Kristallisationsort der hier Lebenden. Wenn wir es nicht verstehen, den Wein als Kulturgut zu verkaufen (im doppelten Sinn des Wortes), wird der Wein kaum mehr Zukunft haben. Wer sich einen Mosel-Riesling gönnt, muß neben einem qualitativ hochwertigen Lebensmittel ein emotionales Erlebnis, ein Erinnern an die einzigartige Kulturlandschaft an der Mittelmosel, ein Konzert in Kloster Machern, die Weinprobe in einem Kreuzgewölbekeller, den Besuch der Bibliothek des Nikolaus von Kues haben" (Knüpper 1992, S. 174).

Strategisch bedeutet dies für den regionalen Kulturtourismus: Die ständige Attraktivierung des Kulturangebots für immer breitere Bevölkerungsschichten und die systematische Erschließung der Kulturangebote der Städte und Kommunen für den Tourismus. „Ersteres ist eine Frage der Animation, Letzteres eine Aufgabe von Marketing und Management. Der Kulturtourismus als Planungs- und Managementaufgabe steht erst in den Anfängen" (Opaschowski 1995, S. 9). Allen Prognosen zur Folge wird der Kulturtourismus in den nächsten Jahren eine Hauptantriebskraft für die Kulturpolitik und für die Erhöhung der Kuluretats sein. Die Städte werden zunehmend dazu übergehen, eigene Kulturevents zu kreieren. Kulturelle Einrichtungen werden zu Orten einer neuen Urlaubskultur, zu Orten, wo man sinnlich etwas erleben kann. Der ausgemachte Trend wird damit erklärt, daß früher einige wenige Kultur „hatten", während heute viele Kultur „erleben" können. Nicht mehr das Haben, sondern das Sein ist Merkmal der „Erlebnisgesellschaft". Währende die Kultureliten der Vergangenheit Kultur als Statussymbol und Abgrenzungsmerkmal benutzten, geht die Entwicklung von der nur Eliten zugänglichen „Hochkultur" hin zur breiten Bevölkerungsgruppen möglichen „Freizeitkultur". „Freizeitkultur, wozu auch die Urlaubskultur gehört, umschreibt heute die ganze Bandbreite von anspruchsvollem Kulturangebot bis zur Massenkultur im Umfeld von Unterhaltung, Zerstreuung und Erlebniskonsum. In dem Maße, in dem die moderne Industriegesellschaft den Menschen massenhaft mehr Zeit (Freizeit), mehr Geld (Wohlstand) und mehr Bildung (Kultur) zur Verfügung stellt, entwickelt sich auch ein Zeitalter der Massenfreizeit und des Massentourismus, in dem sich E(rnst)- und U(nterhaltungs)-Bereich vermischen (vgl. Infotainment). Warenkonsum, Erlebniskonsum und Kulturkonsum lassen sich kaum mehr voneinander trennen. Im Zuge dieser Entwicklung kann die Urlaubszeit zur Kultur-Konsum-Erholungs- und Erlebniszeit werden" (Opaschowski 1995, S. 10). Daraus ergeben sich Konsequenzen für das Management von Kulturtourismus: Gründliche und umfassende Erhebungen zur Herkunft, zu den Erwartungen etc. des Publikums, denn Opaschowskis Thesen gehen von einer völlig neuen Kultur-Konsum-Klientel aus; stimmt diese neue Zusammensetzung des Publikums überhaupt? Vorausgesetzt es gibt sie, die neue Klientel (bis 40 Jahre alt, Teilnehmer der „Bildungsrevolution" und von daher immer noch der alten Bildungselite entsprechend, doch ohne deren elitären Kulturbegriff), dann ist davon auszugehen, daß diese neue Klientel neue Bedürfnisse formuliert: Kultur als Unterhaltung und Erlebnis, da sie das „Kultur-Haben" nicht mehr interessiert, denn sie benutzt es weder als Statussymbol noch als Mittel der Distinktion. Für sie ist das „Sein" wichtiger: Kultur als Erlebnis, als Mittel zur Selbststimulation. Der veränderten Bedürfnis- und Nachfragestruktur des Publikums entspricht eine kontinuierliche Verwischung der Unterschiede zwischen Hoch- und Trivialkultur, in Zukunft wird beides kaum mehr zu trennen sein. Für die Kulturinstitutionen ergibt sich daraus die Forderung einer Modifikation des aufklärerisch-pädagogischen Anspruchs, vielleicht sogar seine Aufgabe, dies aber unter Beibehaltung der Qualitätsstandards.

Analog zur "neuen Konzeption von Werbung" (Heinze-Prause 1995), die u.a. mit der ambitionierten Werbestrategie von "Benetton" weltweit inszeniert wurde, wird ein modernes KulturTourismusMarketing auf die Modellierung der Einstellungen ihrer Zielgruppen zur Welt, zur Politik, zu Ökologie und Ökonomie zielen müssen. Dabei geht es - gemäß der Rationalität (Logik) des Erlebnismarktes - nicht nur um die Ausschaltung der Ratio durch Emotionalität, sondern die "Kolonialisierung der Köpfe" durch Ein- und Vorstellungen, die über operatives Marketing zu vermitteln sind. Der neue Trend zum erlebnisorientierten Marketing verfolgt eine zweifache Zielsetzung: Das Stimulieren von Affekten, Assoziationen und Emotionen beim (Kultur)Touristen wird gekoppelt mit der Darstellung neuer (Kultur)Erlebniswelten, die touristisch in-Wert-setzbar sind.

## Literatur

Heinze-Prause, R.: Authentizität als Massenbetrug. Strukturale Analyse des Benetton-"Friedensplakats" von Oliviero Toscani. In: Heinze, Th. (Hg.): Kultur und Wirtschaft. Perspektiven gemeinsamer Innovation. Opladen 1995

Knüpper, P.: Wein, Kultur, Tourismus - Leitthemen eines innovativen Konzepts für die kommunale Fremdenverkehrsentwicklung. In: Becker, Chr., Schertler, A. (Hg.): Perspektiven des Tourismus im Zentrum Europas. ETI-Studien, Band 1, Trier 1992

Kotler, P.: Marketing-Management. Stuttgart 1992

Kotler, P.; Amstrong, P.: Marketing. Eine Einführung. Wien 1988

Müller-Hagedorn, L.: Einführung in das Marketing. Darmstadt 1990

Müller-Hagedorn, L.: Kulturmarketing. Studienbrief des Weiterbildenden Studiums Kulturmanagement der FernUniversität. Hagen 1993 (zus. mit Christa Feld)

Opaschowski, H.W.: Auf dem Wege zur Urlaubskultur von morgen. In: Kulturpädagogische Nachrichten. Heft 37/1995

Schertler, W.: Grundzüge zu einem strategischen Tourismusmanagement. In: Becker, Chr., Schertler, W., Steinecke, A. (Hg.): Perspektiven des Tourismus im Zentrum Europas. ETI-Studien, Band 1, Trier 1992

Schulze, G.: Die Erlebnisgesellschaft. Kultursoziologie der Gegenwart, Frankfurt/M. 1992

Schulze, G.: Warenwelt und Marketing im kulturellen Wandel. In: Heinze, Th. (Hg.): KulturManagement. Professionalisierung kommunaler Kulturarbeit. Opladen 1994 (vergriffen)

# Sachregister

Auch-Kultur-Urlauber 64, 73, 74, 78

Begehrenskonsum ...... 25, 26, 27, 46

Corporate Communication. 117, 150

Corporate Culture ........................ 150

Corporate Design .............. 117, 136

Corporate Identity 116, 117, 120, 149, 150, 161, 170, 248

Corporate Image. 150, 151, 162, 170

Denkmalpflege 82, 125, 134, 140, 142, 145, 282, 294

Ensemblekulturtourismus ............. 11

Ereigniskulturtourismus ............... 11

Erfahrung 2, 63, 66, 67, 99, 174, 38

Erlebnis 2, 3, 6, 9, 12, 18, 23, 24, 39, 40, 73, 78, 106, 111, 128, 134, 138, 139, 146, 158, 276, 280, 284, 286, 288, 290, 299, 306, 377, 378, 379, 380, 381, 382, 383, 384, 385

Erlebnisgesellschaft 2, 3, 15, 146, 155, 375, 376, 382, 384, 386

Event-Tourismus ............ 12, 14, 149

Festivalisierung .......... 137, 178, 217

Gastronomischer Kulturtourismus 12

General Cultural Tourists ... 6, 24, 64

Geschäftsreisen ........ 55, 58, 86, 273

Historic Highlights of Germany 16, 105, 107, 109, 110, 111, 112, 113, 115, 116, 117, 118, 120, 121, 122, 123, 129, 130, 131, 132, 133, 134, 135, 136, 137, 138, 144

Individualisierung ................... 4, 19

Industriearchäologie ................. 282

Industriekultur 11, 21, 264, 265, 273, 276, 280, 281, 284, 286, 287, 289, 290, 291, 292, 293, 296, 297, 299

Industrietourismus 21, 274, 281, 282, 283, 284, 286, 287, 288, 294

Inszenierung 5, 13, 15, 17, 26, 36, 40, 41, 44, 46, 50, 51, 106, 117, 120, 128, 137, 141, 146, 147, 149, 150, 151, 152, 154, 158, 159, 164, 165, 166, 168, 169, 172, 174, 179, 298, 299, 300, 309

Kulturbegriff 1, 52, 62, 65, 69, 123, 124, 221, 307, 385

Kulturreise 63, 66, 67, 68, 70, 72, 220

Kurzreisen 21, 28, 72, 73, 93, 94, 276, 278

Objektkulturtourismus ................. 11

Öffentlichkeitsarbeit 28, 80, 93, 116, 118, 119, 161, 162, 164, 175, 180, 235, 237, 241, 242, 246, 248, 252, 262

Profilierung 15, 17, 25, 27, 28, 29, 30, 31, 297, 309, 317, 378

Regionalisierung ................... 27, 36

Special Event 146, 147, 148, 149, 150, 151, 152, 157, 158, 159, 160, 161, 163, 164, 166, 167, 168, 170, 172, 173, 174, 175, 176, 177, 179

Specific Cultural Tourists........ 6, 64

Sponsoring ................. 164, 165, 255

Städtetourismus 32, 33, 39, 49, 84, 85, 86, 95, 97, 102, 109, 110, 111, 112, 113, 142, 144, 145, 146, 147, 148, 149, 151, 155, 159, 168, 172, 177, 178, 179, 217, 220, 221, 249, 253, 255, 258, 274, 275, 294

Studienreisen ................. 66, 78, 222

Tagesausflüge............ 28, 53, 55, 58

Themenstraße .....299, 300, 305, 309

Touristische Vermarktung......... 287

Urlaubsreisen 54, 55, 58, 59, 60, 69, 77, 81, 100, 106

Verkaufsförderung 161, 163, 246, 247

Vernetzung 27, 32, 36, 289, 290, 317, 371, 372

# Autoren

Katrin Hantschmann, geb. 1968. Dipl. Geographin. Studium der Fremdenverkehrsgeografie 1989 - 1995 Universität Trier. Schwerpunkt Geographie, BWL, VWL, Kunstgeschichte. Von Juli 1995 bis August 1997 Angestellte der Firma Basic Service Group GmbH in Mainz im Bereich Tourismusmarketing. Seit August 1997 Angestellte für projektbezogene Arbeiten im Tourismus für den Kommunalverband Ruhrgebiet in Essen.

Roswitha Heinze-Prause, geb. 1944. Studium für das Lehramt Sek. I an der PH Saarbrücken. Lehrerin an Haupt- und Gesamtschule mit den Fächern Kunst und Französisch. Promotion zum Dr. phil an der Universität Dortmund 1992. Dissertation: „Lesarten des Informel". Seit 1992 abgeordnet an das Weiterbildende Studium KulturManagement/KulturTourismusManagement an der FernUniversität Hagen. Veröffentlichungen: Kulturwissenschaftliche Hermeneutik. Opladen 1996 (zusammen mit Thomas Heinze). Studienbriefe: Bild-Analyse; Kunstwissenschaftliche Hermeneutik.

Thomas Heinze, geb. 1942. Studium der Soziologie, Psychologie, Betriebswirtschaftslehre an der Technischen Universität Berlin. M.A. 1968. Promotion 1971. Habilitation an der Universität Marburg 1977. Lehraufträge an den Universitäten Mainz, Frankfurt, Bielefeld, Leipzig, Siegen, Klagenfurt. 1994-1998/99 Gastprofessur an der Universität Innsbruck. Seit 1982 Universitätsprofessor. Initiator und Leiter des Weiterbildenden Studiums KulturManagement/KulturTourismusManagement an der FernUniversität Hagen. Veröffentlichungen u.a.: Medienanalyse. Opladen 1990. Qualitative Sozialforschung. Opladen $1995^3$. Kultur und Wirtschaft. Opladen 1995 (Hg.). Kulturwissenschaftliche Hermeneutik, Opladen 1996 (zusammen mit Roswitha Heinze-Prause). Kulturmanagement. Opladen 1997 (Hg.).

Rotraud Hücherig, geb. 1968. Dipl. Geographin. Kaufmännische Ausbildung bei air marin Flugreisen in Bonn. Studium der Fremdenverkehrsgeographie an der Universität Trier. Seit 1997 freie Dozentin und Trainerin u.a. für START AMADEUS.

Martin Lohmann, geb. 1956. Wissenschaftlicher Leiter und Geschäftsführer des Instituts für Tourismus- und Bäderforschung in Nordeuropa (N.I.T.) in Kiel. Der Diplom-Psychologe (Schwerpunkt Arbeits- und Organisationspsychologie) hat seine wissenschaftliche Ausbildung in Düsseldorf, Kiel und Würzburg erhalten. Erste tourismuspraktische Erfahrungen sammelte er als Studienreiseleiter. Nach einer Tätigkeit als Assistent am Psychologischen Institut der Universität Würzburg war er von 1984-1991 Referent für Forschung beim Studienkreis für Tourismus in Starnberg. 1986 promovierte er mit experimentellen Untersuchungen zu Streßwirkungen in Erholungszeiten. Seit 1981 hat er zahlreiche Aufsätze zu tourismuswissenschaftlichen Fragestellungen veröffentlicht.

Joachim Maschke, geb. 1942. Dipl.-Kfm. Geschäftsführender Vorstand des DWIF-Instituts. Projektkoordinator: Betriebswirtschaft

Heidemarie Mißmann, geb. 1967. Studium der Sozial- und Wirtschaftswissenschaften an den Universitäten Innsbruck und New Orleans. Tätigkeitsbereich: Internationaler Handel und Human Ressource Management. Lehrtätigkeit in den Bereichen Direktvermarktung und Unternehmensführung. Forschungsschwerpunkte: Managementmethoden in Non-Profit-Organisationen.

Ellen Roth, geb. 1969. Diplom Geographin/Fremdenverkehrsgeographin. Studium der Angewandten Geographie/Fremdenverkehrsgeographie von 1989-1995 an der Universität Trier mit den Nebenfächern Betriebs- und Volkswirtschaftslehre im Schwerpunkt Tourismus, Regional- und Siedlungsentwicklung. Seit 1992 studienbegleitende Tätigkeit beim Europäischen Tourismus Institut GmbH. Nach dem Studium Projektmitarbeit bei der Prognos Consult GmbH, Köln. Seit 04/1996 bei der Freizeitunternehmensberatung Wenzel & Partner BDU, Hamburg, tätig im Bereich Entwicklung von Freizeitimmobilien und Mixed-Used-Immobilien.

Katrin Schlinke, geb. 1968. Dipl.Geographin. Studium der Geographie und Betriebswirtschaft sowie Soziologie 1989-1993 Freie Universität Berlin. 1993-1995 Universität Trier. Schwerpunkt: Fremdenverkehrsgeographie. Seit 1996 Mitarbeiterin bei einem Reiseveranstalter im Bereich Marketing/Verkauf.

Albrecht Steinecke, geb. 1948. Univ.-Professor. Studium der Geographie, Soziologie und Literaturwissenschaft in Kiel und am Trinity College Dublin. Wissenschaftlicher Mitarbeiter an der TU Berlin und an der Universität Bielefeld. 1992-1997 Geschäftsführer des Europäischen Tourismus Instituts GmbH an der Universität Trier. Seit WS 1997/98 ordentlicher Professor für Wirtschafts- und Fremdenverkehrsgeographie an der Universität-Gesamthochschule Paderborn. Zahlreiche wissenschaftliche Publikationen zu den Bereichen Tourismusforschung (Zielgruppen, Trendforschung, Kulturtourismus, Inszenierung) sowie Regionalentwicklung durch Tourismus (kommunale und regionale Entwicklungskonzepte, Destinationsmanagement).

Hubert Stemberger, Dr., geb. 1921. Studium an der Universität Innsbruck: Vor- und Frühgeschichte und Philosophie. 1952-1960 Unterricht an der Mittelschule in Bruneck: Deutsch, Latein, Geschichte und Geographie, 1960-1974 am Humanistischen Gymnasium Geschichte und Philosophie. Veröffentlichungen zur Kulturgeschichte der Stadt Bruneck, des Pustertals und zur Landesgeschichte.

Barbara Traweger-Ravanelli, geb. 1966. Sozial- und Wirtschaftswissenschaftlerin. Auslandsstudienaufenthalte an der University of New Orleans, der Chulalongkornuniversity of Bangkok und der Chiang Mai University. Geschäftsführerin des Instituts für Marktforschung und Datenanalysen (IMAD),

Marketingtrainerin, Lektorin an der Fachhochschule Innsbruck. Forschungsschwerpunkte: Jugendforschung, Imageanalysen, cross cultural management.

Thomas Wolber, geb. 1964. Diplom-Geograph. Studium der Geographie 1985 - 1991 Universität Trier. Schwerpunkt: Angewandte Geographie/Fremdenverkehrsgeographie mit den Nebenfächern Marketing und Öffentliches Recht. Tätigkeit in der Literaturdokumentation Tourismus und Freizeit, Universität Trier 1987-1991. Seit 1992 wissenschaftlicher Mitarbeiter in der Abteilung Fremdenverkehrsgeographie im Fachbereich Geographie/Geowissenschaften an der Universität Trier. Arbeitsbereiche: Fremdenverkehrsgeographie, Tourismusmarketing, Kur-, Städte- und Kulturtourismus; derzeitiger Forschungsschwerpunkt im Rahmen der Dissertation: Kulturtourismus im urbanen Raum.

Manfred Zeiner, geb. 1954. Dipl.Volkswirt. Stellvertretender Geschäftsführer des DWIF-Instituts. Projekt-Koordinator: Volkswirtschaftslehre